“十四五”职业教育国家规划教材



首届全国教材建设奖
全国优秀教材二等奖

Qiche Dianqi Shebei Gouzao yu Weixiu

# 汽车电气设备构造与维修

（第4版）

全国交通运输职业教育教学指导委员会 组织编写
周建平 悦中原 主 编

人民交通出版社股份有限公司
北京

## 内 容 提 要

本书是“十四五”职业教育国家规划教材，荣获“全国优秀教材二等奖”。内容主要包括汽车电路图，电源系统，汽车起动系统，车身辅助电器，汽车灯光系统及信号装置，汽车仪表，汽车电子控制系统，空调系统，音响、电话、视频和导航系统，共9个单元。

本书可供高等职业院校汽车类专业教学使用，也可作为相关行业岗位培训或自学用书，同时可供汽车维修人员学习参考。


**图书在版编目(CIP)数据**

汽车电气设备构造与维修 / 周建平，悦中原主编. —4 版.
—北京：人民交通出版社股份有限公司，2020.6（2026.1重印）
ISBN 978-7-114-16351-7

Ⅰ.①汽… Ⅱ.①周… ②悦… Ⅲ.①汽车—电气设备—构造—高等职业教育—教材 ②汽车—电气设备—车辆修理—高等职业教育—教材 Ⅳ.①U463.603 ②U472.41

中国版本图书馆 CIP 数据核字(2020)第 030690 号

**书　　名：** 汽车电气设备构造与维修(第4版)
**著 作 者：** 周建平　悦中原
**责任编辑：** 时　旭
**责任校对：** 孙国靖　龙　雪
**责任印制：** 张　凯
**出版发行：** 人民交通出版社股份有限公司
**地　　址：** (100011)北京市朝阳区安定门外外馆斜街3号
**网　　址：** http://www.ccpcl.com.cn
**销售电话：** (010)85285911
**总 经 销：** 人民交通出版社股份有限公司发行部
**经　　销：** 各地新华书店
**印　　刷：** 北京市密东印刷有限公司
**开　　本：** 787×1092　1/16
**印　　张：** 21.5
**字　　数：** 506千
**版　　次：** 2005年10月　第1版
2010年8月　第2版
2014年11月　第3版
2020年6月　第4版
**印　　次：** 2026年1月　第4版　第7次印刷　总第34次印刷
**书　　号：** ISBN 978-7-114-16351-7
**定　　价：** 59.00元

# 第4版前言

本套“十二五”职业教育国家规划教材自出版以来，受到全国广大高职院校的关注，获得师生的一致好评。为了紧跟汽车行业发展趋势，更好地适应汽车类专业实际教学需求，2018年7月，人民交通出版社股份有限公司组织十几所院校的汽车专业教师代表，在北京召开了“十二五”职业教育国家规划教材修订会议。经过认真研究讨论，吸收了教材使用院校教师的意见和建议，确定了各教材的修订方案。

本书是在第3版的基础上，在会议确定的修订方案指导下完成的，教材的内容修订主要体现在以下几个方面：

1. 对电源系统中较为陈旧的内容进行删减，增加新型电源能量管理系统等新内容。

2. 更新有关主动和被动安全系统的内容，体现汽车发展的一些新技术。

3. 鉴于目前车身电气系统中电脑控制网络控制技术的普及，删除大部分逐步淘汰的控制技术及电路图，增加当前主流车型车身电气技术及电路图。

4. 增加无钥匙进入及起动、自动起动—停止系统等新技术，增加新型照明灯的内容。

5. 空调系统结合当前企业工作内容变化增加了主流检修设备的使用介绍。

6. 为与车载网络相关教材区分，将第3版中车载网络中的章节删除，在部分控制电路中体现网络控制相关内容。

7. 在重点知识点旁，放置了二维码，扫码可观看动画或视频。

本教材的修订工作具体分工如下：陈俊杰修订单元一、单元二，悦中原修订单元三、单元四，张新敏修订单元五、单元六，李曙辉修订单元七、单元九，周建平修订单元八。全书由周建平、悦中原担任主编，负责全书统稿。

限于编者水平，书中难免有疏漏和错误之处，恳请广大读者提出宝贵建议，以便进一步修改和完善。

编　者

2019年12月

# 目　录

# 单元一　汽车电路图

## 学习目标

☞ **素质目标**

1. 了解中期汽车工业发展史，树立自信自强、守正创新的民族精神；
2. 通过汽车电路识读，培养学生细致、认真、严谨的学习态度。

☞ **知识目标**

1. 正确描述汽车电路图的表示方法；
2. 正确描述汽车电路图的构成；
3. 正确描述汽车电路图的读图方法。

☞ **技能目标**

1. 能够利用所学的汽车电路图知识画出简单的系统电路图；
2. 能够利用汽车电路图给出的信息，在车上找到相应的插接器、熔断器等；
3. 能根据熔断器的颜色说明熔断器的容量；
4. 会画出继电器的电路图；
5. 会根据缩写字母说出所代表的系统。

随着汽车技术的进步，汽车电气设备的结构和性能也在不断的进步，特别是电子技术在汽车上的广泛应用，在汽车节能降耗、行车安全和减少排放污染等方面起着越来越重要的作用。汽车电气设备与普通的电气设备相比有如下特点：采用直流低压电气系统，单线制以及负极搭铁。

汽车电气设备种类和数量都很多，总体而言，可以分为：电源、配电装置和用电设备。其中，电源包括蓄电池、发电机和调节器。发电机不工作时由蓄电池供电，发电机起动后由发电机供电，并给蓄电池充电，而调压器用于保持发电机输出电压的稳定。配电装置包括中央接线盒、熔断器、继电器、导线束及插接件、电路开关等，使全车电路构成一个统一的整体。用电设备是将电能转化为其他形式能的设备，包括起动系统、车身辅助电器、照明系统及信号装置、仪表及报警装置、汽车电子控制系统和空调系统等。

## 1　电路图的表示方法

汽车电路图是利用各种符号和线条构成的图形，电路图清楚的表示了电路中的各组成元件、电源、熔断器、继电器、开关、继电器盒、接线盒、插接器、导线、搭铁等，有些电路图还表示出了电器零件的安装位置、插接器的形式及接线情况、导线的颜色，接线盒和继电器盒中继电器及熔断器的位置，线束在汽车上的布置等。

汽车电路图是维修汽车电气设备的重要辅助工具，特别是随着现代汽车工业的不断发展，汽车上有关电子电器的内容越来越多，电路越来越复杂，所以，对于汽车维修人员来说，有很多故障必须通过仔细阅读电路图，并根据其相应的功能，才能对故障进行分析，准确地查出故障的部位。目前各大汽车生产厂商的各种车型的维修手册都包含有相应的电路图或相应的电路图册以备维修时使用。

## 1.1 电气元件的表示方法

汽车电气元件的结构比较复杂，如果直接在电路图上画出电气元件将使电路图异常复杂，也不容易看懂，因此，电路图在绘制中都采用相应的符号来表示各种电气元件。目前世界各大汽车生产厂商还没有统一电路图的符号，但从目前的汽车电路图来看，虽然符号不尽相同，但差别不大，并且电路图都有相应的说明解释所采用的符号，所以在本书中只以丰田车系的电路图符号为例说明用电路符号表示电气元件的方法。

表1-1为丰田车系所使用的各种电气元件的符号。

汽车电气元件符号　　表1-1

| | | | |
|---|---|---|---|
| 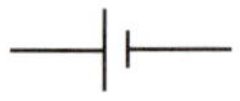 | 蓄电池 | 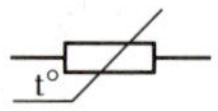 | 传感器（热敏电阻） |
|  | 电容器 |  | 模拟速度传感器 |
| 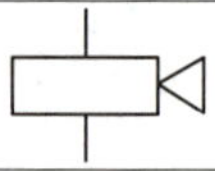 | 点烟器 | 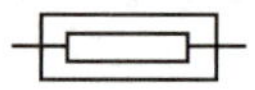 | 短插脚 |
|  | 断路器 | 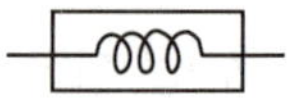 | 电磁线圈 |
| 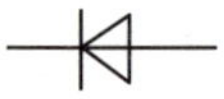 | 二极管 | 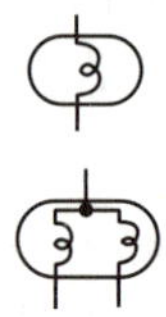 | 前照灯<br>1. 单丝<br>2. 双丝 |
| 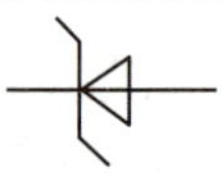 | 稳压二极管 | | |
| 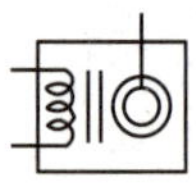 | 分电器、集成式点火总成 | 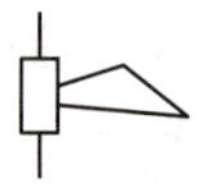 | 电喇叭 |
|  | 熔断丝 | 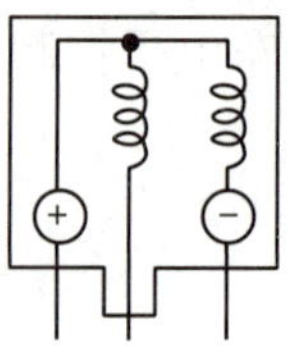 | 点火线圈 |
|  | 熔断器 | | |
| 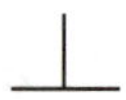 | 地线 | | |

续上表

| | | | |
|---|---|---|---|
| 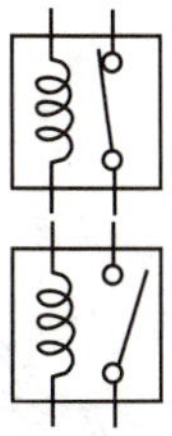 | 继电器<br>1. 通常闭合<br>2. 通常断开 |  | 照明灯、信号灯、仪表灯、指示灯 |
| | |  | LED(发光二极管) |
| | |  | 模拟式仪表 |
| 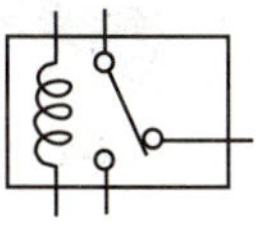 | 双投式继电器 |  | 数字式仪表 |
|  | 电阻器 |  | 直流电动机 |
|  | 分接式电阻 |  | 扬声器 |
|  | 可变式电阻(变阻器) | | |
| 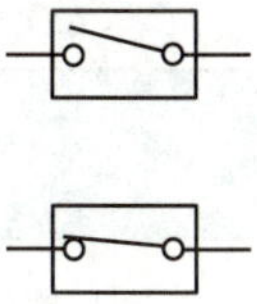 | 手动式开关<br>1. 通常断开<br>2. 通常闭合 | 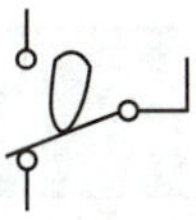 | 刮水器开关 |
| 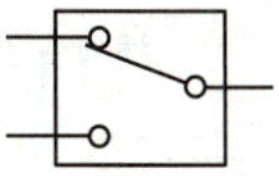 | 双投式开关 |  | 晶体管 |
| 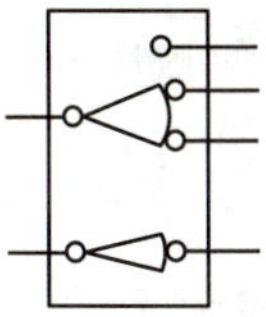 | 点火开关 |  | 导线<br>1. 未连接<br>2. 绞接 |

## 1.2　插接器的表示方法

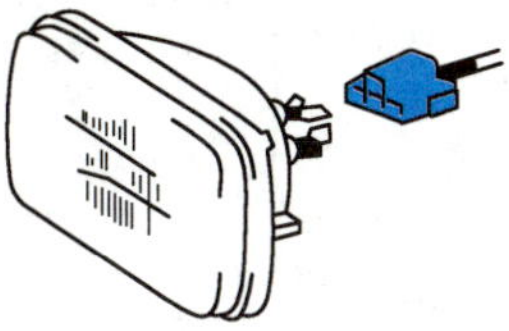

图 1-1　线束与电气元件的连接

插接器又称连接器，目前汽车上大量采用插接器，插接器大致可以分为几类，第一类是连接线束和电器元件(图 1-1)，第二类是线束与线束的连接(图 1-2)，第三类是线束与车身的连接

(图 1-3),还有一类称为过渡插接器,将插接器中需要连接的导线用短接端子连接起来(图 1-4)。

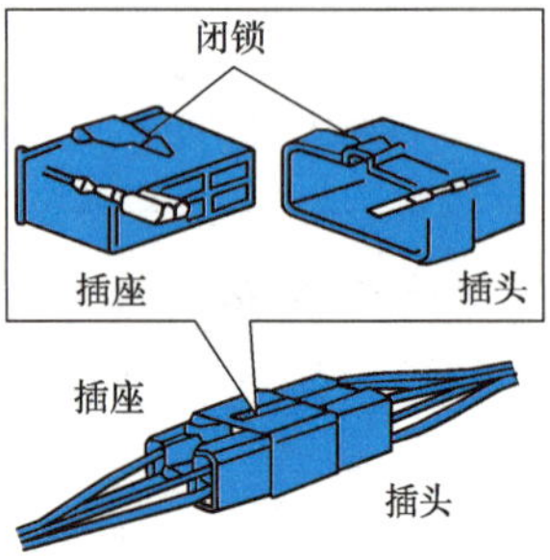


图 1-2　线束与线束连接

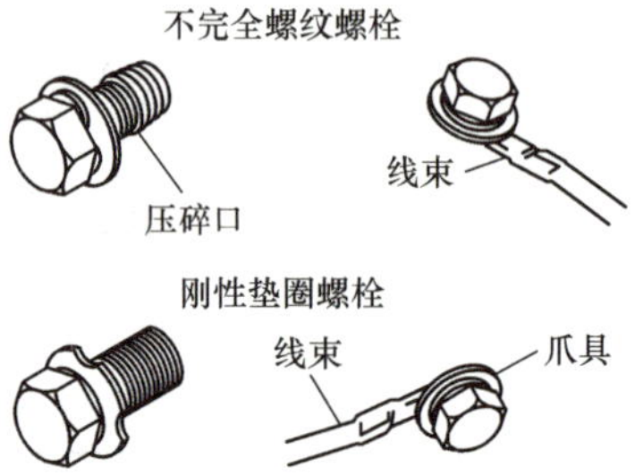


图 1-3　线束与车身连接

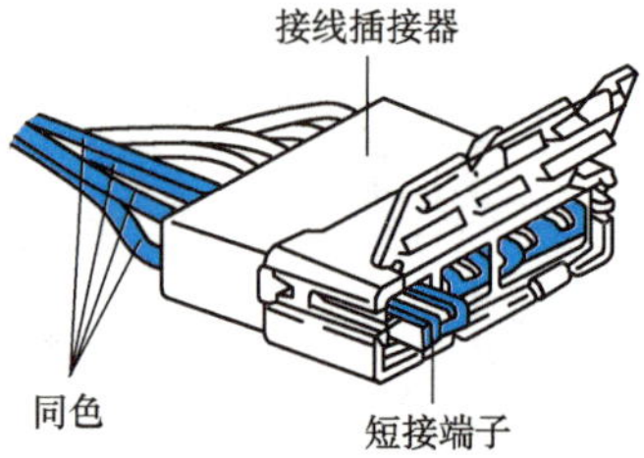


图 1-4　过渡插接器

插接器在电路图上通常用数字、字母及相应的符号表示,如表 1-2 所示。

为清楚地表示插接器中各导线的情况,通常都对插接器内的导线插脚进行编号,以便在进行电路的检查时,尽快找到插接器中的各条导线,如图 1-5 所示。

为明确表示出线束搭铁的位置,电路图上对搭铁的地方都有较为明确的表示方法,如图 1-6 所示。

**插接器的表示方法**　　表 1-2

| 在电路图中的符号 | 连接类型 | 在电路图中的表示方法(示例) | 插接器符号(示例) |
|---|---|---|---|
| Ⓐ,Ⓑ,Ⓒ …… | 直接与零件连接 | 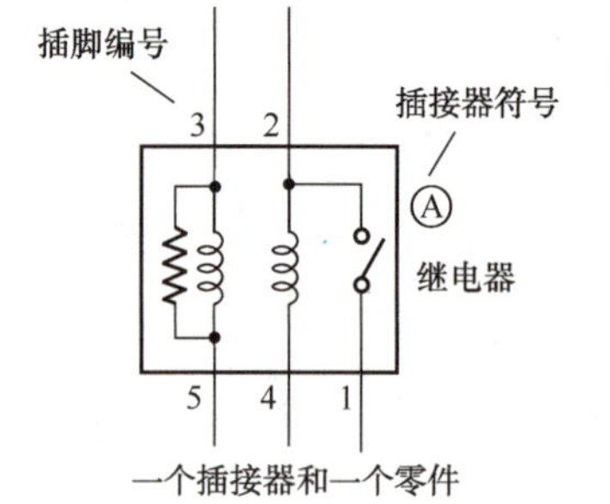 | 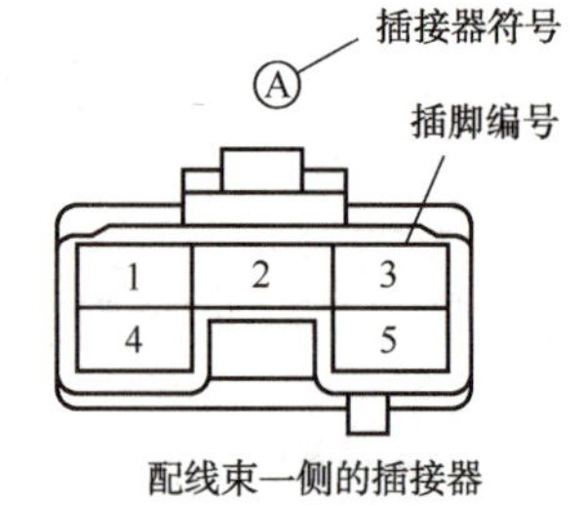 |
| | | 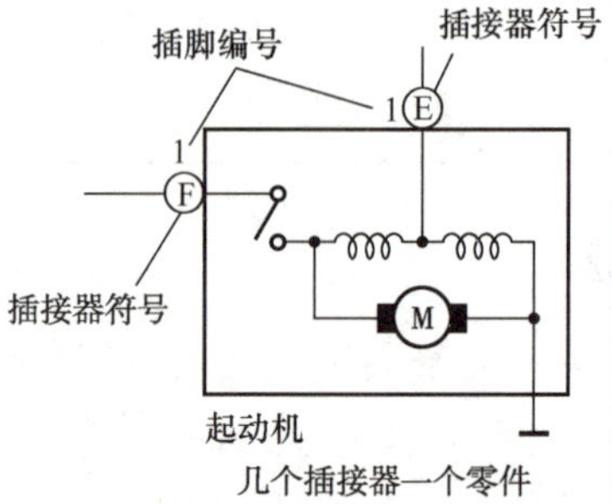 | 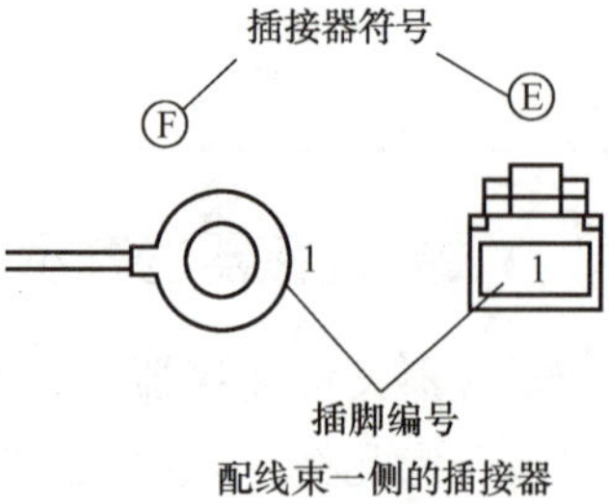 |

续上表

| 在电路图中的符号 | 连接类型 | 在电路图中的表示方法(示例) | 插接器符号(示例) |
|---|---|---|---|
| 1A,1B …… | 与1号接线盒连接 | 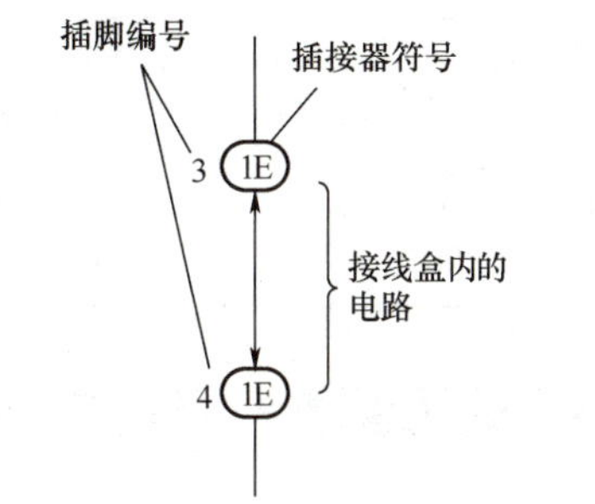 | 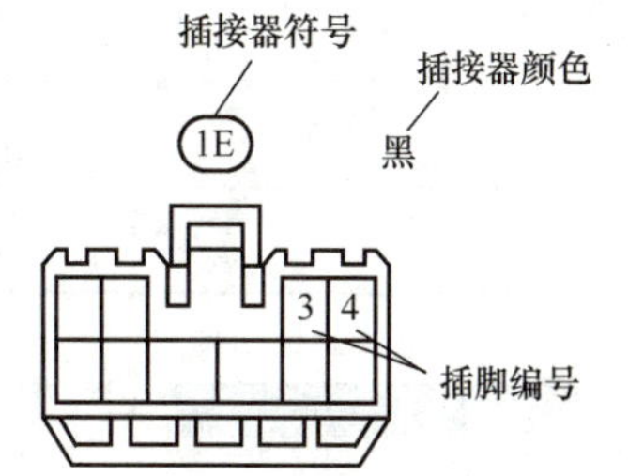 |
| 2A,2B …… | 与2号接线盒连接 | | |
| 3A,3B …… | 与3号接线盒连接 | | |
| A1,B1 …… | 连接配线 | 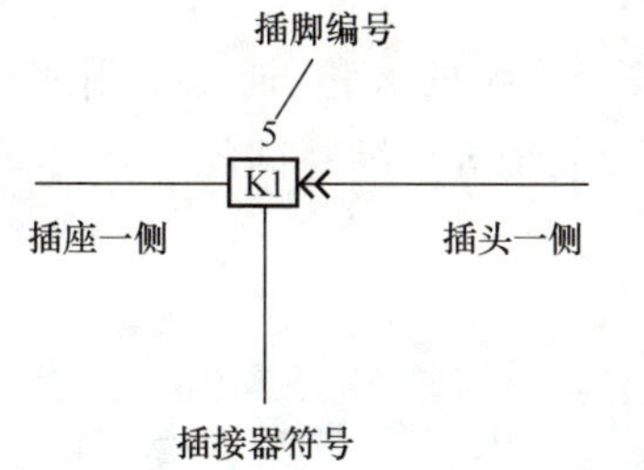 | 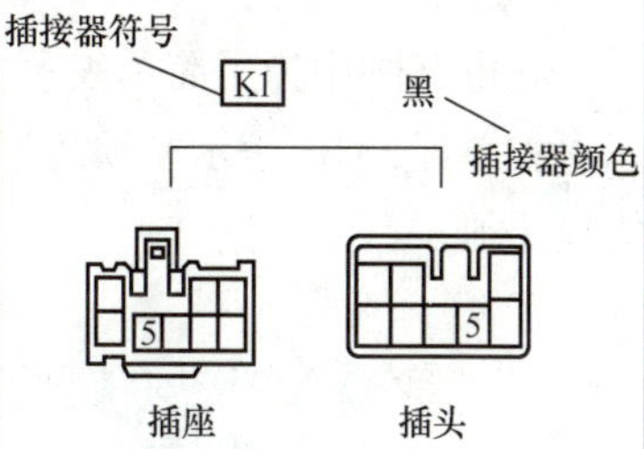 |

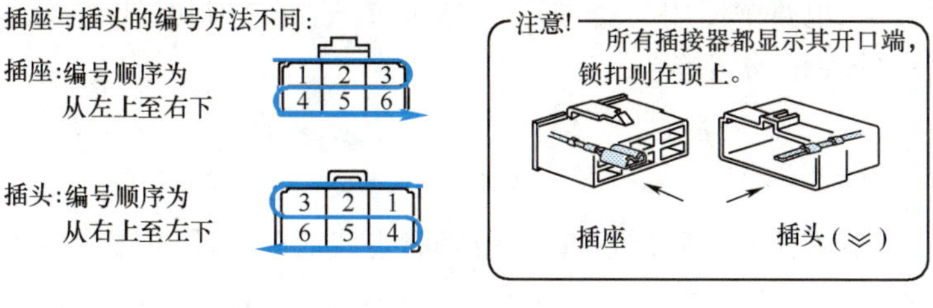


图1-5 插接器插脚编号

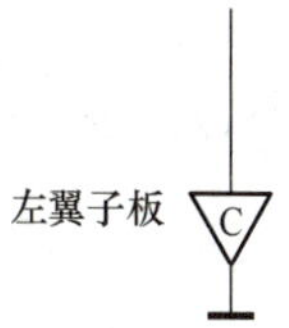


图1-6 搭铁点的表示方法

## 1.3 导线的表示方法

在电路图中通常以线条表示导线,导线的颜色以字母表示,表示颜色的字母通常为英语中该种颜色单词的第一个字母或第二个字母。表示颜色的字母,各个制造厂商可能有所不同,具体情况需参照相应的修理手册。表1-3为丰田公司表示颜色的字母。如果导线表面有色条,则用两个字母加一个连字符表示,连字符前面的字母表示底色,连字符后面的字母表示色条的颜色，如图 1-7 所示。此外还有厂商将导线的截面积也用数字表示出来。

表示导线颜色的字母　　表 1-3

| 颜色 | 字母 | 颜色 | 字母 | 颜色 | 字母 |
|---|---|---|---|---|---|
| 黑色 | B | 褐色 | BR | 绿色 | G |
| 蓝色 | L | 浅绿色 | LG | 橘黄色 | O |
| 红色 | R | 紫色 | V | 白色 | W |
| 灰色 | GR | 粉红色 | P | 黄色 | Y |

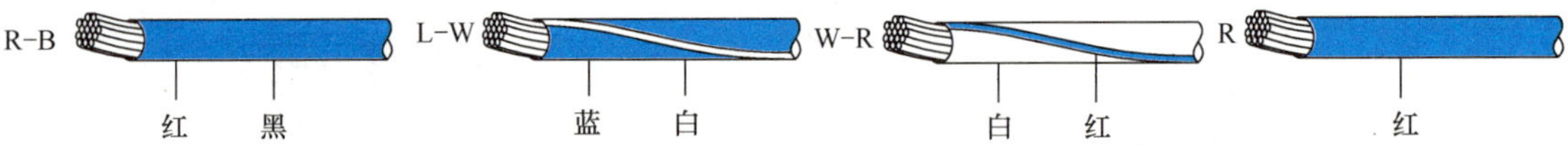


图 1-7　导线的颜色及表示方法

## 1.4 缩写词

在电路图中为了简单表示各个系统的名称，通常采用缩写词表示该系统，如用 ECU 表示电控单元，ABS 表示制动防抱死系统等。缩写词各个公司有所不同，详情请参阅各公司的维修手册。

# 2 电路图所包含的内容

目前，由于电路图的内容越来越多，很多制造厂都将电路图单独做成电路图册，电路图册中一般包含：电路图的使用方法、电路中使用的缩写词、电器位置图、继电器和熔断器位置图、线束图、插接器（连接器）图、全车电路图等。

## 2.1 电器位置图

电器位置图用来表示汽车电器零件的安装位置，便于维修时查找故障零件，位置图可分为发动机舱内零件位置图、驾驶室内零件位置图和车身零件位置图等，一张图表示不清时，可以用多张图表示。图 1-8 为发动机舱内的部分零件位置图。

继电器和熔断器位置图是使用频率最高的电路图，这种电路图包括继电器和熔断器在车上的安装位置图、继电器和熔断器在接线盒或继电器盒中安装位置图、继电器盒或接线盒内部电路图等。车上的位置图还分为发动机舱内、仪表台和车身的安装位置图，熔断器和继电器在继电器盒和接线盒中的位置图中还可包含继电器盒和接线盒背面的线束插接器的位置图。图 1-9 为仪表台继电器及相关电器安装位置图，图 1-10 为熔断器和继电器在接线盒中的安装位置图，图 1-11 为接线盒背面线束插接器的位置图。

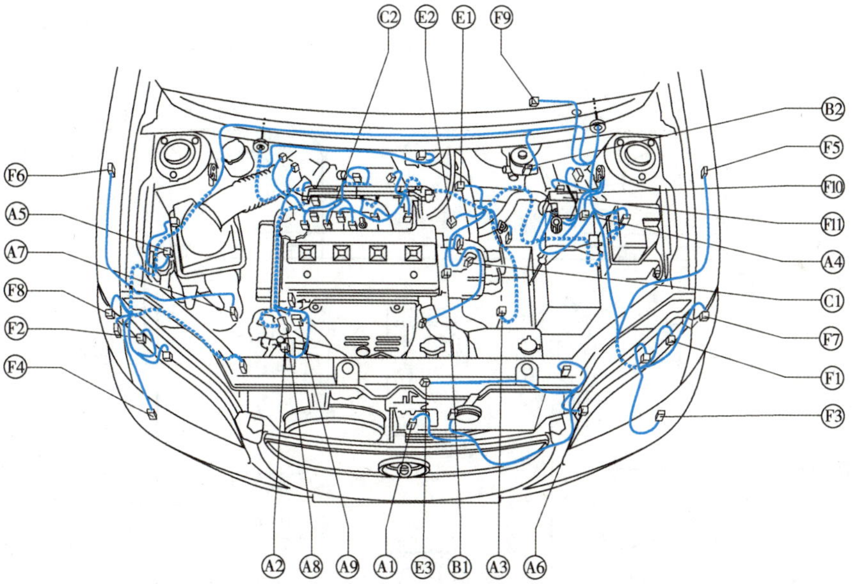


图 1-8　发动机舱内电器零件位置图

A1-8 空调冷凝器风扇电动机；A2-8 空调电磁离合器；A3-8 自动变速器指示灯开关、倒挡灯开关、空挡起动开关；A4-8 左前轮 ABS 转速传感器；A5-8 右前轮 ABS 转速传感器；A6-8 左前安全气囊传感器；A7-8 右前安全气囊传感器；A8-8 发电机；A9-8 发电机；B1-8 倒挡灯开关；B2-8 制动液位警告开关；C1-凸轮轴位置传感器、点火线圈和分电器；C2-8 曲轴位置传感器；E1-8ECT 电磁阀；E2-8EFI 水温传感器；E3-8 发动机舱盖锁止开关；F1-8 左前位灯；F2-8 右前位灯；F3-8 左前雾灯；F4-8 右前雾灯；F5-8 左前侧转向信号灯；F6-8 右前侧转向信号灯；F7-8 左前转向信号灯；F8-8 右前转向信号灯；F9-8 前刮水器电动机；F10-8 熔断器；F11-8 熔断器

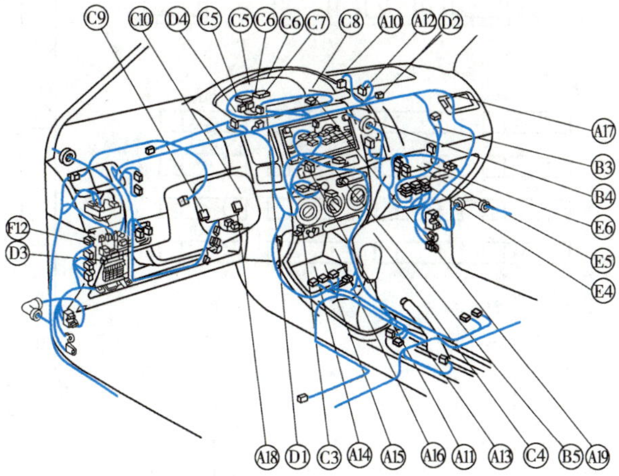


图 1-9　仪表台继电器和相关电器安装位置图

A10-A/C 放大器；A11-A/C 开关；A12-A/C 热敏电阻；A13-A/T 自动变速器操纵杆指示灯、O/D 主开关；A14-安全气囊传感器总成；A15-安全气囊传感器总成；A16-安全气囊传感器总成；A17-安全气囊引爆器（前乘员侧安全气囊总成）；A18-安全气囊引爆器（转向盘）；A19-自动天线；B3-鼓风机电动机；B4-鼓风机电阻器；B5-鼓风机开关；C3-点烟器或电源插座；C4-时钟；C5-组合仪表；C6-组合仪表；C7-组合仪表；C8-组合仪表；C9-组合仪表开关；C10-组合仪表开关；D1-二极管（A/T）；D2-二极管（车内灯）；D3-诊断连接器；D4-门锁控制继电器；E4-发动机 ECU；E5-发动机 ECU；E6-发动机 ECU；F12-前雾灯继电器

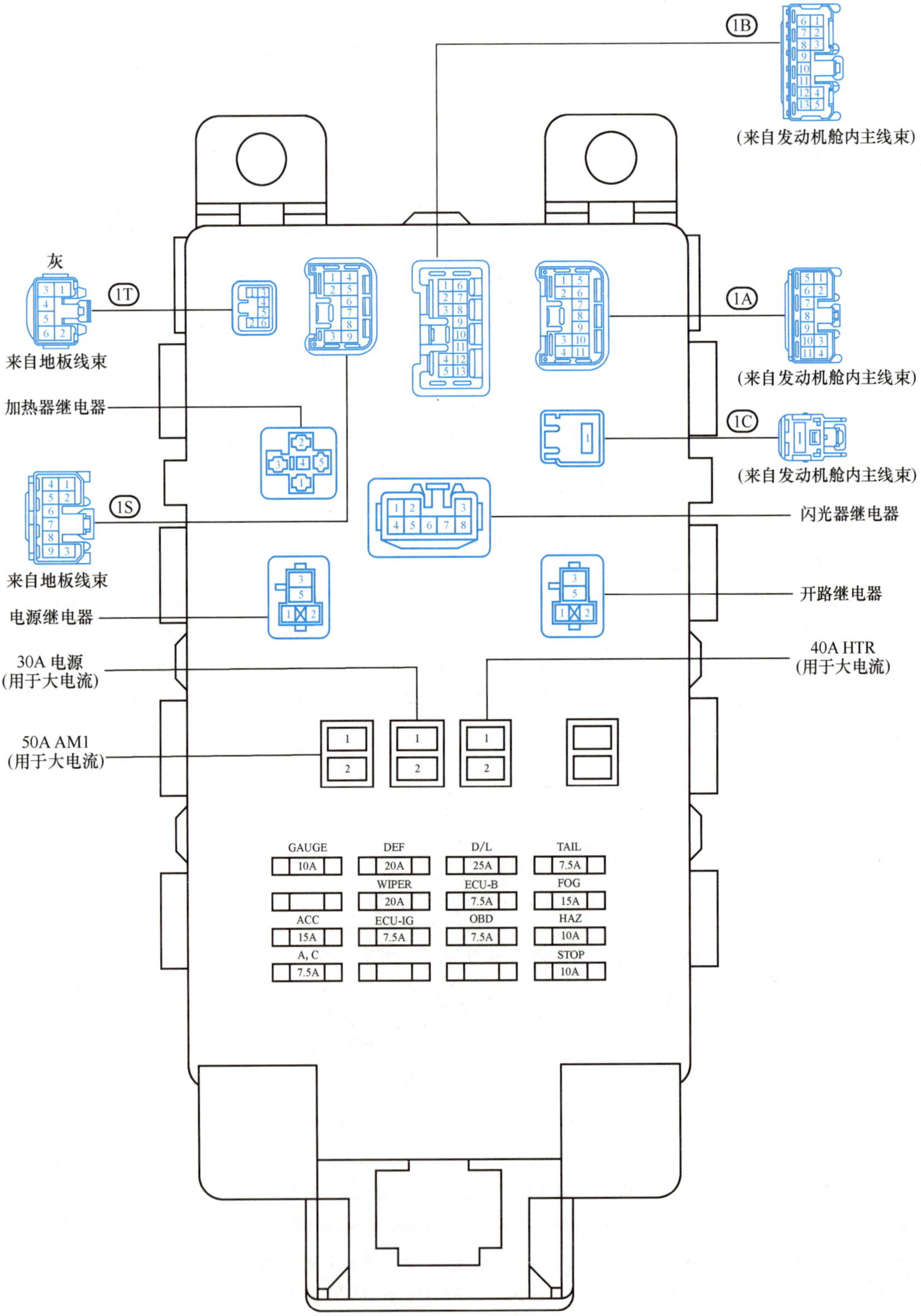


图 1-10　熔断器和继电器在接线盒中的安装位置图

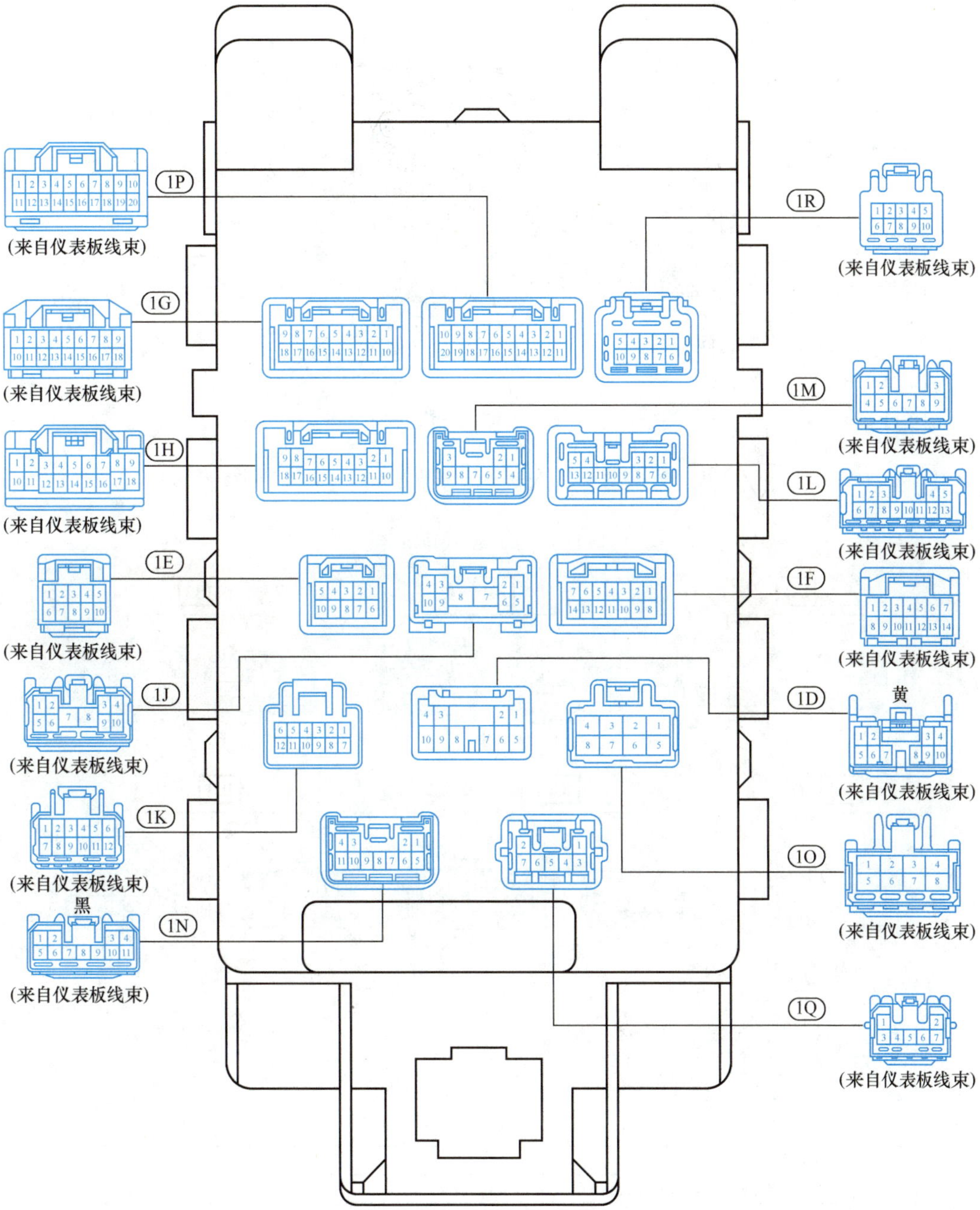


图 1-11　插线盒背面线束插接器的位置图

## 2.2 线束图

线束图用来说明线束在车身上的安装位置、搭铁点和线束插接器的基本情况。图 1-12 为驾驶室内的部分线束图,图 1-13 为与该图相对应的插接器图。

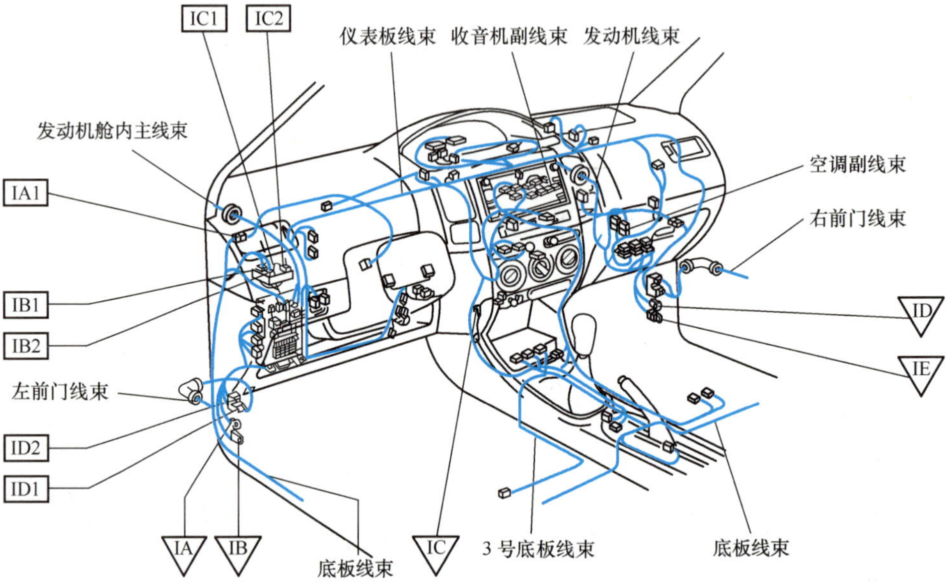


图 1-12 驾驶室内的线束图

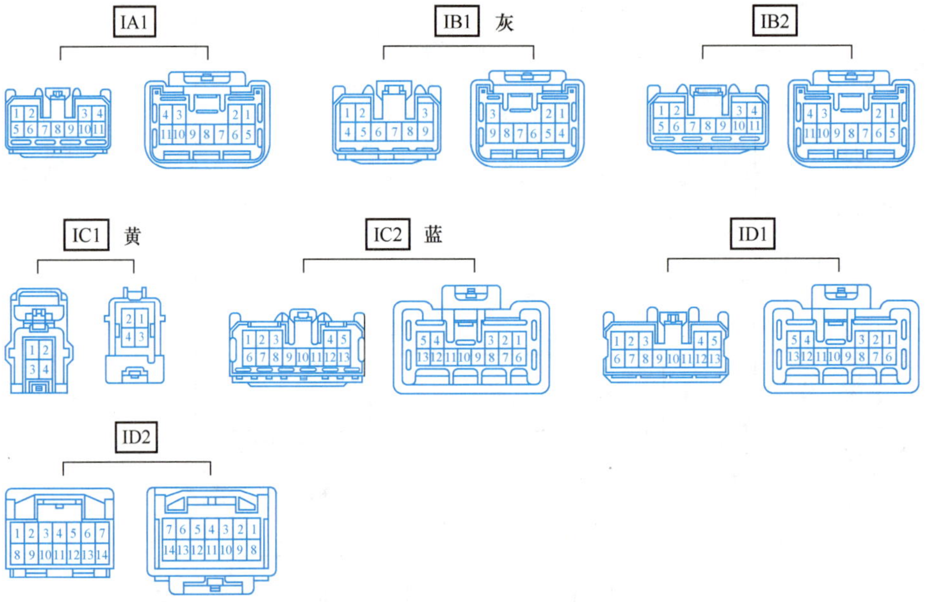


| 代码 | 线束之间连接(插接器布置) |
|---|---|
| IA1 | 发动机舱内主线束和地板线束(前隔壁侧板左侧) |
| IB1<br>IB2 | 地板线束和仪表板线束(仪表板加强板左侧) |
| IC1<br>IC2 | 发动机舱内主线束和仪表板线束(仪表板加强板左侧) |
| ID1<br>ID2 | 左前门线束和仪表板线束(离合器踏板) |

图 1-13 插接器图

## 2.3　插接器

电路图中的插接器一般都有编号,如丰田公司的电路图规定用圆圈表示零件与线束的插接器,圆圈内的数字或字母表示该插接器的编号;用矩形表示线束之间的插接器,矩形内的数字及字母表示该插接器的编号;用圆角过渡的矩形表示与继电器盒或接线盒连接的插接器,矩形内的数字和字母表示该插接器的编号;用三角形表示搭铁点,三角形内的字母表示该搭铁点的编号,如图1-14所示。

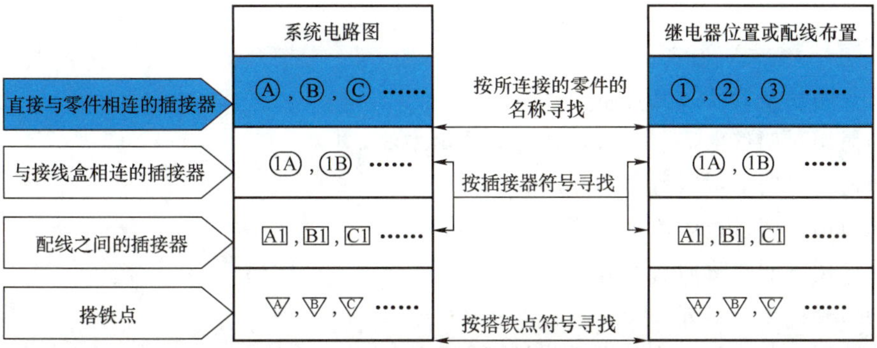


图1-14　插接器的编号

# 3　电路图的识读方法

由于各国汽车电路图的绘制方法、符号标识、文字标识、技术标准的不同,各汽车生产厂家,汽车电路图的画法有很大差异,甚至同一国家不同公司汽车电路图的表示方法也存在一定的差异。

读懂电路原理图,要具备汽车结构原理和电学电路的基本原理,懂得汽车电控电路的结构原理;熟悉汽车电路的图形符号和一些标注常识;还要掌握不同厂家的电路图的画法风格和特点。在此基础上,使用读图的方法和技巧:

(1)总览全图,了解电源分布和继电器等主要部件线路。认真阅读图注了解电路图的名称、技术规范,明确图形符号的含义。一般来讲,各电器系统的电源和电源总开关是公共的,但是任何一个系统都应该是一个完整的电路,都应遵循回路原则,即一个用电器要想正常工作,总要得到电能。对于直流电路而言,电流总是要从电源的正极出发,通过导线,经熔断器、开关到达用电器,再经过导线(或搭铁)回到同一电源的负极,在这一过程中,只要有一个环节出现错误,此电路就不会正确、有效的工作。

(2)把整车电路按功能及工作原理划分成若干独立的电路系统,这样可解决整车电路庞大复杂、分析起来困难的问题。现在汽车整车电路一般都按各个电路系统来绘制,如电源系统、起动系统、点火系统、照明系统、信号系统等。在分析某个电器系统之前,要清楚该电器系统所包含各部件的功能作用和技术参数等,再以用电器为核心梳理电路,找到需要看的系统电路图,沿着用电器工作时电流走向查找前后线路,即可了解各部件间的主要联系以及电路的控制方式。特别注意开关继电器点的工作状态,大多数电器系统都是通过开关继电器的不同工作状态来改变回路,进而实现不同功能的。

(3)通过对典型电路的分析,达到触类旁通:许多车型的汽车电路原理图,很多部分都是类似或相近的,通过对照比较,触类旁通,可以掌握汽车的些共同的规律,再以这些共性为指导,了解其他型号汽车的电路原理,又可以发现更多的共性以及各种车型之间的差异。

## 思考与练习

### 简答题

1. 试说明熔断器及相关电路的表示方法。
2. 画简图说明继电器、插接器、开关的表示方法。
3. 画简图说明电磁阀的表示方法。
4. 画简图说明搭铁的表示方法。
5. 画简图说明灯泡的表示方法。
6. 如何查找电器位置?
7. 电路图中导线的颜色和线径是如何表示的?
8. 电路系统是如何用缩写字母表示的?

# 单元二 电源系统

## 学习目标

☞ **素质目标**

1. 培养正确的劳动态度,弘扬劳动精神、奋斗精神;
2. 培养良好的自主学习能力和团队协作意识。

☞ **知识目标**

1. 简述蓄电池基本结构和型号;
2. 简述蓄电池的基本工作原理;
3. 正确描述蓄电池的容量及影响因素;
4. 简述蓄电池的基本工作特性;
5. 正确描述交流发电机的基本结构及主要部件的功能;
6. 正确描述电压调节器的基本类型及基本工作原理;
7. 正确描述能量管理系统的基本组成和功能。

☞ **技能目标**

1. 会对蓄电池技术状况进行检查和维护;
2. 会对蓄电池充电;
3. 会进行电源系统电路的连接;
4. 会拆装发电机,熟练运用万用表检测发电机和调节器;
5. 能用正确的诊断方法解决电源系统常见故障;
6. 会用万用表检验交流发电机的部件。

## 1 电源系统概述

为了能安全、方便和舒适的驾驶车辆,汽车装有许多电气装置。汽车不但在行驶时要用电,停车时也用电。因此,汽车电源系统由蓄电池作为电源,并配有充电系统,该系统通过发动机运行来发电。充电系统向所有的电气设备供电并对蓄电池充电。

汽车电源系统主要包括发电机、调节器(有些装在发电机内)、蓄电池、充电指示灯和点火开关等,如图 2-1 和图 2-2 所示。

蓄电池、发电机与汽车用电设备都是并联的。在发动机正常工作时,发电机向用电设备供电和向蓄电池充电;起动时,蓄电池向起动机供电;充电指示灯用来指示蓄电池的充放电状况;调节器的作用使发电机在转速变化时,能保持其输出电压恒定,如图 2-3 所示。

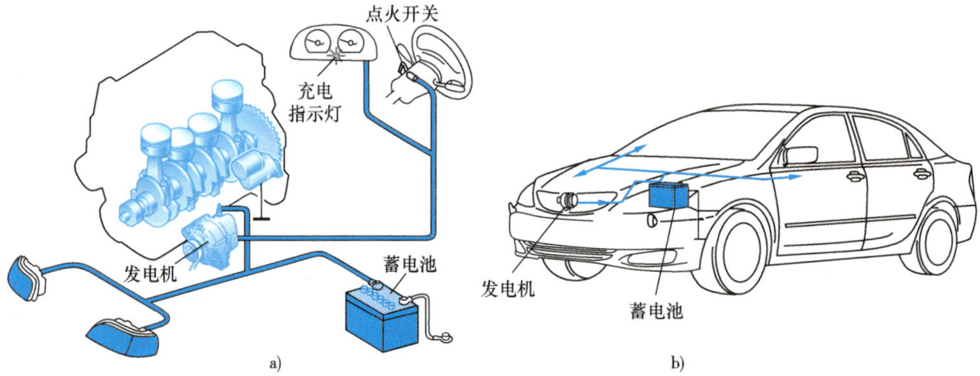


a)　　b)

图 2-1　电源系统整体图

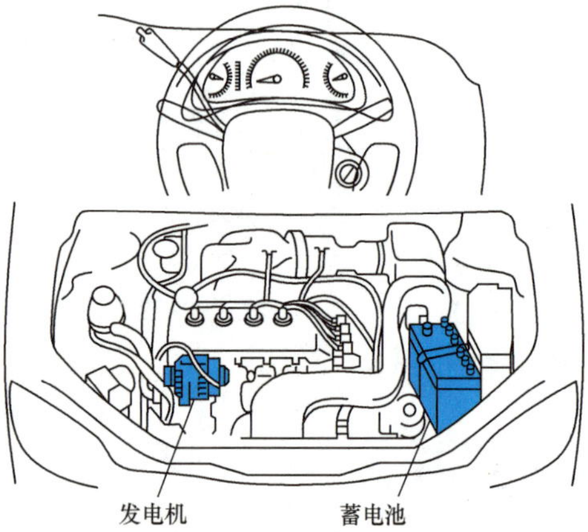


图 2-2　电源系统组成示意图

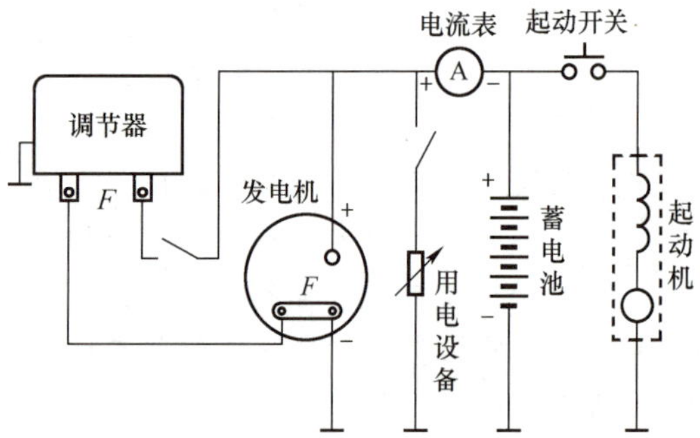


图 2-3　电源系统电路示意图

当点火开关处于 ACC 或 LOCK 位置时,电源系统中无电流通过,如图 2-4 所示。

当点火开关处于 ON(发动机不运行时)位置时,电源系统中电流的流向如图 2-5 所示。

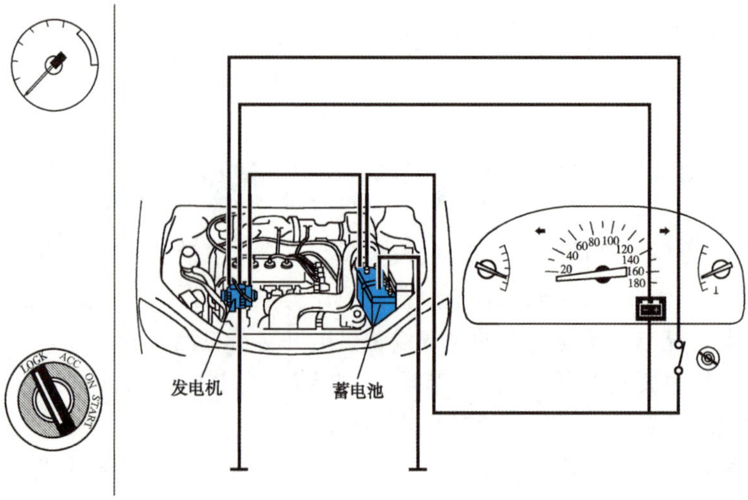


图 2-4　电源系统中无电流通过

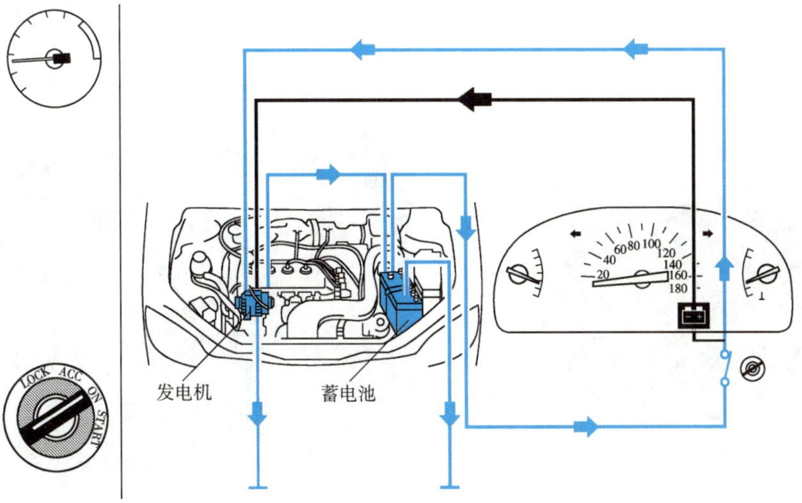


图 2-5 电源系统中电流的流向

**相关链接**

当点火开关处于 ON 位置时,电流从蓄电池流向发电机。其原因如下:车辆使用的发电机一般通过旋转的磁体来发电,此磁体不是永久磁体而是电磁体,它通过内部电流流通来产生磁力。因此,在起动发动机准备发电之前必须向发电机供电。

当点火开关处于 ON(发动机运行时)位置时,电源系统中电流的流向如图 2-6 所示。

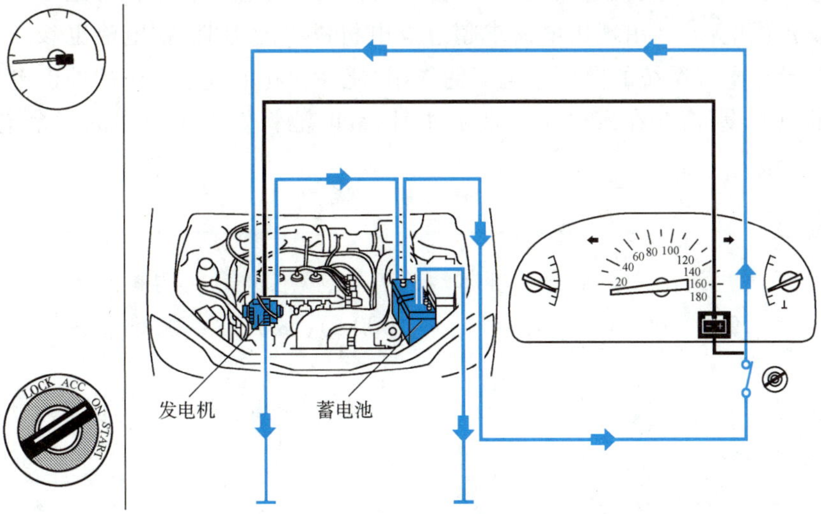


图 2-6 电源系统中电流的流向

## 2 汽车蓄电池

汽车蓄电池是一种储存电能的装置,一旦连接外部负载或接通充电电路,便开始其能量转换过程。在放电过程中，蓄电池中的化学能转变成电能；在充电过程中，电能被转变成化学能。蓄电池外观图如图 2-7 所示。

a)

b)

图 2-7　蓄电池外观图

相关链接

当发动机停机或发电机不发电时，蓄电池是电源，用于向电气设备供电并起动发动机。一旦发动机开始运行，发电机即对蓄电池充电。

汽车蓄电池的主要用途是：①在起动发动机期间，它为起动系统、点火系统、电子控制燃油喷射系统和汽车的其他电气设备供电；②当发动机停止运转或低怠速运转时，它给汽车的用电设备供电；③当出现用电需求超过发电机供电能力时，蓄电池也参加供电；④蓄电池起到了整车电气系统的电压稳定器的作用，能够缓和电气系统中的冲击电压，从而保护汽车上的电子设备；⑤在发电机正常工作时，蓄电池将发电机发出的多余电能存储起来——充电。

相关链接

汽车用蓄电池必须满足发动机起动的需要，即在短时间内向起动机提供大电流（汽油机为 200～600A，柴油机可达到 1000A），这种蓄电池通常称为起动型蓄电池。

蓄电池有多种类型，根据电解液的不同，可分为酸性蓄电池和碱性蓄电池。由于铅酸蓄电池具有内阻小、电压稳定的特点，并且结构简单、成本低、起动性能好，所以在汽车上得到了广泛的应用。

在发动机起动后，当发电机的转速达到一定转速时，车辆的电源系统即开始向蓄电池充电。

目前，汽车上常用的蓄电池有：普通蓄电池、免维护蓄电池、封闭式免维护蓄电池等。

## 2.1　普通型蓄电池的结构

汽车蓄电池由若干单格电池组成。单格电池由正极板、负极板、隔板、电解液、电池盖板、加液孔塞和电池外壳组成。蓄电池的基本结构如图 2-8 所示。

**相关链接**

蓄电池一般分隔为 3 个或 6 个单格，每个单格电池的电压为 2V，将 3 个或 6 个单格电池串联后制成一只 6V 或 12V 蓄电池总成。目前装在汽油发动机汽车上使用的是由 6 个单格电池组成的 12V 蓄电池，装在柴油发动机汽车上使用的是由两个 12V 蓄电池串联而成的 24V 电源电池。随着汽车上用电设备的增加，目前汽车电源电压有升高的趋势，可能会有 36V 或 48V 蓄电池。

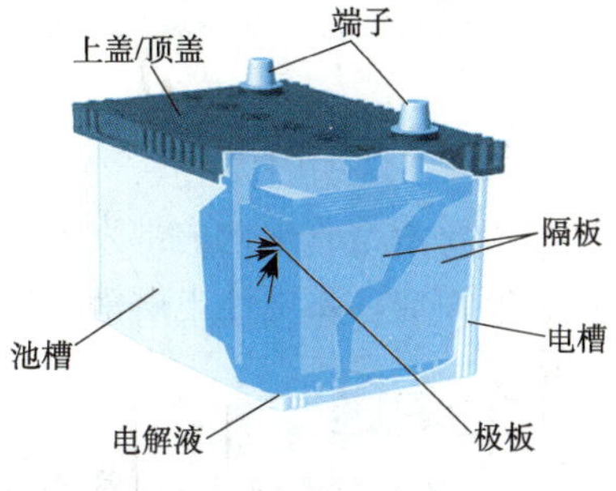

图 2-8　蓄电池的基本结构

### 2.1.1　极板

蓄电池极板由栅架和活性物质组成，活性物质填充在铅锑合金的栅架上。极板是蓄电池的核心部分，它分正极板和负极板。正极板上的活性物质是深棕色二氧化铅（$PbO_2$），负极板上的活性物质是青灰色海绵状铅（Pb）。蓄电池充放电过程中，电能和化学能的相互转换，就是依靠极板上活性物质和电解液中硫酸的化学反应来实现的。$PbO_2$ 和 Pb 形成的原电池的电动势大约为 2V。

**相关链接**

在栅架的铅锑合金中，锑的含量为 6% ~8.5%，加入锑是为了提高栅架的机械强度并改善浇铸性能。但铅锑合金耐电化学腐蚀性能比纯铅差，锑易从正极板栅架中解析出来，引起蓄电池自行放电和栅架的膨胀、溃烂，缩短蓄电池的使用寿命。目前，多采用铅—低锑合金栅架（含锑 2% ~3%）和铅-钙-锡合金栅架（无锑栅架）。

由于单片极板上的活性物质数量少，所存储的电量少，为了增大蓄电池的容量，通常将多片正、负极板分别并联，并用横板焊接，组成正、负极板组，如图 2-9 所示。横板上连有极桩，各片间留有间隙。安装时，正负极板相互嵌合，中间插入隔板。在每个单格电池中，负极板的数量总比正极板多一片。

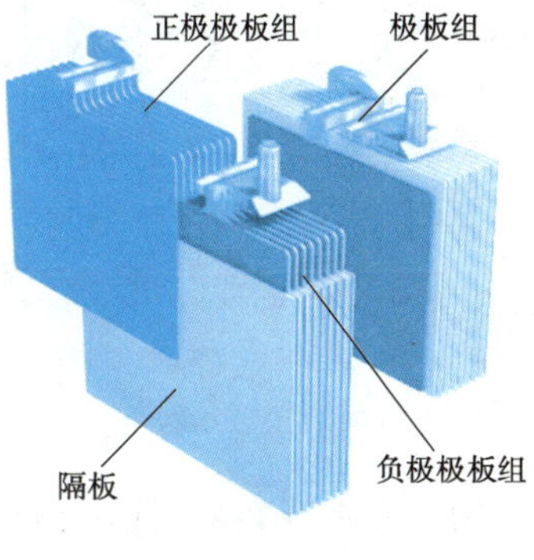

图 2-9　蓄电池极板

### 2.1.2　隔板

为了减小蓄电池的内阻和尺寸，蓄电池内部正负极板应尽可能地靠近，但为了避免彼此接触造成短路，正负极板之间要用隔板隔开。隔板材料应具有多孔性且化学性能稳定，以便电解液渗出，同时应具有良好的耐酸性和抗氧化性。

相关链接

隔板的材料有木质、微孔橡胶、微孔塑料等。

木质隔板价格便宜，但耐酸性能差，已很少使用。微孔橡胶隔板性能好，寿命长，但生产工艺复杂、成本较高，故尚未推广使用。微孔塑料隔板孔径小、孔率高。

### 2.1.3 电解液

电解液是蓄电池内部发生化学反应的主要物质，由化学纯净硫酸和蒸馏水按一定的比例配制而成。蓄电池电解液的密度一般为1.24～1.30g/cm$^3$。

相关链接

使用中应注意：电解液的腐蚀性极强，溅到皮肤上或眼睛里会使其受伤。如果不慎接触了蓄电池电解液，要立即用苏打水冲洗（苏打中和酸）；电解液溅到眼睛里，要立即用清水或医用冲眼器冲洗，然后请医生处置。

### 2.1.4 外壳

蓄电池的电解液和极板组装在外壳中，外壳应耐酸、耐热、耐振动冲击。外壳有硬橡胶外壳和聚丙烯塑料外壳两种。在制造蓄电池外壳时，将一个整体的外壳分成若干个单格，一般是将整个外壳分成3个或6个互不相通的单格，安装3组或6组极板组，形成6V或12V的蓄电池。

## 2.2 干式荷电铅蓄电池

干式荷电铅蓄电池与普通蓄电池的区别是，极板组在干燥状态的条件下，干式荷电铅蓄电池能够较长时间（两年）地保存在制造过程中所得到的电荷。如果干式荷电铅蓄电池在规定的保存期内需要使用，只要加入符合规定密度的电解液，搁置15～20min，将液面高度和密度调整至规定标准后，不需要进行充电即可使用。

相关链接

干式荷电铅蓄电池主要是负极板的制造工艺与普通蓄电池不同。干式荷电铅蓄电池现已大量在汽车上应用。

## 2.3 免维护蓄电池

免维护蓄电池是目前普遍使用的铅酸蓄电池。

### 2.3.1 免维护蓄电池的结构特点

（1）极板栅架采用铅-钙-锡合金材料制成，彻底消除锑的副作用。极板栅架采用铅-低锑合金（含锑2%～3%）材料制作的蓄电池称为免维护蓄电池。锑的存在，不仅会在电化学反应中不断地从正极板析出并迁移到负极板表面，为自放电创造条件，而且使蓄电池电动势降低，充电电流增大，水的电解速度加快。

（2）采用袋式聚氯乙烯隔板，将正极板装在隔板袋内，既能避免活性物质脱落，又能防止极板短路。

（3）通气孔塞采用新型安全通气装置，孔塞内装有氧化铝过滤器和催化剂钯。过滤器能阻止水蒸气和硫酸气体通过，避免其与外部火花接触而发生爆炸。催化剂能促使氢氧离子结合生成水，再回到池内而减少水耗。

在有些免维护蓄电池内部装有一只指示荷电状况的密度计，如图 2-10 所示。如果密度计顶部的圆点呈绿色，说明蓄电池荷电充足（大约 65% 充电）；如果圆点模糊，说明蓄电池荷电不足；如果圆点呈黄色，说明给蓄电池再充电也无济于事；如果此“眼睛”是透亮的，表明电解液不足。后两种情况都必须更换蓄电池。

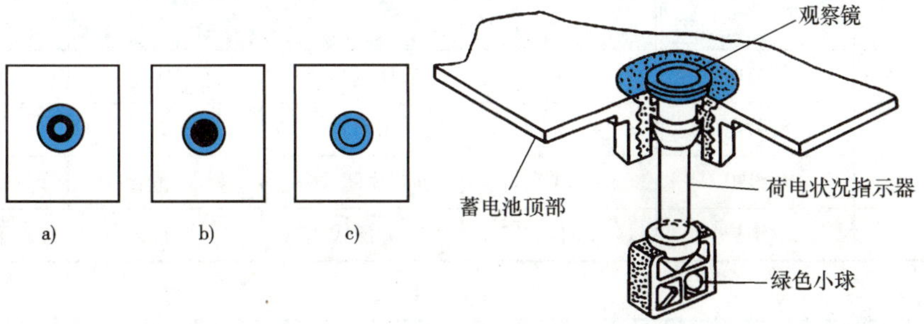


图 2-10　免维护蓄电池相对密度计

（4）外壳用聚丙烯塑料热压而成，槽底无筋条，极板组直接安放在壳底上，使极板上部容积增大 33% 左右，电解液储存量增大。

### 2.3.2　免维护蓄电池的使用特点

（1）在整个使用过程中，无需补加蒸馏水，减少了维护工作量。

（2）蓄电池盖上设有安全通气装置，可阻止水蒸气和硫酸气体的通过，减少了电解液的消耗，并能减弱电桩和附近机件的腐蚀。

（3）自放电少，可储存两年以上；使用寿命长，约为普通蓄电池的 4 倍。

（4）耐过充电性能好，免维护蓄电池的过充电电流在充满电时可接近 0，减少了电和水的损耗。

（5）内阻小，起动性能好。

## 2.4　蓄电池的型号

根据我国汽车行业标准《铅酸蓄电池名称、型号编制与命名办法》（JB/T 2599—2012）的规定，蓄电池型号的编制由 3 部分组成。其型号一般都标注在外壳上，产品型号和含义如下：

第一部分为串联的单体蓄电池数。

第二部分为蓄电池用途（表 2-1）、结构特征代号（表 2-2）。

第三部分为标准规定的额定容量。

蓄电池用途代号　　表 2-1

| 蓄电池类型(主要用途) | 型　号 | 蓄电池类型(主要用途) | 型　号 |
|---|---|---|---|
| 起动型 | Q | 储能用 | C |
| 固定型 | G | 电动道路车用 | EV |
| 牵引(电力机车)用 | D | 电动助力车用 | DZ |
| 内燃机车用 | N | 煤矿特殊 | MT |
| 铁路客车用 | T | 船舶用 | C |
| 摩托车用 | M | 储能用 | CN |
| 船舶用 | C | 电动道路车用 | EV |

蓄电池特征代号　　表 2-2

| 特征代号 | 蓄电池特征 | 特征代号 | 蓄电池特征 | 特征代号 | 蓄电池特征 |
|---|---|---|---|---|---|
| A | 干荷电 | J | 胶体电解液 | D | 带液式 |
| H | 湿荷电 | M | 密闭式 | Y | 液密式 |
| W | 免维护 | B | 半密闭式 | Q | 气密式 |
| S | 少维护 | F | 防酸式 | I | 激活式 |

相关链接

3-Q-90,表示由 3 个单格电池组成,额定电压为 6V,额定容量为 90A · h 的起动用蓄电池。又如 6-QAW-100,表示由 6 个单格电池组成,额定电压 12V,额定容量为 100A · h 的起动用干荷电免维护蓄电池。

## 2.5 铅酸蓄电池的基本工作原理

蓄电池的工作原理就是化学能与电能的相互转化。当蓄电池将化学能转化为电能而向外供电时,称为放电过程;当蓄电池与外界直流电源相连而将电能转化为化学能储存起来时,称为充电过程。蓄电池的基本工作原理如图 2-11 所示。

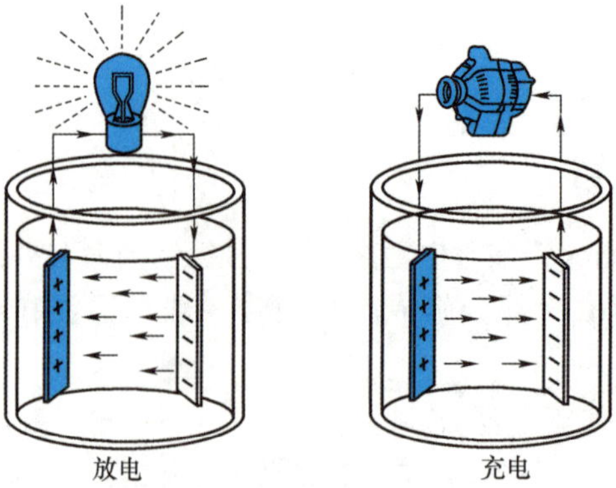


图 2-11　蓄电池基本工作原理

蓄电池充电过程和放电过程如图 2-12 所示。

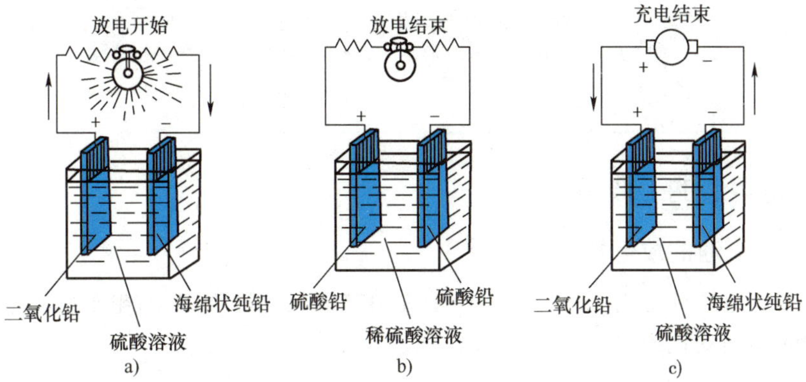


图 2-12　蓄电池工作过程

当蓄电池充足电时（图 2-13），正极板上的活性物质是二氧化铅，负极板上的活性物质是纯铅。

## 2.5.1　放电过程

在电解液（纯硫酸 + 蒸馏水）的作用下，发生如图 2-14 所示的化学反应。

## 2.5.2　充电过程

如果把放电后的蓄电池接一个直流电源，使蓄电池正极接直流电源的正极，蓄电池的负极接直流电源的负极，当外加电源电压高于蓄电池电动势时，电流将以与放电电流相反的方向流过蓄电池，使蓄电池正、负极发生与放电相反的化学反应（图 2-15）。

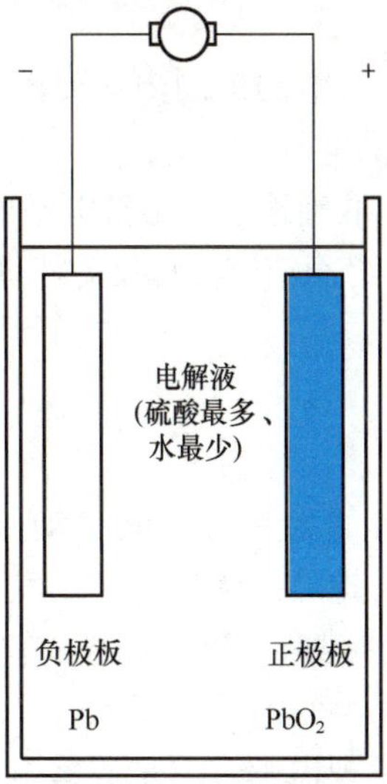


图 2-13　蓄电池充足电状态

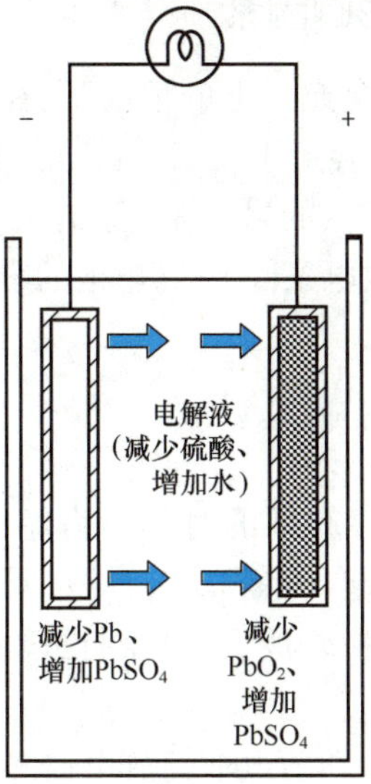


图 2-14　放电过程

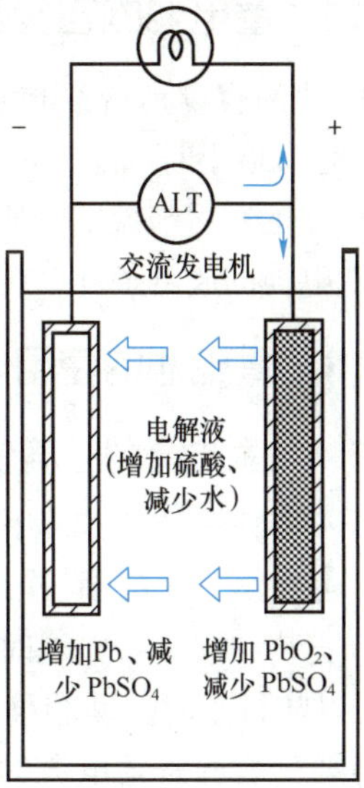


图 2-15　充电过程

综上所述，蓄电池的充放电过程中的化学反应是可逆的，总的反应方程式为：

$$PbO_2 + 2H_2SO_4 + Pb \rightleftharpoons 2PbSO_4 + 2H_2O$$

相关链接

蓄电池的充电过程和放电过程是可逆的化学反应。充电过程是将电能转化为化学能储存在蓄电池中,放电过程是将化学能转变为电能供给汽车用电设备。蓄电池的充放电次数对其寿命有很大的影响。

## 2.6 蓄电池的工作特性

### 2.6.1 蓄电池的放电特性

蓄电池的放电特性是指充足电的蓄电池在恒电流放电过程中,蓄电池的端电压、电解液密度随放电时间的变化规律。

放电终止的标志为:

(1)单格电池电压下降到放电终止电压值(以20h放电率放电时,此值为1.75V)。

(2)电解液相对密度下降到最小许可值,约为1.11。

### 2.6.2 蓄电池的充电特性

蓄电池的充电特性是指在恒流充电过程中,单格电池的端电压 $U$ 和电解液的密度 $\gamma_{25℃}$ 随时间的变化规律。

充电终止的3个标志为:

(1)电解液呈“沸腾”状(因析出氢气和氧气所致)。

(2)电解液相对密度上升至最大值,且2~3h内不再上升。

(3)单格电池端电压上升至最大值(2.7V),且2~3h内不再升高。

## 2.7 蓄电池的容量及其影响因素

蓄电池的容量是指蓄电池在完全充足电的情况下,在允许放电的范围内对外输出的电量,单位为安培小时(A·h),蓄电池容量用以表示蓄电池对外供电的能力。

蓄电池的容量与放电电流及电解液的温度等因素有关,为了准确地表示出蓄电池的容量,要规定蓄电池的放电条件。在一定放电条件下,蓄电池的容量分为额定容量和起动容量。

## 2.8 蓄电池的使用与维护

### 2.8.1 蓄电池的正确使用

(1)不要连续使用起动机。每次起动的时间不得超过5s,如果一次未能起动,应停顿15s以上再做第二次起动,连续三次起动不成功者,应查明原因,排除故障后再起动发动机。

(2)安装和搬运蓄电池时,应轻搬轻放,不可敲打或在地上拖拽。蓄电池在汽车上应固定牢靠,以防行车时振动和移位。

(3)要经常检查蓄电池的电解液和蓄电池的放电情况,如发现电解液不足或蓄电池充电不足,要及时补充电解液或充电。

### 2.8.2 蓄电池的维护

(1)经常清除蓄电池表面的灰尘污物。电解液溅到蓄电池表面时,应用抹布蘸10%浓度的苏打水或碱水擦净，电极桩和电缆夹头上出现氧化物时应及时清除。

(2)经常疏通加液孔盖上的通气孔。

(3)检查各单格内电解液的液面高度，如发现不足及时补充。

(4)放完电的蓄电池在24h内应及时充电。

(5)停驶车辆的蓄电池，每两个月应进行一次补充充电。

(6)拆卸蓄电池电缆时，应先拆下蓄电池负极，再拆下蓄电池正极；安装蓄电池电缆时，应先安装蓄电池正极，再安装蓄电池负极，以免拆卸过程中造成蓄电池断路。

## 2.9 蓄电池的充电

无论是启用新的蓄电池和修复的蓄电池，还是装在车上使用的蓄电池以及存放的蓄电池，都需要对其进行充电，这可以延长蓄电池的使用寿命。

### 2.9.1 充电方法

蓄电池的常规充电方法有定电流充电和定电压充电两种，非常规充电有脉冲快速充电。

(1)定电流充电。蓄电池在充电过程中，使其充电电流保持恒定不变，随着蓄电池电动势的逐渐提高，逐步增加充电电压的方法叫定电流充电。当充到单格蓄电池电压上升至2.4V(电解液开始冒气泡)时，再将充电电流减小一半后保持恒定，直到蓄电池完全充足。

一般使用充电机在充电工作间对蓄电池充电，常采用定电流充电法。因为它有较大适用性，可任意选择和调整电流，适应各种不同条件(新蓄电池的初充电，使用中的蓄电池补充充电以及去硫充电等)下的蓄电池充电，其主要特点是充电时间长。

(2)定电压充电。在充电过程中，加在蓄电池两端的充电电压保持恒定不变的充电方法，称为定电压充电。

(3)脉冲快速充电法。脉冲快速充电，又称为分段充电法。整个充电过程为：正脉冲充电—停充(25ms)—负脉冲(瞬间)放电或反充—停充再正脉冲充电，之后又重复循环。

该充电方法的显著特点是充电速度快，即充电时间大大缩短。但其缺点是充电速度快，易使活性物质脱落，因而对蓄电池的使用寿命会有一定影响。

### 2.9.2 蓄电池的补充充电

蓄电池在使用中，如果发现起动机运转无力或灯光比平时暗淡，必须进行补充充电。另外，由于汽车上使用的蓄电池进行的是定电压充电，不一定能使蓄电池充足电。为了有效防止硫化，应及时对蓄电池进行补充充电。

补充充电具体步骤如下：

(1)从汽车上拆下蓄电池，清除蓄电池盖上的脏污，疏通加液孔盖上的通气小孔，消除极桩和电缆接头上的氧化物。

(2)检查电解液的密度和液面高度，电解液液面应高出极板上沿15mm。

(3)将蓄电池正极接充电机正极，蓄电池负极接充电机负极，选择充电电流大小，约为蓄电池额定容量的1/10，充至电解液达到规定值，并且在2～3h内基本不变，蓄电池内产生大量气泡，电解液呈“沸腾”状态，此时表示蓄电池电已充足。

(4)将加液孔盖拧紧，擦净蓄电池表面，即可使用。

### 2.9.3 充电注意事项

(1)严格遵守各种充电方法的充电规范。

(2)充电过程中，要密切观察各单格电池的电压和电解液密度变化，及时判断其充电程度和技术状况。

(3)在充电过程中，密切注意蓄电池的温度。

(4)充电时要经常备用冷水、10%苏打溶液或10%的氨水溶液。

(5)充电室要安装通风装置，并要严禁明火，因为充电时会产生易燃氢气。

(6)充电设备不应和蓄电池放置在同一工作间。充电时，应先接牢蓄电池连线，停止充电时，应先切断电源，以严防产生火花。

## 2.10 蓄电池技术状况的检测

蓄电池技术状况的检测包括：电解液液面高度的检查、蓄电池端电压的检测、电解液密度的测量及蓄电池放电程度的检查。

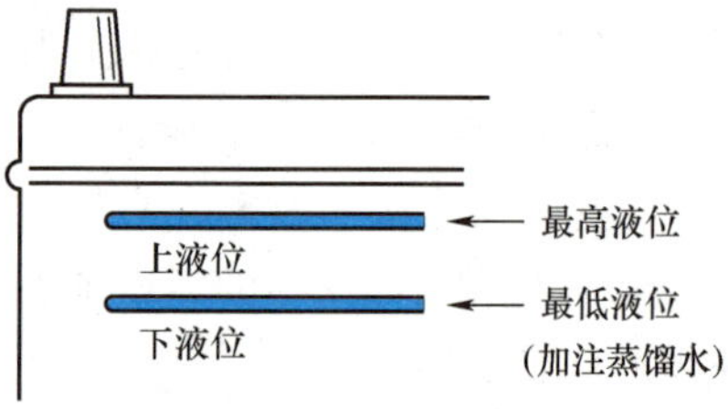


图2-16　透明壳体液位检查

### 2.10.1 蓄电池电解液液面高度的检查

必须定期的检查蓄电池电解液的液面高度。如有必要，必须添加蒸馏水。

蓄电池的壳体由透明或半透明材料制成，在壳体上面有正常液位范围标记(图2-16)。电解液的液位必须在该范围之内。

**相关链接**

在极冷气候下，加注蒸馏水时，蓄电池必须立即给予补充充电，直到电解液充分搅动，以防冻结。

在黑壳体的蓄电池中，电解液液位必须保持在隔板上10～15mm(图2-17)，即保持液面足够高，以浸过各电解槽中的极板。

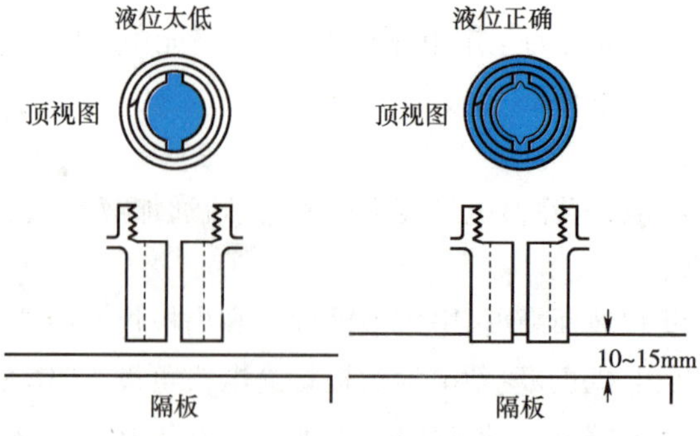


图2-17　黑壳体的蓄电池电解液液位检查

### 2.10.2 蓄电池端电压的检测

用万用表测量蓄电池的端电压,按如下步骤进行:

(1)将万用表置于直流电 20V 挡位。

(2)将万用表的正表笔接蓄电池的正极端,负表笔接蓄电池的负极端,如图 2-18 所示。

(3)读出指示电压值,12V 以上为正常值。

(4)电压值低于 12V,表明蓄电池已放电,需进行补充充电。

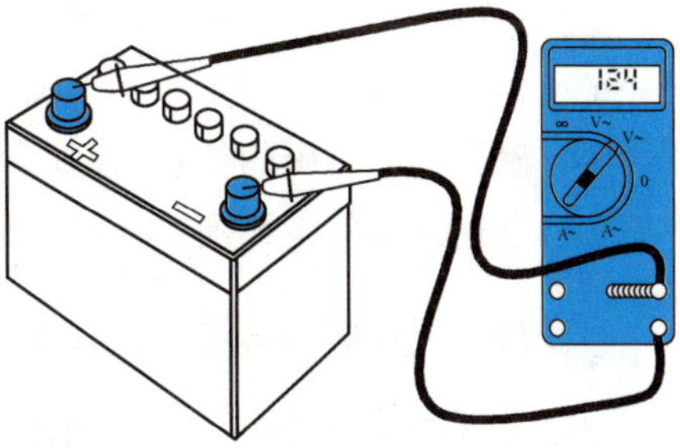

图 2-18　万用表测量蓄电池电压

### 2.10.3 放电程度的检查方法

电解液密度与放电程度的关系是:电解液密度每下降 0.01g/cm$^3$,相当于蓄电池放电 6%。当判定蓄电池在夏季放电超过 50%或冬季放电超过 25%时,不宜再使用,应及时进行充电,否则,会使蓄电池早期损坏。放电程度可通过测量蓄电池电解液密度来估算。

### 2.10.4 汽车蓄电池测试诊断

汽车蓄电池诊断可以使用蓄电池测试仪,大众使用的是 VAS 6161。测量原理是电导测量,通过测量蓄电池内部电阻,计算出结果。这种测量不会给蓄电池加上负载,对蓄电池的电量要求不高,在蓄电池电量较低的情况下,仍然可以测量,不需要对蓄电池进行重新充电后再测量。蓄电池测试仪 VAS 6161 有 3 种运行模式,分别为维护模式、保修模式、服务模式。

维护模式是专门用于新车蓄电池检测的,在车辆库存时,随时检测蓄电池的质量。首先使用扫描仪通过车辆条形码读取车辆识别代码,也可以手动输入车辆识别代码,以便区分不同车辆线束布置,了解原装蓄电池技术参数;然后使用扫描仪读取蓄电池二维码,也可以手动选择蓄电池型号和相应的蓄电池制造商;接着连接测试导线,对蓄电池温度和蓄电池内阻进行测量。检测结果有蓄电池良好、立即充电和蓄电池损坏 3 种。

保修模式是在车用蓄电池有保修需要时使用的一种模式。对于损坏的蓄电池,VAS 6161 会生成一个测试代码,通过这个测试代码可以打印测试结果凭证,这个凭证可以用于保修结算,无此凭证不可进行保修结算。保修模式可以在车辆上进行,也可以在拆下的蓄电池上进行。测试过程与维护模式相同,检测结果可以分成两类,分别为有享受保修的故障和没有享受保修的故障。

服务模式可以用于检测所有保修到期的蓄电池或检测车辆非原厂品牌的蓄电池。测试过程与维护模式相同,检测结果可以分蓄电池良好、蓄电池良好需充电、蓄电池充电再检测和蓄电池电量已耗尽 4 种。若蓄电池充电后的检测结果仍然为充电再检测时,需要更换蓄电池;若检测结果是蓄电池已耗尽,请在确认导线连接正常的情况下再检测一次,结果仍为已耗尽,需要更换蓄电池。

测试的注意事项:

(1)应去除蓄电池极柱上的表面电荷;

(2)蓄电池检测在关闭所有用电设备的情况下进行,此时所有系统都应处于静止状态;

(3)在测试时应注意不要用手挡住温度传感器;

(4)确认输入正确的信息,否则会影响到测试结果;

(5)选择正确的检测模式,否则会影响到测试结果。

## 2.11 电动汽车蓄电池的种类和特点

电动汽车用蓄电池的种类很多,例如铅酸蓄电池、氢镍(Ni-MH)蓄电池、硫(Na-S)蓄电池、锂蓄电池、锌空蓄电池、飞轮电池、燃料电池、太阳能蓄电池等。这里主要介绍当前比较成熟的两种蓄电池。

### 2.11.1 氢镍(Ni-MH)蓄电池

氢镍蓄电池有以下主要优点:能量密度相对较高(60～70W·h/kg);无镉污染,被称为"绿色蓄电池";可大电流快速充放电。但原材料价格较高,使氢镍蓄电池的使用受到很大限制。

氢镍蓄电池是由以储氢合金作为活性物质的负极,以氢氧化镍作为活性物质的正极及隔膜组成。

氢镍蓄电池技术开发较早,产品化技术比较成熟,当前商品化的电动汽车主要采用该种蓄电池。如丰田的混合动力汽车 Prius 和本田的 Civic 采用的都是日本松下公司生产的氢镍蓄电池。

随着氢镍蓄电池技术的不断发展,预计其比能量可望超过 80W·h/kg,循环使用寿命可望超过 2000 次,其比功率也会大幅度地提高,预计这样的氢镍蓄电池充电速度仅为 1h,而使其能量补充到满能量的 70%,仅需 10min 的充电时间。

### 2.11.2 锂蓄电池

锂蓄电池具有以下一系列优点:单节工作电压达到 3.6～4.2V,相当于三节氢镍蓄电池串联;能量密度高,目前比能量达到 150W·h/kg,是氢镍蓄电池的两倍左右;能量效率高,锂蓄电池能量效率可达 99% 以上;自放电率小,一般自放电率小于 6%;循环使用寿命长,可以循环充放电 500 次以上;无记忆效应;可进行大电流充放电;无重金属污染,属于绿色蓄电池。锂蓄电池的主要不足是成本较高。

# 3 汽车交流发电机

汽车蓄电池的电量有限,不能满足汽车连续供电的需要,所以汽车需要充电系统来产生电能和随时给蓄电池充电。发电机是充电系统的主要设备,也是汽车的主要电源,其功用是在发动机怠速转速以上运转时,向除起动机以外的所有用电设备供电,同时还向蓄电池充电,如图 2-19 所示。

由于交流发电机发电性能好、寿命长及其他优点,所以目前汽车一般都使用交流发电机。过去经常采用的直流发电机目前已淘汰。

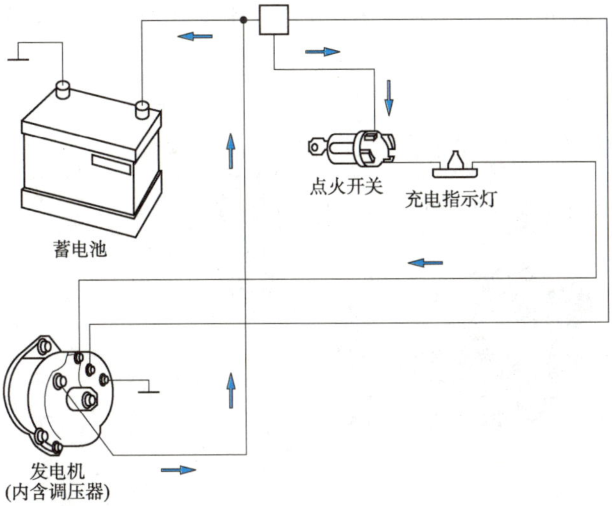


图 2-19　充电系统

## 3.1　交流发电机的功能

交流发电机有三个功能:发电、整流和调节电压。发电机的作用是将来自发动机的机械能转变成电能。发动机的机械能通过皮带轮传给发电机,皮带轮带动转子转动发出交流电,然后经二极管整流器整流变成直流电。

(1) 发电。用多槽带把发动机的旋转传输到皮带轮,转动电磁化的转子,在定子线圈中产生交流电流。

(2)整流。因为定子线圈中产生的电是交流电,它不能直接用于车辆上安装的直流电器使用,所以利用整流器将交流电转变为直流电。

(3)调节电压。利用调节器调节发电机的电压,在发电机转速或负载发生变化时也能保持电压稳定。

## 3.2　交流发电机的结构

交流发电机的主要部件是:产生磁场的转子、产生交流电的定子以及整流用的二极管。此外,还有为了产生磁场而将电流提供给转子的电刷和滑环,使转子平滑转动的轴承、冷却转子、定子及二极管的风扇。所有这些部件均装在前后机架上,如图 2-20 所示。

### 3.2.1　转子

转子是交流发电机的磁场部分,主要由转子轴、励磁绕组、两块爪形磁极、滑环等组成,如图 2-21 所示。

由低碳钢制成的两块六爪磁极压装在转子轴上,其空腔内装有导磁用的铁芯,称为磁轭。铁芯上绕有励磁绕组,励磁绕组的两根引出线分别焊在与轴绝缘的两个压装在轴上的滑环上。滑环与装在后端盖内的两个电刷相接触,两个电刷通过引线分别接在两个螺钉接线柱上。这两个接线柱即为发电机的 F(磁场)接线柱和 -(搭铁)接线柱。当这两个接线柱与直流电源相接时,便有电流流过励磁绕组,产生磁通,使两块爪极被分别磁化为 N 极和 S

极，形成犬牙交错的磁极，从而产生磁场，当发电机工作时，可在定子铁芯内部形成交变磁场。

a)

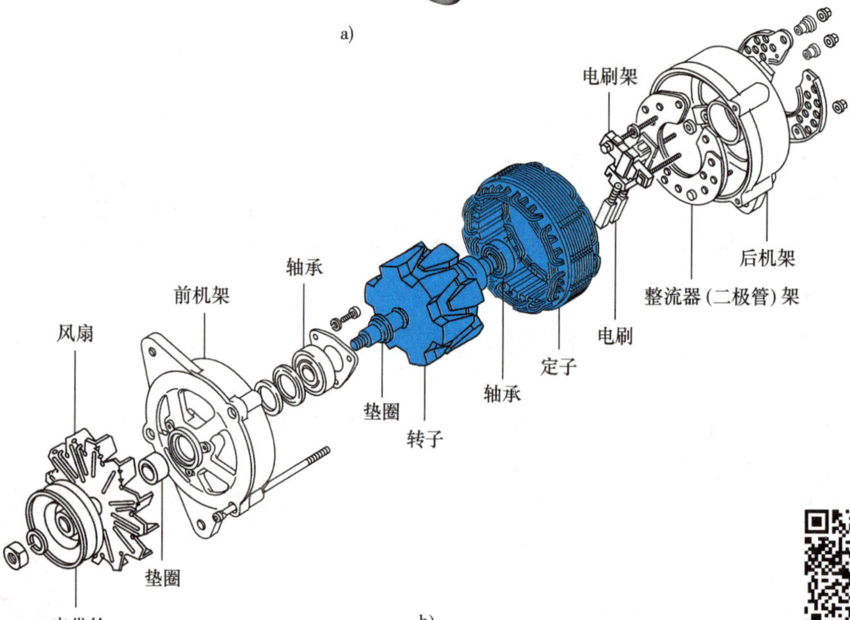


b)

图2-20　交流发电机的外观及结构

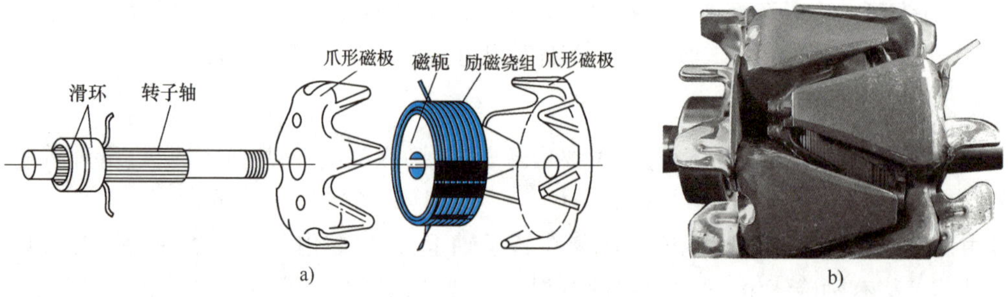


a)　　b)

图2-21　交流发电机转子结构

### 3.2.2　定子

定子又称电枢，由定子铁芯和定子绕组组成。定子铁芯一般由一组相互绝缘且内圆带有嵌线槽的圆环状硅钢片叠制而成。为了从线圈产生的电动势中引出电流，要使用三根导线将线圈连接起来，嵌线槽内嵌有三相对称的定子绕组。定子绕组一般有两种连接法：三角形（又称△形）和星形（又称 Y 形），如图 2-22 所示。

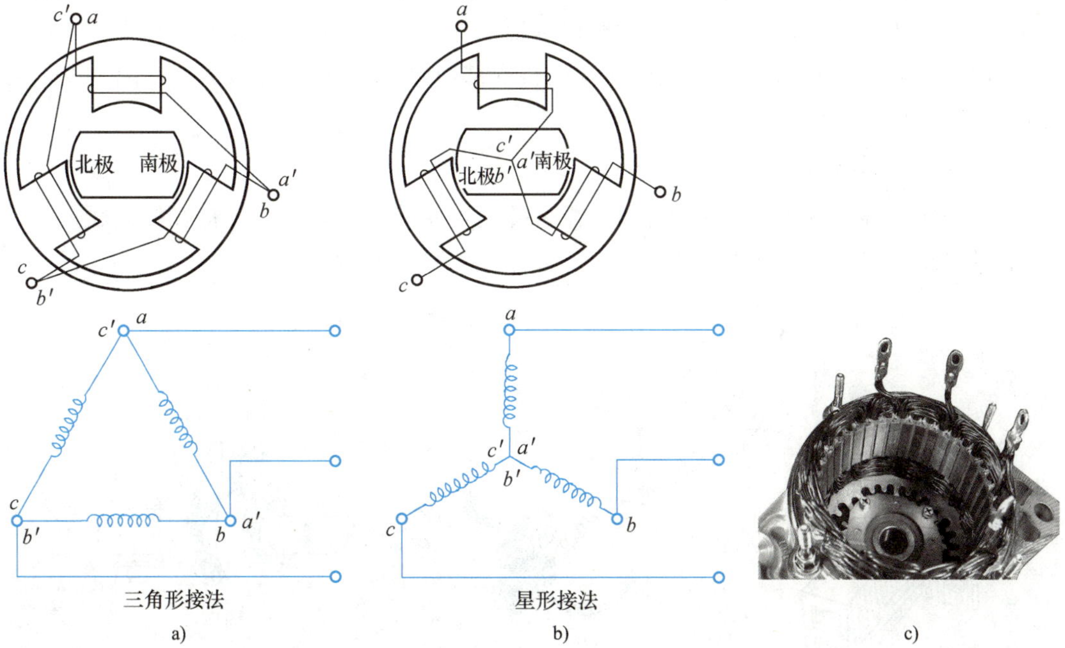


图 2-22　定子线圈

（1）三角形接法。定子绕组采用三角形接法时，三组线圈头尾相接，这种接法使发电机高速运转时发电量大，低速运转时发电量小。由于汽车发电机必须在低速下也能保证发出足够的电量，所以三角形接法很少使用。

（2）星形（Y）接法。采用这种接法时，只是将三组线圈尾部相接，即每相绕组的首端分别与整流器的硅二极管相接，作为交流发电机的交流输出端，每相绕组的尾端接在一起，形成中性点 N。由于星形接法即使在低速下也能发出足够的电量，所以广泛应用在汽车交流发电机上。

### 3.2.3　传动带轮

传动带轮通常用铸铁或铝合金制成，分单槽和双槽两种，利用风扇的半圆键装在风扇外侧的转轴上，再用弹簧垫片和螺母紧固，如图 2-23 所示。发动机工作时，通过风扇传动带带动发电机传动带轮转动。

### 3.2.4　风扇

一般用 1.5mm 厚的钢板冲制或用铝合金压铸而成，并用半圆键装在前端盖外侧的转轴上。发电机工作时，对发电机进行冷却，有的发电机取消了风扇。

图 2-23　传动带轮

### 3.2.5 前后端盖

前后端盖用非导磁性材料铝合金制成，漏磁少，并具有轻便、散热性好等优点。在后端盖内装有电刷架和电刷。汽车上使用的发电机的前后端盖上通常设有通风口。当传动带轮和风扇一起旋转时，使空气高速流经发电机内部而进行冷却。有些工作环境恶劣的工程机械、农用拖拉机等为防止灰尘、泥土进入发电机内部，常采用外形尺寸较大的封闭型交流发电机，以保证其散热的需要。

### 3.2.6 电刷与电刷架

两只电刷装在电刷架的方孔内，利用弹簧的压力使其与集电环保持良好的接触。电刷与电刷架的结构有外装式和内装式两种，其构造如图 2-24 所示。

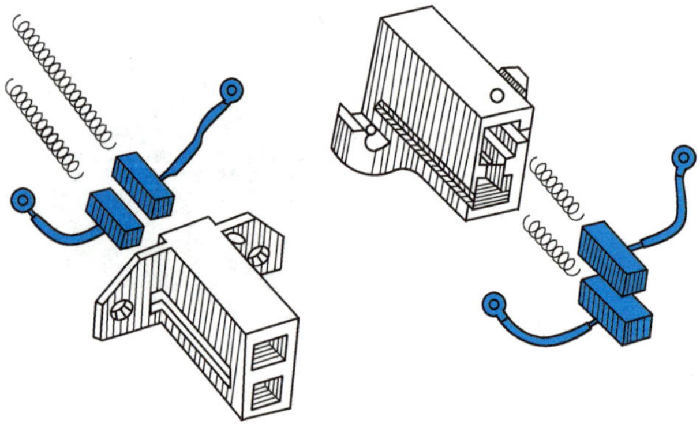


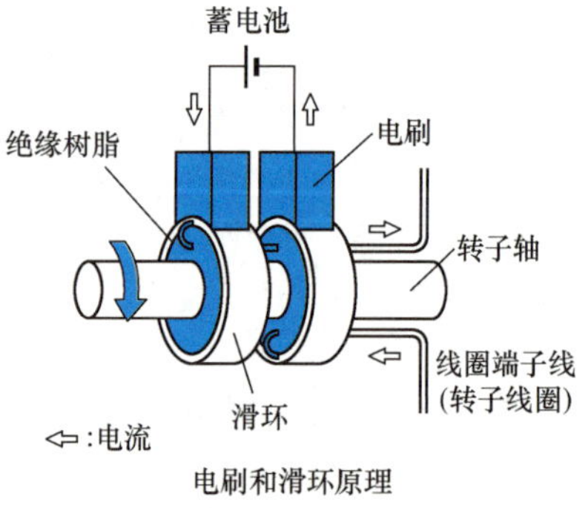


图 2-24 电刷与电刷架

搭铁电刷的引出线用螺钉直接固定在后端盖上（标记“－”），此方式称为内搭铁；如果此电刷的引出线与机壳绝缘接到后端盖外部的接线柱上（标记 F），这种方式称为外搭铁。

### 3.2.7 整流器

整流器的作用是将定子绕组产生的三相交流电变成直流电输出。其次，整流器可阻止蓄电池的电流向发电机倒流。它一般由 6 个硅二极管接成三相桥式全波整流电路，如图 2-25所示。

#### 3.2.7.1 正极管

其中心引线为二极管的正极，外壳为负极，管壳底部一般标有红色标记。在负极搭铁的交流发电机中，3 个正二极管的外壳压装在元件板的 3 个座孔内，共同组成发电机的正极，由一个与后端盖绝缘的元件板固定螺栓通至机壳外，作为发电机的正极接线柱（标有“＋”，A 或电枢）。

#### 3.2.7.2 负极管

其中心引线为二极管的负极，外壳为正极，负极管壳底部一般有黑色标记。3 个负极管的外壳压装在后端盖的 3 个孔内，和发电机外壳一起成为发电机的负极。图 2-26 为硅二极管的安装示意图。

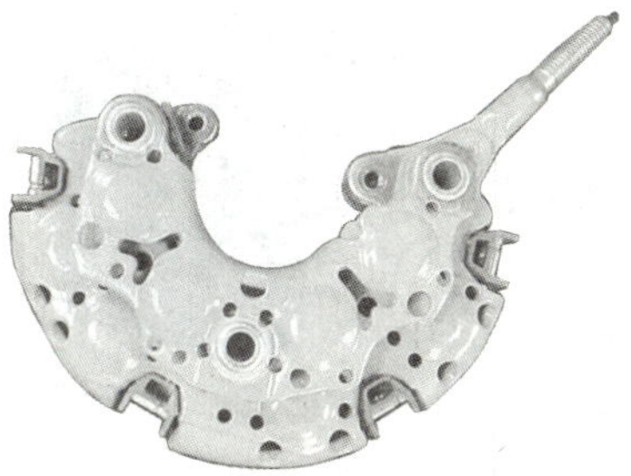

图 2-25　整流器

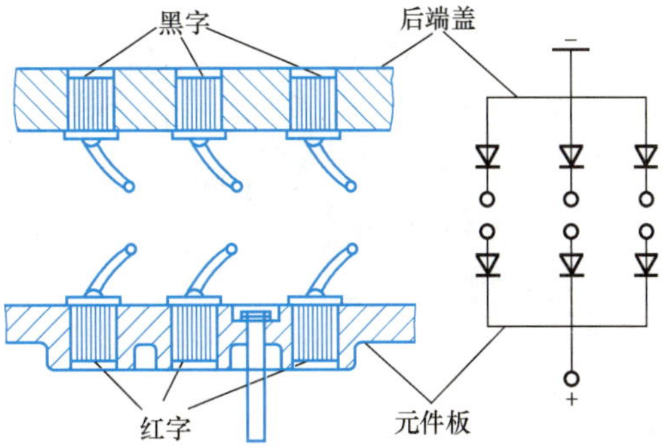


图 2-26　硅二极管的安装示意图

有些交流发电机的整流器采用 9 只二极管,增加的是 3 只小功率磁场二极管,专门用来供给励磁电流,这样可以提高发电机的电压调节精度。采用磁场二极管后,仅用简单的放电警告灯即可指示发电机的发电情况,从而节省了一只放电警告灯继电器。

另外,有些交流发电机为了提高中性点电压,提高发电机输出功率,增加了两只二极管对中性点电压进行整流,汇入发电机的输出端。同时具备上述两种功能的发电机整流器共有 11 只硅二极管,图 2-27 所示为几种不同的发电机整流器。

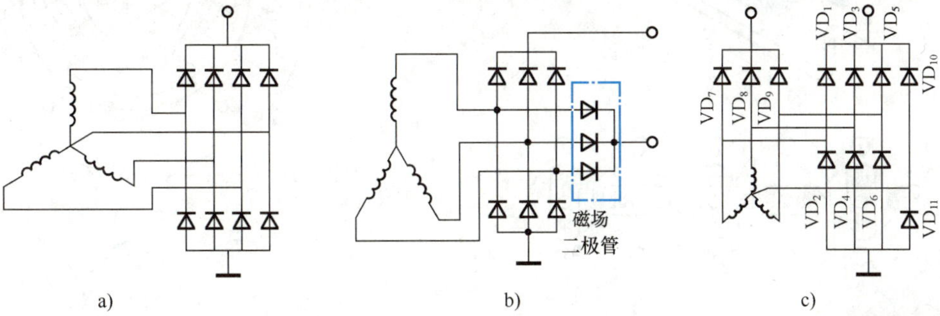


图 2-27　具有中性点和磁场二极管的整流器

## 3.3 交流发电机的工作原理

### 3.3.1 发电原理

(1)磁铁在定子线圈中旋转。使磁铁在定子线圈中旋转,定子线圈中将产生电流。由于电流作用,定子线圈发电越大越易发热。因此,定子线圈装在发电机外层对冷却有好处。所以,所有交流发电机的发电线圈(定子绕组)都在外层,而旋转磁铁(转子铁芯)都在定子线圈内,如图2-28所示。

(2)三相交流电。当磁铁在定子线圈中旋转时,定子线圈中将产生电流(电动势)。这样产生的电流为大小和方向都不断变化的交流电流,如图 2-29 所示。

线圈中产生的电流和磁铁位置的关系如图 2-29a)所示。最大电流产生在磁铁的南极和北极最靠近线圈时。电流方向随磁铁转动半圈而变化一次。以这种方式形成的正弦波形电流,称为单相交流电。如图 2-29a)所示,转子每旋转 360°为一个循环周期。

为了发出足够的电力,一般汽车交流发电机均采用如图 2-29b)所示的三组线圈排列。

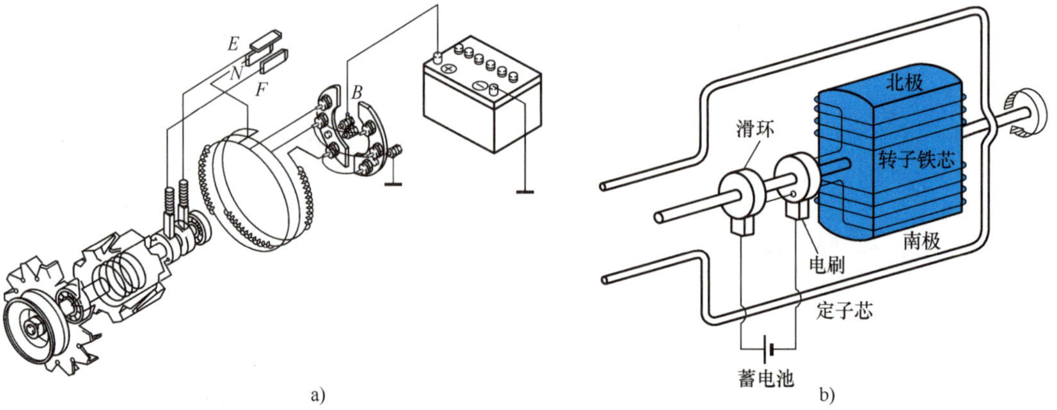


图 2-28　磁铁在线圈中旋转

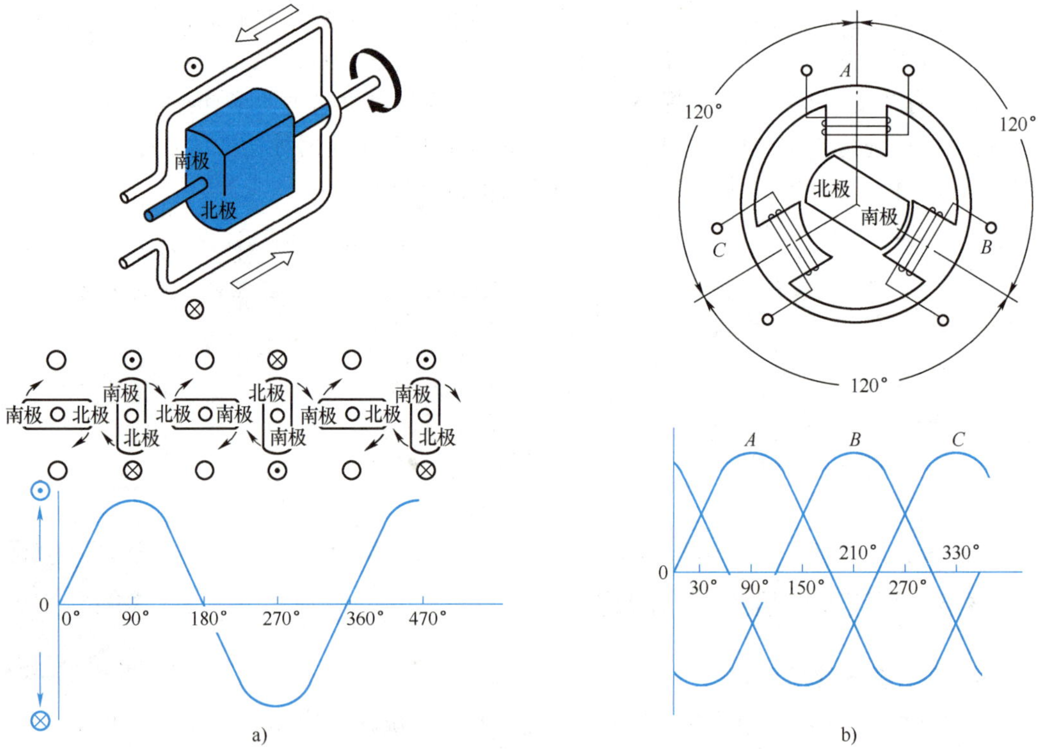


图 2-29　三相交流电产生

每组线圈 $A$、$B$、$C$ 彼此相隔 120°。当磁铁在它们中间旋转时，便在每个线圈中产生交流电流。图 2-29b）表明三组交流电流与磁铁间的关系。

像这样具有三组交流特性的电流称为三相交流电。汽车发电机发出的电即为三相交流电。

每相绕组的电动势有效值的大小与转子的转速及磁极的磁通量成正比。即：

$$E_{\Phi} = C_1 n\Phi$$

式中：$E_{\Phi}$——相电动势的有效值；

$C_1$——电动机常数；

$n$——转子的转速；

$\Phi$——磁极的磁通量。

### 3.3.2 整流原理

汽车的电器在工作时需要直流电，蓄电池充电时也要使用直流电。交流发电机发出三相交流电流，若不变成直流电，则汽车的充电系统就不能应用。

将交流电变成直流电的过程称作整流。整流的方法有许多种，但是汽车交流发电机所使用的是一种既简单又有效的二极管整流法。

二极管只允许电流按一个方向流动。如图 2-30 所示，使用了 6 个二极管，三相交流电流经全波整流变成了直流电流。

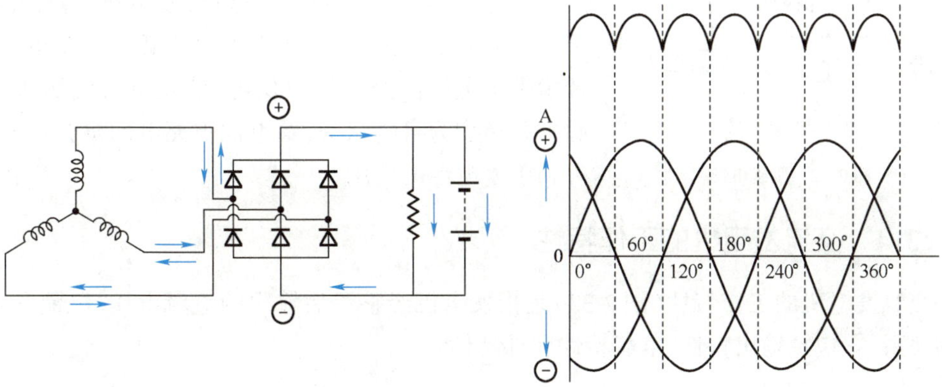


图 2-30　整流电路

整流过程如图 2-31 所示。

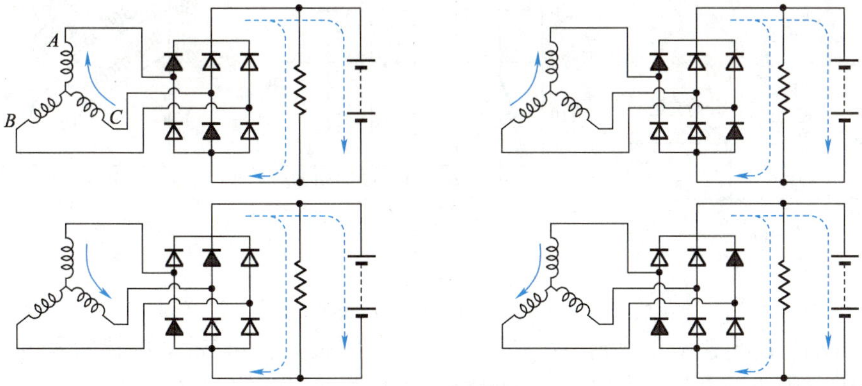


图 2-31　整流过程

（1）正极管的导通原则。由于 3 只正极管（$VD_1$、$VD_3$、$VD_5$）的正极分别接在发电机三相绕组的始端（$A$、$B$、$C$）上，它们的负极又连接在一起，所以 3 只正极管的导通原则是在某一瞬间，正极电位最高者导通。

（2）负极管的导通原则。由于 3 只负极管（$VD_2$、$VD_4$、$VD_6$）的负极分别接在发电机三相绕组的始端，它们的正极又连接在一起，所以3只负极管的导通原则是在某一瞬间负极电位最低者导通。

由图2-32我们可以看到，从每个线圈流到二极管的电流在3根导线处不断改变方向。但是从二极管出来的电流方向将固定不变，从而形成正(+)极和负(−)极。

### 3.3.3 发电机的励磁方式

交流发电机开始发电时，需由蓄电池供给励磁电流。当发电机电压达到蓄电池电压时，即由发电机自己供给励磁电流，也就是由他励转变为自励。励磁电路如图2-32所示。

由于交流发电机转子的爪极剩磁较弱，所以发电机在低速运转时，加在硅二极管上的正向电压也很小。此时，二极管的正向电阻较大，较弱的剩磁产生的很小的电动势很难克服二极管的正向电阻，使发电机电压迅速建立起来。这样，发电机低速充电的要求就不能满足。因此，汽车上发电机必须与蓄电池并联，开始由蓄电池向励磁绕组供电，使发电机电压很快建立起来并转变为自励状态，蓄电池被充电的机会就多一些，有利于蓄电池的使用。

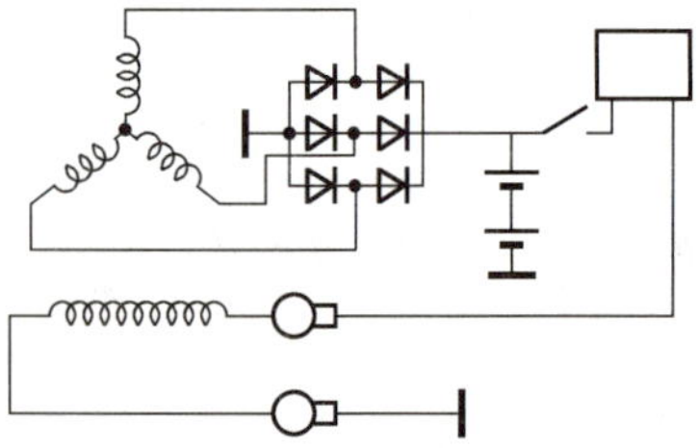

图2-32 励磁电路

## 3.4 交流发电机的工作特性

交流发电机的工作特性(图2-33)是指发电机经整流后输出的直流电压、电流和转速之间的关系，它包括输出特性、空载特性和外特性。

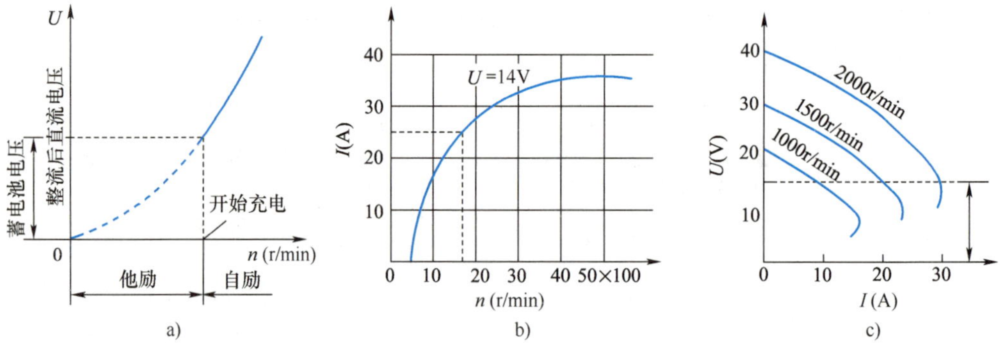


图2-33 交流发电机的工作特性

汽车发动机的转速从怠速到最高转速的变化范围很大，由它带动旋转的发电机转速也相应在较大范围内变化。研究发电机的特性，应以转速为基准来分析各有关参数之间的关系。

### 3.4.1 空载特性

研究发电机空载运行时，发电机端电压和转速之间的关系[图2-33a)]，称为发电机的空载特性。空载特性可以用来判断该发电机低速充电性能的好坏，同时也可以看出发电机的输出电压是随着发电机的转速升高而增高的。

### 3.4.2 输出特性

研究当发电机输出电压一定时,发电机输出电流随转速变化的规律,称为输出特性,如图2-33b)所示。对于12V系列的交流发电机,规定输出电压为14V;对于24V系列的交流发电机,规定输出电压为28V。

从输出特性曲线中可以看出,当转速达到一定值后,发电机的输出电流几乎不再继续增加,具有限制输出电流的能力。这是由于随着定子绕组中的感应电动势增加,定子绕组的阻抗也随转速的升高而增加。同时,定子线圈输出电流增加时,电枢反应的增强也使感应电动势下降。由于上述两个原因,使发电机转速达到一定值后,其输出电流几乎不变。由于具有这种自我保护作用,交流发电机一般不需设置限流器。

### 3.4.3 外特性

外特性指转速一定时,发电机端电压与输出电流之间的关系,如图2-33c)所示。

从外特性曲线可以看出,在转速变化时,发电机端电压有较大的变化;在转速恒定时,由于输出电流的变化对端电压也有很大影响,因此要使输出电流稳定,必须配用电压调节器;当发电机高速运转突然失去负载时,端电压会急剧升高,这时电气设备中的电子元件将有被击穿的危险。

## 3.5 交流发电机的拆装和维护

### 3.5.1 常用维修工具与测试仪器的使用

#### 3.5.1.1 跨接线

跨接线就是一段多股导线,如图2-34所示,两端分别接有鳄鱼夹或不同形式的插头。

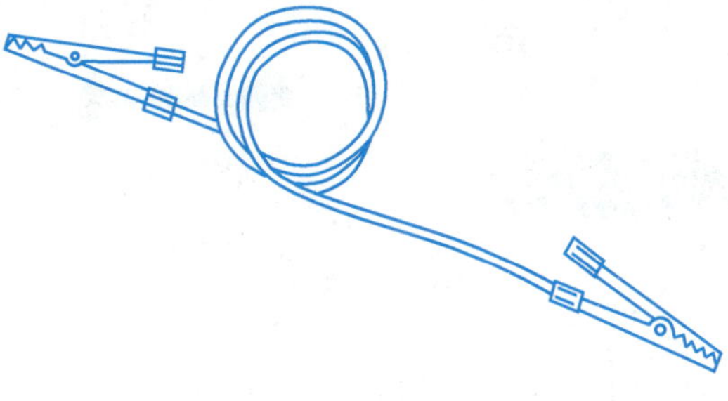

图2-34 跨接线

跨接线用来对被怀疑断路的导线起替代鉴别作用,也可以在不需要某部件的功用时,用跨接线将其短路(将其隔离出去),以检查部件的工作情况。需要注意的是,使用跨接线引入12V电源电压时要注意被测部位的工作电压是否为12V。如有的喷油器工作电压为4V,加上12V电压就可能导致喷油器损坏。跨接线不能误用于试验部件的“+”接头与搭铁之间,否则会使电源短路。

#### 3.5.1.2 测试灯

(1)12V无源测试灯。它是由12V(2~20W)灯泡、导线和各种型号的插头组成的,如图2-35所示。

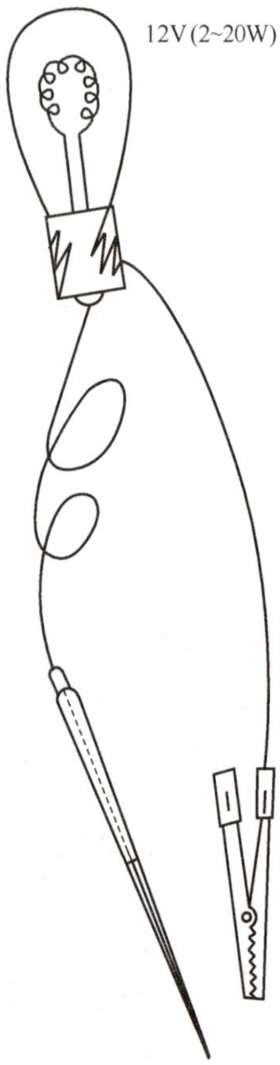


图 2-35　无源测试灯

12V 无源测试灯可以用来检查电源电路各线端是否有电流。将 12V 无源测试灯一端搭铁，另一端接电器部件电源接头，如灯亮，说明电器部件的电源电路无故障；如灯不亮，顺电源方向找出第二接点测接，如灯亮，则电路在第二接点与电源接头间有断路故障。如灯仍不亮，再顺电源方向测接第三接点……直到灯亮为止。且故障在最后一个被测接头与上一个被测接点间的电路上，大多为断路故障。

(2) 12V 有源测试灯。12V 有源测试灯与 12V 无源测试灯基本相同，它只是在手柄内加装两节 1.5V 干电池，如图 2-36 所示。

12V 有源测试灯用来检查电器电路断路和短路故障。

①断路检查。首先断开与电器部件相连接的电源电路，将测试灯一端搭铁，另一端接电路各接点（从电路首端开始）。如果灯不亮，则断路出现在被测点与搭铁之间；如灯亮，则断路出现在此时被测点与上一个被测点之间。

②短路检查。首先断开电器部件电路的电源线和搭铁线，测试灯一端搭铁，一端与其余电器部件电路相连接。如灯亮，表示有短路故障（搭铁）存在。然后逐步将电路中插接器拨开，开关打开，拆除各部件，直到灯灭为止，则短路出现在最后开路部件与上一个开路部件之间。

需要注意的是，不可用测试灯检查发动机微机控制系统，除非维修手册中有特殊说明。

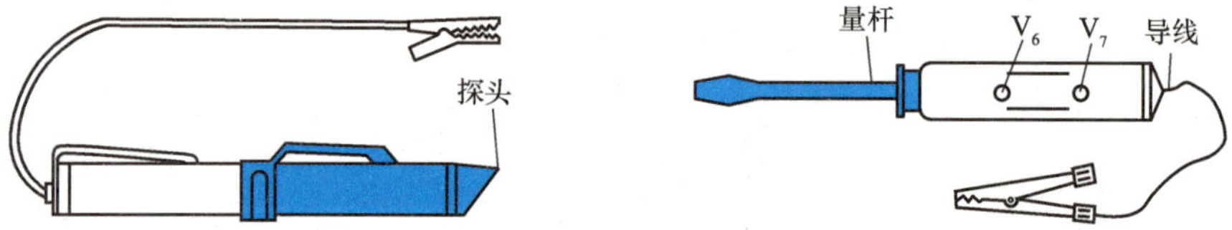


图 2-36　有源测试灯

3.5.1.3　万用表

目前，常用的是数字式万用表（汽车专用），如图 2-37 所示。

图 2-37　数字式万用表（汽车专用）

该数字万用表的主要技术参数见表 2-3。

汽车专用数字式万用表主要技术参数　　表 2-3

| 主要功能 | 技术参数 |
|---|---|
| 直流电压 | (400mV ~ 400V)(1% ±0.5%),1000(1% ±1%)V |
| 直流电流 | 400(1% ±1%)mA,20(1% ±2%)A |
| 交流电压 | (400mV ~ 400V)(1% ±1.2%),750(1% ±1.5%)V |
| 交流电流 | 400(1% ±1.5%)mA,20(1% ±2.5%)A |
| 电阻 | 400(1% ±1%)Ω,(4kΩ ~ 4MΩ)(1% ±1%),40(1% ±2%)MΩ |
| 频率 | (4kHz ~ 4MHz)(1% ±0.05%),10Hz |
| 音频 | 电路通、断音频信号测试 |
| 二极管的检测 | ±(1% rdg + 3dgt) |
| 温度的检测 | -18 ~ (300 ±3)℃,(301 ~ 1100)(1% ±3%)℃ |
| 转速 | (150 ~ 3999)(1% ±0.3%)r/min,(4000 ~ 10000)(1% ±0.6%)r/min |
| 闭合角 | ±0.5% |
| 频宽比 | ±0.2% |

### 3.5.2　交流发电机的拆装与维护

交流发电机的维护可从 5 个部分完成,即拆卸、分解、检查、组装、安装,如图 2-38 所示。

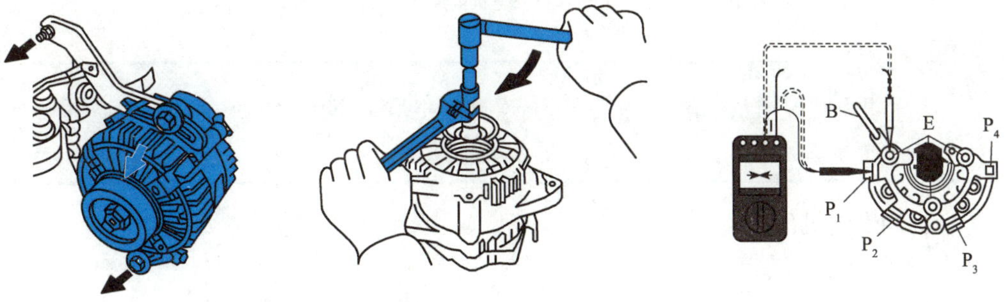


a)　b)　c)

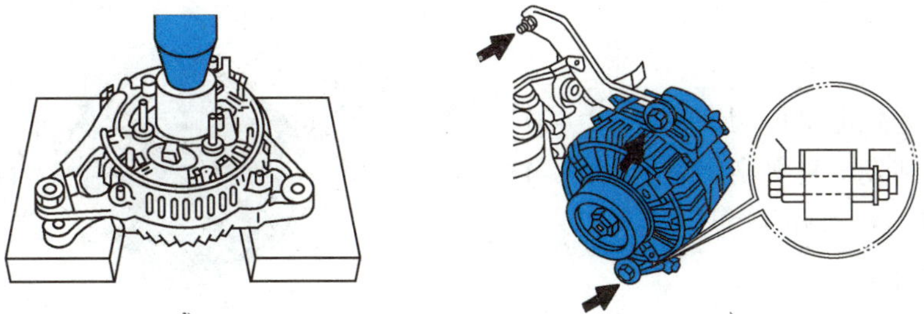

d)　e)

图 2-38　交流发电机的维护五步法

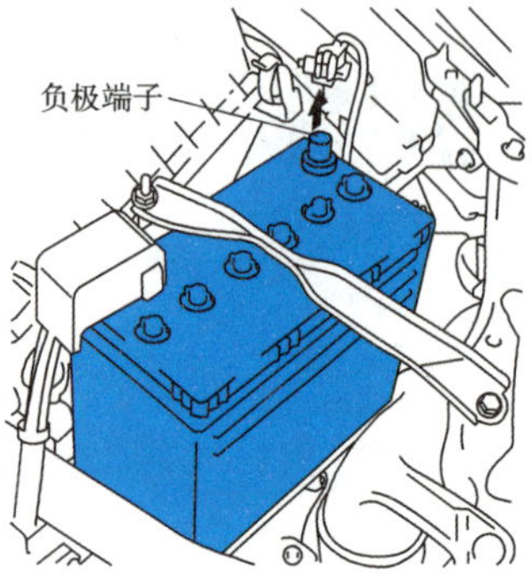

图2-39　脱开蓄电池负极

3.5.2.1　拆卸

(1)脱开蓄电池负极(－)端子电缆(图2-39)。断开蓄电池负极(－)电缆之前,对ECU等元件内保存的信息作一个记录,这些信息包括DTC(故障诊断码)、选择的收音机频道、座椅位置(带有记忆系统)、转向盘位置(带有记忆系统)等。

(2)脱开发电机电缆和插接器(图2-40)。

①拆卸发电机电缆定位螺母。

②断开发电机电缆。

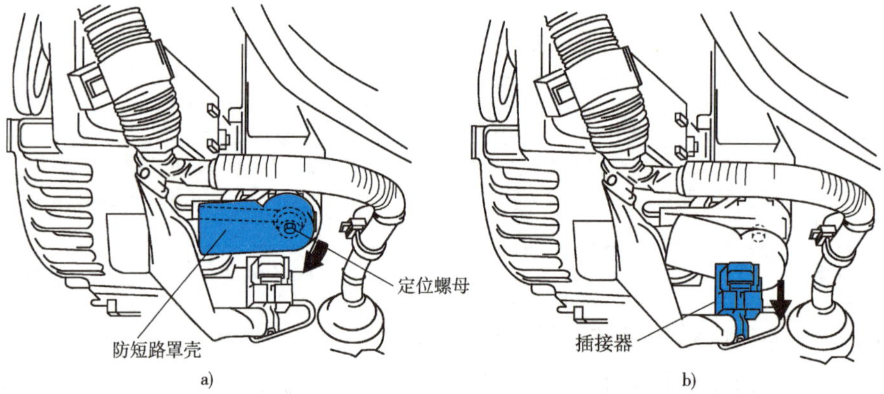

图2-40　脱开发电机电缆和插接器

**相关链接**

发电机电缆是直接从蓄电池引出的,在端子上有一个防短路罩壳。
断开连接器的卡爪,握住插接器,再断开插接器。

(3)拆卸发电机(图2-41)。

①取下发电机传动带。

②拆下发电机。

③拆下支架。

3.5.2.2　分解

(1)拆卸发电机传动带轮(图2-42)。

(2)拆卸发电机电刷座总成(图2-43)。

①拆卸发电机端子绝缘体。

②拆卸电刷座。

③拆卸后端盖。

(3)拆卸发电机调节器总成(图2-44)。

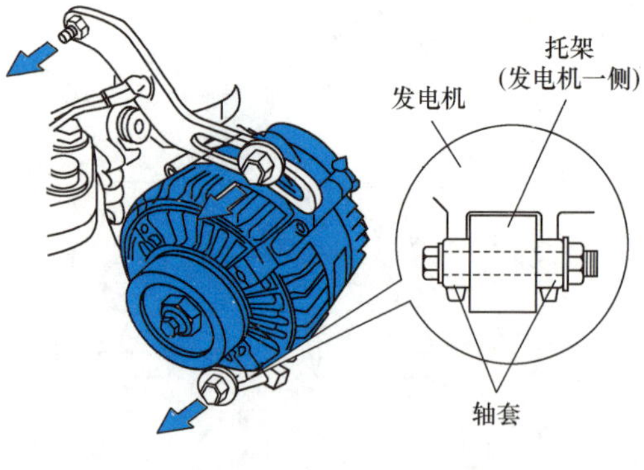

图2-41　拆卸发电机

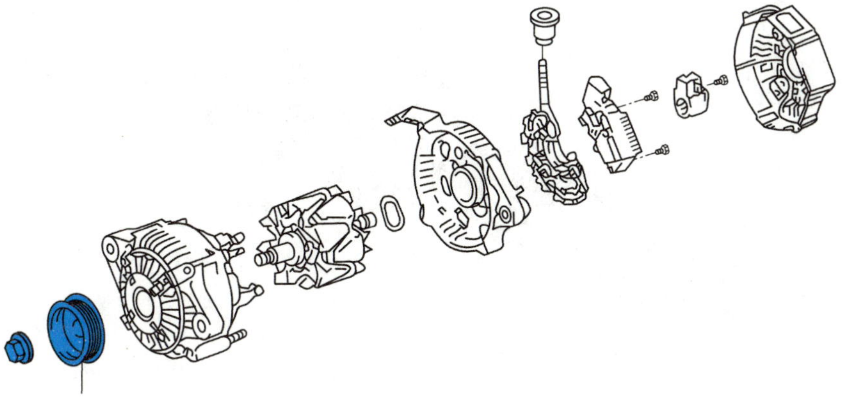


图 2-42　拆卸发电机皮带轮

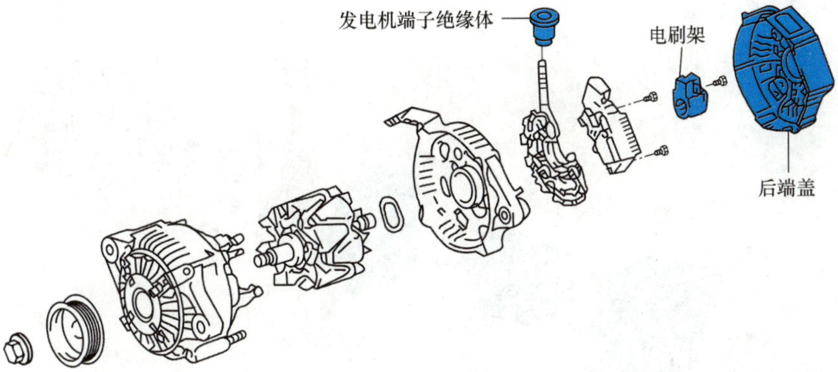


图 2-43　拆卸发电机电刷架总成

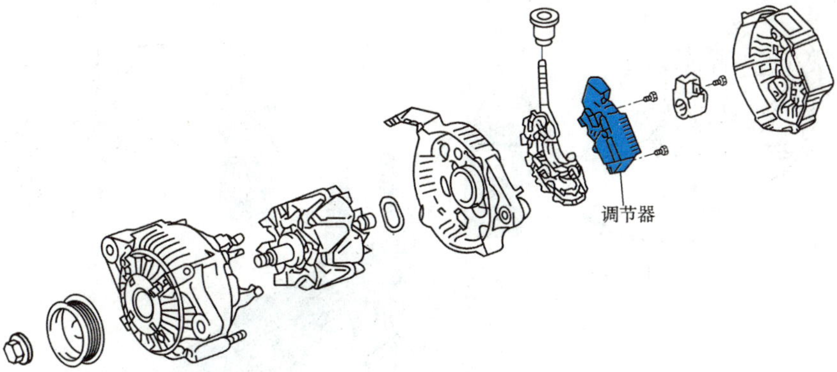


图 2-44　拆卸发电机调节器总成

(4)拆卸整流器(图 2-45)。

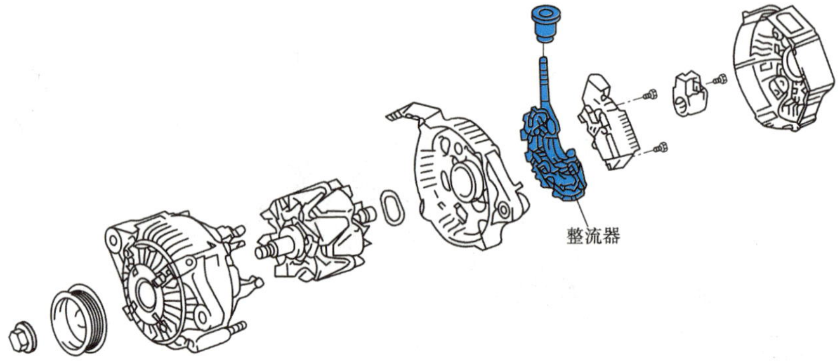


图 2-45　拆卸整流器

(5)拆卸发电机转子总成(图 2-46)。

①拆卸驱动端盖。

②拆卸转子。

③拆卸整流器端盖。

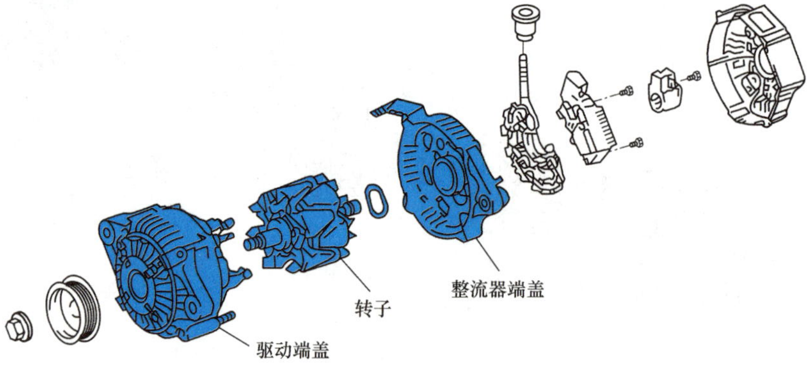


图 2-46　拆卸发电机转子总成

3.5.2.3　检查(图 2-47)

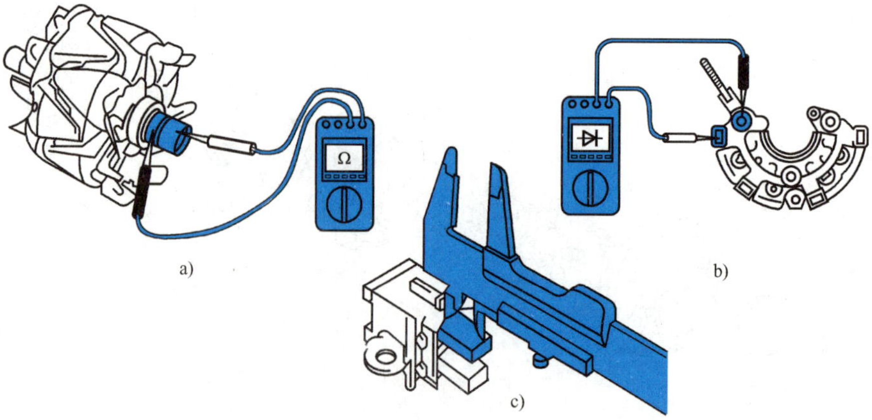


图 2-47　检查发电机

a)检查发电机转子总成;b)检查带整流器的发电机座;c)检查发电机电刷座

(1)检查发电机转子总成。目视检查,如图 2-48 所示。

①检查滑环变脏或烧蚀的程度。

**提示**

旋转时滑环和电刷接触,使电流接通。
电流产生的火花会滑环脏污和烧蚀。
滑环脏污和烧蚀会影响电流的导通,使发电机的性能降低。

②冲洗。用布料和毛刷,清洁滑环和转子。如果脏污和烧蚀明显,更换转子总成。

③检查滑环之间是否导通。使用万用表,检查滑环之间是否导通,如图 2-49 所示。

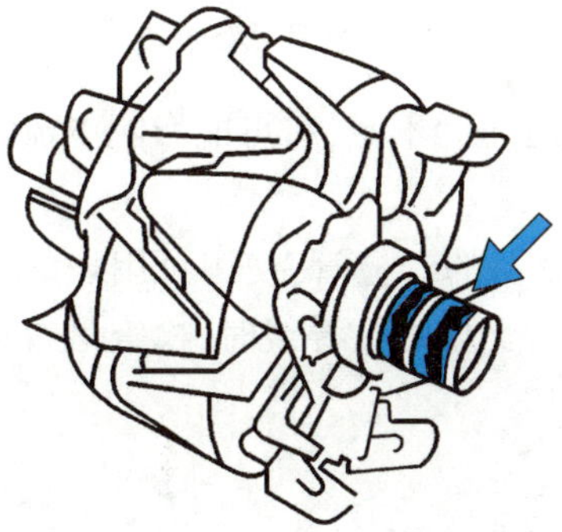

图 2-48 检查发电机转子总成

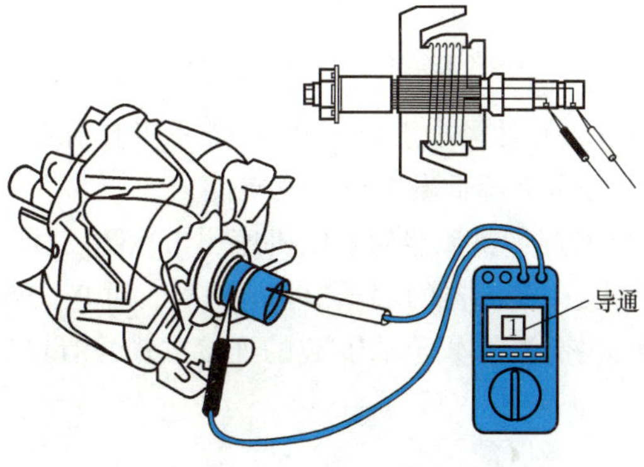


图 2-49 检查滑环之间是否导通

**提示**

转子是一个旋转的电磁体,内部有一个线圈。线圈的两端都连接到滑环上。
检查滑环之间是否导通可以探测线圈内部是否开路。
如果发现在绝缘或导通方面存在问题,及时更换转子。

④检查滑环和转子之间是否绝缘。用万用表检查滑环和转子之间是否绝缘,如图 2-50 所示。

**提示**

在滑环和转子之间存在一个切断电流的绝缘状态。
如果转子线圈短路,电流会在线圈和转子之间流动。
检查滑环和转子之间是否绝缘可以用来检测线圈内是否存在短路。
如果发现在绝缘或导通方面存在问题,及时更换转子。

⑤测量滑环。用游标卡尺测量滑环的外径,如图 2-51 所示。

**提示**

如果测量值超过规定的磨损极限,更换转子。
旋转时滑环和电刷接触,使电流产生流动。

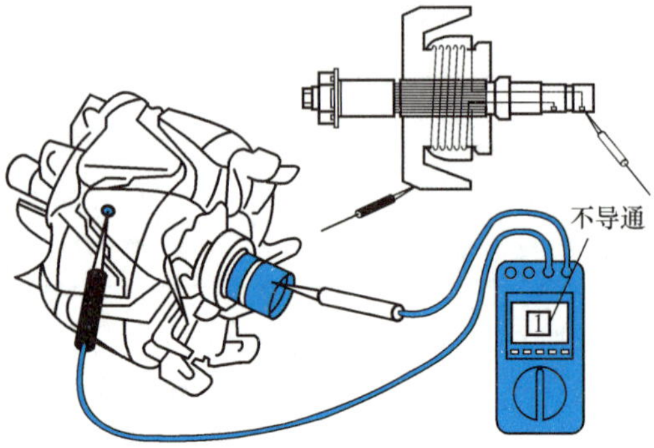

图 2-50　检查滑环和转子之间是否绝缘

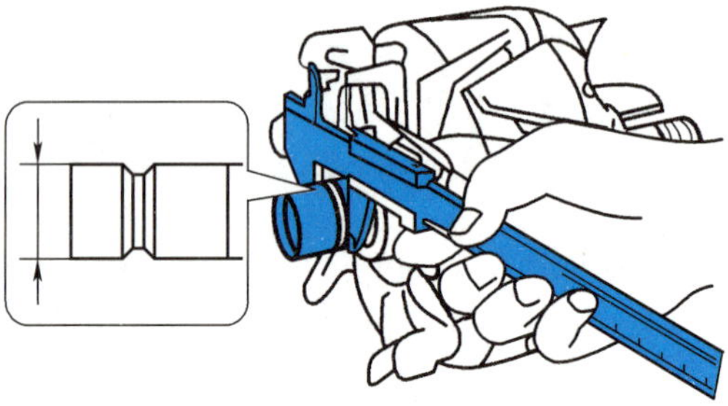
图 2-51　测量滑环的外径

当滑环的外径小于规定值时，滑环和电刷之间的接触压力不足，有可能影响电流传输的平稳，结果可能降低发电机的发电能力。

(2)检查带整流器的发电机座(图 2-52)。检查整流器的二极管：使用万用表的二极管测试模式；在整流器的端子 B 和端子 $P_1$ 到 $P_4$ 之间测量，交换测试导线时，检查是否只能单向导通；改变端子 B 至端子 E 的连接方式，测量过程同上。

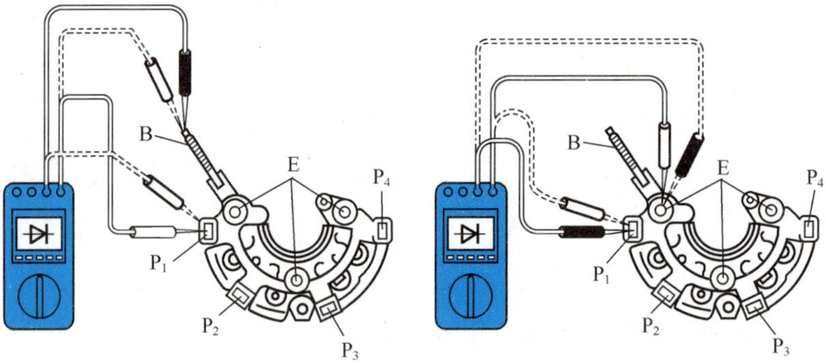

图 2-52　检查带整流器的发电机座

**提示**

发电机产生交流电，但是由于汽车使用直流电，交流电必须转换成直流电。

转换电流的装置就是整流器。整流器使用二极管将交流电转换成直流电。

二极管单向导通电流。因此，用万用表或电路测试仪检查时，使电流通过测试仪的内部电池到达二极管，根据流过二极管的电流来检查二极管的好坏。

(3)检查发电机电刷架。用游标卡尺测量电刷的长度(图 2-53)。

3.5.2.4　组装

(1)安装发电机转子总成(图 2-54)。

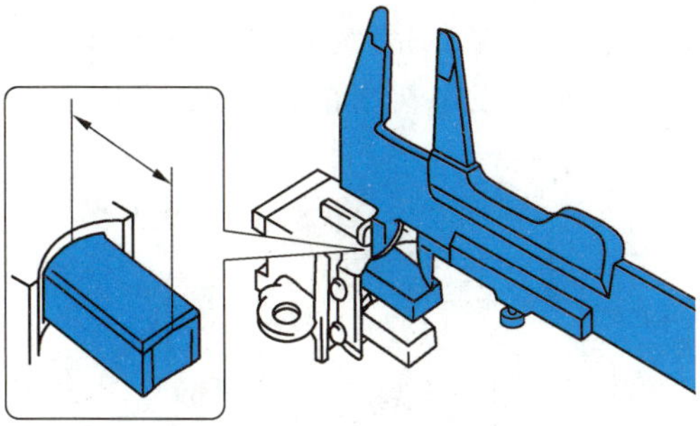

图 2-53　测量电刷的长度

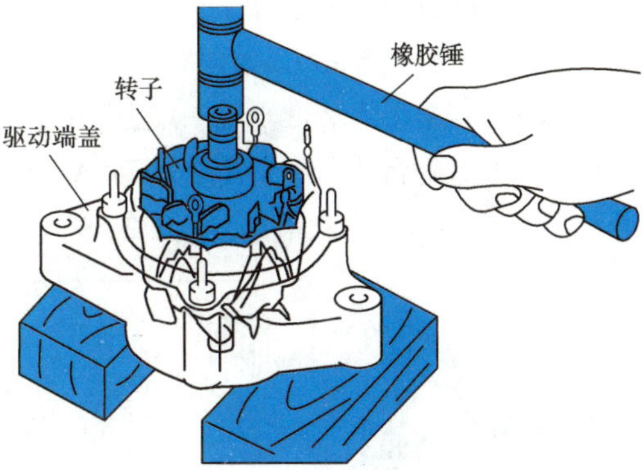


图 2-54　安装发电机转子总成

(2)安装整流器端盖(图 2-55)。用压机将整流器端盖压到驱动端盖内。

**提示**

将 29mm 套筒扳手放在端盖机座的中心,这样压机不会压到转子轴。
套筒扳手的尺寸可能会随着发电机的类型不同而不同。

(3)安装发电机电刷架总成(图 2-56)。

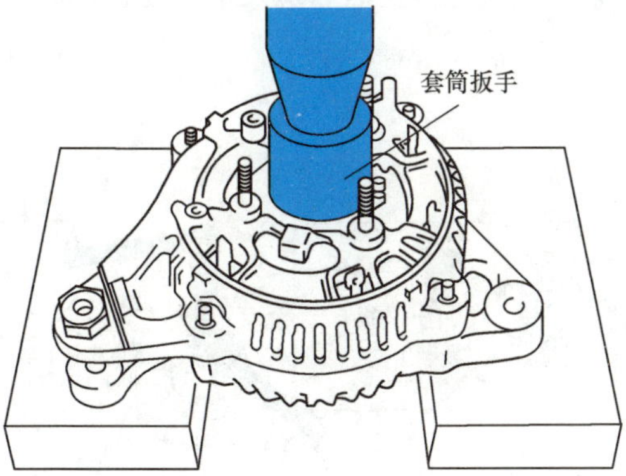


图 2-55　安装整流器端盖

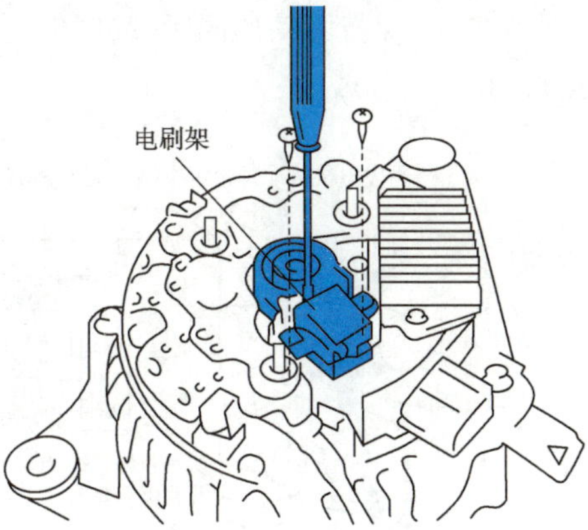


图 2-56　安装发电机电刷架总成

①安装发电机电刷架。尽可能使用最小的一字螺丝刀,将电刷压入电刷架,将电刷架安装到端机座内。

②目视检查。取出螺丝刀,目视检查电刷是否压紧在滑环上。

**提示**

由于电刷比螺丝刀柔软,电刷容易被损坏,为防止损坏,在螺丝刀的末端包一些聚氯乙烯绝缘带。

(4)安装发电机传动带轮。当传动带轮锁止螺母拧紧后,它随轴一起旋转。拧紧螺母时,使 SST(专用工具)和螺母保持不动,转动轴。

安装发电机传动带轮，暂时安装传动带轮锁止螺母。然后在传动带轮轴的末端安装SST1-A（发电机转子轴扳手-A）和SST1-B（发电机转子轴扳手-B），如图2-57所示。

使用SST1-A在传动带轮轴一端，将SST1-A和SST1-B拧紧到指定的力矩——39.2N·m。

将SST2卡到台钳上，然后在SST1-A和SST1-B安装到发电机上的情况下，将传动带轮锁止螺母装入SST2的六角部分（图2-58）。

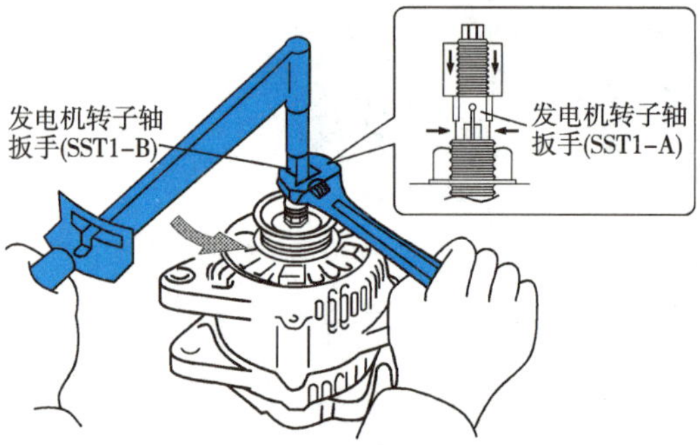


图2-57　安装发电机传动带轮

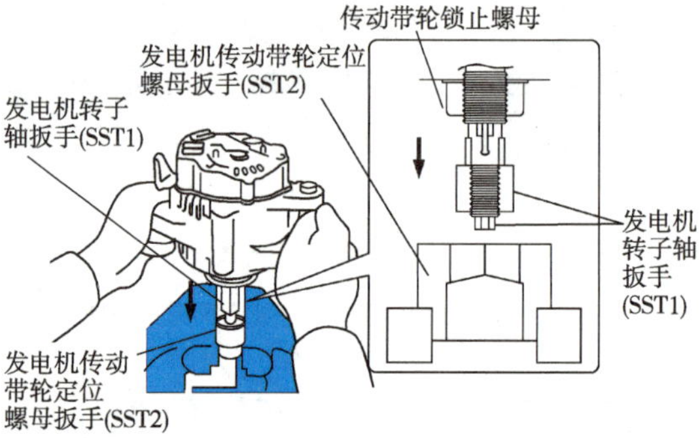


图2-58　将传动带轮锁止螺母装入SST2的六角部分

逆时针旋转SST1-A来紧固传动带轮锁止螺母（图2-59），然后从SST2上拆卸发电机。

使SST1-B保持不动的同时，顺时针旋转SST1-A来旋松它，然后从发电机上拆卸SST1-A和SST1-B（图2-60）。

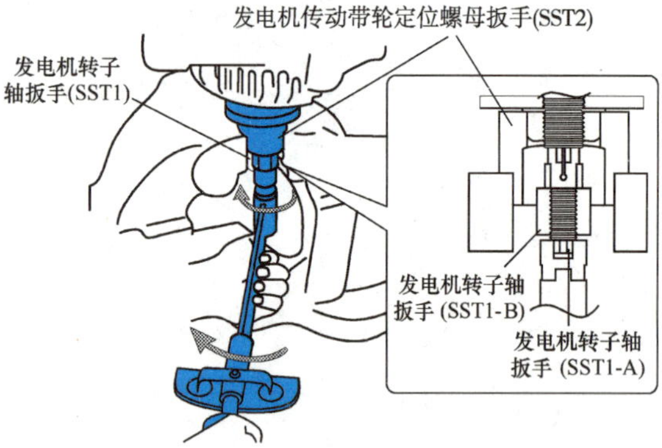


图2-59　紧固传动带轮锁止螺母

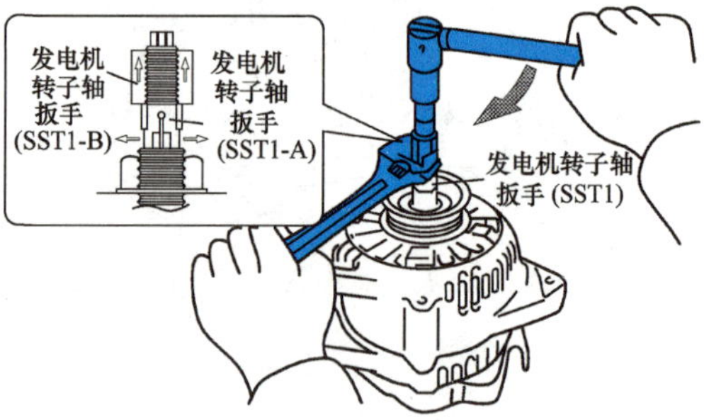


图2-60　从发电机上拆卸SST1-A和SST1-B

确认皮带轮旋转平稳。

3.5.2.5　安装

（1）安装发电机（图2-61）。

①滑动轴套直到表面和托架平齐（管接头一端）。

**提示**

用锤子和铜棒将发电机安装部分的轴套向外滑动，以便安装发电机。

②初步安装发电机,使它通过贯穿安装螺栓 A。

③初步安装螺栓 B。

④安装传动带。

⑤通过用锤子的手柄等物移动发电机来调整传动带的张紧度。

⑥拧紧贯穿安装螺栓 A 和螺栓 B,以牢固地安装发电机。

(2)连接发电机电缆和插接器。

(3)连接蓄电池负极电缆。

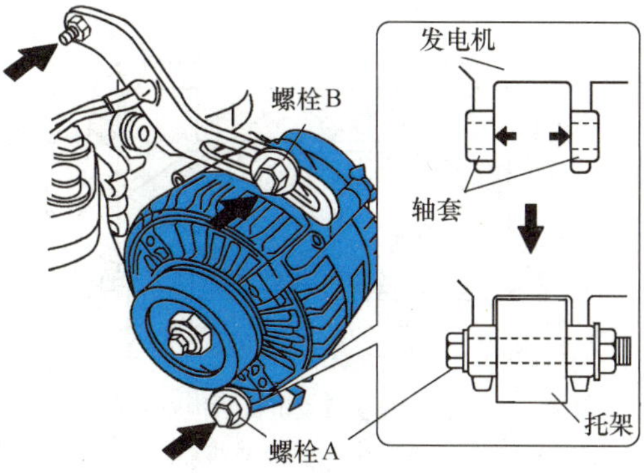


图 2-61　安装发电机

## 3.6　无刷交流发电机

交流发电机按总体结构可分为普通交流发电机、整体式交流发电机、带泵交流发电机、无刷交流发电机和永磁交流发电机等。

### 3.6.1　爪极式无刷交流发电机

这种发电机的结构与普通交流发电机大致相同。图 2-62 为国产 JFW14X 型无刷交流发电机的外形图和分解图,其磁场绕组是静止不动的,因此磁场绕组的两端引出线可以直接引出,省去了电刷和滑环,爪极在磁场绕组的外围旋转。

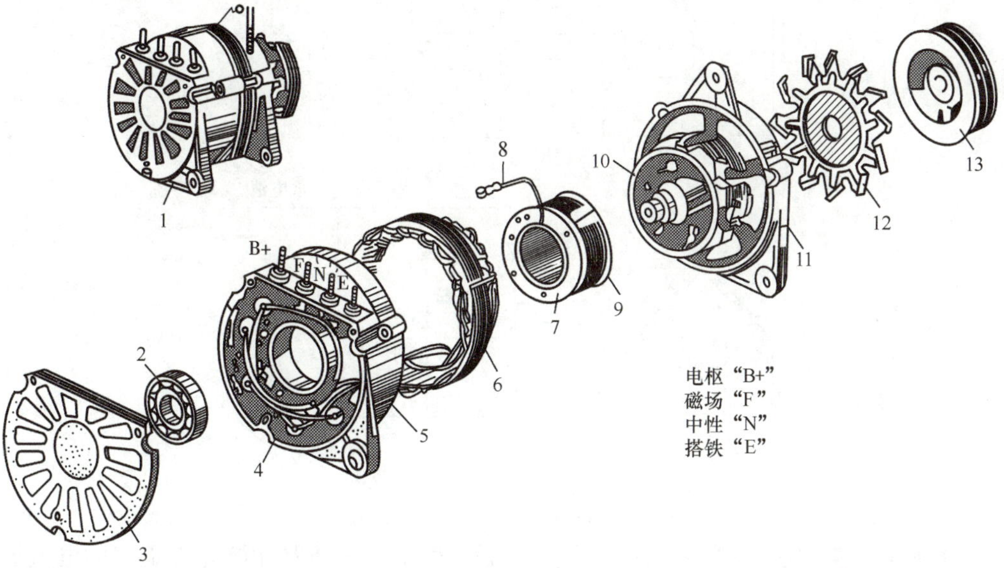


图 2-62　国产 JFW14X 型爪极式无刷交流发电机外形及其分解图

1-外形;2-后轴承;3-防护罩;4-元件板及硅二极管组;5-磁场绕组支架及后轴承支架;6-定子总成;7-磁轭;8-磁场绕组接头;9-磁场绕组;10-爪极及转子轴总成;11-前端盖;12-风扇叶;13-传动带轮

爪极式无刷交流发电机的结构原理和磁路如图 2-63 所示。其特点是:磁场绕组 7 通过一个磁轭托架 2 固定在后端盖 3 上。两个爪极中只有一个爪极直接固定在发电机转子轴

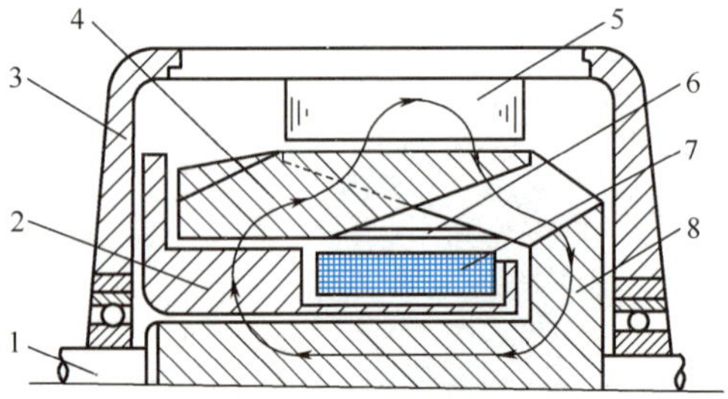


图2-63 爪极式无刷交流发电机结构原理及磁路
1-转子轴;2-磁轭托架;3-端盖;4-爪极;5-定子铁芯;6-非导磁连接环;7-磁场绕组;8-转子磁轭

上,另一个爪极4则用非导磁连接环6固定在前述爪极上。当转子轴旋转时,一个爪极就带动另一个爪极一起在定子内转动。

当磁场绕组内有直流电通过时,其磁路是:左边爪极的磁极N→主气隙→定子铁芯5→主气隙→右边爪极的磁极S→转子磁轭8→附加气隙→托架2→附加气隙。

转子旋转时,爪极形成的N极和S极的磁力线在定子绕组内交替通过,定子槽中的三相绕组就感应出交变电动势,在回路中形成三相交流电,经整流后变为直流电。

这种交流发电机两个爪极之间的连接制造工艺较为复杂。此外,由于磁路中增加了两个附加间隙,故在输出相同功率的情况下,其励磁绕组的励磁电流必须增大。

### 3.6.2 电枢绕组为三角形连接的交流发电机

当电枢绕组为三角形连接时,二极管的作用与星形连接时的作用是相同的,如图2-64所示。它表明了这两种连接的主要区别。

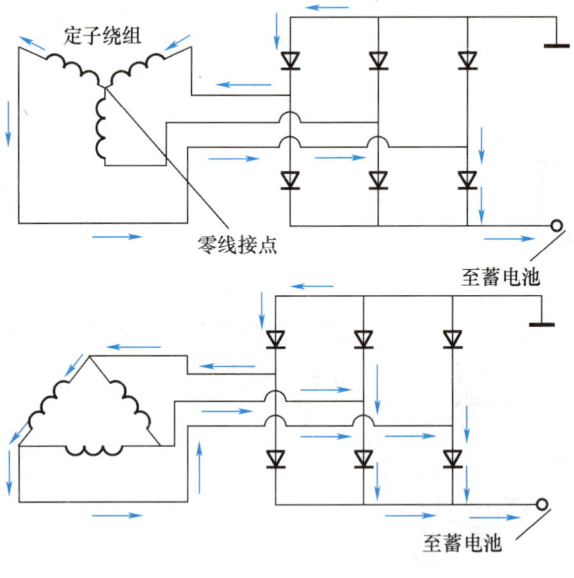


图2-64 接6只二极管的三角形连接定子

三角形连接时,绕组之间不是串联而是并联。由于并行通路能够允许更多的电流流经二极管,所以三角形连接的发电机可以输出更大的电流。然而,二极管的作用仍然是一样的。

## 3.7 电压调节器

发电机在汽车上是按固定的传动比由发动机驱动旋转的,其转速随发动机转速变化而在很大范围内变化。根据电磁感应原理，交流发电机发出的电压，随发电机转速和负载（输出电流）而变化。为了使发电机能提供固定不变的电压，必须采用调节器来控制发电机输出电压，如图2-65所示。

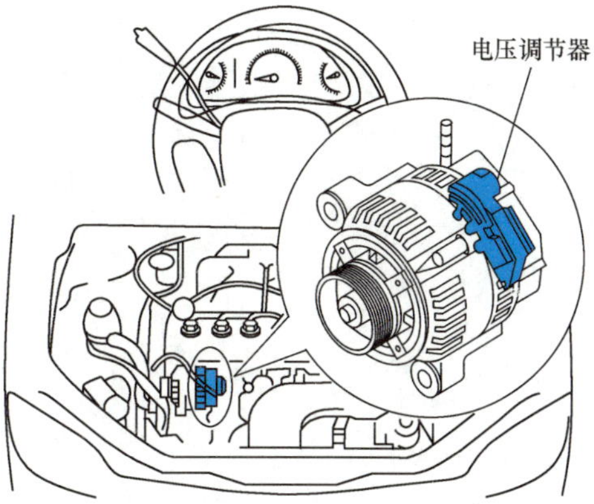

图2-65　电压调节器

### 3.7.1　电压调节器的功用

电压调节器是把发电机输出电压控制在规定范围内的调节装置，其功用是在发电机转速和发电机上的负载发生变化时自动控制发电机输出电压，使其保持恒定，防止发电机输出电压过高而烧坏用电设备和导致蓄电池过量充电，同时也防止发电机输出电压过低而导致用电设备工作失常和蓄电池充电不足。

### 3.7.2　电压调节器的基本原理

根据电磁感应原理，发电机的感应电动势为 $E_{\Phi}=C_1 n\Phi$，即感应电动势 $E_{\Phi}$ 与发电机转速 $n$ 和磁通量 $\Phi$ 成正比。发电机的空载电压 $U=E_{\Phi}=C_1 n\Phi$。发电机在汽车上是按固定的传动比由发动机驱动旋转的，其转速 $n$ 随发动机转速变化而在很大范围内变化。如果要在转速 $n$ 变化时维持发电机输出电压恒定，就必须相应的改变磁极磁通量 $\Phi$。因为磁极磁通量 $\Phi$ 取决于磁场电流的大小，所以在发电机转速变化时，只要自动调节磁场电流，就能使发电机输出电压保持恒定。电压调节器就是利用自动调节磁场电流使磁极磁通量改变这一原理来调节发电机输出电压的。

在一个电路中调节电流的方法一般有3种：一是通过更改电路中的电压，二是更改电路中的电阻值，三是控制电路的通与断。电压调节器采用的是后两种方法。

### 3.7.3　晶体管电压调节器

#### 3.7.3.1　晶体管电压调节器的特点

晶体管电压调节器又称电子调节器。它以稳压管作为电压感受元件，控制晶体三极管的通断来调节励磁电流，从而使发电机输出电压保持稳定。这种调节器没有触点，使用过程中无需维护，结构简单，体积小，质量轻。

**相关链接**

稳压管小知识：作为电子调节器电压感受元件的稳压管，是一种特殊的二极管，这种二极管工作在反向状态，反向电压较低时，稳压管处于截止状态，当反向电压达到一定值时，稳压管便会反向击穿，在这种状态下，击穿电流的变化范围可以很大，但击穿电压基本保持不变——稳压。

三极管小知识：三极管在调节器中起一个电子开关的作用。它有3个极，分别为发射极e、基极b、集电极c，发射极e和集电极c之间作为开关的通路，基极作为控制极，控制e和c之间的导通与截止。稳压管和三极管符号如图2-66所示。

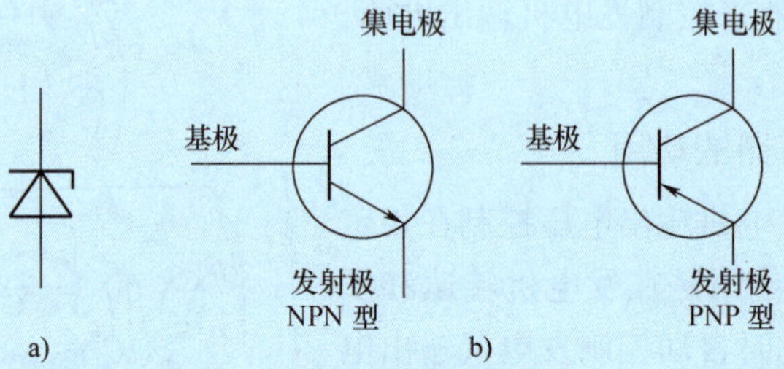


图 2-66 稳压管和三极管
a）稳压管；b）三极管

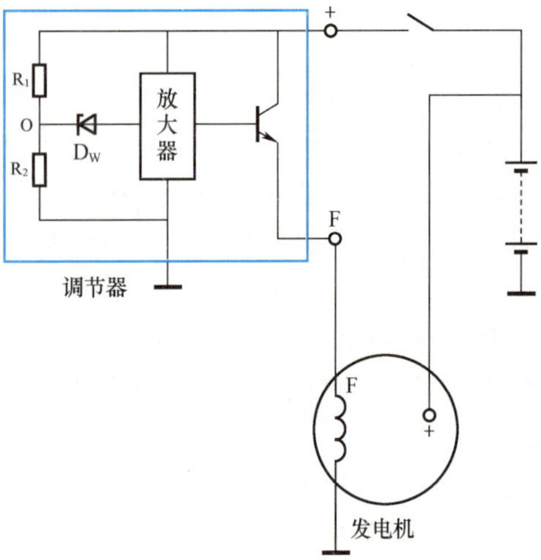


图 2-67 电子调节器基本工作原理

3.7.3.2 电子调节器的基本工作原理

电子调节器基本工作原理如图 2-67 所示。

调节器的“+”接线柱接点火开关，F 接线柱接发电机励磁绕组，“+”和 F 之间为三极管的集电极与发射极之间形成的开关电路，“+”与 F 之间有两个电阻 $R_1$、$R_2$ 组成的分压器，其 O 点电压正比于发电机电压，O 点与放大器之间接有稳压管 $D_w$，用来感受电压，其工作过程为：在发电机电压较低的情况下，分压器中间 O 点电压也较低，此时稳压管处于截止状态，此状态经放大器放大，给三极管的基极一个高电位信号，使三极管导通，励磁电流可以通过三极管流入发电机励磁绕组，使发电机电压上升，当电压上升到调节器电压调整值时，O 点电压升高至稳压管的击穿电压，稳压管被击穿，此信号经放大器放大后给三极管基极一个低电位信号，使三极管截止，切断了励磁电流，发电机无励磁电流，输出电压便下降，这样又使三极管导通，如此反复，使发电机的输出电压稳定在一定值。

## 3.7.4 集成电路（IC）电压调节器

集成电路（IC）电压调节器如图 2-68 所示。

集成电路调节器是利用集成电路（IC）组成的调节器，可分为全集成电路调节器和混合集成电路调节器两类。前者是将二极管、三极管、电阻、电容等电子元件同时制在一块硅基片上；后者是用厚膜或薄膜电阻与集成的单个芯片或分立元件组装而成，使用最广泛的是厚膜混合集成电路调节器。

集成电路调节器除具有晶体管调节器的优点外，还有以下一些特点。

（1）体积小、质量轻，因此可以直接装在发电机内部或壳体上，成为整体式交流发电机的一个零件，这样可以省去调节器和发电机之间的导线，减小了线路损失，减少了线路故障，使调节器的精度可达 ±0.3V，工作更为可靠。

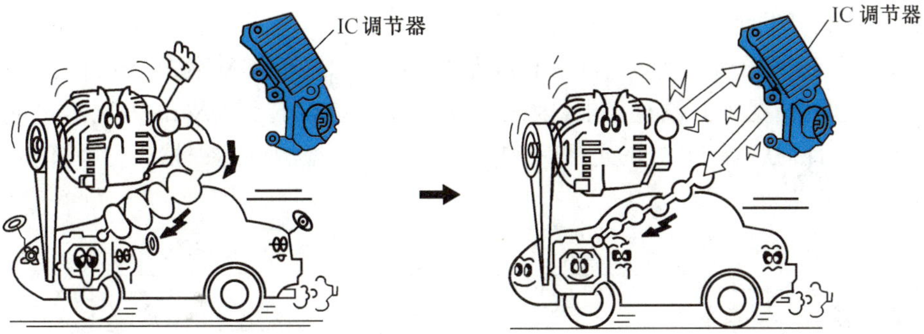


a)

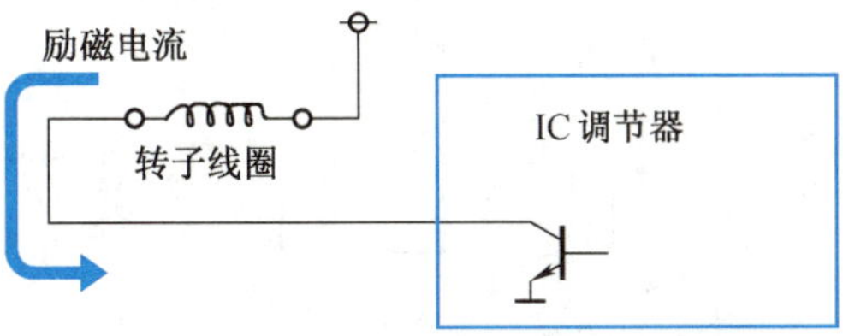


b)

图 2-68　IC 电压调节器

(2)耐高温性能好,可在 130℃高温下正常工作。

(3)更加耐振,使用寿命长。

目前轿车上已大量采用集成电路调节器。

集成电路调节器的基本工作原理与晶体管调节器完全一样,都是利用晶体三极管的开关特性控制发电机磁场电流来达到稳定发电机输出电压的目的,如图 2-68b)所示。它也有内搭铁和外搭铁之分,而且以外搭铁使用的较多。

3.7.4.1　IC 调节器基本知识

(1)IC 调节器的结构。IC 调节器主要由混合集成电路、散热片和连接器组成。使用混合集成电路可以获得较小的尺寸。

(2)IC 调节器的类型(图 2-69)

①蓄电池感应型。这一类型的 IC 调节器通过端子 S(蓄电池检测端子)来检测蓄电池的充电电压,并把发电机输出电压调节到规定的值。

②发电机感应型。这一类型的 IC 调节器通过检测发电机的内部电压来把输出电压调节到规定的值。

(3)IC 调节器的功能。IC 调节器的主要功能是:发电机输出电压调节和当发电机停止发电或蓄电池充电条件异常时发出警告。

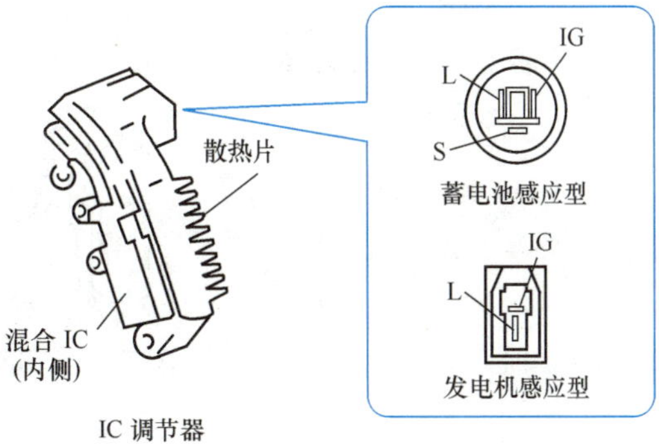


图 2-69　IC 调节器的类型

3.7.4.2 IC 调节器的输出控制(正常工作过程)

(1)当点火开关为 ON 位置,发动机停机时(图 2-70):当点火开关为 ON 位置时,蓄电池电压施加在 IG 端子上。结果,M·IC 线路被触发,$T_{r1}$转到 ON,使转子线圈允许电场电流通过。在这种情况下并没有发电,因此调节器通过将 $T_{r1}$转到 ON 和 OFF,尽可能减少蓄电池的放电。此时,端子 P 处的电压为 0V,并且 M·IC 检测到这一情况,并将信号发送到 $T_{r2}$,点亮充电警告灯。

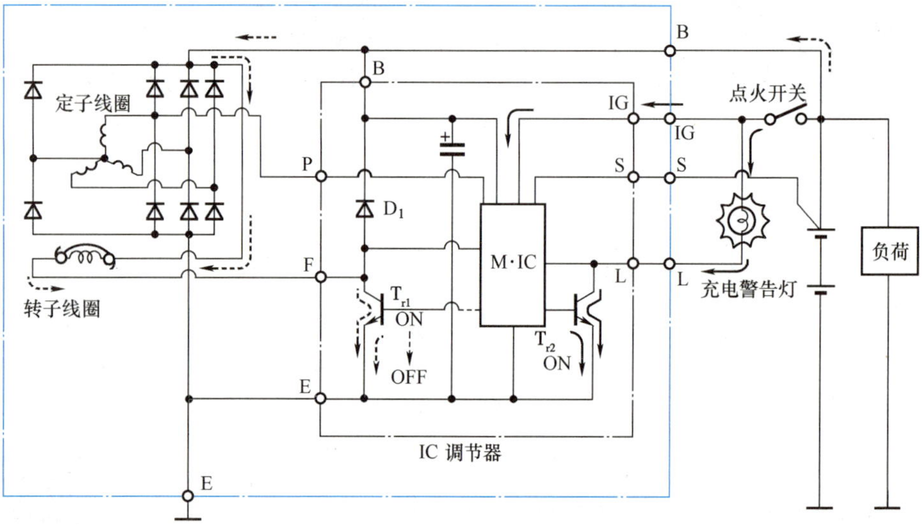


图 2-70 当点火开关为 ON 位置,发动机停机时

(2)当发电机发电且低于规定电压时(图 2-71):发动机起动,并且发电机转速增加,M·IC 打开 $T_{r1}$,以允许足够的电场电流流过,并且发电机输出电压突然升高。此时,如果端子 B 处的电压超过蓄电池电压,电流流蓄电池进行充电并且给电气设备供电。结果,端子 P 处的电压增加。因此,M·IC 确定正在发电,并将 OFF 信号发送到 $T_{r2}$,将充电警告指示灯关掉。

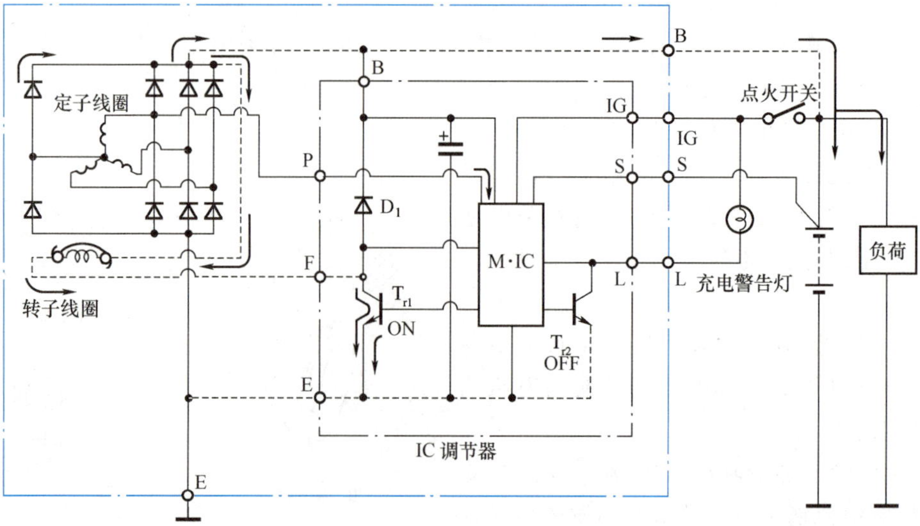


图 2-71 当发电机发电且低于规定电压时

(3)当发电机发电且输出电压高于规定电压时(图2-72):如果 $T_{r1}$ 继续导通,端子B处的电压增加,然后端子S处的电压超过规定电压,M·IC检测到此情况并关掉 $T_{r1}$。结果转子线圈的磁场电流经逆电动势吸收二极管被衰减,并且端子B(所发电压)处的电压降低。然后,如果端子S处的电压降低到要求电压以下,M·IC检测到这一情况并将 $T_{r1}$ 打开到ON位置,从而转子线圈的磁场电流增加,端子B处的电压(所发电压)也增加。IC调节器通过重复上述的操作将端子S处的电压(蓄电池端子电压)调节为恒定电压(调节好的电压)。

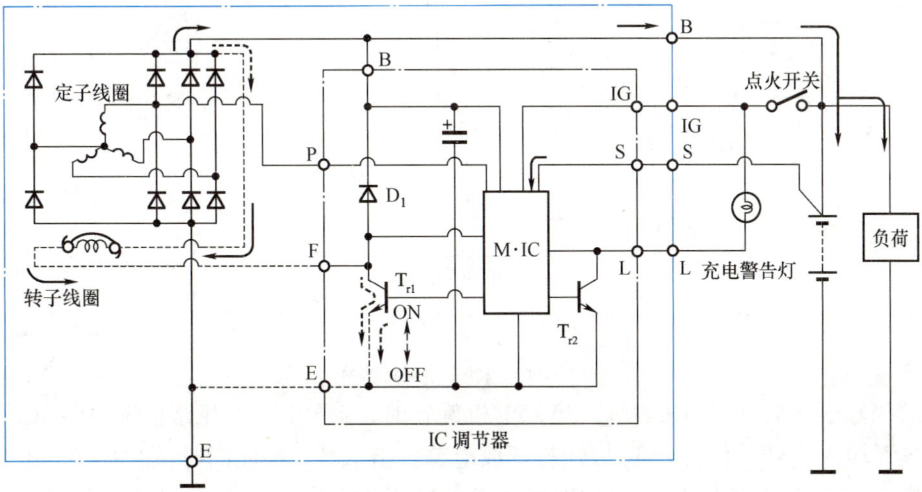


图2-72　当发电机发电且高于规定电压时

3.7.4.3　IC调节器的输出控制(不正常工作过程)

(1)当转子线圈开路时(图2-73):当发电机转动时,如果转子线圈开路,发电机便停止发电,端子P处的输出电压变0V。当M·IC检测到这一情况时,它打开 $T_{r2}$ 并打开放电警告灯,以便指示这一异常情况。

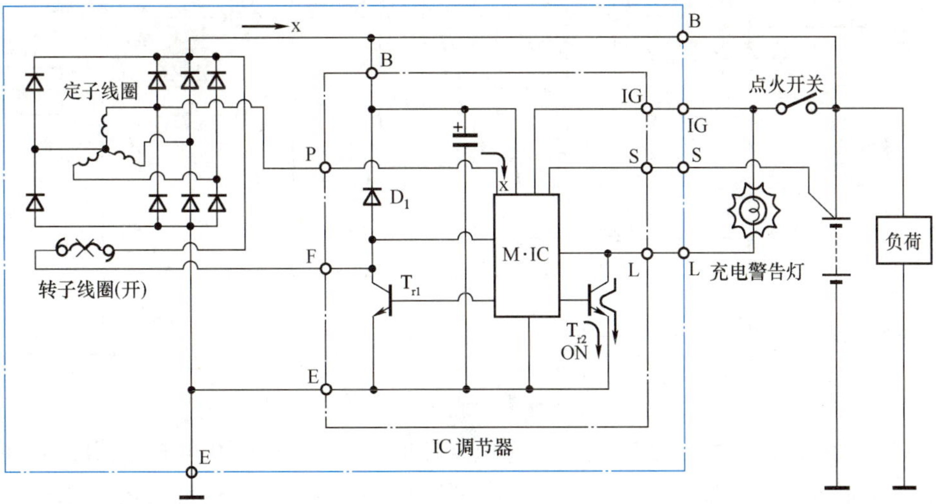


图2-73　当转子线圈开路时

(2)当转子线圈短路时(图2-74):当发电机转动时,如果转子线圈发生短路,终端B处的电压直接施加到端子 F，并有大电流产生。当 M · IC 检测到此情况时，关掉 $T_{r1}$ 进行保护，同时打开 $T_{r2}$ 以便打开放电警告灯指示异常情况发生。

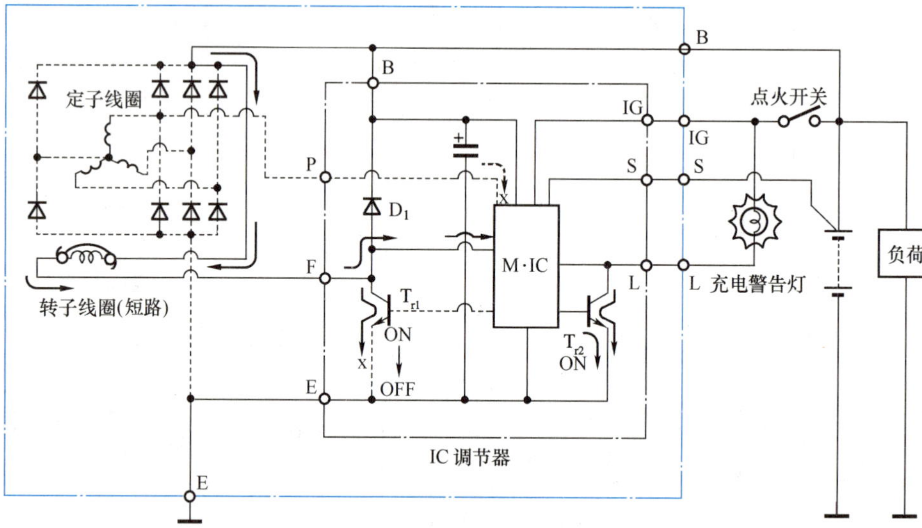


图 2-74　当转子线圈短路时

(3)当端子 S 脱开时(图 2-75)：当发电机旋转时，端子 S 发生开路情况，M · IC 检测到“端子 S 无输入信号”，便打开 $T_{r2}$ 以便打开放电警告指示灯。与此同时，在 M · IC 中，端子 B 取代 S 端子的工作来调节 $T_{r1}$，因此，端子 B 处的电压变为规定电压(大约 14V)，以防止端子 B 处电压的异常增加。

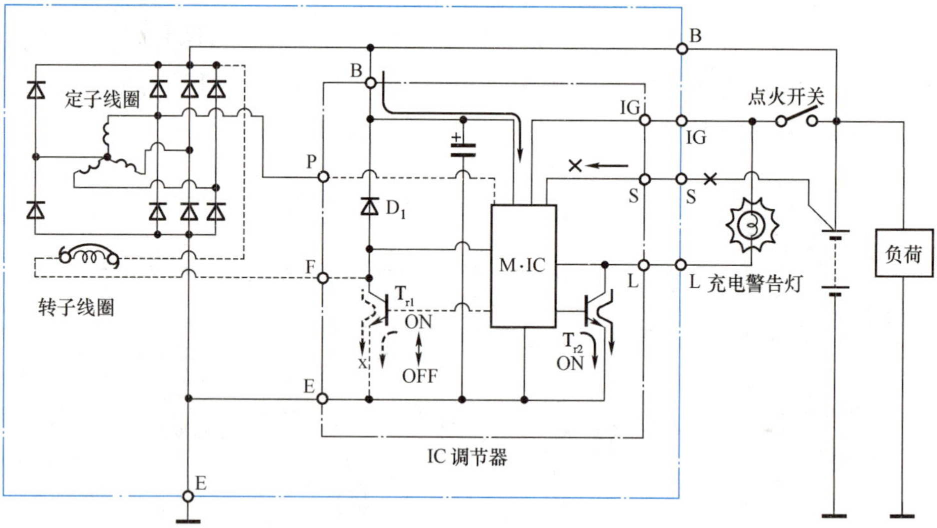


图 2-75　当端子 S 脱开时

(4)当端子 B 脱开时(图 2-76)：当发电机旋转期间，端子 B 处发生开路情况，不再对蓄电池充电，蓄电池电压(端子 S 处)逐步下降。当端子 S 处的电压下降时，IC 调节器增加磁场电流，以便进一步发电。结果端子 B 处的电压增加得越来越高。然而，M · IC 调节磁场电流，使端子 B 处的电压不超过 20V，以便保护发电机和 IC 调节器。

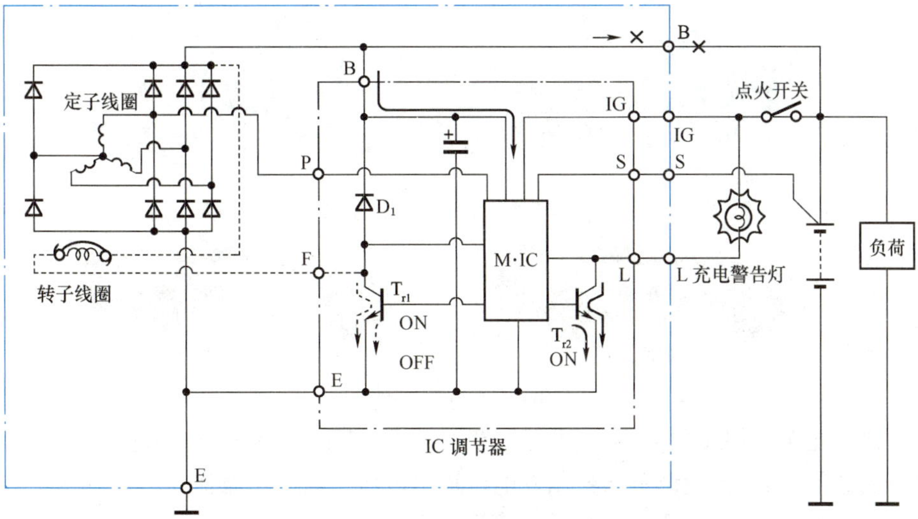


图 2-76　当端子 B 脱开时

当端子 S 处的电压变低时(在 11 ~ 13V),M · IC 判断蓄电池不在充电,然后它打开 $T_{r2}$ 并打开放电警告灯,并且调整磁场电流。这样,端子 B 处的电压同时下降,以便保护发电机和 IC 调节器。

(5)当端子 F 和 E 之间短路时(图 2-77):发电机运转期间,如果端子 F 和 E 之间发生短路,端子 B 处的电压从端子 E 经转子线圈搭铁,而不经过 $T_{r1}$。因为磁场电流不能被 $T_{r1}$ 来调节,即使端子 S 处的电压超过了规定电压,发电机的输出电压也会变得高于规定值。如果 M · IC检测到这种情况,它打开 $T_{r2}$,使放电警告灯点亮并指示异常情况。

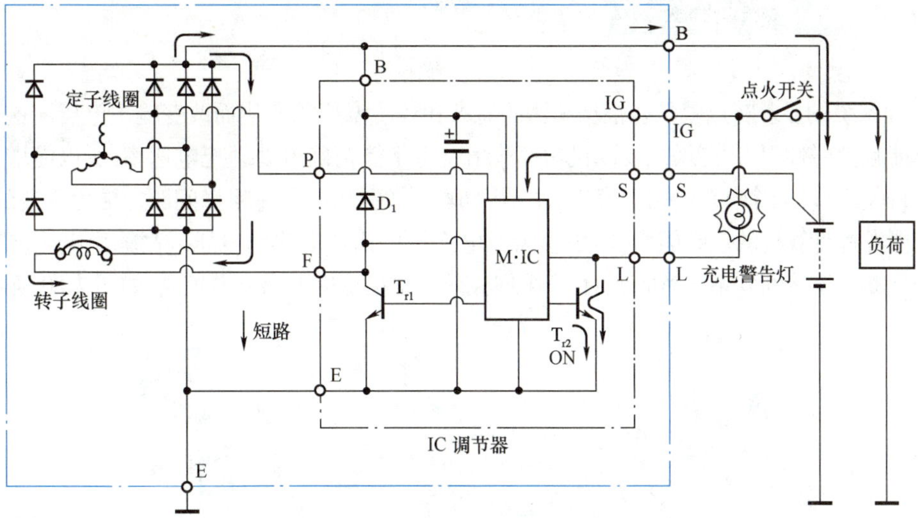


图 2-77　当端子 F 和 E 之间短路时

### 3.7.5　计算机控制的调压电路(充电控制)

在一些现代汽车上,通过发动机 ECU 控制发电机输出电压,以降低发动机的负荷,提高燃油经济性,如图 2-78 所示。

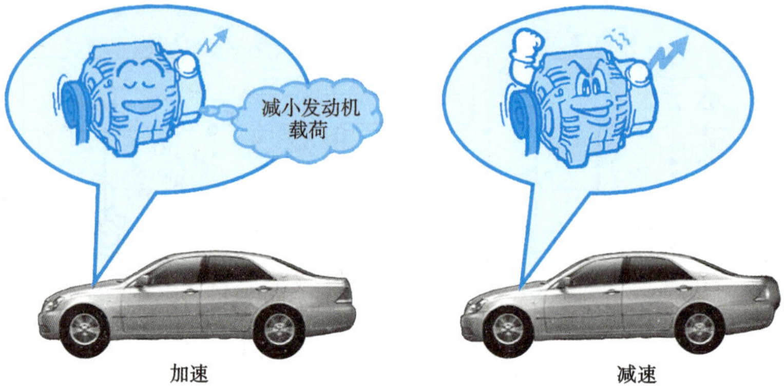


图 2-78　充电控制

发动机根据节气门位置传感器、曲轴位置传感器、车速传感器、空挡起动开关等信号判断车辆行驶状态，通过控制调节器控制发电机输出电压。其工作原理如图 2-79 所示。

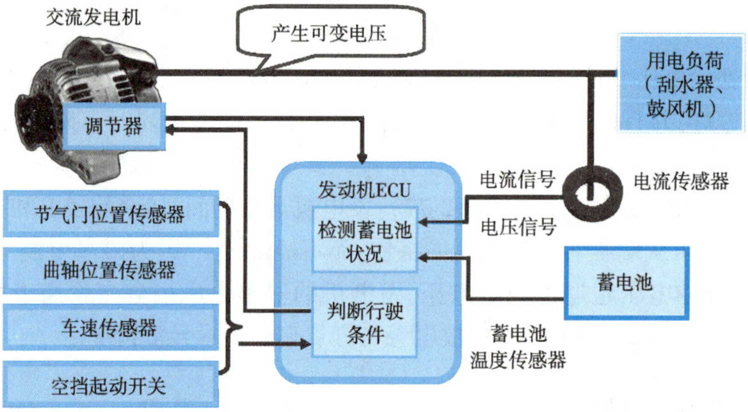


图 2-79　控制原理

这种系统的显著特点就是能根据车辆的需求和环境温度的变化而改变输出电压。这种精确的控制能减少磁性阻力，能增加发动机功率输出。由于能精确地处理充电速率，所以能增加单位油量的行驶距离，消除潜在的由低怠速时的附加电压降引起的怠速粗暴问题。更为重要的是，这种系统能发挥计算机的诊断能力，用于诊断充电系统中诸如低输出电压或高输出电压之类的故障。当诊断系统诊断到系统有问题时，会采取失效保护措施即退出充电控制，如图 2-80 所示。

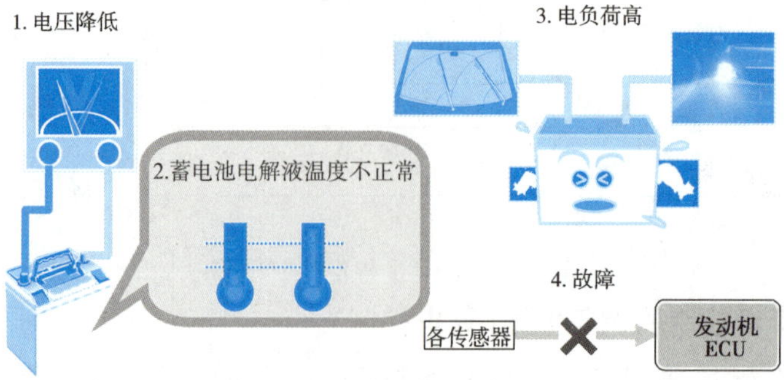


图 2-80　失效保护

# 4　能量管理系统

## 4.1　能量管理系统简介

能量管理系统控制电能的分配,并由此而优化起动发动机的电能供给。如果一部带有普通电源系统的汽车长期停驶,则汽车蓄电池会因电器的休眠电流(如防盗锁止系统)而将电流耗尽,使得没有足够的电能来供起动发动机使用。能量管理系统可确保车内能量分配均衡,作为软件集成在发动机控制单元内的电源管理系统执行能量管理系统功能,如图2-81所示。

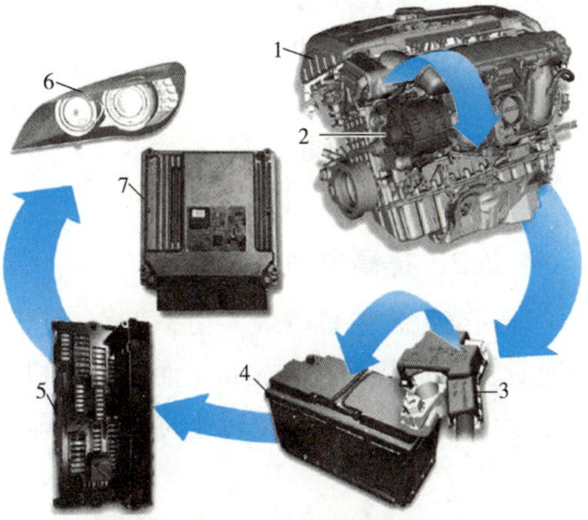


图2-81　车内能量循环回路

1-发动机;2-发电机;3-智能型蓄电池传感器(IBS);4-蓄电池;5-前部接线盒电子装置和熔断丝支架;6-用电器(此指前灯);7-集成电源管理系统的发动机管理系统

能量管理系统主要由蓄电池诊断、休眠电流管理和动态电源管理子系统组成:

(1)蓄电池诊断子系统持续地测定汽车蓄电池的状态。传感器检测蓄电池的电压、电流和温度,由此来判定蓄电池当前的充电状态和功率。

(2)休眠电流管理子系统在汽车停放期间降低电流的消耗。在点火开关已关闭的情况下,它控制对各种不同电器的电流供给,此时要参考蓄电池诊断给出的数据。根据蓄电池的充电状态,会逐渐关闭某个电器,以免蓄电池大量放电,由此保持汽车的起动性能。

(3)在汽车行驶期间,动态电源管理将发电机产生的电流按需分配给不同的电器。当发电机产生的电流超过电器消耗的需要时,它便会进行调节处理,向蓄电池供电,使其达到最佳充电状态。

能量管理系统包括很多功能,例如:

(1)关闭供电总线端。

(2)关闭用电器。

(3)调节电气辅助加热器的功率大小。

(4)蓄电池充电电压规定值。

(5)授权蓄电池放电。

(6)提高怠速转速。

(7)识别蓄电池状态。

(8)车辆编程。

## 4.2　能量管理系统功能

### 4.2.1　电源管理系统

电源管理系统是能量管理系统的一个子系统。电源管理系统功能由发动机控制单元执行(DME或DDE)。能源管理系统调节重要用电器的功率消耗和发电机功率以及行驶期间的蓄电池充电状态。

电源管理系统可以分为两种:基本电源管理系统(BPM)和高级电源管理系统(APM)。

高级电源管理系统(APM)除基本电源管理系统的主要功能(怠速转速和充电电压规定值)外还扩展了其他功能:

(1)降低用电器功率。

(2)关闭用电器。

(3)车载网络诊断。

(4)蓄电池诊断。

### 4.2.2 提高怠速转速

即使交流发电机以最大功率工作,但获得蓄电池提供的电流后,汽油发动机车辆的怠速转速最多只能提高200r/min。而在柴油机车辆上发电机与发动机之间的传动比较高,因此,不必进行这种干预。怠速转速时发电机即以相对较高的转速运转,因此,发电机的功率输出非常充足。

### 4.2.3 充电电压规定值

充电电压规定值由车外温度和IGR功能决定。

#### 4.2.3.1 车外温度的影响

蓄电池充电电压规定值功能:通过调节取决于温度的蓄电池充电电压从电化学角度确保蓄电池最佳充电。由于冷态蓄电池存储的电量较低,因此充电电压必须高于热态蓄电池。相反,如果使用同样高的电压为热态蓄电池持续充电则存在电解液“沸腾”危险。因此,根据温度调节发电机的充电电压。当前蓄电池温度直接通过蓄电池负极上的智能型蓄电池传感器(IBS)进行测量并通过LIN总线传输至发动机管理系统(DME/DDE)。

电源管理系统将该数值作为输入参数计算出蓄电池温度。系统通过一个计算模型根据达到的蓄电池温度设置充电电压规定值。通过串行数据接口(BSD)将相关信息发送至发电机。

#### 4.2.3.2 蓄电池再生

为了确保“IGR较低”功能可用,存储器内必须始终保留一定缓冲容量。这点通过IGR较高和IGR中等功能实现。对于蓄电池来说这就意味着从未完全充电。如果蓄电池长时间没有完全充电甚至处于放电状态,可能会导致蓄电池硫化。硫化会造成蓄电池提前老化,从而导致有效额定电量降低。为了避免这种情况,通过蓄电池充电电压规定值功能使蓄电池再生,即对蓄电池完全充电。

在带有IGR功能的车辆上,为了防止因循环放电或硫化导致蓄电池提前老化和容量损失,定期执行蓄电池的各再生阶段。在此期间,在环境条件(温度、充电状态)要求下,以最大允许充电电压对蓄电池进行完全充电。

### 4.2.4 降低用电器功率

为了降低紧急情况下的电能消耗,除提高怠速转速和充电电压规定值外,还能降低各种舒适用电器的功率甚至将其完全关闭。这样可以防止蓄电池放电。用电器(发动机运转期间)分为两个等级。

(1)A级。降低这种用电器的功率消耗或将其关闭时,驾驶员只能在有限程度上或一段时间后才能感觉到。只有满足以下两个条件时才会关闭A级用电器或降低其功率消耗:

①蓄电池充电状态在临界范围内。

②发电机负荷较高。

(2)B级。降低这种用电器的功率消耗或关闭相关功能时,驾驶员会立即有所察觉。只有满足以下条件时才会关闭B级用电器或降低其功率消耗:

蓄电池充电状态在临界范围内。

### 4.2.5 车辆驻车运行模式

驻车用电器即使已开始执行电源管理系统的休眠电流监控功能,某些用电器仍可处于启用状态。出于很多原因需要启用这些用电器:

(1)法律规定的用电器,例如停车示警灯、闪烁警告装置。

(2)为客户提供便捷的舒适功能,例如收音机功能、电话。

为了避免电源管理系统作出错误判断,必须将这些用电器排除在休眠电流监控之外。为此这些用电器必须在电源管理系统注册。电源管理系统识别出用电器的启用状态并认可较高的电流消耗量。停用这些系统时,相关控制单元再次在电源管理系统处进行注销。

驻车用电器注销就是发动机管理系统内的电源管理系统根据蓄电池的充电状态和起动能力限值发出关闭驻车用电器的请求。不论处于何种总线端状态下,驻车用电器都必须停用各项功能并在5min后达到其休眠电流。法律规定的用电器除外。

## 4.3 能量管理系统组件

能量管理系统包括发动机,发电机,车辆蓄电池,智能型蓄电池传感器,接线盒电子装置,发动机管理系统(电源管理系统)和用电器等。

### 4.3.1 智能型蓄电池传感器(IBS)

智能型蓄电池传感器通过LIN总线实现IBS与发动机控制单元之间传输数据以及IBS的唤醒功能。通过蓄电池配电盒的一根单独导线为IBS供电。根据需要,IBS可通过一根单独导线唤醒接线盒电子装置。如图2-82和图2-83所示。

IBS可以记录蓄电池物理的电流、电压和电极温度,并计算蓄电池指标,作为蓄电池充电和健康状态的基础。还能平衡蓄电池充电/放电电流,持续监控蓄电池的充电状态并在电量不足时传输相关数据,计算发动机起动时的电流特性曲线,以确定蓄电池的正常状态以及监控车辆休眠电流等。

车辆处于休眠模式时,IBS持续记录与蓄电池指标有关的数值。根据编程要求,IBS每14s唤醒一次,以便通过重新测量更新测量值。测量时间持续约50ms。测量值存储在IBS

的存储器内，以便记录休眠电流。唤醒功能仅适用于车辆处于休眠状态时。如果 IBS 识别到一个唤醒原因，就会通过一个 PWM 信号唤醒接线盒电子装置。IBS 通过一根导线直接连接在接线盒电子装置上。

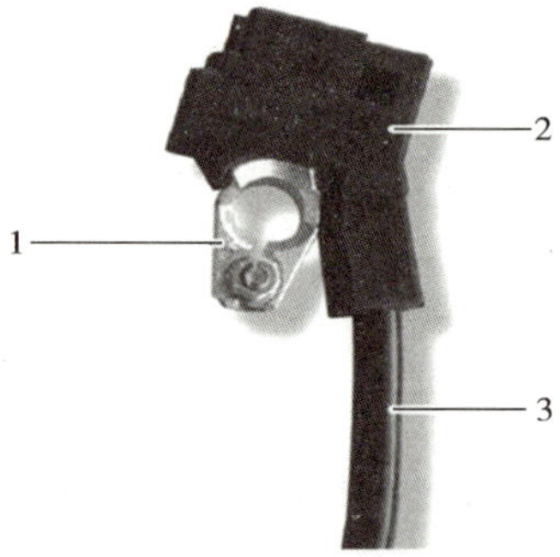


图 2-82　智能型蓄电池传感器(IBS)

1-蓄电池负极接线柱；2-智能型蓄电池传感器；3-蓄电池负极导线

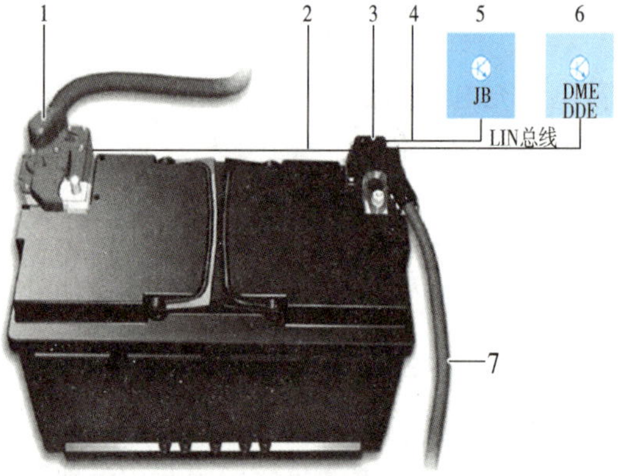


图 2-83　车载网络内的 IBS

1-蓄电池正极导线；2-提供 IBS 的供电；3-IBS；4-唤醒导线；5-接线盒电子装置；6-发动机控制单元(DME/DDE)；7-蓄电池负极导线

### 4.3.2　接线盒电子装置

接线盒电子装置负责控制总线端 30F 继电器并存储能量管理方面的相关信息(历史记录数据和故障码存储器记录)。进行诊断时，可通过这些数据进行故障评估并分析车辆蓄电池情况，如图 2-84 所示。

### 4.3.3　发动机管理系统(电源管理系统)

用于控制能量平衡流程的软件(电源管理系统)位于发动机管理系统内。基于这种控制方式，由 CAS 控制单元通过总线端 30B 继电器或由中央网关模块和发动机控制单元通过总线端 30F 关闭车载网络中的各种用电器。此外，电源管理系统还负责分析和存储 IBS 数据。如图 2-85 所示。

图 2-84　接线盒电子装置

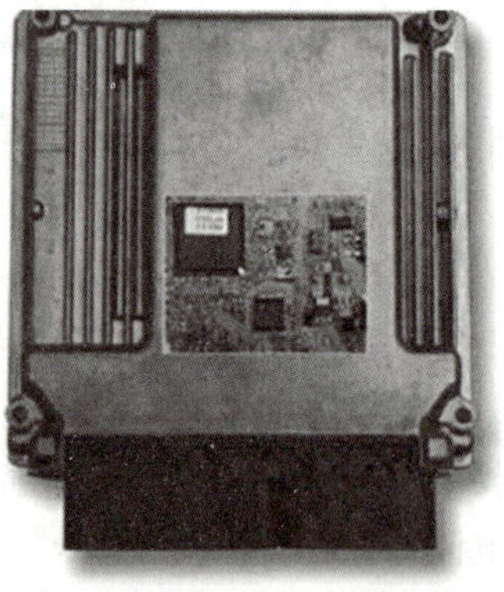

图 2-85　发动机管理系统——电源管理系统

# 5 电源系统电路检测和故障诊断

## 5.1 电源系统故障诊断的基本方法

### 5.1.1 充电系统指示灯诊断

充电系统指示灯用来显示充电系统的工作状态,点火开关位于“ON”位置发动机不运转时,该灯点亮,发动机起动后该灯应熄灭。若打开点火开关后该灯不亮或发动机运行后该灯常亮,说明系统出现故障,此时应对充电系统进行检查。

### 5.1.2 空载与负载性能的诊断

(1)空载性能诊断。

①将电压表的正负极分别与蓄电池的正负极相连,将钳形直流电流表的检测夹夹到发电机输出端子(B)上的引出导线上,如图2-86所示。

②起动发动机,并将其转速升高到2000r/min运行,此时电压表指示的电压(调节电压)应为13.9~15.1V(25℃),电流表读数应小于10A。调节电压过高或过低应检修或更换调节器;电流过大说明蓄电池充电不足或有故障,应补充充电或更换蓄电池。

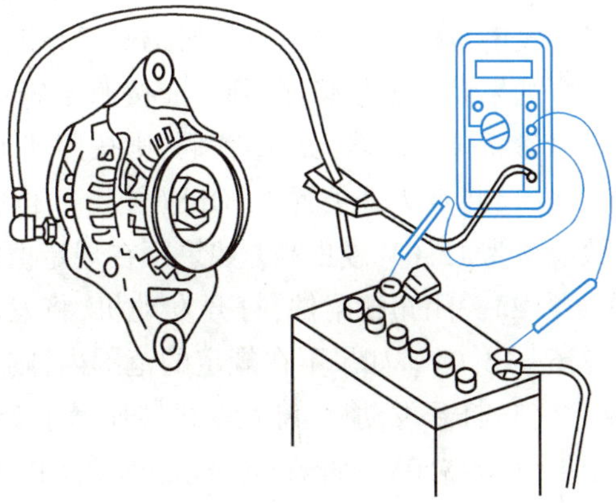

图2-86 检测充电系统性能

(2)负载性能诊断。

①检测仪器的连接同空载性能诊断。

②起动发动机并使其以2000r/min运行。

③接通前照灯和空调鼓风机,此时调节器电压也应为13.9~15.1V,电流表读数应大于30A。若电流表读数小于30A,则说明发电机功率不足,应拆下检修或更换发电机。

## 5.2 电源系统故障诊断与排除

电源系统的故障主要是以是否充电来表现的,主要有不充电、充电电流过小和充电电流过大等故障。若出现不充电或充电电流过小故障,首先检查发电机传动带是否存在松旷打滑等现象,若皮带正常,则根据不同的车型电源系统的结构和原理进行故障诊断。充电电流过大的主要原因为发电机内部电压调节器故障或电流传感器(带有能量管理系统)故障。不同车型的电源系统原理有较大差异,应结合具体车型进行故障排除。

### 5.2.1 无能量管理功能的电源系统故障诊断与排除

若打开点火开关后,电源系统指示灯不点亮,说明指示灯控制电路出现故障,此时应按照电路图进行故障检查。若发动机运行后电源指示灯常亮或蓄电池长期充电不足,此时应按照如下程序进行系统检查:

(1)将发动机转速维持在2500r/min,分别在关闭用电负载和开启全部用电负载后测量蓄电池端电压,电压值应在12.6～15.0V。

(2)测量发电机输出端子和蓄电池正极端子之间的电压降应低于0.5V;若超出范围,则更换连接电缆。

(3)测量蓄电池负极端子与发电机金属外壳之间的电压降应低于0.5V;若超出范围,则更换连接电缆。

(4)测量励磁电路是否出现断路、短路故障。

(5)若线路均无异常,则更换发电机总成。

### 5.2.2 有能量管理功能的电源系统故障诊断与排除

将点火开关置于"ON(打开)"位置,使用故障诊断仪确认是否该设置会引起充电系统故障的发电机或蓄电池电流传感器故障诊断码。

如果设置了故障诊断码,应按照维修手册中"故障诊断码（DTC）列表"中规定的程序予以诊断排除。若无故障代码,则按照如下程序进行系统检查:

(1)将点火开关置于"OFF(关闭)"位置,测量蓄电池端子电压。在室温条件下,电压读数应该为12.0V或更高。如果不在规定值内,则执行蓄电池检查或测试。

(2)关闭车辆附件,打开发动机,将发动机转速增至2500r/min。确认蓄电池电压处于12.6～15.0V。如果不在规定的范围内,则更换发电机。

(3)打开发动机,将发动机转速增至2500r/min。打开所有车辆附件,确认蓄电池电压介于12.6～15.0V。如果不在规定的范围内,则更换发电机。

## 思考与练习

### 一、选择题

1. 蓄电池在放电过程中,其电解液的密度是(　　)。

A. 不断上升的　　B. 不断下降的　　C. 保持不变的

2. 蓄电池电解液的相对密度一般为(　　)。

A. 1.24～1.28　　B. 1.15～1.20　　C. 1.35～1.40

3. 蓄电池电解液的温度下降,会使其容量(　　)。

A. 增加　　B. 下降　　C. 不变

4. 蓄电池在补充充电过程中,第一阶段的充电电流应选取其额定容量的(　　)。

A. 1/10　　B. 1/15　　C. 1/20

5. 蓄电池在使用过程中,如发现电解液的液面下降,应及时补充(　　)。

A. 电解液　　B. 稀硫酸　　C. 蒸馏水

6. 蓄电池极板上的活性物质在放电过程中都转变为(　　)。

A. 硫酸铅　　B. 二氧化铅　　C. 铅

7. 下列原因哪一个可造成蓄电池硫化?(　　)

A. 大电流过充电　　B. 电解液液面过高　　C. 长期充电不足

8. 随着蓄电池放电电流的增大,其容量将(　　)。

A. 增大　　B. 不变　　C. 减小

9. 在讨论蓄电池结构时,甲说 12V 蓄电池由 6 个单格电池并联组成,乙说,12V 蓄电池由 6 个单格电池串联组成,你认为(　　)。

A. 甲正确　　B. 乙正确　　C. 甲乙都对　　D. 甲乙都不对

10. 铅酸蓄电池放电时,端电压逐渐(　　)。

A. 上升　　B. 平衡状态　　C. 下降　　D. 不变

11. 在讨论蓄电池电极桩的连接时,甲说,脱开蓄电池电缆时,始终要先拆下负极电缆,乙说,连接蓄电池电缆时,始终要先连接负极电缆,你认为(　　)。

A. 甲正确　　B. 乙正确　　C. 甲乙都对　　D. 甲乙都不对

12. 交流发电机中装在元件板上的二极管(　　)。

A. 是正极管　　B. 是负极管　　C. 即可以是正极管也可以是负极管

13. 交流发电机所采用的励磁方法是(　　)。

A. 自励　　B. 他励　　C. 先他励,后自励

14. 使用晶体管电压调节器的发电机出现不发电故障,短接触点式调节器的"+"与"F"接线柱后,发电机开始发电,这说明故障出在(　　)。

A. 发电机　　B. 电流表　　C. 调节器

15. 交流发电机转子作用是(　　)。

A. 发出三相交流电动势　　B. 产生磁场

C. 变交流为直流

16. 发电机中性点输出的电压是发电机输出电压的(　　)。

A. 1/2　　B. 1/3　　C. 1/4

17. 交流发电机中产生磁场的装置是(　　)。

A. 定子　　B. 转子　　C. 电枢　　D. 整流器

18. 发电机调节器是通过调整(　　)来调整发电机输出电压的。

A. 发电机的转速　　B. 发电机的励磁电流

C. 发电机的输出电流

19. 带有能量管理功能的电源系统中,若发动机运行期间系统检测到蓄电池端电压过低或过高,控制模块会(　　)。

A. 使发动机停止运行　　B. 存储故障码并点亮电源系统故障灯

C. 切断励磁控制电路

20. 带有能量管理功能的电源系统中,控制模块根据整车用电负荷和蓄电池状态来调整(　　),从而控制发电负荷。

A. 励磁电路电压　　B. 励磁电路占空比

C. 励磁电路电阻值

## 二、判断题

1. 在一个单格蓄电池中,负极板的片数总比正极板多一片。　　(　　)

2. 将蓄电池的正负极板各插入一片到电解液中，即可获得12V的电动势。 (  )
3. 在放电过程中，正负极板上的活性物质都转变为硫酸铅。 (  )
4. 在放电过程中，蓄电池的放电电流越大，其容量就越大。 (  )
5. 在定电压充电过程中，其充电电流也是定值。 (  )
6. 免维护蓄电池在使用过程中不需补加蒸馏水。 (  )
7. 蓄电池主要包括极板、隔板、电解液和外壳等。 (  )
8. 蓄电池可以缓和电气系统中的冲击电压。 (  )
9. 蓄电池正极板上的活性物质是二氧化铅，负极板上的活性物质是海绵状纯铅。 (  )
10. 蓄电池极板硫化的原因主要是长期充电不足，电解液不足。 (  )
11. 如果将蓄电池的极性接反，后果是有可能将发电机的磁场绕组烧毁。 (  )
12. 为了防止冬天结冰，蓄电池电解液的密度越高越好。 (  )
13. 交流发电机中硅整流器中的正极管的负极为发电机的正极。 (  )
14. 交流发电机中性点N的输出电压为发电机电压的1/2。 (  )
15. 电子调节器中稳压管被击穿时，其大功率三极管一定处于导通状态。 (  )
16. 在三相桥式整流电路中，每个二极管导通的时间占整个周期的1/2。 (  )
17. 交流发电机中进行电压调节的前提是检测到发电机输出电压的变化。 (  )
18. 交流发电机的激磁方法为：先他激，后自激。 (  )
19. 交流发电机的定子绕组通常为Y形接法，整流器为三相桥式整流电路。 (  )
20. 通过检查发电机的励磁电路和发电机本身，查不出不充电故障的具体部位。 (  )

## 三、简答题

1. 汽车蓄电池为什么会硫化？怎样才能避免和解决硫化？
2. 调节器为什么可以控制交流发电机的输出电压？
3. 说明能量管理系统的主要功能有哪些。
4. 交流发电机在使用过程中为什么要定期进行维护？

# 单元三　汽车起动系统

**学习目标**

☞ 素质目标

1. 培养严谨规范的工匠精神，树立质量强国意识，确保工作任务的完成质量；
2. 培养理论联系实际，运用理论知识解决实际问题的能力。

☞ 知识目标

1. 正确描述常规起动机的组成、结构、工作原理；
2. 简单叙述起动机的工作特性及其对使用的影响；
3. 会分析汽车起动系统电路图；
4. 简单叙述减速起动机的结构组成和工作原理；
5. 能够叙述无钥匙起动系统的基本组成及工作原理；
6. 能够叙述汽车自动起动—停止系统的基本工作过程。

☞ 技能目标

1. 能够从车上拆卸和安装起动机总成；
2. 会对起动机进行不解体检测，判断起动机是否正常；
3. 会正确诊断、排除起动系统的故障。

## 1 起　动　机

### 1.1 概述

电力起动具有操作简便、起动迅速的特点，具有重复起动的能力，并且可以实现远距离控制，因此，在现代汽车上广泛使用。本单元以目前汽车中比较常见的起动系统为例，介绍了电力起动系统的组成、结构、工作原理以及检修等。

常见的电力起动机主要有以下三种：

(1)电磁控制强制啮合式起动机(常规起动机)。磁极一般采用电磁铁，传动机构中一般只是由简单的驱动齿轮、单向离合器和拨叉等组成，无特殊结构和装置。

(2)永磁起动机。电动机的磁极用永磁材料制成，取消了磁场线圈，可以使结构简化，体积小、质量轻。

(3)减速起动机。减速起动机采用高速、小型、低转矩电动机，在传动机构中设有减速装置。质量和体积比普通起动机小30%～35%，但结构和工艺比较复杂。

为了完成起动的任务，不管何种起动机都要满足以下要求：

(1)起动时应该平顺，起动机的齿轮与发动机的飞轮齿圈啮合要柔和，不应发生冲击。

(2)发动机起动后，起动机的小齿轮应能自动打滑或脱离啮合。

(3)发动机在工作中，起动机的小齿轮不能再进入啮合，防止发生冲击。

(4)起动系统结构应简单，以保证工作可靠。

## 1.2 常规起动机的组成、结构和工作原理

常规起动机一般由直流串励式电动机、传动机构和控制装置(也称电磁开关)三部分组成。图3-1所示为常规起动机的齿轮和发动机飞轮齿圈的啮合关系，图3-2所示为常规起动机的组成。由图可以看出，把点火开关旋至起动挡时，电动机产生转矩开始转动，同时电磁开关把传动机构中的小齿轮推出，使其与发动机的飞轮齿圈啮合，这样就把电动机的转矩通过传动机构传递给飞轮，使发动机起动。

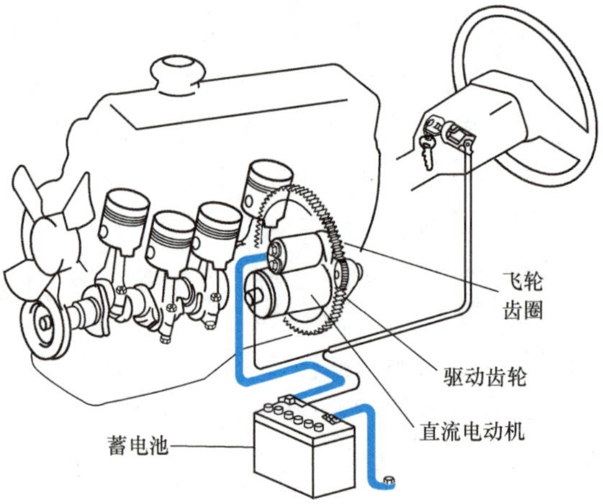


图3-1 起动机的齿轮和发动机飞轮齿圈的啮合关系

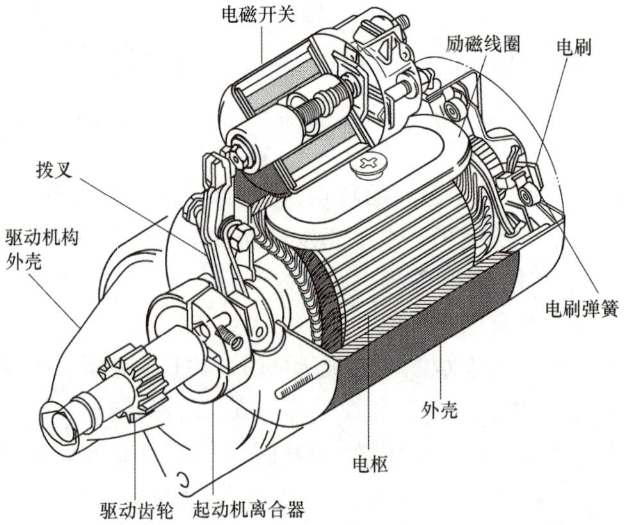


图3-2 常规起动机的组成

### 1.2.1　直流串励式电动机

直流电动机的作用是产生转矩。汽车通常采用直流串励式电动机。"串励"是指电枢绕组与磁场绕组串联。

1.2.1.1　直流电动机的结构

直流电动机由磁极、电枢、电刷和机壳等组成,如图 3-3 所示。

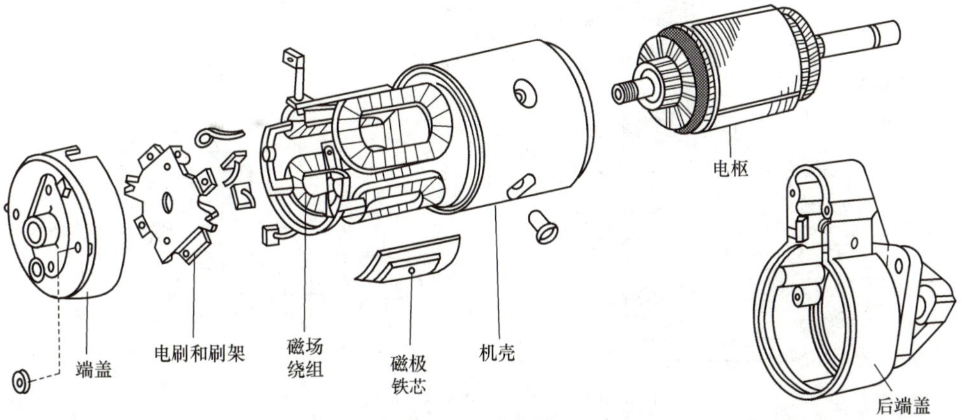


图 3-3　直流电动机

(1)磁极。磁极的作用是产生电枢转动时所需要的磁场,它由固定在机壳上的磁极铁芯和励磁绕组组成,如图 3-4 所示。图 3-5 所示为励磁绕组的内部电路连接方法,励磁绕组一端接在外壳的绝缘接线柱上,另一端与两个非搭铁电刷相连。

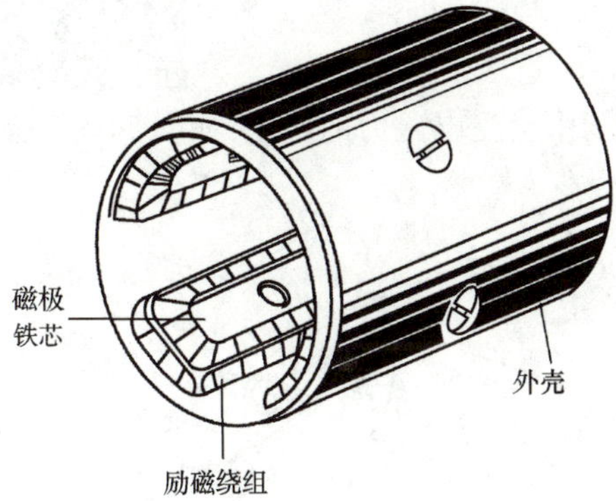


图 3-4　磁极

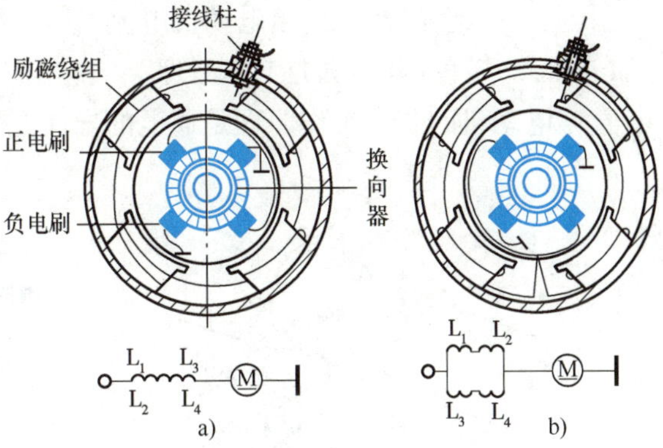


图 3-5　励磁绕组的接法

a)4 个绕组相互串联;b)两个绕组串联后再并联

(2)电枢。图 3-6 所示为电枢总成,由外圆带槽的硅钢片叠成的铁芯和电枢绕组组成,励磁绕组和电枢绕组一般采用矩形断面的裸铜线绕制。

换向器装在电枢轴上,它由许多换向片组成。换向片嵌装在轴套上,各换向片之间均用云母绝缘。

(3)电刷。电刷和换向器配合使用。它用来连接磁场绕组和电枢绕组的电路,并使电枢轴上的电磁力矩保持固定方向。

电刷装在端盖上的电刷架中,电刷弹簧使电刷与换向片之间具有适当的压力,以保持配合,如图 3-7 所示。

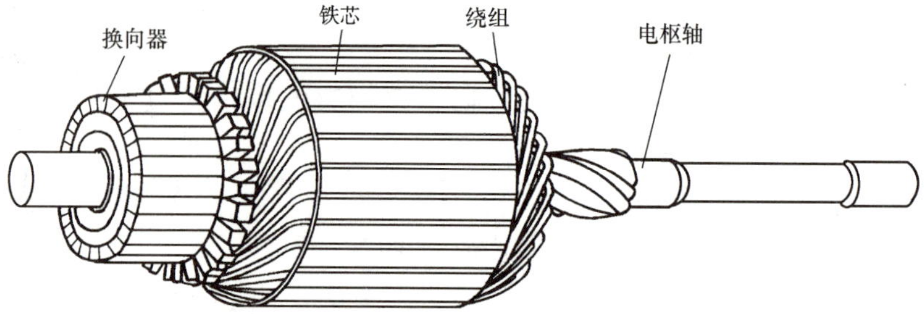


图 3-6　电枢总成

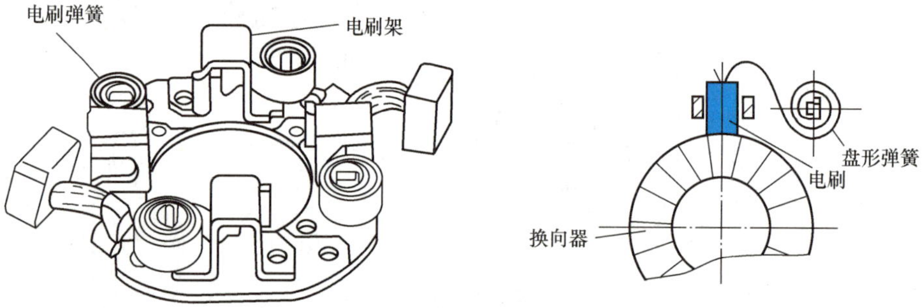


图 3-7　电刷及电刷架的组合

以四磁极电动机为例，其中两个电刷与机壳绝缘，电流通过这两个电刷进入电枢绕组，另外两个为搭铁电刷，通过电枢绕组的电流又通过这两个电刷搭铁。

(4)机壳。机壳是电动机的磁极和电枢的安装机体，其中一端有 4 个检查窗口，便于进行电刷和换向器的维护，同时起动机的电磁开关也安装在机壳上，其上有一绝缘接线端，接电动机电流的引入线。

1.2.1.2　直流电动机的工作原理

直流电动机的基本工作原理是通电的导体在磁场中会受电磁力的作用，如图 3-8 所示。

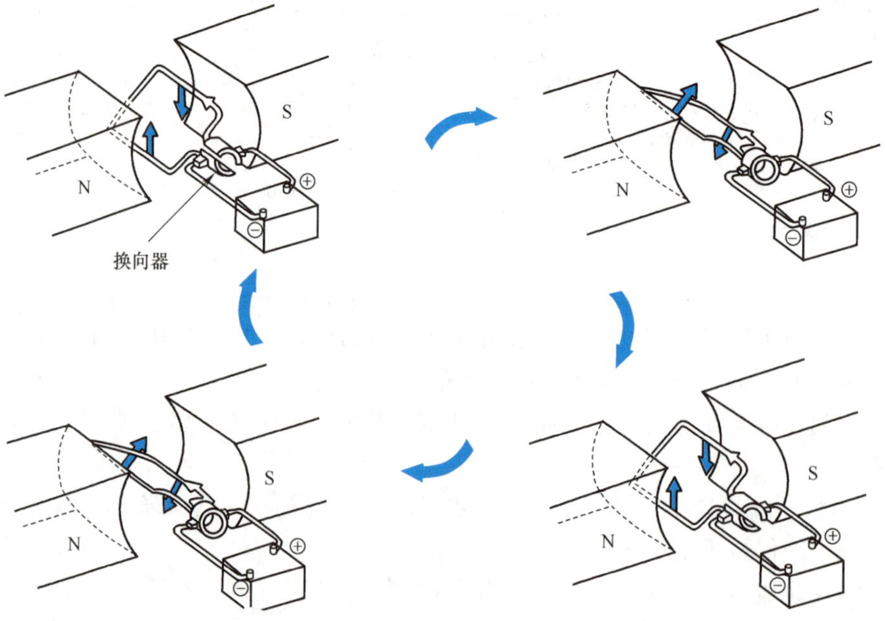


图 3-8　直流电动机的原理图

电磁力的方向遵循左手定则(图 3-9)。两片换向片分别与环状线圈的两端连接,电刷一端与两换向器片相接触,另一端分别接蓄电池的正极和负极。在环状线圈中电流的方向交替变化,用左手定则判断可知,环状线圈在电磁力矩作用下按顺时针方向连续转动。这样在电源连续对电动机供电时,其线圈就不停地按同一方向转动。

为了增大输出转矩并使运转均匀,实际的电动机中电枢采用多匝线圈,随线圈匝数的增多换向片的数量也要增多。

**相关链接**

左手定则如图 3-9 所示。

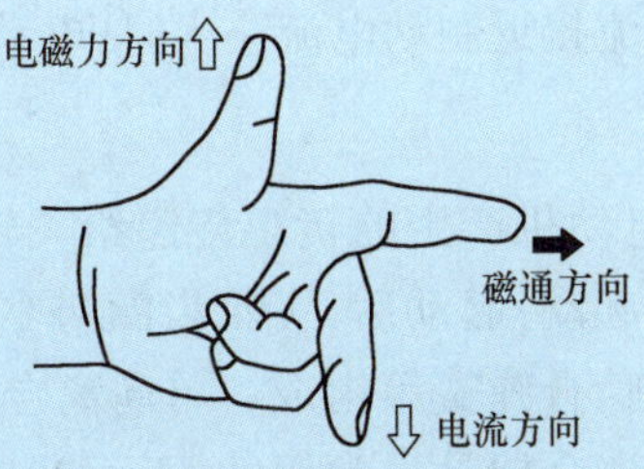


图 3-9　左手定则

1.2.1.3　直流电动机的工作特性

直流电动机工作时有如下的特点:电动机中电流越大,电动机产生的转矩越大;电动机的转速越高,电枢线圈中产生的反电动势就越大,电流也随之下降。

起动机在初始起动期间和正常起动期间各项指标的比较见表 3-1。

**起动机不同阶段各项指标比较**　　表 3-1

| 项　目 | 阶段 | |
|---|---|---|
| | 正常起动期间 | 初始起动期间 |
| 电动机速度 | 较低 | 较高 |
| 电动机电流 | 较大 | 较小 |
| 电动机产生的转矩 | 较大 | 较小 |
| 电枢中的反向电动势 | 较小 | 较大 |

直流串励式电动机的转矩 $M$、转速 $n$ 和功率 $P$ 随电枢电流变化的规律,称为直流串励式电动机的特性。图 3-10 所示为直流串励式电动机的特性曲线,其中曲线 $M$、$n$ 和 $P$ 分别代表转矩特性、转速特性和功率特性。

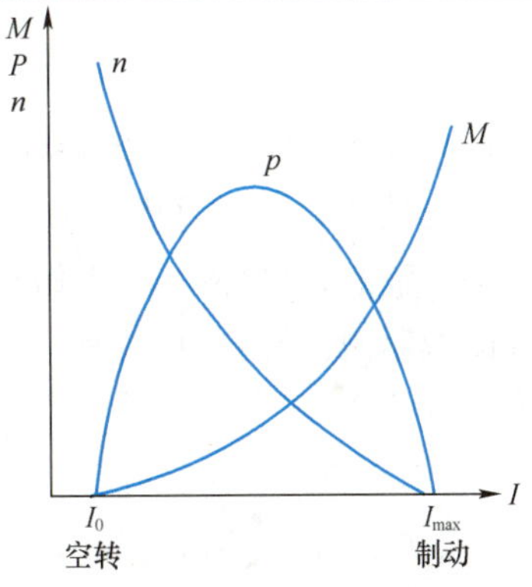


图 3-10　直流串励式电动机的特性曲线

结合表 3-1 和图 3-10 可知,在起动机起动的瞬间,电枢转速为零,电枢电流达到最大值,转矩也相应达到最大值,使发动机的起动变得很容易,这是汽车起动机采用串励式电动机的主要原因。

串励式电动机输出转矩较大时,电枢电流也随之增大,电动机转速随电流的增加而急剧下降;反之,在输出转矩较小时，电动机转速又随电枢电流的减小而很快上升。

串励式电动机具有轻载转速高，重载转速低的特性，对保证起动安全可靠是非常有利的，是汽车上采用串励式电动机的一个重要原因。

串励式电动机的功率 $P$ 可用下式表示：

$$P = \frac{Mn}{9550}$$

式中：$M$——电枢轴上的转矩，N · m；

$n$——电枢转速，r/min。

电动机完全制动时，转速和输出功率为零，转矩达到最大值。空载时，电流最小，转速最大，输出功率也为零。当电枢电流接近制动电流一半时，电动机输出功率最大。

### 1.2.2 传动机构

传动机构的作用是把直流电动机产生的转矩传递给飞轮齿圈，再通过飞轮齿圈把转矩传递给发动机的曲轴，使发动机起动；起动后，飞轮齿圈与驱动齿轮自动打滑脱离。它一般由驱动齿轮、单向离合器、拨叉、啮合弹簧等组成。单向离合器有滚柱式，摩擦片式，弹簧式等几种类型。其中，滚柱式单向离合器是最常用的，下面就以滚柱式单向离合器为例，讨论其结构和工作原理。

#### 1.2.2.1 滚柱式单向离合器的构造

如图 3-11 所示，滚柱式单向离合器的驱动齿轮与外壳制成一体，外壳内装有十字块和 4 套滚柱、压帽和弹簧。十字块与花键套筒固定连接，壳底与外壳相互扣合密封。

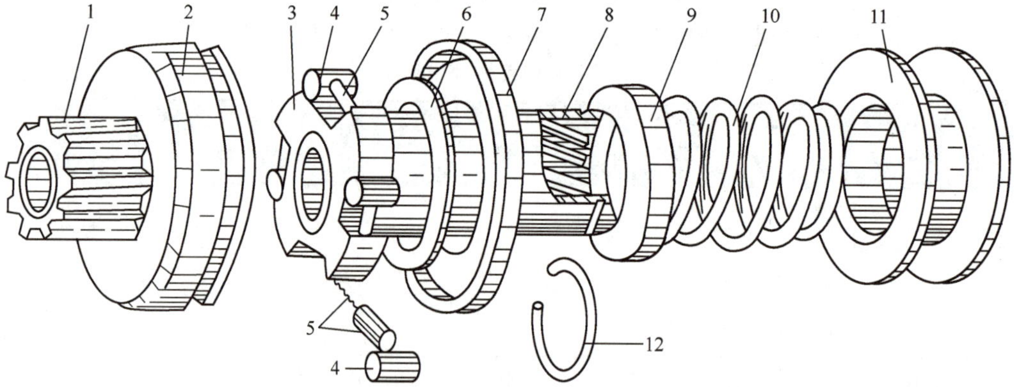


图 3-11 滚柱式单向离合器

1-驱动齿轮；2-外壳；3-十字块；4-滚柱；5-压帽弹簧；6-垫圈；7-护盖；8-花键套筒；9-弹簧座；10-啮合弹簧；11-拨环；12-卡簧

花键套筒的外面装有啮合弹簧及衬圈，末端安装拨环与卡圈。整个离合器总成套装在电动机轴的花键部位上，可做轴向移动和随轴转动。在外壳与十字块之间，形成 4 个宽窄不等的楔形槽，槽内分别装有一套滚柱、压帽及弹簧。滚柱的直径略大于楔形槽窄端，略小于楔形槽的宽端。

#### 1.2.2.2 工作过程

滚柱式单向离器的受力分析如图 3-12 所示，当起动机电枢旋转时，转矩经套筒带动十字块旋转，滚柱滚入楔形槽窄端，将十字块与外壳卡紧，使十字块与外壳之间能传递转矩，如

图3-12a)所示;发动机起动以后,飞轮齿圈会带动起动机驱动齿轮旋转,当转速超过起动机电枢转速时,滚柱滚入宽端打滑,这样发动机的转矩就不会传递至起动机,从而起到保护起动机的作用,如图3-12b)所示。

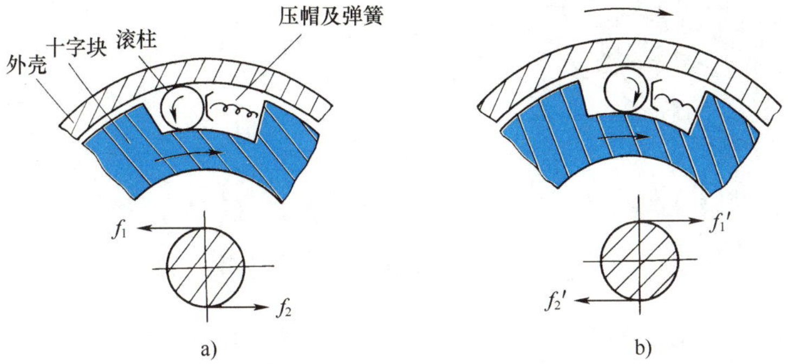


图3-12　滚柱的受力及作用示意图
a)起动时;b)起动后

### 1.2.3　控制装置

电磁控制装置在起动机上称为电磁开关,它的作用是控制驱动齿轮与飞轮齿圈的啮合与分离,并控制电动机电路的接通与切断。在现代汽车上,起动机均采用电磁式控制电路,电磁式控制装置是利用电磁开关的电磁力操纵拨叉,使驱动齿轮与飞轮啮合或分离。

#### 1.2.3.1　电磁控制装置的组成

图3-13所示为电磁开关结构图。电磁开关主要由吸引线圈、保持线圈、复位弹簧、活动铁芯,接触片等组成。其中,端子C接点火开关,通过点火开关再接电源;端子30直接接电源。

#### 1.2.3.2　基本工作过程

电磁开关的工作过程要结合电路进行分析,此处不对其进行单独的分析。主要的工作过程如图3-14所示。当起动电路接通后,保持线圈的电流经起动机端子50进入,经线圈后直接搭铁,吸引线圈的电流也经起动机端子50进入,但通过线圈后未直接搭铁,而是进入电动机的励磁线圈和电枢后再搭铁。两线圈通电后产生较强的电磁力,克服复位弹簧弹力使活动铁芯移动,一方面通过拨叉带动驱动齿轮移向飞轮齿圈并与之啮合,另一方面推动接触片移向端子50和端子C的触点,在驱动齿轮与飞轮齿圈进入啮合后,接触片将两个主触点接通,使电动机通电运转。在驱动齿轮进入啮合之前,由于经过吸引线圈的电流经过了电动机,所以电动机在这个电流的作用下会产生缓慢旋转,以便于驱动齿轮与飞轮齿圈进入啮合。在两个主接线柱触点接通之后,蓄电池的电流直接通过主触点和接触片进入电动机,使电动机进入正常运转,此时通过吸引线圈的电路被短路。因此,吸引线圈中无电流通过,主触点接通的位置靠保持线圈来保持。发动机起动后,切断起动电路,保持线圈断电,在弹簧的作用下,活动铁芯复位,切断了电动机的电路,同时也使驱动齿轮与飞轮齿圈脱离啮合。

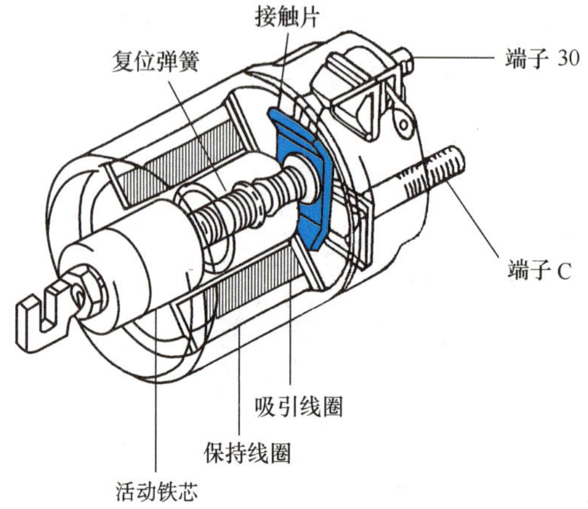


图 3-13　电磁开关结构

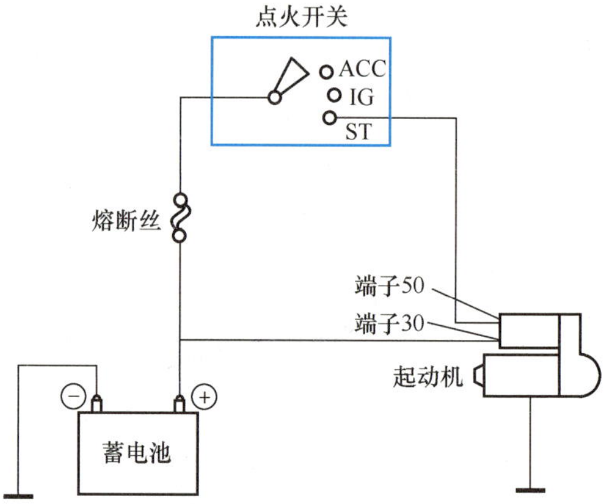


图 3-14　无起动继电器的控制电路

**相关链接**

国产起动机的型号。汽车行业标准《汽车电气设备产品型号编制方法》(QC/T 73—1993)中的规定,直流电动机的型号组成如图 3-15 所示。

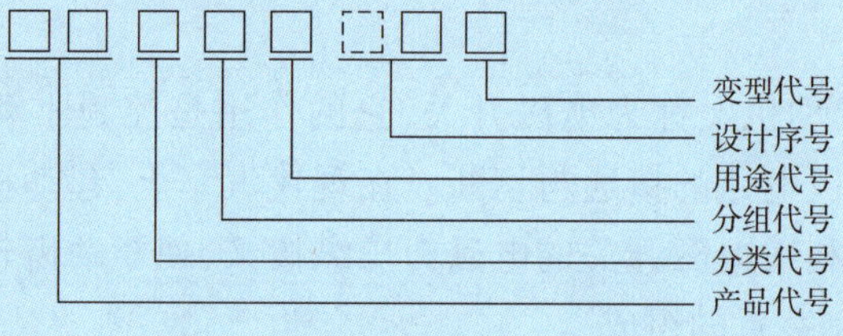


图 3-15　直流电动机的型号组成

1. 产品代号

按产品的名称适当选择其中 2～3 个单字,并以该单字汉语拼音的第一个大写字母组成,产品代号用 2 个字母组成,则按先后顺序排列,若产品代号需用 3 个字母组成时,则将表示产品特征的字母放在基本名称的字母之后。

2. 分类和分组代号

按各种产品的电器参数、结构和用途等,选取其中两个主要特征,一般各以一位阿拉伯数字组成,允许有二位阿拉伯数字作为分组代号。对于结构较简单的产品,不再分组,其分组代号以“0”表示。

起动机、减速起动机、永磁起动机以电压等级为分类代号,功率等级为分组代号,分组代号应符合表 3-2 中的规定。

**起动机的分组代号**　　表 3-2

<table>
<tr><th rowspan="2">产　品</th><th colspan="9">分组代号</th></tr>
<tr><th>1</th><th>2</th><th>3</th><th>4</th><th>5</th><th>6</th><th>7</th><th>8</th><th>9</th></tr>
<tr><td>起动机功率等级(kW)</td><td rowspan="3">～1</td><td rowspan="3">>1～2</td><td rowspan="3">>2～3</td><td rowspan="3">>3～4</td><td rowspan="3">>4～5</td><td rowspan="3">>5～6</td><td rowspan="3">>6～7</td><td rowspan="3">>7～8</td><td rowspan="3">>8</td></tr>
<tr><td>减速起动机功率等级(kW)</td></tr>
<tr><td>永磁起动机功率等级(kW)</td></tr>
</table>

# 2　起动系统控制电路

起动系统的控制电路指除起动机本身电路以外的起动系统电路。起动系统的控制电路随车型的不同而有所不同，大体上可以分为无起动继电器的控制电路、带有起动继电器的控制电路和带有保护继电器的控制电路。下面介绍几种典型的控制电路。

## 2.1　无起动继电器的控制电路

下面以丰田 AE 系列乘用车和普通桑塔纳乘用车为例，介绍无起动继电器的控制电路。

丰田 AE 系列乘用车的起动控制电路。图 3-16～图 3-18 所示为丰田 AE 系列中常用的起动机控制电路及其工作过程。

如图 3-16 所示，当点火开关位于起动挡时，电流的流向为：蓄电池"＋"→点火开关起动挡→端子 50→保持线圈→搭铁，同时吸引线圈中也通过电流，方向为：蓄电池"＋"→点火开关起动挡→端子 50→吸引线圈→端子 C→励磁线圈→电枢→搭铁。此时，由于吸引线圈和励磁线圈中的电流非常小，电动机低速运转。同时，吸引线圈和保持线圈中产生的磁场吸引活动铁芯向右运动，克服复位弹簧的作用力，拉动拨叉向左运动，拨叉使离合器的驱动齿轮向左并与飞轮的齿圈啮合。这个过程电动机的转速较低，可以保证齿轮之间平顺啮合。

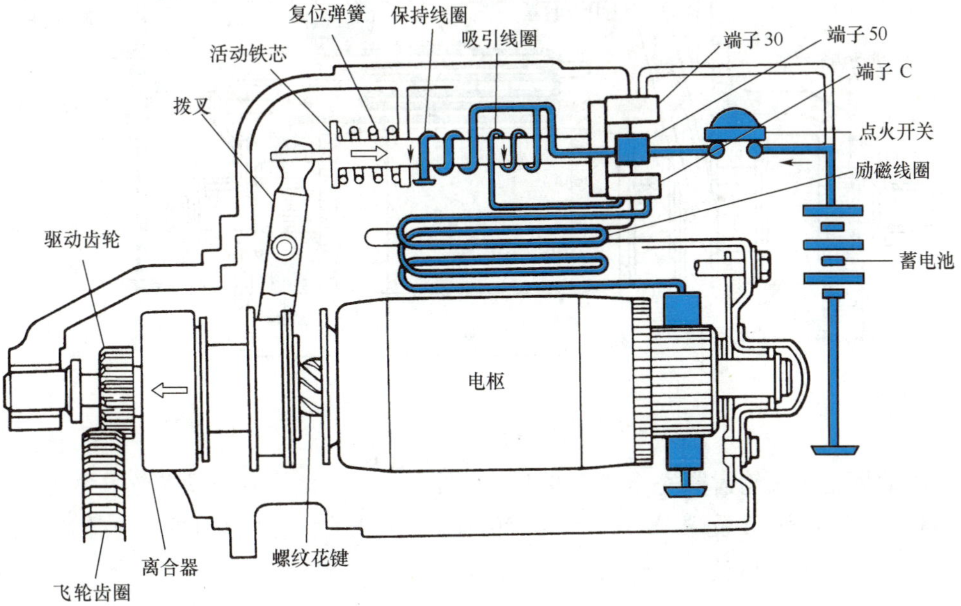


图 3-16　点火开关位于起动位置

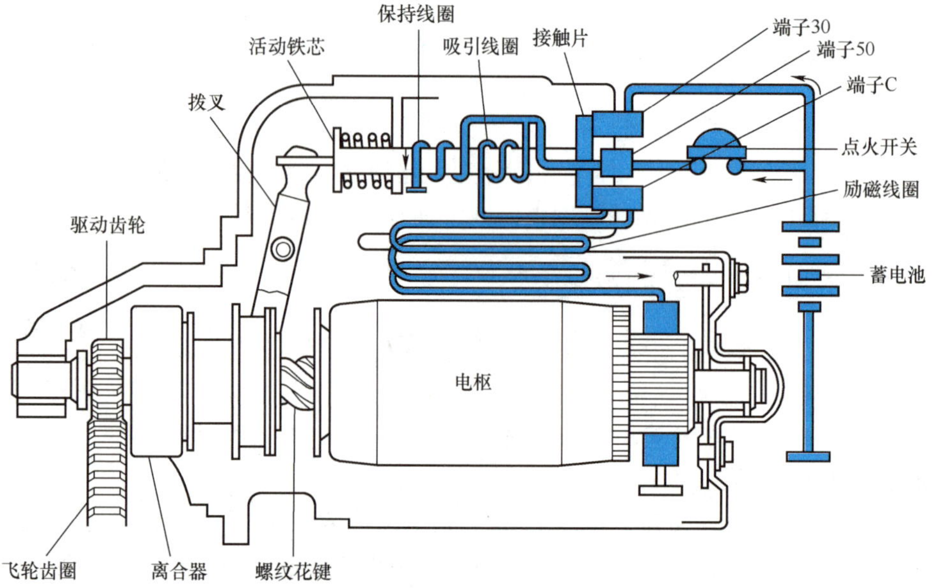


图 3-17　驱动齿轮和飞轮齿圈啮合

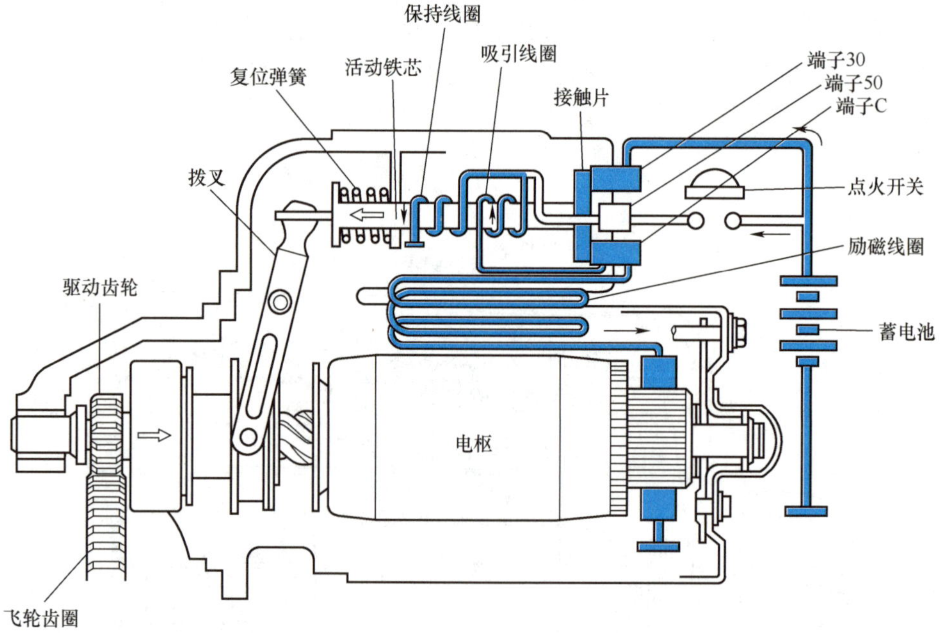


图 3-18　起动完成

当驱动齿轮和飞轮齿圈完全啮合以后，如图 3-17 所示，与活动铁芯连在一起的接触片向右运动，和端子 30 及端子 C 接触，从而接通了主开关，通过起动机的电流增大，电动机的转速升高。而电枢轴上的螺纹使驱动齿轮和飞轮齿圈更加牢固的啮合。此时，吸引线圈两端的电压相等，所以无电流通过。保持线圈产生的磁场力使活动铁芯保持在原位不动。此时的电流方向分别为：蓄电池“+”→点火开关起动挡→端子 50→保持线圈→搭铁；蓄电池“＋”→端子 30 接触片→端子 C→励磁线圈→电枢绕组→搭铁。

发动机起动以后，点火开关会从“START”挡回到“ON”挡，从而切断了端子 50 上的电压。这时，接触片和端子 30 及端子 C 仍保持接触。如图 3-18 所示，电路中的电流为：蓄电池“＋”→端子 30→接触片→端子 C→吸引线圈→保持线圈→搭铁。同时，电流还经过端子 C→励磁线圈→电枢→搭铁。由于此时吸引线圈和保持线圈的电流方向相反，产生的磁场力相互抵消，在复位弹簧的作用下，活动铁芯向左运动，使得驱动齿轮与飞轮齿圈脱离，同时，接触片和两个端子断开，切断电动机中的电流，整个起动过程结束。

## 2.2　带起动继电器的控制电路

装起动继电器的目的是减小通过点火开关的电流，防止点火开关烧损。起动继电器有 4 个接线柱，分别标有起动机、蓄电池、搭铁和点火开关，点火开关与搭铁接线柱之间是继电器的电磁线圈，起动机和蓄电池接线柱之间是继电器的触点。接线时，点火开关接线柱接点火开关的起动挡，蓄电池接线柱接电源，搭铁接线柱直接搭铁，起动机接线柱接起动机电磁开关上起动机接线柱，如图 3-19 所示。

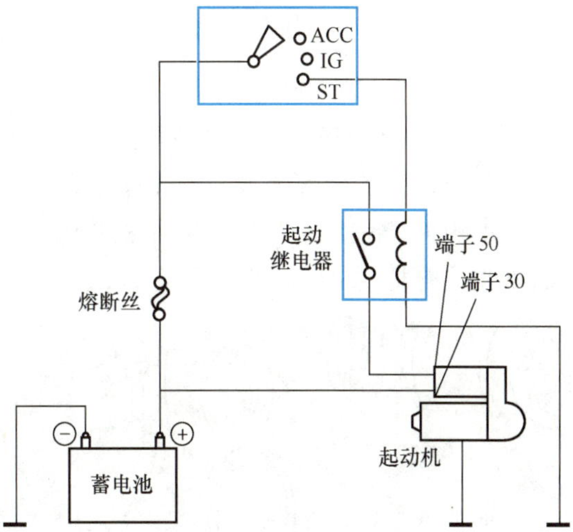

图 3-19　带起动继电器的控制电路

发动机起动时，将点火开关起动挡接通，继电器的电磁线圈通电，使触点闭合，电源的电流便经继电器的触点通往起动机电磁开关的起动机接线柱。电磁开关通电后，便控制起动机进入工作状态。从电路中可以看出，起动期间流经点火开关起动挡和继电器线圈的电流较小，大电流经过继电器开关流入起动机，保护了点火开关。起动过程的工作原理如前述，此处不再重复。

在一些大型货车和大型客车上，为了防止发动机起动以后起动电路再次接通，导致驱动齿轮与飞轮齿圈再次啮合而损坏起动机，在一些起动电路中还要安装带有保护功能的组合式继电器来实现保护功能。

此外目前汽车的防盗系统中，会将起动继电器线圈通过防盗系统搭铁，发动机起动时，只有防盗系统发出起动信号后，继电器线圈才能搭铁，起动机工作。如果防盗系统没有收到起动信号，则继电器线圈中无电流，起动机就不能工作，实现了防盗功能。

# 3　常规起动机的拆装、检测与诊断

## 3.1　起动机的拆装

### 3.1.1　起动机的分解

起动机解体前应清洁外部的油污和灰尘，然后按下列步骤进行解体：

(1)旋出防尘盖固定螺钉,取下防尘盖,用专用钢丝钩取出电刷;拆下电枢轴上推力圈处的卡簧,如图3-20所示。

(2)用扳手旋出两紧固贯穿螺栓,取下前端盖,抽出电枢,如图3-21所示。

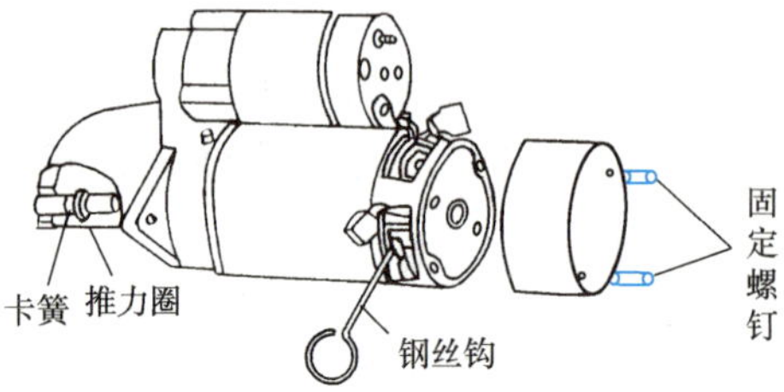


图3-20　拆卸电刷

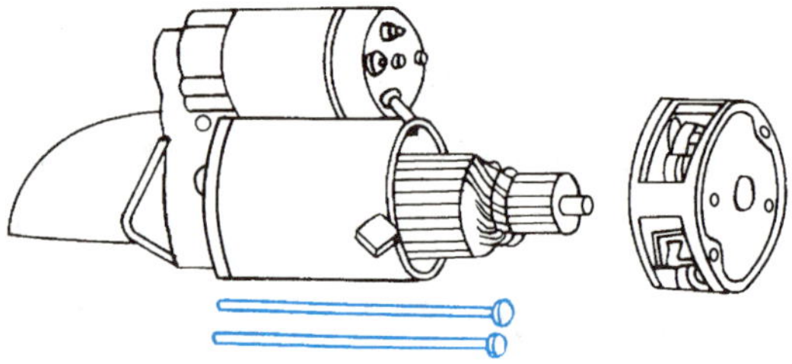

图3-21　拆卸前端盖和电枢

(3)拆下电磁开关主接线柱与电动机接线柱间的导电片;旋出后端盖上的电磁开关紧固螺钉,使电磁开关后端盖与中间壳体分离,如图3-22所示。

(4)从后端盖上旋下中间支承板紧固螺钉,取下中间支承板,旋出拨叉轴销螺钉,抽出拨叉,取出离合器,如图3-23所示。

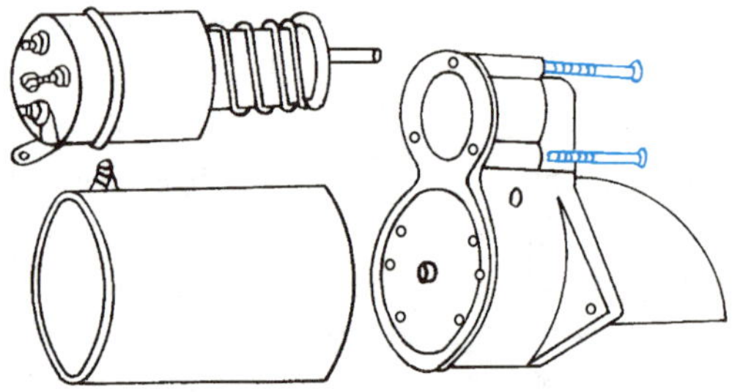

图3-22　拆卸电磁开关

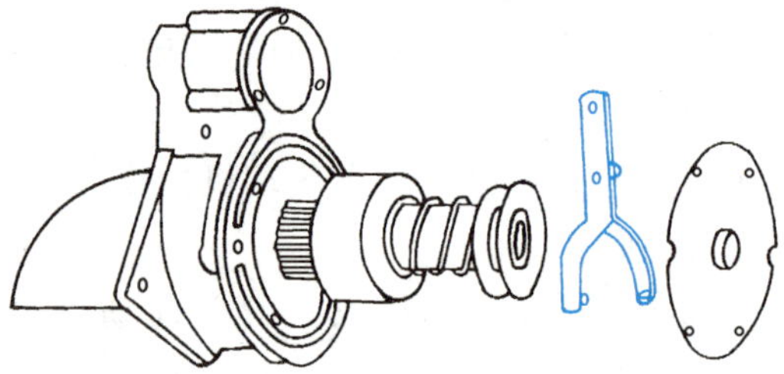

图3-23　拆下离合器

(5)将已解体的机械部分侵入清洗液中清洗,电器部分用棉纱蘸少量汽油擦拭干净。

有必要时,可分解电磁开关,其步骤是:

①拆下电磁开关前端固定螺钉,取下前端盖;

②取下独盘锁片、触盘、弹簧、抽出引铁;

③取下固定铁芯卡簧及固定铁芯,抽出铜套及吸引线圈和保持线圈。

### 3.1.2　起动机的装复

起动机的形式不同,具体装复的步骤不可能完全相同,但基本原则是按分解时的相反步骤进行。

装复的一般步骤是:先将离合器和移动叉装入后端盖内,再装中间轴承支承板,将电枢轴装入后端盖内,装上电动机外壳和前端盖,并用两根长贯穿螺栓紧固,然后装电刷和防尘罩,装起动机开关可早可晚。

## 3.2　起动机的检测

起动机的检测分为解体检测和不解体检测两种,目前绝大多数汽车上的起动系统出现故障后只要通过不解体检测判断出是起动机出现故障还是电路故障,若起动机出现故障对其进行更换即可，解体测试的项目在目前已经很少，在此不进行说明。

(1)吸引线圈性能测试。

①先把电动机的引线断开。

②按着图 3-24 所示的方法连接蓄电池与电磁起动开关。

注：驱动齿轮应能伸出，否则表明其功能不正常。

(2)保持线圈性能测试。接线方法如图 3-25，在驱动齿轮移出之后从端子 C 上拆下导线。

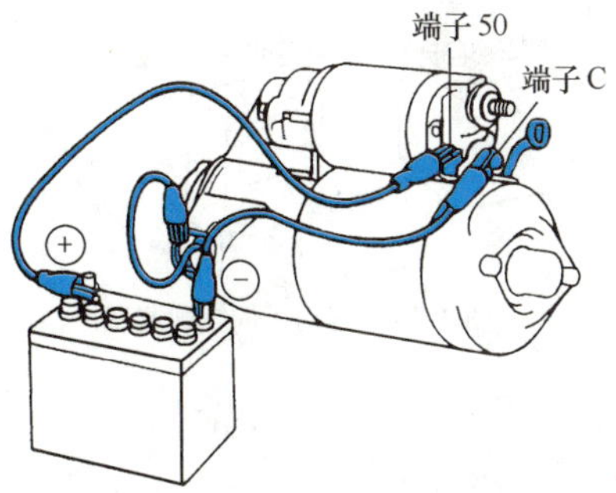

图 3-24　电磁开关吸引线圈功能试验

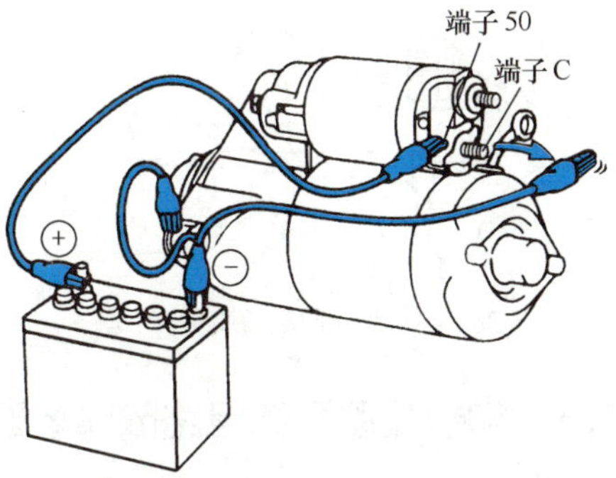

图 3-25　电磁线圈和保持线圈功能试验

注：驱动齿轮仍能保留在伸出位置，否则表明保持线圈损坏或搭铁不正确。

(3)驱动齿轮回位测试，如图 3-26 所示。

说明：拆下蓄电池负极接外壳的接线夹后，驱动齿轮能迅速返回原始位置即为正常。

(4)驱动齿轮间隙的检查。按着图 3-27 连接蓄电池和电磁开关，按照图 3-28 进行驱动齿轮间隙的测量。

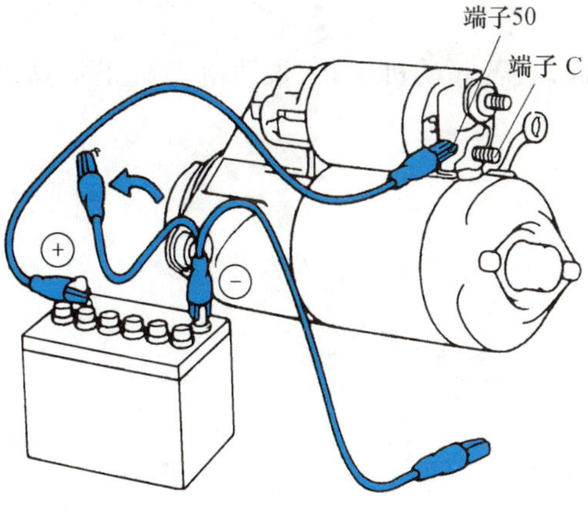

图 3-26　驱动齿轮复位试验

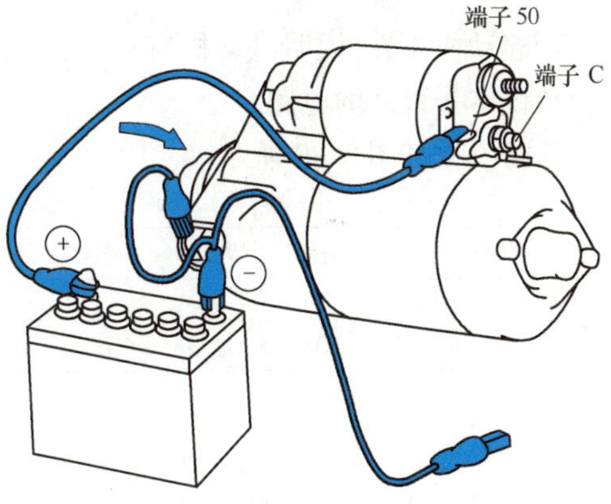

图 3-27　驱动齿轮间隙检查时的接线

注：测量时先把驱动齿轮推向电枢方向，消除间隙后测驱动齿轮端和止动套圈间的间隙，并和标准值进行比较。

(5)空载测试，如图 3-29 所示。

①固定起动机。

②按图 3-28 所示的方法连接导线。

③检查起动机应该平稳运转,同时驱动齿轮应移出。

④读取电流表的数值,应符合标准值。

⑤断开端子 50 后,起动机应立即停止转动,同时驱动齿轮缩回。

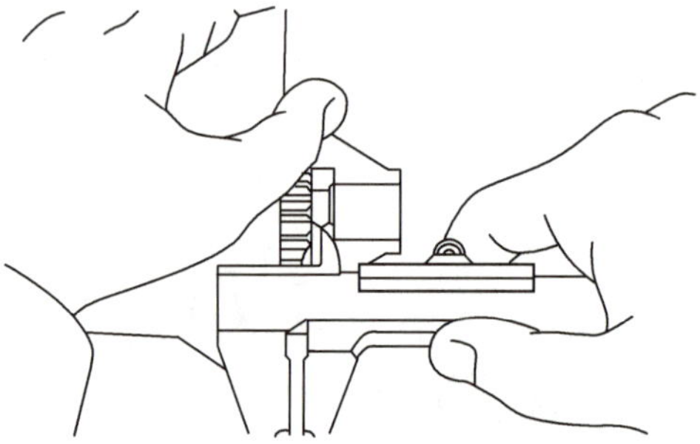

图 3-28　驱动齿轮间隙的测量

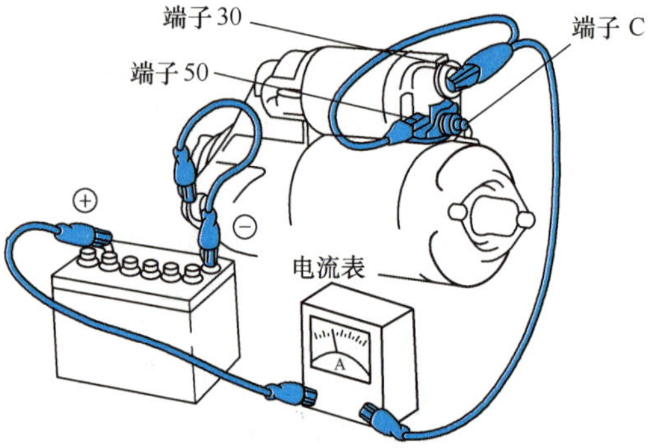


图 3-29　起动机的空载测试

## 3.3　常规起动系统电路故障诊断

下面以丰田轿车起动系统为例,分析起动系统的故障(其电路见图 3-14)。其他汽车起动系的诊断思路和方法大致相同。

### 3.3.1　起动机不转

(1)故障现象:将点火开关旋至起动挡,起动机驱动齿轮不向外伸出,起动机不转。

(2)诊断思路与方法:此种故障可能由蓄电池及电路连接造成,也有可能由起动机本身造成,首先应进行区分,然后用螺丝刀或导线短接起动机电磁开关上的端子 30 和端子 C 两个接线柱。

若起动机不转,说明电动机有故障,应解体检修;若起动机运转,说明电动机正常,故障在起动机本身以外的电路。

诊断流程如图 3-30 所示。

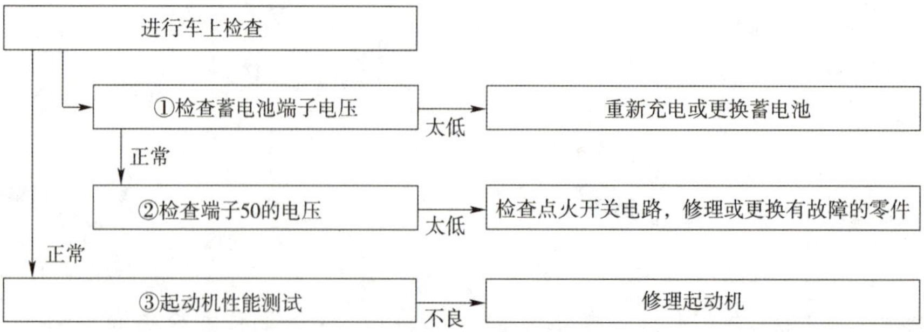


图 3-30　起动机不转故障诊断流程图

①在车上检查蓄电池的状况和电源导线连接情况。

可以按喇叭或开前照灯,若喇叭响声变小或前照灯灯光暗淡,说明蓄电池容量过低或电源导线接触不良；也可以在点火开关位于“起动”挡时，测量蓄电池两端的电压，不应低于9.6V。

若蓄电池良好，应检查端子50的电压，若电压过低（<8V），应对蓄电池的正极线、搭铁线、各接线柱及点火开关进行检查，若接线柱有脏污或松脱，应清洁或紧固，若点火开关损坏，应进行修理和更换。

②若故障仍然存在，说明故障在起动机本身。此时应进行起动机的性能测试（吸引线圈和保持线圈测试等）或解体测试进行故障诊断和排除。

### 3.3.2　起动机转动无力

（1）故障现象：将点火开关旋至“起动”挡，驱动齿轮发出“咔哒”声向外移出，但是起动机不转动或转动缓慢无力。

（2）诊断思路与方法：图3-31所示为常规起动系统控制电路中的诊断思路。

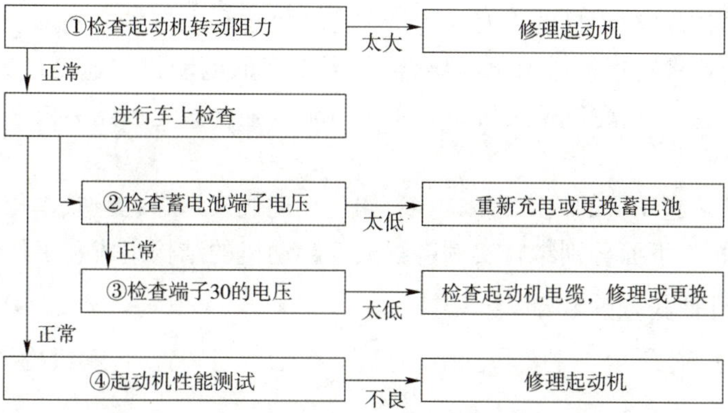


图3-31　起动机运转无力故障诊断图

①首先应该查蓄电池容量和电源导线的连接情况，确认蓄电池容量是否足够，线路连接是否良好。

②若故障依然存在要区分故障在起动机或发动机本身，还是在端子30之前的电路，方法是用螺丝刀短接起动机电磁开关的端子30和端子C两个接线柱。

若短接后起动有力且运转正常，说明起动机电磁开关内主触点和接触盘接触不良；若短接后起动仍然无力，则可认为电动机有故障，需进一步拆检。故障可能是由主开关接触不良、电刷和换向器之间电阻过大或接触不良，单向离合器打滑等引起的。

③如果在接通起动开关后，起动机有连续的“咔哒”声。

若短接起动机电磁开关的两个主接线柱，起动机转动正常，说明电磁开关保持线圈断路或短路。

### 3.3.3　起动机空转

（1）故障现象：接通点火开关起动挡，起动机只是空转，不能带动发动机运转。

（2）诊断思路与方法：

①起动机空转时，有较轻的摩擦声音，起动机驱动齿轮不能与飞轮轮齿啮合而产生空

转，即驱动齿轮还没有啮合到飞轮轮齿中，电磁开关就提前接通，说明主回路的接触盘行程过短，应拆下起动机，进行起动机接通时刻的调整。

②起动机空转时，有严重的碰擦轮齿的声音，说明飞轮齿圈或起动机驱动齿轮严重磨损，应拆下起动机进一步检查，根据实际情况更换驱动齿轮或飞轮齿圈。

③起动机空转时，速度较快但无碰齿声音，说明起动机单向离合器打滑，即驱动齿轮已经啮入飞轮轮齿中，但不能带动飞轮齿圈旋转，只是起动机电枢轴在空转，应更换起动机单向离合器总成。

## 4 减速起动机

### 4.1 减速起动机的基本结构和工作原理

减速起动机与常规起动机的主要区别是在传动机构和电枢轴之间安装了一套齿轮减速装置，通过减速装置将转矩传递给单向离合器，可以降低电动机的速度增大输出转矩，减小起动机的体积和质量。齿轮减速装置主要有平行轴外啮合减速齿轮装置和行星齿轮减速装置两种形式。

目前，采用减速起动机的汽车越来越多，如北京现代索纳塔、奥迪、本田和丰田轿车等都采用了减速起动机。下面分别结合实例讲解减速起动机的结构组成和工作原理。

#### 4.1.1 平行轴式减速起动机

其结构如图3-32所示。主要包括电动机、平行轴减速装置、传动机构和控制装置。

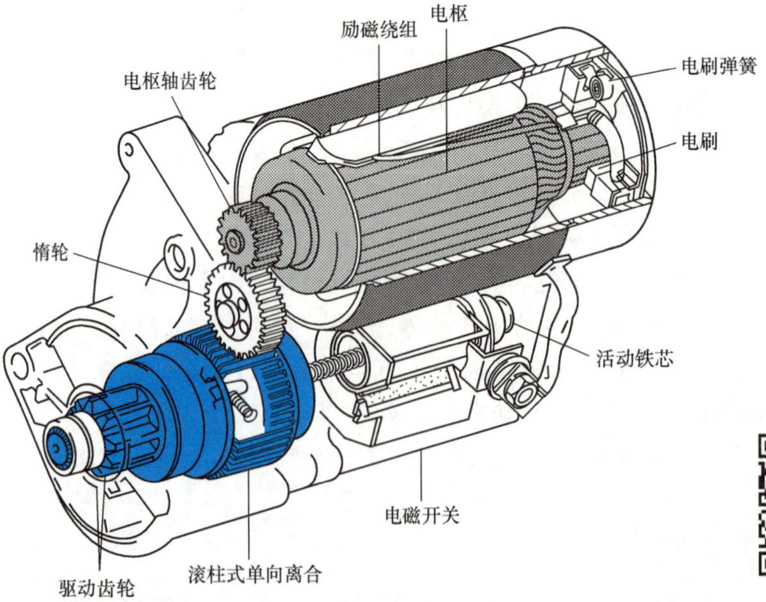


图3-32 平行轴式减速起动机的构造

(1)电动机。该电动机四个磁场绕组相互并联后再与电枢绕组串联，仍为串励式电动机，如图3-33所示。基本部件与常规起动机相似，此处不再重复其工作原理。

（2）传动机构及减速装置。传动机构和减速装置的位置关系如图3-32所示。图3-34所示为减速装置中齿轮的啮合关系和传动机构中单向离合器示意图。

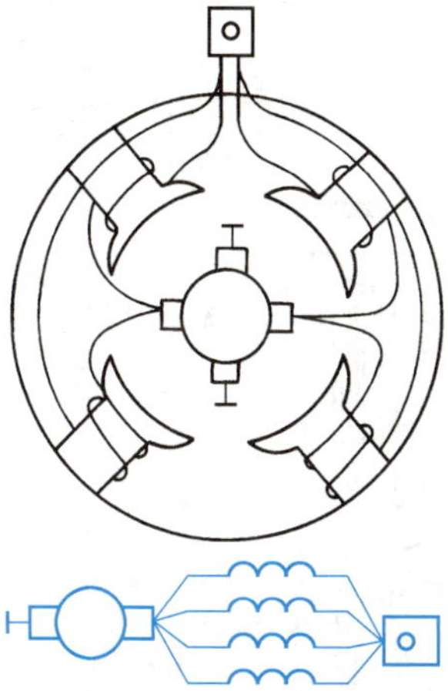

图3-33　磁场绕组的连接

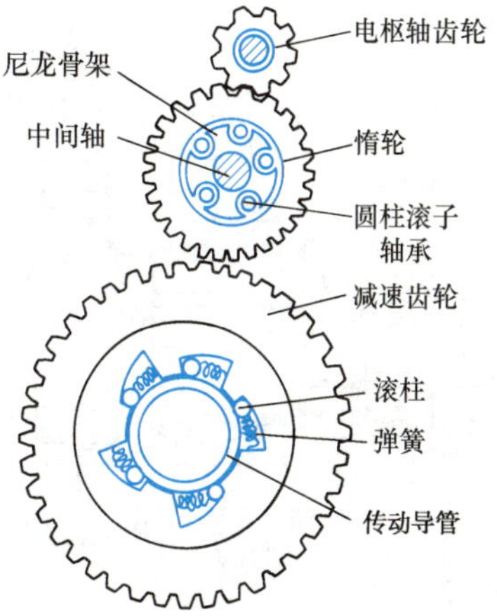


图3-34　减速齿轮啮合关系和单向离合器

滚柱式单向离合器设置在减速齿轮内毂，其内毂制成楔形空腔，传动导管装入时，将空腔分割成5个楔形腔室，腔室内放置滚柱和弹簧。平时在弹簧张力作用下，滚柱滚向楔形腔室窄端，传递动力时，由滚柱将传动导管和减速齿轮卡紧成一体。离合器的工作原理和常规起动机中的滚柱式单向离合器工作原理相同，此处不再进行分析。

减速齿轮装置采用平行轴外啮合减速齿轮装置，该装置中设有3个齿轮，即电枢轴齿轮，惰轮（中间齿轮）及减速齿轮。从图中可以看出，与常规起动机相比该减速装置传动比较大，输出转矩也较大。

（3）控制装置及工作过程。下面以丰田花冠轿车中平行轴式减速起动机为例，结合电路图分析控制装置的工作原理。如图3-35所示，控制装置的结构同传统式电磁控制装置大致相同，不同之处在于可动铁芯的左端固装在挺杆上，经钢球推动驱动齿轮轴，引铁右端绝缘地固装有接触片。起动机不工作时，触盘与触点分开，驱动齿轮与飞轮分离。

其工作过程如下：

接通起动开关，吸引线圈和保持线圈通电，此时的电流流向为：蓄电池→点火开关→端子50→保持线圈→搭铁，蓄电池→点火开关→端子50→吸引线圈→端子C励磁线圈→电枢绕组→搭铁。此时电动机低速运转，如图3-36所示。

如图3-37所示，吸引线圈和保持线圈的电磁力吸引可动铁芯左移，推动驱动齿轮轴，迫使驱动齿轮与飞轮齿圈啮合，这种动作过程称为直动齿轮式。驱动齿轮与飞轮齿圈进入啮合后，接触片和触点接触，此时电流的方向为：蓄电池→点火开关→端子50→保持线圈→搭铁。这样保持线圈产生的磁场使可动铁芯保持在原位。同时电流还流经磁场线圈，电路为：蓄电池“+”→端子30→接触片→端子C→励磁线圈→电枢绕组→搭铁。这样电枢电路接通并开始旋转。电枢轴产生的转矩经电枢轴齿轮→惰轮→减速齿轮→滚柱式单向离合器→驱动齿轮轴→驱动齿轮→飞轮齿圈，带动曲轴旋转，使发动机起动。

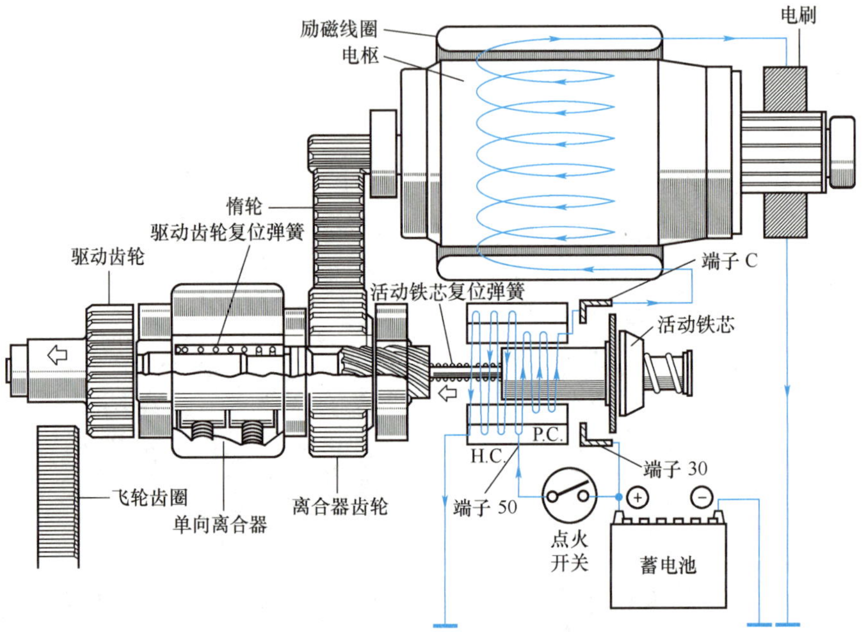


图 3-35　平行轴式减速起动机结构及电路图

H. C. -保持线圈；P. C. -吸引线圈

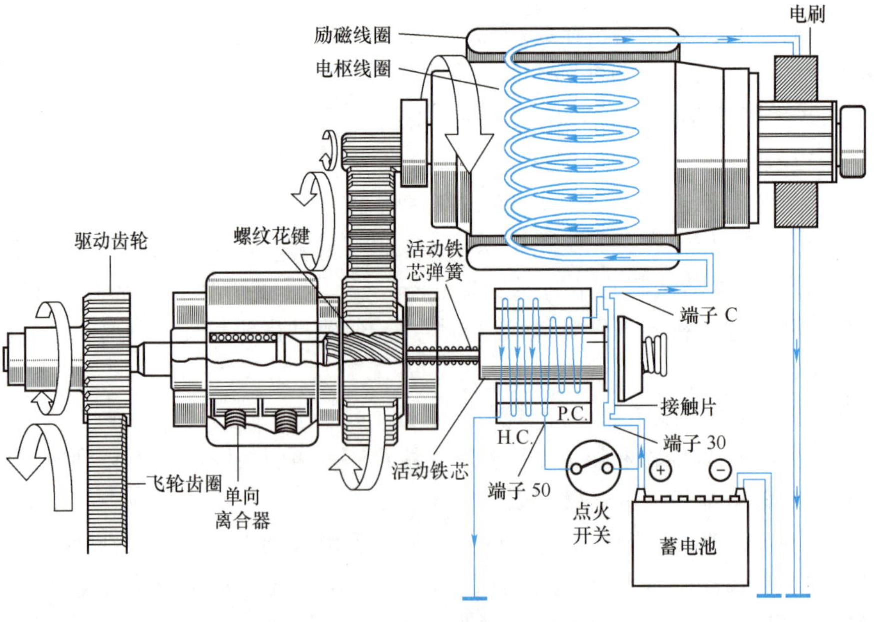


图 3-36　驱动齿轮和齿圈啮合过程

发动机起动后，放松起动开关，点火开关回到“点火”挡。吸引线圈和保持线圈断电，引铁在复位弹簧张力作用下复位，接触片与触点分离，电枢停止转动。同时，驱动齿轮轴在复位弹簧作用下复位，拖动驱动齿轮与飞轮分离，恢复到初始状态。

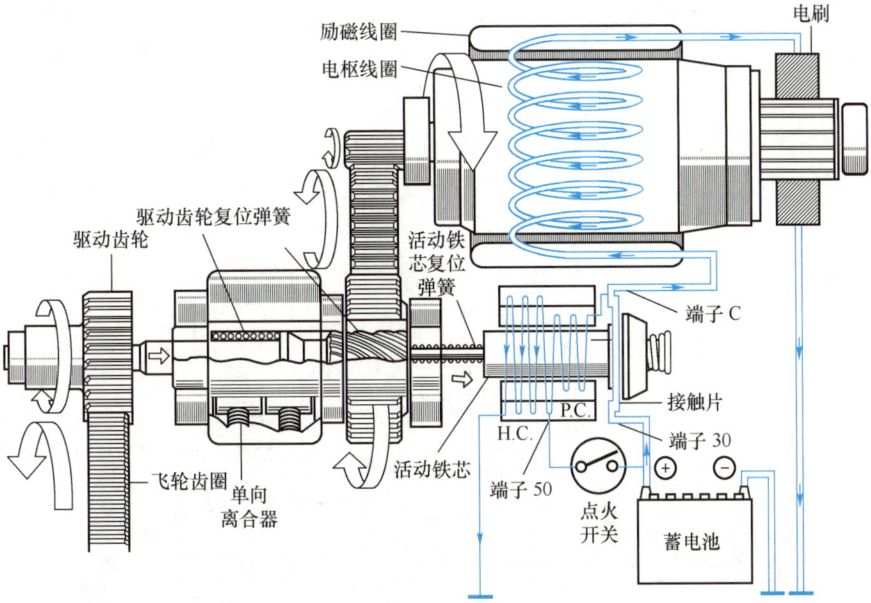


图 3-37　驱动齿轮和齿圈脱离

### 4.1.2　行星齿轮式减速起动机

行星齿轮减速起动机的结构如图 3-38 所示。

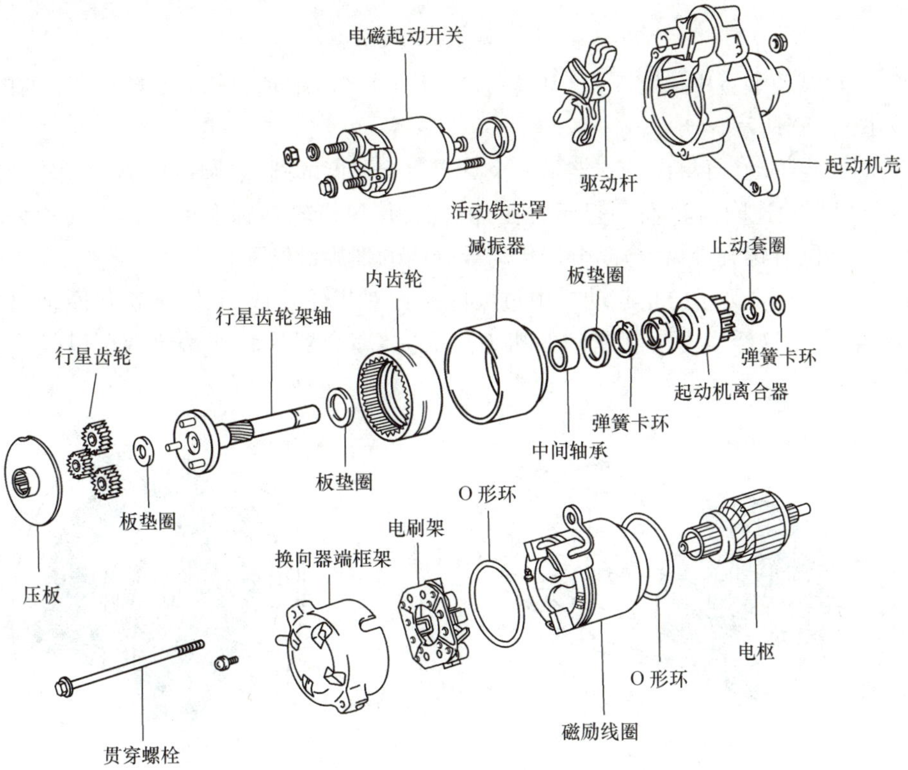


图 3-38　行星齿轮式减速起动机

（1）电动机。该电动机的结构有两类：一类与常规起动机类似采用励磁线圈产生磁场，此处不再重复；另一类采用永久磁铁磁场代替励磁绕组，减小了起动机的体积，提高了起动性能。

（2）传动机构及减速齿轮装置。该起动机的传动机构采用滚柱式单向离合器，用拨叉拨动驱动齿轮使之移动。其结构和工作过程与传统式起动机类似。如图3-39所示为拨叉的位置。

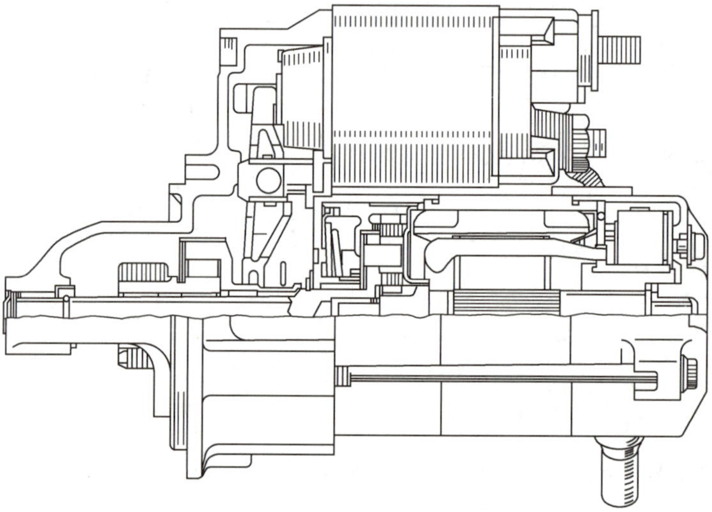

图3-39 行星齿轮减速起动机的拨叉位置

行星齿轮减速装置中设有3个行星轮，1个太阳轮（电枢轴齿轮）及1个固定的内齿圈，其结构如图3-40所示。

内齿圈固定不动，行星齿轮支架是一个具有一定厚度的圆盘，圆盘和驱动齿轮轴制成一体。3个行星齿轮连同齿轮轴一起压装在圆盘上，行星齿轮在轴上可以边自转边公转。驱动齿轮轴一端制有螺旋键齿，与离合器传动导管内的螺旋键槽配合。

如图3-41所示，为了防止起动机中过大的扭力对齿轮造成损坏，弹簧垫圈把离合器片压紧在内齿圈上，这样当内齿圈受到的扭力过大时，离合器片和弹簧垫圈可以吸收过大的扭力。

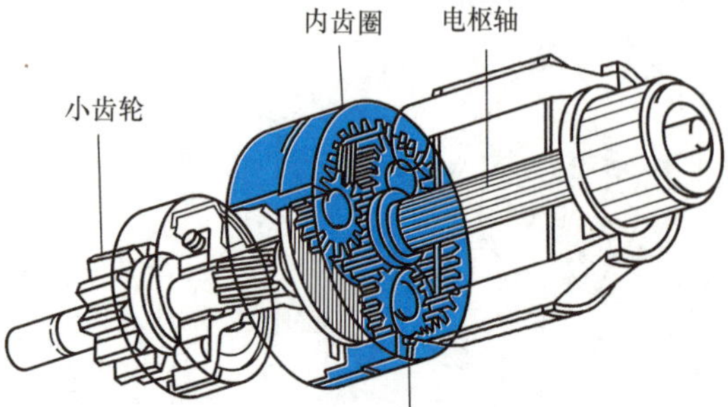


图3-40 行星齿轮减速装置结构

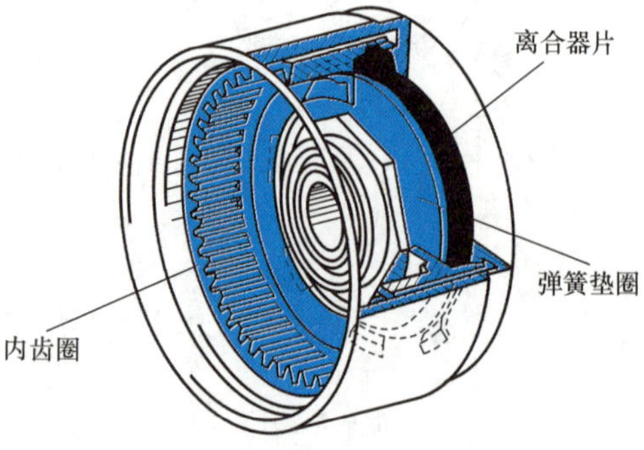


图3-41 减速装置中内齿圈的结构

该起动机的控制装置和前两种起动机相似，此处不再作分析。

## 4.2 减速起动机的拆装与维护

### 4.2.1 减速起动机的分解及检修

平行轴式减速起动机的分解过程参考图 3-42，行星齿轮式减速起动机的分解过程参考图 3-38。

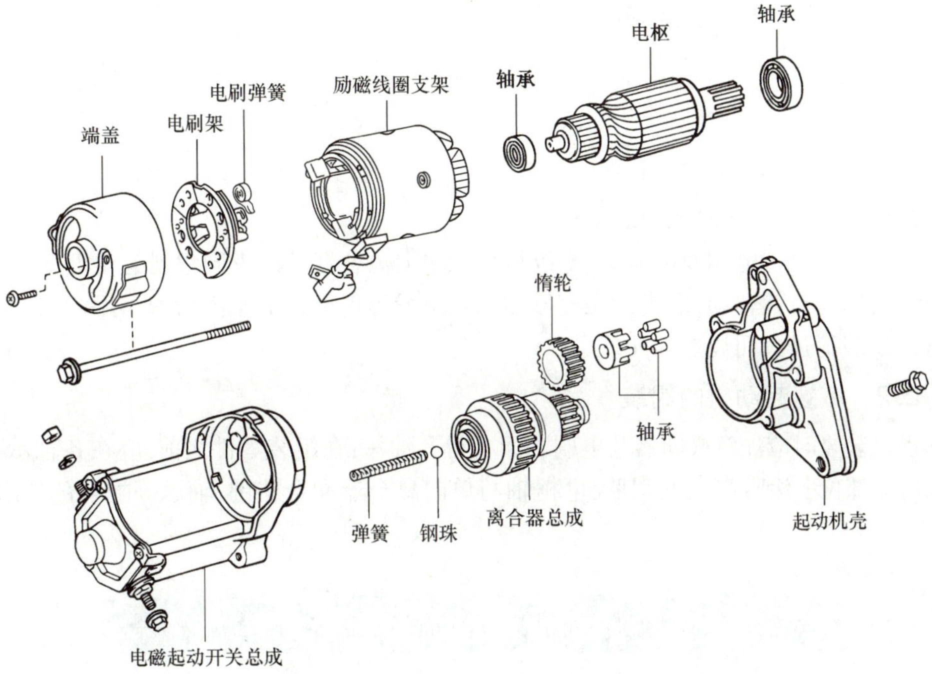


图 3-42 平行轴式减速起动机分解图

减速起动机的检修与普通型起动机基本相同，不同之处在于减速装置。此处只对不同的部件进行介绍。

4.2.1.1 平行轴式减速起动机

(1)不解体检查。检查平行轴式减速起动机的减速装置时，减速装置一端与电枢轴连接，一手握住减速装置壳体，一手转动电枢，当沿顺时针方向或沿逆时针方向转动电枢时，减速装置输出轴应能灵活转动，否则应予润滑、修理或换用新品。同时也可以对电动机和电磁开关进行不解体的通电测试，方法与常规起动机相同。

(2)解体检查。若电动机或电磁开关功能正常，需要解体检查其传动机构时，可以采用以下方法进行：

①取下离合器总成。

②检查驱动齿轮、惰轮和总成上的齿轮、飞轮齿圈是否有磨损或损坏。

③检查离合器，方法如图 3-43 所示。顺时针转动驱动齿轮，应能自由转动；逆时针转动驱动齿轮，应

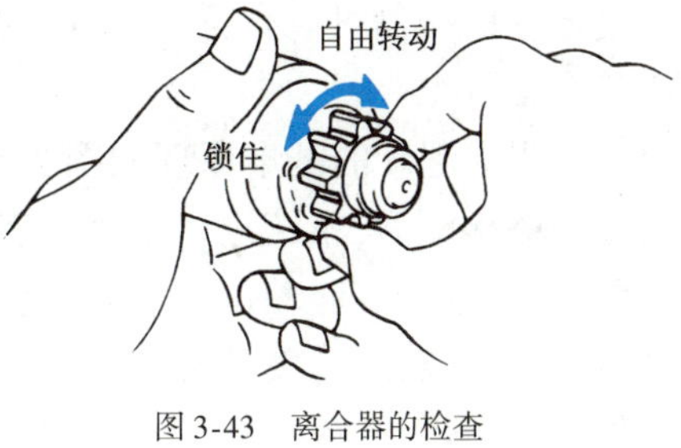


图 3-43 离合器的检查

能锁住。

④检查轴承。用手转动每个轴承,同时向内推,如图3-44所示。若感到阻力很大或轴承卡住,则需要更换。更换方法如图3-45所示。注意要用专用工具和压具进行安装。

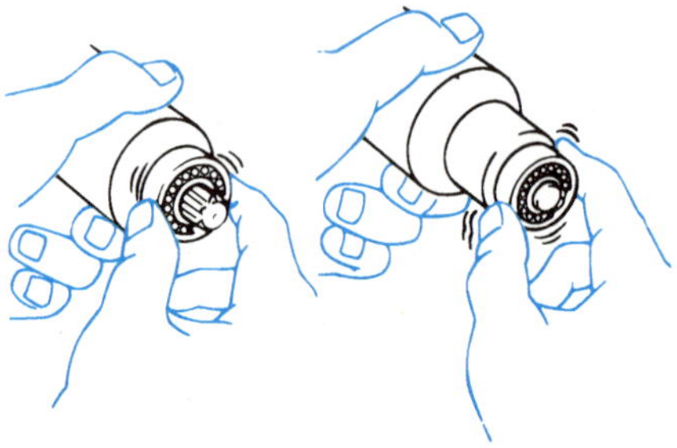

图3-44 轴承的检查

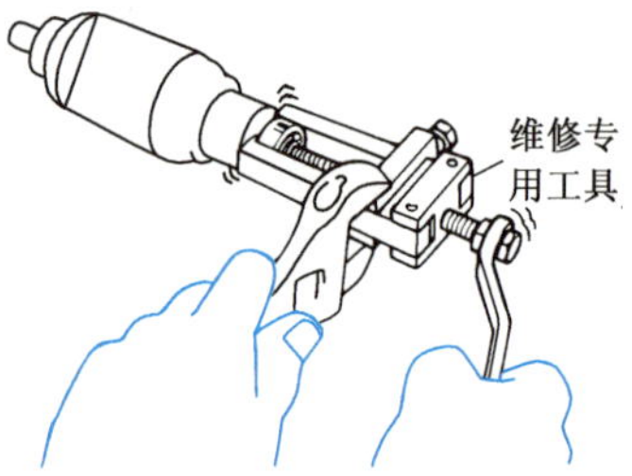


图3-45 轴承的拆卸

4.2.1.2 行星齿轮式减速起动机

电磁开关、电枢、电刷及电刷架、操纵机构和单向离合器的检查同常规起动机。

行星齿轮应自如转动,内齿圈无变形、开裂、烧毁等现象。由于内齿圈采用塑料制造,使用中常出现载荷过大而烧焦卡死现象。

### 4.2.2 减速起动机的组装

起动机装复时应注意换向器及电刷表面不得有油污;在组装零件之前,应在各轴承、旋转部位和滑动部位上涂敷高温润滑脂,电枢轴与单向离合器配合花键、轴承等配合部位涂少量黄油。

# 5 无钥匙起动和启停系统

## 5.1 无钥匙起动系统(Keyless Start System)

随着电子技术和车载网络系统的发展,出于便利性等要求,在中高档轿车上逐渐使用无钥匙进入和起动系统。在起动车辆时,如果智能钥匙在车内,检测系统会立刻识别出智能卡,经过确认后,车内的电脑会进入工作状态。在满足一定条件下,比如自动变速器挡位位于P或N位置,踩下制动踏板等,驾驶员按下"发动机起动和停机(Engine Start Stop)"按钮,如图3-46a)所示,车辆方可起动。还有一些厂家的车型能够利用钥匙发射器遥控起动车辆,如图3-46b)所示。利用遥控功能起动车辆时,在满足一定的条件下发动机受电脑的控制可以自行起动并运行一定时间,若在规定的时间内驾驶员未进入车辆,发动机会自行熄火。

无钥匙起动的基本原理如图3-47所示。当遥控接收器检测到钥匙位于驾驶室内,并通过防盗检测后,系统进入备用状态。在按下发动机起动按钮后,控制电脑会进行一系列检测,比如是否有起动信号输入,是否踩下制动踏板,变速器是否位于P或N挡,或离合器是否处于分离状态,发动机是否运转等信息后,控制单元会通过晶体管电路控制起动机的工作。

a)

b)

图 3-46　无钥匙起动按钮及遥控起动钥匙

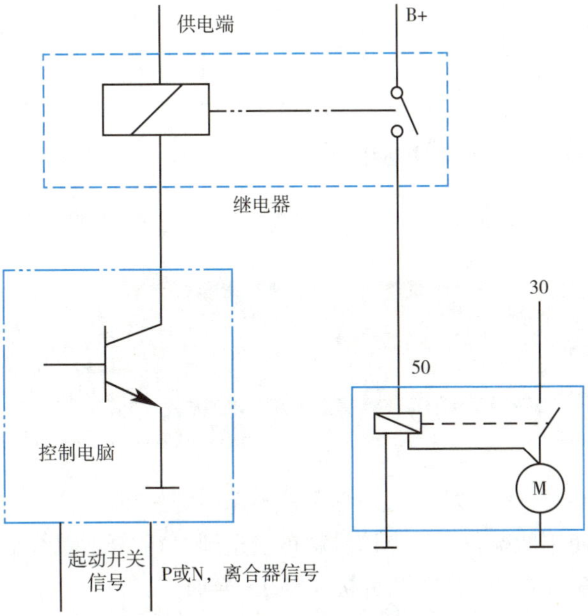


图 3-47　无钥匙起动系统基本原理

如图 3-48 所示为一汽奥迪系列轿车使用的无钥匙起动系统工作原理图。

该系统的数据交换及工作过程如下：

(1)驾驶员将使用和起动授权按钮 E408 完全按下，这个按钮将“点火开关接通”和“发动机起动”的信息发送到使用和起动授权开关 E415 和使用和起动授权控制单元 J518 上。

(2)使用和起动授权开关将这个按钮信息通过数据线继续传至使用和起动授权控制单元，在这里两个按钮信息会进行比较。

(3)控制单元 J518 将钥匙查询信息发送给无钥匙式使用授权天线读入单元 J723。天线读入单元通过所有的使用和起动授权天线将一个信号发送给车钥匙。

(4)车钥匙根据这个信号来确定钥匙在车上的位置，并将其信息发送给中央门锁/防盗警报装置天线 R47。

(5)中央门锁/防盗警报装置天线收到这个信息，然后该信息通过使用和起动授权开关 E415 被传送给使用和起动授权控制单元使用。

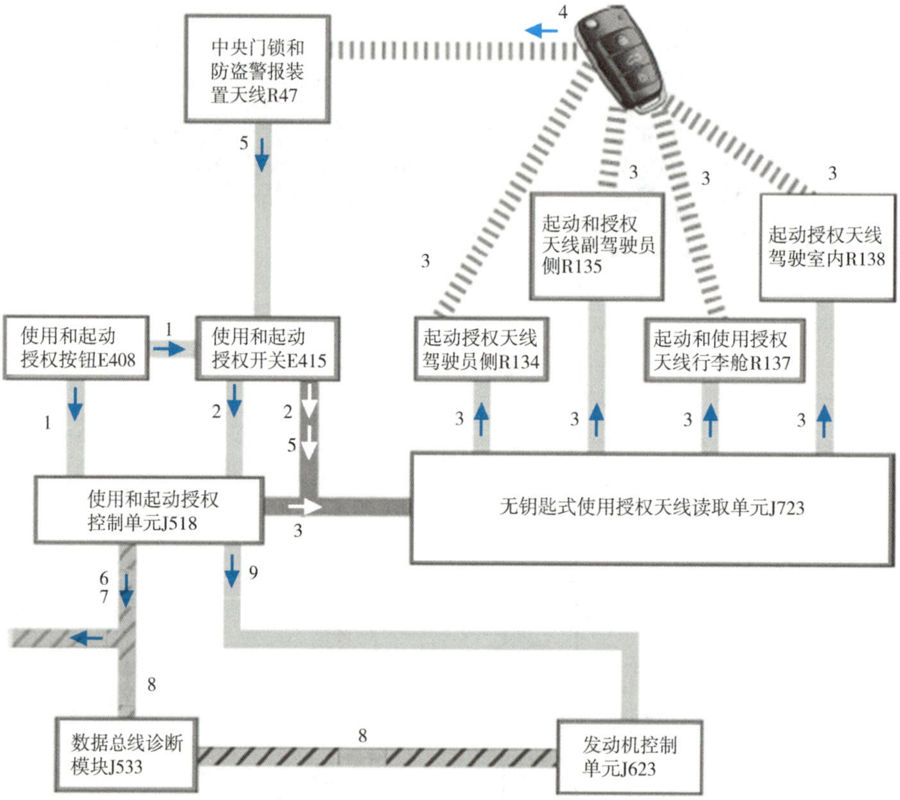


图 3-48　一汽奥迪无钥匙起动系统原理图

(6)根据钥匙的使用情况,S－触点信号就被发送到 CAN 舒适总线上,电子转向柱锁解锁。

(7)电子转向锁完全打开后,电源将接线柱 15 接通。

(8)接线柱 15 接通后,发动机控制单元与使用和起动授权控制单元之间就开始经 CAN 数据总线进行数据交换后,然后防盗锁被停用。

(9)使用和起动授权控制单元将“起动请求”这个信号发送给发动机控制单元。发动机控制单元检查离合器是否已踏下或是否已挂入 P 或 N 挡(指自动变速器),然后就会自动起动发动机。

其中第 7 ~9 环节的工作电路参见图 3-49。

此外,很多其他厂商也有类似的无钥匙起动系统,如丰田、现代、别克等车型。

## 5.2　汽车自动起动—停止系统

大众和奥迪系列部分车型在无钥匙起动系统的基础上通过增加软件功能和改进起动机的性能,增加汽车发动机自动起动—停止系统,该技术是大众蓝驱技术(Blue Motion)的功能之一。在诸如等红灯时,踩下制动踏板至汽车停止后,发动机也随之停止工作,当需要起步时,只需松开制动踏板,系统会自动起动发动机。这样可以显著提升汽车的燃油经济性。该系统概况如图 3-50 所示。

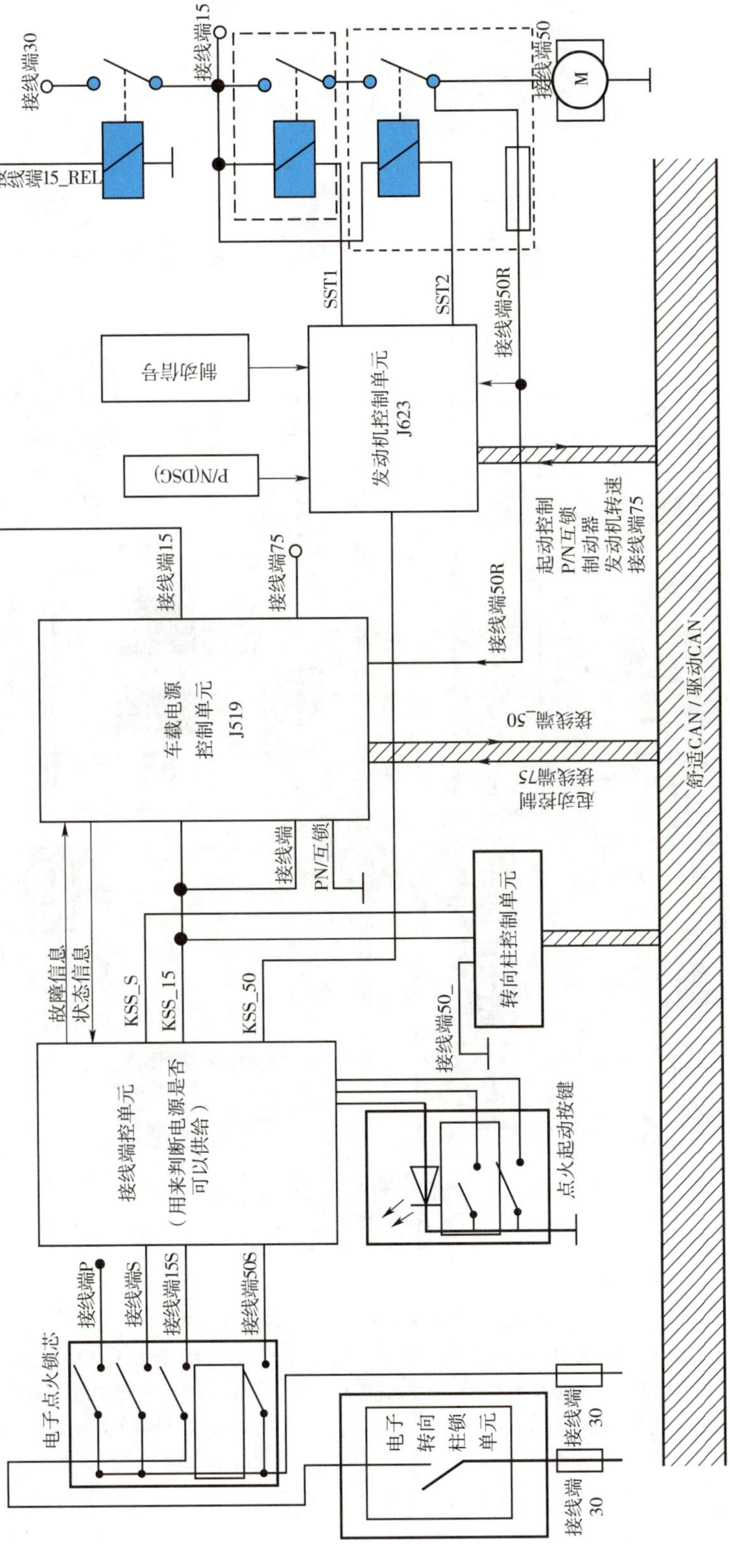


图 3-49 大众系列车型无钥匙起动系统电路图

a)

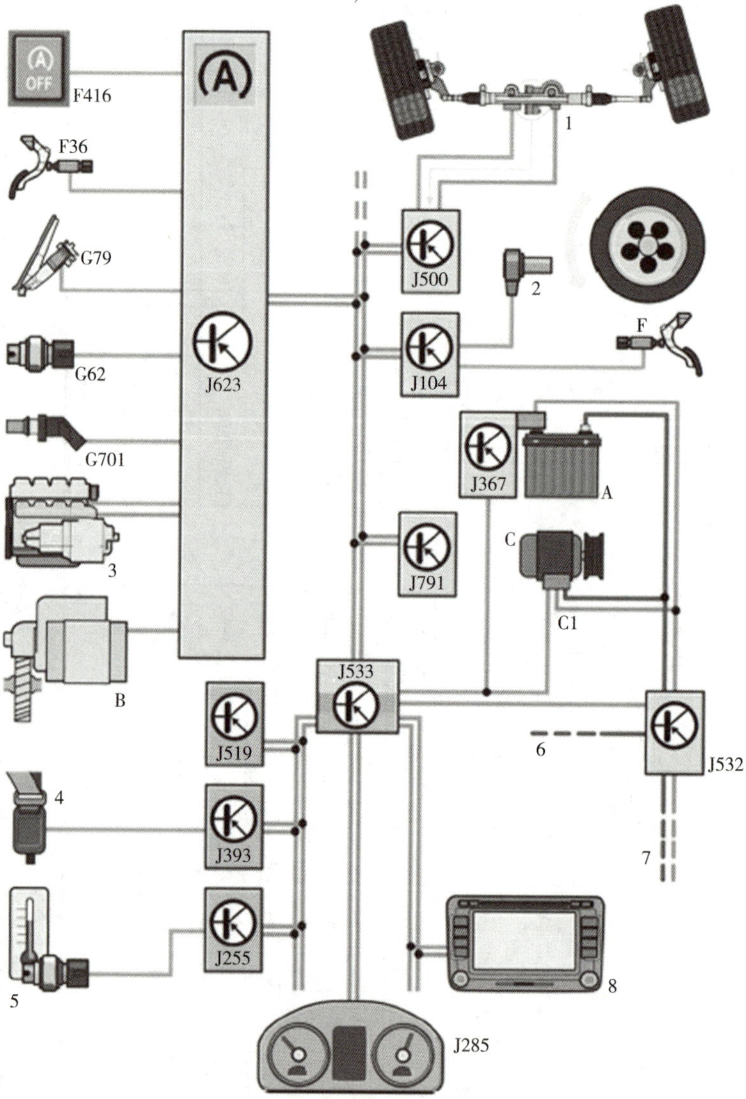


b)

图3-50　大众奥迪系列自动起动—停止系统

A-蓄电池；B-起动机；C-交流发电机；C1-电压调节器；F 制动灯开关；F36-离合器踏板开关；F416-起动/关闭按钮；G62-冷却液温度传感器；G79-加速踏板位置传感器；G701-变速器挡位传感器；J104-ABS 控制单元；J255-自动空调控制单元；J285-组合仪表内控制单元；J519-供电控制单元；J367-蓄电池监控控制单元；J393-舒适系统中央控制单元；J500-助力转向控制单元；J532-稳压器；J533-数据总线诊断接口；J623-发动机控制单元；J791-驻车转向辅助控制单元；1-电动机械式动力转向系统；2-车速信号，行程识别；3-发动机管理系统（例如点火系统、燃油供给系统、混合气准备、废气再循环、二次空气进气、废气净化等）；4-安全带识别；5-暖风、鼓风机和空调调节；6-接线柱 50R；7-接线柱 30；8-收音机，收音机/导航系统如图3-51所示,以使用双离合器自动变速器(DSG)的车辆为例简要说明其工作过程。

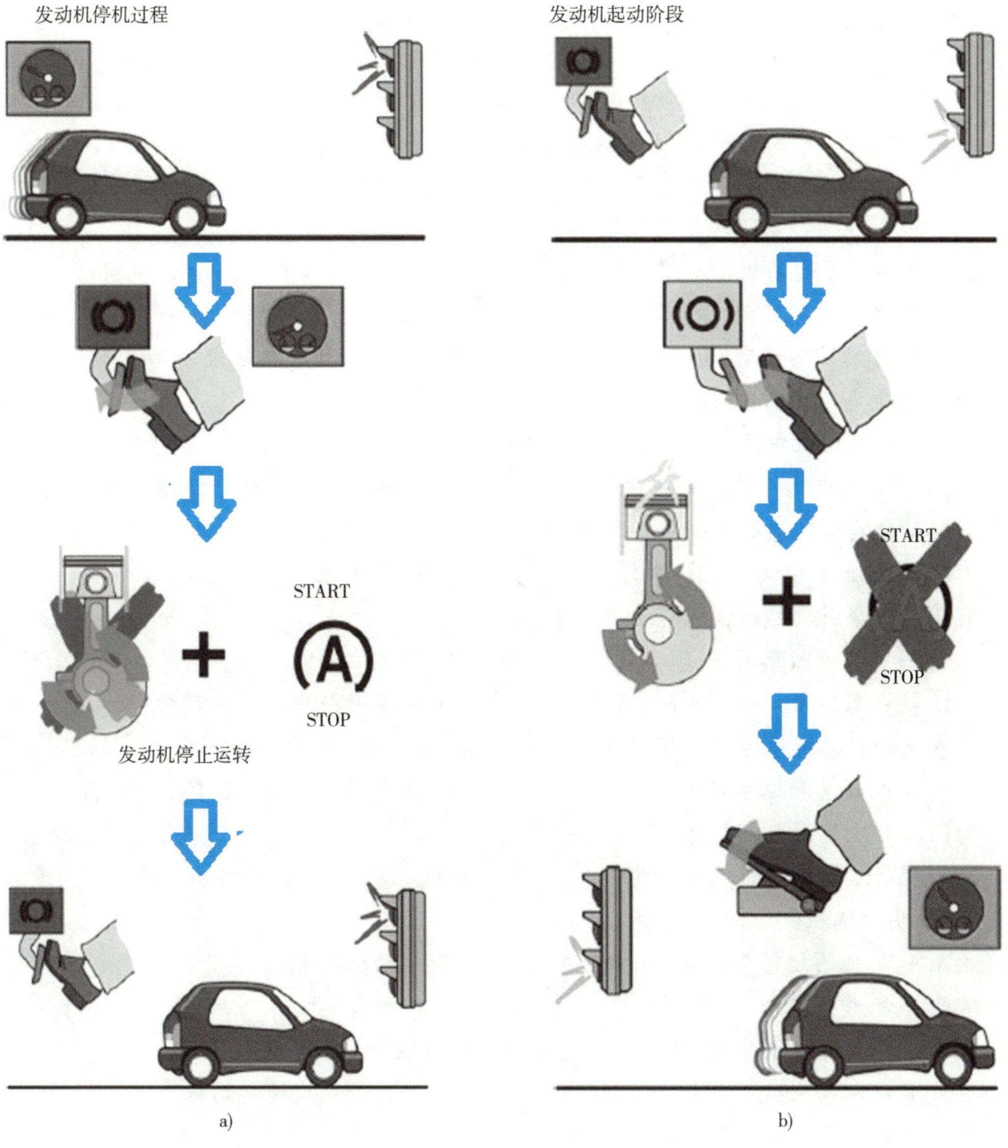


图3-51　自动起动—停止系统工作过程

(1)车辆以50km/h的车速行驶到一个交通红灯前。

(2)驾驶员将车辆制动到停住状态。

(3)驾驶员仍将脚放在制动踏板上,起动/关闭系统将发动机关闭。组合仪表显示屏上会有一个起动/关闭符号来指示。

(4)驾驶员继续将脚放在制动踏板上,直至交通灯转为绿灯。

(5)驾驶员松开制动踏板,起动/关闭系统自动再次起动发动机。组合仪表显示屏上的起动/关闭符号熄灭。

(6)驾驶员踩加速踏板加速,继续开车行驶。

## 思考与练习

### 一、选择题

1. 直流串励式起动机中的“串励”是指(　　)。

A. 吸引线圈和保持线圈串联连接　　B. 励磁绕组和电枢绕组串联连接

C. 吸引线圈和电枢绕组串联连接

2. 下列不属于起动机控制装置作用的是(　　)。

A. 使可动铁芯移动,带动拨叉使驱动齿轮和飞轮啮合或脱离

B. 使可动铁芯移动,带动接触盘使起动机的两个主接线柱接触或分开

C. 产生电磁力,使起动机旋转

3. 永磁式起动机中用永久磁铁代替常规起动机的(　　)。

A. 电枢绕组　　B. 励磁绕组　　C. 电磁开关中的两个线圈

4. 起动机空转的原因之一是(　　)。

A. 蓄电池亏电　　B. 单向离合器打滑　　C. 电刷过短

5. 下列不会引起起动机运转无力的是(　　)。

A. 吸引线圈断路　　B. 蓄电池亏电

C. 换向器脏污　　D. 电磁开关中接触片烧蚀、变形

6. 在起动机的解体检测过程中,(　　)是电枢的不正常现象。

A. 换向器片和电枢轴之间绝缘　　B. 换向器片和电枢铁芯之间绝缘

C. 各换向器片之间绝缘

7. 在判断起动机不能运转的过程中,在车上短接电磁开关端子30和端子C时,起动机不运转,说明故障在(　　)。

A. 起动机的控制系统中　　B. 起动机本身

C. 不能进行区分

8. 在(　　)起动机中,采用直推的方式使驱动齿轮伸出和飞轮齿圈啮合。

A. 常规起动机　　B. 平行轴式减速起动机

C. 行星齿轮式减速起动机

9. 减速起动机和常规起动机的主要区别在于(　　)不同。

A. 直流电动机　　B. 控制装置　　C. 传动机构

10. 在行星齿轮式减速起动机中,行星齿轮(　　)。

A. 只是围绕各自的中心轴线转动　　B. 沿着内齿圈公转

C. 边自转边公转

11. 起动机驱动轮的啮合位置由电磁开关中的(　　)线圈的吸力保持。

A. 保持　　B. 吸引　　C. 初级　　D. 次级

### 二、判断题

1. 起动系统主要包括起动机和控制电路两个部分。　　(　　)

2. 常规起动机中吸引线圈、励磁绕组及电枢绕组串联连接。（　）
3. 起动机中的传动装置只能单向传递转矩。（　）
4. 在起动机起动的过程中，吸引线圈和保持线圈中一直有电流通过。（　）
5. 在永磁式起动机中，电枢是用永久磁铁制成的。（　）
6. 平行轴式起动机的驱动齿轮需要用拨叉使之伸出和退回。（　）
7. 起动机励磁线圈和起动机外壳之间是导通的。（　）
8. 用万用表检查检查电刷架时，两个正电刷架和外壳之间应该绝缘。（　）
9. 起动机电枢装配过紧可能会造成起动机运转无力。（　）
10. 减速起动机中的减速装置可以起到降速增扭的作用。（　）
11. 减速起动机中直流电动机的检查方法和常规起动机完全不同。（　）
12. 大众车系中车辆起动—停止系统需要安装独立的发动机起动机。（　）

## 三、简答题

1. 常规起动机由哪几个部分组成？各部分起什么作用？
2. 直流电动机由哪几个部分组成？各部分起什么作用？
3. 起动机的传动装置由哪些部件组成？其中滚柱式单向离合器如何工作的？
4. 起动机的控制装置有哪些作用？简要说明其工作过程。
5. 减速起动机有哪几类？说明它们的主要区别。
6. 一辆使用的是常规起动机的汽车出现不能起动的故障，故障现象是将点火开关旋至“起动”挡位后，起动机发出“咔哒”的声音之后就不动了，请你结合起动系统所学的相关知识判断哪些原因可能导致此种故障。
7. 简述发动机无钥匙起动系统的工作原理。
8. 简述发动机自动起动停止系统的工作原理。

# 单元四　车身辅助电器

## 学习目标

☞ **素质目标**

1. 培养敬业奉献、服务人民的职业精神，树立以人为本、以客户为中心的服务意识；
2. 培养良好的资料查询和知识综合运用能力。

☞ **知识目标**

1. 简单叙述电动车窗的组成及工作原理；
2. 简单叙述电动车窗的控制电路类型及原理；
3. 简单叙述中控门锁的功能、组成、各个部件的安装位置和基本工作原理；
4. 简单叙述电动座椅系统的组成及工作原理；
5. 简单叙述电动后视镜的基本组成和工作原理；
6. 正确描述风窗刮水的基本组成、分类及工作原理；
7. 正确分析各种风窗刮水的控制电路，简单叙述间歇刮水的原理。

☞ **技能目标**

1. 能够检修电动车窗各个部件；
2. 能够结合电路图诊断、排除电动车窗的故障；
3. 能够检修中控门锁系统各个部件；
4. 能够结合电路图诊断、排除中控门锁电路中的故障；
5. 能够结合电路图诊断、排除电动座椅系统的故障；
6. 能够检修电动座椅电动机和控制开关，会诊断、排除电动座椅故障；
7. 能够检修电动后视镜；
8. 能够诊断、排除风窗刮水和洗涤装置中的常见故障。

## 1　电动车窗

### 1.1　电动车窗的组成及分类

电动车窗主要由车窗玻璃、车窗玻璃升降器、电动机和控制开关等组成。车窗电动机、控制开关及车窗继电器在车上的布置如图 4-1a)、b)所示。

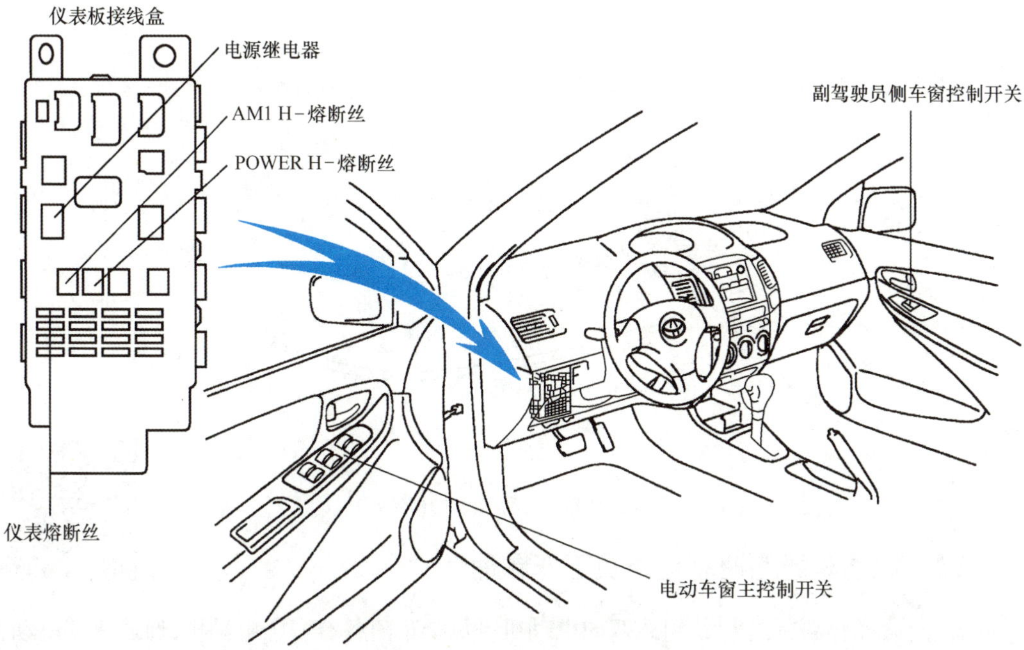


a)

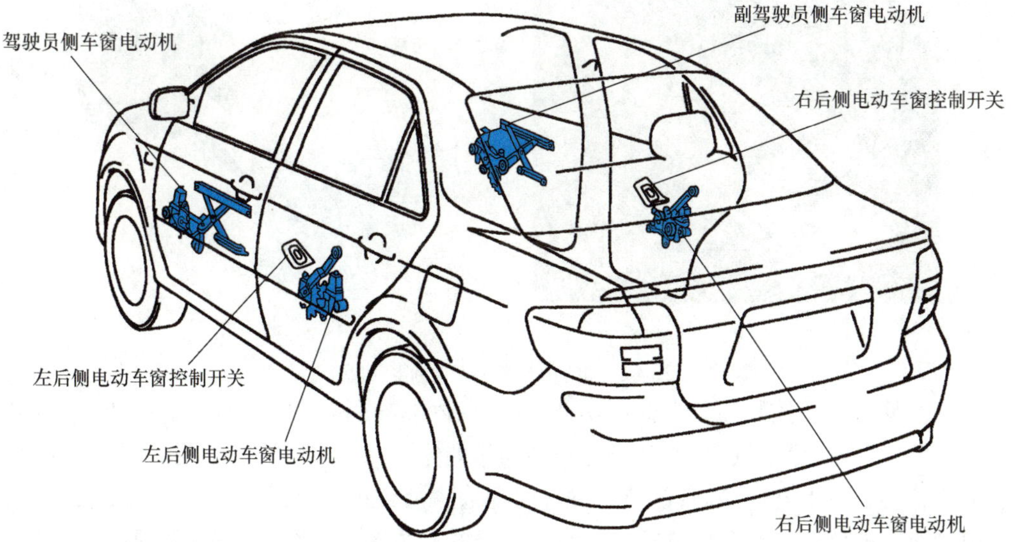


b)

图 4-1　电动车窗部件在车上的布置

常见的电动车窗升降机构除图 4-1b）中交臂式的以外，还有绳轮式的，如图 4-2 所示。

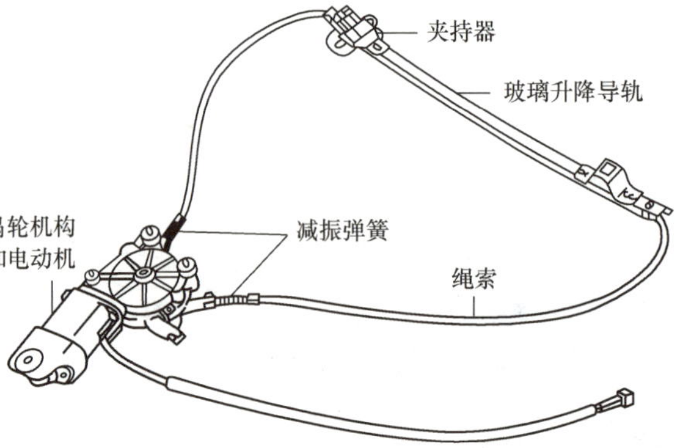


图 4-2　绳轮式电动车窗的升降结构

## 1.2　电动车窗的控制电路及工作原理

电动车窗采用永磁或串励绕组式双向电动机。每个车门各有一个电动机，通过改变电动机中的电流方向从而控制玻璃的升降。控制开关一般有两套，一套为总开关，大多装在驾驶员侧的车门上。另一套为分开关，分别安装在每个车窗上。由于所有车窗的电动机都要通过总开关搭铁，如果总开关断开，分开关就不能起作用。如图 4-3 所示为电动车窗控制开关和电动机。

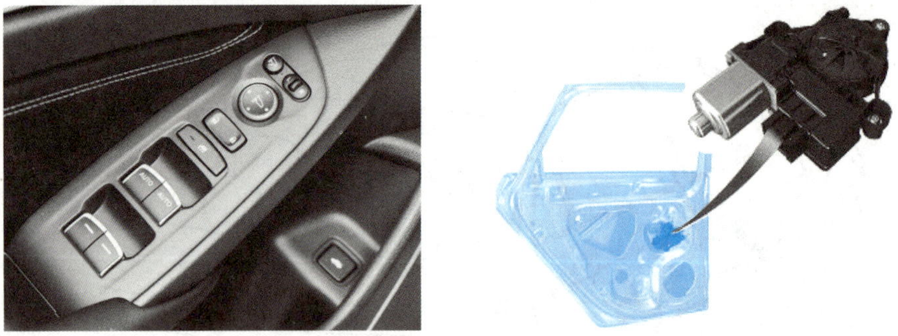

a)　　b)

图 4-3　电动车窗控制开关和电动机

电动车窗有手动控制和自动控制功能。手动控制是指按着相应的手动按钮，车窗可以上升或下降，若中途松开按钮，上升或下降的动作即停止；而自动控制是指按下自动按钮，松开手后车窗会一直上升至最高或下降至最低，即通常所说的“一键升降”。下面结合现代索纳塔电动车窗电路图进行简要分析。一般玻璃升降开关有两个挡位，第一挡是手动升降挡，第二挡是自动控制挡。

### 1.2.1　无网络控制的车窗玻璃升降控制电路

以驾驶员侧的玻璃升降为例，主控开关位于驾驶员侧，用虚线框标识。某个单独开关内部有两个开关，用虚线连接起来表示操作时总开关内部是联动关系(图 4-4)。

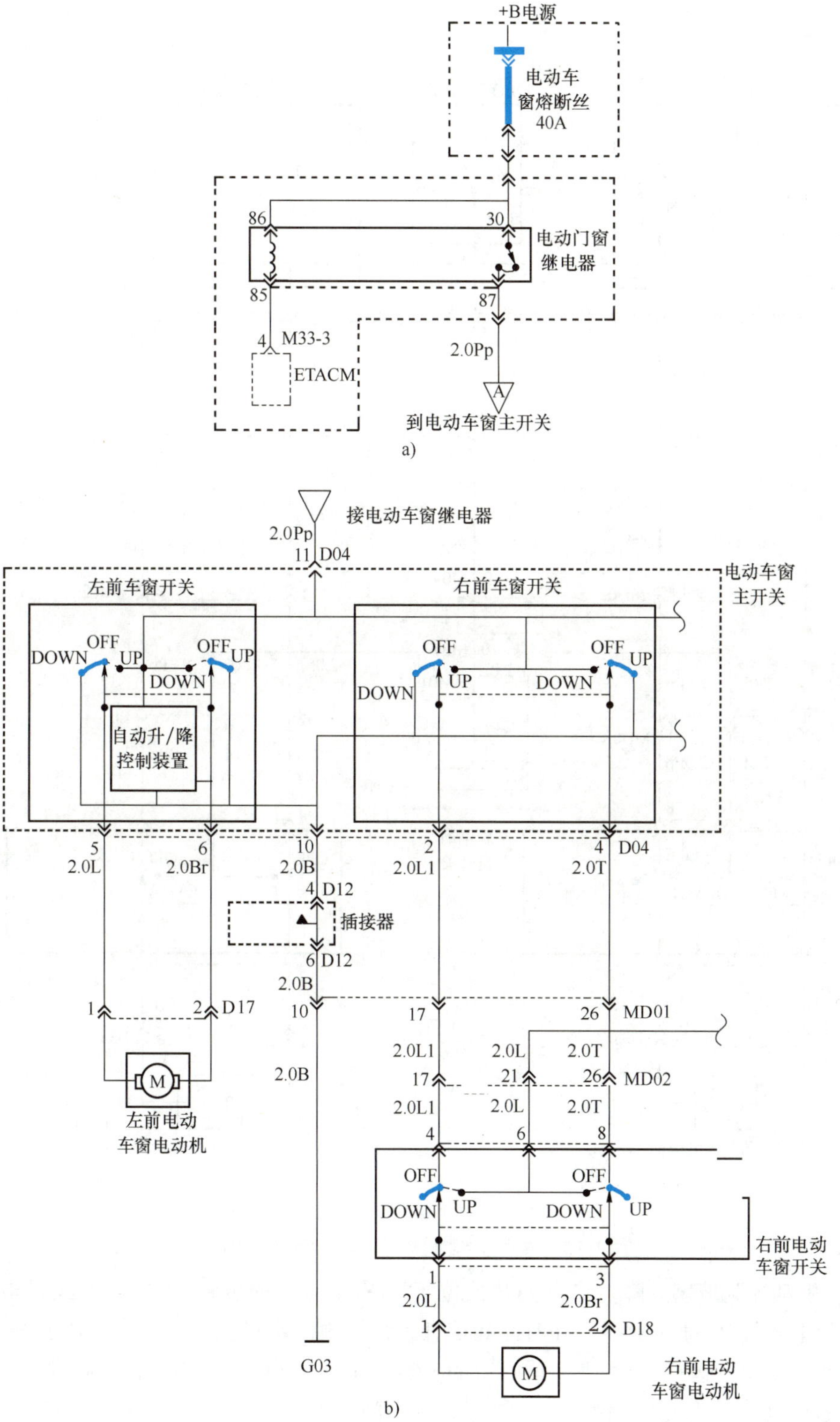
+B电源
电动车窗熔断丝 40A
86
30
电动门窗继电器
85
87
4
M33-3
ETACM
2.0Pp
A
到电动车窗主开关
a)
接电动车窗继电器
2.0Pp
11 D04
电动车窗主开关
左前车窗开关
右前车窗开关
OFF
DOWN
UP
自动升/降控制装置
5
2.0L
6
2.0Br
10
2.0B
2
2.0L1
4 D04
2.0T
4 D12
插接器
6 D12
2.0B
10
1
2 D17
左前电动车窗电动机
17
26 MD01
2.0L1
2.0L
2.0T
17
21
26 MD02
4
6
8
右前电动车窗开关
1
3
2.0L
2.0Br
1
2 D18
G03
右前电动车窗电动机
b)

图 4-4

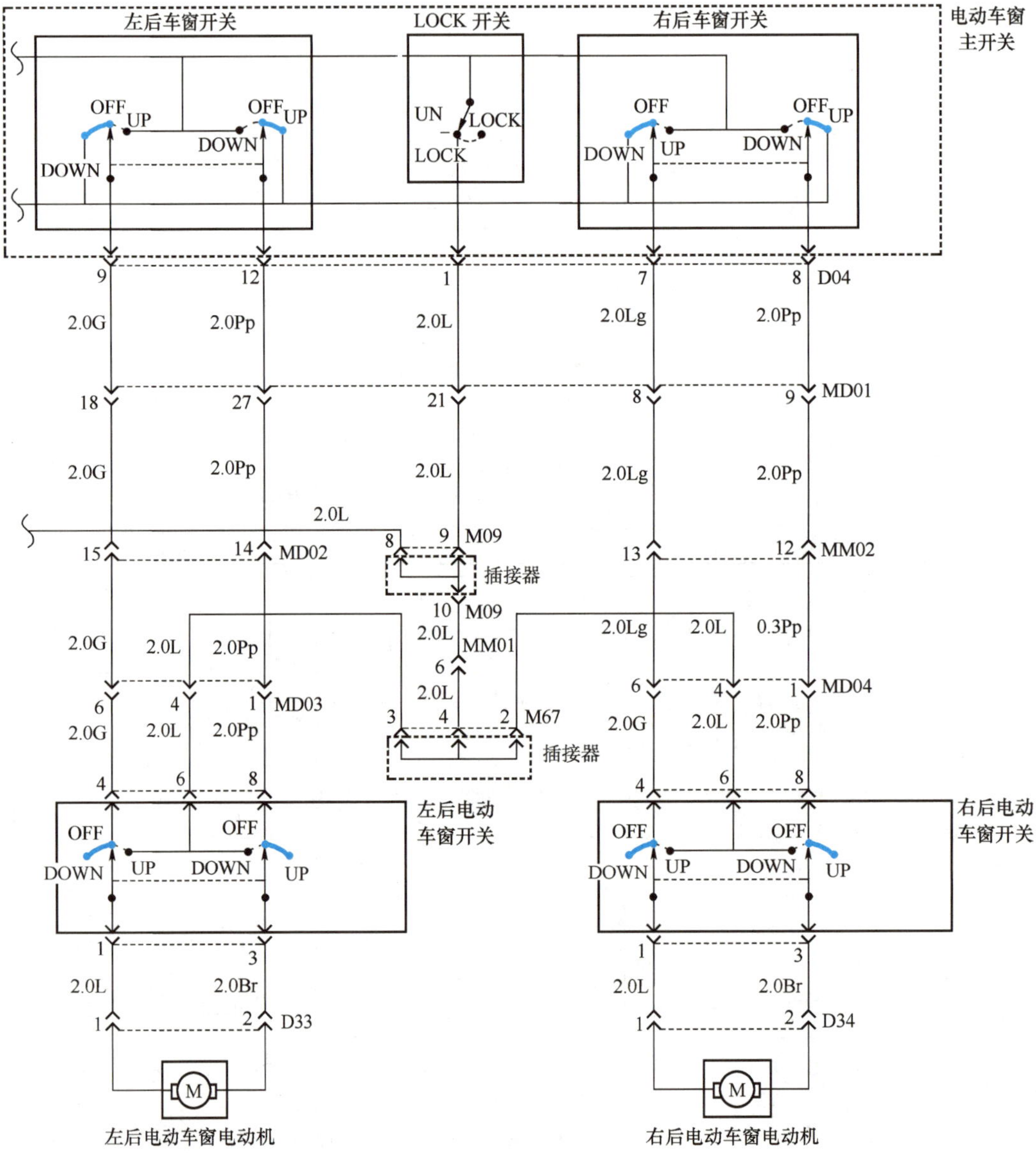


c)

图 4-4　北京现代索纳塔乘用车的电动车窗电路图

（1）手动控制玻璃升降。当点火开关位于 ACC 或 ON 的位置时，电流便经过电动门窗继电器的电磁线圈，通过 ETACM（时间和信息系统控制模块）搭铁，门窗继电器的开关闭合。此时若使车窗向下运动，应按下左前门窗的 DOWN 按钮，此时，电流的流向为：电源 + B→电动门窗断熔断丝→电动门窗继电器开关→左前门窗开关中右侧的 DOWN 端子→电动门窗主开关端子 6→左前电动机端子 2→左前电动机端子 1→电动门窗主开关端子 5→左前门窗开关中左侧的 DOWN 端子→电动门窗主开关端子 10→搭铁。此时,电动机工作,门窗玻璃向下运动。玻璃上升时的电流流向此处不再重复,此时电动机中电流方向相反,其运动方向也相反。车窗上升或下降的中途若松开开关,开关就自动回到 OFF 位置,电动机也停止工作。

(2)自动控制玻璃升降。按下自动按钮后,主开关内自动升降控制装置起作用,电流经过自动升降控制装置为车窗电动机供电,直至车窗完全关闭或停止。

### 1.2.2　带有网络控制功能的车窗控制电路

雪佛兰科鲁兹轿车电动车窗电路图如图 4-5 所示。

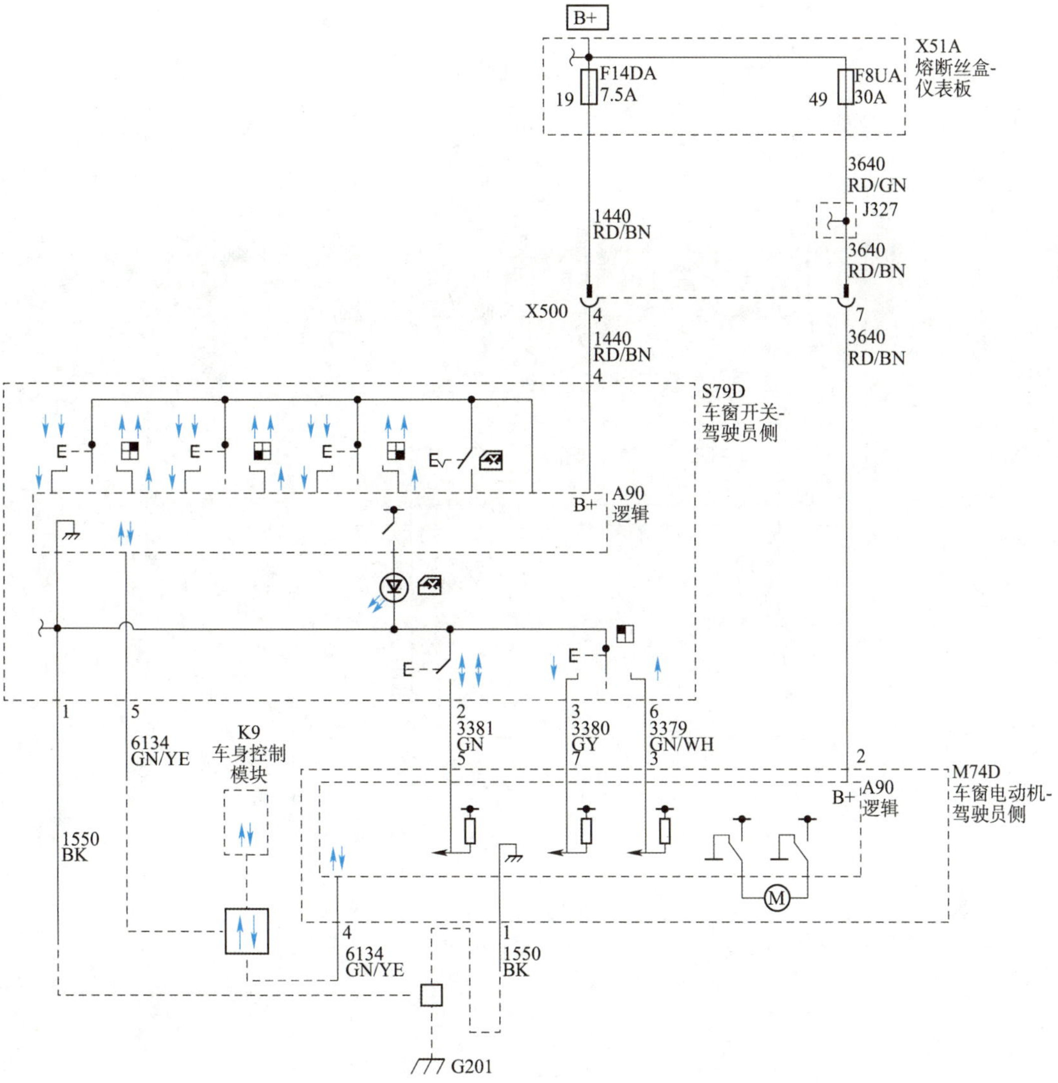


a)

图　4-5

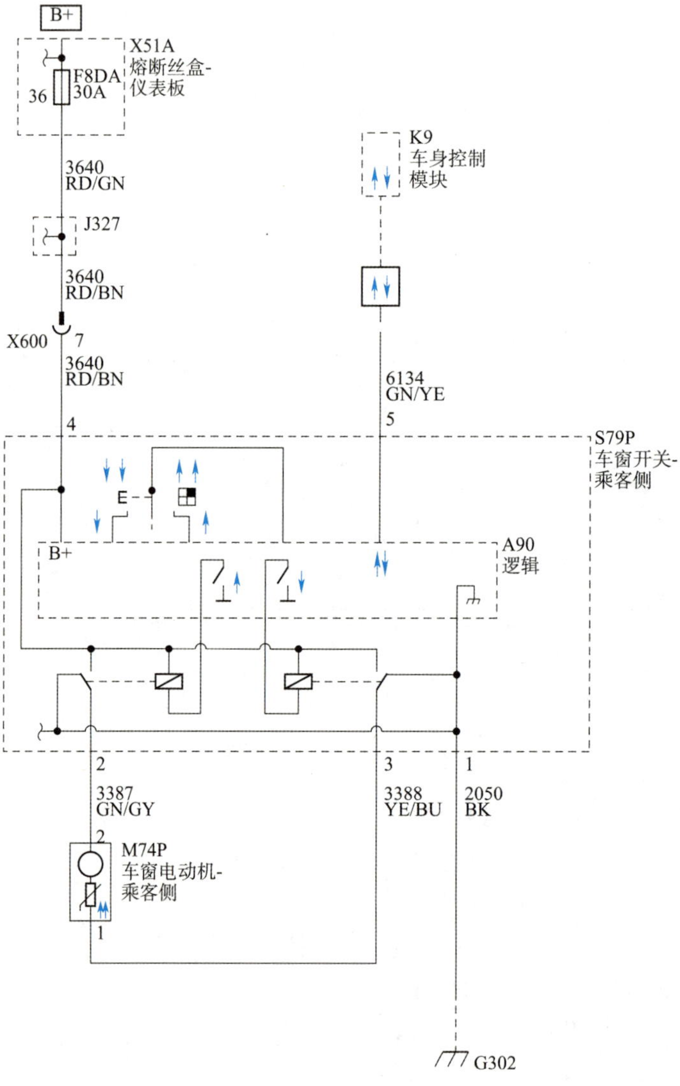
B+
X51A
熔断丝盒-
仪表板
F8DA
30A
36
3640
RD/GN
J327
3640
RD/BN
X600
7
3640
RD/BN
4
K9
车身控制
模块
6134
GN/YE
5
S79P
车窗开关-
乘客侧
B+
A90
逻辑
2
3
1
3387
GN/GY
3388
YE/BU
2050
BK
2
M74P
车窗电动机-
乘客侧
1
G302

b）

图 4-5

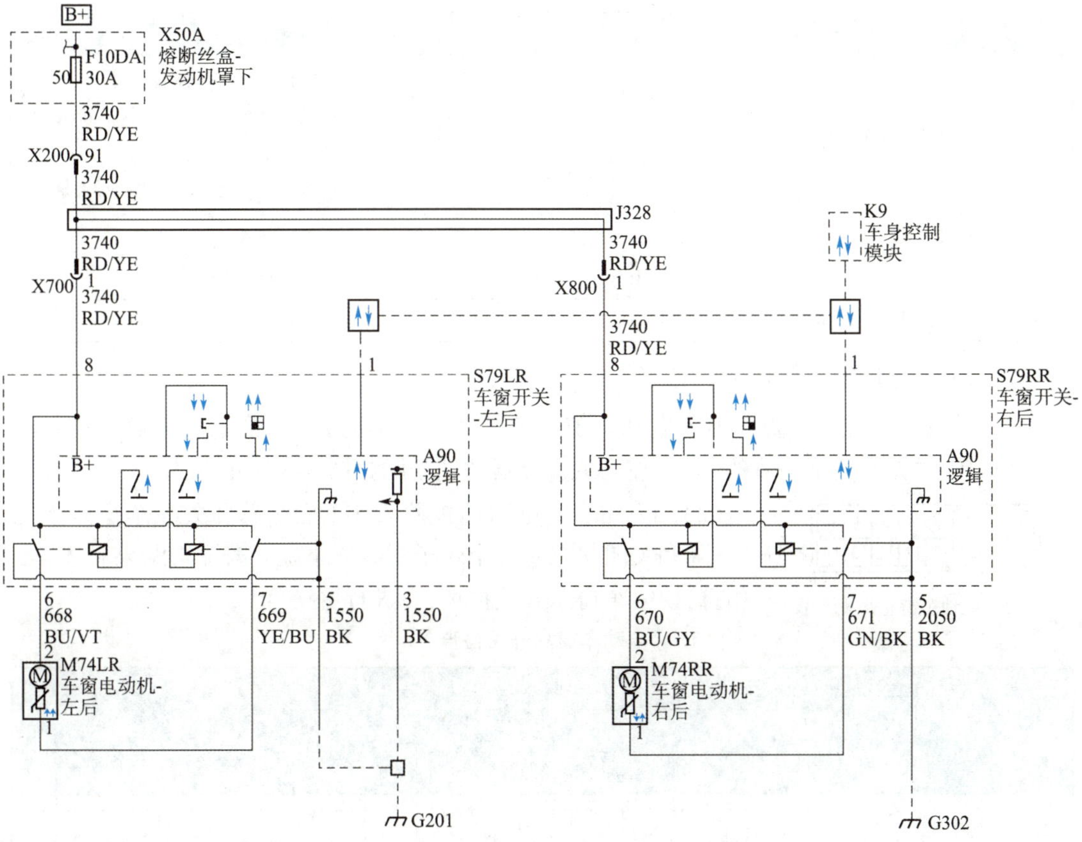


c)

图 4-5　雪佛兰科鲁兹轿车电动车窗电路图

以主开关为例，操作驾驶员侧车窗开关的升、降或快速升降按钮后，驾驶员侧车窗电动机控制模块会接收到相应端子的信号，由控制模块来控制电动机的旋转方向和速度，同时通过数据线将开关信号及电动机工作信号传递至 K9 车身控制模块。

若使用驾驶员侧开关控制其余三个车窗电动机时，开关相关的动作信号由主开关内的模块通过数据线传递至 K9 车身控制模块，再由车身控制模块指令相应电动机的动作。

驾驶员主开关上还设置有车窗锁止开关，按下后将通过数据线向车身控制模块传递锁止信号，则其余三个车窗的分开关将不能控制车窗的升降。

## 1.3　电动车窗的检修及故障诊断

以索纳塔乘用车为例，介绍电动车窗常见的故障及其原因，具体见表 4-1。

电动车窗常见的故障及原因　　表 4-1

| 常见故障 | 故障原因 | 诊断思路 |
|---|---|---|
| 某个车窗只能向一个方向运动 | 分开关故障或分开关至主开关可能出现断路 | 检查分开关导通情况及分开关至主开关控制导线导通情况 |

续上表

| 常见故障 | 故障原因 | 诊断思路 |
|---|---|---|
| 某个车窗两个方向都不能运动 | 传动机构卡住<br>车窗电动机损坏<br>分开关至电动机断路 | 检查传动机构是否卡住<br>测试电动机工作情况，包括断路、短路及搭铁情况检查<br>检查分开关至电动机电路导通情况 |
| 所有车窗均不能升降或偶尔不能升降 | 熔断丝被烧断<br>搭铁不实 | 检查熔断丝<br>检查、清洁、紧固搭铁 |
| 两个后车窗分开关不起作用 | 总开关出现故障 | 检查总开关导通情况 |

## 1.3.1 电动车窗总开关的检修

(1)从驾驶员侧装饰板上拆下电动车窗主控开关(索纳塔乘用车的电动车窗主控开关和中控门锁主控开关是一体的)。主控开关连接器的端子图如图4-6所示。

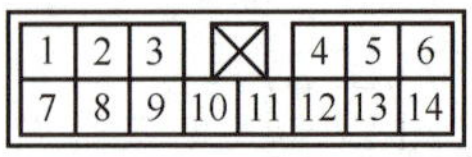


图4-6 电动车窗总开关端子

(2)用万用表的电阻挡按照表4-2检查总开关在车窗处于上升、下降和关闭状态时各个端子的导通情况。若测得结果和表4-2不相符,说明车窗总开关损坏,要进行更换。

**电动车窗总开关检查** 表4-2

| 位置 | 端子 | | | | | | | | | | | | | | | |
|---|---|---|---|---|---|---|---|---|---|---|---|---|---|---|---|---|
| | 左前 | | | | 右前 | | | | 左后 | | | | 右后 | | | |
| | 5 | 6 | 10 | 11 | 2 | 4 | 10 | 11 | 9 | 10 | 11 | 12 | 7 | 8 | 10 | 11 |
| 向上 | ○ | — | — | ○ | ○ | — | — | ○ | ○ | — | ○ | | ○ | — | — | ○ |
| | | ○ | ○ | | | ○ | ○ | | | ○ | — | ○ | | ○ | ○ | |
| 关闭 | ○ | ○ | ○ | | ○ | ○ | ○ | | ○ | ○ | — | ○ | ○ | ○ | ○ | |
| 向下 | | ○ | — | ○ | | ○ | — | ○ | | | ○ | ○ | | ○ | — | ○ |
| | ○ | — | ○ | | ○ | — | ○ | | ○ | ○ | | | ○ | — | ○ | |

## 1.3.2 电动车窗闭锁开关检查

如表4-3所示(见电路图4-4中的LOCK和UNLOCK开关),当开关位于LOCK位置时,端子1和11之间断路;当开关位于UNLOCK位置时,端子1和11之间导通。

**电动车窗闭锁开关检查** 表4-3

| 位置 | 端子 | |
|---|---|---|
| | 1 | 11 |
| 正常 | ○ | ○ |
| 锁住 | | |

## 1.3.3 电动车窗继电器的检修

电动车窗继电器的电路图如图4-4所示,车窗继电器端子的检查如图4-7所示。

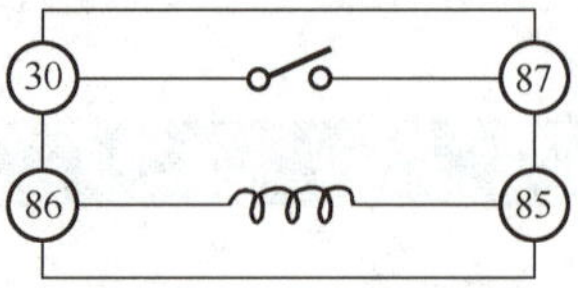


图4-7 车窗继电器端子的检查

(1)静态检查。将万用表置于R×1挡,测量端子85和端子86之间是否导通,若不导通,说明线圈烧坏。测量端子30

和端子 87 是否断路，若导通，说明开关触点烧结或常闭，应进行更换。

（2）工作状况检查。用蓄电池的正负极分别接端子 85 和 86，然后用万用表测量端子 30 和 87 是否导通，若不导通应及时更换。

### 1.3.4　电动车窗分开关及车窗电动机的检查

（1）电动车窗分开关工作情况检查。用万用表的电阻挡按照表 4-4 检查分开关在车窗处于上升、下降和关闭状态时各个端子的导通情况。

**电动车窗分开关的检查**　　表 4-4

| 位　置 | 端子 | | | | |
|---|---|---|---|---|---|
| | 1 | 3 | 4 | 6 | 8 |
| 向上 | ○ | — | — | ○ | |
| | | ○ | — | — | ○ |
| 关闭 | ○ | — | ○ | | |
| | | ○ | — | — | ○ |
| 向下 | | ○ | — | ○ | |
| | ○ | — | ○ | | |

（2）车窗电动机的检测。车窗电动机检查的基本思路：把蓄电池的正、负极分别接在车窗电动机的两个端子上并互换一次，电动机能够正转、反转，且转速平稳。否则说明电动机有故障，应进行更换。

注意：在进行车窗电动机的测试时，若电动机停止转动，要立刻断开端子引线，否则会烧坏电动机。

随着车载网络的普及，目前对于电动车窗的检修更加方便，可以使用故障诊断仪对电动车窗电动机进行主动测试观察其是否可以正常升降，在操作电动车窗开关时读取相应开关的信号是否有变化，这样就可以判断故障大致范围，便于故障排查。

# 2　中控门锁

为了方便驾驶员和乘客开启或关闭车门，现在大部分乘用车中都安装了中央控制门锁系统。安装了中控门锁后，驾驶员可以在锁住或打开自己车门的同时锁住或打开其他的车门，而除了中控门锁控制外，乘客还可以利用各车门的机械式弹簧锁来开关车门。

## 2.1　中控门锁的组成

中控门锁系统一般包括门锁控制开关、钥匙操纵开关、门锁总成、行李舱开启器及门锁控制器等。

图 4-8 所示为典型的中央门锁控制系统及其组件的安装位置。

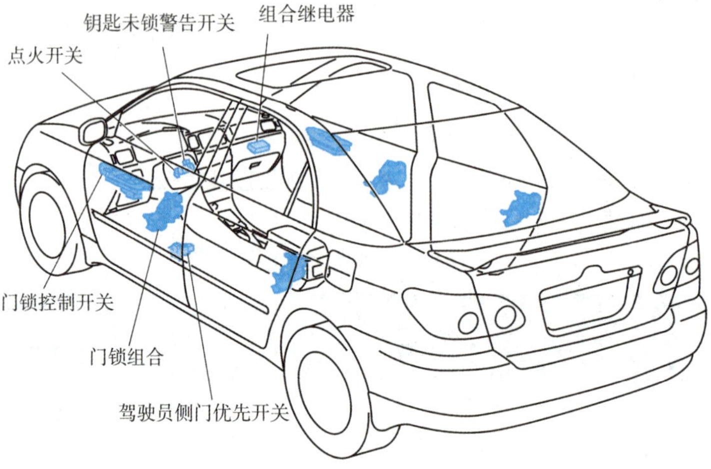


图4-8　中控门锁系统各部件的安装位置

### 2.1.1　门锁控制开关

门锁控制开关一般安装在驾驶员侧前门内的扶手上，通过门锁控制开关可以同时锁上和打开所有的车门。图4-9所示为丰田乘用车门锁控制开关的位置图。

### 2.1.2　门锁总成

门锁总成主要由门锁传动机构、门锁位置开关、外壳等组成，其结构如图4-10所示。

图4-9　门锁控制开关的位置

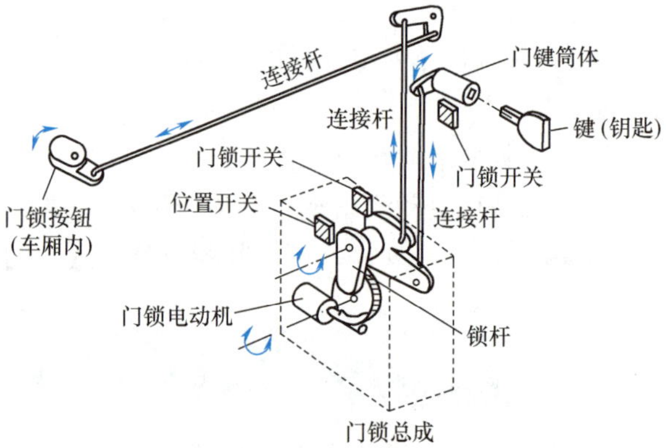


图4-10　门锁机构示意图

门锁传动机构主要由门锁电动机、蜗轮齿轮组等组成，如图4-11所示。门锁电动机是门锁的执行器，当门锁电动机转动时，蜗杆带动蜗轮转动，蜗轮推动锁杆，车门被锁上或打开，然后蜗轮在复位弹簧的作用下返回原位置，防止操纵门锁时电动机工作。

门锁位置开关位于门锁总成内，用来检测车门的锁紧状态，它由一个触点片和一个开关底座组成。当锁杆推向锁门位置时，位置开关断开，而推向开门位置时接通。当车门关闭时，此开关断开；当车门打开时，此开关接通，图4-12所示为门锁位置开关在车门锁紧和打开时的状态。

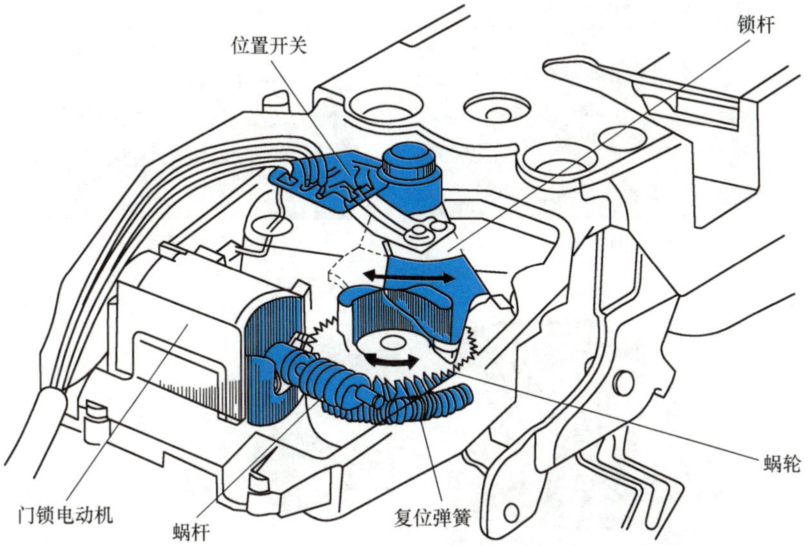


图 4-11　门锁的传动机构

### 2.1.3　钥匙操纵开关

钥匙操纵开关装在每个前门的钥匙门上，当从外面用钥匙开门或关门时，钥匙控制开关便发出开门或锁门的信号给门锁控制 ECU 或门锁控制继电器（门锁继电器介绍见相关链接）。钥匙操纵开关的位置如图 4-13 所示。

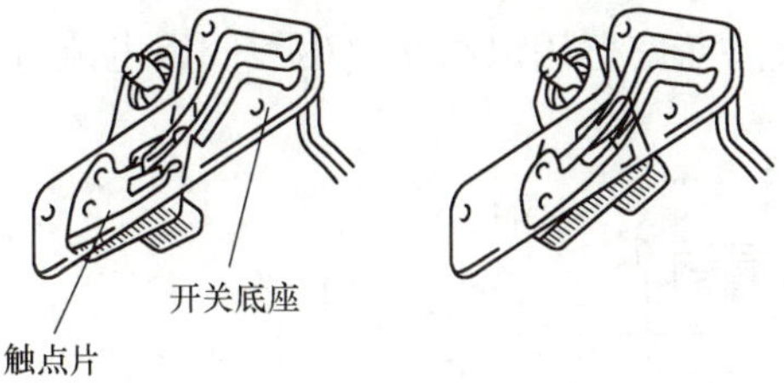


图 4-12　门锁位置开关的工作情况

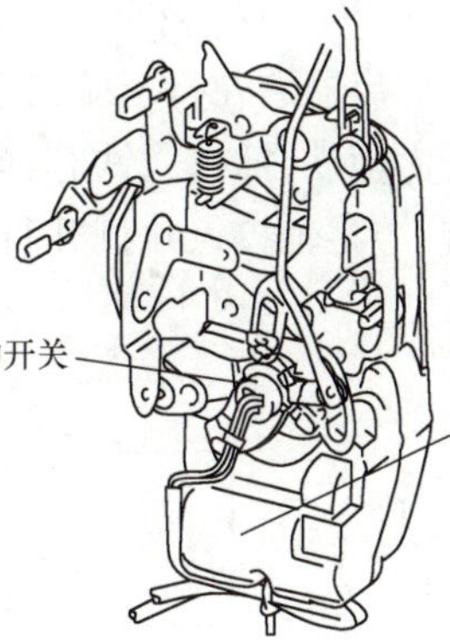


图 4-13　钥匙操纵开关的位置

### 2.1.4　行李舱门锁开关

早期的车型大多单独设置行李舱门锁开关（图 4-14），或使用车钥匙通过行李舱门锁钥匙孔开启行李舱，目前的车型在操作车内开锁开关或使用行李舱门锁按压开关时即可打开行李舱。

此外，对于当前一些高档车型，还会在行李舱下方设置开锁感应装置，当驾驶员带着钥匙位于无钥匙进入系统的检测范围内时，用脚在正下方晃动时，系统即可自动打开行李舱。如图 4-15 所示。

图 4-14　行李舱门锁开关

图 4-15　感应式行李舱开启装置示意图

### 2.1.5　行李舱门开启器

行李舱门开启器装在行李舱门上，一般用电磁线圈或电动机完成开锁或锁门动作，电磁线圈式开启器由轭铁、插棒式铁芯、电磁线圈和支架组成。如图 4-16 所示。当电磁线圈通电时，插棒式铁芯将轴拉入并打开行李舱门。线路断路器用以防止电磁线圈因电流过大而过热。

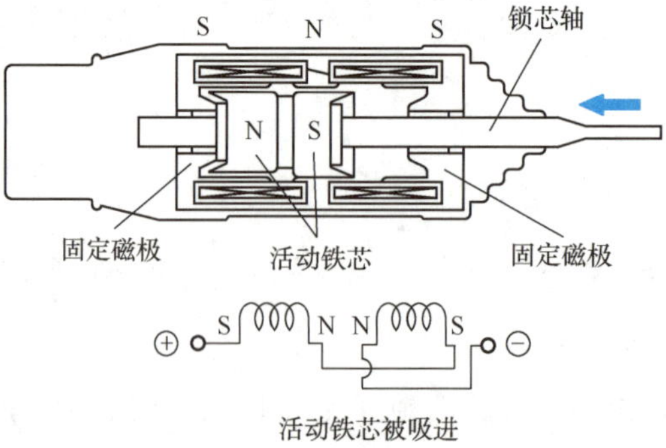


图 4-16　行李舱门开启器

## 2.2　门锁控制器及中控门锁的工作原理

门锁控制器的形式比较多，常见的有继电器式，集成电路（IC）—继电器式，电脑（ECU）控制式等。

### 2.2.1 继电器控制的中控门锁控制系统

图 4-17 所示为使用门锁继电器的中控门锁控制电路。

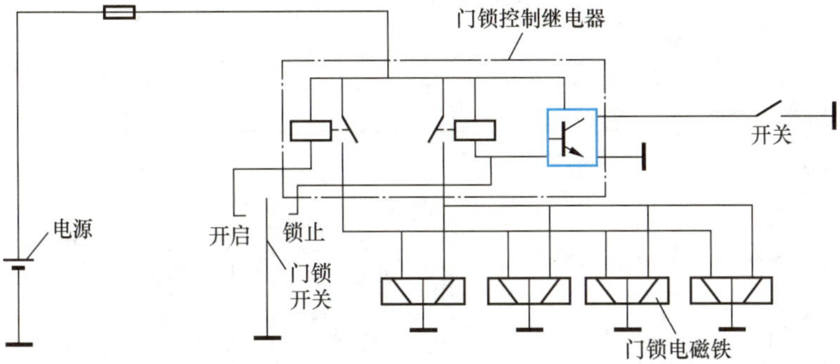


图 4-17 门锁继电器控制的中控门锁电路

当用钥匙转动锁芯，门锁开关中的开启触点闭合时，电流便经过蓄电池的正极、熔断丝、开锁继电器线圈后经门锁开关搭铁，开锁继电器开关闭合，电流经过门锁电动机或门锁电磁线圈搭铁，四个车门同时打开。当用钥匙转动锁芯，门锁开关中的锁止触点闭合时，锁止继电器通电使其开关闭合，四个车门同时锁住。开关受车速的控制，可以实现自动闭锁。

### 2.2.2 集成电路(IC)—继电器控制的中控门锁系统

图 4-18 所示为集成电路(IC)—继电器控制的中控门锁系统电路。门锁控制器由一块集成电路(IC)和两个继电器组成，IC 电路可以根据各种开关发出的信号来控制两个继电器的工作。此电路中的 D 和 P 代表驾驶员侧和副驾驶员侧。

#### 2.2.2.1 用门锁控制开关锁门和开锁

(1)锁门。将门锁控制开关推向锁门(LOCK)一侧时，门锁继电器的端子 10 通过门锁控制开关搭铁，将 $Tr_1$ 导通。当 $Tr_1$ 导通时，电流流至 1 号继电器线圈，1 号继电器开关闭合，电流流至门锁电动机，所有车门均被锁住，如图 4-18 所示。

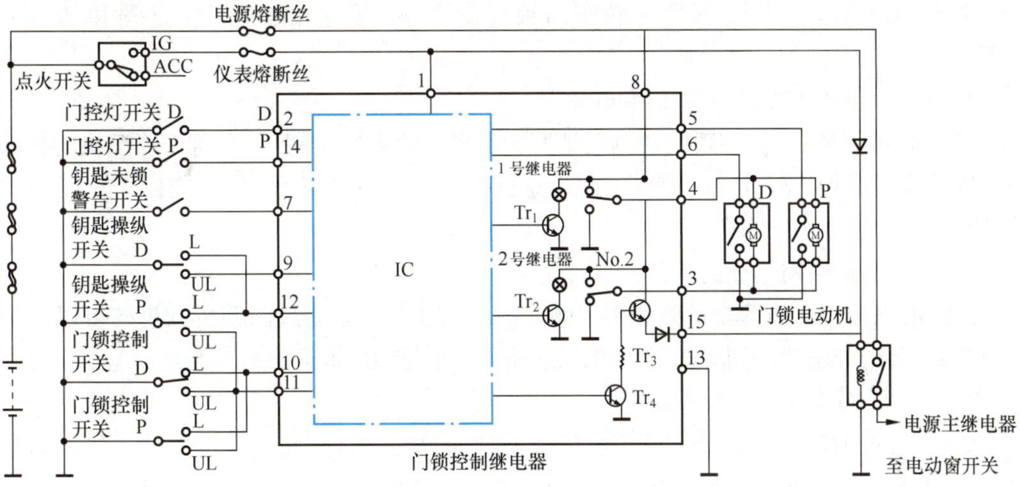


图 4-18 集成电路(IC)—继电器控制的中控门锁控制电路

(2)开锁。将门锁控制开关推向开锁(UNLOCK)一侧时,门锁继电器的端子11通过门锁控制开关搭铁,将$Tr_2$导通。当$Tr_2$导通时,电流流至2号继电器线圈,2号继电器开关闭合,如图4-19所示,电流反向通过门锁电动机,所有的车门打开。

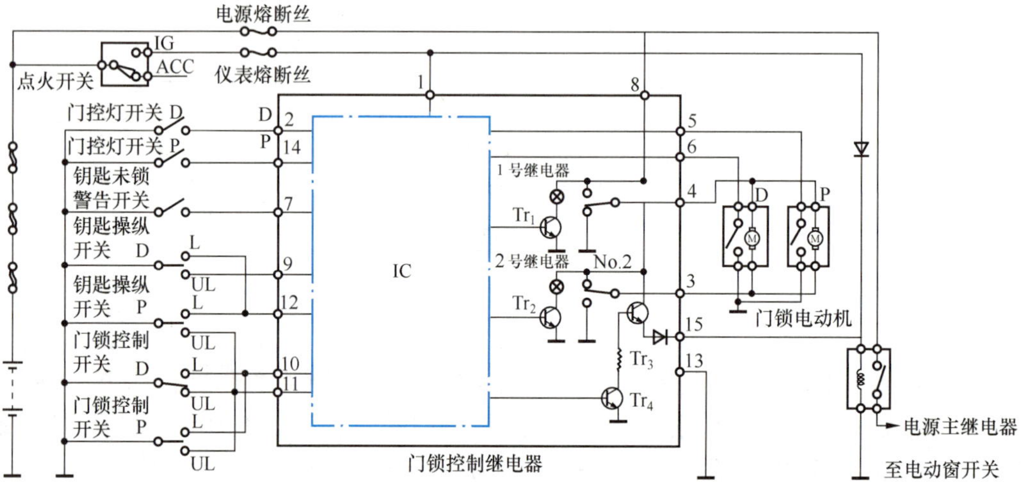


图4-19 集成电路(IC)—继电器控制的中控门锁开锁过程

2.2.2.2 用钥匙操纵开关锁门和开锁

(1)锁门。将钥匙操纵开关转向锁门(LOCK)一侧时,门锁继电器的端子12通过门锁控制开关搭铁,将$Tr_1$导通。当$Tr_1$导通时,电流流至1号继电器线圈,1号继电器开关闭合,电流流至门锁电动机,所有车门均被锁住。

(2)开锁。将钥匙操纵开关推向开锁(UNLOCK)一侧时,门锁继电器的端子9通过门锁控制开关搭铁,将$Tr_2$导通。当$Tr_2$导通时,电流流至2号继电器线圈,2号继电器开关闭合,电流反向通过门锁电动机,所有的车门打开。

## 2.2.3 电脑(ECU)控制的中控门锁系统

图4-20所示为雪佛兰科鲁兹轿车门锁控制电路,下面分析其工作过程和基本工作原理。

2.2.3.1 使用门锁开关锁门和开锁

如图4-20a)所示,按下驾驶员侧门锁开关的锁门或开锁按钮后,车身控制模块的相应端子电压被拉低到0V,车身控制模块据此信息识别锁门或开锁信号,并控制四个车门和油箱锁打开或锁止。

2.2.3.2 使用钥匙锁门和开锁

当使用机械钥匙从驾驶员侧和乘客侧开门时,旋转锁芯,通过门锁机械机构可以使门锁内的开关闭合,电脑接收到此信号后可以完成全部车门锁门或开锁。

2.2.3.3 行李舱门锁的控制

如图4-20c)所示,当触摸后行李舱门开关时,此开关闭合,此信号传入至车身控制模块中,车身控制模块据此信号为行李舱盖解锁继电器线圈提供12V电压,使继电器中端子4和5导通,行李舱盖锁和提升锁电动机通电,完成解锁。

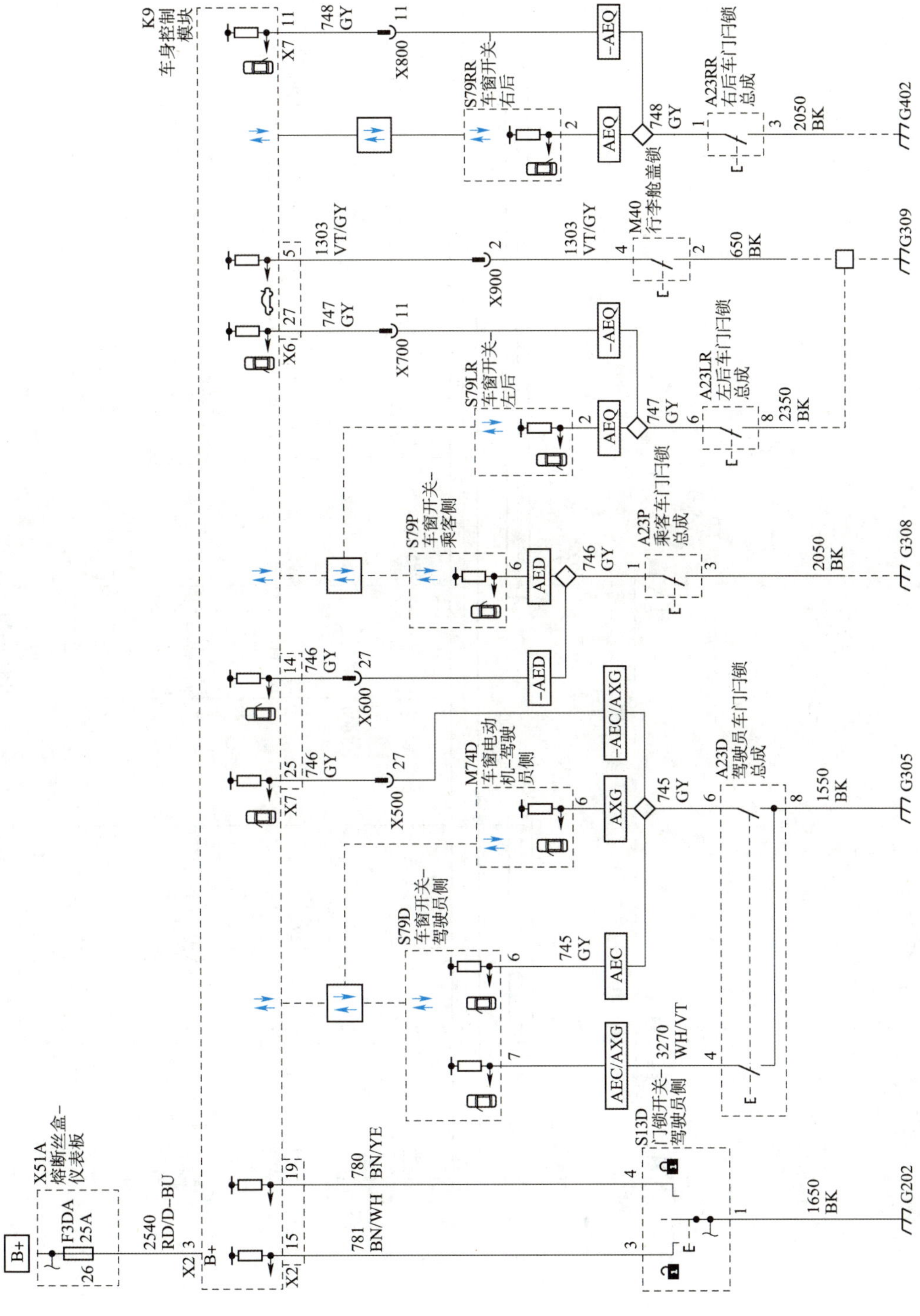

K9
车身控制模块
X51A
熔断丝盒-仪表板
F3DA
25A
B+
2540
RD/D-BU
780
BN/YE
781
BN/WH
S13D
门锁开关-驾驶员侧
1650
BK
G202
S79D
车窗开关-驾驶员侧
745
GY
AEC
AEC/AXG
-AEC/AXG
3270
WH/VT
A23D
驾驶员车门门锁总成
1550
BK
G305
M74D
车窗电动机-驾驶员侧
AXG
X500
746
GY
X600
-AED
AED
S79P
车窗开关-乘客侧
A23P
乘客车门门锁总成
2050
BK
G308
S79LR
车窗开关-左后
AEQ
-AEQ
747
GY
X700
A23LR
左后车门门锁总成
2350
BK
1303
VT/GY
X900
M40
行李舱盖锁
650
BK
G309
S79RR
车窗开关-右后
748
GY
X800
A23RR
右后车门门锁总成
2050
BK
G402


a)
图　4-20

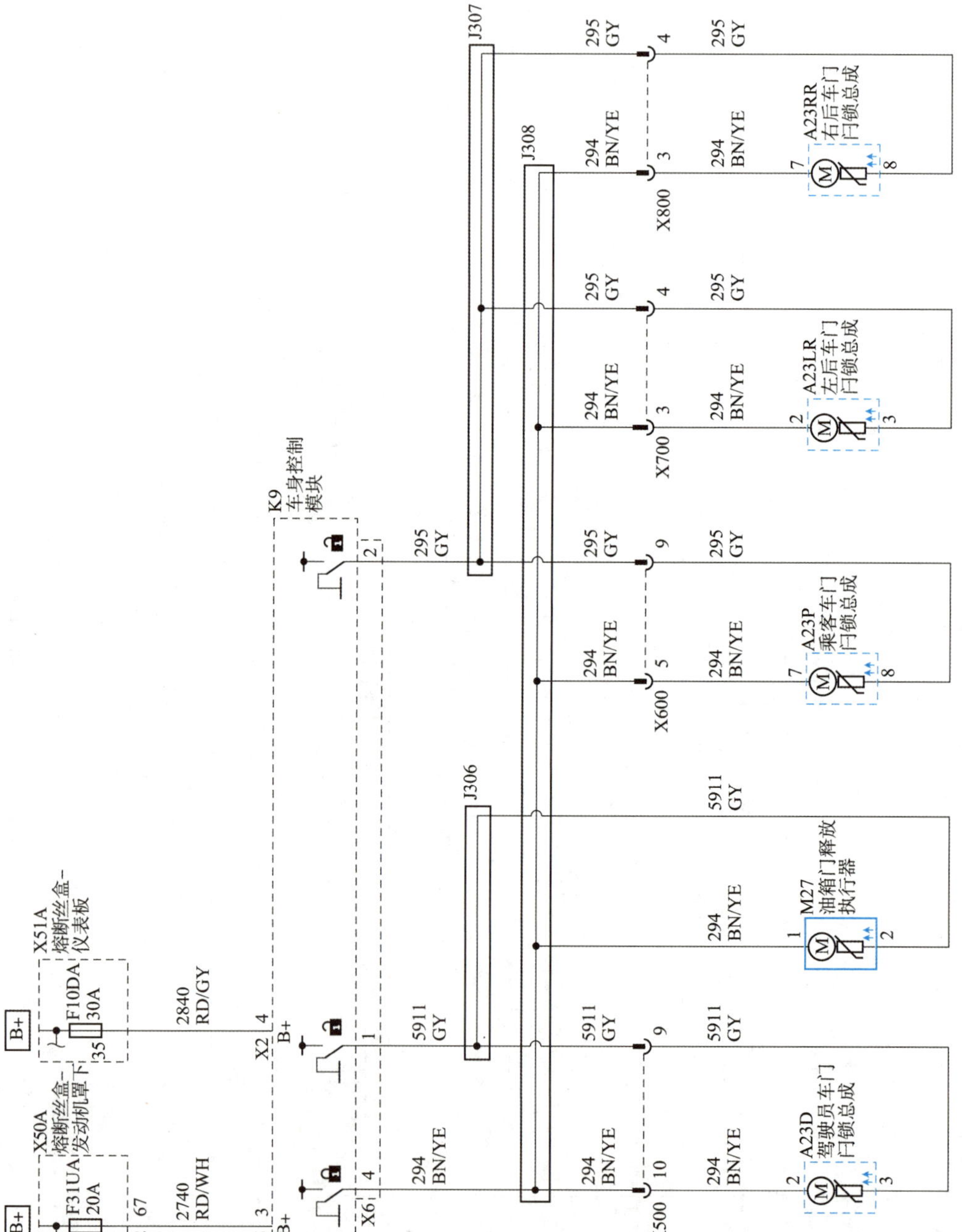
B+
X50A
熔断丝盒-
发动机罩下
F31UA
20A
X2 67
2740
RD/WH
B+
X51A
熔断丝盒-
仪表板
F10DA
30A
35
2840
RD/GY
K9
车身控制
模块
X5 3
B+
X2 4
B+
X6 4
1
2
294
BN/YE
5911
GY
295
GY
J306
J307
J308
X500
10
9
X600
5
X700
3
4
X800
A23D
驾驶员车门
门锁总成
M27
油箱门释放
执行器
A23P
乘客车门
门锁总成
A23LR
左后车门
门锁总成
A23RR
右后车门
门锁总成
M
7
8


b)

图 4-20

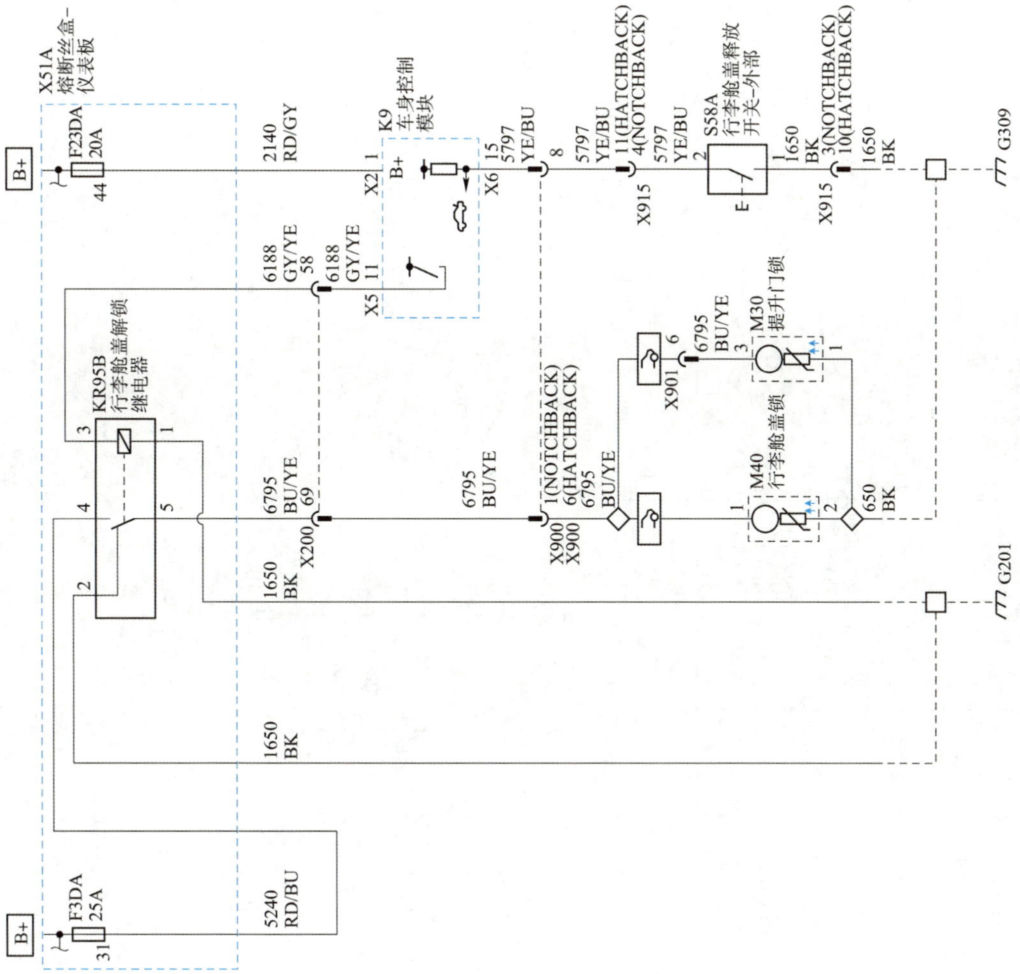

B+
F23DA
20A
44
X51A
熔断丝盒-仪表板
2140
RD/GY
K9
车身控制模块
X2 1
B+
X6 15
5797
YE/BU
6188
GY/YE
58
6188
GY/YE
X5 11
8
5797
YE/BU
11(HATCHBACK)
4(NOTCHBACK)
X915
5797
YE/BU
2
S58A
行李舱盖释放开关-外部
1650
BK
3(NOTCHBACK)
10(HATCHBACK)
1650
BK
G309
KR95B
行李舱盖解锁继电器
3
4
5
2
1
6795
BU/YE
69
X200
1650
BK
6795
BU/YE
X900
1(NOTCHBACK)
6(HATCHBACK)
6795
BU/YE
X901
6
6795
BU/YE
M30
提升门锁
M40
行李舱盖锁
650
BK
G201
1650
BK
B+
F3DA
25A
31
5240
RD/BU


c)

图　4-20

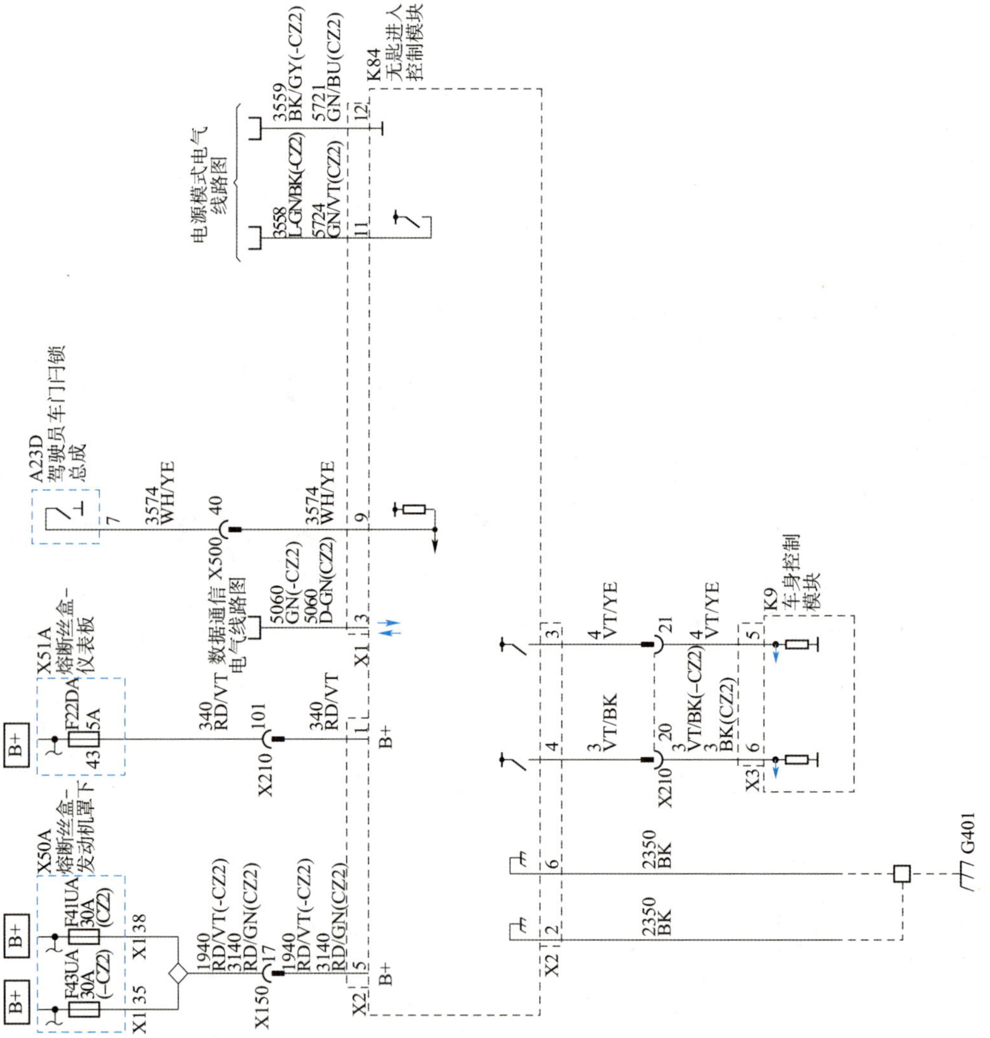
A23D
驾驶员车门门锁总成
X51A
熔断丝盒–仪表板
F22DA
5A
X50A
熔断丝盒–发动机罩下
F43UA
30A
(–CZ2)
F41UA
30A
(CZ2)
B+
电源模式电气线路图
数据通信电气线路图
K84
无匙进入控制模块
K9
车身控制模块
G401
3574
WH/YE
340
RD/VT
1940
RD/VT(–CZ2)
3140
RD/GN(CZ2)
5060
GN(–CZ2)
D-GN(CZ2)
3558
L-GN/BK(–CZ2)
3559
BK/GY(–CZ2)
5724
GN/VT(CZ2)
5721
GN/BU(CZ2)
VT/YE
VT/BK
VT/BK(–CZ2)
BK(CZ2)
2350
BK
X500
X210
X150
X1
X2
X3

d)

图 4-20

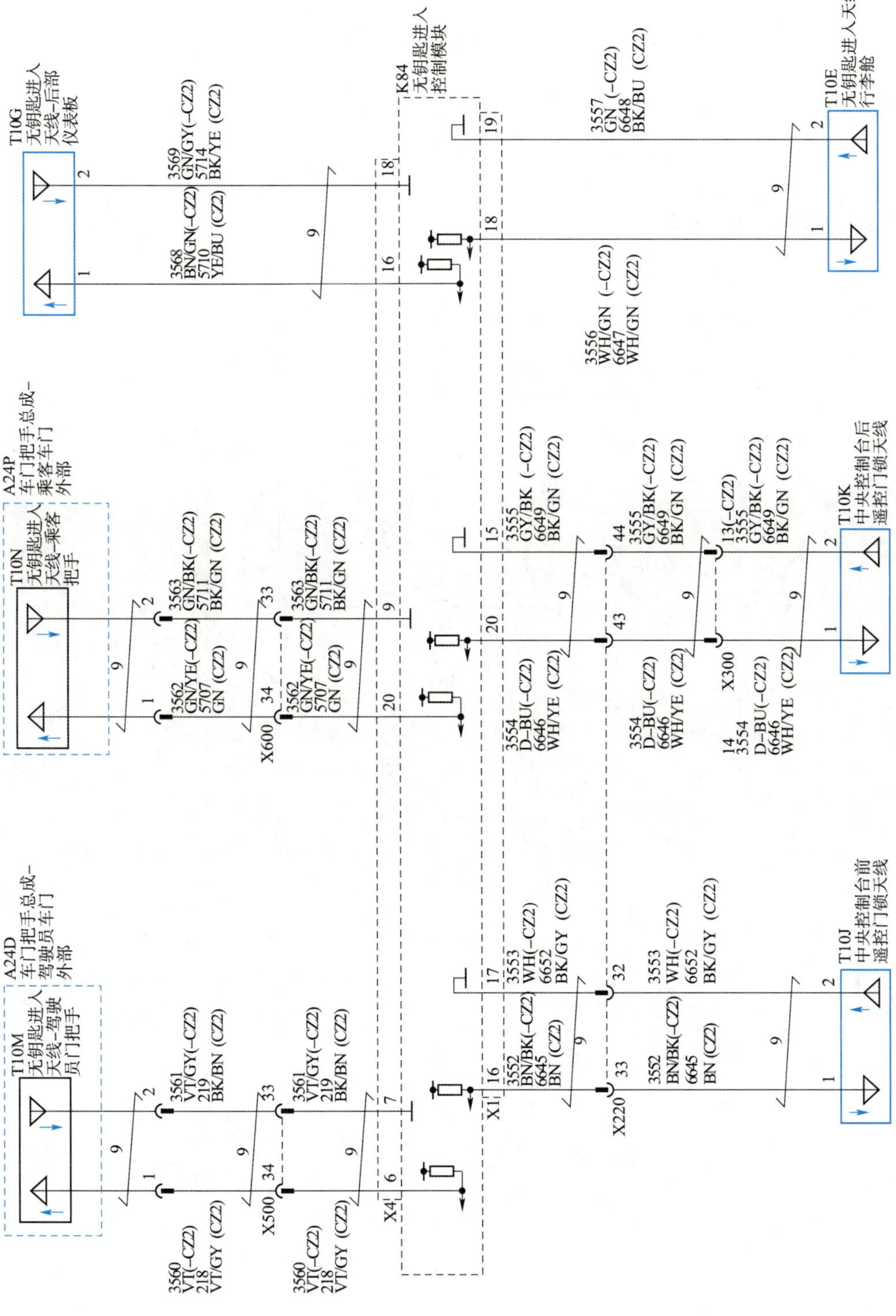
T10G
无钥匙进入天线-后部仪表板
K84
无钥匙进入控制模块
T10E
无钥匙进入天线-行李舱
A24P
车门把手总成-乘客车门外部
T10N
无钥匙进入天线-乘客把手
T10K
中央控制台后遥控门锁天线
A24D
车门把手总成-驾驶员车门外部
T10M
无钥匙进入天线-驾驶员门把手
T10J
中央控制台前遥控门锁天线
X600
X500
X300
X220
X4
X1

e)

图　4-20

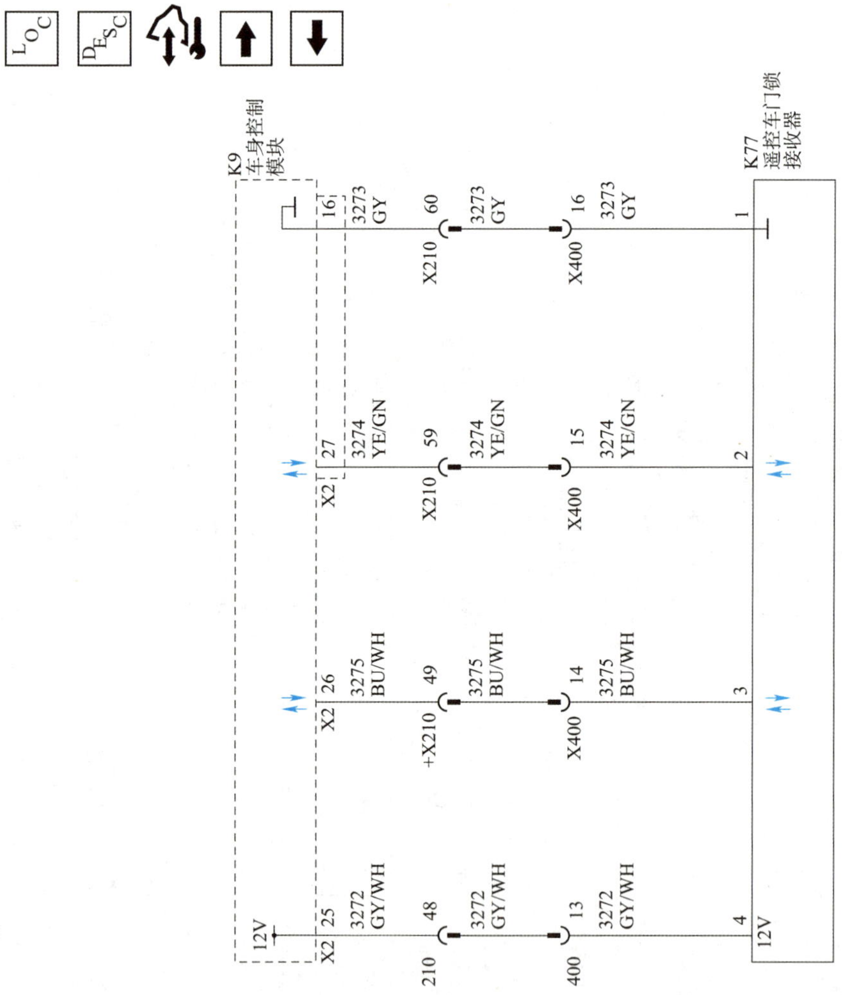


f)

图4-20 科鲁兹轿车中控门锁电路

2.2.3.4　使用遥控钥匙锁门和开锁

如图 4-20f) 所示，当在适当的距离范围内按下遥控钥匙的锁门和开锁按钮时，遥控门锁接收器会接收到相应的信息，并通过数据线将信息送给车身控制模块，再由车身控制模块控制所有门锁电动机的锁门和开锁动作。

2.2.3.5　使用无钥匙进入功能

当按下车门外把手按钮或行李舱触摸开关时，低频天线向无钥匙进入发射器发送一条校验口令。因为频率低，所以通信天线将在 1m 范围内发出校验口令。钥匙发射器必须在此范围内以便收到校验口令。钥匙发射器接收该校验口令并发射无线电频率响应信息，该响应信息将由遥控车门锁接收器接收。如果响应正确，则允许进入车辆。

如果驾驶员离开车辆后，遥控钥匙发射器仍留在车辆中，则无钥匙进入系统会通过使车辆喇叭短鸣 3 次的方式来通知驾驶员，这个功能可以使用车辆个性化设置来关闭。另外，如果在使用中央门锁开关来锁止车辆之后，遥控钥匙发射器留在车辆内，则驾驶员车门将在驾驶员离开车辆之后保持解锁状态，以防止将遥控钥匙锁在车辆内而不能进入。无钥匙进入功能如图 4-21 所示。

图 4-21　无钥匙进入系统示意图

## 2.3 中控门锁的检修

各个车型的中控门锁电路区别较大，因此在进行检修时要结合具体的维修手册进行。但基本的检修方法和流程大致相似。下面结合雪佛兰科鲁兹轿车的中控门锁系统分析其检修过程。其电路如图4-20所示。

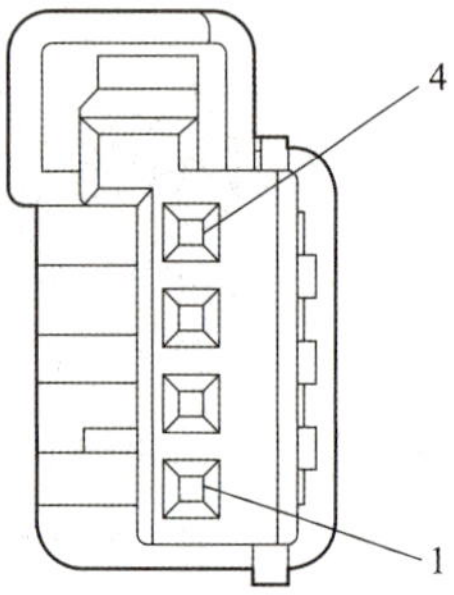


图4-22 门锁控制开关示意图和端子号
1、4-端子号

若出现中控门锁故障，首先应仔细辨别其故障现象，操作并观察中控门锁的功能，在明确故障现象后再进行下一步检查。若门锁无法上锁或解锁，可以使用诊断仪对系统进行主动测试和门锁开关数据流的读取，判断故障发生在开关、电脑、还是门锁电动机。对于线路可以使用万用表测试其通断和是否短路的方式检查，对于开关和电动机可以采用如下方式进行检查。

### 2.3.1 门锁控制开关的检查

如图4-22所示，拆下门锁控制开关，结合表4-5检查门锁控制开关的导通性。

门锁开关端子检查　　表4-5

| 端子号 | 开关位置 | 标准状态 |
|---|---|---|
| 1—4 | 锁门 | 导通 |
| — | 原始位置 | 不导通 |
| 1—3 | 开锁 | 导通 |

### 2.3.2 检查左前门门锁总成

断开左前门锁总成插接器，如图4-23所示，用蓄电池的正负极直接连接端子10和端子9，检查门锁电动机的工作情况。具体的标准见表4-6。

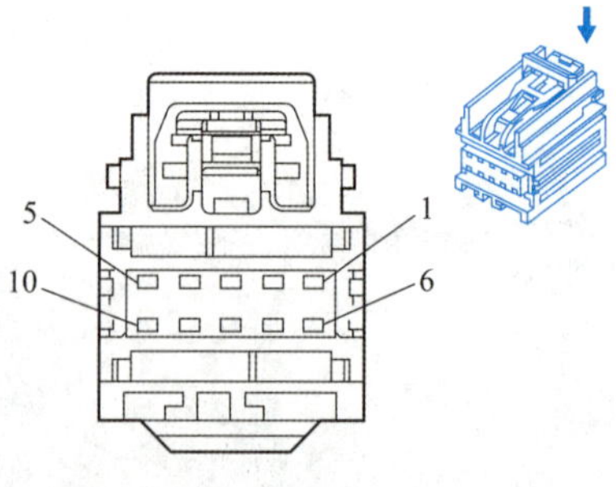


图4-23 左前门锁电动机插头

左前门锁端子的检查　　表4-6

| 测量条件 | 标准状态 |
|---|---|
| 蓄电池“+”—端子10<br>蓄电池“-”—端子9 | 上锁 |
| 蓄电池“+”—端子9<br>蓄电池“-”—端子10 | 开锁 |

其余三个车门门锁总成的检查与右前门锁总成的检查方法相同，此处不再重复。

# 3 电动座椅

为便于调节乘坐位置，现在很多汽车都配备了电动座椅调节装置。按照座椅电动机的数目和调节方向数目的不同，电动座椅一般可分为两向、四向、六向、八向和多向可调等类型。

## 3.1 普通电动座椅

### 3.1.1 基本组成

为了实现座椅位置的调节，普通电动座椅包括若干个双向电动机、传动装置和控制电路(包括控制开关)这三个主要部分，其结构和电动机的安装位置分别如图 4-24 和图 4-25 所示。

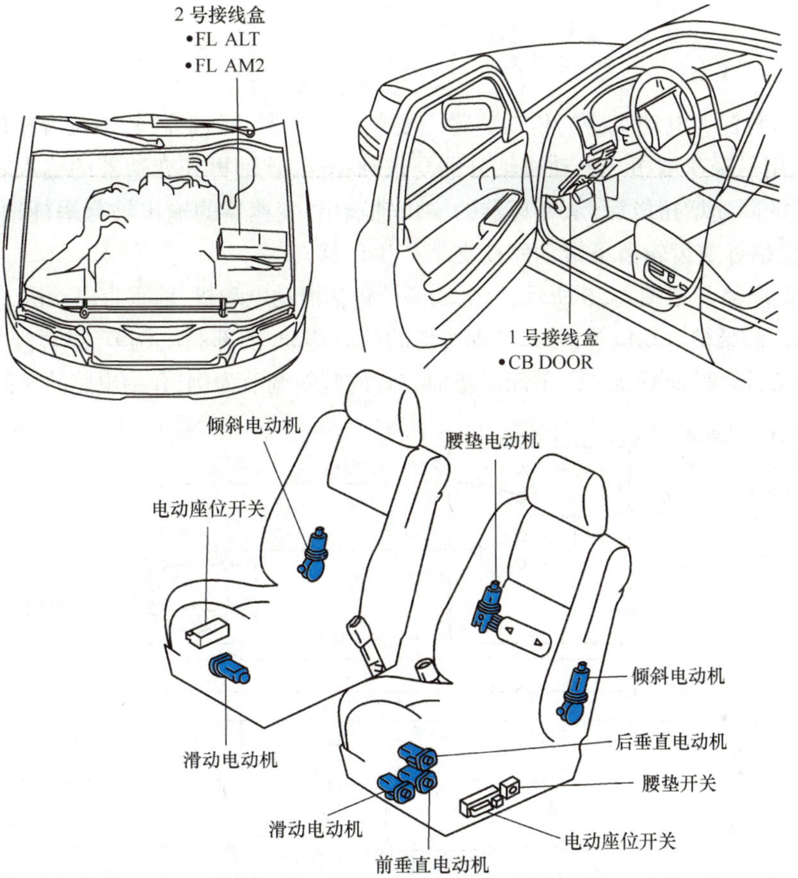


图 4-24 典型电动座椅的结构

双向电动机产生动力，传动装置可以把动力传至座椅，通过控制开关实现座椅不同位置的调节。

(1)电动机。电动座椅中使用的电动机一般为永磁式双向直流电动机。它通过控制开关来改变流经电动机内部的电流方向，从而实现转动方向的改变。

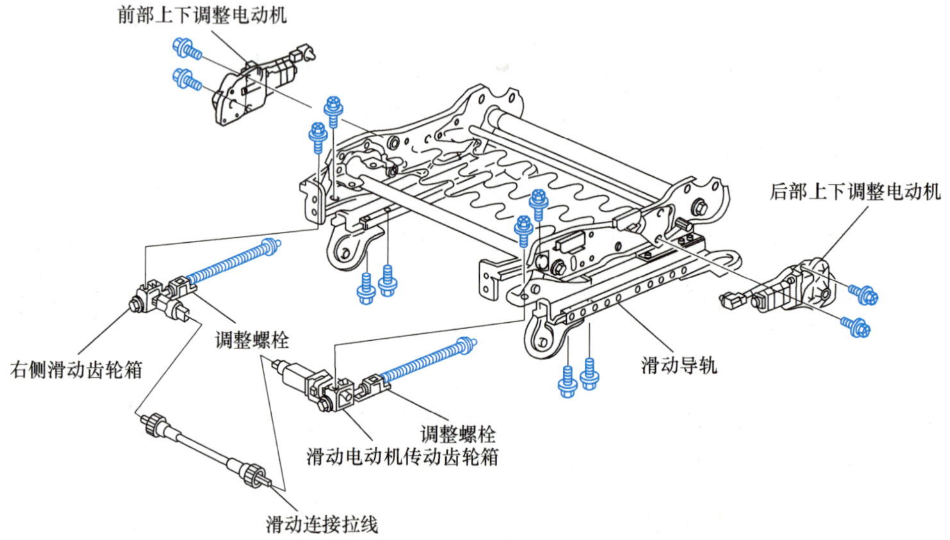


图 4-25　座椅电动机的安装位置

(2)传动装置。电动座椅的传动装置主要包括变速器、联轴器、软轴及齿轮传动机构等。变速器的作用是降速增扭。电动机轴分别与软轴相连,软轴再和变速器的输入轴相连,动力经过变速器的降速增扭以后,从变速器的输出轴输出,变速器的输出轴与蜗杆轴或齿轮轴相连,最终蜗轮蜗杆或齿轮齿条带动座椅支架产生位移。

(3)控制电路。如图 4-26 所示,该电动座椅包括滑动电动机、前垂直电动机、倾斜电动机、后垂直电动机和腰椎电动机等,可以实现座椅的前后移动、前部高度调节、靠背倾斜程度调节、后部高度调节及腰椎前后调节。下面以座椅靠背的倾斜调节为例,介绍电路的控制过程。

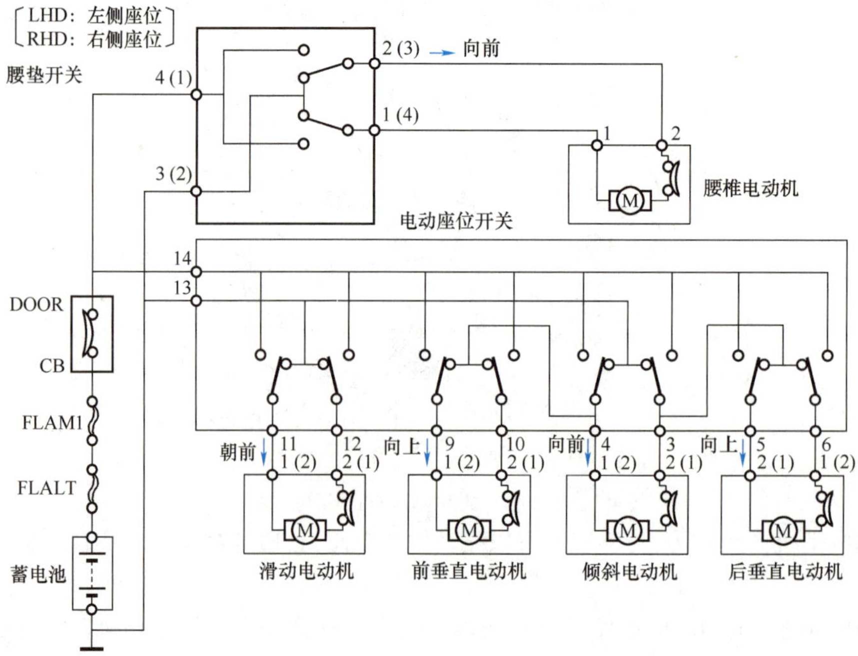


图 4-26　电动座椅的控制电路

当电动座椅的开关处于倾斜位置时,如果要调整靠背向前倾斜,则闭合倾斜电动机的前进方向开关,即端子4置于左位时,电路为:蓄电池正极→FLALT→FLAM1→DOOR CB→端子14→(倾斜开关"前")→端子4→1(2)端子→倾斜电动机→2(1)端子→端子3→端子13→搭铁。此时,座椅靠背前移。

当端子3置于右位时,倾斜电动机反转,座椅靠背后移。此时的电路为:蓄电池正极→FLALT→FLAM1→DOOR CB→端子14→(倾斜开关"后")→端子3→2(1)端子→倾斜电动机→1(2)端子→端子4→端子13→搭铁。

### 3.1.2 典型电动座椅电路

(1)本田雅阁乘用车八向可调式驾驶员电动座椅电路。电路分析与图4-27中的电路分析类似,此处不再重复。

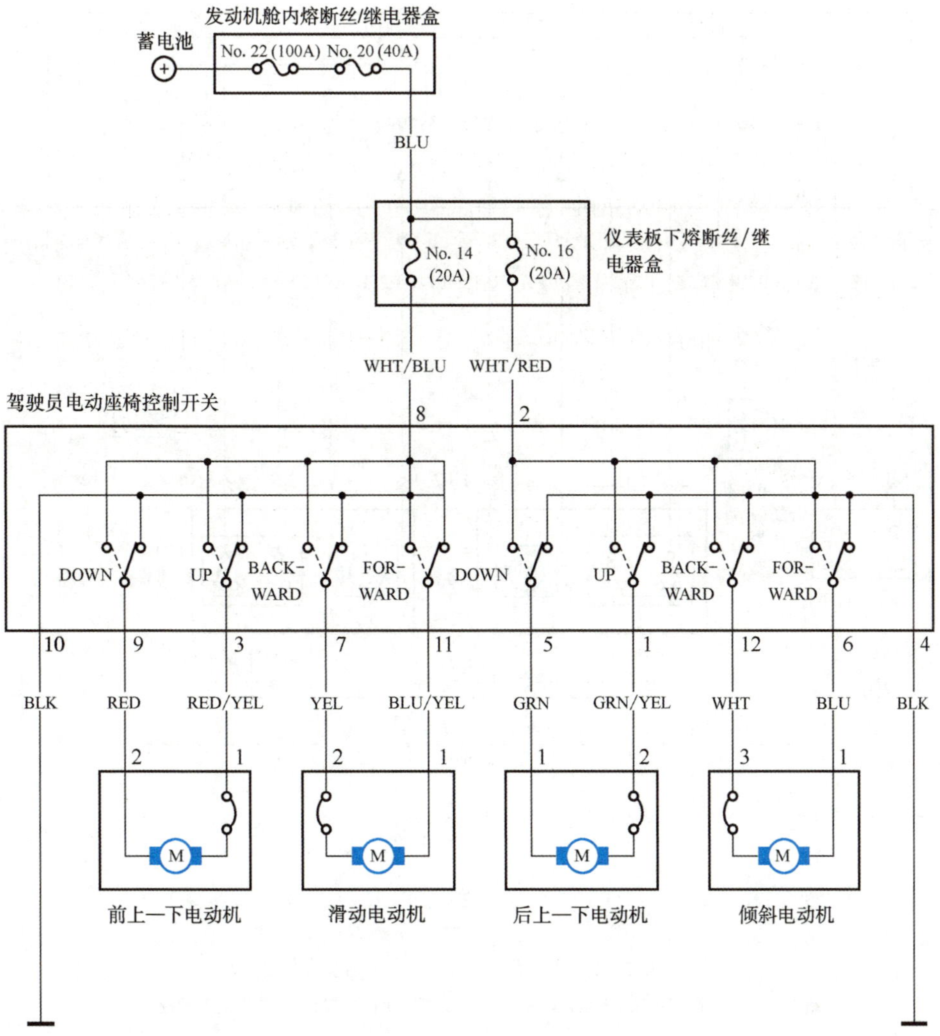


图4-27 广本雅阁乘用车电动座椅电路

(2)北京现代索纳塔乘用车电动座椅电路。图4-28所示为北京现代索纳塔乘用车电动座椅电路图,请参考该图进行电路分析,此处不作详细的分析。

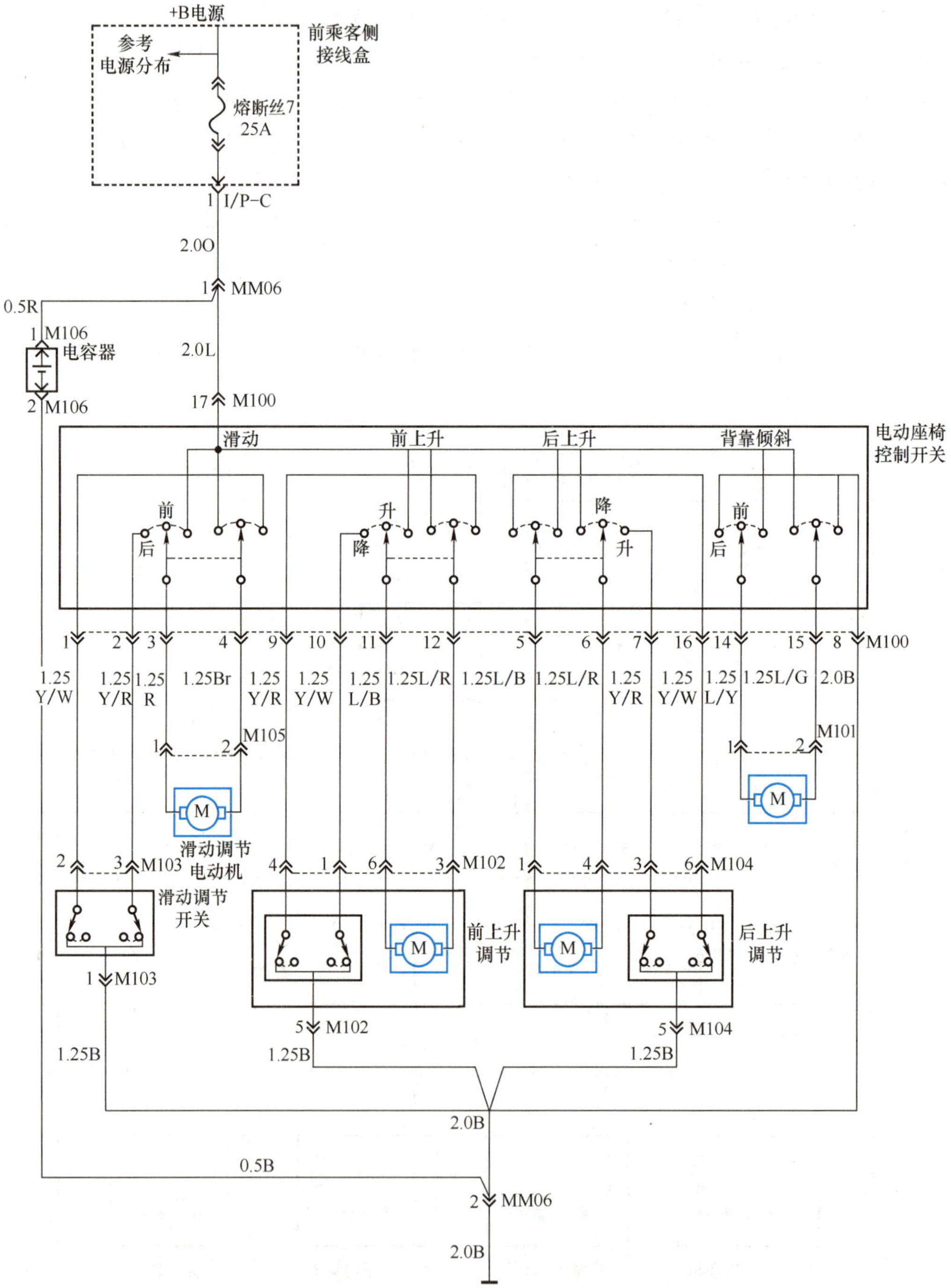


图 4-28　北京现代索纳塔乘用车电动座椅电路

注：此电路中用虚线连接的开关为联动开关。分析电路时，要注意联动关系和搭铁方向。

## 3.2　座椅加热系统

座椅加热系统可以对驾驶员和乘客的座椅进行加热，使乘坐更加舒适。有些汽车座椅的加热速度可以调节，有些不可以调节。下面分别对其进行介绍。

### 3.2.1　加热速度不可调式座椅加热系统

图4-29所示为北京现代索纳塔乘用车电动座椅加热电路图。该电路可以对驾驶员座椅和副驾驶员座椅同时进行加热，也可以分别加热。其中座椅加热线圈和靠背加热线圈是串联连接的。其工作过程如下。

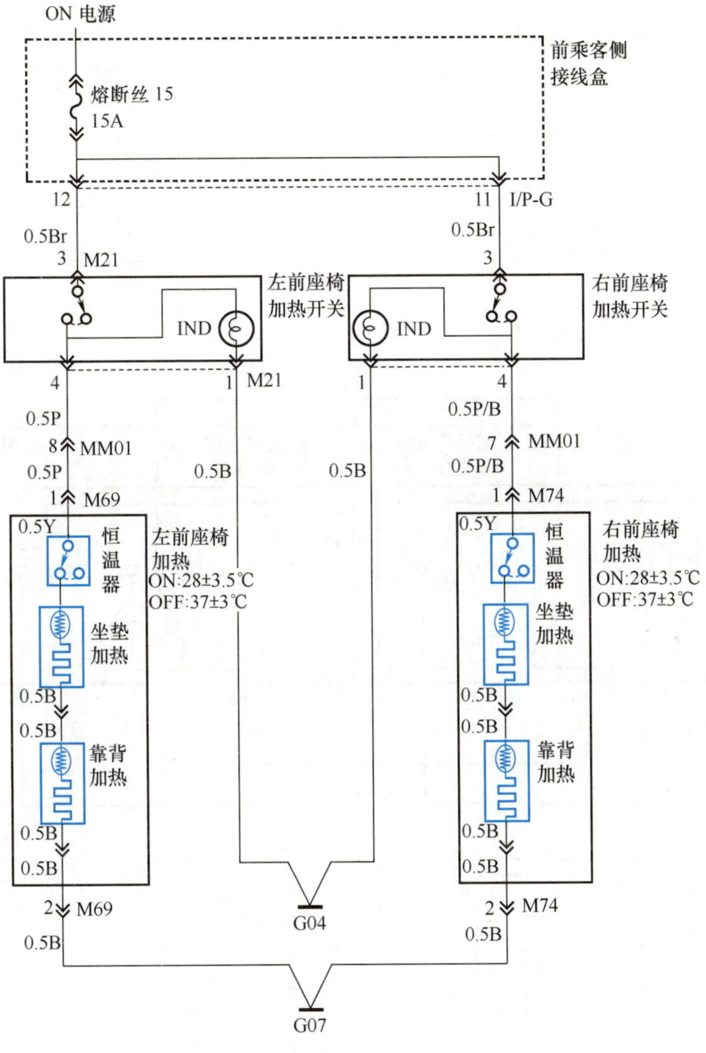


图4-29　北京现代索纳塔乘用车电动座椅加热电路

（1）若只需对驾驶员座椅进行加热，只需关闭左前座椅加热开关。电路为：电源→熔断丝15→端子12→端子M21→加热开关→端子4→恒温器开关→座椅加热丝→靠背加热丝→搭铁。此时，只对驾驶员的座椅进行加热，同时驾驶员座椅加热指示灯（IND）点亮。单独对副驾驶员座椅加热时的电路分析相同。

（2）若要对两个座椅同时加热，则两座椅的加热开关同时关闭，此时，两座椅的座椅加热丝和靠背加热丝串联以后再并联，两指示灯同时点亮，电路分析不再赘述。

### 3.2.2 加热速度可调节座椅加热系统

如图 4-30 所示，此座椅加热器的加热速度可以调节。驾驶员和副驾驶员座椅的加热器和加热控制开关相同。其中 HI 表示高位加热，LO 表示低位加热。该座椅加热系统可以单独对驾驶员侧或副驾驶员侧的座椅进行加热，也可以同时对两座椅进行加热。下面以驾驶员侧的座椅加热器为例，分析其工作过程。

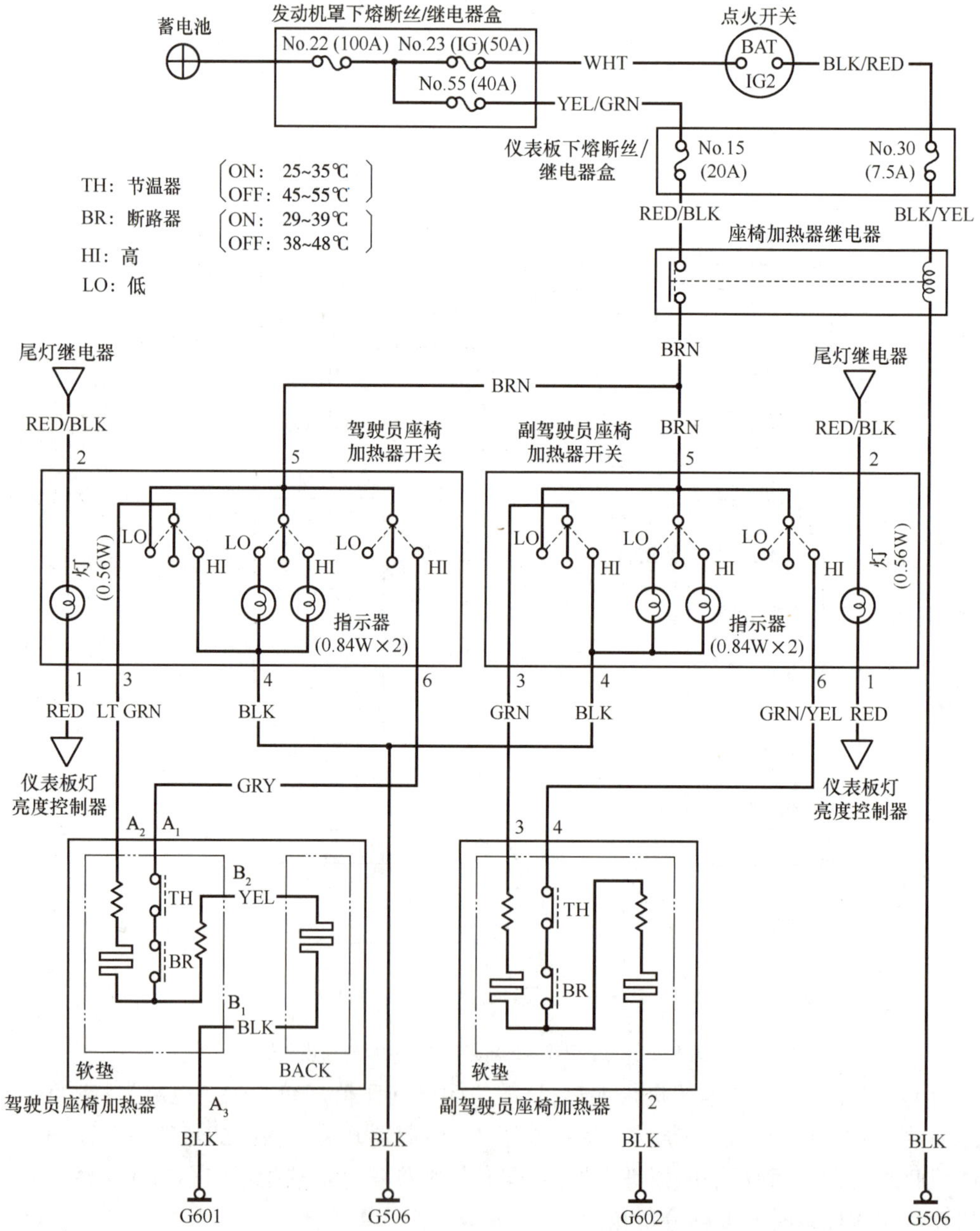


图 4-30　本田雅阁乘用车座椅加热系统电路

（1）当加热器开关断开时，加热系统不工作。

(2)当加热器开关处于 HI 位置时,电流首先经过点火开关给座椅加热器的继电器线圈通电,线圈产生磁场使继电器开关闭合。此时,加热器的电路为:蓄电池“+”→熔断丝→继电器开关→加热器开关端子 5,然后电流分为三个支路:一路经指示灯→继电器端子 4→搭铁,指示灯亮;另一路经加热器开关端子 6→加热器端子 $A_1$→节温器→断路器→靠背线圈→搭铁;还有一路经加热器开关端子 6→加热器端子 $A_1$→节温器→断路器→坐垫线圈→加热器端子 $A_2$→加热器开关端子 3→加热器开关端子 4→搭铁。此时,靠背线圈和坐垫线圈并联加热,加热速度较快。

(3)当加热器开关处于 LO 位置时,电流流向为:蓄电池“+”→熔断丝→继电器开关端子 5,然后分为两个支路:一路经指示灯→加热器端子 4→搭铁,低位指示灯亮;另一路经加热器开关端子 3→加热器端子 $A_2$→加热器坐垫线圈→加热器靠背线圈→搭铁。此时,靠背线圈和坐垫线圈串联加热,电路中电流较小,因此加热的速度较慢。

## 3.3　汽车自动座椅

自动座椅的基本结构及驱动方式与普通的电动座椅相似,只是在普通电动座椅的基础上增加了一套具有存储记忆功能的电子控制系统。电子控制系统中可以存储不同驾驶员或乘客的座椅位置,不同的驾驶员或乘客可以通过一个按钮调出自己的座椅位置,使得座椅的调整更加方便快捷。

### 3.3.1　自动座椅的组成

该控制系统有两套控制装置,一套是手动的,包括电动座椅开关、腰垫电动机及开关和一组座椅位置调整电动机等,驾驶员或乘客可以根据自身需要通过相应的座椅开关和腰垫开关来调整座椅,它的控制方式和普通电动座椅完全相同;另一套是自动的,包括座椅位置传感器、存储和复位开关、ECU 及与手动控制系统共用的一组调整电动机等。图 4-31 为其基本组成和安装位置示意图。

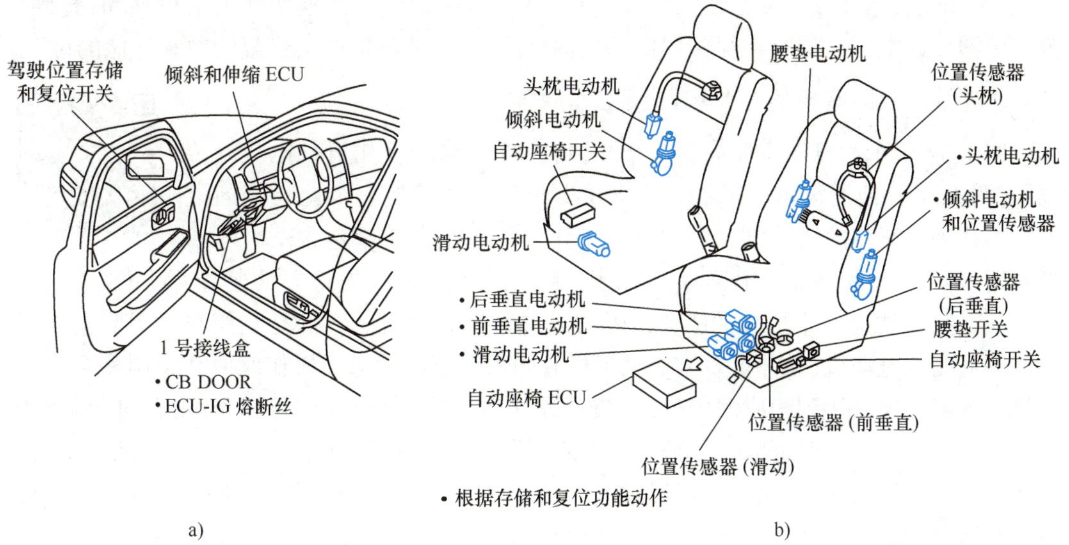


图 4-31　自动座椅的基本组成和安装位置

### 3.3.2 自动座椅位置传感器

自动座椅位置传感器主要有两种形式：一种是滑动电位器式，如图4-32所示；另一种是霍尔式，如图4-33所示。

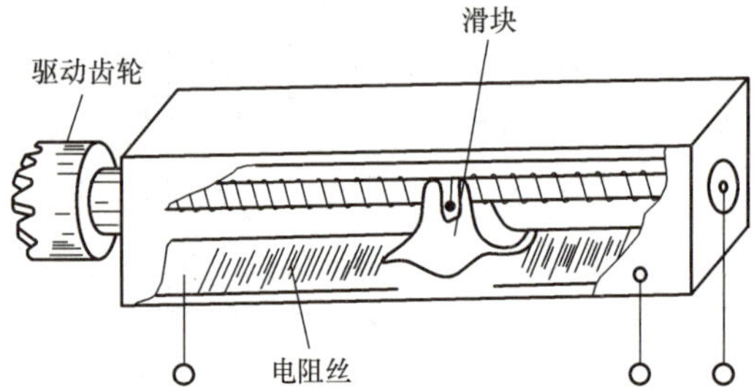


图4-32 滑动电位式自动座椅传感器示意图

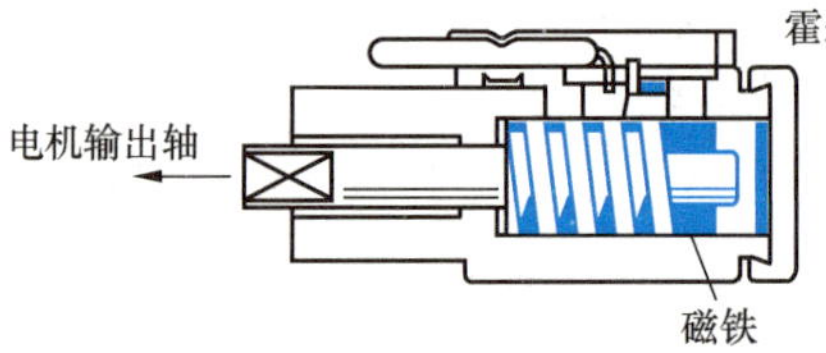


图4-33 霍尔式位置传感器示意图

滑动电位器式位置传感器主要由座椅电动机驱动的齿轮和螺杆、电阻丝以及能在螺杆上滑动的滑块组成。当电动机驱动座椅的同时，也驱动齿轮带动螺杆，驱动滑块在电阻丝上滑动，相当于一个可变电阻，通过电阻阻值的变化将座椅位置信号转变成电压信号输入ECU。

霍尔式位置传感器主要由永久磁铁和霍尔集成电路组成。根据霍尔原理，霍尔元件中磁通量变化时会产生霍尔电压。永久磁铁安装在电动机驱动的轴上，由于转轴上磁铁的转动引起霍尔元件中磁通量的变化，从霍尔元件产生霍尔电压，再经霍尔集成电路进行放大并处理，然后取出旋钮的脉冲信号输给ECU。对于霍尔传感器，座椅位置记忆模块通过5V参考电压电路向其提供5V参考电压，并通过低电平参考电压电路向相应的座椅位置传感器提供搭铁。电动机或者拉线转动时会改变位置传感器信号电路的反馈电压。该电压的变化范围是0.25～3.75V。座椅位置记忆模块通过监视该电压信号来确定座椅的位置。当接收到记忆设置指令时，座椅位置记忆模块通过保存来自每个位置传感器的反馈电压来记录座椅的位置。随后，当接收到回忆记忆位置的指令时，座椅位置记忆模块使电动机移动，直到位置传感器反馈电压与保存在存储器中的反馈电压相等，此时座椅会恢复到原来存储的位置。

### 3.3.3 自动座椅的控制电路及工作原理

图4-34所示为自动座椅控制电路图，其中图4-34a)使用滑动电位计传感器，图4-34b)使用霍尔传感器。座椅位置记忆模块控制每个座椅定向电动机的移动。所有的座椅电动机均独立工作。每台电动机都包含一个电子断路器(PTC)，该断路器在电路过载情况下断开，而且只有在电路上没有电压后才会复位。

该电路中共有4个可移动座椅位置的双向直流电动机。它们是座椅水平调节电动机、前部垂直调节电动机、后部垂直调节电动机和倾角调节电动机。操作座椅某个调整开关时，座椅位置记忆模块接到相应的信号后，按照操作者的要求控制电动机的转动方向和调整距离。调整好所有位置后可以按下记忆1、2或3，可以存储此时的座椅位置。需要恢复至某个先前位置时，只需要按下相应的记忆按键，模块即可将座椅调整至先前的位置。记忆模块为每个座椅电动机提供软止点，模块在电动机即将达到其物理行程终点之前就会停止供电以防止电动机过载。

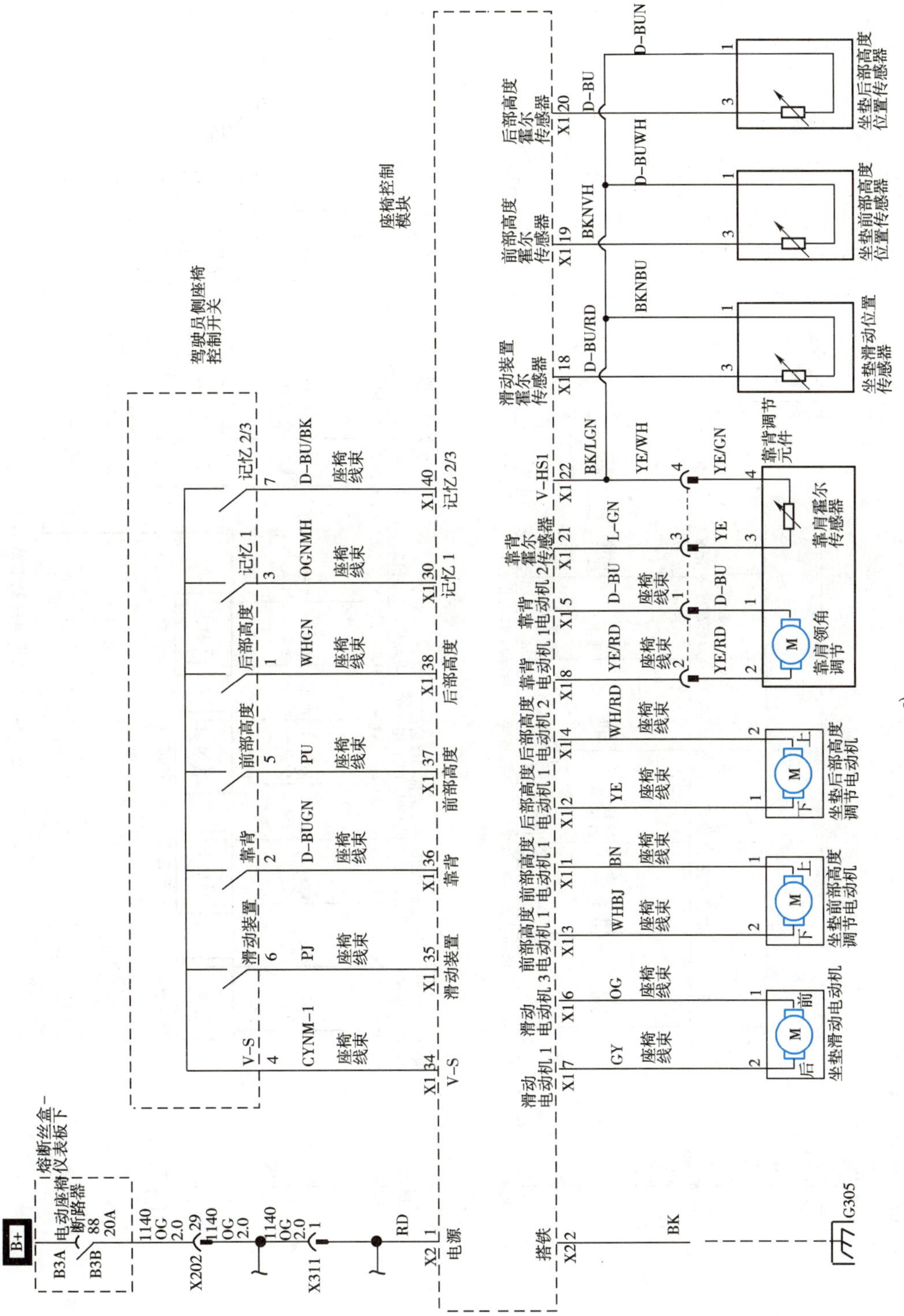
B+
B3A
B3B
电动座椅断路器
88
20A
熔断丝盒仪表板下
1140
OC
2.0
X202
29
X311
1
RD
X2 1
电源
搭铁
X2 2
BK
G305
驾驶员侧座椅控制开关
V-S
滑动装置
靠背
前部高度
后部高度
记忆 1
记忆 2/3
CYNM-1
PJ
D-BUGN
PU
WHGN
OGNMH
D-BU/BK
座椅线束
座椅控制模块
X1 34
X1 35
X1 36
X1 37
X1 38
X1 30
X1 40
滑动电动机 1
滑动电动机 3
前部高度电动机 1
后部高度电动机 1
后部高度电动机 2
靠背电动机 1
靠背电动机 2
靠背霍尔传感器
V-HS1
滑动装置霍尔传感器
前部高度霍尔传感器
后部高度霍尔传感器
GY
OG
WHBJ
BN
YE
WH/RD
YE/RD
D-BU
L-GN
YE/WH
BK/LGN
D-BU/RD
BKNBU
BKNVH
D-BUWH
D-BUN
YE/GN
坐垫滑动电动机
坐垫前部高度调节电动机
坐垫后部高度调节电动机
靠肩领角调节
靠肩霍尔传感器
靠背调节元件
坐垫滑动位置传感器
坐垫前部高度位置传感器
坐垫后部高度位置传感器
M
前
后
上
下

a)

图　4-34

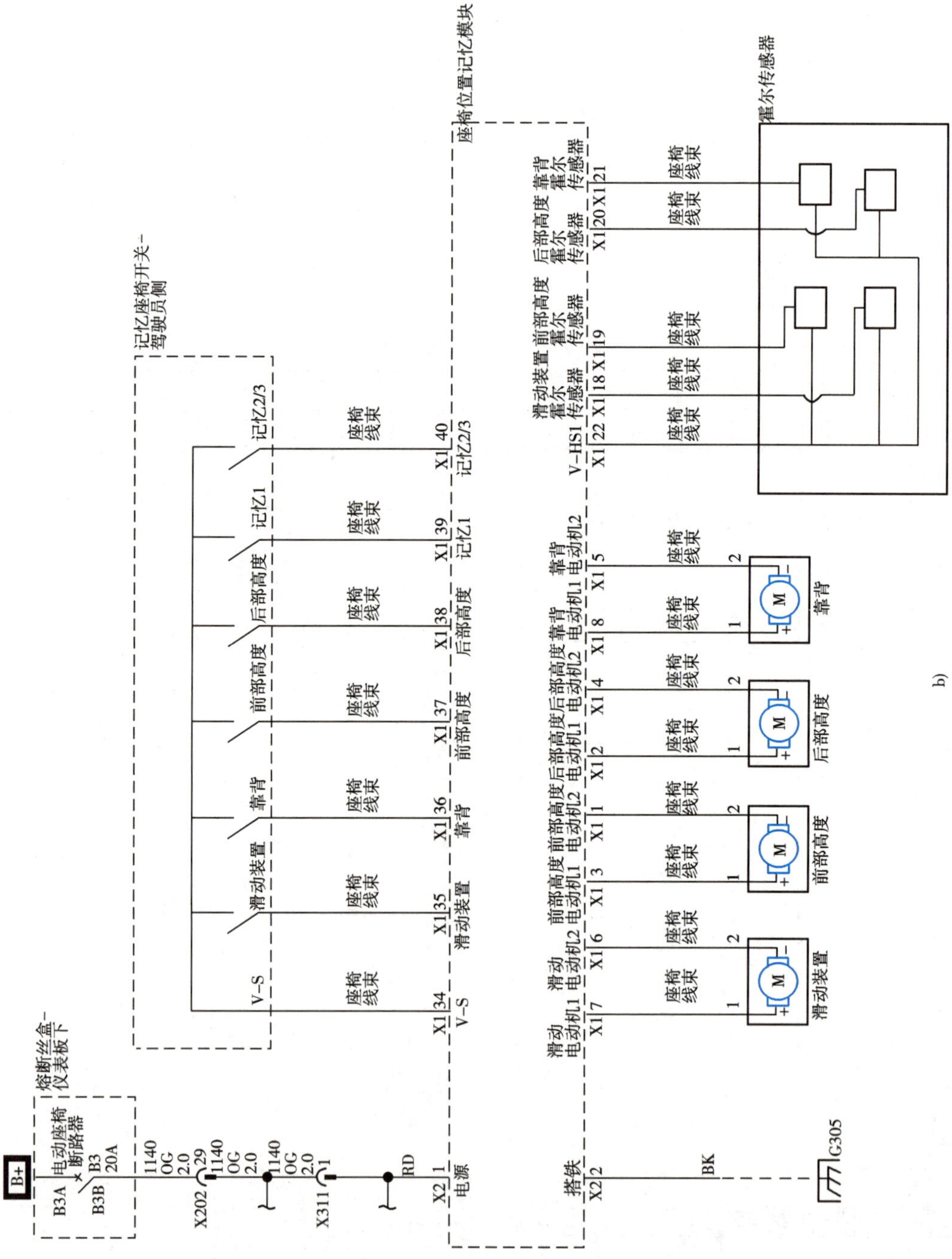


b)

图4-34 自动座椅控制电路

## 3.4　电动座椅的检修

### 3.4.1　普通电动座椅及加热系统的检测与维修

以北京现代索纳塔乘用车为例，其电动座椅的检修步骤如下。

若电动机运转但座椅不动，应首先检查座椅是否已达到极限位置。如果不是，则检查电动机与变速器和相关的传动部分是否磨损过大或卡住，必要时要进行更换。

若电动机不转，应该检查电路中是否有断路，熔断丝是否烧毁，搭铁情况是否良好。然后进行以下单件的检查。

#### 3.4.1.1　电动座椅控制开关的检查

首先拔出控制开关的插接器，然后按照表4-7检查各端子的导通情况，如果不导通要更换控制开关。图4-35所示为控制开关和连接器的端子图。

**电动座椅控制开关的检查**　　表4-7

| 开关位置 | | 端子号 | | | | | | | | | | | | | | | | |
|---|---|---|---|---|---|---|---|---|---|---|---|---|---|---|---|---|---|---|
| | | 1 | 2 | 3 | 4 | 5 | 6 | 7 | 8 | 9 | 10 | 11 | 12 | 13 | 14 | 15 | 16 | 17 |
| 滑动开关 | 前 | ○ | — | — | ○ | | | | | | | | | | | | | |
| | | | | ○ | — | — | — | — | — | — | — | — | — | — | — | — | — | ○ |
| | 后 | | ○ | ○ | | | | | | | | | | | | | | |
| | | | | | ○ | — | — | — | — | — | — | — | — | — | — | — | — | ○ |
| 前高度开关 | UP | | | | | | | | | | | ○ | — | — | — | — | — | ○ |
| | | | | | | | | | | ○ | — | — | ○ | | | | | |
| | DOWN | | | | | | | | | | | | ○ | — | — | — | — | ○ |
| | | | | | | | | | | | ○ | ○ | | | | | | |
| 后高度开关 | UP | | | | | ○ | — | — | — | — | — | — | — | — | — | — | — | ○ |
| | | | | | | | ○ | ○ | | | | | | | | | | |
| | DOWN | | | | | ○ | — | — | — | — | — | — | — | — | — | — | ○ | |
| | | | | | | | ○ | — | — | — | — | — | — | — | — | — | — | ○ |
| 靠背开关 | 前 | | | | | | | | ○ | — | — | — | — | — | — | ○ | | |
| | | | | | | | | | | | | | | | ○ | — | — | ○ |
| | 后 | | | | | | | | ○ | — | — | — | — | — | ○ | | | |
| | | | | | | | | | | | | | | | | ○ | — | ○ |

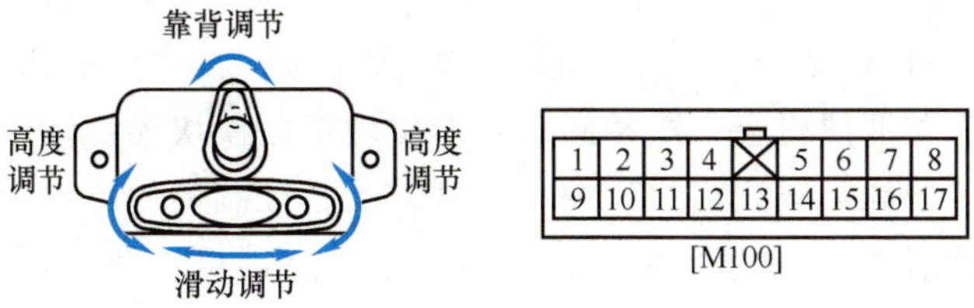


图4-35　电动座椅开关及插接器端子图

#### 3.4.1.2　电动座椅电动机的检查

电动座椅电动机检查的基本思路是，拆下电动机的插接器，用蓄电池的正负极分别接某电动机的两个端子，观察电动机的运转情况，然后颠倒正负极的接法，再观察反转的情况。需要注意的是电动机停止转动时要立刻断开电源，以免烧坏电动机。

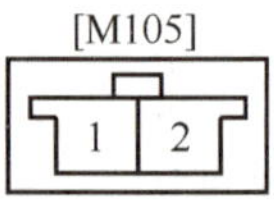

图4-36　滑动电动机插接器端子图

以滑动电动机为例说明电动机的检查方法。滑动电动机的插接器端子如图4-36所示，其检查参考表4-8。

**滑动电动机的检查**　　表4-8

| 项　目 | | 端子 1 | 端子 2 |
|---|---|---|---|
| 滑动电动机[M105] | 前 | ⊕ | ⊖ |
| | 后 | ⊖ | ⊕ |

在检查过程中，若发现电动机不转，应及时进行更换。

#### 3.4.1.3　座椅加热器的检查

座椅加热器开关插接器端子如图4-37所示，开关的检查参考表4-9，检查端子之间的导通情况，如不正常要更换加热器的开关。

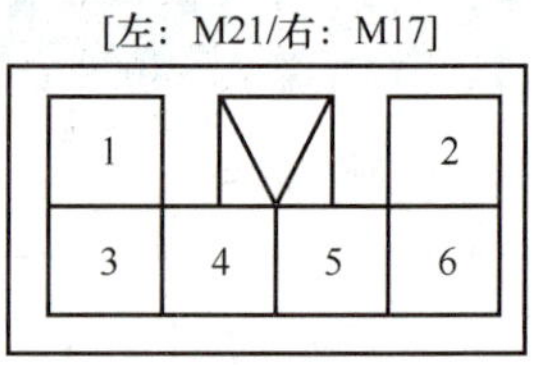

图4-37　座椅加热器开关插接器端子图

对于加热丝的检查，可以使用万用表测量相应加热丝是否烧毁，电阻是否符合要求。

**座椅加热器开关的检查**　　表4-9

| 位　置 | 端子 2 | 端子 5 | 端子 1 | 端子 4 | 端子 3 |
|---|---|---|---|---|---|
| ON | ○—Ⓦ | —○ | ○—Ⓦ | —○— | —○ |
| OFF | | | | | |

### 3.4.2　自动座椅的检修

若电动机运转而座椅不动，首先判断座椅是否已到极限位置，然后检查电动机与变速器之间的传动轴是否磨损过大或损坏，必要时应更换。

若电动机不工作，应检查电源线路、开关线路、电动机控制线路等是否断路，搭铁是否牢固，然后对开关、电动机、控制模块及传感器进行相关检查。其中开关和电动机的检查方法与上述普通座椅中相关部件检查方法相同。若需要确定是模块还是传感器故障，可以通过故障诊断仪调取相关的故障码确定故障的大致部位。若控制模块出现故障，则需要及时进行更换。若怀疑传感器故障，对于使用滑动电位计的传感器可以使用万用表对其进行进一步检测。对于霍尔传感器可以使用示波器进行相关检查，在调整座椅时，示波器应有相应的输出，若无相关输出或输出不正常，则需要更换传感器。

# 4　电动后视镜

在没有电动后视镜之前，靠驾驶员手动调整后视镜的位置通常比较麻烦，特别是乘客车门一侧的后视镜。使用电力控制系统能很方便地解决这个问题，驾驶员只需在驾驶位置上操纵电动后视镜开关，就可获得理想的后视镜位置。

## 4.1　电动后视镜的组成及结构

汽车的电动后视镜一般由镜片、驱动电动机、控制电路及操纵开关等组成。在每个后视镜镜片的背后都有两个可逆电动机，可操纵其上下及左右运动。通常垂直方向的倾斜运动由一个永磁电动机控制，水平方向的倾斜运动由另一个永磁电动机控制。后视镜的结构和典型开关分别如图4-38a）和4-38b）所示。

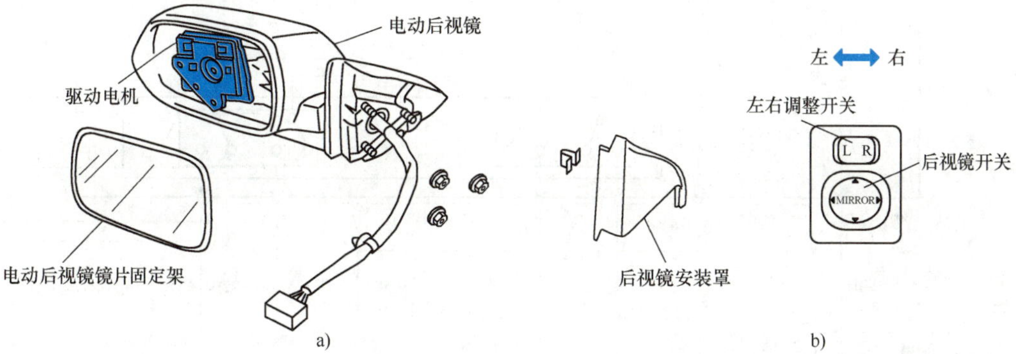


图4-38　电动后视镜的结构和控制开关示意图

## 4.2　控制电路及工作原理

下面以北京现代索纳塔乘用车和别克昂科威乘用车的电动后视镜电路为例，说明电动后视镜的控制电路的工作原理。

### 4.2.1　北京现代索纳塔乘用车电动后视镜电路

图4-39为北京现代索纳塔乘用车的双后视镜控制电路。每个后视镜都用一个独立的开关控制。操纵开关能使一个电动机单独工作，也可使两个电动机同时工作。

电路分析：首先说明，电动后视镜开关中用实线框和虚线框分别表示操作时总开关内部的联动情况。在这里我们只讨论一侧后视镜中一个电动机的工作情况。若要调节左后视镜垂直方向的倾斜程度，按下“升/降”按钮。

（1）“升”的过程。实线框“升/降”开关中的箭头开关均和“升”接通，此时电流的方向为：电源→熔断丝30→开关端子3→“升右”端子→选择开关中的“左”→端子7→左电动后视镜连接端子8→“升/降”电动机→端子6→开关端子5→升1→开关端子6→搭铁，形成回路，这时左后视镜向上倾斜。

（2）“降”的过程。实线框“升/降”开关中的箭头开关均和“降”接通，此时的电流方向为：电源→熔断丝30→开关端子3→降1→开关端子5→左电动后视镜连接端子6→“升/降”

电动机→左电动后视镜连接端子 8→开关端子 7→选择开关中的“左”→“降左”端子→开关端子6→搭铁，形成回路，此时后视镜向相反的方向倾斜。

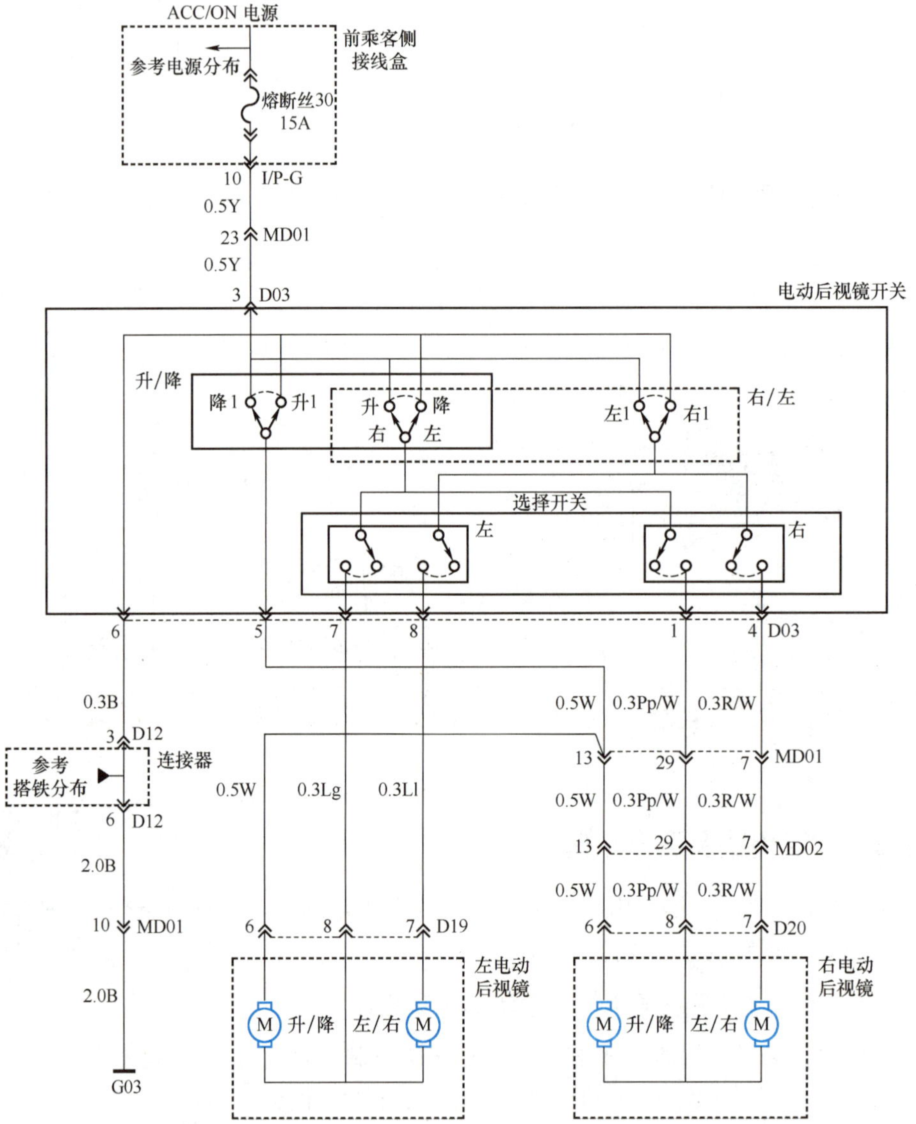


图 4-39　北京现代索纳塔乘用车电动后视镜电路

电动后视镜的左右运动的电路分析与此类似，此处不再赘述。

### 4.2.2　别克昂科威乘用车电动后视镜控制电路

如图 4-40 所示为别克昂科威电动后视镜的控制电路，该车型后视镜由折叠电动机、左右调节电动机、上下调节电动机、后视镜加热丝组成，开关中包含折叠控制开关、左右调整开关及方向调节开关。折叠电动机的控制开关先将信息给内部的逻辑控制模块后，由控制模块控制电动机的旋转。而方向调整电动机的工作直接受开关的控制，电路工作原理与前述基本一致，此处不再赘述。

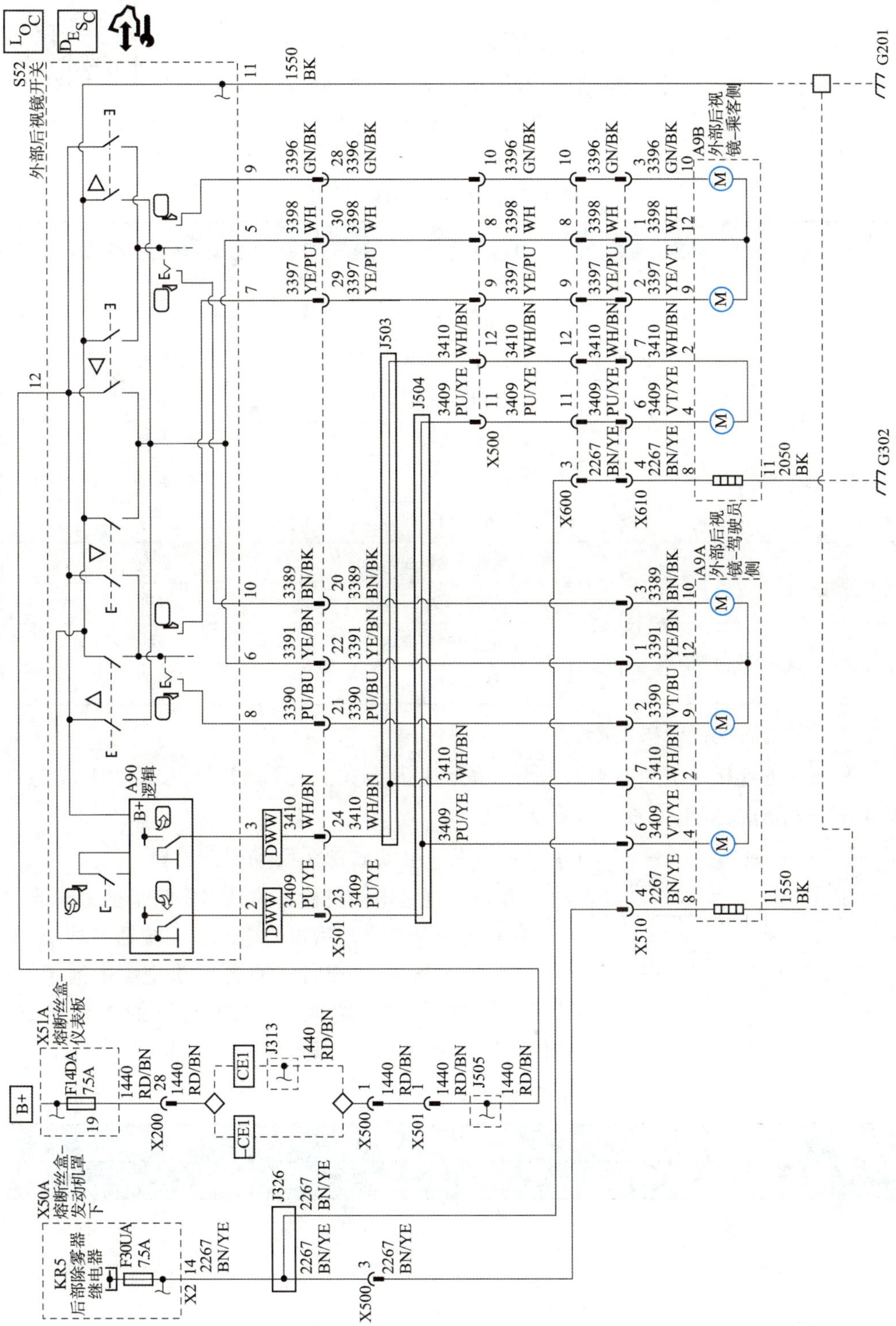


图 4-40　别克昂科威电动后视镜电路

## 4.3 电动后视镜的检修

以北京现代索纳塔乘用车电动后视镜为例，当电动后视镜出现故障时，首先检查熔断丝、电路连接和搭铁情况，若仍不能排除故障，则应检查开关和电动机是否良好。出现故障时，要结合电路按上述的检查顺序和表4-10来分析故障的原因并找出解决方法。

**电动后视镜故障诊断表** 表4-10

| 故障现象 | 故障原因 | 故障排除方法 |
|---|---|---|
| 电动后视镜均不能动 | 熔断丝熔断 | 检查确认熔断丝后更换 |
| | 搭铁不良 | 修理 |
| | 后视镜开关损坏 | 更换 |
| | 后视镜电动机损坏 | 更换 |
| 一侧电动后视镜不能动 | 后视镜开关损坏 | 更换 |
| | 电动机损坏 | 更换 |
| | 搭铁不良 | 修理 |
| 一侧电动后视镜上下方向不能动 | 上下调整电动机损坏 | 更换 |
| | 搭铁不良 | 修理 |
| 一侧电动后视镜左右方向不能动 | 左右调整电动机损坏 | 更换 |
| | 搭铁不良 | 修理 |

### 4.3.1 电动后视镜开关的检查

电动后视镜的连接端子如图4-41所示，检查时，从开关上拔下插接器，按照表4-11检查各个端子的导通情况，如不导通，要更换开关。

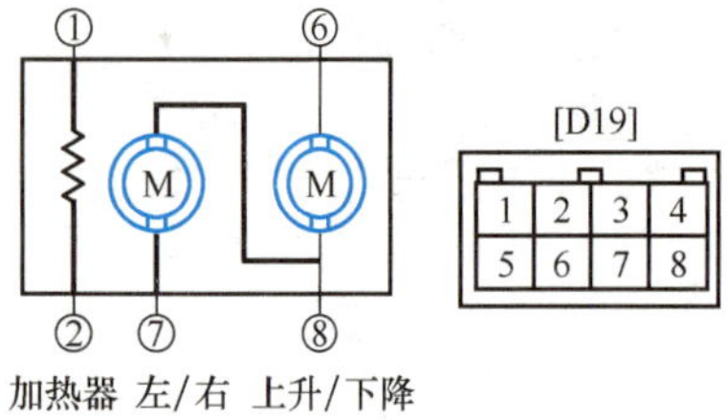


图4-41 电动后视镜电动机的连接器端子

### 4.3.2 电动后视镜电动机的检查

电动后视镜电动机检查的基本思路是把蓄电池的正、负极分别接至电动后视镜电动机连接器各端子，端子如图4-41所示，检查时按照表4-12把蓄电池正、负极分别接在各端子之间，检查电动机的工作情况。图4-42为接线及检查示意图。

**电动后视镜开关总成的检查** 表4-11

| 后视镜 | 动作 | 端子号 1 | 2 | 3 | 4 | 5 | 6 | 7 | 8 |
|---|---|---|---|---|---|---|---|---|---|
| 左 | UP | | | | | ○ | ○ | | |
| | | | | ○ | | | | ○ | ○ |
| | DOWN | | | | | | ○ | ○ | ○ |
| | | | | ○ | | ○ | | | |

续上表

| 后视镜 | 动　作 | 端子号 | | | | | | | |
|---|---|---|---|---|---|---|---|---|---|
| | | 1 | 2 | 3 | 4 | 5 | 6 | 7 | 8 |
| 左 | OFF | | | ○ | — | ○ | — | ○ | ○ |
| | LEFT | | | | | ○ | ○ | ○ | |
| | | | | ○ | — | — | — | — | ○ |
| | RIGHT | | | | | | ○ | — | ○ |
| | | | | ○ | — | ○ | — | ○ | |
| 右 | UP | | | | | ○ | ○ | | |
| | | ○ | — | ○ | ○ | | | | |
| | DOWN | ○ | — | — | ○ | — | ○ | | |
| | | | | ○ | — | ○ | | | |
| | OFF | ○ | — | ○ | ○ | ○ | | | |
| | LEFT | ○ | — | — | — | ○ | ○ | | |
| | | | | ○ | ○ | | | | |
| | RIGHT | | | | ○ | — | ○ | | |
| | | ○ | — | ○ | — | ○ | | | |

**电动后视镜电动机的检查**　　　　表 4-12

| 位　置 | 端子 | | |
|---|---|---|---|
| | 6 | 7 | 8 |
| UP | − | + | + |
| DOWN | + | − | − |
| LEFT | − | + | − |
| RIGHT | + | − | + |

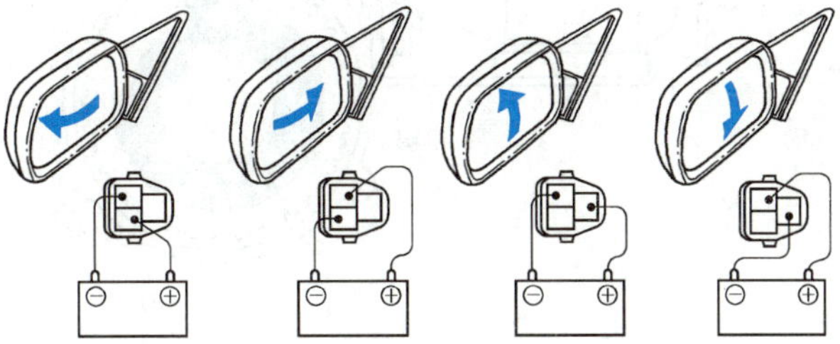

图 4-42　电动后视镜电动机的检查示意图

# 5 风窗刮水器及洗涤装置

## 5.1 风窗刮水器

### 5.1.1 风窗刮水器的组成和工作原理

#### 5.1.1.1 刮水器的组成

如图4-43所示，电动刮水器主要由直流电动机、蜗轮箱、曲柄、连杆、摆杆、摆臂和刮水片等组成。一般电动机和蜗杆箱结合成一体组成刮水器电动机总成。曲柄、连杆和摆杆等杆件可以把蜗轮的旋转运动转变为摆臂的往复摆动，使摆臂上的刮水片实现刮水动作。

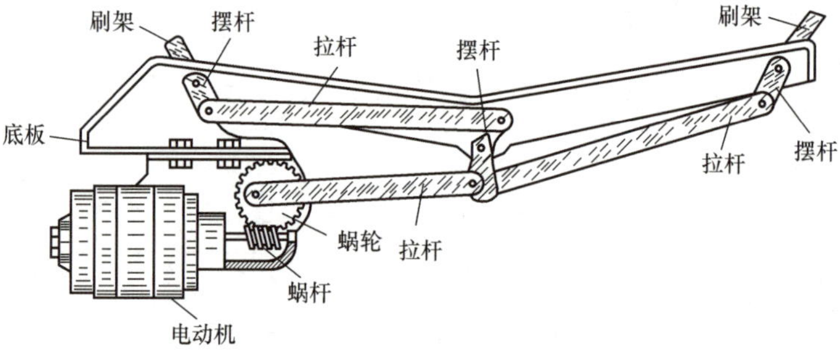


图4-43 刮水器的组成

#### 5.1.1.2 刮水电动机的结构和工作原理

一般刮水电动机有绕线式和永磁式两种。绕线式刮水电动机的磁极绕有励磁绕组，通电流时产生磁场，而永磁式刮水电动机的磁极用永久磁铁制成。

永磁式电动机体积小、质量轻、结构简单，使用广泛。

永磁式刮水电动机的结构如图4-44所示，主要由外壳、磁铁总成、电枢、电刷安装板及复位开关、输出齿轮及蜗轮、输出臂等组成，通电时电枢转动，经蜗轮和输出齿轮及输出轴后，把动力传给输出臂。

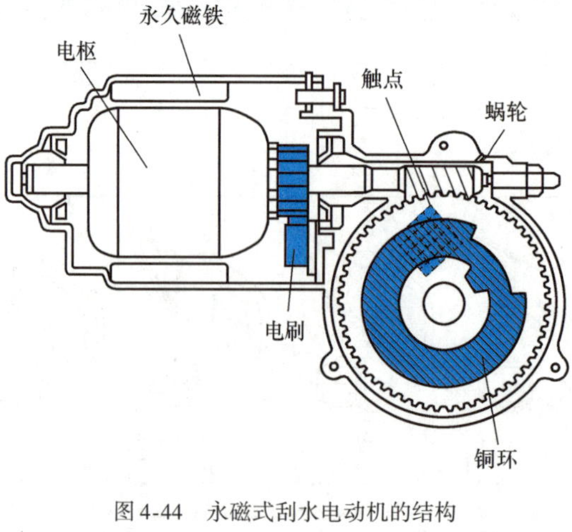


图4-44 永磁式刮水电动机的结构

为了满足实际使用的需要，刮水电动机有低速刮水和高速刮水两个挡位，且在任意时刻刮水结束后刮水片应能自动回到风窗玻璃最下端。下面分别就这两个问题进行讨论。

(1)绕线式刮水电动机的变速原理。绕线式刮水电动机可通过改变磁场强度来实现变速。改变磁场强度可以通过改变励磁电路中电流的大小来实现。实际使用的绕线刮水器的开关控制励磁电路中电阻的大小来变化其转速，此处不进行理论分析。

(2)永磁式刮水电动机的变速原理。永磁式刮水电动机是利用三个电刷来改变正、负电刷之间串联线圈的个数实现变速的，如图4-45所示。其原理是：刮水电动机工作时，在电枢内同时产生反电势，其方向与电枢电流的方向相反。如要使电枢旋转，外加电压必须克服反电势的作用。当电动机转速升高时，反电势增高，只有当外加电压等于反电势时，电枢的转速才能稳定。

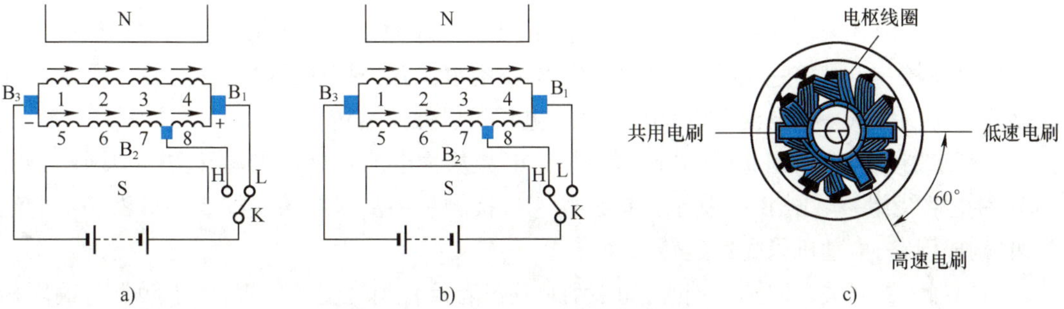


图4-45 永磁式刮水电动机的变速原理

a)低速旋转；b)高速旋转；c)电刷的布置

三刷永磁式刮水电动机工作时，电枢绕组产生的反电势的方向如图4-45中箭头所示。当将刮水器开关K拨向L(低速)时，如图4-45a)所示，电源电压$U$加在电刷$B_1$和$B_3$之间。在电刷$B_1$和$B_3$之间的两条并联支路中，每条支路中各有4个串联绕组，反电势的大小与支路中反电势的大小相等。由于外加电压需要平衡4个绕组所产生的反电势，故电动机转速较低。

当将刮水器开关K拨向H(高速)时，如图4-45b)所示，电源电压$U$加在电刷$B_2$和$B_3$之间。绕组1、2、3、4、8同在一条支路中，其中绕组8与绕组1、2、3、4的反电势方向相反，相互抵消后，使每条支路变为3个绕组。由于电动机内部的磁场方向和电枢的旋转方向没有变化，所以各绕组内反电势的方向与低速时相同。但是，外加电压只需平衡3个绕组所产生的反电势，故电动机的转速增高。

5.1.1.3 刮水电动机的控制电路及自动复位原理

图4-46所示为铜环式刮水器的控制电路，此电路具有自动复位的功能。下面分析其工作过程。

刮水器的开关有三个挡位，它可以控制刮水器的速度和自动复位。四个接线柱分别接复位装置、电动机低速电刷、搭铁、电动机高速电刷。0挡为复位挡，Ⅰ挡为低速挡，Ⅱ挡为高速挡。复位装置在减速蜗轮(由塑料或尼龙材料制成)上，嵌有铜环。此铜环分为两部分，其中一部分铜环与电动机外壳相连(为搭铁)。触点臂用磷铜片或其他弹性材料制成，其一端分别铆有两个触点。由于触点臂具有一定的弹性，因此在蜗轮转动时，触点与蜗轮的端面和铜滑环保持接触。

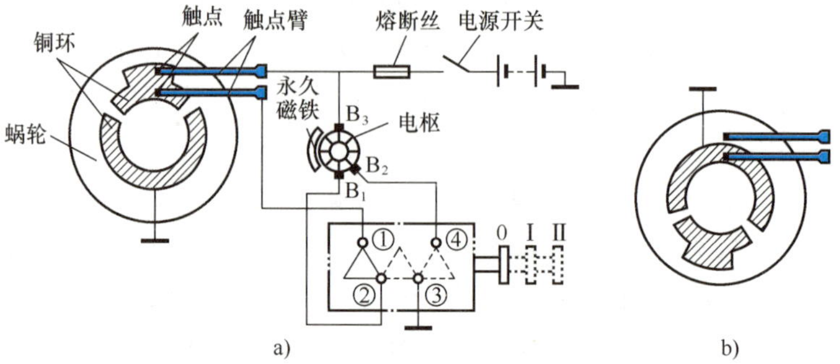


图 4-46　铜环刮水器自动复位置装置

当接通电源开关，并把刮水器开关拉出到Ⅰ挡(低速)位置时，电流从蓄电池正极→电源开关→熔断丝→电刷 $B_3$→电枢绕组→电刷 $B_1$→刮水器开关接线柱②→接触片→刮水器开关接线柱③→搭铁→蓄电池负极，构成回路，电动机以低速运转。

把刮水器开关拉出到Ⅱ挡(高速)位置时，电流从蓄电池正极→电源开关→熔断丝→电刷 $B_3$→电枢绕组→电刷 $B_2$→刮水器接线柱④→接触片→刮水器接线柱③→搭铁→蓄电池负极，构成回路，电动机以高速运转。

当把刮水器开关退回到0挡时，如果刮水片没有停止到规定的位置，由于触点与铜环相接触，如图 4-46b)所示，则电流继续流入电枢，其电路为蓄电池正极→电源开关→熔断丝→电刷 $B_3$→电枢绕组→电刷 $B_1$→接线柱②→接触片→接线柱①→触点臂→铜环→搭铁→蓄电池的负极。由此可以看出，电动机仍以低速运转，直至蜗轮旋转到图 4-46a)所示的特定位置，电路中断。由于电枢的运动惯性，电动机不能立即停止转动，此时电动机以发电动机方式运行。因此电枢绕组通过触点臂与铜环接通而短路，电枢绕组将产生强大制动力矩，电动机迅速停止运转，使刮水片复位到风窗玻璃的下部。

图 4-47 所示为一种凸轮式刮水器自动复位装置，其控制原理主要是由与蜗轮联动的凸轮驱动复位开关动作来实现的。

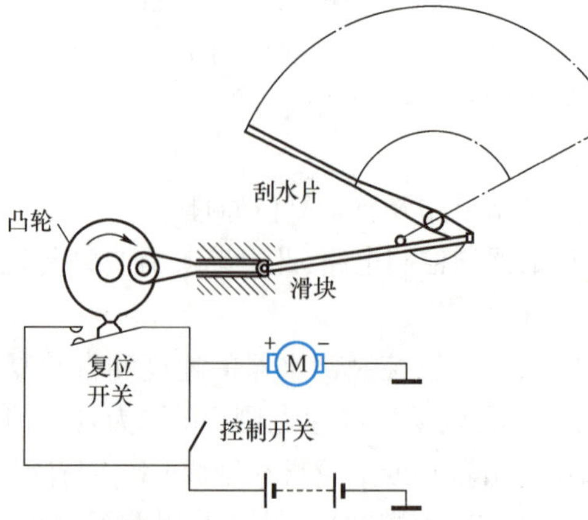


图 4-47　凸轮式刮水器自动复位装置

## 5.1.2　间歇刮水

现代汽车刮水器上都加装了电子间歇控制系统，使刮水器能按照一定的周期停止和刮水，这样汽车在小雨或雾天中行驶时，玻璃上不至于形成发黏的表面，从而使驾驶员获得更好的视线。

汽车刮水器的间歇控制电路有多种形式，按照间歇时间是否可调分为可调节型和不可调节型。下面介绍几种常见的控制电路。

### 5.1.2.1　不可调节间歇控制电路

刮水器的间歇控制一般是利用自动复位装置和电子振荡电路或集成电路实现的。

图4-48所示为同步间歇刮水器内部控制电路。当刮水器开关置于间歇挡位置（开关处于0位，且间歇开关闭合）时，电源将通过自动复位开关向电容器C充电，其电路为：蓄电池正极→电源开关→熔断丝→自动复位开关常闭触点（上）→电阻$R_1$→电容器C→搭铁→蓄电池负极。随着充电时间的增长，电容器两端的电压逐渐升高。当电容器C两端的电压升高到一定值时，晶体管$T_1$和$T_2$先后相继由截止转为导通，从而接通继电器磁化线圈的电路，其电路为：蓄电池正极→电源开关→熔断丝→电阻$R_5$→晶体管$T_2$（e→c）→继电器磁化线圈→间歇刮水器开关→搭铁→蓄电池负极。在电磁吸力的作用下，继电器常闭（动断）触点打开，常开（动合）触点闭合，从而接通了刮水电动机的电路，其电路为：蓄电池正极→电源开关→熔断丝→$B_3$→$B_1$→刮水继电器常开触点→搭铁→蓄电池负极。此时电动机将低速旋转。

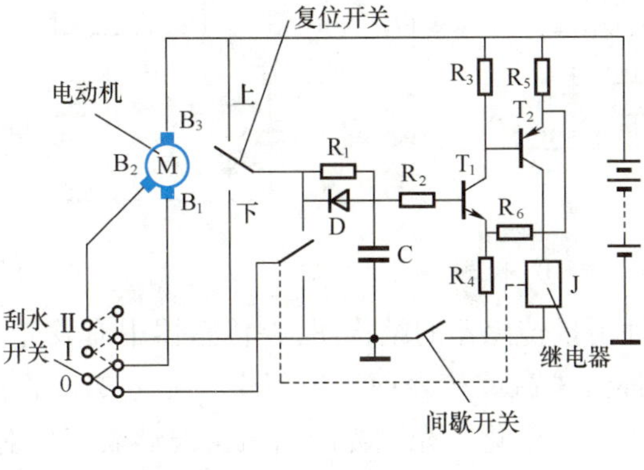


图4-48　同步间歇刮水器内部电路

当复位装置将自动复位开关的常开触点（下）接通时，电容器C通过二极管D、自动复位装置常开触点迅速放电，此时刮水电动机的通电回路不变，电动机继续转动。随着放电时间的增长，晶体管$T_1$基极的电位逐渐降低。当晶体管$T_1$基极的电位降低到一定值时，$T_1$和$T_2$由导通转为截止，从而切断了继电器磁化线圈的电路，继电器复位，常开触点打开，常闭触点闭合。此时由于自动复位开关的常开触点处于闭合状态，电动机仍将继续转动，其电路为：蓄电池正极→电源开关→熔断丝→$B_3$→$B_1$→继电器常闭触点→复位开关的常开触点→搭铁→蓄电池负极。只有当刮水片回到原位（不影响驾驶员视线位置），自动复位开关的常开触点打开，常闭触点闭合时，电动机方能停止转动。继而电源将再次向电容器C充电，重复以上过程。如此反复，实现刮水片的间歇动作，其间歇时间的长短取决于$R_1$、C电路充电时间的常数的大小。

5.1.2.2 可调式间歇控制电路

所谓可调式间歇控制电路是指刮水器的控制电路根据雨量大小自动开闭，并自动调节间歇时间。图4-49所示为刮水自动开关与调速控制电路。电路中$S_1$、$S_2$和$S_3$是安装在风窗玻璃上的流量检测电极，雨水落在两检测电极之间，使其阻值减小，水流量越大，其阻值越小。

$S_1$与$S_3$之间的距离较近(约2.5cm)，因此，晶体管$T_1$首先导通，继电器$J_1$通电，在电磁吸力的作用下，P点闭合，刮水电动机低速旋转。当雨量增大时，$S_1$与$S_2$之间的电阻减小到使晶体管$T_2$也导通，于是继电器$J_2$通电，在电磁吸力的作用下，A点断开，B点接通，刮水电动机转为高速旋转。雨停时，检测电阻之间的阻值均增大，晶体管$T_1$、$T_2$截止，继电器复位，刮水电动机自动停止工作。

图4-50所示为刮水器电子调速器电路，该调速器可根据雨量的大小或雾天的实际情况，自动调节刮水片的摆动速度，使风窗玻璃的清晰度提高，且能自动接通或关闭刮水器以达到无级调速的目的。其中，传感器M是用镀铜板(尺寸为6.5cm×6.5cm)制成的两个间隔很近但互不相通的电极。

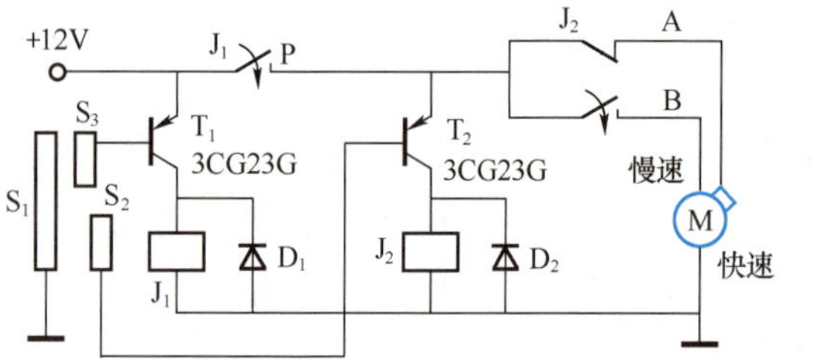


图4-49 刮水自动开关与调速控制电路

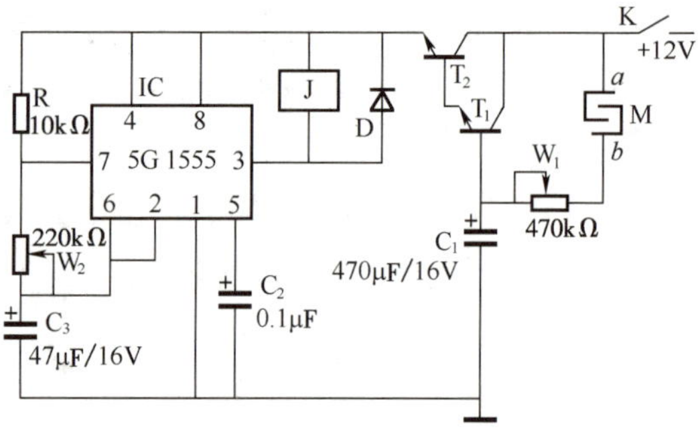


图4-50 刮水器电子调速器电路

图4-51所示是一种雨量传感器的结构图，在传感器中有发光二极管发射光束。风窗玻璃干燥时，整个光束都由风窗玻璃表面反射回来。光电二极管接收全部光线。风窗玻璃潮湿时，光线折射角度发生变化。光量光线由风窗玻璃表面反射到光电二极管内，光电二极管产生的电压信号发生变化。此信号将输入给控制电脑，由电脑自动控制雨刮器的动作。

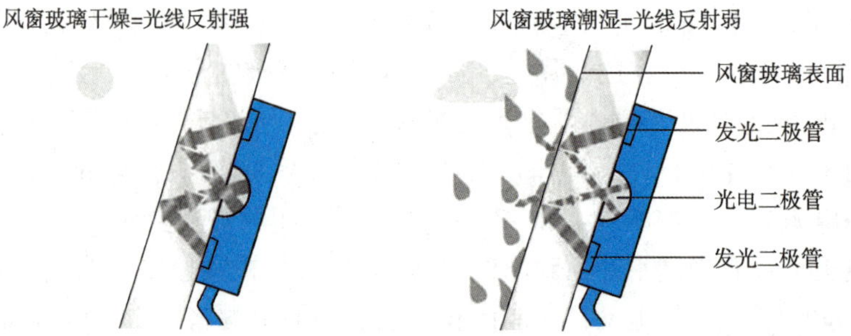


图4-51 雨量传感器

### 5.1.3 齿条传动式刮水器

图4-52为新型柔性齿条传动刮水器,这种刮水器与一般拉杆传动式刮水器相比,具有体积小、噪声低等优点,而且可将刮水电动机总成安装在空间较大的地方,便于维修。

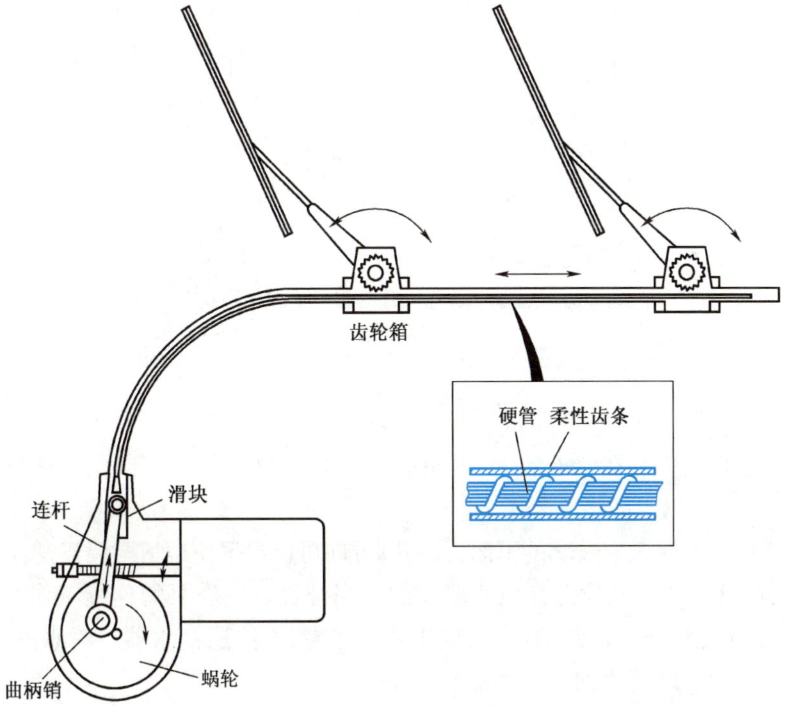


图4-52 柔性齿条刮水器

电动机驱动的涡轮轴上有一个曲柄销,它驱动连杆机构,而连杆和一个装在硬管里的柔性齿条连接,因此,在连杆运转时,齿条则会作往复运动,齿条的往复运动带动齿轮箱中的小齿轮往复运动,从而驱动刮水片往复摆动。

**相关链接**

目前一些轿车上的风窗刮水器使用了雨量传感器。它们的间歇控制电路通过车上的信息和时间控制系统(ETACS控制模块)来控制间歇时间,如别克林荫大道、新君威等。还有部分车型的风窗刮水控制除通过传感器获得雨量信息外,还通过车载网络系统获取车速信息,综合雨量和车速不同自动调整风窗刮水的间歇时间

## 5.2 风窗玻璃洗涤装置

风窗玻璃洗涤装置与刮水器配合使用,可以使汽车风窗刮水器更好地完成刮水工作,并获得更好的刮水效果。

### 5.2.1 风窗玻璃洗涤装置的组成

风窗玻璃洗涤装置的组成如图4-53所示,它主要由储液罐、洗涤泵、输液管、喷嘴等组成。洗涤泵一般有永磁直流电动机和离心叶片泵组装成为一体,喷射压力可达70~88kPa。

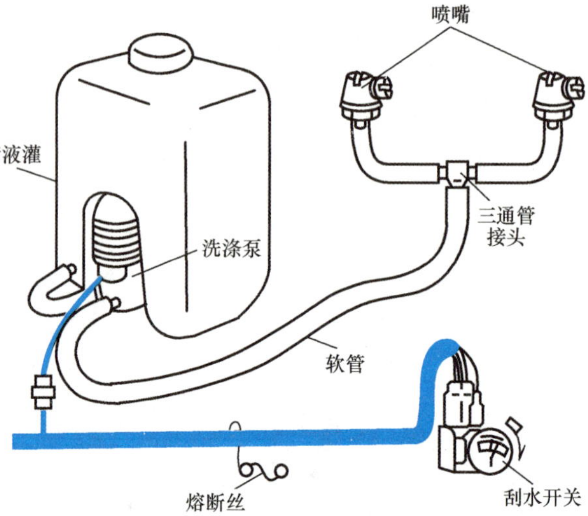


图 4-53 风窗玻璃洗涤装置

洗涤泵一般直接安装在储液罐上，但也有安装在管路内的。在洗涤泵的进口处设置有滤清器。

洗涤泵喷嘴安装在风窗玻璃的下面，其喷嘴方向可以根据使用情况调整，喷水直径一般为 0.8 ~ 1.0mm，能够使洗涤液喷射在风窗玻璃的适当位置。洗涤泵的连续工作时间不应超过 1min，对于刮水和洗涤分别控制的汽车，应先开洗涤泵，再接通刮水器。喷水停止后，刮水器应继续刮动 3 ~ 5 次，以便达到良好的清洁效果。

常用的洗涤液是硬度不超过 $205 \times 10^{-6}$ 的清水。为了能刮掉风窗玻璃上的油、蜡等物，可在水中添加少量的去垢剂和防锈剂。强效洗涤液的去垢效果好，但会使风窗密封条和刮片胶条变质，还会引起车身喷漆变色以及储液罐、喷嘴等塑料件的开裂。冬季使用洗涤器时，为了防止洗涤液的冻结，应添加甲醇、异丙醇、甘醇等防冻剂，再加少量的去垢剂和防锈剂，即成为低温洗涤液，可使凝固温度下降到 -20℃ 以下。如冬季不用洗涤器时，应将洗涤管中的水倒掉。

### 5.2.2 风窗玻璃洗涤装置的控制电路

风窗玻璃洗涤装置的控制电路结合下面的刮水器电路共同分析，此处不做单独分析。

## 5.3 风窗玻璃刮水器电路举例

### 5.3.1 迈腾轿车刮水器电路

图 4-54 所示为迈腾 B7L 轿车刮水器电路，该车型刮水器控制开关有复位停止挡、间歇挡、低速挡、高速挡和点动挡。间歇挡的时间可以调整。

操作该刮水器工作时，刮水器相关的开关信号输入至 J519 车载电网控制单元中，由 J519 通过 LIN 总线控制刮水器电动机的相关动作。此外，雨量传感器可以将信号通过 LIN 线送至 J519，电脑根据雨量和车速情况调节刮水器电动机的速度。刮水器电动机的速度控制是由 J400 刮水器控制单元调节的。

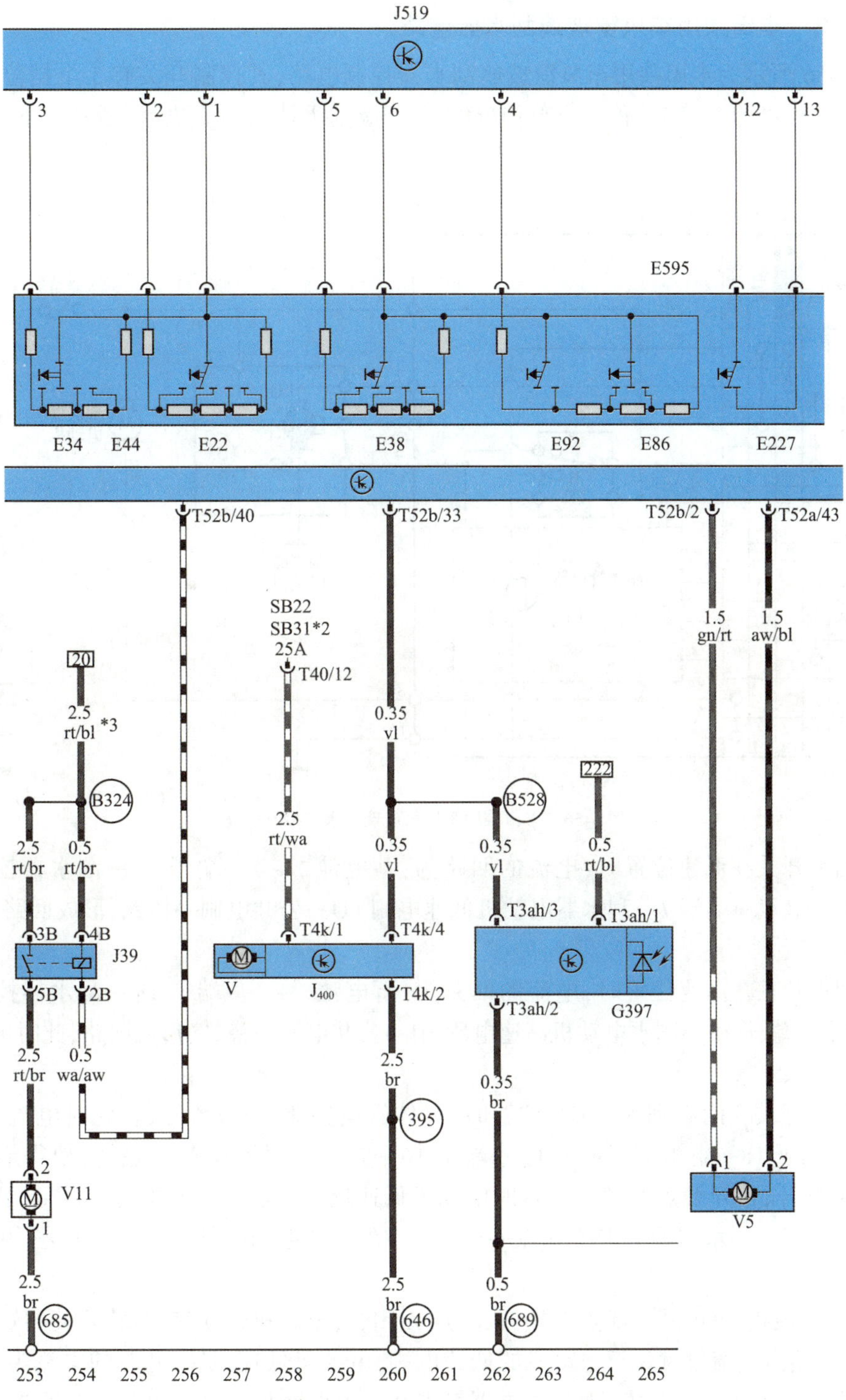


图 4-54　迈腾 B7L 风窗刮水器控制电路

E22-间歇式刮水器控制开关;E34-后窗玻璃刮水器开关;E38-间歇调节开关;E44-车窗玻璃洗地泵开关;G397-雨水和光照强度传感器;$J_{400}$-刮水器电动机控制单元;V-车窗玻璃刮水器电动机;V5-车窗玻璃清洗泵电动机;J519-车载电网控制单元

### 5.3.2 丰田乘用车风窗玻璃刮水器电路

图4-56所示为丰田乘用车风窗玻璃刮水器控制电路，其控制开关有5个挡位，分别是低速挡(LO)、高速挡(HI)、停止复位挡(OFF)、间歇刮水挡(INT)和喷洗器挡。下面分析其工作过程。

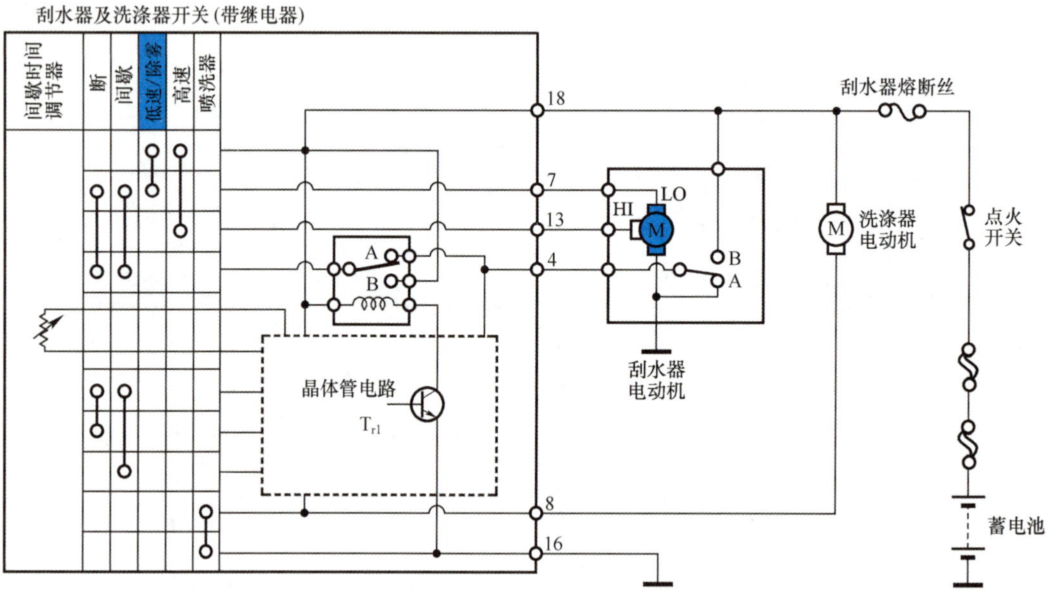


图4-56 丰田乘用车风窗玻璃刮水器控制电路

当刮水开关在低速位置时，电流的回路为：蓄电池“+”→端子18→刮水器控制开关LOW/MIST触点→端子7→刮水器电动机低速电刷LO→公共电刷→搭铁，形成回路，此时电动机低速运行。

当刮水开关在高速位置时，电流的回路为：蓄电池“+”→端子18→刮水器控制开关HIGH触点→端子13→刮水电动机高速电刷HI→公共电刷→搭铁，形成回路，此时电动机高速运转。

当刮水开关在间歇刮水(INT)位置时，晶体管电路$T_{r1}$先短暂导通，此时电流为：蓄电池“+”→端子18→继电器线圈→$T_{r1}$→端子16→搭铁。线圈中产生磁场，使得继电器常闭触点A打开，常开触点B关闭。这时电动机低速运转，电路为：蓄电池“+”→端子18→继电器触点B→刮水器开关INT触点→端子7→刮水器电动机低速电刷LO→公共电刷→搭铁。

然后$T_{r1}$截止，继电器的触点B断开，触点A闭合，电动机转动时，凸轮开关的触点A断开，B闭合，所以电流继续流至电动机的低速电刷，电动机低速运转，此时的电流为：蓄电池“+”→凸轮开关触点B→端子4→继电器触点A→刮水器开关INT触点→端子7→刮水器电动机低速电刷LO→公共电刷→搭铁。当刮水器转至停止位置时，凸轮开关B断开，A接通，电动机停止运转。

刮水电动机停止运转一段时间以后，晶体管电路$T_{r1}$再次短暂导通，刮水器重复间歇动作,其间歇时间调节器可以调节间歇时间的长短。

喷洗器开关接通时,在喷洗器电动机运转时,晶体管电路 $T_{r1}$ 在预定的时间内接通,使刮水器低速运转 1 ~2 次。喷洗泵的电路为:蓄电池“ + ”→喷洗器电动机→端子 8→喷洗器开关端子→端子 16→搭铁。刮水器的电路为:蓄电池“ + ”→端子 18→继电器触点 B→刮水器开关 INT 触点→端子 7→刮水器电动机低速电刷 LO→公共电刷→搭铁。这样可以边喷洗边间歇刮水。

### 5.3.3 别克新君威刮水器电路

图 4-57a)、b)所示为刮水器控制电路,图 4-57c)所示为刮水器控制开关。该系统由前后风窗刮水电动机总成、继电器、雨量传感器、组合控制开关、玻璃清洗泵等组成。风窗刮水器控制开关有高速、低速、间歇、点动等挡位。其中间歇挡可以通过控制开关的旋钮进行间歇时间调整。开关内部有 6 个电阻,在不同间歇位置时送给车身控制模块的信号电压不同,由车身控制模块控制刮水继电器的通电时间,从而控制间歇刮水时间。雨量传感器通过 LIN 线将雨量信息送给车身控制模块,同时车身控制模块也会结全车速信息对刮水速度进行调整。该电路的控制方法与上述两个电路不同,但风窗刮水器电动机的工作情况基本相同,在此不予赘述。

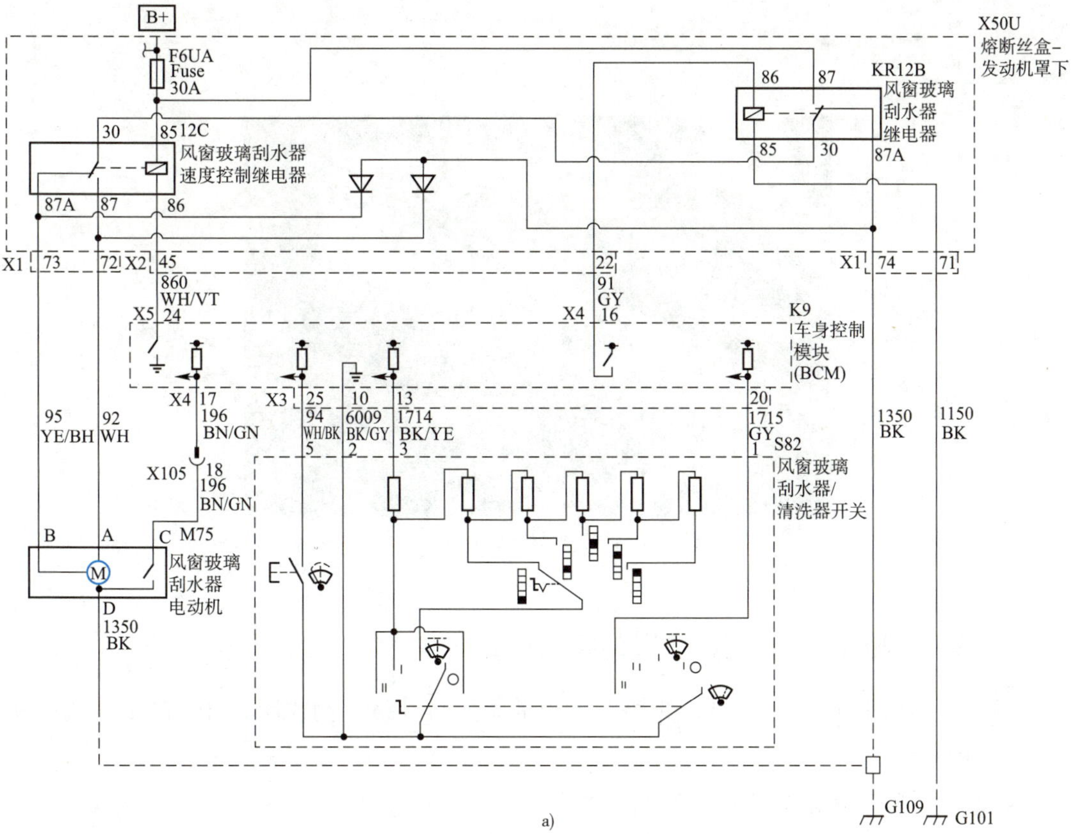


a)

图 4-57

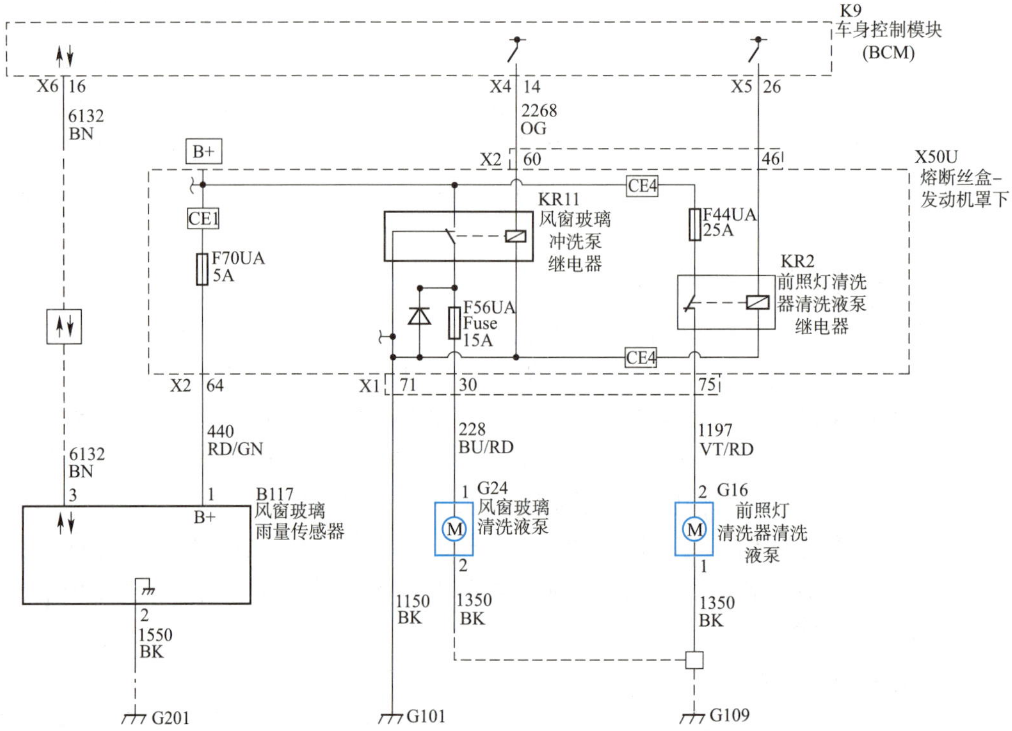

b)

c)

图 4-57　别克新君威刮水器电路及控制开关

## 5.4　风窗玻璃刮水器/洗涤装置的检查与维修

下面以丰田乘用车为例，分别介绍一下刮水器控制电路、刮水器电动机、刮水和洗涤开关的检查方法。

### 5.4.1　刮水器和洗涤器开关的检查

#### 5.4.1.1　检查端子间是否导通

图 4-58 所示为刮水器和喷洗器开关及插接器端子图，检查时应按照表 4-13 的标准进

行。若检查结果不符合标准，应及时予以更换。

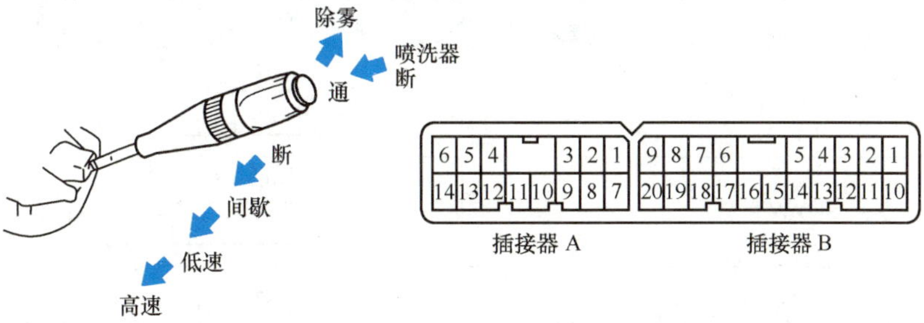


图 4-58 刮水器和喷洗器开关及插接器端子图

**刮水器开关端子的检查** 表 4-13

| 开关位置 | | 端子(颜色) | | | | | |
|---|---|---|---|---|---|---|---|
| | | 8-4 (L-R) | B-7 (L-B) | B-13 (L-O) | B-18 (L-W) | B-8 (L) | B-16 (B) |
| 刮水器 | MIST(除雾) | | ○ | | ○ | | |
| | OFF(断) | ○ | ○ | | | | |
| | INT(间歇) | ○ | ○ | | | | |
| | LO(低速) | | ○ | | ○ | | |
| | HI(高速) | | | ○ | ○ | | |
| 喷洗器 | OFF(断) | | | | | | |
| | ON(通) | | | | | ○ | ○ |

5.4.1.2 检查间歇性动作

在这里指检查刮水器开关内继电器的间歇动作。具体步骤如下：

(1)将刮水器的开关旋至 INT 位置。

(2)将间歇时间控制开关旋至 FAST 位置。

(3)将蓄电池的正极和端子 18 相连，负极和端子 16 相连，如图 4-59a)所示。

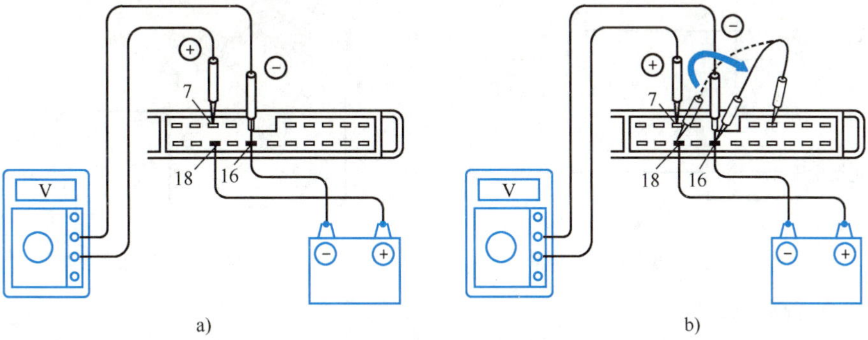


图 4-59 间歇性检查方法

(4)将电压表正极和端子 7 相连，负极和端子 16 相连，检查电压表显示的电压是否等于蓄电池电压。

(5)将端子 4 与端子 18 连接后再和端子 16 相连，如图 4-59b)所示，然后对照表 4-14，在所列的时间内，电压应从 0V 上升至蓄电池电压。

间歇性检查标准　　表4-14

| 间歇时间控制开关位置 | 电　压 |
|---|---|
| FAST(快速) | 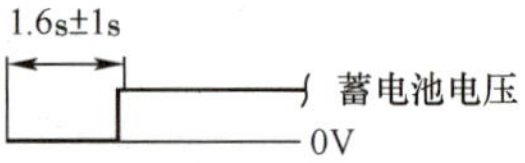 1.6s±1s 蓄电池电压 0V |
| SLOW(慢速) | 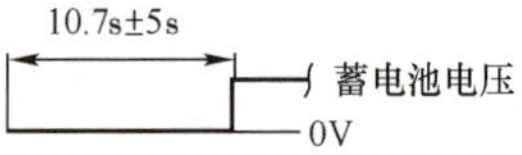 10.7s±5s 蓄电池电压 0V |
| Non－Variable(不可变型) | 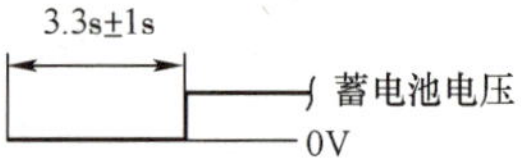 3.3s±1s 蓄电池电压 0V |

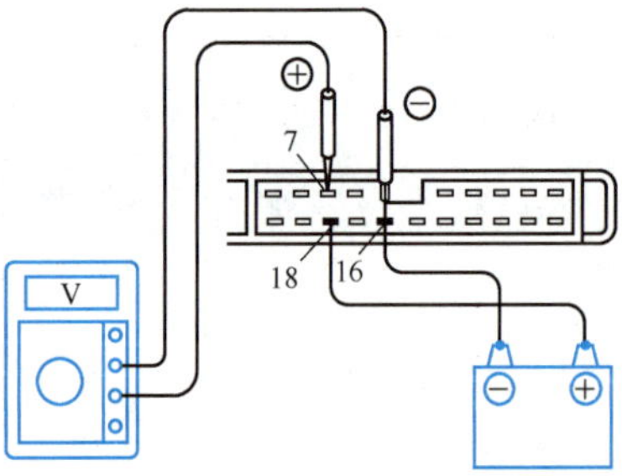


图4-60　洗涤器联动检查

5.4.1.3　检查洗涤器联动开关

具体步骤如图4-60所示。

(1)将蓄电池的正极和端子18相连,负极和端子16相连。

(2)将电压表正极和端子7相连,负极和端子16相连。

(3)推入洗涤器开关,检查电压是否按照图4-61的标准进行工作。

## 5.4.2　刮水器电动机的检查

5.4.2.1　低速检查

具体检查步骤如下:

(1)拆下刮水器电动机的插接器。

(2)如图4-62所示,把蓄电池"＋"极和"－"分别接在2号端子和搭铁端,此时观察电动机是否低速运转。

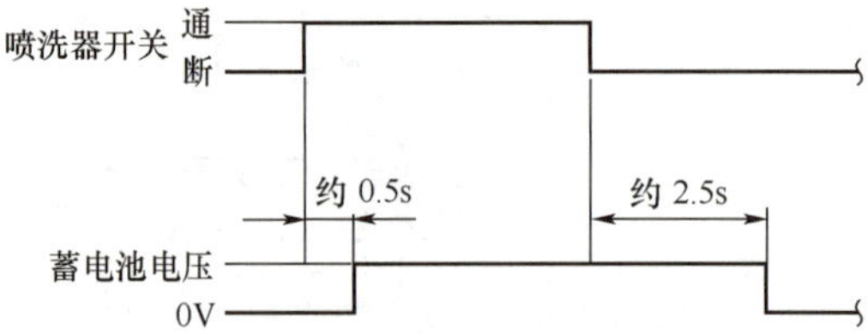


图4-61　洗涤器联动检查标准

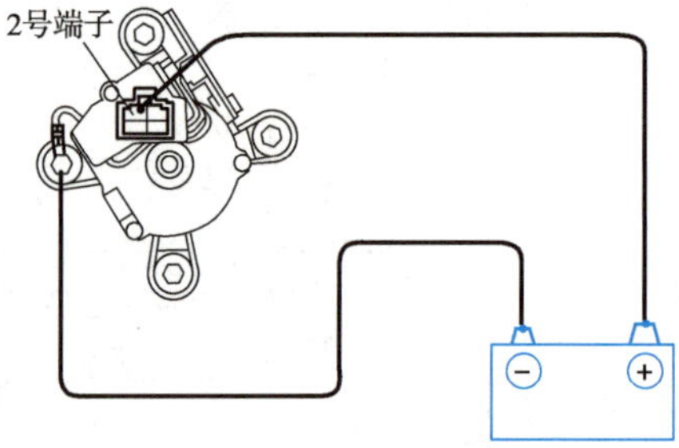


图4-62　刮水器低速检查

5.4.2.2　高速检查

接低速检查的步骤(1),把蓄电池"＋"极和"－"分别接在1号端子和搭铁端(高速电刷之间),此时观察电动机是否高速运转,如图4-63所示。

5.4.2.3　刮水器自动复位检查

具体检查步骤如下:

(1)首先让刮水器的电动机低速转动。

(2)拆下刮水器电动机导线插接器,让电动机停在除了停止时的任意一个位置,如图4-64所示。

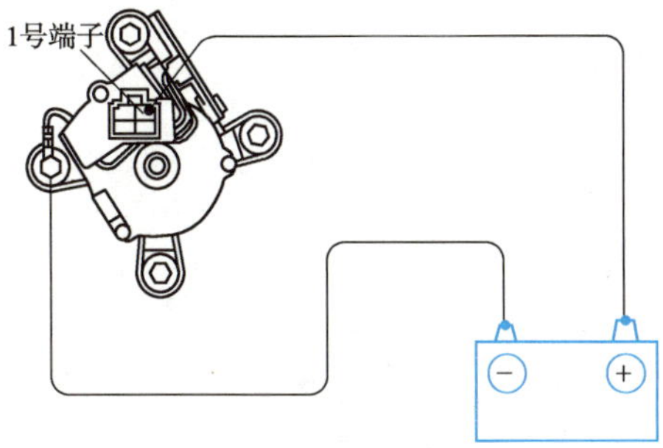


图4-63 刮水器高速检查

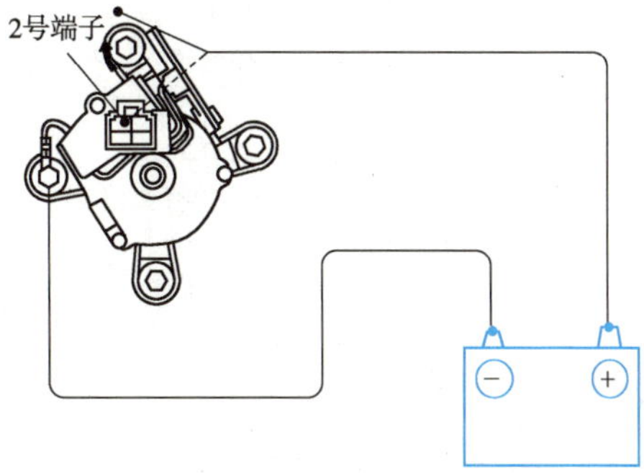


图4-64 刮水器自动复位检查步骤1

(3)用导线连接2号端子和3号端子。把蓄电池“+”极和“-”极分别接在4号端子和搭铁端。

(4)刮水器电动机应自动回到原位并停止,如图4-65所示。

5.4.2.4 洗涤泵电动机的检查

具体检查步骤如下:

(1)拆下喷水电动机的连接导线。

(2)把蓄电池“+”极和“-”极分别接在2号端子和1号端子上,此时观察电动机应该运转且喷嘴开始喷水,如图4-66所示。

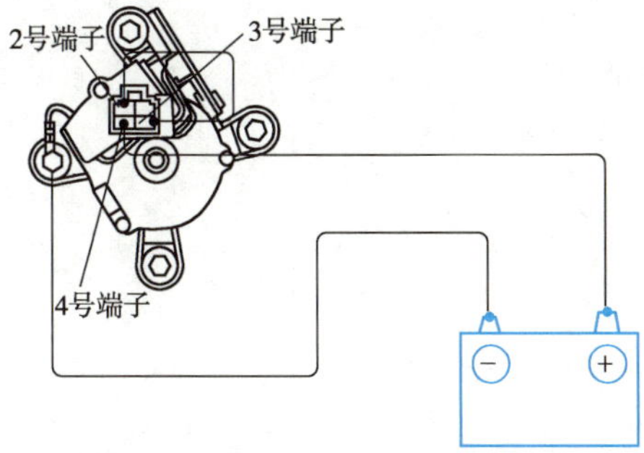


图4-65 刮水器自动复位检查步骤2

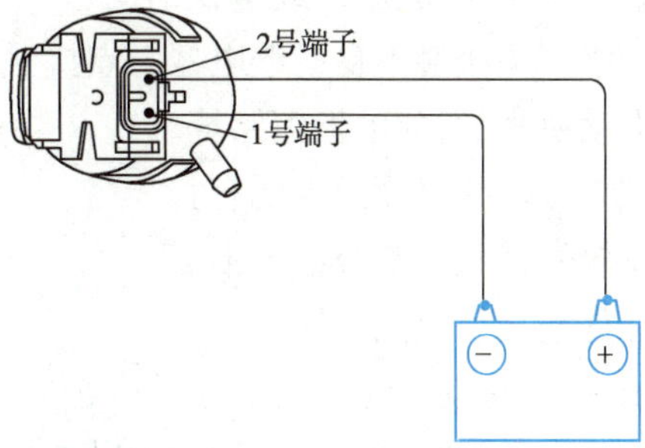


图4-66 洗涤电动机的检查

## 5.4.3 风窗玻璃刮水器/洗涤装置的故障检修

### 5.4.3.1 风窗玻璃刮水器的故障检修

在对风窗玻璃刮水器系统的故障进行检修之前,首先要确定是电路故障还是机械故障。最简单的方法就是从电动机上拆下连接刮水片的机械臂。接通刮水器系统,观察电动机的运行。如果电动机工作正常,则是机械问题。

风窗玻璃刮水器系统常见的故障有:刮水器不工作、间断性工作、持续操作不停及刮水片不能复位等。下面以桑塔纳乘用车为例,分析风窗玻璃刮水器系统的故障诊断方法。

(1)刮水器不工作。如果刮水器在所有挡位都不工作,按照图4-67的步骤进行检查。

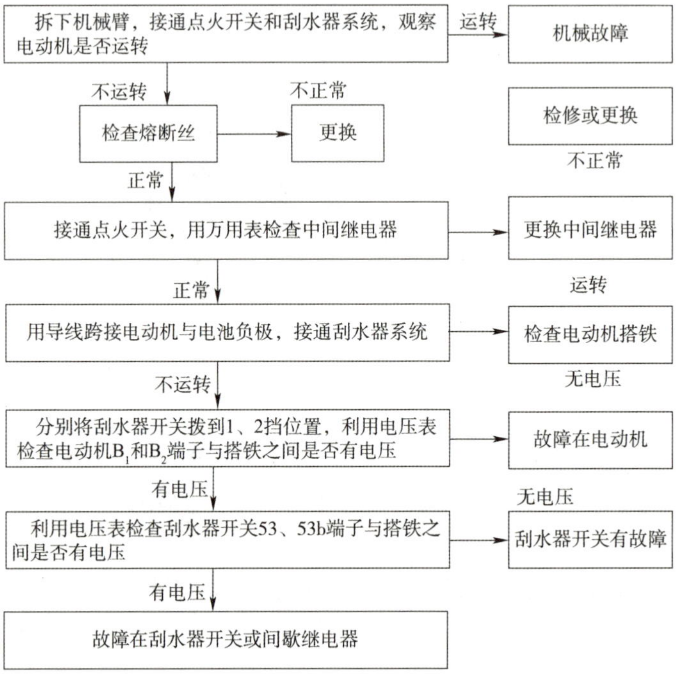


图 4-67　刮水器不工作的检查步骤

从以上的分析过程可以知道电路中的故障原因主要有：

①刮水电动机断路。

②熔断丝烧毁。

③线路连接松动、断线或搭铁不良。

④刮水开关接触不良或继电器触点接触不良。

⑤电动机失效，如电枢短路等。

机械部分的故障原因主要有：

①蜗轮蜗杆脱离啮合或者损坏。

②杆件连接松脱或损坏。

③刮水片、传动机构等被卡住。

(2)刮水器速度比正常慢或转动无力。电气或机械故障均能引起刮水器速度比正常慢，首先应按照上述方法确定故障在电气部分，还是在机械部分。

大多数导致刮水器动作慢的电路故障是由于接触电阻大而引起的。如果故障表现为所有的速度挡都慢，应检查电源到刮水器开关之间的电路，主要是中间继电器、熔断丝和刮水器开关连接线端子插接是否牢固可靠。电源供电电路正常，则应检查刮水器开关中有无接触不良的现象。

如果电源供电回路正常，则应检查刮水电动机的搭铁回路是否正常，方法是将电压表的正表笔接电动机的搭铁端(或电动机壳体)，负表笔接电池负极，电压降不应超过0.1V，否则应修复电动机搭铁回路。

最后检查电动机轴承和蜗轮组的润滑情况。

(3)间歇刮水系统不正常。如果刮水系统只是在间歇挡位工作不正常,首先应检查间歇继电器的搭铁是否良好。如果搭铁正常,利用电阻表检查继电器到刮水器开关之间的电路,如果连接线路也是良好的,则应更换间歇继电器。

(4)刮水器不能复位。造成刮水器不能复位的故障可能是复位开关的原因,也可能是刮水器开关内接触片变形所致。最常见的与复位开关有关的故障是当开关断开时,刮水器就停在该位置。这时,首先要拆下电动机端盖,然后接通刮水开关,观察复位开关的工作情况。当关闭刮水器开关时,复位开关应能使其常闭触点闭合到位,否则应更换复位开关,如图4-68所示。

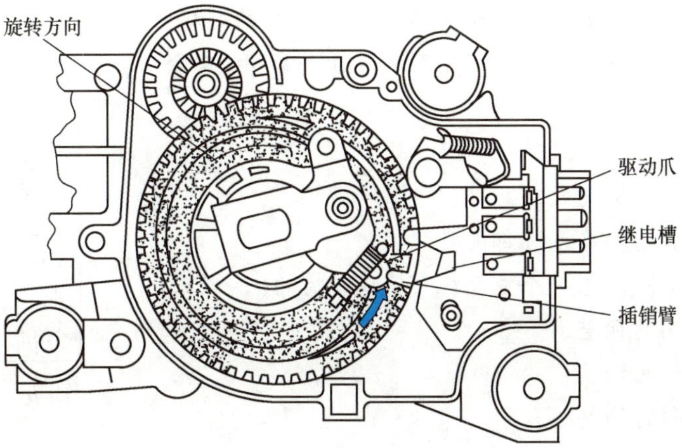


图4-68　电动机复位开关的检查

5.4.3.2　风窗玻璃洗涤装置的维修

许多风窗玻璃洗涤装置的故障都是因输液系统而引起的。因此,应首先拆下泵体上的水管然后使电动泵工作,如果电动泵能够喷出清洗液,则故障在输液系统。否则,按照下列步骤查找故障。

(1)目测储液罐内的液体存储量。检查熔断丝和线路连接是否良好。

(2)打开洗涤器开关,同时观察电动机。如果电动泵工作但不喷液,检查泵内有无堵塞,排除泵体内的所有异物;如果没有堵塞,则需更换电动泵。

(3)如果电动泵不运转,用电压表或试灯检查开关闭合时洗涤泵电动机上有无电压。若有电压,用电阻表检查搭铁回路,若搭铁回路良好,则需更换电动泵。

(4)在第(3)步中,如果电动机上没有电压,则需沿线路向开关查找故障,检测开关工作是否正常。如果开关有电压输入,但没有输出,需及时更换开关。

## 思考与练习

### 一、选择题

1. 电动车窗中的电动机一般为(　　)。

A. 单向直流电动机　　B. 双向交流电动机　　C. 永磁双向直流电动机

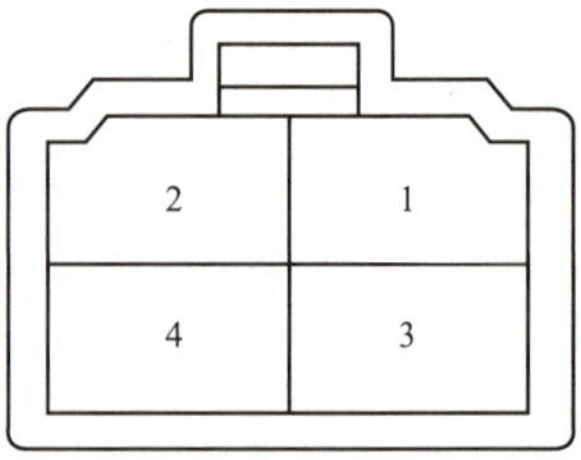


图1　车窗继电器端子

2. 图1是车窗继电器，1、3端子间是线圈，如果用蓄电池将两端子连接，则2、4端子之间应(　　)。

A. 通路

B. 断路

C. 时通时断

3. 检查电动车窗左后电动机时，用蓄电池的正负极分别接电动机插接器端子后，电动机转动，互换正负极和端子的插接后，电机反转，说明(　　)。

A. 电动机状况良好　　B. 不能判断电动机的好坏　　C. 电动机损坏

4. 在图2电加热座椅电路图中，节温器开关断开，将会使(　　)。

A. 快速加热系统失效

B. 低速加热系统失效

C. 快速和低速加热系统都失效

5. 在电动座椅中，一般一个电动机可完成座椅的(　　)。

A. 一个方向的调整

B. 两个方向的调整

C. 三个方向的调整

6. 每个电动后视镜的后面都有(　　)电动机驱动。

A. 一个　　B. 两个　　C. 四个

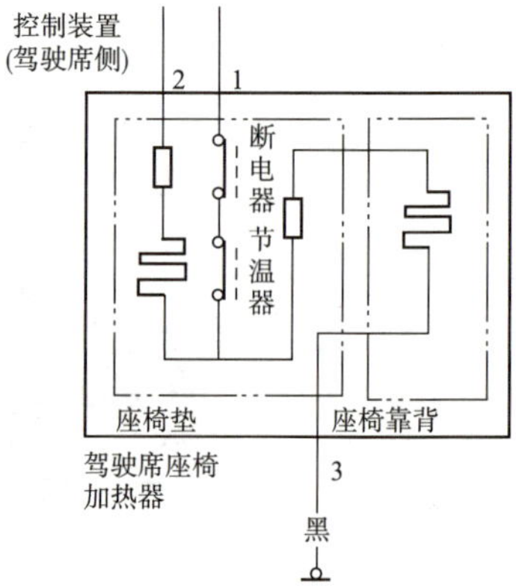


图2　电加热座椅电路图

7. 中控门锁系统中的门锁控制开关用于控制所有门锁的开关，安装在(　　)。

A. 驾驶员侧门的内侧扶手上　　B. 每个门上　　C. 门锁总成中

8. 门锁位置开关位于(　　)。

A. 驾驶员侧门的内侧扶手上　　B. 每个门上　　C. 门锁总成中

9. 门锁控制开关的作用是(　　)。

A. 在任意一车门内侧实现开锁和锁门动作

B. 在任意一车门内侧实现开锁和锁门动作

C. 在驾驶员侧车门内侧实现开锁和锁门动作

## 二、判断题

1. 电动车窗中自动控制依靠检测电阻测量车窗的位置，当检测电阻的电压减小时，表示车窗已经升到位或降到位。(　　)

2. 电动车窗一般装有两套开关，分别为总开关和分开关，这两开关之间是互相独立的。(　　)

3. 座椅加热系统中可通过调整可变电阻调整座椅的加热速度。(　　)

4. 每个电动后视镜的镜片后面都有四个电动机来实现后视镜的调整。(　　)

5. 永磁式刮水电动机是通过改变正、负电刷之间串联线圈的个数实现变速的。(　　)

6. 检查电动刮水器的自动复位功能时，可以让电动机停在停止时的位置，然后进行相关

的检查。　　（　　）

7. 当前大部分车型中刮水器的间歇刮水速度会随着雨量大小和车速自动调节。（　　）

8. 使用 LIN 线控制的刮水器中，刮水开关产生的信号通过 LIN 线送至刮水器电动机控制单元。（　　）

## 三、简答题

1. 电动车窗主要由哪些部件组成？其中升降机构有哪几种？

2. 何谓电动车窗手动升降？何谓自动升降？

3. 结合图 4-6 索纳塔轿车的电动车窗电路图分析副驾驶员侧电动机的工作过程。

4. 根据图 3 的电路图说明中控门锁的工作过程。

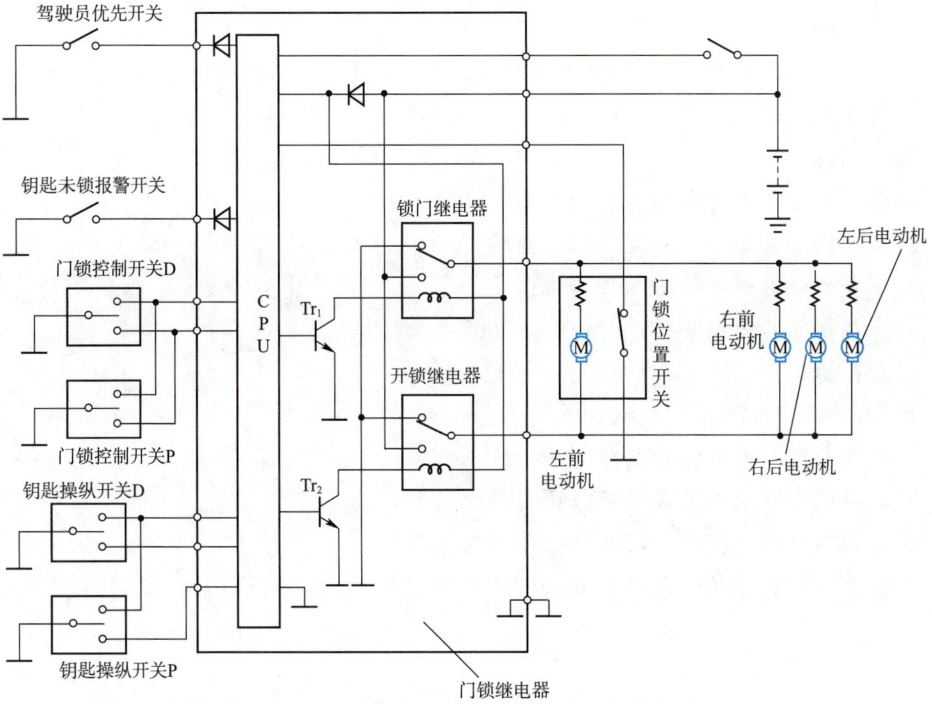


图 3　电路图

5. 分析图 4-27 广本雅阁轿车中滑动电动机和倾斜电动机的工作过程。

6. 简述两速永磁式刮水电动机的工作原理。

7. 结合电动车窗、电动座椅、电动后视镜和中控门锁的相关知识分析双向电动机的检查思路。

8. 简述雨量传感器的工作原理及自动刮水器的基本工作过程。

# 单元五　汽车灯光系统及信号装置

## 学习目标

### 素质目标

1. 培养学生崇尚科学、崇尚技能的职业精神，能够以科学的态度对待科学；
2. 培养良好的集体意识，能够与人团结协作完成工作任务。

### 知识目标

1. 简单叙述汽车灯系的组成和作用；
2. 正确描述前照灯的分类、组成、结构、基本要求以及前照灯的电路；
3. 简单叙述前照灯的防炫目措施；
4. 正确描述其他照明信号灯的电路及基本工作原理。

### 技能目标

1. 会使用并检查灯光及喇叭系统；
2. 会用前照灯检测仪对前照灯进行检测调整；
3. 能够结合电路图完成前照灯故障的诊断与排除；
4. 会按照电路图排除其他照明信号灯的故障；
5. 能够检查和诊断汽车喇叭系统故障。

## 1　汽车灯系的组成和作用

为保证汽车行驶的安全性，减少交通事故的发生，汽车上都装有多种照明设备和灯光、声音信号装置，这已成为汽车上不可缺少的一部分，其安装位置如图5-1所示。

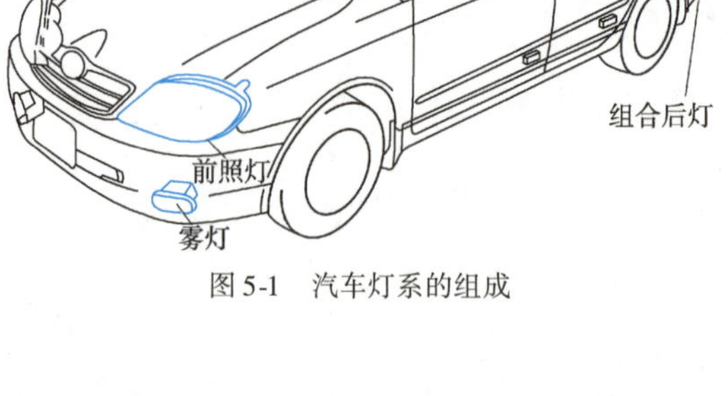


图5-1　汽车灯系的组成

汽车灯系可分为车内照明和车外照明两部分。主要包括：

前照灯：俗称大灯，装在汽车头部的两侧，用于夜间或光线昏暗路面上汽车行驶时的照明，有两灯制和四灯制之分。

雾灯：由前后雾灯组成，位置比前照灯稍低。装于车头的雾灯称为前雾灯，车尾的雾灯称为后雾灯。前雾灯用于在有雾、下雪、暴雨或尘埃等恶劣条件下改善道路照明情况，一般采用黄色光源。后雾灯用来对后面的车辆进行警示，采用红色光源。

示宽灯与尾灯：这两种都是低强度灯，用于夜间给其他车辆指示车辆位置与宽度。位于前方的称为示宽灯，位于后方的称为尾灯。

制动灯：安装在车辆尾部，一般由制动灯和高位制动灯组成。如图 5-2 所示。用来警示后面的车辆该车正在制动，以避免后面车辆与其后部碰撞。

转向信号灯：安装在车辆两端、前翼子板上或后视镜上，用来提示车辆准备或正在转弯或变换车道。转向信号灯每分钟闪烁 60～120 次。

危险警告灯：车辆出现紧急情况，需要低速行驶、停车或驻车时，按下危险警告灯按钮，所有转向信号灯同时闪烁，用来警示前后左右车辆。

牌照灯：用于照亮尾部车牌，当尾灯点亮时，牌照灯也点亮。

倒车灯：安装于车辆尾部，给驾驶员提供额外照明，使其能在夜间倒车时看清车的后面，也警告后面车辆，该车驾驶员想要倒车或正在倒车。当点火开关接通变速器换至倒车挡时，倒车灯点亮。

目前，多数将前照灯、雾灯、示宽灯等组合起来，称为组合前灯；将尾灯、后转向信号灯、制动灯、倒车灯等组合起来称为组合后灯。

仪表灯：用于夜间照亮仪表板，使驾驶员能迅捷地看清仪表。尾灯点亮时，仪表灯也同时点亮。有些车还加装了灯光控制变阻器，便于驾驶员调整仪表灯的亮度。

顶灯：也称室内灯或阅读灯，用于车内乘客照明，但必须不致使驾驶员炫目。通常客车车内灯都位于驾驶室中部，使车内灯光分布均匀，如图 5-3 所示。

图 5-2　制动灯示意图

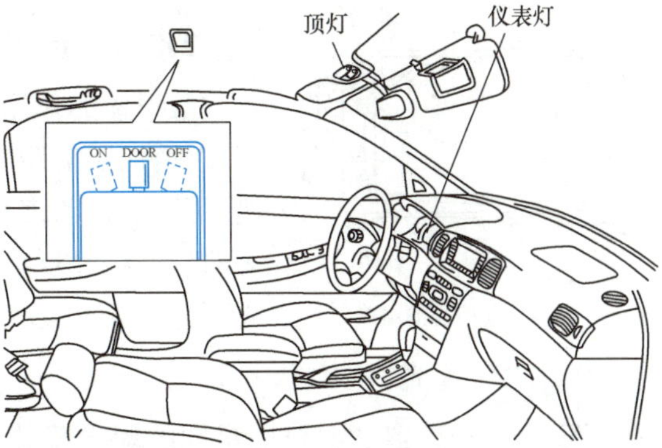


图 5-3　顶灯示意图

以上装置中前照灯、示宽灯及尾灯、倒车灯、转向信号灯、牌照灯、制动灯等都是强制安装使用，其他灯光设备是在一定条件下强制安装或选装。由于前照灯在所有照明设备中具有特殊的光学性质，因此下面重点讨论前照灯。

**相关链接**

汽车灯系的发展简史：1896年美国人将油灯用于汽车照明。1907年法国人采用乙炔车灯。1911年，电灯被美国人用于汽车照明。1913年，汽车前照灯被置于挡泥板上。1916年美国开始使用停车灯。1920年，通用公司在车内安装顶灯。1921年林肯汽车将转向信号装置作为标准配置。1924年双丝灯泡问世。1926年通用公司将汽车前照灯变光开关由转向盘移到了地板上，改用脚操纵。1929年，汽车尾灯开始安装。1940年，封闭式前照灯问世。

# 2 前照灯

## 2.1 对前照灯的基本要求

由于汽车前照灯的照明效果对夜间行车安全影响很大，故世界各国多以法律的形式规定了前照灯的照明标准，其基本要求主要有如下两个方面。

(1)前照灯应能保证车前有明亮而又均匀的照明，使驾驶员能够看清车前100m内路面上的物体。随着现代汽车行驶速度的不断提高，对前照灯的要求也越来越高，现代高速汽车前照灯的照明距离应达到200～250m。

(2)前照灯应防止炫目，以避免夜间两车相会时，使对方驾驶员炫目而造成交通事故。

## 2.2 前照灯的组成

前照灯一般由光源、配光镜、反光镜三部分组成，如图5-4所示。目前绝大多数车辆的前照灯中将配光镜和反光镜进行组合，以使前照灯的性能得以优化，外观更加美观。

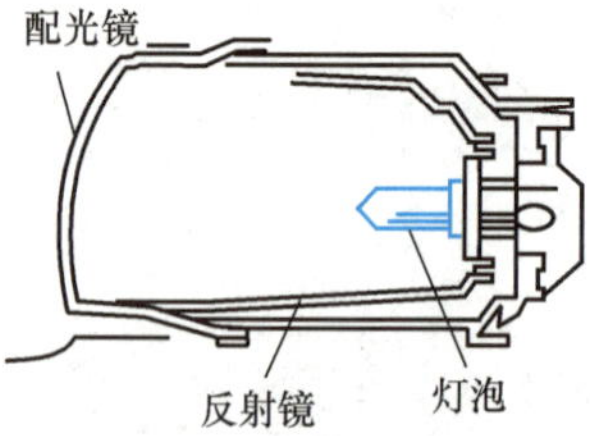


图5-4　前照灯的组成

### 2.2.1 反射镜

反射镜的作用是最大限度地将灯泡发出的光线聚合成强光束，以增加照射距离。它一般呈抛物面状，内表面镀铬、铝或银，然后抛光，目前多采用真空镀铝。灯丝位于反射镜的焦点处，其大部分光线经反射后，成为平行光束射向远方，其距离可达150m或更远，如图5-5所示。

### 2.2.2 配光镜

配光镜又称为散光玻璃，早期的配光镜装于反射镜之前，可将反射光束扩散分配，使路段的照明更加均匀。目前前照灯中大多将配光镜与反射镜合为一体，在反射镜上制成不同的几何形状，在反光的过程中同时实现配光的功能。其结构如图5-6所示。

### 2.2.3 灯泡

汽车前照灯的灯泡有白炽灯泡、卤钨灯泡、氙灯和LED光源等几种形式，目前白炽灯已基本淘汰。白炽灯泡和卤素灯泡的灯丝是用钨丝制成的。在制造时将玻璃泡中的空气抽出，然后充入其他气体。若充入玻璃泡中的气体为惰性气体，即为白炽灯泡如图 5-7a）所示；若充入的是卤族元素（一般为碘或溴）即为卤钨灯泡，如图 5-7b）所示。

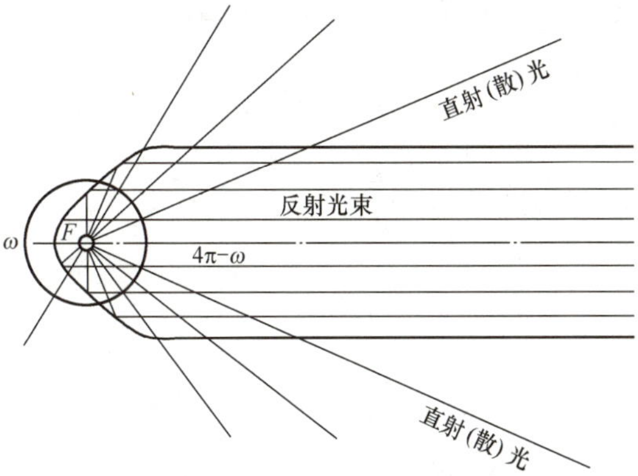


图 5-5　反射镜的聚光示意图

图 5-6　反射镜配光

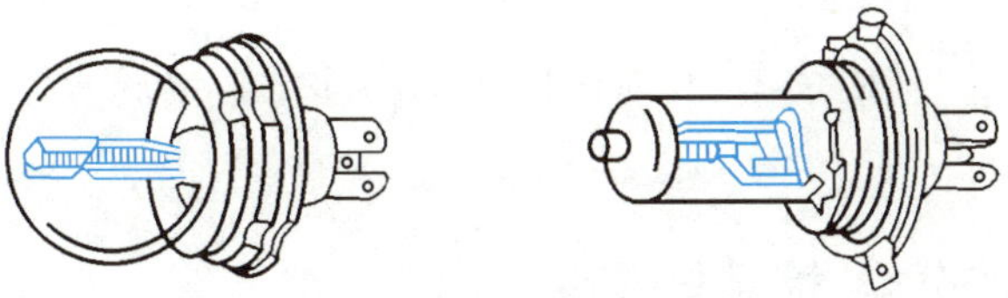


图 5-7　白炽灯泡和卤钨灯泡

a）白炽灯；b）卤钨灯

卤钨灯泡是利用卤钨再生循环反应原理制成的。在工作过程中灯丝上蒸发出来的气态钨，与卤素反应生成一种挥发性的卤化钨，它扩散到灯丝附近的高温区又受热分解，使钨重新回到钨丝上，被释放的卤素继续扩散参与下一次的循环反应，如此周而复始地循环下去，防止了钨的蒸发和钨灯泡的黑化现象。

**相关链接**

由于卤钨灯光比普通灯泡使用时更易发热，如果有润滑油等油脂沾在其表面，灯泡寿命会缩短。另外，人体汗液内所含盐分也会污染石英。因此，更换灯泡时，要握住其凸缘，避免手指接触石项。

氙灯灯泡和 LED 灯泡的工作原理与卤素灯泡不同，本章后续有相关介绍。现代汽车的前照灯可设计成各种式样，以符合汽车外观整体美观的要求，不同汽车前照灯的配光镜和反射镜也有很大的差异。但不论前照灯的样式如何，都应满足汽车行驶照明的要求。

## 2.3　前照灯的防炫目措施

夜间会车时，前照灯的强烈灯光可造成迎面驾驶员炫目，容易引发交通事故，所以为了避免前照灯的炫目作用，一般在汽车上都采用双丝灯泡的前照灯，可以通过变光开关切换远光和近光。我国交通法规规定，夜间会车时，须在距对面来车150m以外互闭远光灯，改用防炫目近光灯。

近来，国外又发展了一种更优良的光形，明暗截止线呈Z形，故称为Z形配光，不仅可以避免迎面来车的驾驶员的炫目，还可以防止迎面而来的行人和非机动车使用者的炫目，更加保证了汽车夜间行驶的安全。各种配光光形如图5-8所示。

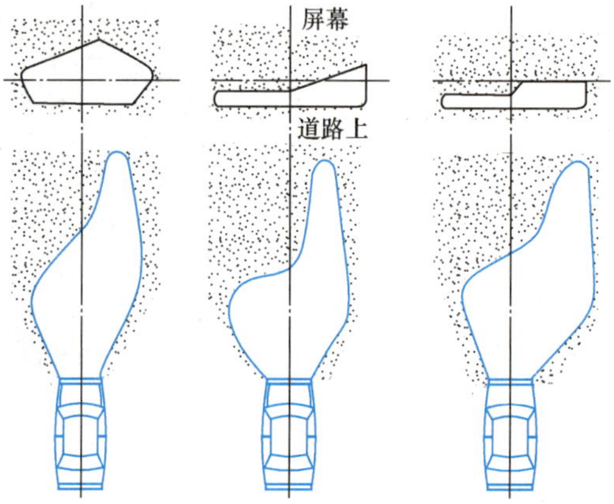


图5-8 前照灯的配光光形

## 2.4 前照灯的分类、检测与调整

### 2.4.1 前照灯的分类

前照灯按照光源的不同可以分为卤素前照灯、氙气前照灯和LED前照灯，随着网络技术的普及，在一些高档轿车上逐步出现智能前照灯系统，该系统可以根据行驶条件的不同采用不同的照明模式，比如随动的转弯照明、会车时改变配光形状、根据车速自动调节照射距离和配光形状等功能。

#### 2.4.1.1 投射式前照灯

投射式前照灯采用了凸形配光镜，反射镜为椭圆形，所以其外径很小，结构如图5-9所示。

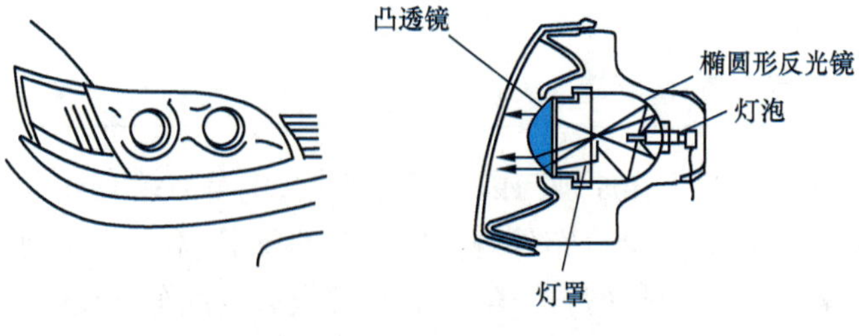


图5-9 投射式前照灯的结构

由于投射式前照灯的反射镜呈椭圆形状，有两个焦点。在第一个焦点处放置灯泡，光束经反射会聚至第二个焦点。凸形配光镜的焦点与第二焦点相重合，灯泡发出的光被反射镜聚成第二焦点，在通过配光镜将聚集的光投射到远方。投射式前照灯使用的光源为卤素灯泡。

在第二焦点附近设有遮光板，可用于遮住投向上半部分的光，形成明暗分明的配光。它的这种配光特性可适用于前照灯近、远光灯，也可用作雾灯。

采用投射式前照灯，可利用的光束增多，若将反射镜做成扁长断面，很多光束便可横向扩散，不仅结构紧凑，而且经济实用。

2.4.1.2　氙灯

氙灯结构如图5-10所示，是一种含有氙气的新型前照灯，又称高强度放电灯或气体放电灯，英文简称HID(High Intensity Discharge Lamp)。在奔驰E级车、宝马7系列、丰田雷克萨斯、本田阿库拉等高档车都使用了这种新型前照灯。氙灯亮度大，发出的亮色调与太阳光比较接近，消耗功率低，可靠性高，不受车上电压波动影响。

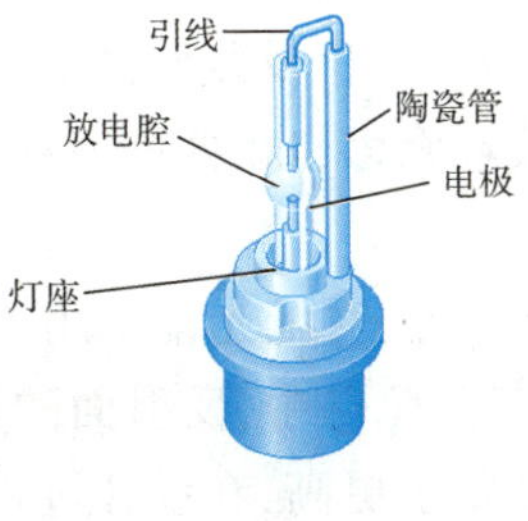


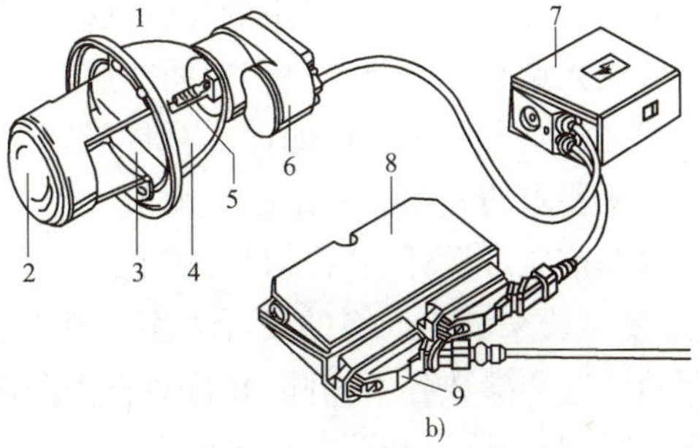


图5-10　氙气前照灯的结构

1-多椭圆面反射器近光灯(PES)；2-透镜；3-遮光板；4-反射器；5-D1气体放电灯泡；6-灯架；7-点燃部件；8-控制部件；9-导线束插头

氙灯由小型石英灯泡、变压器和电子单元组成。接通电源后，通过变压器，在几微秒内将12V电压升高到2万V以上，高压脉冲电加在石英灯泡内的金属电极之间，激励灯泡内的物质(氙气、少量的水银蒸气、金属卤化物)在电弧中电离产生光亮。由于高温导致碰撞激发，并随压力升高使线光谱变宽形成带光谱。灯开关接通的一瞬间，氙灯即产生与55W卤素灯一样的亮度，约3s达到全部光通量。

氙灯灯泡的玻璃用坚硬的耐温耐压石英玻璃(二氧化硅)做成，灯内充入高压氙气缩短灯被点亮的时间，灯的发光颜色则由充入灯泡内的氙气、水银蒸气和少量金属卤化物所决定。

电子控制器系统是一个独立的系统，包括变压器和电子控制单元，具有产生点火电压和工作电压两种功能。变压器将低电压变为高电压输出，电子控制单元的主要功能是限制氙灯灯泡的工作电流，向灯泡提供2万V以上的点火电压和维持工作的低电压(80V左右)。

氙灯与卤素灯的主要区别在于，前者通过气体电离发光，后者通过加热钨丝发光。虽然氙灯的发光电弧与卤素灯的钨丝长度直径一样，但发光效率和亮度提高了2倍。由于不用灯丝，没有了传统灯易脆断的缺陷，寿命也提高了4倍。据测试，一个35W的氙灯光源可产生55W卤素灯2倍的光通量，使用寿命与汽车差不多。因此，安装氙灯不但可以减少电能消耗，还可提高车辆的性能，这对于轿车而言具有很重要的意义。

2.4.1.3　多曲面前照灯

多曲面汽车前照灯的配光镜上没有透镜，配光完全由反射面来完成，其反射面不再是单一抛物面，而是由一组复杂的自由曲面组成，完全由反射面来控制光场的分布，以达到相关标准的要求。其外观如图 5-6 所示。由于结构复杂，采用金属材料冲压难以制造，所以多通过计算机辅助设计，用工程塑料注射成型。

多曲面前照灯大小一般约为 400mm × 200mm × 350mm，由于外形、位置、体积等要求，前照灯、雾灯和转向灯需设计成一体式结构，且反射面须为多曲面，因此采用 CAD/CAE/CAM 进行设计，以 ABS 为原料注射成型，来满足强度、光学、制造方面的要求。

在多曲面汽车前照灯中，灯丝发出的光线首先投射到某一自由曲面片上，然后被反射出去，在 25m 远处的配光屏幕上形成一个具有一定照度值的照射区域。反射器上的所有自由曲面片都重复上述过程，将灯丝发出的光线反射到配光屏幕上，使汽车前照灯在 25m 远处的配光屏幕上形成光形和照度分布。多曲面前照灯的设计过程是一个反复修改、调整的过程，其最终目的就是建立合适的自由曲面，使得灯丝发出的光线经众多自由曲面发射后，能够在配光屏幕上形成要求的光形和特定的照度值。

传统的汽车前照灯设计通常是设计者在手工计算的基础上，对配光镜采用不同的透镜组合，通过反复试验来确定最终的设计方案。在多曲面汽车前照灯中，反射面的数量更多、各自由曲面的位置和参数各不相同，并且对自由曲面的精度要求更高，在设计过程中需要做大量的曲面计算、配光计算和照明效果仿真，这些都是传统方法无法实现的。因此多曲面汽车前照灯的设计必须借助于相应的计算机辅助设计软件来实现。

2.4.1.4　LED 前照灯

LED 是 Light Emitting Diode（发光二极管）的缩写，LED 车灯是目前最新研制的车灯，全球各大汽车厂家均有不同程度的使用。LED 等最初只用于示宽灯、制动灯、转向灯等，随着技术的进步逐步开发并应用在汽车前照灯中。使用单个的 LED 无法满足前照灯的灯光照射要求，需要使用多个 LED 进行阵列组合。例如一汽奔腾 B50 轿车共采用 41 颗 LED 光源，其中近光灯采用的 3 颗大功率白色 LED 光源，配合三联聚光圆形透镜，形成独特的配光设计和视觉效果，配光要求满足相关法规要求；远光采用 2 颗 LED 光源，其中一颗采用透镜配光，另一颗采用反射镜辅助配光，照度值满足国家法规要求。位置灯采用 14 颗白色 LED 光源，转向灯采用 22 颗琥珀色 LED 光源，如图 5-11 所示。

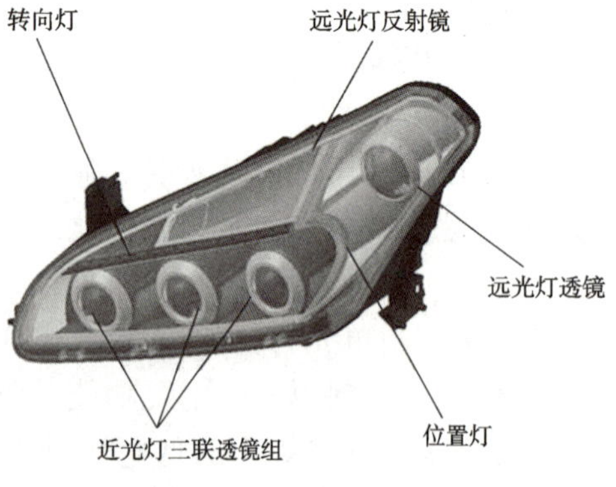


图 5-11　全 LED 前照灯空间布置图

LED 前照灯的配光方式也有反射镜配光和经过透镜后配光两种形式，如图 5-12 所示。

与传统的前照灯相比，该 LED 前照灯创新点表现在如下几点：

（1）在前照灯外观上，通过 LED 集成光源的配置，并与相关光学部件配合，远光照度值最大可达到 288lx，而传统卤素光源一般在 100lx 左右，无法与之相比。

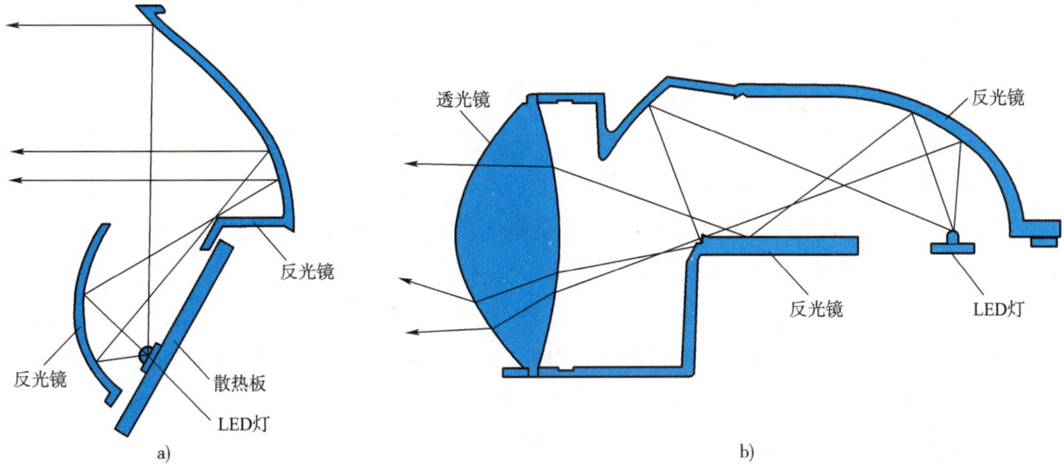


图 5-12　LED 前照灯的配光形式

（2）在灯具结构造型方面，由于 LED 光源体积非常小，使灯内布局更随意，从而可缩小 LED 前照灯整体体积。

（3）由于该 LED 前照灯全部采用 LED 冷光源，发热量低，灯腔内温差变化不大，不容易在灯腔内壁积雾。

（4）该 LED 前照灯远光功率 30W，近光 45W，因此与传统卤素光源（远光 65W，近光 55W）相比，可节约 40% 能源。

（5）LED 车灯响应快，亮灯无须热起动时间，色温超过 5000K，更接近于日光，使行车更为安全。

（6）使用寿命长，可超过 10000h，而传统卤素灯寿命一般在 300h 左右。

该 LED 前照灯目前已经通过环境耐温试验、配光检测，已基本满足“汽车用 LED 前照灯”国家标准要求。

### 2.4.2　前照灯的检测与调整

前照灯在使用过程中，会因灯泡老化、反射镜变暗、照射位置不正而使前照灯的发光强度不足或照射位置不正确，影响汽车行驶速度和行车安全，因此必须对前照灯进行检测和调整，前照灯的检测包含发光强度和照射位置两个方面。

前照灯的发光强度是指光源在给定方向上所能发出的光线强度（单位：坎，代号 cd）。国家标准对汽车前照灯远光光束的发光强度有明确的要求，具体标准见表 5-1。

**前照灯远光光束发光强度要求**（单位：cd）　　表 5-1

| 车 辆 类 型 | 新注册机动车 | | 在用机动车 | |
|---|---|---|---|---|
| | 两灯制 | 四灯制 | 两灯制 | 四灯制 |
| 汽车无轨电车 | 15000 | 12000 | 12000 | 10000 |
| 四轮农用运输车 | 10000 | 10000 | 8000 | 6000 |

注：采用四灯制的机动车其中两只对称的灯达到两灯制的要求时视为合格。

前照灯的发光强度一般用前照灯检测仪进行检测。它利用光电池受光线照射后产生电动势,再由光度计(实质上是一个电流表)来指示前照灯的发光强度。前照灯的发光强度高,光电池产生的电流大,光度计指示的值就高。

前照灯的光束照射位置是光轴中心相对于前照灯配光镜几何中心在垂直方向偏上或偏下、水平方向偏左或偏右的距离。对于对称配光特性的前照灯,一般把光束最亮区域的中心作为光轴中心,用此检测光束的照射位置。对于非对称配光特性的前照灯,一般以光束明暗截止线交点或中心作为光轴中心,用此检测光束照射位置。前照灯的远光一般都采用对称式配光,光形分布具有水平方向宽、垂直方向窄等特点。

我国规定前照灯的近光采用非对称式配光,光形分布是近光光束最亮部分向右下偏移,在配光屏幕上具有明显的明暗截止线。如图5-13所示用屏幕法来检测前照灯的光束照射位置。国家标准对汽车前照灯光束照射位置的规定是:机动车在检验前照灯的近光光束照射位置时,被测车辆空载(允许乘坐一名驾驶员),轮胎气压正常,汽车正对屏幕10m处,光束明暗截止线转角或中心的高度应为0.6$H$~0.8$H$($H$为前照灯中心高度),其水平方向位置向左偏或向右偏均不得超过100mm。四灯制前照灯远光单束灯的调整,要求在屏幕上光束中心离地面高度为0.85$H$~0.90$H$,水平位置要求左灯向左或向右偏均不得大于170mm。前照灯光束照射位置不符合规定要求时应利用上下、左右调整螺钉进行调整,装用远、近双丝灯的前照灯以调整近光光束为主。具体的参数需查阅车型的维修手册说明。

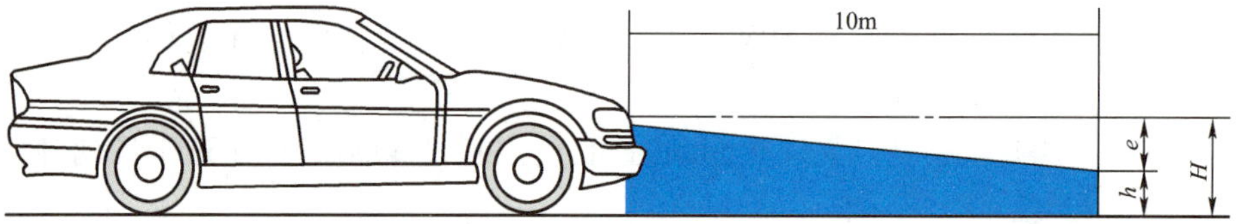


图5-13 屏幕法检查前照灯

图5-14 检测仪法检查前照灯

用屏幕只能检测前照灯的光束照射位置,不能检测发光强度。

目前汽车维修企业和汽车检测站广泛采用前照灯检测仪来检测前照灯的发光强度和光束照射位置,据此来检验和调整汽车前照灯的发光强度和光轴偏斜量。图5-14所示为使用前照灯检测仪进行灯光检测。

前照灯检测仪检测前照灯的光束位置一般是将4块光电池组合在一起,位于上、下的光电池接有上下偏斜指示计,位于左、右的光电池接有作用偏斜指示计,当前照灯照射在光电池上后,上下偏斜指示计和左右指示计将发生摆动,据此可测出前照灯的光束照射位置。前照灯检测仪按测量方法不同分为聚光式、屏幕式、投影式、自动追踪光轴式、全自动式等多种,使用方法虽各不相同,但检测原理大同小异,车辆的停放位置、检测仪的具体使用方法应参考说明书。目前应用较多的是全自动式检测仪。

## 2.5 前照灯的电路

前照灯电路有使用开关和继电器控制的,也有通过汽车电脑进行控制的,随着车载网络和智能化前照灯的使用，汽车前照灯控制电路形式也多种多样。

图 5-15 所示为别克汽车的前照灯电路原理图。其电路主要由灯光开关、变光开关、前照灯继电器及前照灯组成。电路分析在此不做赘述。

图 5-16 所示为一汽大众高尔夫 6 轿车的灯光电路，该车使用氙气前照灯。电路中灯光开关和变光开关等信号输入给 J519 车载电网控制单元，由电脑控制灯光的电源接通和断开，同时通过联网系统可以实现不同路况下灯光模式的切换。

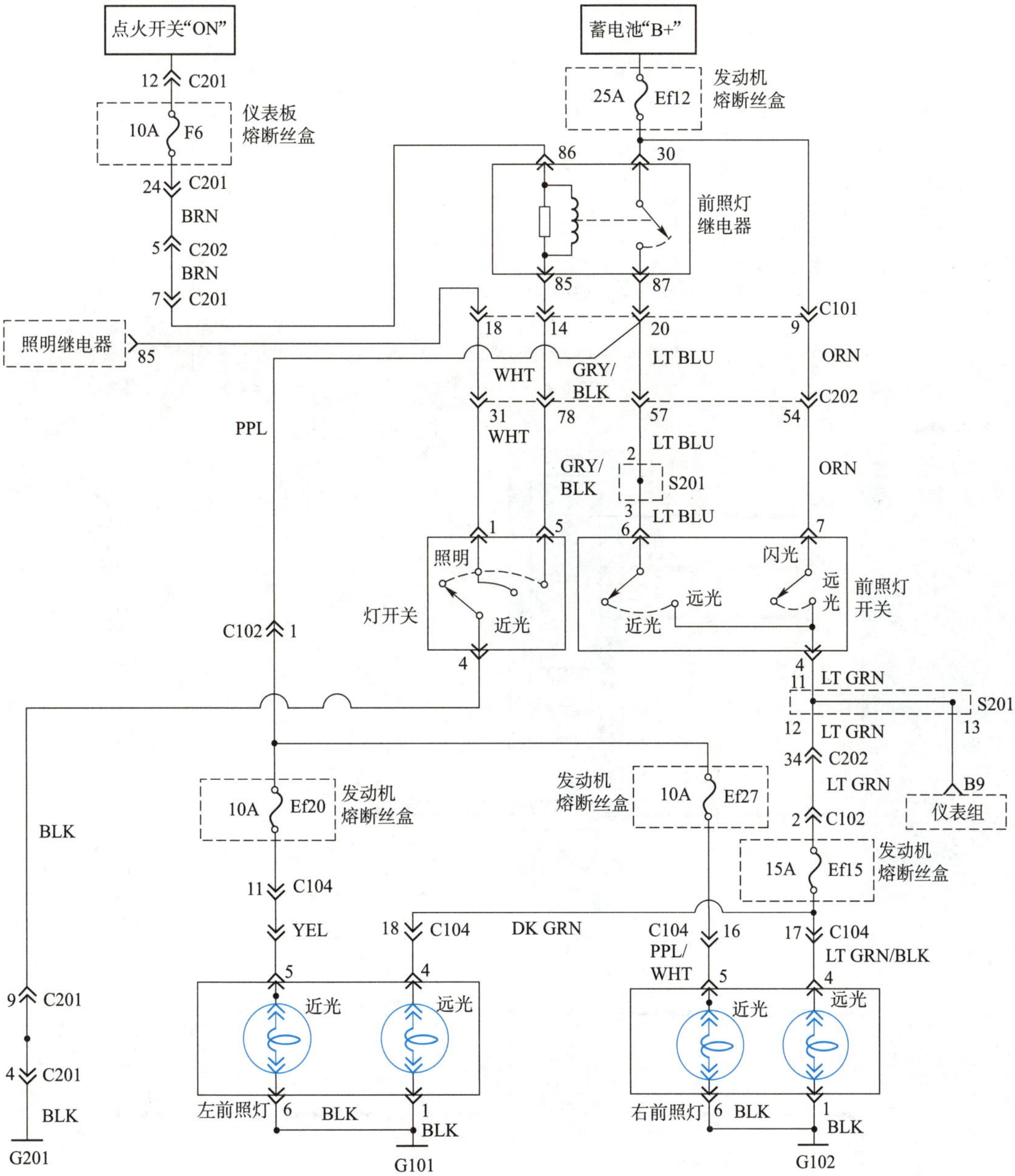


图 5-15　别克凯越汽车前照灯电路

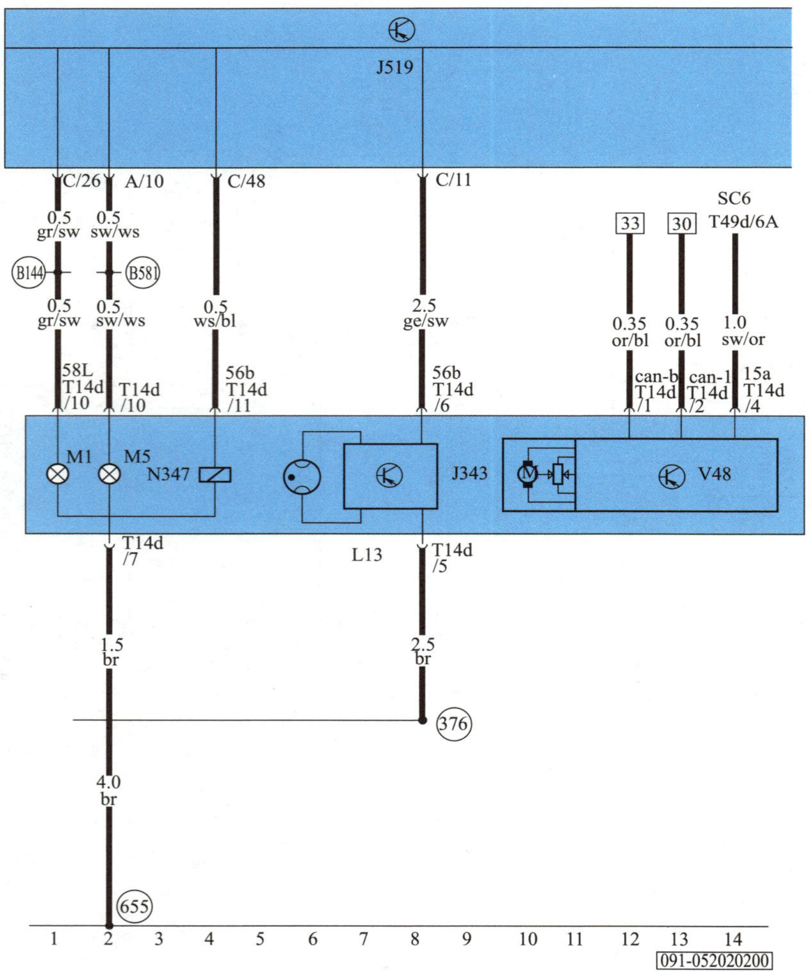


左侧气体放电灯泡控制单元，左侧气体放电灯泡，左侧停车灯，左前转向信号灯，左侧远光灯和近光灯转换电磁铁，左侧前照灯照明距离调节伺服电动机

J343 左侧气体放电灯泡控制单元
J519 车载电网控制单元
L13 左侧气体放电灯泡
M1 左侧停车灯
M5 左前转向信号灯
N347 左侧远光灯和近光灯转换电磁铁
SC6 熔断丝架C上的熔断丝6
T14d 14芯插头连接
T49 49芯插头连接
V48 左侧前照灯照明距离调节伺服电动机

(376) 搭铁连接11，在车身线束中

(655) 搭铁点，在左前照灯上

(B144) 正极连接(58L),在车身线束中

(B581) 正极连接(左侧转向信号灯),在车身线束中

ws = 白色
sw =黑色
ro =红色
br =褐色
gn =绿色
bl =蓝色
gr =灰色
li =淡紫色
ge =黄色
or =橘黄色
rs =粉红色

a)

图 5-16

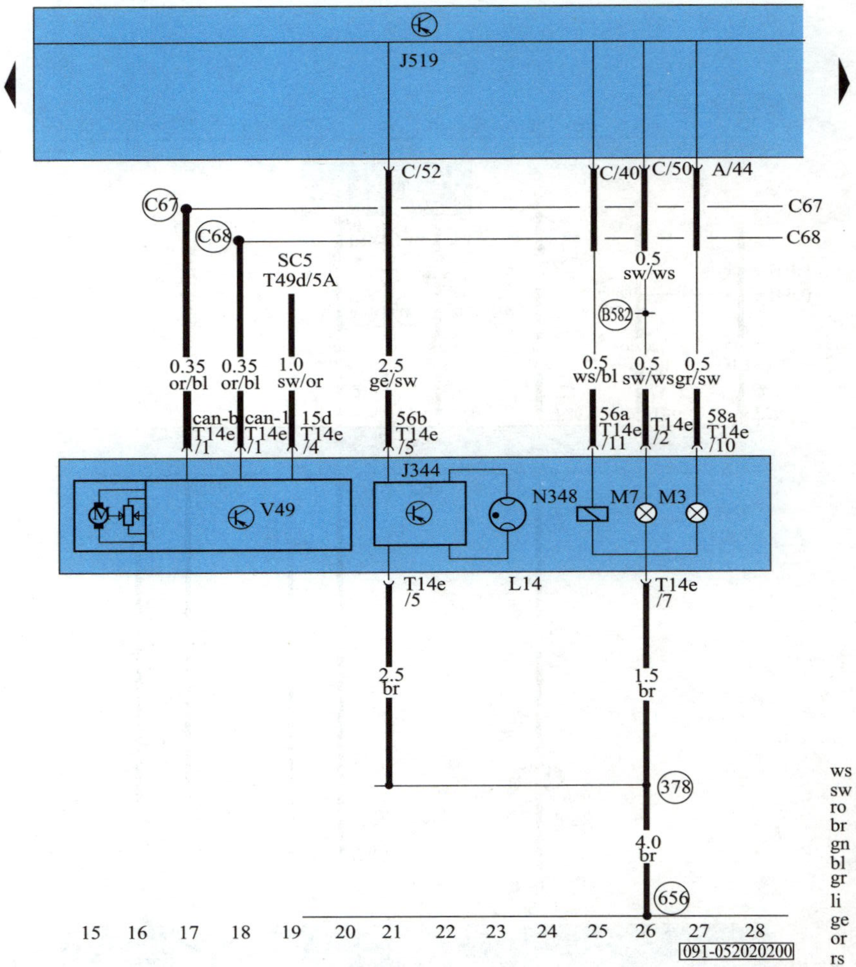


ws =白色
sw =黑色
ro =红色
br =褐色
gn =绿色
bl =蓝色
gr =灰色
li =淡紫色
ge =黄色
or =橘黄色
rs =粉红色

b)

图　5-16

右侧气体放电灯泡控制单元，右侧气体放电灯泡，右侧停车灯，右前转向信号灯，右侧远光灯和近光灯转换电磁铁，右侧前照灯照明距离调节装置伺服电动机

| | |
|---|---|
| J344 | 右侧气体放电灯泡控制单元 |
| J519 | 车载电网控制单元 |
| L14 | 右侧气体放电灯泡 |
| M3 | 右侧停车灯 |
| M7 | 右前转向信号灯 |
| N348 | 右侧远光灯和近光灯转换电磁铁 |
| SC5 | 熔断丝架C上的熔断丝5 |
| T14e | 14芯插头连接 |
| T49 | 49芯插头连接，在仪表板左侧 |
| V49 | 右侧前照灯照明距离调节装置伺服电动机 |
| 378 | 搭铁连接13，在车身线束中 |
| 656 | 搭铁点，在右侧大灯上 |
| B582 | 正极连接(右侧转向信号灯)，在车身线束中 |
| C67 | 连接(CAN总线High)，在前照灯线束中 |
| C68 | 连接(CAN总线Low)，在前照灯线束中 |

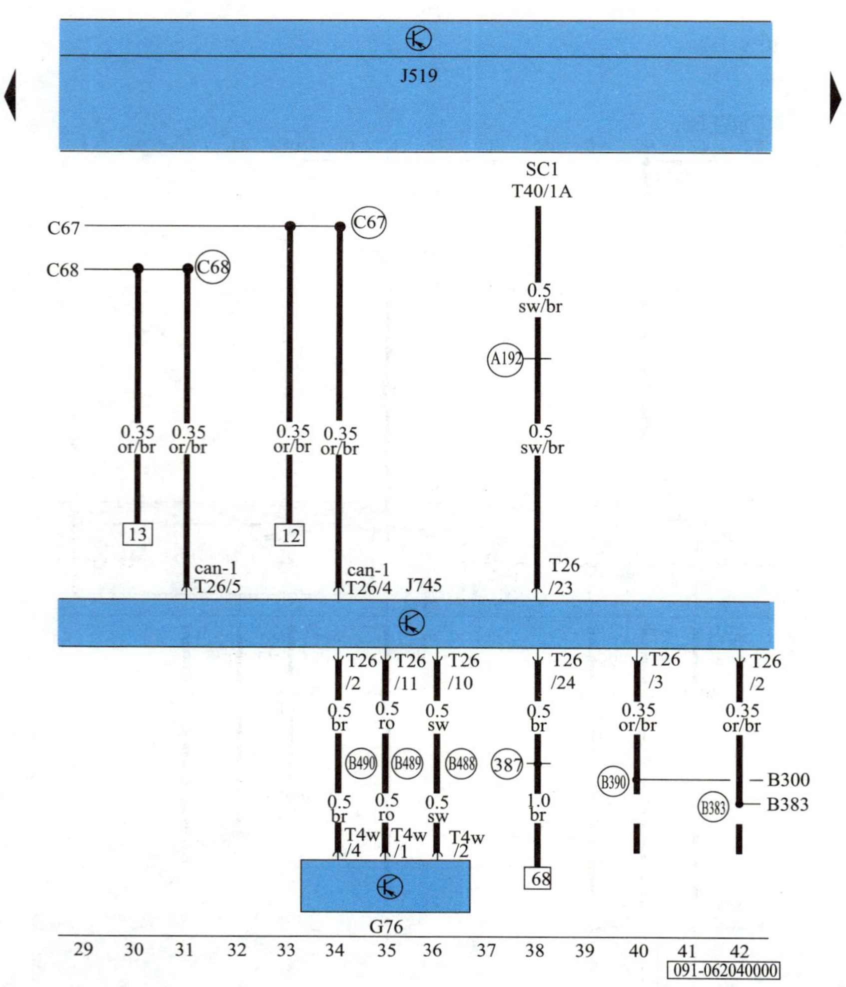


ws =白色
sw =黑色
ro =红色
br =褐色
gn =绿色
bl =蓝色
gr =灰色
li =淡紫色
ge =黄色
or =橘黄色
rs =粉红色

c)

图 5-16

左后汽车水平高度传感器，随动转向灯和前照灯照明距离调节装置控制单元

G76 左后汽车水平高度传感器
J519 车载电网控制单元
J745 随动转向灯和前照灯照明距离调节装置控制单元，在杂物箱后
SC1 熔断丝架C上的熔断丝1
T4w 4芯插头连接
T26 26芯插头连接
(387) 搭铁连接22，在车身线束中
(A192) 正极连接3(15a),在车身线束中
(B383) 车身线束中的连接1（驱动系统总线CAN-H)
(B390) 车身线束中的连接1（驱动系统总线CAN-L)
(B488) 连接24，在车身线束中
(B489) 连接25，在车身线束中
(B490) 连接26，在车身线束中
(C67) 连接(CAN总线High),在前照灯线束中
(C68) 连接(CAN总线Low),在前照灯线束中

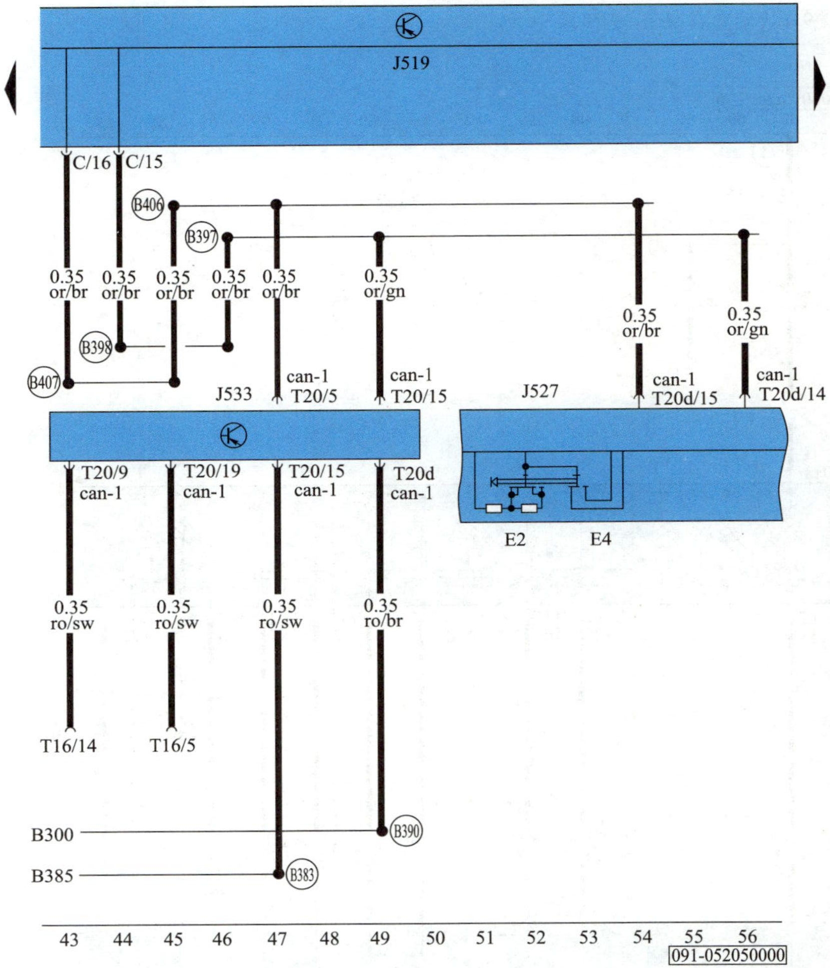


转向信号灯开关，手动防磁自功能和远光灯瞬时接通功能开关，转向柱电子装置控制单元，数据总线诊断接口

E2　转向信号灯开关
E4　手动防磁自功能和远光灯瞬时接通功能开关
J519　车载电网控制单元
J527　转向柱电子装置控制单元
J533　数据总线诊断接口
T16　16芯插头连接,在仪表板下方，自诊断接口
T20　20芯插头连接
T20d　20芯插头连接
B383　车身线束中的连接1（驱动系统总线CAN-H)
B390　车身线束中的连接1（驱动系统总线CAN-L)
B397　车身线束中的连接1（舒适/便捷系统总线CAN-H)
B398　车身线束中的连接2（舒适/便捷系统总线CAN-H)
B406　车身线束中的连接1（舒适/便捷系统总线CAN-L)
B407　车身线束中的连接2（舒适/便捷系统总线CAN-L)

ws =白色
sw =黑色
ro =红色
br =褐色
gn =绿色
bl =蓝色
gr =灰色
li =淡紫色
ge =黄色
or =橘黄色
rs =粉红色

d)

图　5-16

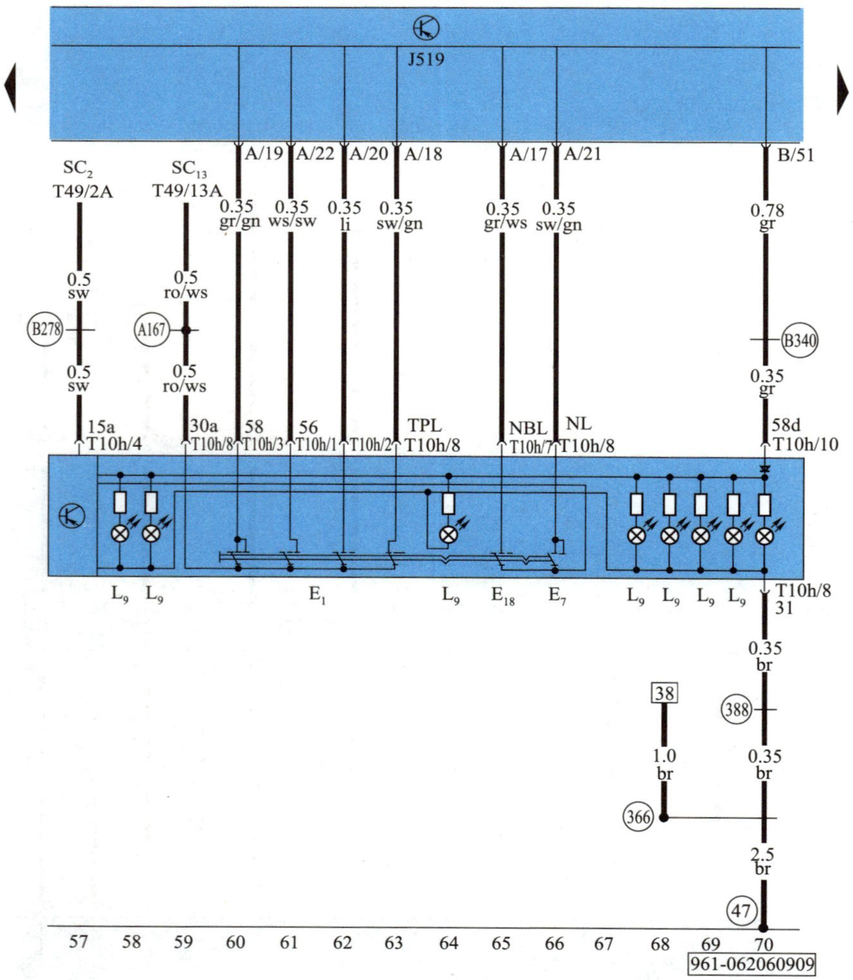


ws =白色
sw =黑色
ro =红色
br =褐色
gn =绿色
bl =蓝色
gr =灰色
li =淡紫色
ge =黄色
or =橘黄色
rs =粉红色

e)

图 5-16　一汽-大众高尔夫 6 灯光电路

车灯开关，前雾灯开关，后雾灯开关

E1　车灯开关
E7　前雾灯开关
E18　后雾灯开关
J519　车载电网控制单元
L9　车灯开关照明灯灯泡
SC2　熔断丝架C上的熔断丝2
SC13　熔断丝架C上的熔断丝13
T10h　10芯插头连接
T49　49芯插头连接

(47)　搭铁点，在右前脚部空间中

(366)　搭铁连接1,在车身线束中

(388)　搭铁连接23,在车身线束中

(A167)　正极连接3(30a),在车身线束中

(B278)　正极连接2(15a),在车身线束中

(B340)　连接1(58d),在车身线束中

### 2.5.1　灯光开关

灯光开关的形式有拉钮式、旋转式和组合式等多种，现代汽车上用得较多的是将前照灯、尾灯、转向灯及变光等开关等制成一体的组合式开关，或是用旋钮式灯光开关与拨杆式变光和转向开关进行组合，如图5-17所示。

使用图5-17a)的拨杆式组合开关时，转动开关端部，便可依次接通尾灯(包括位灯)、尾灯(包括位灯)和前照灯，将开关向下压，便由近光变为远光，将开关向上扳，亦可变为远光，不同的是，松手后开关自动弹回近光位置，此位置用来作为夜间行车时的超车信号。前后扳动开关，可使左右转向灯工作。用旋钮开关可以依次打开示宽灯和前照灯近光，再利用拨杆进行远近光切换。

图5-17　组合开关

### 2.5.2　变光开关

变光开关可以根据需要切换远光和近光，一般与转向盘侧的组合开关组成一体。

### 2.5.3　前照灯继电器

前照灯的工作电流较大，特别是四灯制的汽车，如用车灯开关直接控制前照灯，车灯开关易烧坏，因此在灯光电路中设有灯光继电器，用来保护车灯开关。电路工作时，较小的电流通过车灯开关，大的电流通过车灯。

图5-18所示为触点为常开式前照灯继电器的结构和引线端子当接通前照灯开关后，继电器铁芯通电，触电闭合，通过变光开关向前照灯供电。

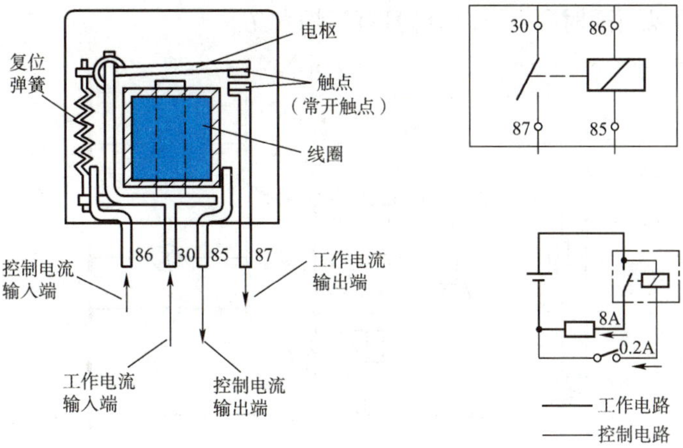


图5-18　灯光继电器

# 3 其他照明和信号灯

## 3.1 转向信号灯及闪光器

当汽车要驶离原方向，需接通左侧或右侧转向信号灯，以提醒其他车的驾驶员，其组成如图5-19所示，主要包括开关、信号灯和闪光器，其中闪光器是主要器件。当遇有特别情况时，所有转向信号灯应同时闪烁，作为危险警告信号。

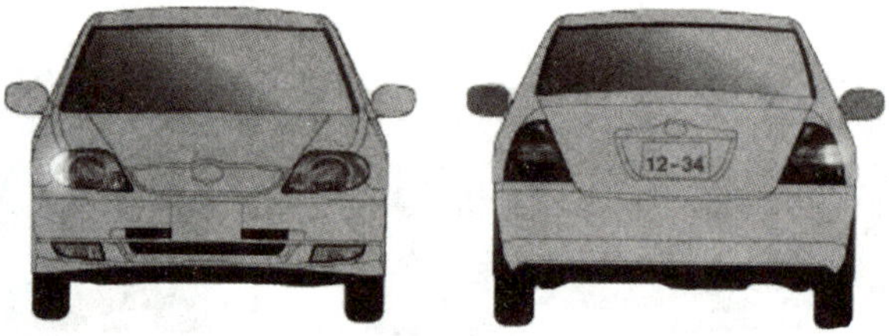


图5-19 转向信号灯示意图及开关

转向信号闪光器是使转向信号灯按一定时间间隔闪烁的器件，转向信号闪光器可根据不同的原理运作。目前使用的闪光器主要有电热式、电容式、电子式。由于电子式闪光器具有性能稳定、可靠性高、寿命长的特点，已获得广泛应用。电子闪光器可分为触点式（带继电器）和无触点式（不带继电器），不带继电器的电子闪光器又称为全电子闪光器。

### 3.1.1 带继电器触点式晶体管闪光器

如图5-20所示，当接通电源开关和转向灯开关后，主线路为蓄电池“+”极→电源开关SW→接线柱B→$R_1$→继电器J的触点→接线柱S→转向开关→转向灯及转向指示灯（左或右）→搭铁→蓄电池“-”极，转向灯亮。当继电器J的触点闭合时，转向灯亮，触点断开时，转向灯灭，而触点的闭合与否取决于晶体管的导通状况，电容C的充放电使晶体管反复导通截止，这样触点也就时通时断，使转向信号灯闪烁发光。

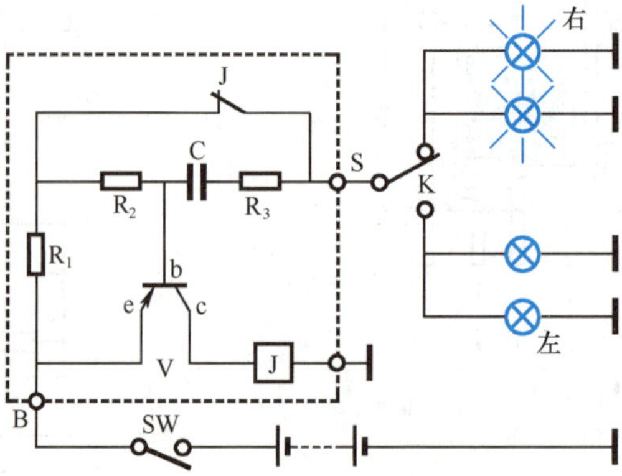


图5-20 带继电器触点式晶体管闪光器电路

### 3.1.2　不带继电器无触点式晶体管闪光器

无触点晶体管闪光器又称全电子式闪光器，即把触点式晶体管闪光器中的继电器去掉，采用大功率晶体管来取代原来的继电器，如图 5-21 所示。本闪光器电路的振荡部分实际上是一个典型的非稳态多谐振荡器，其电路结构对称，也就是说，$R_1 = R_4$、$R_2 = R_3$、$C_1 = C_2$，$VT_1$ 与 $VT_2$ 为同型号的晶体管，且其参数相同。闪光器的输出级采用一只大功率晶体管 $VT_3$。当 $VT_3$ 导通时，可将转向灯电路接通，使灯点亮；当 T3 截止时，转向灯电路被切断而使灯变暗，从而发出频率为 70 ~ 90 次/min 的闪光信号。

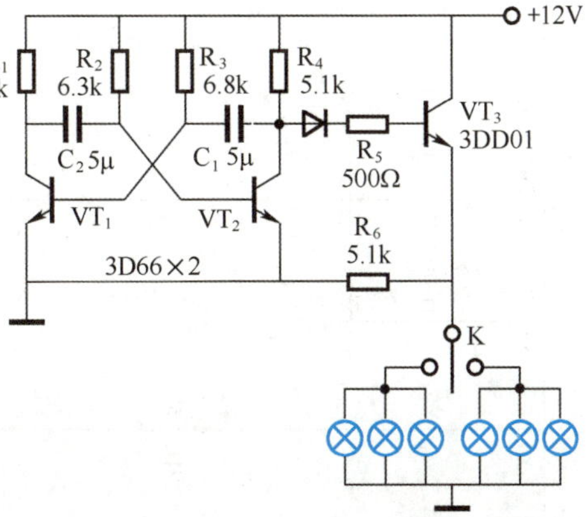


图 5-21　不带继电器无触点式晶体管闪光器电路

此外，目前大部分厂家直接使用电脑来控制转向信号灯的工作，将转向开关和危险警告灯开关的信号送给电脑，由电脑直接控制转向灯的闪烁。如图 5-22 所示为上海通用科鲁兹的转向灯控制电路。该电路将汽车转向灯开关信号和危险警告灯信号送给车身控制模块 BCM，由车身控制模块控制转向灯的闪烁频率。

## 3.2　制动信号灯

制动信号灯安装在车辆尾部，通知后面车辆该车正在制动，以避免后面车辆与其后部相撞，其简化电路如图 5-23 所示。

由电路图可知，制动信号灯由制动开关控制，从控制的方式不同可分为：气压式、液压式和机械式三种。其中气压式和液压式制动开关一般装于制动管路中，工作情况都是利用气压或液压使开关中两接柱相连，从而导通制动信号灯电路，这两种开关经常在载重货车上使用。小型轿车经常使用机械式开关，一般安装于制动踏板下方，当踩下制动踏板时，制动开关内的活动触点便将两接住接通，使制动灯点亮；当松开踏板后，断开制动灯电路。

目前，大部分车辆将制动信号送给电控单元，由电控单元来控制制动灯的通断。

## 3.3　倒车灯与倒车蜂鸣器

倒车灯安装于车辆尾部，给驾驶员提供额外照明，使其能够在夜间倒车时看清车的后部，也警告后面车辆，该车驾驶员想要倒车或正在倒车。当点火开关接通变速器换至倒车挡时，倒车灯点亮，其简化电路如图 5-24 所示。

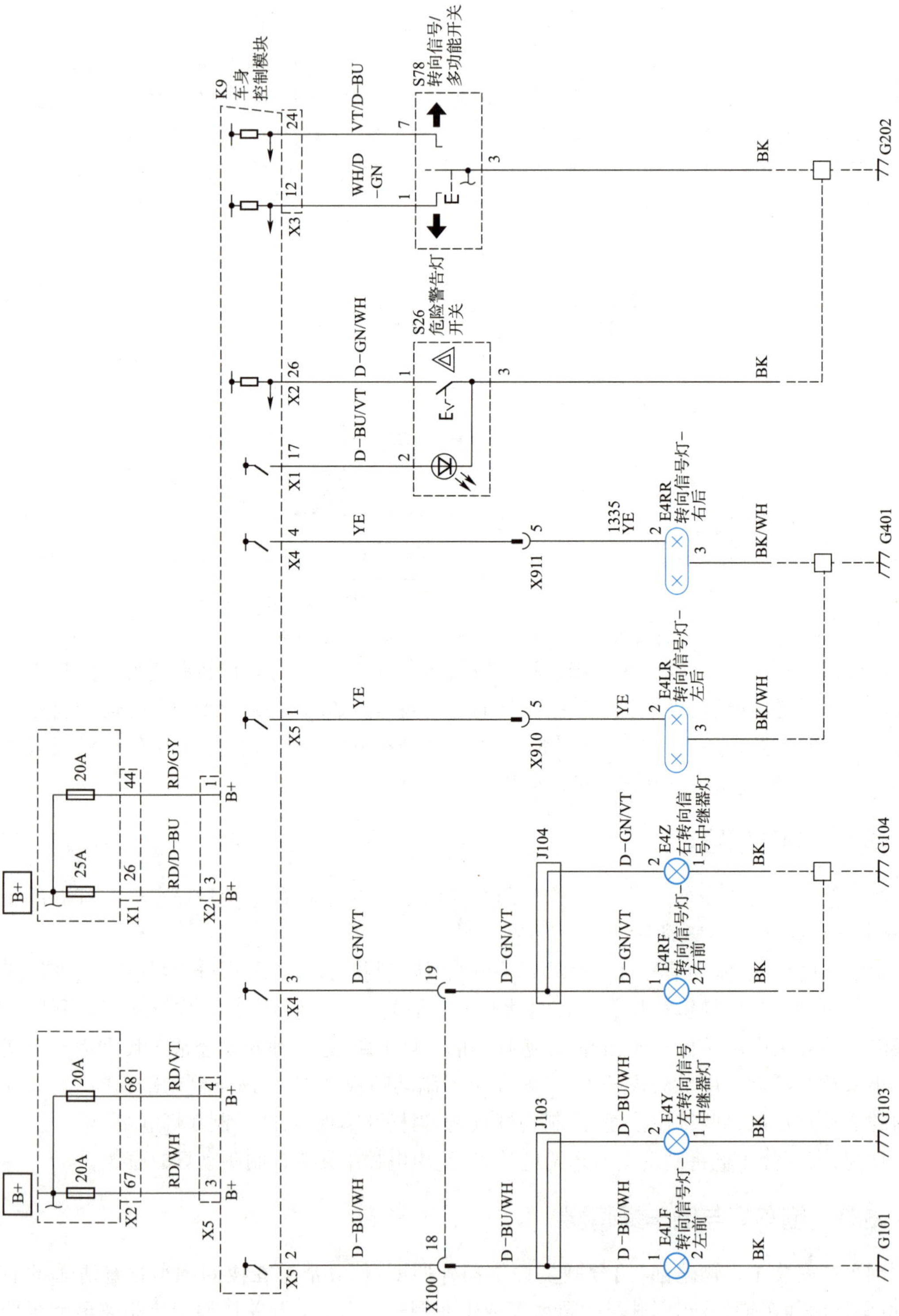


图 5-22　由电脑控制的转向灯电路

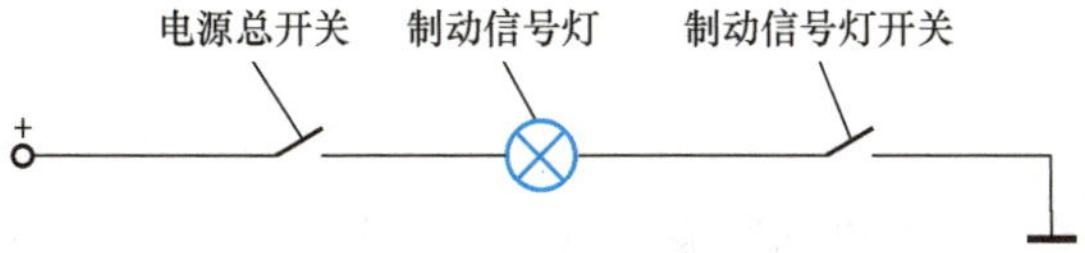


图 5-23　制动信号灯电路示意图

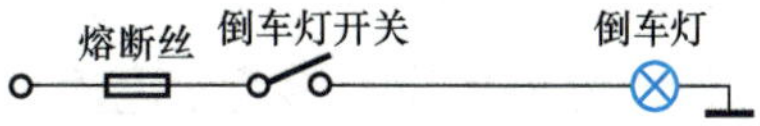


图 5-24　倒车灯电路示意图

倒车开关装在变速器盖上，为了提醒后面行人或车辆注意，有些车上装有倒车蜂鸣器。自动挡车的倒车灯开关与变速器开关一体，由变速器开关为变速器电控单元提供倒车信号，再通过网线将此信号送给仪表电控单元，点亮倒车灯。

# 4　汽车灯系的故障与检修

汽车灯系的故障不外乎两类：一类是器件本身的故障；另一类是线路故障。我们应先检查器件本身的故障，如没有，应按各系统的线路逐级检查，认真查明出现故障的原因及可能存在的隐患，正确地加以排除。在处理故障时，一般应重点检查以下两项内容：一是是否有短路、接线柱接触不良处（断路）；二是熔断丝是否熔断，在车上均可采用试灯法和万用表进行检查。

## 4.1　各部灯光的常见故障

汽车灯光的常见故障一般有灯光不亮、灯光亮度低、灯泡频繁烧坏等。

### 4.1.1　灯光不亮

引起灯光不亮的原因主要有灯泡损坏、熔断丝熔断、灯光开关或继电器损坏及线路短路或断路故障等。在进行故障诊断时，应根据电路图对电路进行检查，判断出故障的部位。

（1）灯泡或熔断器损坏。

如果一只灯不亮一般为灯丝烧断，将灯泡拆下后检查，若灯泡损坏，则更换新灯泡。如果几只灯都不亮，按喇叭，喇叭不响，则可能是总熔断器熔断；若同属一个熔断丝的灯泡都不亮，则可能是熔断丝熔断。处理这两类故障时，在将总熔断器复位或更换新的熔断丝之前，应查找超负荷的原因，方法是：将熔断丝所接各灯的接线从灯座拔掉，用万用表电阻挡测接灯端与搭铁之间的电阻，若电阻较小或为 0，则可断定线路中有搭铁故障，排除故障后，再把熔断器复位或更换新的熔断丝。

（2）灯光开关、继电器及线路的检查。

①继电器的检查。将继电器线圈直接供电，检查继电器是否能正常工作，如不能正常工作，应更换继电器。

②灯光开关的检查。可用万用表检查开关各挡位的通断情况，若与要求不符，应更换灯光开关。

③线路的检查。在检查时可用万用表或试灯逐段检查线路,找出短路或断路故障的部位。

### 4.1.2 亮度下降

若灯光亮度不够,多为蓄电池电量不足或发电机及调节器故障所引起。另外,导线接头松动或接触不良,导线过细或搭铁不良,散光镜坏或反射镜有尘垢,灯泡玻璃表面发黑或功率过低及灯丝没有位于反射镜焦点上,均可导致灯光暗淡。

检查时,首先检查蓄电池和发电机的工作状态。若不符合要求,应先恢复电源系统的正常工作电压,在电源正常的状态下,检查线路的连接情况及灯具是否良好。

### 4.1.3 灯泡频繁烧坏

灯泡频繁烧坏一般是电压调节器不当或失调,使发电机输出电压过高造成的,应重新将工作电压调整到正常工作范围。此外,灯具的接触不良也有可能造成灯泡的频繁损坏,检查时也应注意这方面的情况。

## 4.2 信号灯光常见故障及排除

汽车上的灯光信号大体上有两种:一是闪烁信号,二是持续信号。常见故障是信号灯不亮和信号灯不能正常工作。信号灯不亮可按前面所述故障排除办法检修。闪光信号其他故障与排除方法见表5-2。

信号灯工作不正常的原因及排除方法　　表5-2

| 故障现象 | 原因 | 排除方法 |
|---|---|---|
| 两侧转向灯同时亮 | 转向开关失效 | 检查转向开关 |
| 两侧转向灯闪烁频率不同 | (1)两侧灯泡的功率不等;<br>(2)有灯泡损坏 | 检查灯泡型号 |
| 转向灯常亮不闪 | (1)闪光器损坏;<br>(2)接线错误 | 检查闪光器及电路接线 |
| 闪频过高或过低 | (1)灯泡功率不当;<br>(2)闪光器工作不良,触点间隙过大或过小;<br>(3)电源电压过高或过低 | (1)检查灯泡;<br>(2)更换闪光器,调整触点;<br>(3)调整电压调节器 |

# 5 喇　叭

喇叭是用来警告行人和其他车辆以引起注意,保证行车安全的,按其发音动力有电喇叭和气喇叭之分。气喇叭主要用于具有空气制动装置的重型载货汽车上,电喇叭具有结构简单、体积小、质量轻、声音悦耳且维修方便的特点，因而在中小型车辆中获得了广泛应用。

各车型的喇叭控制电路有所差别，图5-25所示为别克凯越轿车的喇叭电路，该电路中用转向盘上的喇叭开关控制喇叭继电器，从而控制喇叭的通、断电。图5-26所示为别克新君威轿车的喇叭控制电路，该电路中喇叭开关作为信号输入车身控制模块，由车身控制模块控制喇叭继电器线圈的搭铁与否，从而控制喇叭的通断电。目前越来越多的车辆使用5-26所示的喇叭控制电路。

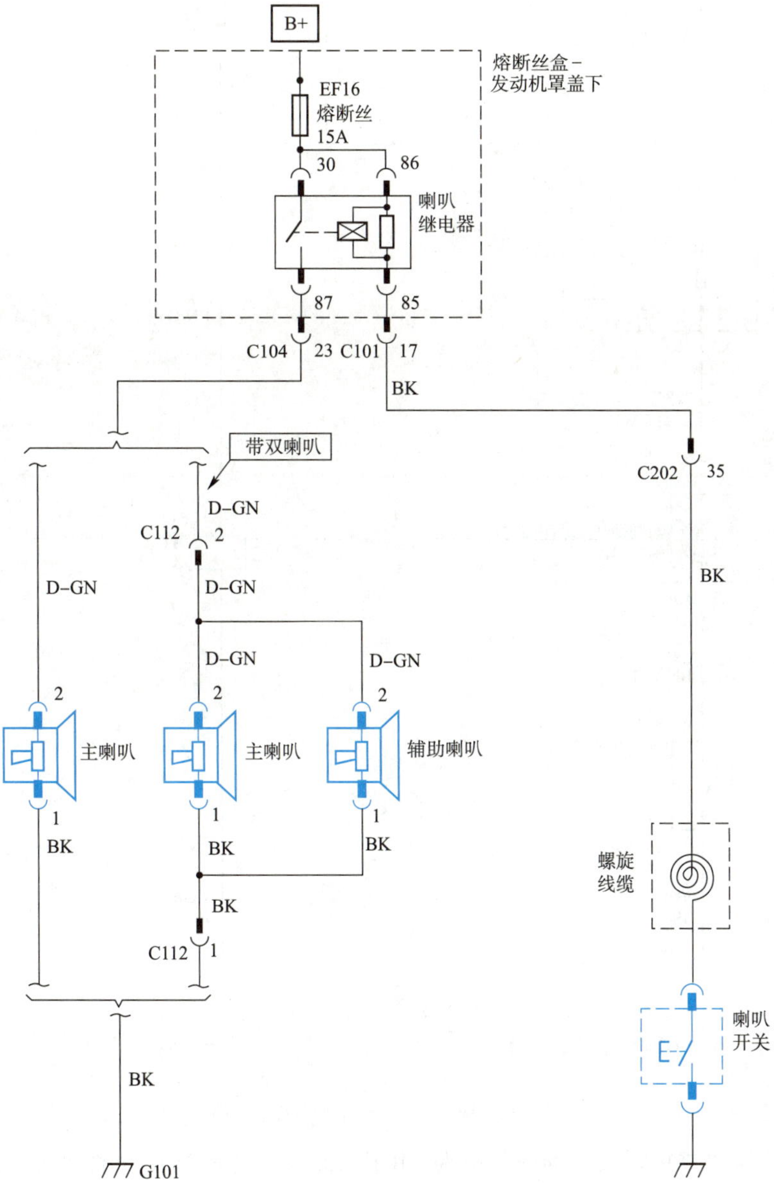


图5-25　别克凯越轿车喇叭控制电路

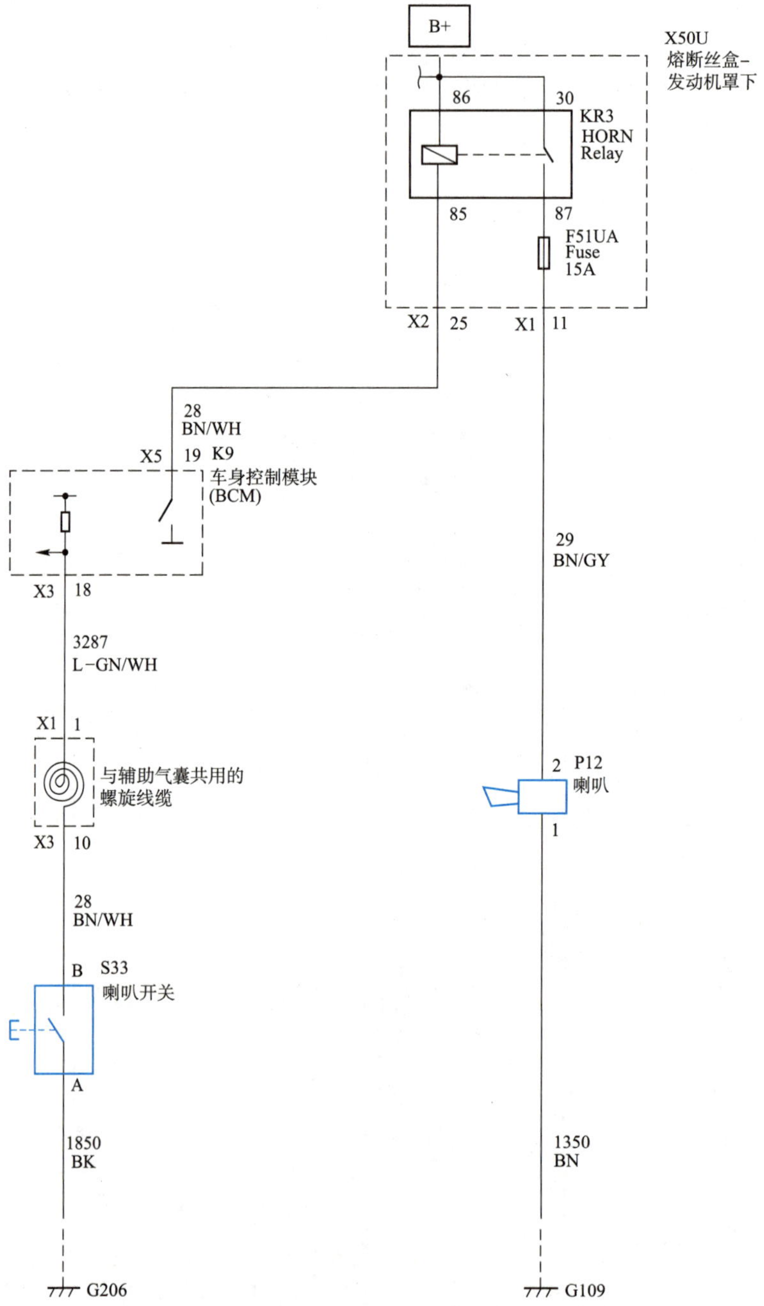


图 5-26　别克新君威轿车喇叭控制电路

有时在实际维修中需要更换螺旋电缆，由于螺旋电缆与汽车安全辅助气囊共用，在更换时有特殊要求，要根据相应车型的维修手册进行。

## 思考与练习

### 一、选择题

1. 能将反射光束扩展分配，使光形分布更适宜汽车照明的器件是（　　）。

A. 反射镜　　B. 配光屏　　C. 配光镜

2. 控制转向灯闪光频率的是（　　）。

A. 转向开关　　B. 点火开关　　C. 闪光器

3. 功率低、发光强度最高、寿命长且无灯丝的汽车前照灯是（　　）。

A. 投射式前照灯　　B. LED 前照灯　　C. 氙灯

4. 更换卤素灯泡时，甲认为可以用手指接触灯泡的玻璃部位，乙认为不能。你认为（　　）

A. 甲对　　B. 乙对　　C. 都对

5. 前照灯灯泡中的近光灯丝应安装在（　　）。

A. 反光镜的焦点处　　B. 反光镜的焦点上方　　C. 反光镜的焦点下方

### 二、判断题

1. 配光屏在接通远光灯丝时，仍然起作用。（　　）
2. 汽车信号系统的主要信号设备有位灯、转向信号灯、后灯、制动灯和倒车灯等。（　　）
3. 前照灯由反射镜、配光屏和灯泡三部分组成。（　　）
4. 在调整光束位置时，对具有双丝灯泡的前照灯，应该以调整近光光束为主。（　　）
5. 氙灯由石英灯泡、变压器和电子控制器组成，没有了传统的钨丝。（　　）
6. 不带继电器无触点式晶体管闪光器采用大功率晶体管来取代原来的继电器。（　　）
7. 使用单个 LED 即可以实现前照灯的照明功能。（　　）

### 三、简答题

1. 前照灯的防炫目措施有哪些？

2. 前照灯由哪几部分组成？前照灯的电路由哪几部分组成，并简述电路原理以及前照灯继电器的作用是什么？

3. 根据灯系电路，简述如何分析灯光不亮的原因和排除方法。

4. 简述氙气前照灯的工作原理。

5. 简述 LED 前照灯的优点及工作原理。

# 单元六 汽车仪表

## 学习目标

☞ **素质目标**

1. 培养努力钻研技术的学习精神，不断提出真正解决问题的新理念新思路新办法；
2. 培养严谨规范、细致入微的工作态度，确保工作质量的提升。

☞ **知识目标**

1. 正确描述汽车仪表系统的组成和形式；
2. 正确描述汽车仪表输入/输出系统的组成；
3. 简单描述汽车仪表部件的结构和工作过程；
4. 简单叙述报警灯和指示灯的名称和功能。

☞ **技能目标**

能够根据组合仪表车况维护 CBS 功能判断车辆磨损或损耗的零部件状况。

## 1 概 述

为了使驾驶员随时掌握车辆的各种状况，并及时发现和排除潜在的故障，汽车上在驾驶员座位前方的仪表板上装有各种仪表、计量表、报警灯和指示灯。一般计量、测量仪表及报警指示灯在仪表板上的布置如图 6-1 所示。

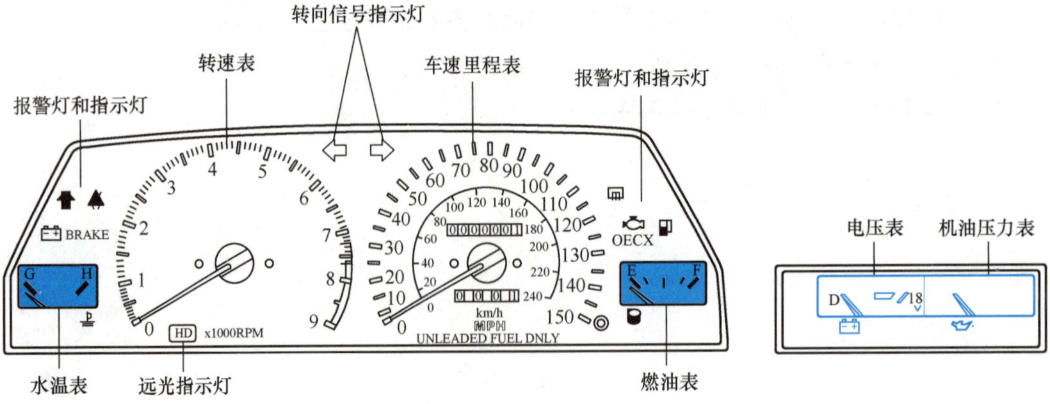


图 6-1 仪表板总成

不同汽车仪表板的仪表不尽相同,但是一般汽车的常规仪表有车速里程表、转速表、机油压力表、水温表、燃油表、充电表等。现代汽车上,汽车仪表还需要装置稳压器,专门用来稳定仪表电源的电压,抑制波动幅度,以保证汽车仪表的精确性。另外,大部分仪表显示的依据来自传感器,传感装置根据被监测对象的状态变化而改变其电阻值,通过仪表表述出来。仪表板中最显眼的是车速里程表,它表示汽车的时速,单位是 km/h。车速里程表实际上由两个表组成,一个是车速表,另一个是里程表。

随着电子技术的发展,现在很多轿车仪表已经使用电子车速表,常见的一种是从变速器上的速度传感器获取信号,通过脉冲频率的变化使指针偏转或者显示数字。

# 2 仪 表

汽车仪表及计量表一般由传感器、电控单元及显示装置三部分组成。电控单元收集各传感器的信息,然后驱动显示设备显示相应的信息。传统仪表的显示装置大多采用机械模拟式的显示设备,现在随着技术的发展,显示设备主要有步进电动机指针式和液晶显示装置。

## 2.1 组合仪表

如图 6-2 所示,为 BMW5 系使用的组合仪表 E60,两个大的指针式仪表用于显示车速和发动机转速。两个小的指针式仪表用于显示油箱存油量和当前耗油量,燃油表和燃油消耗表采用模拟仪表,其指针的悬挂式布置方式提高了组合仪表外观和结构的紧凑性。组合仪表的刻度盘取决于国家规格、车型和发动机型号。绝大部分指示灯都布置在两个大指针式仪表之间的中上部。两个大指针式仪表中间还有两个液晶显示屏。

图 6-2 E60 组合仪表(BMW5)

## 2.2 组合仪表的输入/输出系统一览

组合仪表的输入/输出系统如图 6-3 所示。

## 2.3 系统电路图

组合仪表系统电路图如图 6-4 所示。

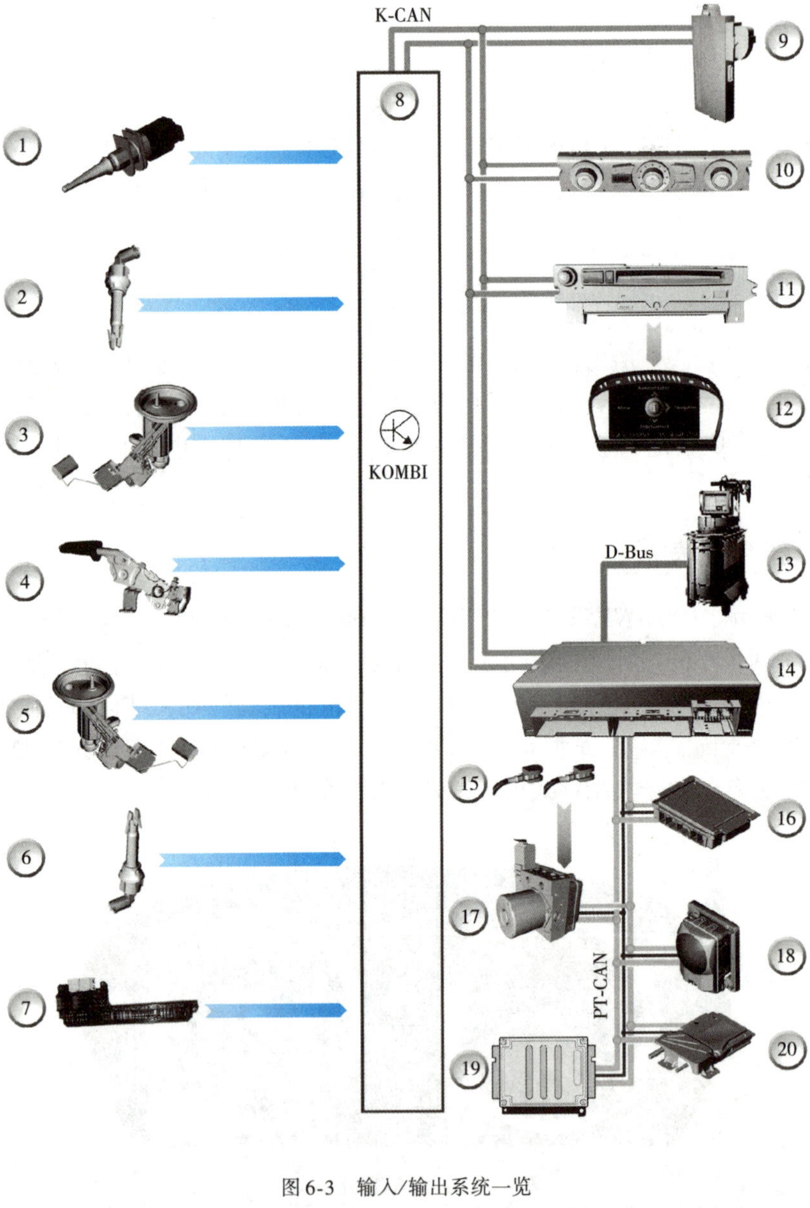


图6-3　输入/输出系统一览

1-车外温度传感器；2-冷却液液位开关；3-左侧燃油箱传感器；4-驻车制动器触点；5-右侧燃油箱传感器；6-清洗液液位传感器；7-前部配电器总线端 Kl. 30；8-组合仪表；9-车身标准模块 KBM；10-自动恒温空调 IHKA 操作面板；11-多音频系统控制器 M-ASK；12-中央信息显示屏 CID；13-诊断总线；14-安全和网关模块；15-前部/后部制动摩擦片磨损传感器；16-自适应巡航控制系统 ACC；17-动态稳定控制系统 DSC；18-主动转向控制 AFS；19-数字式发动机电子伺控系统 DME/DDE；20-电子变速器控制系统 EGS/SMG；PT-CAN-动力传动系控制器区域网络；K-CAN-车身控制器区域网络；D-Bus-诊断总线

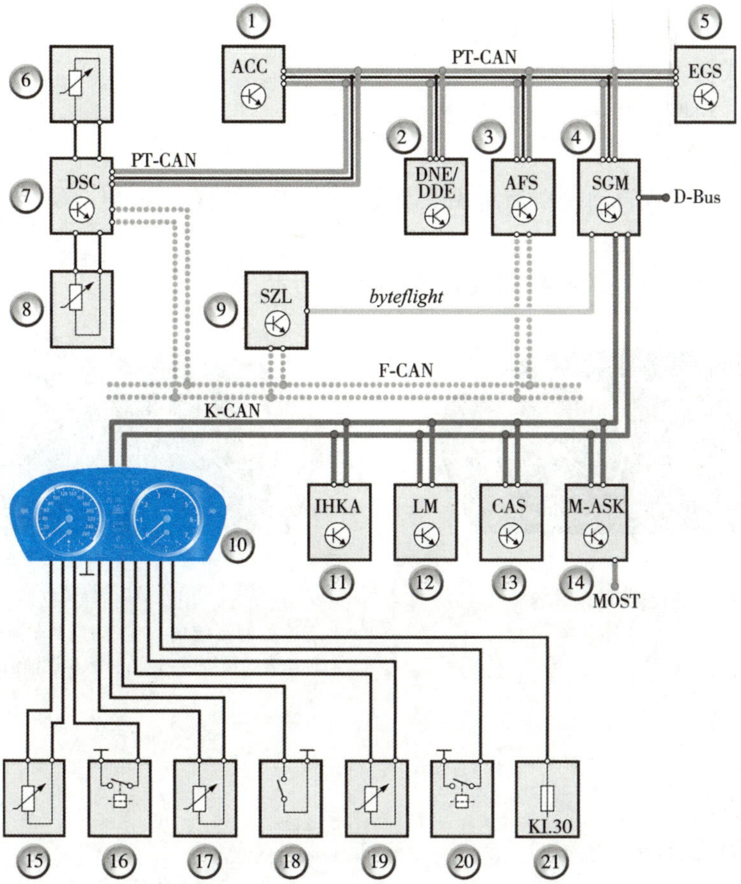


图 6-4　系统电路图

1-自适应巡航控制系统 ACC;2-数字式发动机电子伺控系统 DME/DDE;3-主动转向控制 AFS;4-安全和网关模块 SGM;5-电子变速器控制系统 EGS/SMG;6-制动摩擦片磨损传感器;7-动态稳定控制系统 DSC;8-制动摩擦片磨损传感器;9-转向柱开关中心 SZL;10-组合仪表;11-自动恒温空调 IHKA;12-灯光模块 LM;13-便捷进入及启动系统 CAS;14-多音频系统控制器 M-ASK;15-车外温度传感器;16-冷却液液位开关;17-左侧燃油箱传感器;18-驻车制动器接触开关;19-右侧燃油箱传感器;20-清洗液液位传感器;21-前部配电器;D-Bus-诊断总线;K-CAN-车身控制器区域网络;F-CAN-底盘控制器区域网络;PT-CAN-动力传动系控制器区域网络;MOST-多媒体传输系统

## 2.4 组合仪表的部件

组合仪表由下列部件组成:

(1)指针式仪表;

(2)指示灯和报警灯;

(3)液晶显示屏;

(4)自动变速器或自动换挡控制式手动变速器 SMG 的程序和挡位显示屏;

(5)用于分行驶里程表复位和车况维护 CBS 菜单操作的调节按钮;

(6)所连接的部件(用于控制组合仪表内的显示内容),见系统一览及系统电路图。

### 2.4.1　显示区

组合仪表分为以下几个显示区，如图6-5所示。

(1)指针式仪表；

(2)指示灯和报警灯；

(3)液晶显示屏；

(4)自动变速器或自动换挡控制式手动变速器SMG的程序和挡位显示屏。

#### 2.4.1.1　指针式仪表

组合仪表内集成了下列指针式仪表，如图6-6所示。

图6-5　组合仪表内的显示区

图6-6　指针式仪表

1-定速控制系统的设定车速；2-车速表；3-转速表；4-转速表的预警区；5-燃油表；6-燃油消耗表

(1)车速表；

(2)转速表；

(3)燃油表；

(4)燃油消耗表。

#### 2.4.1.2　指示灯和报警灯

图6-7　指示灯和报警灯

1-左侧转向信号灯；2-指示灯和报警灯；3-右侧转向信号灯

指示灯和报警灯由组合仪表内的处理器进行控制。进行驾驶前检查时，最重要的指示灯和报警灯在总线端Kl. 15接通时打开。指示灯和警告符号由焊接在一起的LED照亮(LED无法单独更换)，如图6-7所示。E60组合仪表中共有18个指示灯和报警灯。

驾驶之前要检查指示灯和报警灯，检查的目的是测试重要的指示灯和报警灯。驾驶前检查时，这些灯在总线端Kl. 15接通时打开4s。所有指示灯和报警灯都能单独设置颜色和时间。驾驶前检查结束后所有指示灯和报警灯都会关闭。

下列指示灯和报警灯在驾驶前检查期间将打开：

(1)安全带警告；

(2)安全气囊；

(3)防抱死制动系统(ABS)；

(4)普通制动报警灯(2s为黄色，2s为红色)；

(5)车载诊断系统OBDⅡ(Check-Engine)；

(6)动态稳定控制系统(DSC);

(7)主动转向控制(AFS);

(8)驾驶员亲自驾驶/目标已感知。

2.4.1.3　液晶显示屏

液晶显示屏位于车速表和转速表之间。液晶显示屏分为两个区域。上部窗口显示时间和车外温度,也可显示 ACC 设定车速、CC 信息和 CBS 图像。下部窗口用于显示车载电脑功能和行驶里程数以及 CBS 信息。如果灯光模块内与组合仪表内的底盘号码不同,则会显示一个辨伪标记点,如图 6-8 所示。

2.4.1.4　程序和挡位显示屏

在带有自动变速器或自动换挡控制式手动变速器 SMG 的车辆上,液晶显示屏下部窗口的中部用于显示程序和挡位,如图 6-9 所示。

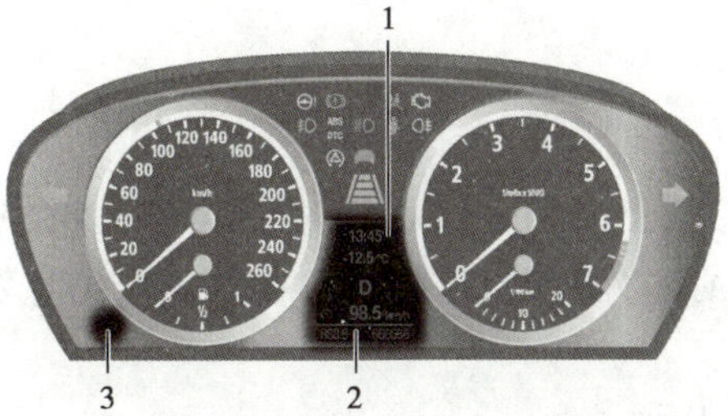


图 6-8　液晶显示屏(全点矩阵)

1-液晶显示屏,上部窗口;2-液晶显示屏,下部窗口;3-分行驶里程表的调节按钮

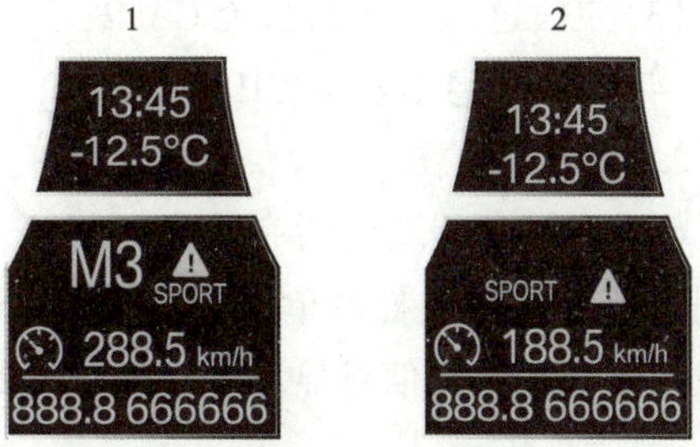


图 6-9　液晶显示屏(全点矩阵)

1-自动变速器;2-手动变速器

程序和挡位显示屏在总线端 Kl. 15 接通后打开。

总线端 Kl. 15 关闭时,只要 SMG 还在发送 CAN 电码,就可继续显示。

自动变速器或 SMG 的控制单元与组合仪表之间通过 K-CAN 交换信息。程序和挡位以字母和数字形式显示,见表 6-1 和表 6-2。程序模式持久显示,不会被其他信息覆盖。

**程序模式显示**　　表 6-1

| 显　示 | 程序模式 |
|---|---|
| M | 手动 |
| DS | 运动 |
| D | 自动变速器或 SMG |

**变速器挡位显示**　　表 6-2

| 显　示 | 变速器挡位 | 显　示 | 变速器挡位 |
|---|---|---|---|
| P | 驻车 | D | 前进挡 |
| R | 倒车挡 | 1 ~ 6 | 挡 |
| N | 空挡 – 怠速 | | |

**提示**

安装有 SMG 时车辆停止后选挡杆位置“N”闪烁。这个显示用于提醒驾驶员车辆可能自行移动。

## 2.4.2 车况维护 CBS

有些汽车的组合仪表还提供了维护项目功能，即根据所选部件的当前状态进行维护或根据状态及维护需求进行维护——车况维护 CBS。CBS 的含义是仅对磨损或损耗的零部件进行维护。

该系统计算维护期限(例如换油或尾气检测)并将有关数据通过组合仪表内的液晶显示屏显示给客户。CBS 将所有数据按维护到期日分类，组合仪表将分类后的数据发送到中央信息显示屏 CID，在其维护菜单中可以选择并显示这些数据。共有 10 个维护类别，每个类别都对应一个规定的维护分组。

该系统拥有以下组件：

(1)组合仪表；

(2)外部装置(DME、IHKA、DSC)；

(3)便捷进入及起动系统 CAS2；

(4)中央信息显示屏 CID。

2.4.2.1 框图

CBS 系统所需要的所有信息都发送 K-CAN 总线上。组合仪表是 K-CAN 内的组件，其作用相当于 CBS 主控制单元。这样即可通过 K-CAN 将所有控制单元的 CBS 请求信息发送到组合仪表和中央信息显示屏。如图 6-10 所示。

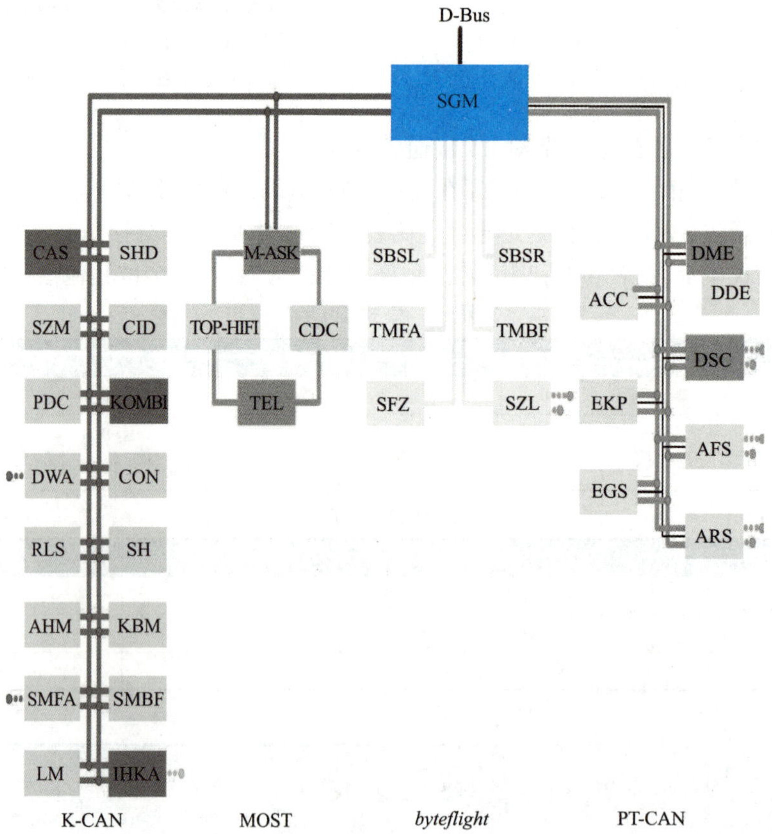


图 6-10 车况维护 CBS 的框图

2.4.2.2　CBS 显示

组合仪表内的显示总是由以下两个彼此分开的显示组成，如图 6-11 所示。

(1)上部显示屏内的一个彩色符号；

(2)橘黄色表示正常；

(3)黄色表示维护到期；

(4)红色表示已超过维护期限；

(5)下部显示屏内的剩余里程数据和/或绝对时间数据。

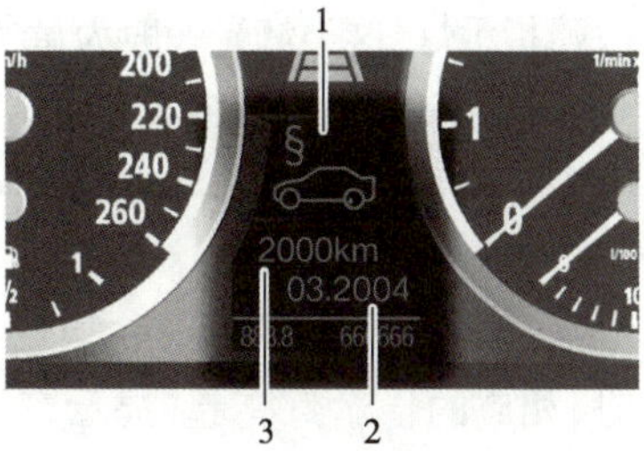


图 6-11　组合仪表中的 CBS 显示

1-CBS 符号;2-剩余里程显示;3-绝对时间数据

## 2.5　车载电脑

E60 中的车载电脑有两个型号：标准型车载电脑和旅行车载电脑，可根据车辆装备情况通过设码激活。

标准型车载电脑包括下列功能：

(1)平均油耗 1；

(2)可达里程；

(3)平均车速 1；

(4)车速表(仅用于官方车辆)。

对于旅行车载电脑来说，车载电脑还具有下列功能：

(1)旅行开始时间；

(2)旅行持续时间；

(3)所行驶过的里程；

(4)到达时间；

(5)平均油耗 2；

(6)平均车速 2；

(7)剩余里程。

标准型车载电脑的各项功能可以在组合仪表的液晶显示屏中依次调用。旅行车载电脑只能在车载显示器中显示。

通过行驶方向开关和近光灯开关内的一个按钮可以在组合仪表内调出并翻阅车载电脑的显示内容，如图 6-12 所示。

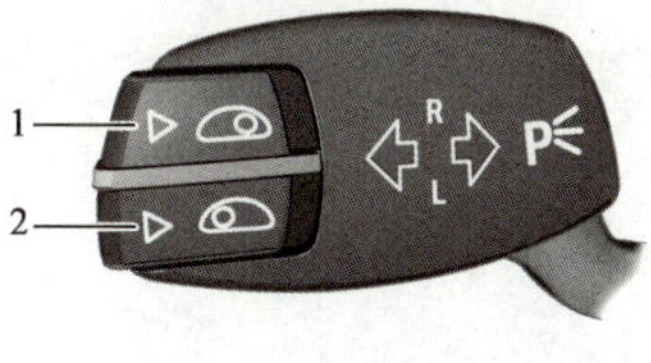


图 6-12　用于转向显示的转向轴开关

1-转向轴开关上的检查控制按钮；

2-转向轴开关上的车载电脑按钮

# 3　报警灯、指示灯和车内功能按键

## 3.1　报警灯和指示灯

汽车仪表指示灯比较多，一般指示灯分为 3 种类型：第一种是显示功能，如转向指示灯、远近光指示灯，一般灯光颜色为蓝色或绿色；第二种是提醒功能，如制动片磨损、燃油下限指示、发动机故障指示灯，这类灯光一般为黄色，提醒驾驶员尽快进行处理，一般不影响行驶；第三种为报警灯，主要是在车辆出现故障或异常情况时进行警示，此类灯光亮时应引起驾驶员高度重视。

车门状态指示灯——显示车门是否完全关闭的指示灯。车门打开或未能关闭时，相应的指示灯亮起，提示车主车门未关好，车门关闭后熄灭。

驻车指示灯——驻车制动手柄(即手刹)拉起时，此灯点亮；驻车制动手柄被放下时，该指示灯自动熄灭。在有的车型上制动液不足时此灯会亮。

蓄电池指示灯——显示蓄电池工作状态的指示灯。接通电门后亮起，发动机起动后熄灭。如果不亮或常亮不灭应立即检查发电机及电路。

制动盘指示灯——显示制动盘片磨损情况的指示灯。正常情况下此灯熄灭，点亮时提示车主应及时更换故障或磨损过度制动片，修复后熄灭。

机油指示灯——显示发动机机油压力的指示灯。本灯亮起时表示润滑系统失去压力，可能有渗漏，此时需立即停车关闭发动机进行检查。

水温指示灯——显示发动机冷却液温度过高的指示灯。此灯点亮报警时，应即时停车并关闭发动机，待冷却至正常温度后再继续行驶。

安全气囊指示灯——显示安全气囊工作状态的指示灯。接通电门后点亮，3～4s 后熄灭，表示系统正常；不亮或常亮表示系统存在故障。

ABS 指示灯——接通电门后点亮，3～4s 后熄灭，表示系统正常；不亮或长亮则表示系统故障，此时可以继续低速行驶，但应避免急制动。

发动机自检灯——发动机工作状态的指示灯。接通电门后点亮，3～4s 后熄灭，发动机正常；不亮或长亮表示发动机故障，需及时进行检修。

燃油指示灯——提示燃油不足的指示灯。该灯亮起时,表示燃油即将耗尽。一般从该灯亮起到燃油耗尽之前,车辆还能行驶50km左右。

清洗液指示灯——显示风窗玻璃清洗液存量的指示灯。如果清洗液即将耗尽,该灯点亮,提示车主及时添加清洗液;添加清洁液后,指示灯熄灭。

电子油门指示灯——本灯多见于大众公司的车型中。车辆开始自检时,EPC灯会点亮数秒,随后熄灭;出现故障时本灯亮起,应及时进行检修。

前后雾灯指示灯——该指示灯是用来显示前后雾灯的工作状况。前后雾灯接通时,两灯点亮。图中左侧的是前雾灯显示,右侧为后雾灯显示。

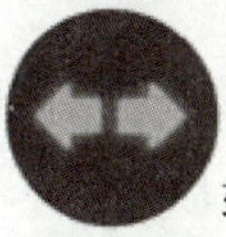

转向指示灯——转向灯亮时,相应的转向灯按一定频率闪烁。按下双闪警示灯按键时,两灯同时亮起,转向灯熄灭后,指示灯自动熄灭。

远光指示灯——显示前照灯是否处于远光状态,通常的情况下该指示灯为熄灭状态。在远光灯接通和使用远光灯瞬间点亮功能时亮起。

安全带指示灯——显示安全带状态的指示灯。按照车型不同,灯会亮起数秒进行提示,或者直到系好安全带才熄灭,有的车还会有声音提示。

内循环指示灯——该指示灯是用来显示车辆空调系统的工作状态,平时为熄灭状态。当打开内循环按钮,车辆关闭外循环时,该指示灯自动点亮。

示宽指示灯——示宽指示灯是用来显示车辆示宽灯的工作状态,平时为熄灭状态。当示宽灯打开时,该指示灯随即点亮。

TCS指示灯——该指示灯是用来显示车辆TCS(牵引力控制系统)的工作状

态，多出现在日系车上。当该指示灯点亮时，说明 TCS 系统已被关闭。

### 3.2 车内功能按键

油箱开启键——用来在车内遥控开启加油口盖。装有该按键的车辆，驾驶员可以通过这个按键将加油口盖从车内打开。不过油箱的关闭需要手动在车外控制。

ESP 开关键——用来打开关闭车辆的 ESP。车辆的 ESP 系统默认为工作状态，为了享受更直接的驾驶感受，车主可以按下该按键关闭 ESP 系统。

倒车雷达键——用来根据车主需要打开或是关闭车上的倒车雷达系统。驾驶员可以按下该按钮手动控制倒车雷达的工作。在倒车时手动关闭倒车雷达，或是手动开启倒车雷达。

中控锁键——车辆中控门锁的控制按钮。车主可以通过按下该按钮，同时打开或是关闭各车门的门锁。也可以单独关闭某一个开启的车门，有效地保证了车内人员的安全。

## 4 中央信息显示屏

中央信息显示屏 CID 是所有舒适功能和个别车辆功能操作界面的图形显示单元。其主菜单由四个菜单项组成：通信、导航、信息娱乐和空调。所有个性化用户设置都集中在附加的菜单项“设置”下。主菜单调出按钮位于中控台内控制器之后，如图 6-13 所示。

图 6-13 中央信息显示屏 CID

中央信息显示屏是一个用于以下功能的集成式显示和操作的单元：

(1)音频系统，例如收音机、CD、MC；

(2)车载电脑，旅行车载电脑；

(3)检查控制信息；

(4)导航；

(5)针对需求的维护 BOS；

(6)车辆信息；

(7)短信息；

(8)电话和数据服务；

(9)CD-ROM 或 DVD;

(10)个性化的项目,例如电台选择;

(11)暖风和空调;

(12)车辆功能,例如 DSC、EDC、PDC、RDC;

(13)服务模式。

## 4.1 中央信息显示屏 CID 概述

### 4.1.1 总线网络

M-ASK 产生 LVDS 数据(Low Voltage Differential Signaling,低压微分信号)用于在中央信息显示屏上显示图像。中央信息显示屏的中央操作元件是控制器。控制器通过 K-CAN 系统经过中柱开关控制中心 SZM 连接到 CID。CID 的诊断接口通过诊断总线连接到安全基本模块 SGM。其输入/输出如图 6-14 所示。

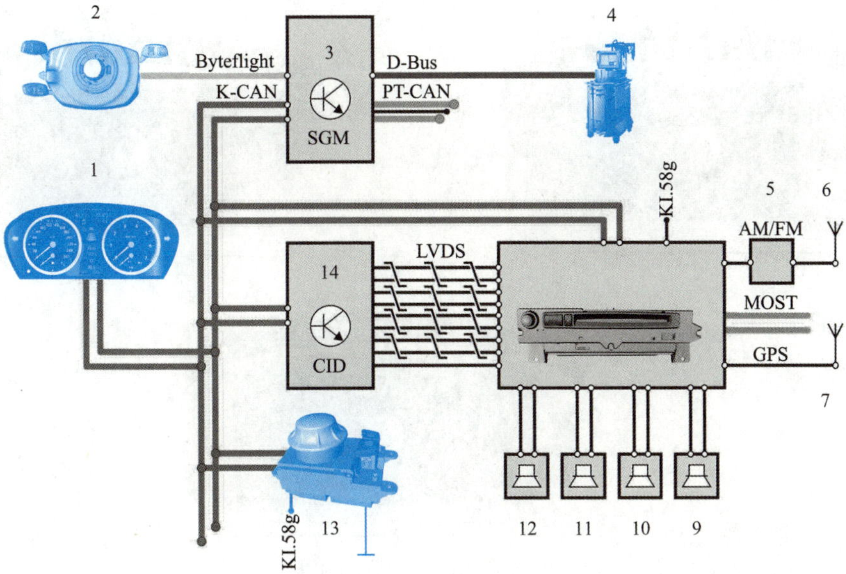


图 6-14 输入/输出系统一览

1-组合仪表;2-转向柱开关中心;3-中柱开关控制中心;4-诊断;5-择优多相式天线;6-FM/AM 天线;7-GPS 天线;8-多音频系统控制器;9、10、11、12-扬声器;13-控制器;14-中央信息显示屏

### 4.1.2 系统电路图

中央信息显示屏系统电路图如图 6-15 所示。

为了与不同的装备型号匹配,E60 上使用了下列型号的显示屏:

(1)5.8in(注:1in = 0.0254m)标准型单色 CID(400 × 240 像素);

(2)6.5in 中级彩色液晶 CID(400 × 240 像素);

(3)8.8in 高级彩色液晶 CID(640 × 240 像素),这款 LCD 还带有一个辅助窗口。

其壳体内可以安装所有型号的显示屏。整个中央信息显示屏用两个螺栓固定在仪表板上,如图 6-16 所示。

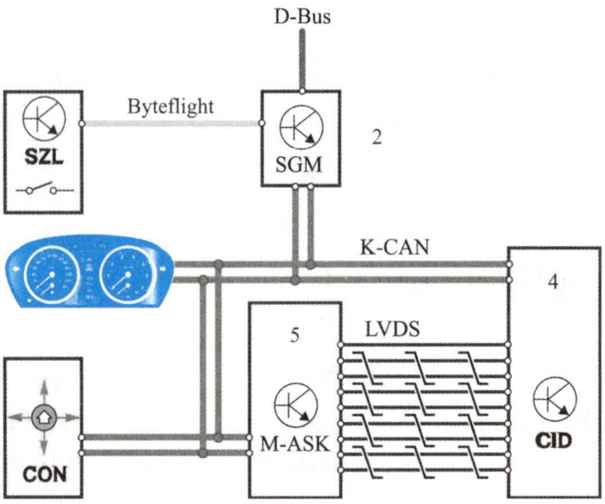


图 6-15　系统电路图

1-转向柱开关中心;2-安全和网关模块;3-组合仪表;4-中央信息显示屏;5-多音频系统控制器;6-控制器

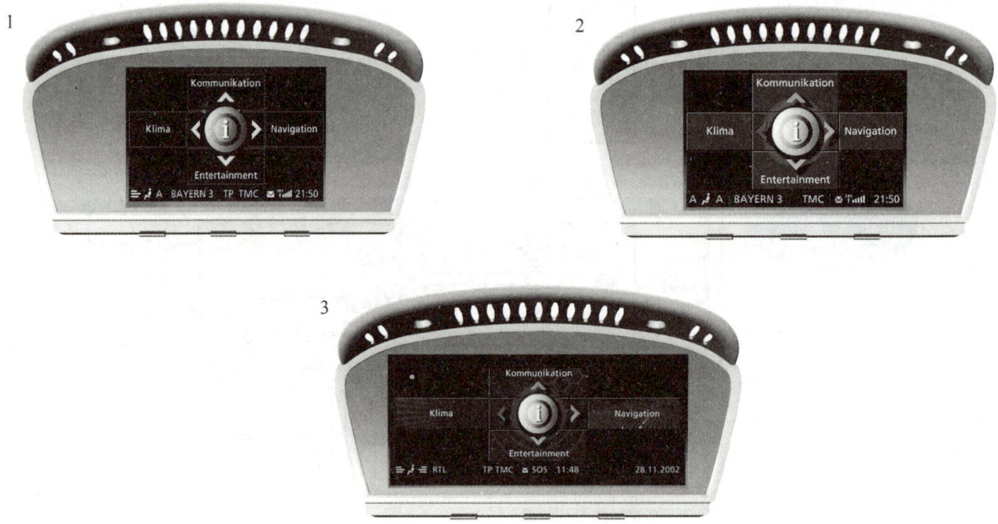


图 6-16　E60 中央信息显示屏

1-5.8in 标准型单色 CID;2-6.5in 中级彩色液晶 CID;3-8.8in 高级彩色液晶 CID

## 4.2　中央信息显示屏中的显示

5.8in 单色液晶显示屏和 6.5in 彩色液晶显示屏的分辨率为 400 × 240 像素(宽度 × 高度),显示屏划分为操作区和状态栏。两个液晶显示屏唯一的外观区别是 6.5in 型的各菜单选项以彩色显示。主菜单的显示由 4 个菜单选项组成:通信、导航、娱乐、空调。

4 个菜单选项在中央信息显示屏上的位置以十字线形式与 4 个主移动方向一一对应。除了这 4 个主菜单选项外还有第 5 个菜单选项,在该菜单内只能进行用户个人设置。此外,在这个菜单内也可以关闭或打开屏幕。此菜单可以通过按压控制器调出。如图 6-17 所示,以图解方式表示了中央信息显示屏内各菜单的显示与控制器之间的关系。插图中的所有图形都与 6.5in 中级彩色 LCD 中的显示相同。

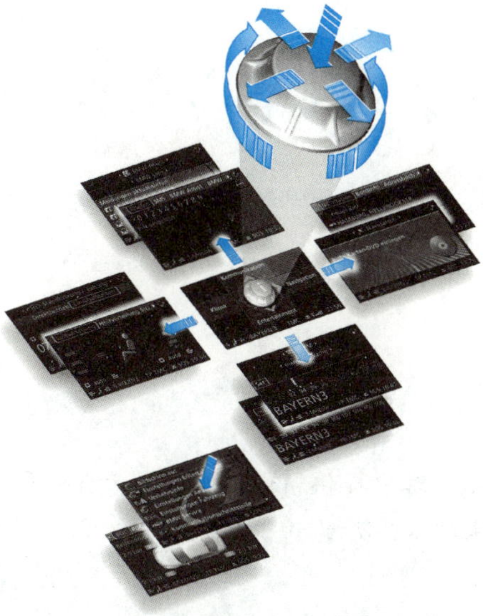

图 6-17　E60 中央信息显示屏的操作界面

## 思考与练习

### 一、选择题

1. 汽车仪表及计量表一般由传感器、电控单元及(　　)三部分组成。

A. 中央控制单元　　B. 显示装置　　C. 指示灯和报警灯

2. 组合仪表 E60，两个大的指针式仪表用于显示车速和(　　)。

A. 油箱存油量　　B. 当前耗油量　　C. 发动机转速

3. 用来显示汽车行驶速度的仪表是(　　)。

A. 里程表　　B. 车速表　　C. 转速表

### 二、判断题

1. 指示灯和报警灯由组合仪表内的处理器进行控制。(　　)

2. CBS 系统所需要的所有信息都发送 K-CAN 总线上。(　　)

3. 蓄电池指示灯是显示蓄电池工作状态的指示灯。发动机起动后亮起。如果熄灭应立即检查发电机及电路。(　　)

4. 中央信息显示屏 CID 是所有舒适功能和个别车辆功能操作界面的图形显示单元。(　　)

### 三、简答题

1. 简述汽车组合仪表的组成。

2. 说出常见的警报灯和指示灯的功能。

3. 简述中央信息显示屏的组成。

# 单元七　汽车电子控制系统

**学习目标**

☞ 素质目标

1. 注重工作细节，培养为客户提供精细化服务的意识；
2. 培养主动学习，追求技术进步的意识和能力。

☞ 知识目标

1. 正确描述汽车安全气囊系统的作用与原理；
2. 正确描述汽车巡航系统的作用与原理；
3. 正确描述倒车影像系统的工作原理；
4. 正确描述汽车驻车辅助系统的作用与原理；
5. 正确描述汽车车道保持系统的作用与原理；
6. 正确描述汽车夜视系统的作用与原理。

☞ 技能目标

1. 会利用故障诊断仪对汽车各电子控制系统读取故障码；
2. 会利用故障诊断仪对汽车各电子控制系统读取数据流；
3. 会利用故障诊断仪的倒车报警和影像系统进行校准；
4. 会利用故障诊断仪的驻车辅助系统进行校准；
5. 会利用故障诊断仪的车道保持系统进行校准。

## 1　汽车安全气囊电子控制系统

### 1.1　概述

尽管目前已经采用了许多好的方案来提高车辆的主动安全保护性能，但始终不能完全杜绝或者避免事故的发生。因此，人们不断地就发生事故时如何保护车内乘员的可行技术方案进行探索和研究。直到20世纪50年代，人们才在车辆被动安全系统方面迈出了第一步，即在发生碰撞时通过安全带将乘员约束在座椅上。20世纪80年代初，人们在这方面又取得了新的进展，即在车辆中安装发生碰撞时能够保护乘员的安全气囊。该系统问世后便得到了不断的改进，其性能也得到了不断的提高。

相关链接

凡是能尽量阻止事故发生的安全装置都属于主动安全系统。主动安全保护系统主要包括以下系统：

(1)防抱死制动系统——ABS；

(2)驱动防侧滑调节系统——ASR；

(3)电子稳定性调节系统——ESP；

(4)电子制动力分配系统——EBV；

(5)自适应巡航控制系统——ACC；

(6)电子差速器锁止系统——EDS。

被动安全系统是指在发生事故时所有用于防止乘员受伤或者降低受伤危险的工程设计和装备。目前，车辆被动安全系统最主要的部件包括：

(1)带安全带预紧器的安全带系统，包括儿童保护系统；

(2)配备了正面、侧面、头部安全气囊的安全气囊系统；

(3)具有相应车顶强度和前后及侧面部位变形区域的抗变形乘员区(它们通过针对性地消除碰撞能量来保护乘员)；

(4)敞篷车的翻车保护装置；

(5)蓄电池断开装置。

## 1.2　安全气囊的分类

汽车安全气囊系统(Supplemental Restraint System，SRS)可按如下方式分类。

### 1.2.1　按传感器类型分类

(1)机械式安全气囊系统。机械式安全气囊系统不需用电源，全部零件组装在转向盘装饰盖板下面，检测碰撞动作和引爆点火剂都是利用机械动作来完成的。

(2)电子式安全气囊。电子式安全气囊系统有两种布置方式，早期的电子式传感器在汽车的前端部安装，气囊引爆装置安装在转向盘上，前端的传感器需要引线连接。现在的整体式安全气囊，则把电子式传感器后移，与点火引爆装置作为一个整体安装在转向盘上，可以取消线束，消除了由于线路短路或断路导致气囊失效的故障。

### 1.2.2　按保护对象的不同分类

(1)驾驶员防撞安全气囊。驾驶员防撞安全气囊装在转向盘上，美式安全气囊体积较大，约60L，是按没有座椅安全带设计的。欧式安全气囊按有驾驶员座椅安全带设计的，其体积较小，约40L。日本车一般配有安全带，多采用欧式。

(2)乘员防撞安全气囊。由于乘员在车内位置不固定，因此为保护其撞车时免受伤害，设计的安全气囊体积也较大。美式的安全气囊约160L，欧式的安全气囊约75L。有些车上还配有后排乘员防撞安全气囊，装在前排座椅后面。

(3)侧面防撞安全气囊。该气囊装在车门上，当汽车遭受侧面碰撞时，防止乘员受到侧面撞击。

### 1.2.3 窗帘式安全气囊与智能型安全气囊

**相关链接**

发生侧面碰撞时，侧面安全气囊能在瞬间充气膨胀，以保护乘员头部的安全。安装在车门上的侧面安全气囊同时对胸及腰部也起到保护作用。侧向安全气囊膨胀时，向上方延伸，对头部起到保护作用；但同时把乘员的手臂向上牵动，有可能造成肩膀脱臼。这就要求限制安全气囊的尺寸，这样，一旦车辆碰撞时，由于头部会在前后方向发生位移，不能保护头部。因此有些车系（如宝马）设计成管形安全气囊，充气后与侧窗成横斜方向展开，与乘员的身高相配合。

（1）窗帘式安全气囊。由于管形安全气囊不能全部覆盖侧窗，所以，玻璃的碎片可能击入车内刺伤乘员，把以窗帘状展开的气囊称为窗帘式安全气囊。窗帘式安全气囊在车辆侧面碰撞时，与侧面安全气囊同时展开，位于A柱与车顶纵梁的内衬中。窗帘式安全气囊只是在一些高档汽车上使用。

（2）智能型安全气囊。为了减轻安全气囊的副作用，研制出智能型安全气囊。它具有功能如下：检测乘员是否系上安全带；检测乘员乘坐位置；检测儿童座椅；调控安全气囊充气膨胀力；检测座椅上是否有乘员；检测气温。

（3）多级安全气囊用充气膨胀器。多级安全气囊充气膨胀器可以根据汽车的行驶速度和车辆的碰撞程度不同分三个阶段调节充气膨胀力。车速越高，撞击程度越大，充气膨胀力越大。

## 1.3 安全气囊系统的组成和工作原理

### 1.3.1 安全气囊系统的基本组成

电子式安全气囊系统的组成部分分布在汽车的不同位置，各型汽车所采用部件的结构和数量有所不同，但其基本组成和工作原理都大致相同。系统的基本构成如图7-1所示，气囊组件包括SRS气囊、气体发生器和点火器等，它们安装在转向盘中；副驾驶座气囊装在杂物箱上侧，用一塑料盖板遮住。前碰撞传感器分别安装在驾驶室间隔板左、右侧及中部；中心的安全气囊传感器与电子控制装置（SRS的ECU）安装在一起，系统故障指示灯在仪表板上。

#### 1.3.1.1 安全气囊组件

安全气囊组件包括充气装置、气囊、外壳等。

（1）充气装置。充气装置与气囊组合为一体安装在转向盘支架上，由气体发生剂、火药、雷管、过滤器和外壳等组成。碰撞发生后，雷管引燃火药，产生高温，使气体发生剂迅速生成大量气体，经过滤后充入气囊，使气囊瞬间展开。

（2）气囊。气囊安装在充气装置上部，用塑料盖板护住。气囊一般由尼龙制成，上面有一些排气孔。充气结束后，排气孔立即排气使气囊变软，这样起到缓冲作用，以减轻对驾乘人员的伤害。

#### 1.3.1.2 气囊传感器

气囊传感器包括前碰撞传感器、中央传感器和安全传感器，用来检测碰撞减速力、碰撞强度，作为电子控制装置计算气囊是否动作的参数。

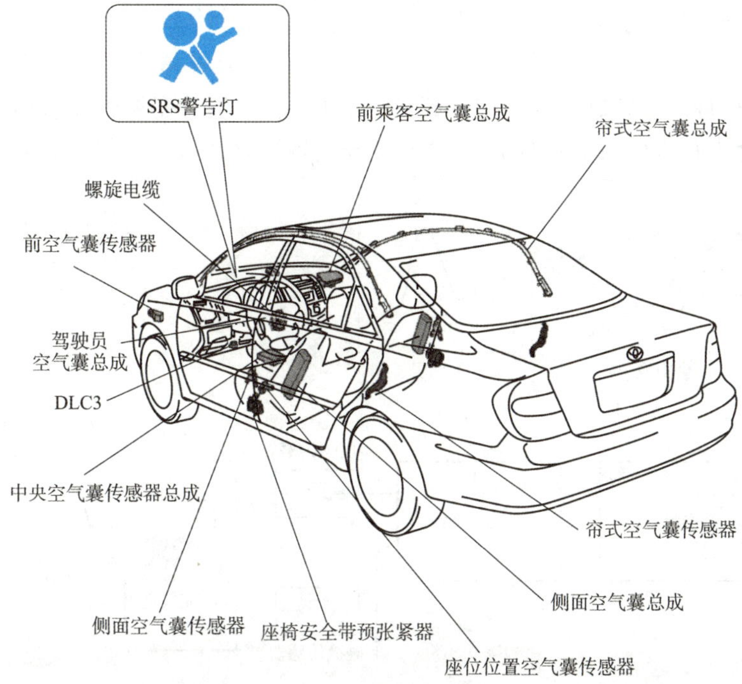


图 7-1　系统组成

1.3.1.3　电子控制装置(ECU)

电子控制装置是 SRS 的控制中心,其功能是接受传感器输入的信号,判断是否起动安全气囊系统,并进行故障自诊断。

**相关链接**

电子控制装置由稳压电路、备用电源电路、系统侦测电路和驱动电路、触发传感器、记忆电路和故障自诊断电路等部分组成。

### 1.3.2　安全气囊系统的工作原理

当汽车行驶中遭受到正面或侧面碰撞时,安全气囊系统的工作原理基本相同。现以图 7-2所示的正面碰撞为例,说明安全气囊系统的工作原理。

**相关链接**

当物体受到作用时间极短的力时,会因此而改变其运动状态,这种现象在物理上称为碰撞。

当汽车受到前方一定角度范围内的高速碰撞时,车体会强烈的振动,同时车速急剧下降。安装在汽车前端的碰撞传感器和与 SRS ECU 安装在一起的防护碰撞传感器(安全传感器)就会检测到汽车突然减速和撞击强度的信号,当达到规定的强度时,传感器即向 SRS ECU 发出信号。SRS ECU 接收到信号后,与其原存储信号进行比较,若达到气囊的展开条件,则由驱动电路向安全气囊组件中的气体发生器送去起动信号。气体发生器接到起动信号后，引爆电雷管引燃气体发生剂，产生大量气体，经过滤并冷却后进入安全气囊，使气囊在极短的时间内突破衬垫迅速展开，在驾驶员或乘客的前部形成弹性气垫，并及时泄漏、收缩，将人体与车内构件之间的碰撞变为弹性碰撞，通过气囊产生的变形吸收人体碰撞产生的动能，从而有效地保护人体头部和胸部，使之免于伤害或减轻伤害程度，如图 7-2 所示。

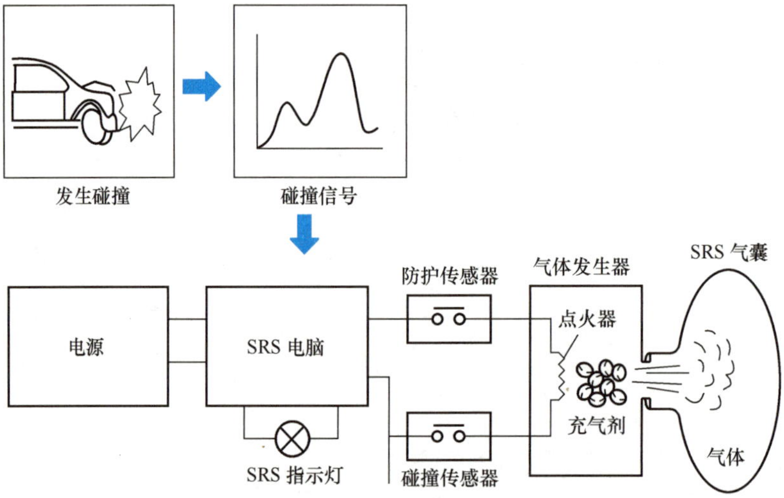


图 7-2　工作原理

## 1.3.3　安全气囊系统的工作过程

图 7-3 所示为某汽车在速度为 50km/h 时与前面障碍物相撞时，安全气囊的引爆过程。

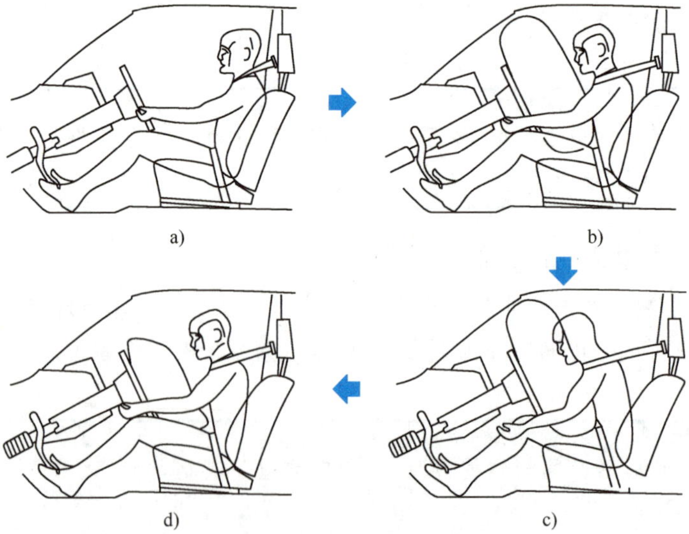


图 7-3　工作过程

a）尚未引爆；b）气囊充满；c）能量吸收；d）气体逸出

（1）碰撞 10ms 后，安全气囊系统达到引爆极限，电雷管引爆点燃点火剂，产生大量的无毒炽热气体。此时，驾驶员由于惯性尚未动作，如图 7-3a）所示。

（2）20ms 后，驾驶员开始移动，但还没有到达气囊。

（3）40ms 后，气囊完全充满胀起，体积达到最大，安全带被拉长，人的部分冲击能量已被吸收,如图7-3b)所示。

(4)60ms后,驾驶员的头部已经开始沉向气囊。

(5)80ms后,驾驶员的头部及身体上部都沉向气囊。气囊背后的排气口打开,在气囊内部的气体压力和人体压力作用下排气,利用排气口的节流作用吸收能量,如图7-3c)所示。

(6)100ms后,车速已接近为0,这时对车内乘员来说,危险期已接近结束。

(7)110ms后,驾驶员已经前移到最大距离,随后身体开始后移回到座椅靠背上。这时,大部分气体已经从气囊中逸出,汽车前方视野恢复,如图7-3d)所示。

(8)120ms后,碰撞危害全部解除,车速降至0。

### 1.3.4　安全气囊系统的有效范围

安全气囊系统并非在所有碰撞情况下都能起作用。正面防撞安全气囊系统在汽车正前方或斜前方±30°角(图7-4)范围内发生碰撞,且其纵向减速度达到某一值时,系统才能工作。在下列条件之一的情况下,安全气囊系统不会动作。

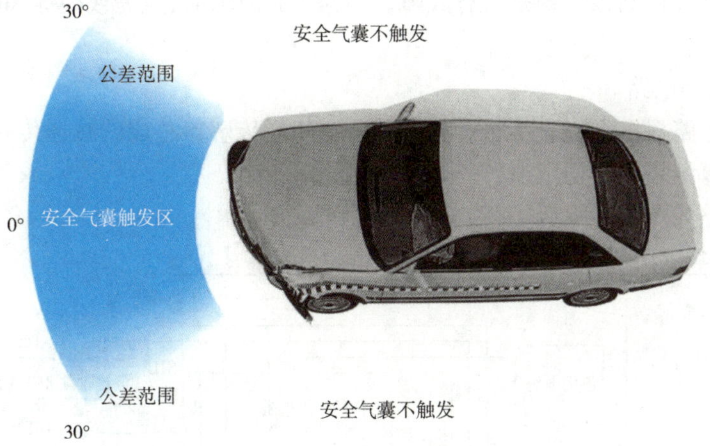


图7-4　碰撞角度

(1)汽车遭受侧面碰撞超过斜前方±30°角时。

(2)汽车遭受横向碰撞时。

(3)汽车遭受后方碰撞时。

(4)汽车发生绕纵向轴线侧翻时。

(5)纵向减速值未达到设定阈值时。

(6)汽车正常行驶、正常制动和在路面不平的道路上行驶时。

**相关链接**

减速度阈值(或称为触发门槛数据,即最小触发强度)由设计人员根据安全气囊系统的性能而设定,各国都不一样。在美国,此值为13~23km/h;欧洲及日本定为19~32km/h。这个阈值储存在电子控制装置的ROM中;有些汽车储存在RAM中,当电源断开后,其数据将会丢失。因此,有些汽车上配置有防撞安全气囊的备用电源。

另外,以下情况可能导致误触发,应引起注意:

(1)温度过高,引起充气装置中火药燃烧。

(2)过分撞击,使雷管引爆。

(3)电磁波引起误触发,如大功率手提电话机等。

(4)修理时操作不慎。

侧面安全气囊系统只有在遭受到侧面碰撞,且其横向加速度达到设定阈值时,才能引爆使气囊展开,而不会引起正面防撞安全气囊动作。

## 1.4 安全气囊系统控制电路

以丰田车系安全气囊系统控制电路为例说明。

丰田车安全气囊控制电路由诊断电路、点火控制电路、减速传感器、安全传感器等组成。

(1)诊断电路。

此线路不断地诊断该系统是否有故障。当检测到故障时,点亮或闪烁 SRS 警告信号灯,对驾驶员进行警告。

(2)点火控制电路。

点火控制电路根据空气囊传感器总成和前空气囊传感器总成的减速传感器执行预定的计算。如果计算结果大于预定值,它触发点火操作。

其控制电路如图 7-5 所示。

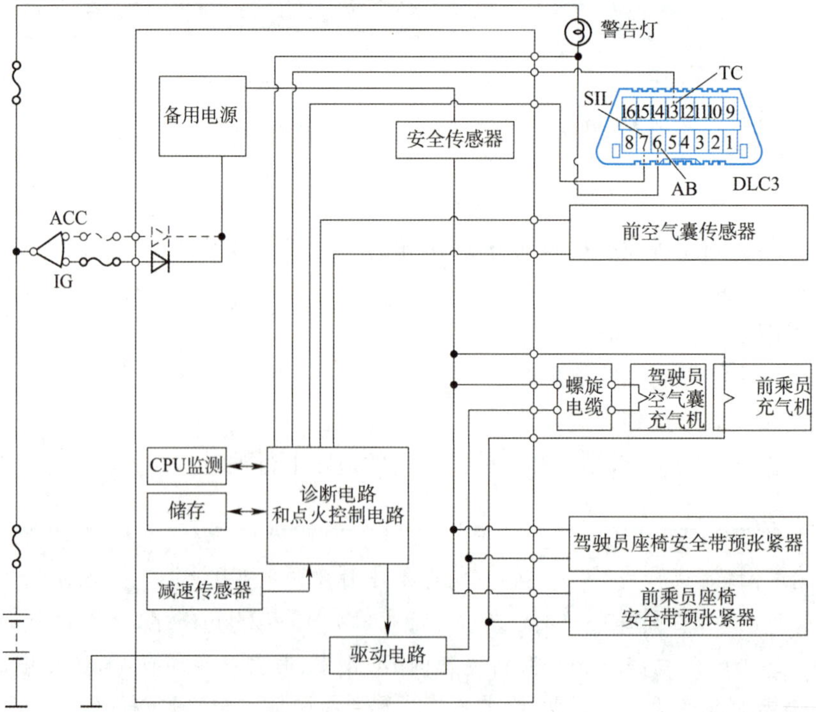


图 7-5 丰田车控制电路

## 1.5　安全气囊应用注意事项

(1)SRS 安全气囊系统只是一种对于座椅安全带起辅助作用的安全系统,如果没有正确系好安全带,则气囊在充气过程中可能导致驾驶员和前方乘客的严重受伤甚至死亡。

(2)气囊充气时太靠近转向盘或仪表板的驾驶员或前方乘客可能会严重受伤甚至死亡。因此,在驾驶员能够对车辆保持控制的情况下,尽可能坐的离转向盘远一点;前方乘客应离仪表板远一点。

(3)不要擅自改装、拆卸、敲击或打开前座椅安全带预紧装置和气囊控制系统的接线,否则可能导致系统突然工作而发生伤亡事故或导致系统失灵。

## 1.6　安全气囊系统的故障诊断

安全气囊系统均有故障自诊断功能,系统一旦出现故障,可通过诊断系统进行故障诊断。

### 1.6.1　安全气囊系统故障诊断的注意事项和方法

#### 1.6.1.1　诊断注意事项

在维修、检测安全气囊系统时,要严格按正确顺序进行操作,否则,会使安全气囊系统在检修过程中意外展开而造成严重事故,或致使安全气囊系统不能正常运作,因此,在排除故障之前,一定要注意以下几点。

(1)由于安全气囊系统的故障症状难以确诊,故障排除时最重要的信息来源就是故障码。因此,在进行安全气囊系统故障排除时,务必要检查故障码。

(2)检修工作必须在将点火开关转到 LOCK 位置并拆下蓄电池搭铁线 30s 或更长一段时间才能开始。这是因为安全气囊系统配有备用电源,如果检修工作在拆下蓄电池搭铁线后 30s 之内进行,就有可能使安全气囊打开。

**相关链接**

当拆下蓄电池搭铁线之后,时钟和音响系统的存储将会取消。所以,在工作开始之前,应将音响系统的内容记录下来。在工作结束之后,重新设置音响系统并调整时钟,当车辆装有电动倾斜和伸缩转向系统、电动座椅、电动车外后视镜及电动肩带系统装置时,这些机构均具有存储功能,不可能记录下其存储内容,所以在检修工作结束之后,应将这一情况告诉用户以便其重新调整和设置存储。为避免删除各存储系统的存储内容,不可使用车外备用电源。

(3)即使只发生轻微碰撞而安全气囊未打开,也要对前气囊传感器和气囊组件进行检查,但绝对不可使用其他车辆上的安全气囊组件。如需更换,务必使用新零件。在检修过程中,如有可能对气囊传感器产生冲击,那么在修理之前应将气囊传感器拆下。

(4)中心安全气囊传感器总成含有水银,更换之后,不要将换下的旧零件随意毁掉。当报废车辆或只更换安全气囊中心传感器总成本身时，应拆下气囊中心传感器总成并作为有害废弃物处置。

(5)不要试图拆卸和修理前气囊传感器、气囊中心传感器总成或气囊组件以供重新使用。如果前气囊传感器、气囊中心传感器总成或气囊组件跌落过，或在壳体、托架或插接器上有裂纹、凹陷或其他缺陷，应及时更换新件。不要将前气囊传感器、气囊中心传感器总成或气囊组件直接暴露在热空气和火焰面前。

(6)对电路进行检查时，要使用高阻抗(至少 10kΩ/V)伏特—欧姆表来诊断电路系统的故障。

(7)手持安全气囊时，不要使气囊和盖指向身体；放置于工作台或其他表面时，要使装饰面朝上；展开安全气囊时，需戴手套和安全眼镜。因为安全气囊内表面可能残留有氢氧化钠，若接触到皮肤可用冷水冲洗。

(8)所有与安全气囊系统有关的检修工作必须在安全气囊系统正确拆除后进行。安装安全气囊时，不要试探任何连接处。如果在车上检修安全气囊系统，在气囊组件安全拆除前，不要坐在气囊附近。

(9)传感器安装方向是气囊系统发挥正常功能的关键，应将其恢复到原来位置。配线作业要十分小心，在作业前必须使气囊组件安全拆除。

(10)检修完成后，不要急于将气囊组件接入电路，应先进行电气检查，确认无误时，再将气囊组件接入。

(11)在安全气囊系统零部件的外表面上有说明标牌，必须遵照这些注意事项。

(12)安全气囊系统检修工作结束之后，进行安全气囊系统警告灯的检查。

1.6.1.2　故障诊断方法

安全气囊系统的故障诊断是比较难的，一般有 3 种方法来确定故障的部位，即安全气囊警告灯法、参数测量法和扫描仪法。诊断中充分利用电脑提供的故障码，可以减小故障诊断的难度。

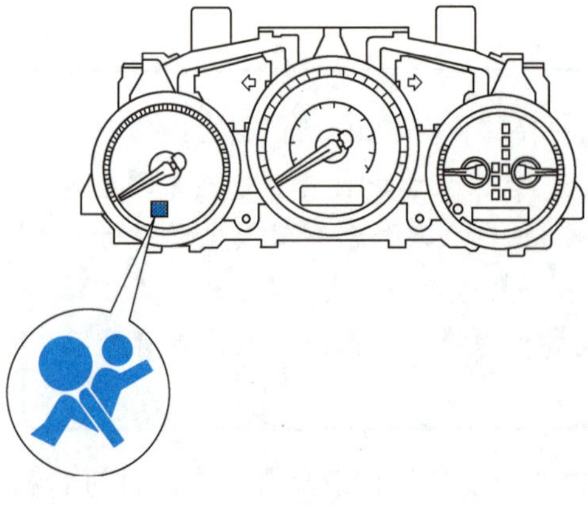

图7-6　故障灯显示

(1)从安全气囊警告灯读取(维护提示灯法)：

①故障显示。当接通点火开关或起动发动机后，仪表板上的安全气囊(或 AIR-BAG)警告灯长亮不熄时，表明系统已检测到故障，应对安全气囊系统进行故障代码检查(图 7-6)。

②用户故障分析。向用户进行尽可能详细的故障查询。

③警告灯的检查。检查安全气囊警告灯的运作，如果灯一直亮，则表明在安全气囊控制装置中，存有一个或多个故障码。如果安全气囊警告灯不亮，则表明气囊警告灯电路有故障；当该警告灯有故障时，系统会显示代码，应进行相应代码的检查。

如果安全气囊警告灯电路出现断路,气囊警告灯就不会亮,故障码也不会输出。在进行下一步检查之前,首先要排除警告灯电路故障。

④故障码的检查及记录。检查故障码时,应记录输出的任何故障码,如果输出正常代码,则电源电路曾经有不正常现象或电源电压过低,因此要进行电源电压检查。

⑤在上一步检查中输出故障码只能说明与该代码有关的电路曾经发生过故障,但不表明现在故障是否仍然存在或已消失。据此,有必要清除故障码后,在重新进行故障码检查,以确定现在的情况。如果忽略这一步骤,而仅用上一步输出的故障码进行故障诊断,会使寻找故障部件的工作更加困难且容易误诊。

⑥再一次进行故障码的检查及记录。如输出正常代码,则表明系统曾发生过故障但现已排除;如输出故障码,则进行相应的电路检测。

⑦故障排除。将点火开关重复开—关(开等待 20s,关等待 20s)5 次后,检查故障码。如果有故障码输出,则故障仍然存在,应对照故障码表进行检查,对出现故障码的有关电路进行故障排除分析。在检修工作结束后,应用模拟法进行证实试验。

注意:在检查故障码和清除故障码的工作中,拆下和连接蓄电池搭铁线时,必须在点火开关处于 LOCK 位置时进行。在接好蓄电池搭铁线后,必须在 2s 后才能将点火开关转至 ACC 或 ON 的位置。如果蓄电池搭铁线在点火开关位于 ACC 或 ON 位置时被连接,或在连接蓄电池电缆 2s 内转至 ACC 或 ON 的位置,就会造成自诊断系统工作不正常。

⑧根据诊断系统输出的故障码按连接顺序进行电路检查。

(2)扫描仪法。现代汽车基本上都用扫描仪诊断故障,当安全气囊系统故障警告灯提示系统存储有故障时,用扫描仪调取故障码,再根据手册的指导进行具体的检查。接通点火开关时,故障警告灯如果亮约 6s 后不熄灭,说明系统有故障存在;如果警告灯根本不亮,说明故障警告灯线路中有故障。

扫描仪检查程序为:

①将点火开关置于 OFF(断开)挡。

②将扫描仪电源线插到点烟器座上。

③将扫描仪接到诊断座上。

④接通点火开关,起动扫描仪检查故障码。

⑤断开点火开关,进行故障排除分析,之后再接通点火开关,在扫描仪中消去所存的故障码。

⑥摘下扫描仪。

### 1.6.2　自诊断系统

以奥迪乘用车安全气囊系统故障诊断为例说明。

(1)系统结构特点及布置。奥迪乘用车安全气囊系统的组成及布置如图 7-7 所示。

气囊组件安装在转向盘内具有特殊形状的缓冲垫(气囊饰盖)内,饰盖表面有撕缝,以便气囊展开,气囊组件通过螺旋电缆与系统线束连接,线束连接器设有短接片,以防气囊误爆。

当气囊引爆时,约有 80L 的气体充入气囊。气囊背面有 4 个排气孔,当驾驶员压向气囊时,允许气体向外排泄以缓冲碰撞的动能,防止驾驶员受伤。

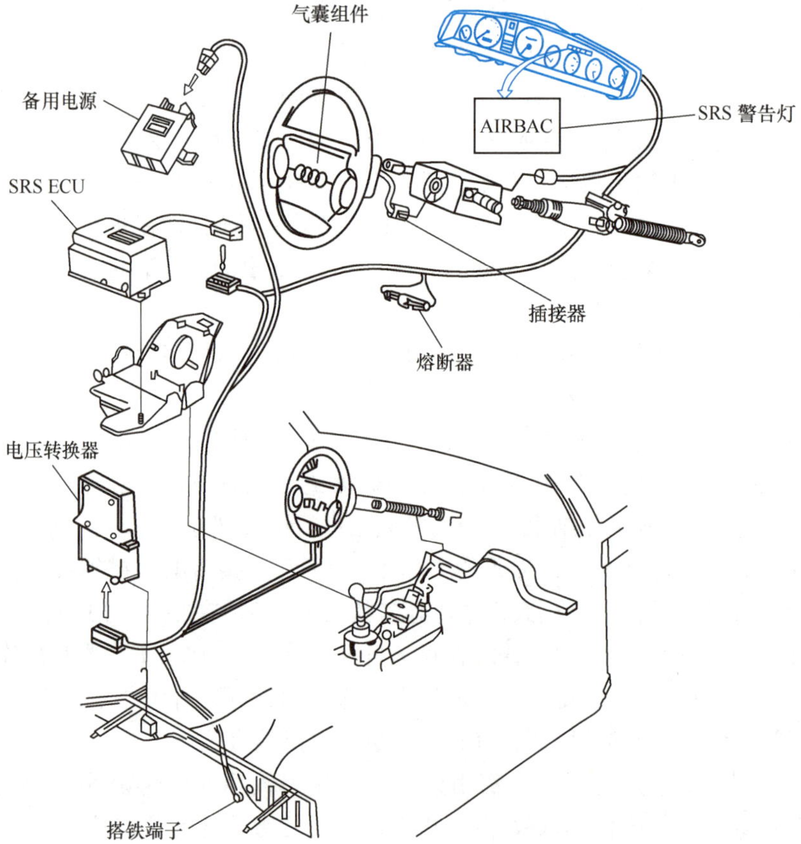


图 7-7　安全气囊系统布置图

依靠螺旋电缆完成气囊组件与转向盘的连接，拆卸转向盘时要对螺旋电缆定位，防止螺旋电缆移动。安装螺旋电缆时，一定要使汽车前轮朝向正前方，否则会引起干涉或转向沉重。

加速度传感器、安全（水银开关式）传感器和系统电脑组成在一起构成电脑组件。壳体上箭头指向朝向汽车前方安装。当加速度传感器检测到减速度大于 1.8$g$（17.64m/$s^2$）时，安全气囊系统电脑发出指令点燃点火器引爆气囊。

备用电源（储能装置）由控制电路和两只电容器组成，接通点火开关，蓄电池电压低于4V 时，升压器工作并将电压升到 12V 同时向系统供电。

（2）安全气囊系统电路。奥迪车气囊系统电路如图 7-8 所示。

接通点火开关，蓄电池经点火开关向气囊系统电脑 1 端子和升压器 12 端子供电。通过升压器 6 端子给备用电源充电。

接通点火开关，系统警告灯点亮约 10s 后自行熄灭。当系统有故障存在时（电源电压过低、断路或短路、点火器线路阻抗过大或过小等），警告灯就一直点亮，提醒驾驶员注意。

（3）系统故障诊断与排除。当奥迪乘用车安全气囊系统发生故障时，必须使用奥迪乘用车专用 V. A. G1619 型检测仪进行故障诊断与排除，其外形结构如图 7-9 所示。

安全气囊系统故障排除时要注意以下几点。

①在进行故障检查排除前，应先用 V. A. G1619 检测仪调取故障码。

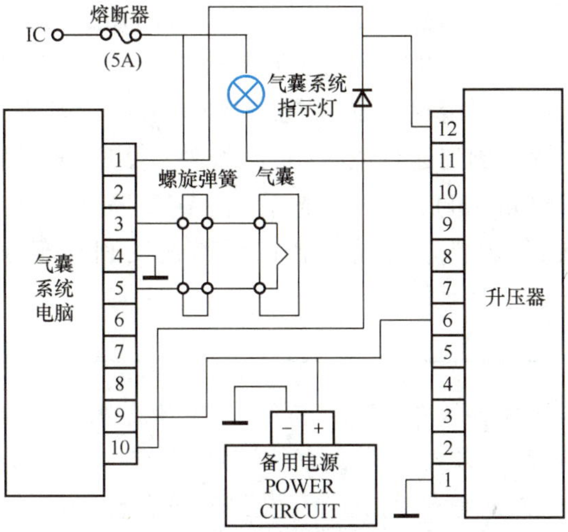


图 7-8　奥迪车气囊系统电路

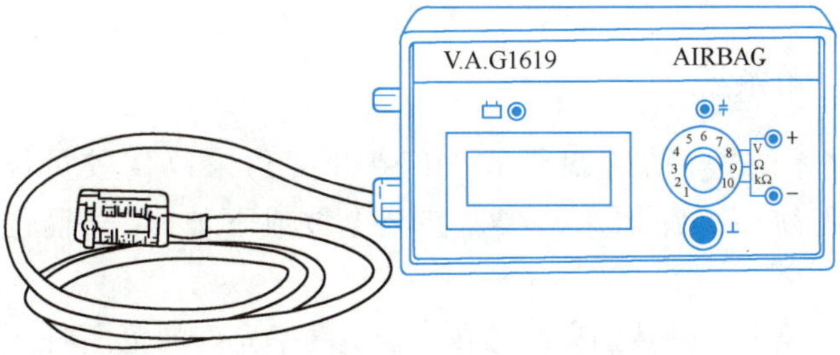


图 7-9　V. A. G1619 型检测仪

②切勿用万用表检测气囊组件电阻,否则会导致气囊误爆。

③在进行任何操作之前,都要拆下气囊组件。

④系统在安装位置,只能用 V. A. G1619 检测仪进行检测。

⑤报废气囊时,要用 V. A. G1619 检测仪引爆气囊。

⑥故障排除后,应进行电器检测并清除故障码。

**相关链接**

目前中高档车辆上,为保证车辆在碰撞中最大限度地保证驾驶员和乘客的安全,在使用气囊的同时还使用安全带收紧器,在车辆发生碰撞时,在气囊引爆的同时,还自动将安全带收紧,使气囊起到最大限度的保护作用。安全带收紧器的作用原理与气囊系统基本相同,在安全带的一段安装引爆装置,装车时通过引爆火药,将安全带收紧。

# 2　巡航系统

## 2.1　概述

巡航控制系统(Cruise Control System)是通过对汽车的运行速度和状态进行调节和控

制，减轻驾驶员疲劳程度、提高驾驶安全性、舒适性为目的的车载控制系统。主要分为：定速巡航系统和主动巡航系统（也叫自适应巡航系统）。定速巡航系统（CCS-Cruise Control System）：巡航控制系统借助于定速巡航系统，驾驶员可以设定巡航车速，无论车辆处于上、下坡，系统都可以保持车辆匀速行驶状态，而驾驶员不必操纵加速踏板。主动巡航系统（ACC-Adaptive Cruise Control）：主动巡航系统（ACC）是在定速巡航系统的基础上发展而来的全新巡航系统，能够自动保持车辆的巡航速度和本车与前方车辆的设定安全距离。

**相关链接**

定速巡航系统与主动巡航系统的主要区别：定速巡航系统是使车辆按照驾驶员设定的速度行驶；主动巡航系统是根据驾驶车辆行驶前方有无前车，自动对车辆进行分别控制，当行驶车辆前方有车时，使车辆按照驾驶员设定的车距行驶；当行驶车辆前方无车时，使车辆按照驾驶员设定的车速行驶。

## 2.2 定速巡航系统

CCS（巡航控制系统）自动地调节节气门—开度角来以驾驶员设置的速度驱动车辆。因此，驾驶员无须一直踩加速踏板。甚至上坡或下坡时，车辆也可以用 CCS 按给定速度行驶。

此系统在高速公路上行驶特别有益。在发动机功率允许的范围内，当车速高于 30km/h 时，借助定速巡航系统可使车辆按设定的车速恒速行驶，解放踩加速踏板的脚，以减轻驾驶员的疲劳强度。对于装备自动变速器车辆，通过调整发动机转速（控制节气门开度、喷油时间、点火提前角等）及变换变速器工作挡位实现按设定车速行驶。对于装备手动变速器的车辆，只能在相应挡位下通过调整发动机转速实现稳定车速。

### 2.2.1 使用注意事项

巡航系统在以下情况不应该开启：交通密集或不适宜的路面，如水滑路面，碎石路面等。当系统起动后不允许不踩离合器就换入空挡，否则发动机会因转速过高而损坏。行驶中在下坡时巡航装置不能保持速度的恒定，因为重力会使车速不断增加，这时需要人为制动。

**重要提示**

自动变速器车上的巡航装置只有当换挡杆处于 D、3、2 挡时才能被激活。当将换挡杆移到 P、N、R、1 挡时，系统停止工作。

### 2.2.2 定速巡航系统的组成和结构原理

#### 2.2.2.1 系统的组成

CCS 由下列元件构成，巡航控制开关、巡航控制 ECU、巡航控制执行器、车辆速度传感器、停车灯开关、空挡起动开关（A/T 型）、离合器开关（M/T 型）、电源指示灯、DLC3，如

图7-10所示。现代大部分车型已经用电子节气门控制型用发动机ECU代替巡航控制ECU，节气门控制器代替巡航控制执行机构。

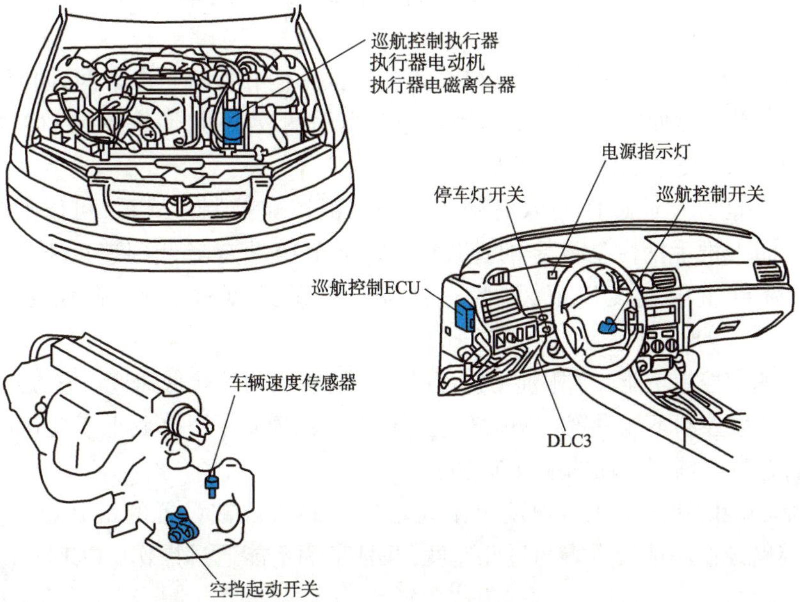


图7-10　系统组成

2.2.2.2　部件的功能

(1)巡航控制开关主要有:①主开关是CCS的电源开关,将开关按钮按下,系统的电源被接通或断开;②控制开关在杆柱上,当车辆以巡航控制模式行驶,它们控制5个不同的功能(设置、滑行、恢复、加速、取消)。SET和COAST在一只开关上,RESUME和ACCEL模式在另一只开关上。

(2)速度传感器的功能是保持向巡航控制ECU通知当前车速。当车辆加速时,车辆速度传感器转动更快,速度信号的频率变高。当车辆减速时,速度信号的频率变低。

(3)取消开关:取消开关由控制开关、离合器开关、空挡起动开关和停车灯开关组成。任何一只开关接通时,巡航控制暂时取消。然而,只要车辆速度高于40km/h,给定速度保存在巡航控制ECU的存储中。因此,当开关恢复接通时,上次的设定速度被自动恢复。

2.2.2.3　系统控制功能

如果主开关合上,车辆在巡航速度控制范围(40～200km/h)行驶,当驾驶员将杆按下到SET/COAST方向并且松开后,巡航控制ECU便将车速存储在存储器中,并且使车辆保持此速度。

(1)恒速控制功能。巡航控制ECU用设定速度与实际的车速比较。如果车辆速度高于设置速度,巡航控制ECU触发执行机构将节气门开启度关闭到合适的程度。如果车辆速度低于设置速度,巡航控制ECU触发执行机构将节气门开启度调到合适的程度。

(2)滑行功能。若车辆以巡航模式驾驶,当驾驶员向 SET/COAST 方向按下手柄并保持一段时间后巡航控制功能被开启,随后执行器关小节气门降低车速。当手柄放松时,巡航控制 ECU 将车速存储在存储器中。在那之后,巡航控制 ECU 使车辆保持此速度。

(3)加速功能。当驾驶员在 RES/ACC 方向上推手柄并保持一段时间,同时车辆以巡航控制模式驾驶,执行器便推节气门使车辆加速。当手柄放松时,巡航控制 ECU 将存储此车速。巡航控制 ECU 使车辆保持此速度。

(4)恢复功能。在通过任何取消开关手动取消巡航控制模式后,可以通过驾驶员在 RES/ACC 方向上推手柄恢复设定的速度,条件是车速没有降低到速度下限(40km/h)。如果车速下降到下限速度以下,因为存储器存储的速度被擦除,存储速度不能够被恢复。

(5)下限速度控制功能。下限速度为可以设置巡航控制的最低速度。它大约为 40km/h。低于此速度,巡航控制不能设置。如果车速在巡航控制模式下下降到低于此速度,巡航控制被自动取消,并且存储器存储的速度被擦除。

(6)控制功能的速度上限。速度上限是巡航控制可以被设置的最高速度。它大约为 200km/h。巡航控制不能设置得超过此速度,并且车辆不能通过操作 ACCEL 开关增加到高于此速度。

(7)手动取消功能。当车辆以巡航控制模式驾驶时,下列任何信号被发送到了巡航控制 ECU,巡航控制便被取消。通过关掉执行器内部的电磁离合器取消巡航控制模式。

①取消开关“ON”信号(拉了控制开关)。

②停车灯开关“ON”信号(踩了制动踏板)。

③离合器开关“ON”信号(只有 M/T)(踩了离合器踏板)。

④空挡起动开关“N”位置信号,或除了“D”或“3”位置(只有 A/T)。

(8)自动变速的控制。当车辆以超速行驶上坡时,并且速度降低到超速行驶截止速度以下[大约减去设定速度 4km/h(2.5mile/h)],巡航控制 ECU 通过取消超速行驶来增加转矩,以便阻止车速进一步降低。

当车速增加到超速行驶恢复速度[减去设定速度大约 2km/h(1.2mile/h)],巡航控制 ECU 大约在 6s 后恢复超速行驶。

(9)电磁离合器控制功能。如果车速增加到设定速度以上 15km/h(9.4mile/h)(例如开车下坡时),巡航控制 ECU 断开电磁离合器,引起车辆减速。当车辆速度降低到超过设定速度 10km/h(6.3mile/h)以内时,电磁离合器再次开启,恢复巡航速度。

(10)自动取消功能。当车辆在巡航控制模式时,当发生任何下列情况时,存储器中的设定速度和巡航控制被取消。在这时候,电源指示灯闪烁向驾驶员告警 CCS 中的故障。

①过量的电流流到电动机或电磁离合器电路。

②电动机试图连续地推油门。

③尽管发送电动机驱动信号,电动机不运行。

④在电磁离合器中形成开路。

⑤当速度传感器信号中有异常时。

⑥控制开关短路，或 SET 开关和 RESUME 开关同时接通。

⑦当停车灯电路中存在异常时。

⑧电位计信号不发送到巡航控制 ECU。

2.2.2.4　控制原理

ECU 接收来自车辆速度传感器和各种各样开关的信号并按照预存程序处理。根据这些信号，ECU 将控制信号发送到执行机构，执行机构在 CCS 中起重要作用。执行机构包括电动机、电磁离合器和电位计。按照来自巡航控制 ECU 的指令，执行机构增加或减少节气门开关的开度角，如图 7-11 所示。

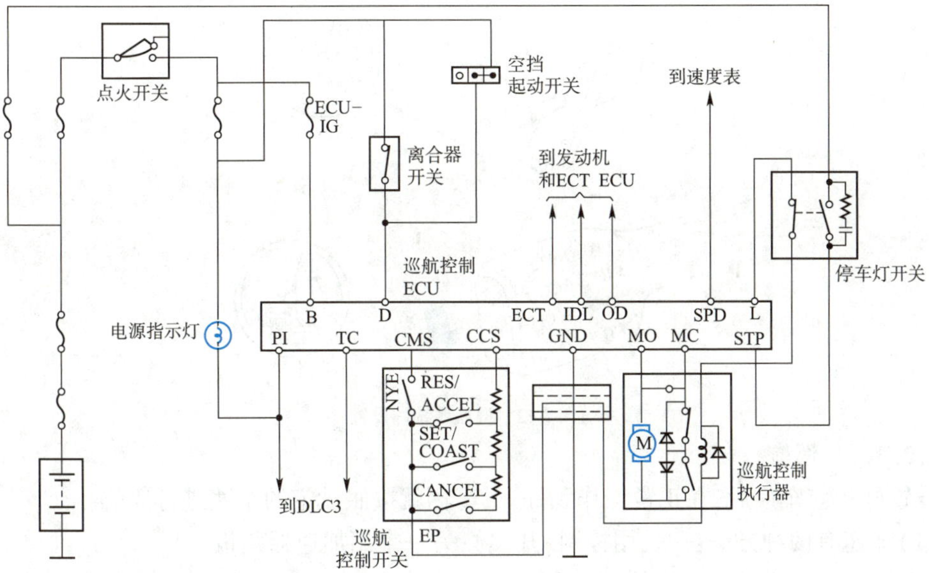


图 7-11　系统工作原理

## 2.2.3　系统操作

CCS 系统的操作主要由主开关、控制开关、加速器踏板和制动踏板来控制运行。控制开关的设计随车型不同而不同。控制开关有 5 种使用模式：设置、滑行、恢复、加减速和取消。

2.2.3.1　设置

推并松开主开关（位于巡航控制手柄的尾部），电源指示灯将点亮。

踩加速器踏板获得要求的车速度（40～200km/h）。

向下推巡航控制手柄并松开，这将接通 SET/COAST（设置/滑行）控制开关。当手把松开时，车速被保存在巡航控制 ECU 储存器内，并且巡航控制车速被设定。保存在储存器内的车速称为设定车速，如图 7-12 所示。

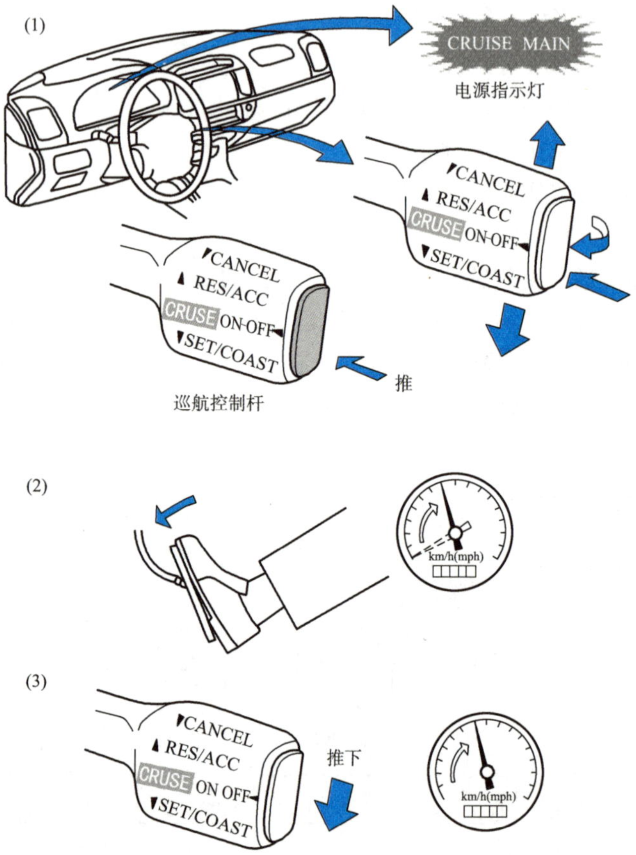


图 7-12　巡航系统的设置

2.2.3.2　巡航

设置好相应车速后，在正常工作条件下，车辆就按照设定的车速进行巡航。

(1)加速有两种方法：一是用控制[开关]，另一个用加速器踏板。

①用控制[开关]：向上推控制[开关]开启 RES/ACC(恢复/加速)，当速度到达需要速度时，松开控制[开关]。

②用加速踏板(一种比较快的方法)：通过踩下加速踏板获得需要的速度，将控制[开关]向下推(到 SET/COAST)并且在速度到达需要速度时松开，如图 7-13 所示。

(2)减速有两种方法：一是用控制[开关]，另一方法是用制动踏板。

①用控制[开关]：向下推控制[开关]开启 SET/COAST，当速度到达需要速度时，松开控制[开关]。

②用制动踏板(一种比较快的方法)：通过踩下制动踏板获得需要的速度，将控制[开关]向下推(到 SET/COAST)并且在速度到达需要速度时松开，如图 7-14 所示。

2.2.3.3　取消

如果发生①驾驶员将控制杆向“cancel”方向拉动；②踩下制动踏板；③踩下离合器踏板(M\T 车)；④变速器换挡杆放置在“N”或者除了“D”和“3”挡位以外的位置，巡航控制将自动取消。

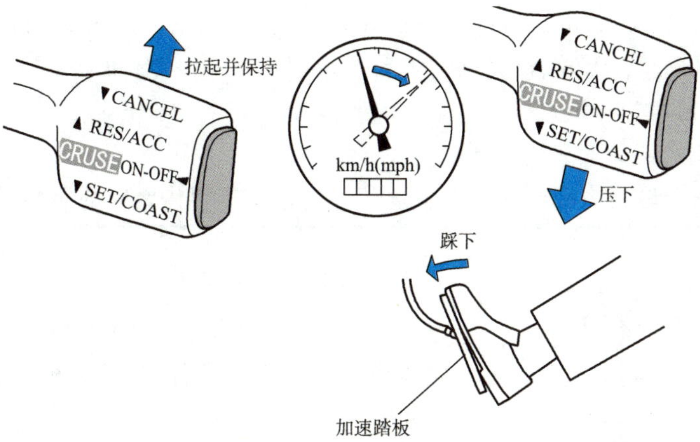


图 7-13　加速的设定

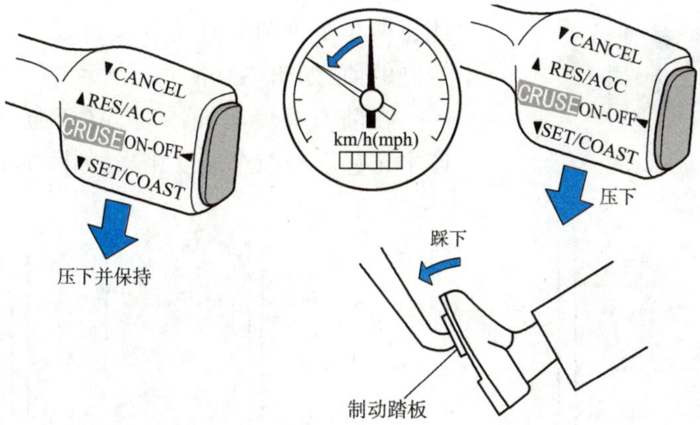


图 7-14　减速的设定

如果设定速度已经暂时由前边提到的方法之一取消，只要车速度不降低到 40km/h 以下，打开 RES/ACC[开关]将恢复此给定速度。然而注意，如果关掉电源开关将永久性地取消设定速度。

如果车速降到 40km/h 以下或者是车速低于设定巡航车速 16km/h 时，巡航系统将永久取消设定的车速。如果驾驶员希望 CCS 恢复运行，必须通过合上电源开关并且重复上述的设置操作，在存储中重新设置需要速度。

## 2.3　主动巡航系统

主动巡航系统又称自适应巡航系统（ACC），它是传统的定速巡航装置（CCS）的扩展。CCS 将车速调节到驾驶员预设的车速。ACC 系统以同样的方式实现驾驶舒适功能。另外，车上装有一个雷达传感器，它用于测定与前车的车距和前车的车速。当前方车辆比本车速度慢时，自动调整本车速度。

相关链接

雷达是 Radio detecting and ranging(Radar)的缩写，它是一种给物体定位的电子手段。其基本原理很简单，就是物体表面会反射电磁波，反射回来的那部分电磁波就被当作一种“回声”而接收。

车距测量

发射信号和接收到反射信号所需要的时间取决于物体之间的距离。

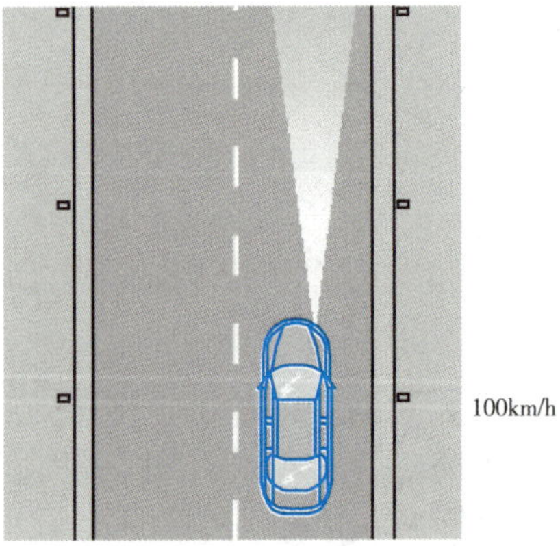


图 7-15 巡航车速

### 2.3.1 功能说明

(1)巡航。如果在车距控制传感器的探测区域内没有发现车辆，则保持期望车速行驶，如图 7-15 所示。

(2)减速。如果一辆带 ACC 系统的汽车探测到前方同一车道上有一辆行驶较慢的汽车，ACC 系统会自动减小发动机的转矩，并在必要时采取必要的制动，以此将两车车距调节到驾驶员预设的值，该值为受时间控制的值，如图 7-16a)所示。

在前方有慢车插入时，ACC 通过减速作出反应，使本车速度与前车速度相当，如图 7-16b)所示。

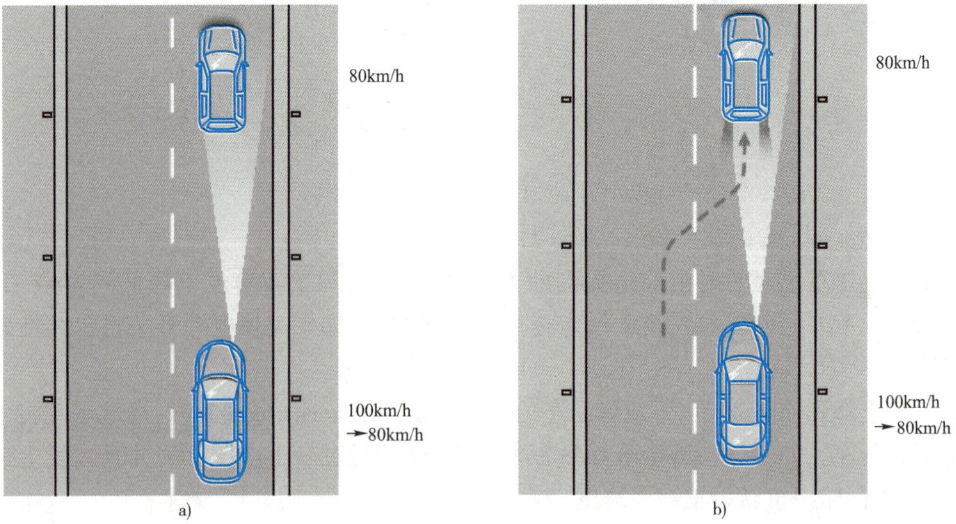


图 7-16 减速行驶

a)减速行驶一；b)减速行驶二

(3)加速。若前方车辆加速或者变换行车道，那么 ACC 会使本车重新加速，恢复到预设车速，如图 7-17 所示。

(4)功能限制。ACC 的最高限速为 180km/h，这一限速是由车距控制传感器的可探测距离150m确定的。高速度需要有较长的制动距离，这就是说，必须在与前方车辆有足够长的距离时就开始制动。如果ACC正处在从高速降速过程中，在未达到最低的功能车速之前，提示驾驶员采取制动。车距控制传感器探测不到其视野内的所有静态物体，因此，还存在一个30km/h的最低功能车速，低于该车速，ACC不能起动。

在这里所示的交通情况下，尽管绿车的行车道前方没车，但是ACC可能会对右侧行车道上行驶的蓝色车作出反应。车道探测的精确度受到车速的影响，车速越高，需要的车距越大，行车道预报的精确度越低，特别是在左转弯时，如图7-18a)所示。

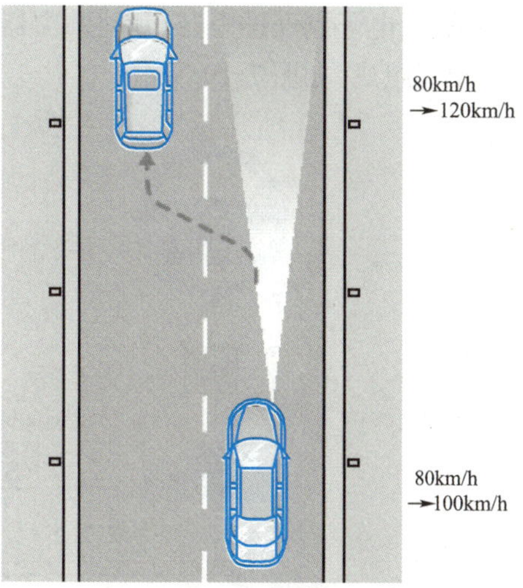

图7-17　加速行驶

另一个限制是因为传感器的探测区域大约为一个12°的小角度。在急转弯处，传感器对行车道不能观察得很远。对ACC来说，转弯半径要大于500m。对于紧邻车旁刚刚插入或者不在同一条直线上行驶的道路使用者（如摩托车），由于其不在ACC的视野范围内，因此系统不能对其作出反应，如图7-18b)所示。

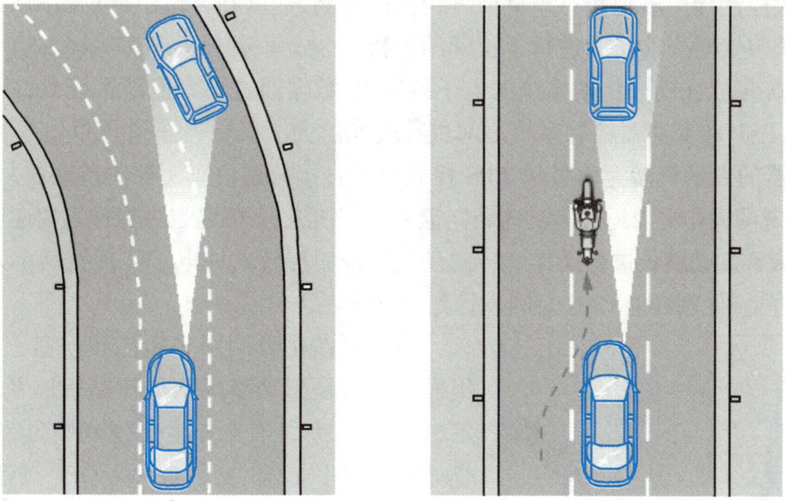
a)　b)

图7-18　功能限制

a)功能限制一；b)功能限制二

考虑到舒适性，ACC的减速度被限制为最大减速度的大约30%。但是，如果车辆正在接近前方车辆，且两车存在较大的速度差，则需要较大的减速度，ACC会提醒驾驶员采取制动。

### 2.3.2　系统电路

主动巡航系统电路由多功能转向盘、转向柱控制单元、组合仪表、ABS控制单元、车距控制传感器、电子制动助力器、制动助力器控制单元、CAN 总线、发动机控制单元、自动变速器控制单元组成，如图 7-19 所示。

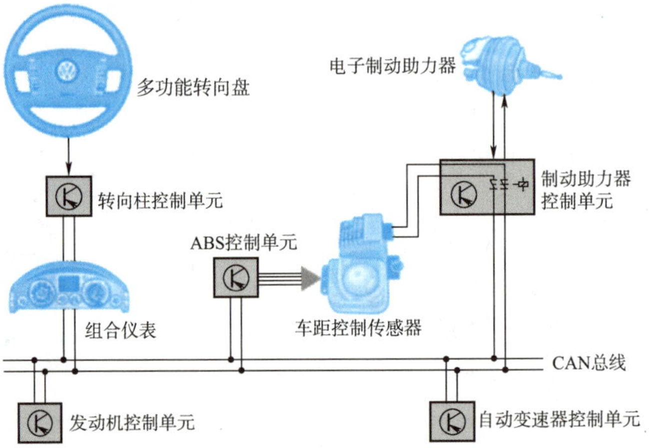


图 7-19　主动巡航系统电路

### 2.3.3　工作过程

一般来说，只有在下列情况下 ACC 才能起作用：

(1) 车距控制传感器把相对车辆前方物体的距离、速度和方位角都正确测定；

(2) 电子装置对当前情况进行了正确的分析。

ACC 系统集成在动力传动系统的电子装置内，数据通过动力传动系统 CAN 总线在发动机电控系统、ESP 和变速器控制系统之间进行交换。为了确保行车道预报信息足够准确，来自车轮传感器的发动机转速信号从 ABS 控制单元直接传递给车距控制传感器。

ACC 系统的操作主要通过多功能转向盘上的按钮进行，但是也可以像定速巡航装置一样，通过加速踏板和制动踏板进行操作。转向盘上的按钮与转向柱电子装置控制单元相连，后者将数据通过舒适/便利功能 CAN 总线发送到组合仪表。

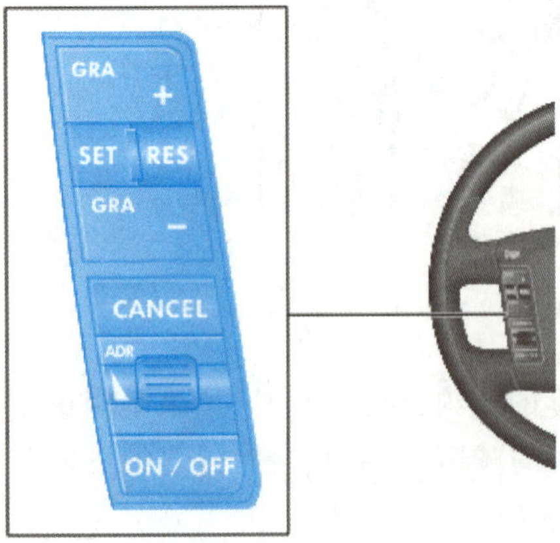


图 7-20　操作按钮

ACC 系统主要利用多功能转向盘上的左侧按键组操作。但是制动踏板和加速踏板以及换挡杆的位置也对 ACC 系统有影响。在发动机起动后，ACC 总是处在“关闭”状态，必须按 ON/OFF 按钮切换到“待命模式”。期望车速存储器保持为空状态，车距设置为标准值 1.4s。在行驶中($v > 30$km/h)，可以通过 SET(设置)按钮把当前车速存储为期望车速，且可以启用 ACC。重复按 SET 按钮，每按一次期望车速就会减少 1km/h，直到降到最低值 30km/h。按 CANCEL(取消)按钮，将 ACC 切换到“待命模式”，同时在存储器中中保存期望车速值，如图 7-20 所示。

通过 RES(复位)按钮，可以将 APC 复位到期望车速。重复按 RES 按钮，每按一次期望车速就提高 1km/h,直到最大值 180km/h。另外也可以操作“CCS +”或者“CCS -”按钮,以 10km/h 为单位提高或降低期望车速。让驾驶员感觉到舒适的前车跟车距离是与速度相关的。速度越高,需要的车距越大。但是,装备 ACC 系统的车辆与前方车辆的跟车时间应该保持不变。所谓跟车时间即通过两车之间的距离所需要的时间。与速度相关的跟车距离也被称为时间间隔。通过 ON/OFF 按钮,可以将跟车时间设置成标准值 1.4s。同时也可以借助调节轮分 7 挡在 1 ~3.6s 范围内调节。

### 2.3.4　故障诊断与调整

(1)故障显示/关闭。车辆在静止时就可以检查自适应巡航系统是否能正常工作:

当发动机正在运转时,如果将自适应巡航系统拨杆从位置 OFF 拨到位置 ON,那么暗红的发光二极管(30 ~200km/h 范围内的)应该亮 3s。故障会在中央显示屏上显示。如果自适应巡航系统已关闭,那么会有锣声提示。

严重故障:如果系统或其外围设备出现严重故障,那么自适应巡航系统就被关闭,故障存储器内会记录故障,如车距调节控制单元失效。

故障:外围设备故障会限制系统的功能,故障存储器内无故障记录,例如因制动器温度过高而导致自适应巡航系统无法使用。

驾驶员主动进行制动:驾驶员进行的制动具有优先权,只需“轻点”制动器就可以使系统关闭。

(2)调整车距调节传感器。假设雷达信号测出与前车的车距约为 130m。如果车距调节传感器在水平方向上偏离正确位置 1°的话,那么在 130m 处就会产生 2.1m 的偏差。因而,在极端情况下,本车就可能按照相邻车道上的一辆车来调节车距,如图 7-21 所示。

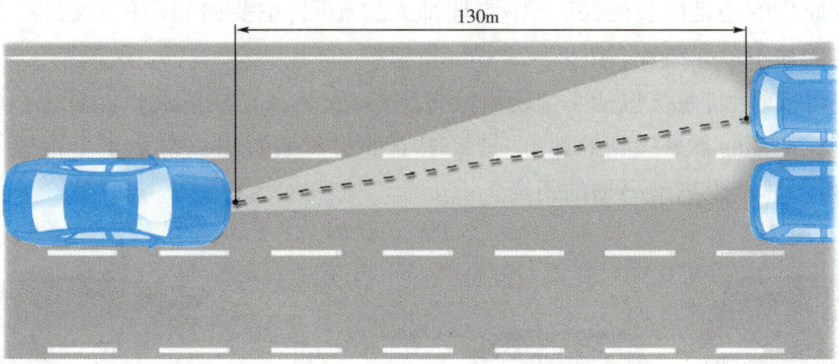


图 7-21　传感器偏差

所以在下述情况下,必须对传感器进行机械调节:

①后桥附近的底盘设定发生变化。

②更换了传感器、传感器支架、保险杠横梁及前端板。

③损坏(例如撞车后)。

具体调整步骤参考相应车型的修理手册。

# 3 倒车报警和影像系统

## 3.1 概述

倒车报警和倒车影像系统是提高安全使用的设备之一，已经开始在轿车上大面积应用，通过声音报警或影像提示驾驶员注意倒车时的情况，保证在倒车时车辆、行人和其他车辆的安全。倒车报警装置主要是利用安装在汽车尾部保险杠上的超声波雷达探测汽车后方的障碍物，并算出车辆与障碍物之间的距离，根据距离的情况，发出不同的报警声音，一般为不同频率的“滴滴”声，距离越近，频率越高，当频率高到只能听到连续的声音时，说明汽车已经快要碰到障碍物了，此时应马上停车。目前还有很多汽车在前保险杠上也安装了超声波雷达，用以检测前方的障碍物和其他的车辆，特别是一些驾驶员看不到的地方，帮助驾驶员在操作车辆时避免发生碰撞。倒车影像系统则是利用装在车辆后部的摄像头拍摄车辆后方的图像，通过系统传输到仪表台上的显示屏，让驾驶员能够看到车辆后面的情况，提高倒车的安全性。在有些倒车的影像系统中，画面中还有辅助线，为驾驶员倒车操作提供参考的方向和位置。从目前车辆的使用情况看，倒车报警和影像系统可以一起使用，也可以单独使用倒车报警装置，一般低档车采用倒车报警装置，中高档车采用两者的结合。

## 3.2 倒车报警

倒车报警装置又称倒车雷达，可以大致分为两类，一类是车辆在出厂时由制造厂就在车上配置，还有一类是用户在使用中自己安装的，前面的一般称为原厂配置的，后面的称为改装的。不管原厂的还是后装的，其工作原理都大致相同，主要由超声波传感器、控制单元和带有蜂鸣器的显示单元组成，如图 7-22 所示。

从图中可以看到，系统包括 4 个超声波传感器，安装在车辆的后保险杠上（图 7-23），控制单元安装在车辆的不易碰到的地方，带蜂鸣器的显示装置可以显示 4 个传感器发出的信号情况，也可以显示距离障碍物的距离。

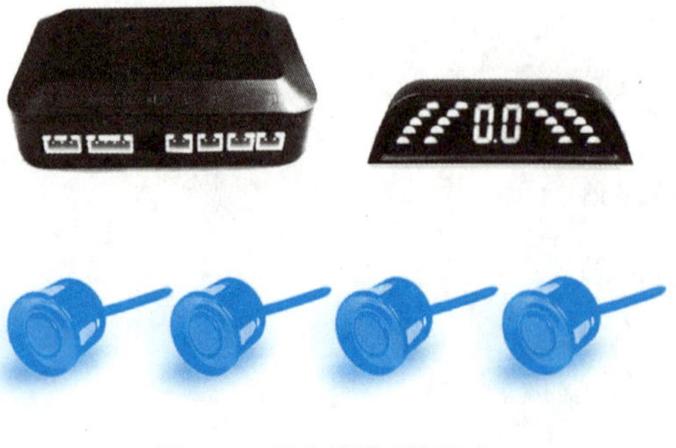


图 7-22 倒车报警系统组成

图 7-23 超声波传感器的安装位置

从目前使用的情况看，不同品牌的倒车报警装置，所采用的超声波传感器的数量也不一样,从2个到12个不等,传感器的数量越多,探测的就越细致,但价钱也就比较高。这种超声波传感器可以探测水平120°、垂直70°的范围,测量0.2~1.8m的距离,这对驾驶员停车可以提供很大帮助。

如果车辆只有后部的传感器,则系统在挂入倒挡时起动,在倒车过程中,随时监控后面障碍物的情况,一旦距离较近便会发出报断续的警的声音,如果距离很近,就会发出连续的报警声。这种系统结构比较简单,线路也不复杂,很容易改装,因此很多原车不带该系统的车辆,只需花少量的钱就能安装这种装置。图7-24所示为倒车报警装置的电路图。

虽然倒车雷达给我们带来很多方便,但不能过分依赖,因为雷达也有盲区,在以下这几种情况下,雷达是不会作出反应的:

(1)过于低矮的障碍物。一般来说低于探头中心10~15cm以下的障碍物就有可能被探头所忽视,而且障碍物距离车位距离越近,这一高度值也就会随之降低,危险性也随之增大。

(2)过细的障碍物。由于雷达探头发射的声波信号较窄,因此在探测较细的障碍物是存在着较大的盲区,一些道路上用来阻隔车辆的隔离桩,电线杆上的斜拉钢缆都是危险物品。

(3)沟坎。雷达是用来探测障碍物的,车后有着沟坎,那么雷达是绝对不会作出反应的。

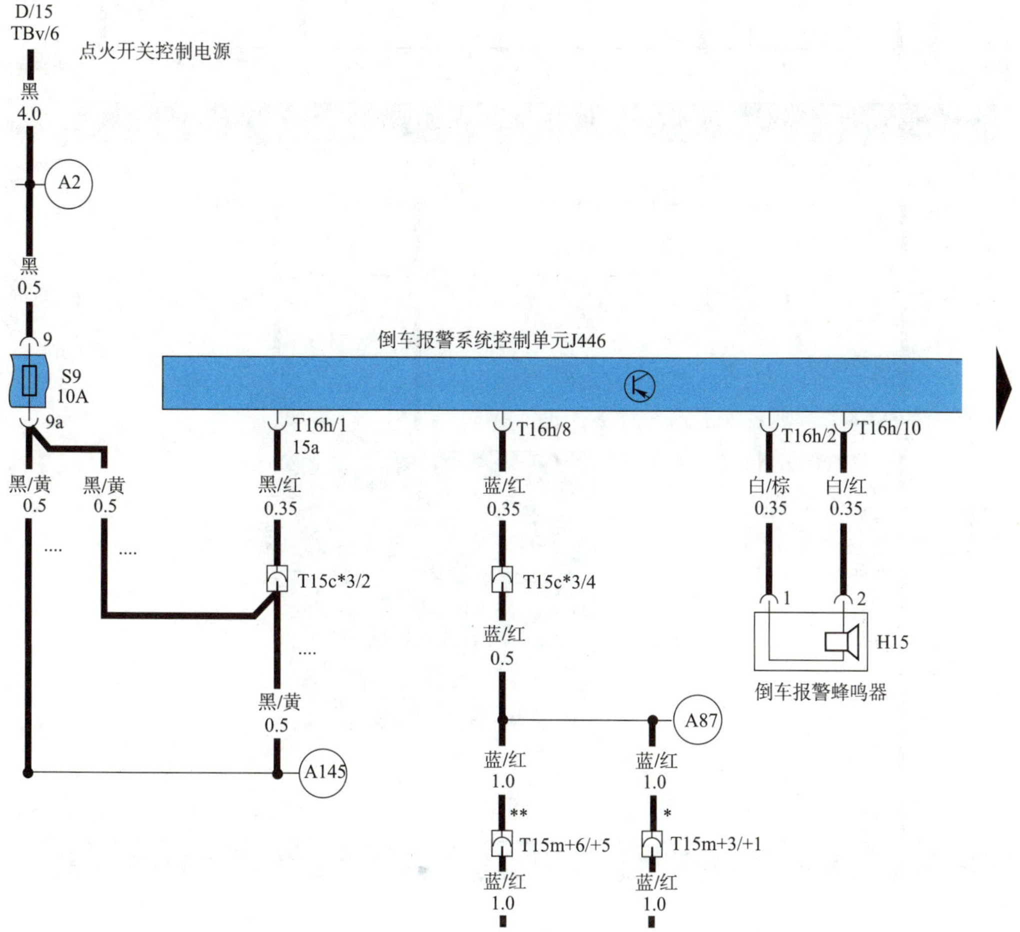

a)

图 7-24

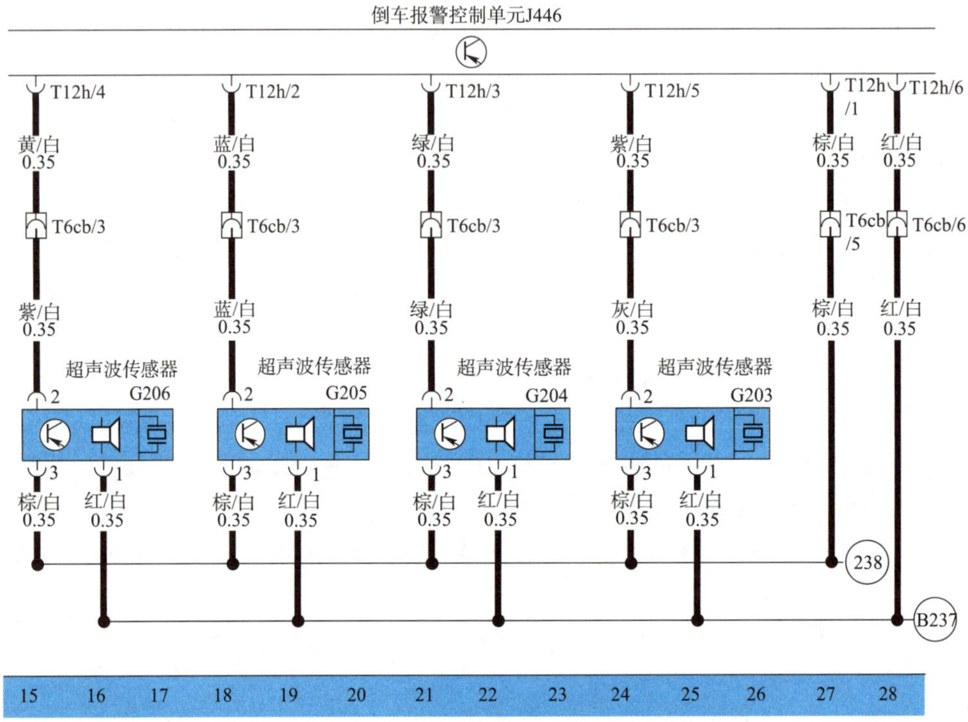


b)

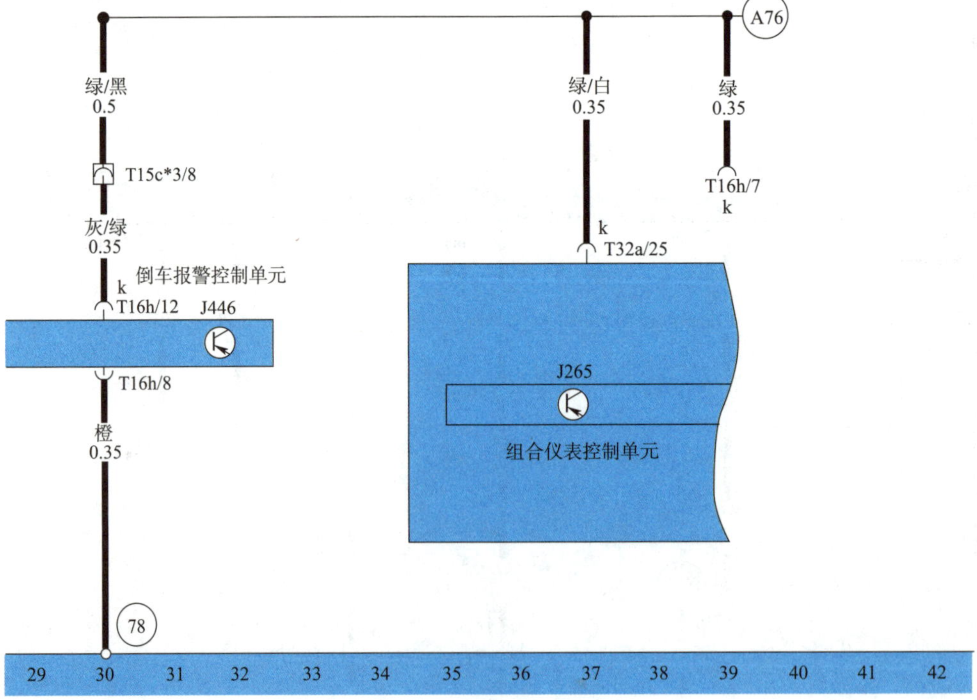


c)

图7-24　倒车报警系统电路

## 3.3 倒车影像系统

倒车影像系统可以帮助驾驶员看到车辆后部一般情况下看不到的死角，大大提高了车辆行驶的安全性，倒车影像系统出帮助驾驶员观察车后情况外，很多车辆的系统内的显示中还设计了辅助线，用以帮助驾驶员在停车操作时参考，帮助驾驶员正确地操作转向盘。

倒车影像系统包括倒车摄像头、控制单元和显示器（一般与音响系统共用）组成，倒车摄像头用来拍摄车辆后部的影像，倒车影像控制单元用以接收摄像头的信号，将其进行适当处理后传送到显示屏，显示屏显示控制单元处理过的图像，辅助驾驶员倒车，其组成部件和安装位置如图 7-25 所示。

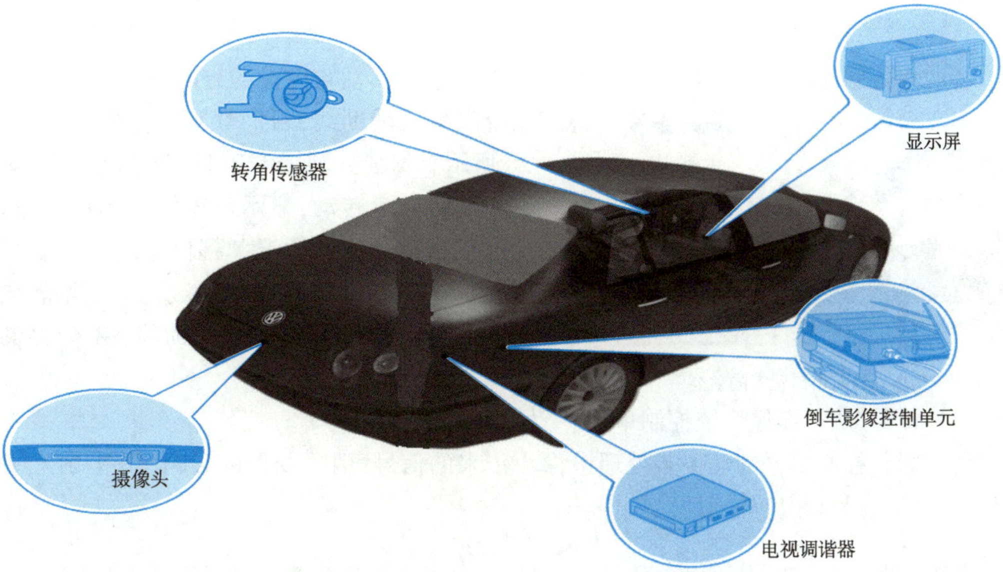


图 7-25　倒车影像系统的组成和部件安装位置

### 3.3.1　倒车影像系统的组成

倒车影响系统主要包括倒车摄像头、转向角传感器、倒车影像系统控制单元、显示器等。下面分别介绍一下各个部件的功能。

3.3.1.1　倒车摄像头

图 7-26 所示为倒车摄像头在车上的安装位置，图 7-27 所示为倒车摄像头的结构。倒车摄像头一般采用广角镜头，大众车型的摄像头的拍摄角度为水平方向 130°，垂直方向为 100°。安装的位置通知在行李舱的把手旁边，也有安装在车标的下面，当挂入倒挡时，车标外翻，露出摄像头。由于摄像头的拍摄角度很大，往往会产生很大的变形，需要控制单元对图像进行进一步处理。

倒车摄像头拍摄到的影像，需要通过摄像头内部的处理器转化为电信号，再经过信号线传输到倒车影像的控制单元，经过控制单元处理后，发送的显示屏显示出来。摄像头处理器有 3 条导线，即一条电源线，一条搭铁线，还有一条是信号线，其中信号线需要进行屏蔽，防止其他信号的干扰，如图 7-27 所示。

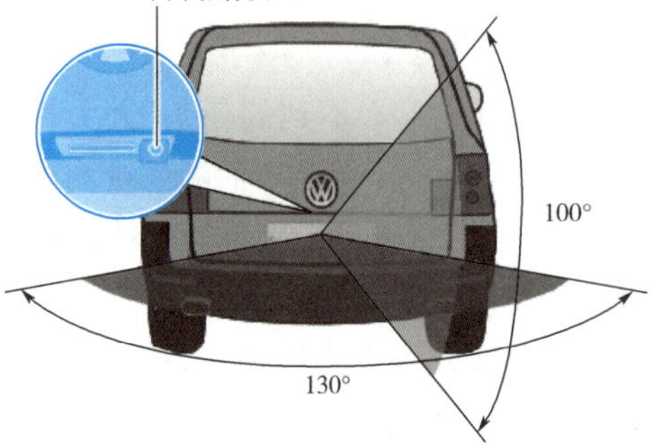


图 7-26　倒车摄像头在车上的安装和可拍摄的角度

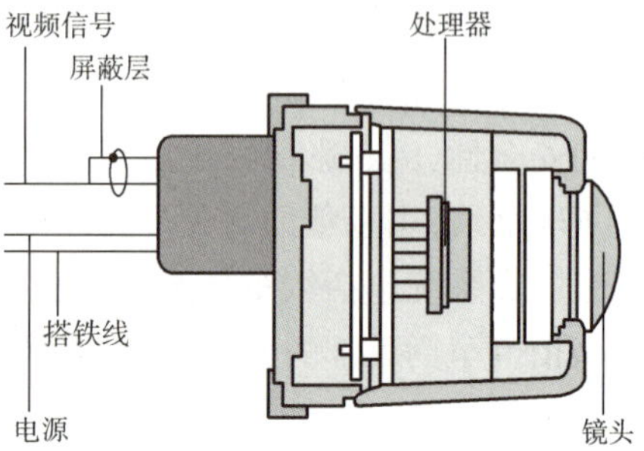


图 7-27　倒车摄像头的基本结构

3.3.1.2　转向角传感器

转向角传感器用于检测转向盘的转角，判断驾驶员转动转向盘的方向，系统利用这个信息在系统内生成辅助线，帮助驾驶员操作转向盘，如图 7-28 所示。驾驶员倒车停车时，转动转向盘，辅助线也一起随转向盘转动，显示汽车倒行的参考方向，驾驶员可根据辅助线的情况掌握倒车时转向盘的转动角度，确保停车入位。在大众车系上，如果转向角传感器未经匹配，则不能显示辅助线，并会存储故障码。

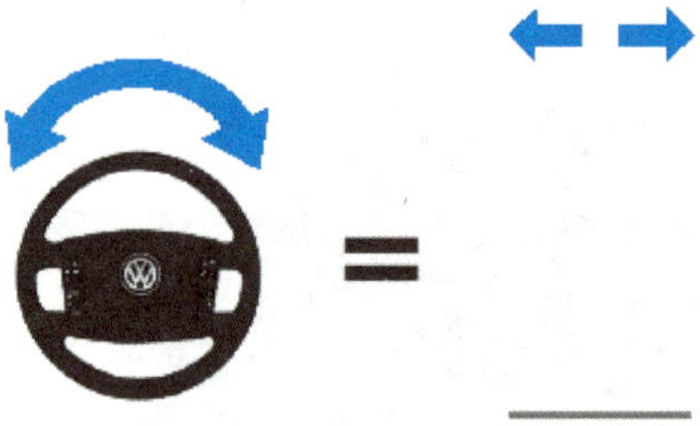

图 7-28　转向角传感器的功能

3.3.1.3　倒车影像系统控制单元

倒车影像控制单元的任务是处理摄像头传来的信号，消除变形的影响（图 7-29），并根据倒车的模式提供相应的辅助线。

a)　　b)

图 7-29　倒车影像控制单元处理的图像

a）处理前；b）处理后

3.3.1.4　倒车影像系统的显示器

倒车影像的显示器往往采用收音机或媒体系统的显示器，显示器最终可以显示倒车时车辆后面的图像，并在图像中添加辅助线，便于驾驶员操作。显示器可以调节亮度、色彩。也可以关闭。在大众车系上选择了停车入位的模式后（平行或垂直），也可以显示不同的辅助线。

### 3.3.2　倒车影像系统的电路

图7-30为大众车的倒车影像系统的电路，倒车影像系统通过CAN数据总线系统，与不同的车辆子系统协同工作以发挥其功能。从图中可以看出，倒车影像系统的信息传递主要是通过车载网络系统，系统工作时采用了很多的信号，各个系统的信号通过网络传递通过控制单元处理，达到最佳的工作模式。

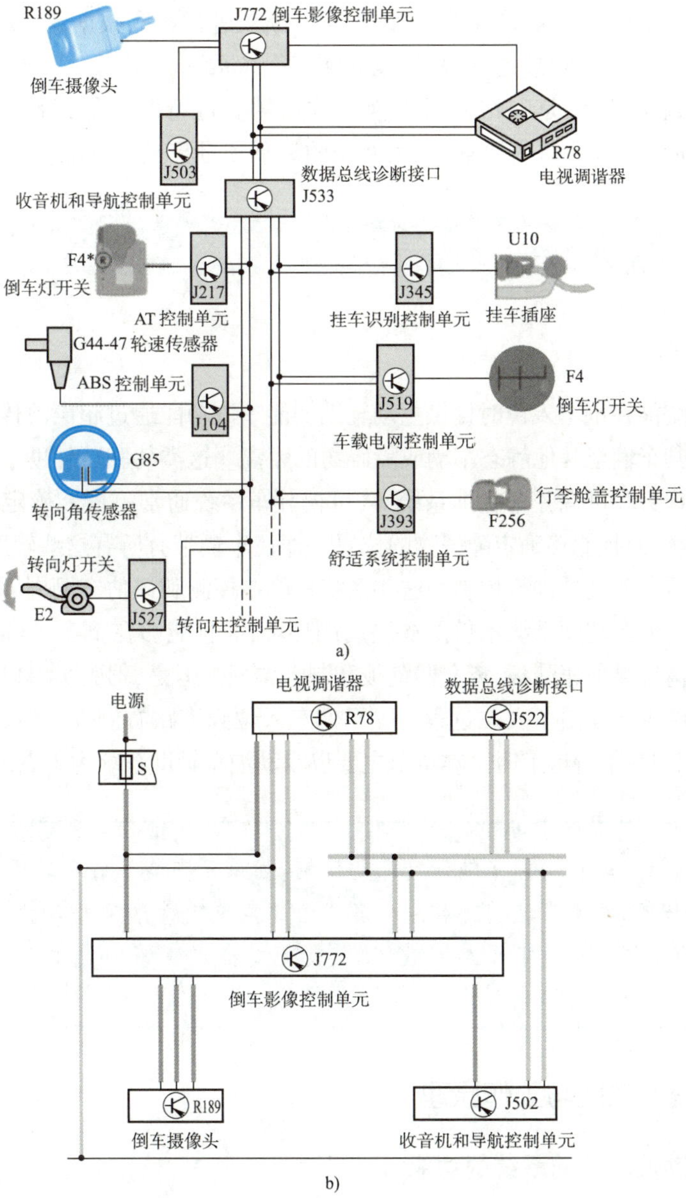


图7-30　倒车影像系统的电路图

其基本的工作原理是，挂入倒挡开启倒车影像系统，倒车摄像头拍摄车后的图像，通过处理后，经专门的视频线送入控制单元，控制单元将信号处理后，根据倒车选择的模式加上辅助线，将信号送到显示器，通过显示器显示出来，显示的过程中，还要通过转向角传感器传来的转向角信号,控制辅助线的变化,提供驾驶员参考。

大众车系倒车影像系统开启的条件是点火开关接通、挂入倒挡、车速低于 15km/h,关闭条件是点火开关关断,车速高于 15km/h,脱开倒挡 10s 以上,手动关闭显示屏的开关。

### 3.3.3 倒车影像系统的故障诊断

各个厂家的故障诊断仪都可以用于自己厂家的倒车影像系统的诊断,大众车系主要采用 VAS5051、5052、VAS6150 等诊断仪,可以利用诊断仪进行读取数据流,读取倒车影像系统控制单元的编码以及重新对其进行编码,校准倒车影像系统。

倒车影像系统的校准,是在维修或更换零件后需要进行的工作,否则将影响系统的功能,具体操作应按照维修手册的要求,采用专用的工具和量具进行校准。

# 4 自动泊车辅助系统

## 4.1 概述

驻车辅助系统能在倒车入位时提供主动辅助功能。该功能通过超声波传感器和声音警告帮助驾驶员判断其车辆至其他静态车辆或障碍物的距离。这类驾驶员辅助系统的后续开发产品包括如倒车摄像头和可视驻车辅助系统等,可视驻车系统通常不仅能确定车辆前后探测范围内是否有障碍物,而且能够确定障碍物的位置。即使车辆带有所有这些辅助系统,泊车入位时的转向过程仍需要驾驶员进行控制。这些系统只能在探测和评估车辆周围环境方面为驾驶员提供支持。自动泊车辅助系统不仅能探测周围环境,而且能够在倒车入位时自动调节转向操控。驾驶员只需操纵加速踏板、离合器踏板和制动踏板。但是,驾驶员可以随时接管对转向过程的控制权并结束自动泊车入位过程。除了倒车入位到道路右侧外,该系统也可以倒车入位到路面左侧,例如在单行道上时。本章节主要以自动泊车辅助系统为重点说明。

**相关链接**

驻车辅助功能与自动泊车辅助功能的区别:如果只安装了驻车辅助系统,泊车距离控制系统(PDC)利用车辆前部和尾部各 4 个超声波传感器探测车辆前后至物体的距离。车辆至物体的距离低于某一数值时,就会发出声音警告。如果安装了自动泊车辅助系统则可以主动泊车入位。

## 4.2 系统的功能与工作原理

### 4.2.1 自动泊车辅助系统的功能

车辆配备自动泊车系统的技术前提:电控机械式转向助力系统和 ESP 制动系统。

自动泊车辅助系统有两项功能:

(1)泊车距离控制系统 PDC,驻车辅助功能。

(2)用于主动泊车入位过程的自动泊车功能。

### 4.2.2　自动泊车辅助系统工作原理

利用自动泊车辅助系统倒车入位的过程可以分为 4 个阶段：

(1)启用自动泊车辅助系统。

(2)寻找合适的泊车位。

(3)借助自动泊车功能泊车入位。

(4)结束泊车入位过程。

#### 4.2.2.1　启用自动泊车辅助系统

自动泊车辅助系统具有驻车辅助系统功能和自动泊车功能。这两个功能可以通过各自的按键启用和停用。一项功能处于启用状态时，通过按键内的指示灯亮起以及组合仪表内的多功能显示表示出来。驾驶员必须首先决定，是由驾驶员自己进行转向并同时使用泊车辅助系统的泊车距离控制功能，还是在倒车入位时让自动泊车辅助系统执行转向过程，从而驾驶员只需操纵加速踏板、离合器踏板和制动踏板。此外驾驶员还必须决定，是倒车停入路面右侧车位还是在单行道上倒车停入路面左侧车位。驾驶员也可以只利用自动泊车辅助系统来测量泊车位，但是测量结束后必须停用该系统，如图 7-31 所示。

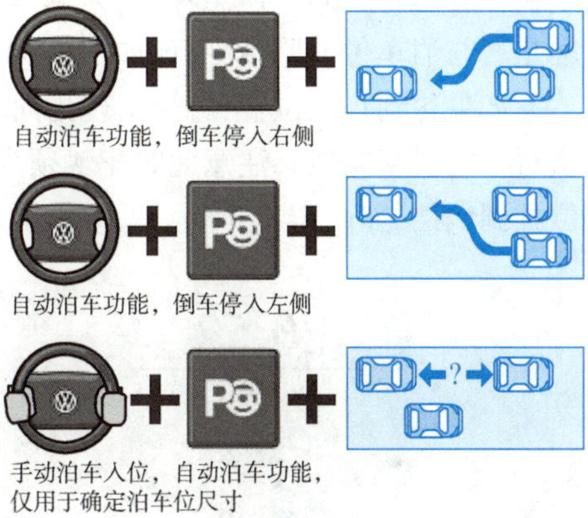


图 7-31　启用泊车系统

#### 4.2.2.2　寻找合适的泊车位

车辆每侧都有一个超声波传感器用于测量泊车位是否足够大。在本例中由位于车辆右侧的右前自动泊车辅助系统传感器进行测量。为了能够测量一个泊车位，车速必须低于 30km/h。车速处于 30 ~ 45km/h 之间时会关闭自动泊车辅助系统的传感器系统。此后该系统进入待机状态，因为该系统认为寻找过程已中断且要在其他地方继续寻找泊车位。车速超过 45km/h 后自动泊车辅助系统完全关闭，必要时必须重新启用。

如果寻找泊车位时车速降到 30km/h 以下且与侧边经过车辆的距离在 0.5 ~ 1.5m 之间，则自动泊车辅助系统开始测量右边经过的泊车位是否合适。当前测量结果以车辆和路边情况的象形图方式在组合仪表内的显示屏上显示出来，如图 7-32 所示。

如果该系统确定寻找泊车位时相对路沿或已停放车辆的驶过角超过 20°，自动泊车辅助系统就会认为驾驶员想转弯驶入另一条街道并中断寻找过程，如图 7-33 所示。

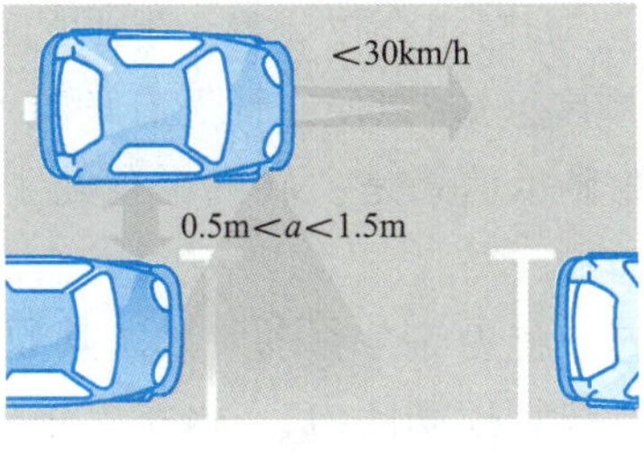


图 7-32　寻找泊车位置

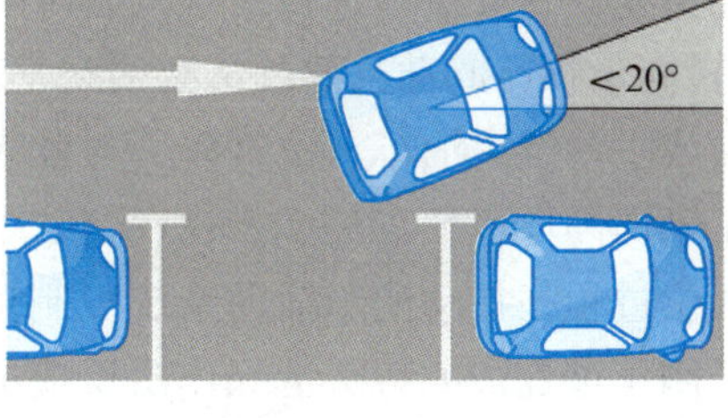


图 7-33　中断寻找泊车位置

为确定驶过角，自动泊车辅助系统可能测定若干条线并将其与车辆纵轴进行比较：

（1）由已停放车辆构成的一条线。

（2）路沿。

（3）建筑物墙壁。

在此只使用离车辆最近的线。这样可以防止出现错误，例如路沿与建筑物墙壁不平行时。

只要识别到泊车位不够大，就会将路边显示为挨个排列的带阴影矩形。如果泊车位足够大，就会将其显示为阴影矩形之间的无阴影区域。此外该系统还会检查相对泊车位来说车辆位置是否正确。这意味着，为倒车进入泊车位，车辆是否从旁驶过足够远，或者车辆纵轴是否与泊车位或路沿平行，如图 7-34 所示。

如果达到正确位置，就会出现指向泊车位的一个箭头，表示自动泊车辅助系统已准备好执行自动泊车功能。注意此时车辆须为静止状态。车辆图形中的字母 R 表示驾驶员应将挡位挂到倒挡，如图 7-35 所示。

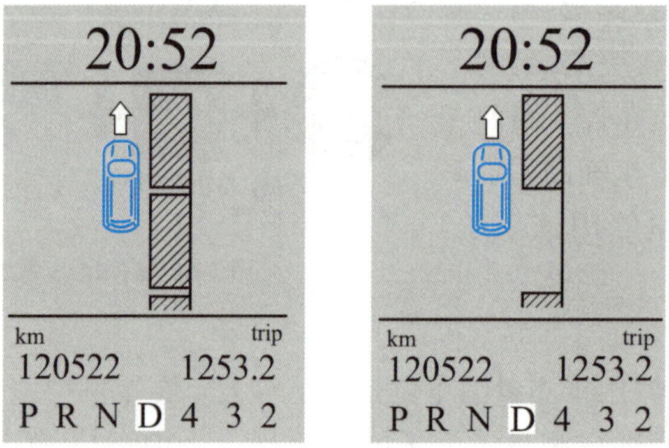


显示屏上的显示表示：
识别到泊车位不够大。

显示屏上的显示表示：
识别到泊车位足够大，
调整车辆位置。

图 7-34　泊车位置显示

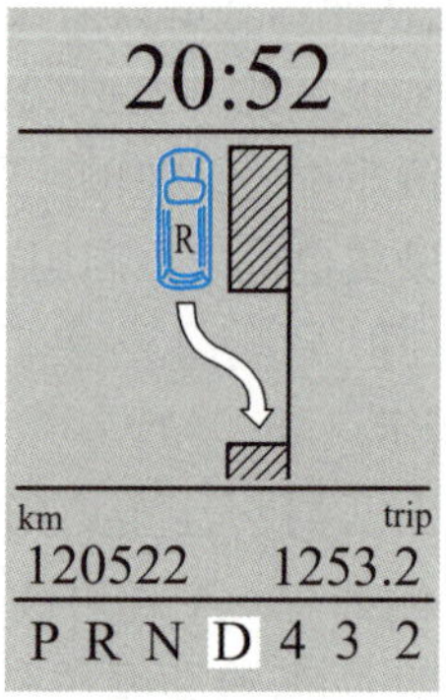


显示屏上的显示表示：
车辆位置正确。
可以执行自动泊车功能。

图 7-35　起动泊车系统

泊车位的最小尺寸由车辆长度和所需要的操纵距离包括安全距离决定。测得的总长度应确保车辆一次泊车入位。这意味着，自动泊车辅助系统确定车辆位置，从而使驾驶员只需向前手动驾驶车辆即可达到泊车位中的最佳位置，如图 7-36 所示。

4.2.2.3　借助自动泊车功能泊车入位

驾驶员在车辆静止时挂入倒挡、踩下加速踏板并松开制动踏板，即可起动自动泊车入位过程。在此不允许驾驶员通过转向盘施加转向力矩。此时组合仪表显示屏上的显示信息提醒驾驶员，转向干预已起动且驾驶员必须观察车辆周围区域，以便在怀疑有危险或有危险的情况下中断或手动结束泊车入位过程。与此有关的显示信息是：“转向干预处于启用状态！注意观察车辆周围环境！”如图 7-37 所示。

倒车入位过程在自动泊车辅助系统控制单元内分解为 5 个移动阶段。其原因是，该系统没有可对倒车过程中的特殊情况作出反应的直接视觉控制能力，在该系统中仅仅有一个标准化的泊车入位过程，需要这个过程时该系统再将此过程分成 5 个子步骤执行。自动泊车辅助系统借助这些子步骤按规定路线移动车辆，如图 7-38 所示。

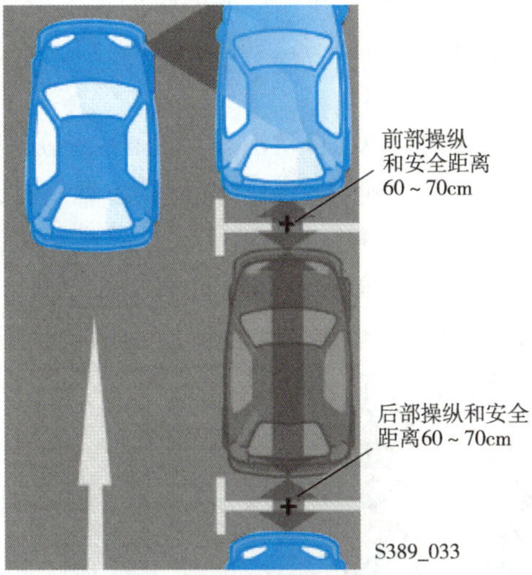


图 7-36　泊车所需安全距离

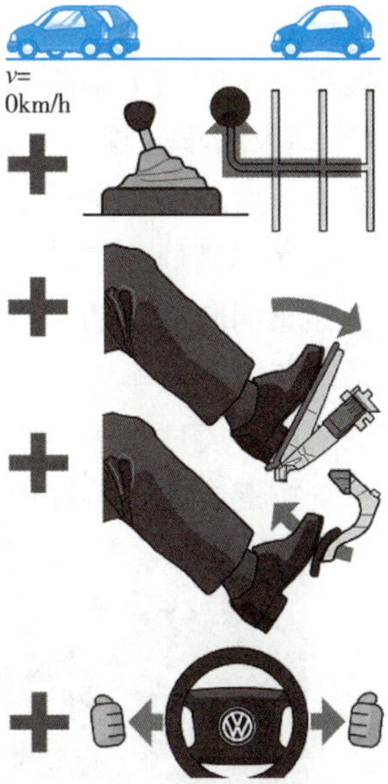


图 7-37　泊车入位

阶段一：驾驶员踩下加速踏板并松开制动踏板时，该系统首先使车轮置于直线行驶状态且使车辆倒车行驶一段距离，如图 7-39 所示。

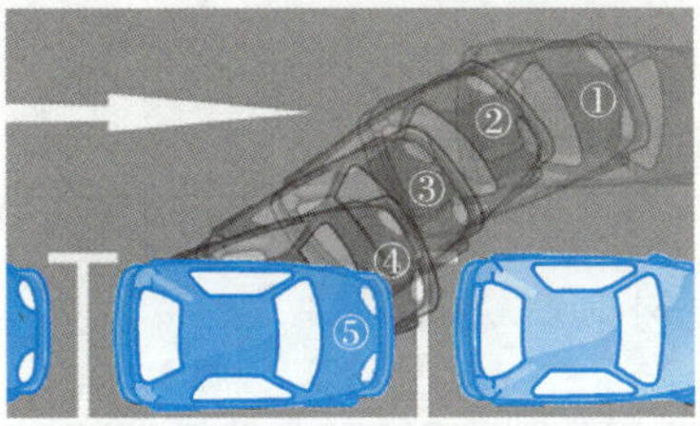

图 7-38　倒车入位的 5 个阶段

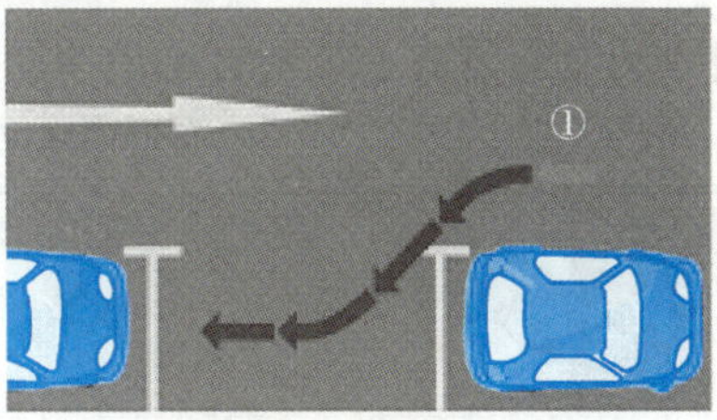

图 7-39　倒车入位第一阶段

阶段二：自动泊车辅助系统控制单元指示转向助力控制单元利用电机使车轮向右转，车辆由此斜向倒入泊车位。此时驾驶员必须保持车速低于 7km/h，如果超过这个限值，该系统就会中断调节过程，如图 7-40 所示。

阶段三：借助超声波传感器的距离数据和转向角传感器的数据，自动泊车辅助系统检查车辆相对泊车位的位置，同时借助自动泊车辅助系统控制单元内存储的移动阶段确定从何时起车轮必须转到直线行驶位置，以便继续进入泊车位，如图 7-41 所示。

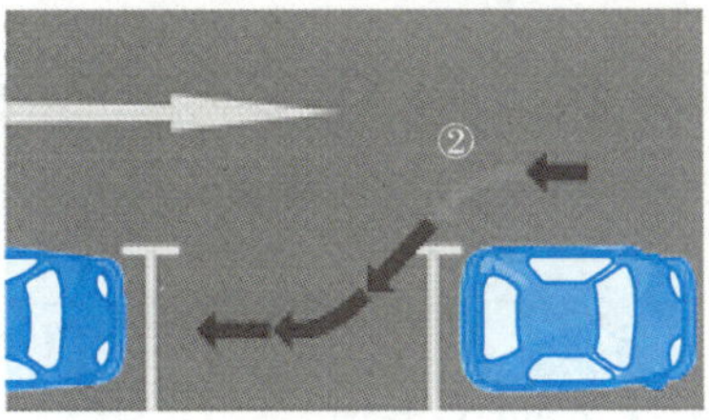

图 7-40　倒车入位第二阶段

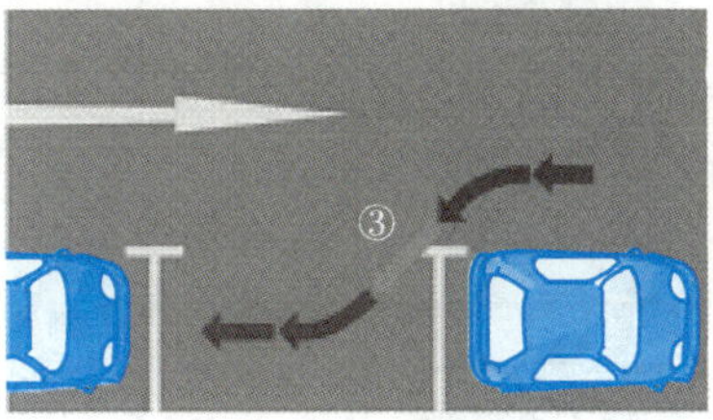

图 7-41　倒车入位第三阶段

阶段四：在第四个移动阶段中转向盘必须向左转动，以便车辆能够移入泊车位。此时车辆转入泊车位并再次调整到与道路平行位置。车辆后方至物体的距离低于最小距离时，会发出与泊车辅助系统的泊车距离控制功能一样的声音警告，如图7-42所示。

4.2.2.4　结束泊车过程

如果车辆静止后不完全平行于路沿或建筑物墙壁，自动泊车功能也会识别到这种情况。此时驾驶员必须在车辆静止时从倒挡退出，等待车轮移动到直线行驶位置后挂入一挡。尔后驾驶员可以让车辆向前移动一段距离，直至显示屏上显示泊车入位过程结束。如果从自动泊车辅助系统角度看泊车入位过程已结束，显示屏就会从提示“转向干预处于启用状态！注意观察车辆周围环境！”切换到“自动泊车过程已结束！”与此同时关闭自动泊车功能，自动泊车辅助系统按键内的指示灯熄灭，如图7-43所示。

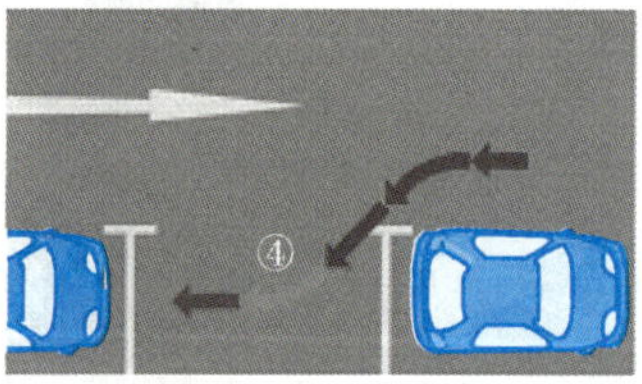

图7-42　倒车入位第四阶段

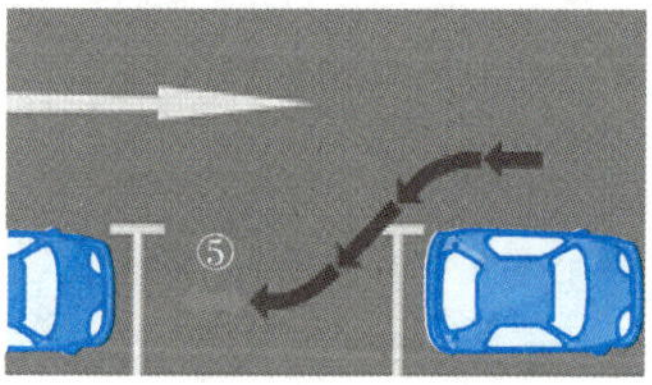

图7-43　倒车入位第五阶段

## 4.3　泊车系统启用条件

为使用自动泊车辅助系统的自动泊车功能，必须满足表7-1所列条件：

自动泊车必须满足的条件　　表7-1

| | |
|---|---|
|  | 按下自动泊车辅助系统按键 |
|  | 启用ESP功能 |
|  | 非挂车行驶模式 |
|  | 车速低于30km/h |
|  | 打开左侧转向灯（仅适用于右侧行驶的国家） |
|  | 与侧边车辆的距离在0.5～1.5m |

续上表

| | |
|---|---|
|  | 车辆纵轴与路沿之间的角度最大20°(驶过角) |
| 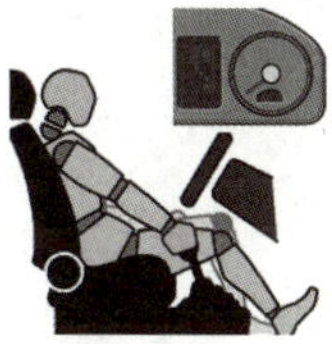 | 倒车停入右侧或左侧车位:<br>车速=0km/h　挂入了倒挡,且转向盘上的转向力矩低于5N·m;<br>在系统规定的时间限制(180s)内驾驶员进行了操纵(节气门、离合器、制动器) |

## 4.4 主要部件及其功用

### 4.4.1 传感器

传感器主要有左前自动泊车辅助系统传感器和右前自动泊车辅助系统传感器。这两个传感器都是超声波传感器,分别安装在车辆前端左侧和右侧区域内。传感器从后部插入一个固定支架内,该支架则卡止在车辆前端的塑料盖板内。自动泊车辅助系统传感器与驻车辅助系统传感器尺寸不同,因此不会混淆。因为自动泊车辅助系统传感器的探测角度和范围较大,所以尺寸较大。

(1)功用。这两个传感器的信号只用于自动泊车功能。传感器一方面用于测量泊车位,另一方面用于泊车入位过程中监控车辆前端的侧面距离。传感器信号也用于计算驶过角。如果某一个传感器损坏时,系统无法执行自动泊车功能。

(2)工作原理。超声波传感器不是发射和接收单元。其工作原理是,超声波传感器发出属于超声波范围内的、人耳听不到的声音。这个声音以声波形式在周围介质(例如空气)中恒速传播。由于声音的传播速度与温度有关,因此车外温度传感器的信号作为参考值纳入到系统控制之中。如果声波射到物体(例如墙壁)上,那么就会根据墙壁特性或多或少地被反射回来。就是说声波再次返回到传感器处并由传感器利用一个麦克风接收。此时传感器测量发射与接收反射的超声波之间经过的时间。根据这个测量时间,自动泊车辅助系统控制单元便可得出与物体之间的距离。

**相关链接**

声波是指从声源出发、造成周围空气密度和压力以波形方式发生的变化。声音传播速度取决于传播声音的介质密度。在标准大气压(0.1MPa)下且温度为20℃时声音在空气中的传播速度为343m/s,在0℃的水中传播速度为1407m/s。

### 4.4.2 带有泊车辅助系统指示灯的泊车辅助系统按键

该按键位于换挡杆上方的按键面板上,自动泊车辅助系统按键右侧。指示灯以黄色亮起时表示该功能处于启用状态，如图7-44所示。

图7-44　带有泊车辅助系统指示灯的泊车辅助系统按键

信号应用：利用该按键可以手动启用泊车辅助系统（泊车距离控制系统）。

失灵时的影响：因相关部件损坏而导致泊车辅助系统失灵时，指示灯闪烁。

### 4.4.3　执行机构

主要有后部泊车辅助系统警告蜂鸣器和前部泊车辅助系统警告蜂鸣器。泊车辅助系统通过蜂鸣器发出声音信号，驾驶员可以通过声音信号的时间间隔获悉泊车入位时车辆与某一物体的距离。当间歇音变成持续音时，表示此时已达到或低于至物体的最小安全距离。两个蜂鸣器都属于自诊断的对象。如果一个或两个蜂鸣器失灵，则车辆前部或后部相应区域的泊车距离控制功能（泊车辅助系统）将不可用且在故障存储器内存有一条故障记录。

表示自动泊车功能状态的警告音不通过蜂鸣器发出，而是通过组合仪表发出的。

### 4.4.4　控制单元

该控制单元既包含自动泊车功能，也包含泊车距离控制功能（泊车辅助系统）。如果车辆配备了自动泊车辅助系统，则不安装泊车辅助系统控制单元，如图7-45所示。

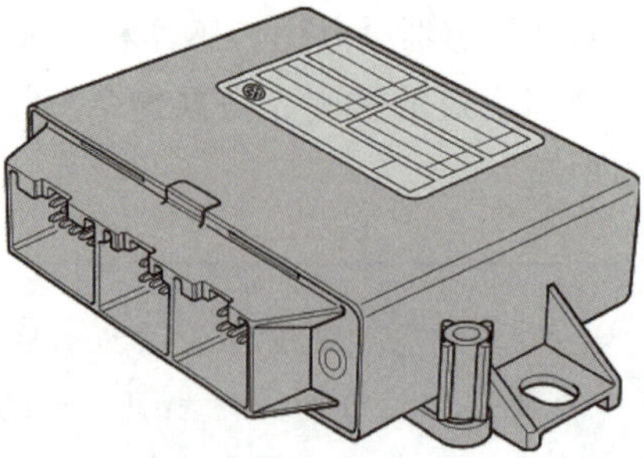

图7-45　泊车辅助控制单元

### 4.4.5　基本控制电路

自动泊车系统的基本电路如图7-46所示。

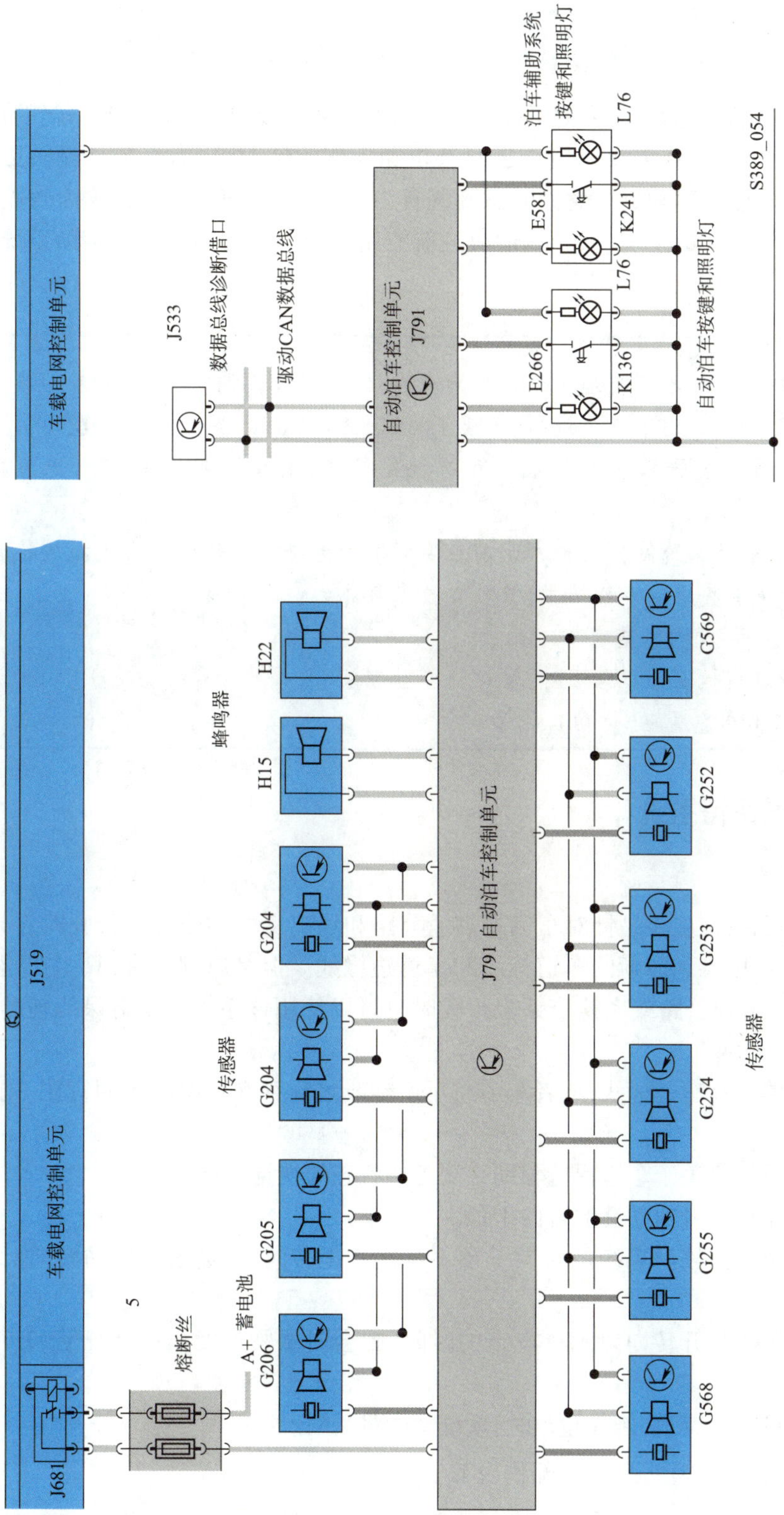

车载电网控制单元
J519
J681
熔断丝
5
A+
蓄电池
G206
G205
G204
G204
传感器
H15
H22
蜂鸣器
J791 自动泊车控制单元
G568
G255
G254
G253
G252
G569
传感器
车载电网控制单元
J533
数据总线诊断借口
驱动CAN数据总线
自动泊车控制单元
J791
E266
K136
L76
E581
K241
L76
泊车辅助系统按键和照明灯
自动泊车按键和照明灯
S389_054


图 7-46　自动泊车电路

# 5 车道保持系统和变道辅助系统

随着电脑科技的飞速发展，人们可以有更多的方法来直接和主动地干预车辆的行驶，进一步提高行驶安全性，并在需要车辆作出复杂机动动作的情况下，为驾驶员提供更多的帮助。由于这些新功能使驾驶员在驾驶时感到既省力又省心，因而人们将其称为驾驶员辅助系统。除了自动泊车辅助系统、ACC自适应巡航控制系统外还有车道保持辅助系统和变道辅助系统等。

**相关链接**

尽管各种先进技术不断地应用在车辆制造业，但必须强调的是，驾驶者始终要为车辆及其行为负责。由于车速过高、车速不当以及酒后、吸毒或者疲劳驾驶而引发的事故，仅仅借助于电子系统是无法避免或杜绝的，只有消除事故原因才是治本的方法。

车道保持辅助系统的核心技术此前主要应用于生命科学领域或者大型的机器人科研项目，如今首次用于车辆技术，该核心技术具体为：

(1)对某一环境的视觉感知(看)；

(2)对该环境的分析(思考)；

(3)对该环境的反应(行动)。

## 5.1 车道保持系统

### 5.1.1 概述

车道保持辅助系统主要是针对车辆在高速公路和路况良好的公路上行驶时设计的，因为在这些道路上可以看到清晰的车道标线和车道边缘线。但是原则上讲，只要在其性能范围之内，当车辆在普通公路或乡镇公路上行驶时也可以使用该系统。车道保持辅助系统具有以下功能：

(1)如果道路上有车道标线，或者车道与车道标线之间存在足够明显的对比，则可识别道路走向。

(2)为驾驶员提供关于车道保持辅助系统工作状态的视觉信息。

(3)实施修正性或者辅助性的转向干预。

(4)如果车道保持辅助系统的转向干预不足以修正转向，则会通过振动转向盘警告驾驶员。

(5)如果驾驶员松开转向盘超过设定的时间，则会向驾驶员发出一个视觉和声音警告(转向盘离手识别)。

(6)当驾驶员有意变道，例如超车时，系统功能将受限。

### 5.1.2 车道保持辅助系统的部件及其安装位置

车道保持辅助系统只采用了少量的新部件，因为该系统借助了其他车辆系统的许多传感器、执行器和控制单元来实现其功能。

该系统特有的部件包括：车道保持辅助系统控制单元、车道保持辅助系统指示灯、车道保持辅助系统风窗玻璃加热器。如图 7-47 所示。

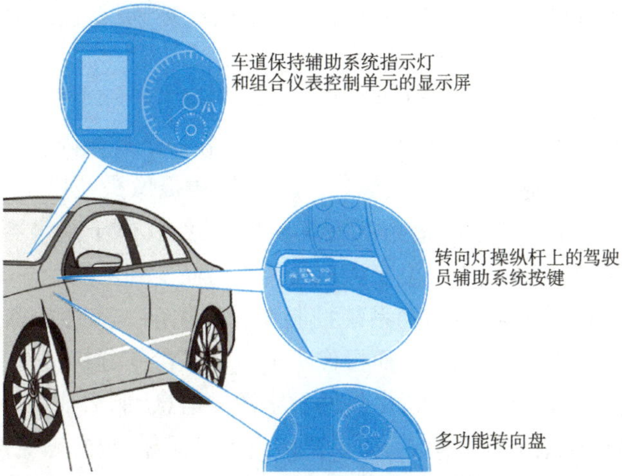


图 7-47　车辆保持辅助系统部件位置

(1)驾驶员辅助系统按键。

安装位置：驾驶员辅助系统按键位于转向柱上的转向灯操纵杆端部。

利用这个按键，可以通过组合仪表显示屏上的驾驶员辅助系统菜单打开或关闭车辆上可供使用的驾驶员辅助系统，如车道保持辅助系统。

信号应用：通过按压按键，信号经过 CAN 数据总线发送到各个驾驶员辅助系统的控制单元，以打开或关闭辅助功能。

失灵时的影响：如果驾驶员辅助系统按键损坏，那么所有通过该按键启用或进行设置的驾驶员辅助系统都将不可用，如图 7-48 所示。

图 7-48　驾驶员辅助系统按键

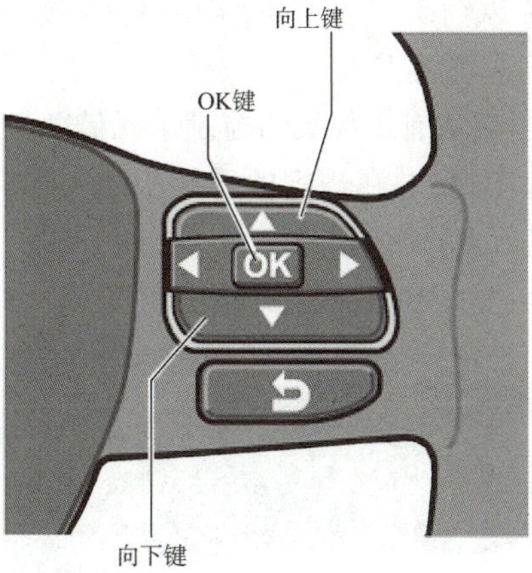


图 7-49　选择按键

按键的开关动作视不同的车辆配置及其所提供的驾驶员辅助系统，可以借助驾驶员辅助系统按键以及多功能转向盘的向上/向下键和 OK 键，通过不同的操作方法打开车道保持辅助系统或是可用的驾驶员辅助系统。

下述开关方法仅作举例之用，参照的是配备了车道保持辅助系统的车辆。

方法一：

短按驾驶员辅助系统按键，在组合仪表的显示屏上便会出现一个选择菜单，其列出了车辆所配备的驾驶员辅助系统。然后按压向下键，选择车道保持辅助系统，再按 OK 键确认选择，打开车道保持辅助系统，如图 7-49 所示。

再次执行这项操作，车道保持辅助系统便会关闭。通过该方法，可以单独打开或关闭某个特定的驾驶员辅助系统。

方法二：

长按驾驶员辅助系统按键。如果在按下该键之前已经有一个或多个辅助系统打开，那么此时所有的辅助系统都将关闭。此时如果再次长按按键，那么包括之前被关闭的驾驶员辅助系统在内的所有辅助系统都会打开。

(2)车道保持辅助系统控制单元的摄像头。

该摄像头与车道保持辅助系统控制单元共同安装在一个外壳内，组成一个模块。

安装位置：摄像头/控制单元模块安装在一个专用的摄像头支座中，该支座粘贴固定于风窗玻璃上。摄像头的镜头经过了适当的安置和校准，使其位于刮水器的刮水范围内。由此，车道保持辅助系统的功能便不会由于风窗玻璃脏污而受到影响。

信号应用：摄像头为车道保持辅助系统控制单元提供前方车道的数字化图像。控制单元的处理器对这些数字图像进行分析，而摄像头本身并不参与分析工作。

失灵时的影响：一旦缺乏摄像头所提供的数字图像信息，那么辅助功能便无法实现。如果摄像头损坏，必须更换整个控制单元；如果摄像头支座损坏，则必须更换整块风窗玻璃。

图7-50　车道保持辅助系统指示灯

(3)执行器—车道保持辅助系统指示灯。

安装位置：某些车型车道保持辅助系统指示灯位于组合仪表的右侧显示区域中。

任务和功能：该指示灯为驾驶员指示车道保持辅助系统的工作状态。

失灵时的影响：当车道保持辅助系统指示灯失灵时，该辅助功能将不可用，因为此时无法再为驾驶员明确指示系统当前的工作状态，如图7-50所示。

(4)车道保持辅助系统控制单元。

安装位置：车道保持辅助系统控制单元与车道保持辅助系统风窗玻璃加热器、雨量传感器一起安装在后视镜座饰板下方。

任务和功能：集成有摄像头的控制单元借助光学数据计算虚拟车道，并在规定的系统限制内，判断是否进行并进行多长时间的转向干预。

失灵时的影响：在控制单元损坏的情况下，该辅助功能将不可用，必须更换控制单元。

### 5.1.3　车道保持辅助系统的工作原理

(1)工作状态：打开和关闭。

车道保持辅助系统通过转向灯操纵杆端部的驾驶员辅助系统按键打开或关闭，如图7-51所示。

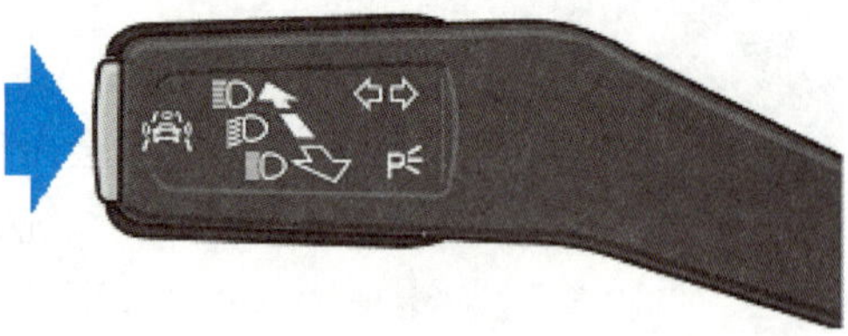

图7-51　辅助系统按键

短按该按键，在组合仪表控制单元的显示屏上就会显示一个列表。可通过多功能转向盘或者按键上的向上/向下键进行光标,从该列表中选择车道保持辅助系统对应的条目“Lane Assist(车道保持辅助系统)”。按下 OK 键,即可打开或关闭车道保持辅助系统,如图 7-52 所示。

如果长按按键超过 2s,便会同时打开或关闭车道保持辅助系统和预碰撞安全系统(Front Assist)。此外,还可以通过系统设置菜单激活或关闭车道保持辅助系统。

(2)系统的工作状态。

打开车道保持辅助系统之后,通过安装在车道保持辅助系统控制单元中的摄像头,该系统开始获取车辆前方的道路走向数据并进行分析。同时,车道保持辅助系统控制单元试图根据所获得的光学数据来确定车道边缘线、车道分界线以及车辆在车道中所处的位置。如果车道保持辅助系统能够成功获取这些信息,系统便处于激活模式。如果无法成功获取这些信息,车道保持辅助系统就会切换到待机模式。车道保持辅助系统指示灯指示系统当前的工作模式。

①车道保持辅助系统的激活模式。

在激活模式下,系统获取道路走向,当车辆将要偏离该系统计算出的虚拟车道时,系统便会借助电控机械式转向助力系统施加一个转向修正力矩。组合仪表中的车道保持辅助系统指示灯以绿色亮起时,表明系统处于激活模式,如图 7-53 所示。

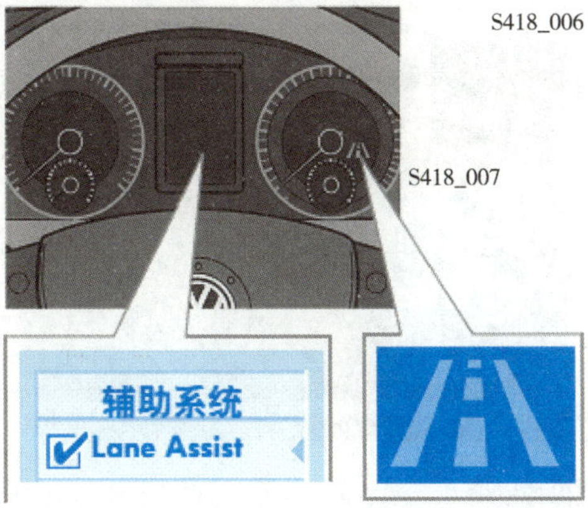


图 7-52　系统打开

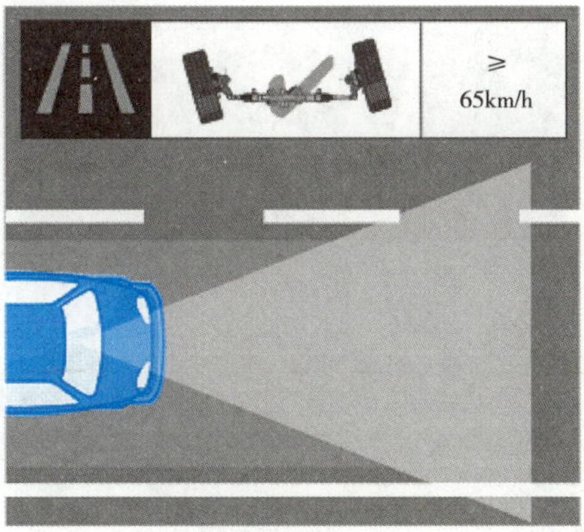


图 7-53　系统激活模式

②车道保持辅助系统的待机模式。

在待机模式下,摄像头仍会继续获取道路信息,并由系统进行分析。如果识别到清晰的车道标线,或是当所需的运行条件都满足的情况下,系统就会重新切换到激活模式。驾驶员可通过车道保持辅助系统的指示灯,获悉此时车道保持辅助系统处于待机模式,此时不对车辆施加转向修正干预并且不发出警告。如果驾驶员有意变道,例如在超车或转弯时,那么打开转向灯就可以使车道保持辅助系统暂时切换到待机模式。当转向灯关闭以后,系统会自动切换回激活模式,以继续识别清晰的车道标线。组合仪表中的车道保持辅助系统指示灯以黄色亮起时,表明系统处于待机模式,如图 7-54 所示。

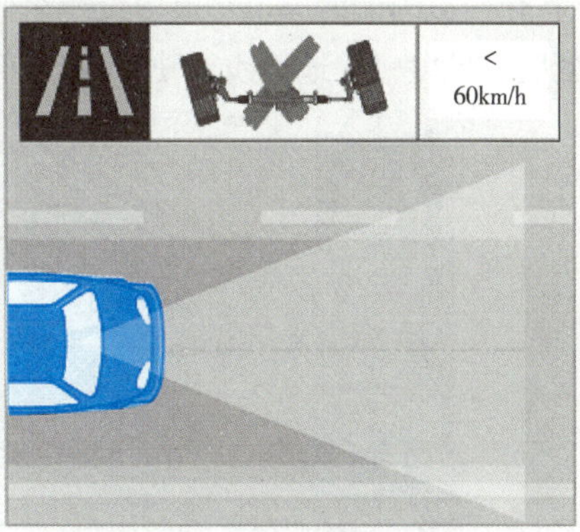


图 7-54　系统待机模式

③直道上的车道保持功能。

借助识别出的车道标线，车道保持辅助系统计算出一条可使车辆沿其行驶的虚拟车道。除此之外，该系统还会确定车辆相对于该虚拟车道的位置。如果车辆将要偏离虚拟车道，那么车道保持辅助系统便会借助电控机械式转向助力系统，施加一个转向修正力矩（最大 3N · m），以修正车辆的偏移。在这种情况下，转向力矩的大小取决于车辆与识别出的车道标线之间形成的夹角。转向干预最长持续 100s，如果车辆在这段时间内重新按车道走向行驶，修正过程便告结束。驾驶员可通过主动的转向操作，随时轻松终止转向干预过程，例如，驾驶员未打开转向灯时也可进行变道。如果该力矩不足以修正转向，那么电控机械式转向助力电动机便会振动转向系统，使驾驶员感到转向盘振动，从而对其发出警告，如图 7-55 所示。

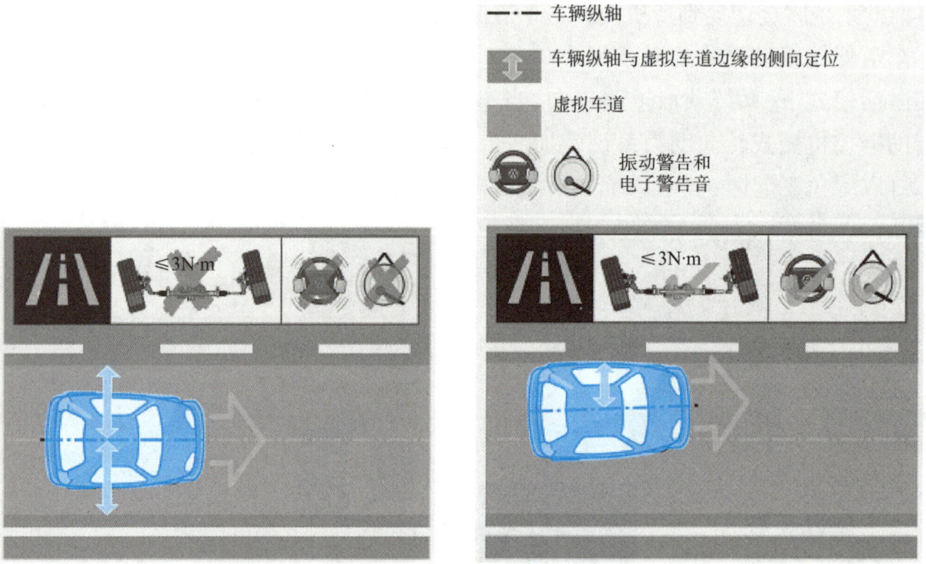


图 7-55　系统保持模式

④弯道行驶时的车道保持功能。

即便是在一段很长的弯道上，也就是说弯道半径很大时，如果车辆偏离系统计算出的虚拟车道，那么车道保持辅助系统也可以实施干预。在此情况下，车道保持辅助系统设置虚拟车道时，使弯道内侧的虚拟车道边缘线尽量接近系统识别到的弯道内侧车道标线。通过这种方式，驾驶员可以轻松地切线行驶，而车道保持辅助系统不进行修正性转向干预，如图 7-56 所示。

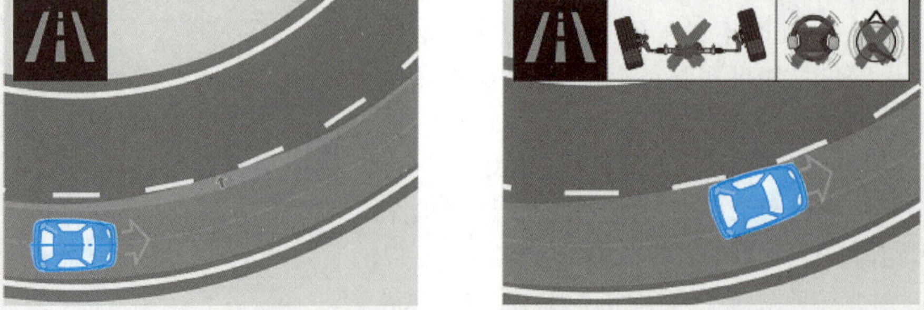

图 7-56　弯道保持模式

如果在至多100s的转向干预时间内,系统无法使车辆保持在弯道内行驶,那么便会给予驾驶员振动警告并发出电子警告音,同时在组合仪表的显示屏上显示一条文字信息,要求驾驶员接管转向操作,如图7-57所示。

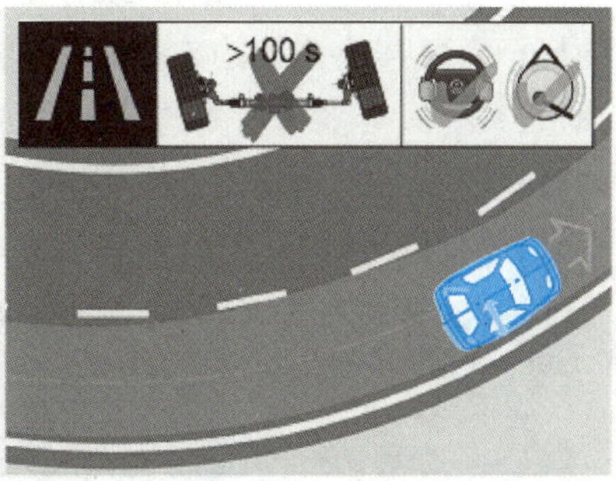

图7-57 弯道警告

### 5.1.4 车道识别

#### 5.1.4.1 系统启用条件

启用所需条件必须满足各种系统内部条件和环境条件,车道保持辅助系统才能够切换到激活模式。

(1)系统内部条件:

①车道保持辅助系统打开且工作正常。

②具备电气设备运行的条件(最低电压、设备温度)。

③可以通过CAN数据总线与各个相关系统(例如ABS/ESP系统、电控机械式转向助力系统、舒适系统、发动机管理系统、组合仪表控制单元等)实现通信,而且各个系统工作正常。

④ESP必须打开。

⑤车道保持辅助系统的摄像头准备就绪。

⑥车道保持辅助系统风窗玻璃加热器功能正常。

(2)环境条件:

①所识别的车道宽度在2.45~4.60m。

②车道保持辅助系统的摄像头可以识别出车道标线和车道边缘线。

③摄像头探测范围内的风窗玻璃不能有脏污或结冰。

④如果系统识别到两段连续的车道标线,它们之间的间距最大不得超过标线本身长度的两倍。如果系统在5m范围内清晰地识别到一段标线,则系统可接受在之后的10m范围内无任何标线。一旦超出这个公差范围,车道保持辅助系统就切换到待机模式。

**相关链接**

为进行车道识别,控制单元须执行复杂的数据处理,除此之外,车道保持辅助系统的摄像头也是一个重要的组成部分。摄像头、控制单元,以及车道保持辅助系统的风窗玻璃加热器共同组成了一个模块,安装在加大的后视镜座饰板下方。摄像头探测车辆前方5.5~60m范围内的车道,并将其转化成数字信号。该系统所采用的是黑白摄像头,分辨率为640×480像素。每幅数字图像由480个扫描行组成,每行有640个像素。摄像头可以摄取的色域(色深)为4096个灰度级。

比较:肉眼只能够区分100~120个灰度级。

#### 5.1.4.2 车道识别过程

(1)摄像头摄取的每幅数字图像,均由车道保持辅助系统的处理器同步进行分析,检查灰度值是否存在大幅变化,例如,深色沥青路面上的白色车道分界线会使灰度值产生较大幅度的波动。为了缩短运算时间,车道保持辅助系统在分析图像时,仅选取左半幅和右半幅图像的两个梯形区域,因为这两个区域就已包含了所需识别的车道标线。通过这种方式,加上处理器的强大性能,便可确保即使在车辆高速行驶时,也能迅速地进行分析,从而识别车道走向。如果分析程序在所选取的某个扫描行内发现了一处或者多处强烈的灰度值变化,那么系统便在这些位置上分别设一个探测点或标记点。一个扫描行上也可能存在多个标记点。如果扫描行上的标记点可连成连续的虚拟线,并与实际的车道标线或者车道边缘线相符,那么为计算出当前车道,系统只会采用内侧的标记点。如果能连成线的标记点足够多,那么车道保持辅助系统就可以根据这些标记点计算出实际的车道走向。根据所识别到的车道走向,车道保持辅助系统会从其内部设定的功能限制和驾驶安全角度出发,计算一条虚拟车道,如图7-58所示。

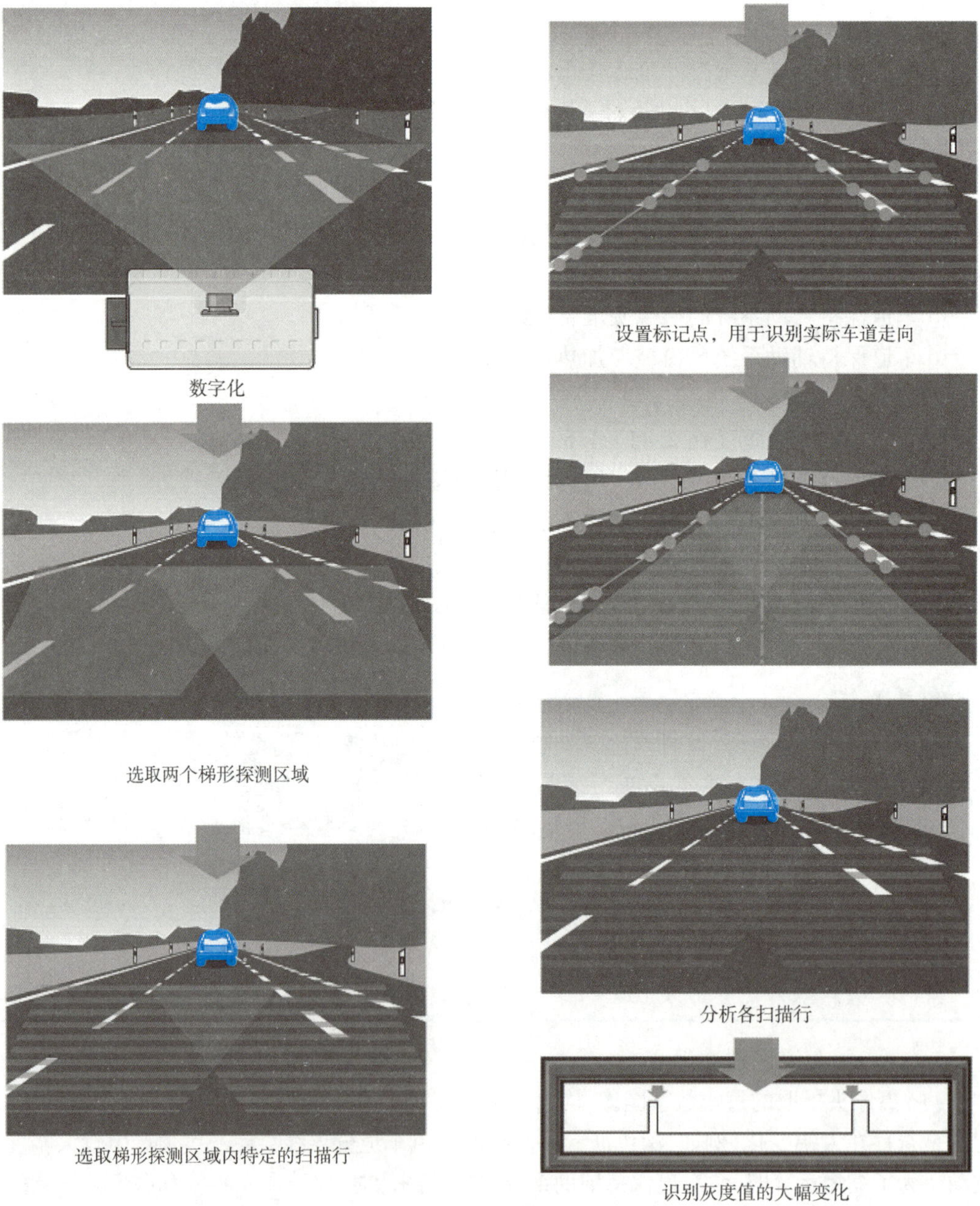


图7-58　车道识别过程

现在，借助所得出的虚拟车道，车道保持辅助系统开始计算车辆相对虚拟车道的侧向定位。如果车辆正在接近虚拟车道边缘线或者越过这条虚拟车道，那么车道保持辅助系统便会实施转向干预，如图7-59所示。

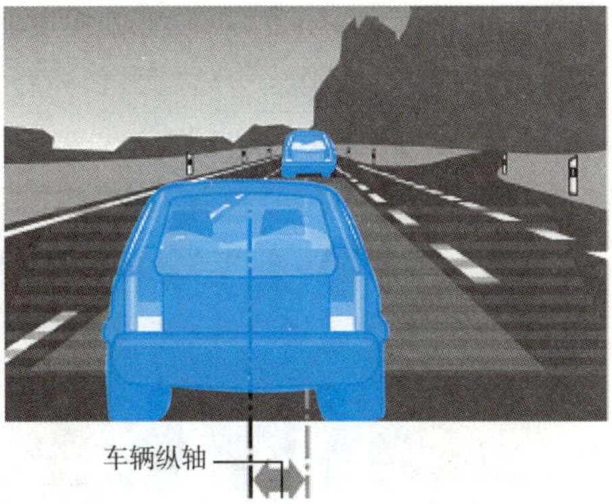

图7-59　车辆侧向定位

如果数字图像中的灰度值差别太小，或者未能设置足够的标记点，导致系统无法识别车道走向，那么车道保持辅助系统便会切换到待机模式，此时不发出警告，也不实施转向干预。然而，在该模式下，系统仍会继续分析摄取的图像，以便在能够清晰地识别车道标线时，立即切换回激活模式。

(2)虚拟车道的计算。计算虚拟车道时的边界条件视实际车道的宽度而定。如果识别出车道宽度大于2.6m，那么系统便会在实际车道标线内侧各设一宽为40cm的安全区域。如果识别出的车道宽度小于2.6m，那么安全区域的大小便会相应缩减。当车道宽度小于2.4m时，车道保持辅助系统便会切换到待机模式，如图7-60所示。

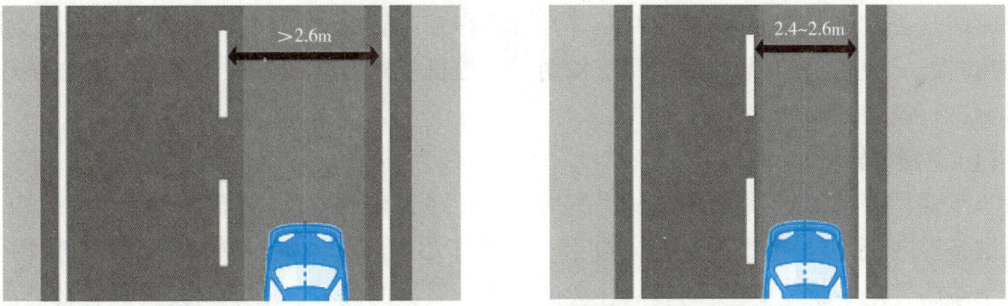

在较宽的车道上计算虚拟车道；
系统将设一定范围的安全区域

在较窄的车道上计算虚拟车道；
安全区域的范围相应缩减

图7-60　虚拟车道计算

在道路上有若干条平行车道标线的情况下，例如在施工路段附近或是设有自行车道的道路，如果系统借助识别出的内侧标线，可计算出足够宽的虚拟车道，那么系统就会选用这些标线。如果无法计算出足够宽的虚拟车道，那么车道保持辅助系统便会选用紧邻的外侧标线，如图7-61所示。

使用识别出的内侧标线计算虚拟车道

图7-61　标线选择

5.1.4.3　转向修正力矩

转向修正力矩的大小(至多3N·m)同样也是可变的，取决于车辆与虚拟车道边缘线之间形成的夹角。车道保持辅助系统借助车辆纵轴和虚拟车道的中心线来计算这个角度。如果车辆以一个较为平缓的角度驶向车道标线，那么系统会施加一个最大为3N·m的力矩，以修正转向。如果驾驶员意图变道，并将越过车道标线，那么此时驾驶员施加的反向力矩足以阻止转向干预过程，如图7-62所示。

如果车辆以一个较为明显的角度驶向车道标线，那么系统便会认为，可能驾驶员是在没有打开转向灯的情况下有意变道。在这种情况下，驾驶员只需施加很小的转向力矩，就足以克服该修正力矩，如图7-63所示。

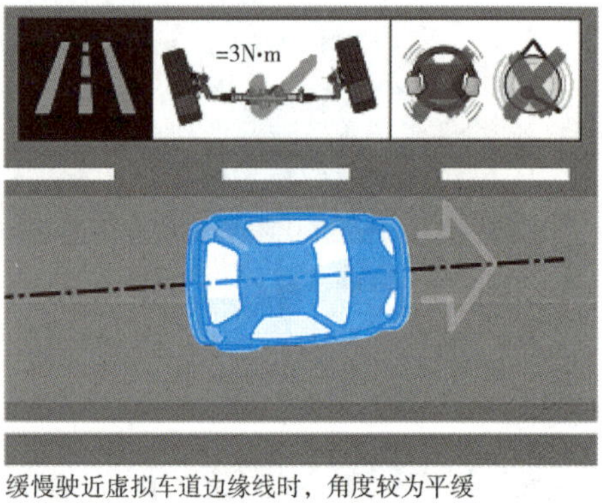


图7-62　大的转向修正力矩

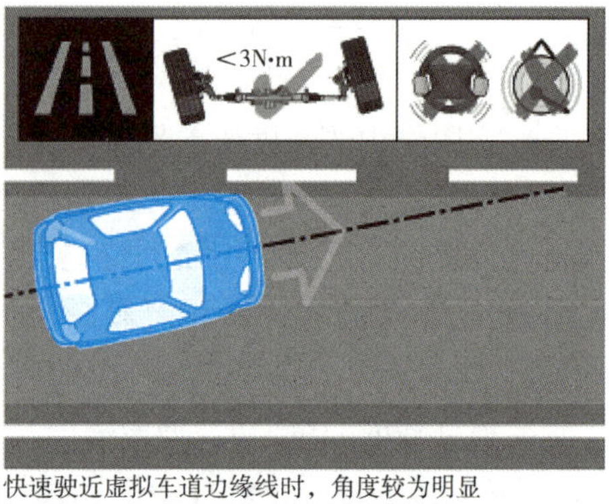


图7-63　小的转向修正力矩

5.1.4.4　转向盘离手识别

车道保持辅助系统除了监控车辆是否保持在车道内行驶之外，还识别驾驶员松开转向盘的时间是否超过了设定值，从而判断其是否未在控制转向，例如在过度疲劳或分心做其他事情的时候。为此，车道保持辅助系统使用了电控机械式转向助力传感器，我们通过以下两个示例进行说明。

(1)手握住转向盘。

当车辆行驶时，由于路面不平所产生的力会传递到车辆前桥，从而作用于转向机构。驾驶员准备转向，且至少单手握在转向盘上。上述作用力将导致通过转向柱小齿轮作用于扭力杆下端的转矩不断地变化，而转向柱会试图进行微量的调节。由于驾驶员握着转向盘，就相当于扭力杆的上端被固定住了。这样一来，由于转矩变化，扭力杆会不断地向左或向右轻微地转动。转向力矩传感器将探测到扭力杆的旋转角在不断变化，于是，在转向助力控制单元的信号分析过程中，便会产生一个持续的信号列。只要驾驶员握着转向盘，不进行有意识的转向操作，这一信号列便会持续下去。通过持续的信号列，车道保持辅助系统便能得知，驾驶员的手正握在转向盘上。

(2)驾驶员的手没有握住转向盘。

如果驾驶员松开转向盘，扭力杆的上端便失去了固定点。整个转向系直至转向盘，都能够自由转动。与第一个示例不同，此时，由于路面不平而引起的转矩变化，不会导致扭力杆不断地向左或向右转动，所以转向力矩传感器也不会探测到旋转角的改变，因此在信号分析过程中不会出现信号列。如果车道保持辅助系统识别到这一状态的持续时间超过8s，那么便会发出电子警告音，以此来提醒驾驶员松开转向盘可能带来的危险。同时，在组合仪表的显示屏上还会出现一条文字信息，提醒驾驶员接管转向操作。转向盘离手识别功能识别到驾驶员未握住转向盘，此时向驾驶员发出声音和视觉警告。

5.1.4.5　功能限制

受光线和天气因素或是路面能见度等条件的影响，在某些情况下，车道保持辅助系统可能无法识别出清晰的车道，从而无法据此计算出虚拟车道，或是车道保持辅助系统的分析可能有误。一般在这些情况下，车道保持辅助系统会自动切换到待机模式。只有当系统获取了明确的信息，并且在系统限制内，可由这些信息计算出虚拟车道时，系统才会处于激活模式。

(1)车道能见度的影响。

只要车道标线与沥青路面的对比足够明显，而且路面没有严重脏污，能看清车道标线，那么车道保持辅助系统一般都能够识别出清晰的车道标线，并由此计算出虚拟车道。特别是在高速公路上，会有混凝土路面，车道颜色便显得很浅，车道上的白色和黄色标线与路面颜色的对比便不那么明显。在这样的道路上，尤其是在光线不良的条件下，路面和车道标线之间的灰度值差别可能太小，导致无法明确地设置标记点。此外，不同的路面材料之间形成的分界线，例如不同的沥青材料，也有可能导致系统分析有误。

(2)天气和光线条件。

尤其在潮湿的车道上，由于反光或者迎面驶来的车辆，可能会造成炫目效应，车道标线的亮度会被眩光盖住。在这种情况下，会妨碍系统清晰地识别出车道标线或车道边缘线。而在灯光条件不佳的情况下，车道上的沥青接缝同样可能被误识别为车道标线，导致系统识别到的车道宽度与实际不符。当车道标线或道路边缘被污物或冰雪严重覆盖的时候，同样会妨碍系统进行识别，如图7-64所示。

(3)车道边缘。

车道边缘同样能够影响车道保持辅助系统的工作状态。如果摄像头未摄取到车道边缘线，在这种情况下，只要路面和路边区域(例如草地、铺石路面或者积雪)之间的亮度差异足够大，并能形成清晰的界线，那么车道保持辅助系统仍可能将其视作车道边缘线进行识别。同样，只要路沿或护栏与路面或周围环境的亮度差异足够大，车道保持辅助系统也会将其视作车道边缘线进行识别，如图7-65所示。

反光和炫目效应会妨碍系统识别车道边缘线和车道分界线

图7-64　光线不佳

图7-65　车道边缘

(4)脏污的风窗玻璃。

如果摄像头探测范围内的风窗玻璃脏污严重，而致使图像数据的摄取持续受阻，那么车道保持辅助系统便会切换到待机模式，同时会显示系统信息“LaneAssist—目前探测设备无能见度!”然而，当风窗玻璃有脏污时，车道保持辅助系统无法立即识别到，会有一定的延时，这是因为系统需要先比较所获取的图像数据，以确定是否是由于脏污而造成的能见度降低。

结雾的风窗玻璃，如果风窗玻璃因冷凝水而受潮，从而导致摄影头的探测受阻，那么此时车道保持辅助系统就会由于风窗玻璃结雾，而切换到待机模式。为避免摄像头探测范围内的风窗玻璃结雾，系统安装有一个小型的风窗玻璃加热器，其只对摄像头探测范围内的风窗玻璃进行加热。当基于图像数据质量的下降，而判定出摄像头前的风窗玻璃结雾时，系统便会自动打开该加热器。

（5）施工路段。

特别是在高速公路上，施工路段区域内经常临时标有黄色的车道标线，以引导车辆绕过施工区域，例如从施工路段边的紧急车道上驶过。此时，驾驶员知道，黄色的标线会替代原先的白色标线。但车道保持辅助系统“看见”的却不是黄线而是浅灰色的线。因此，当白色的标线和黄色的标线一起出现时，系统的分析便可能有误。在车道保持辅助系统无法判断的情况下，总是会使用识别出的内侧标线，于是在某些情况下，可能会计算出一条相对较窄的虚拟车道。如果此时的车道宽度小于系统限制，那么将会采用紧邻的外侧车道标线，在此所采用的即是右侧的白色车道标线。如果无法识别出清晰或可信的车道标线，那么一般而言，车道保持辅助系统会切换到待机模式，如图7-66所示。

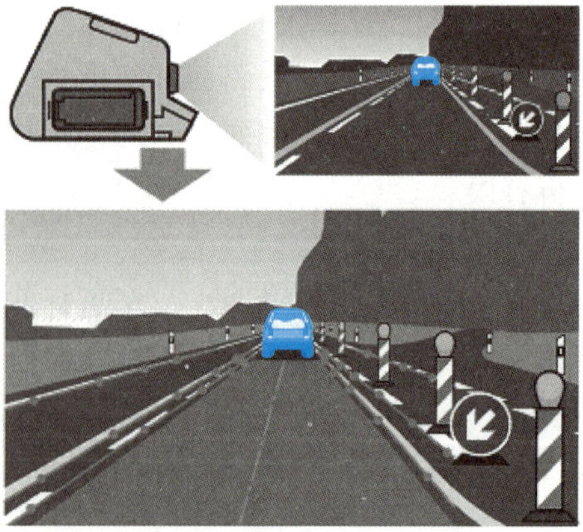

图7-66　施工路段

### 5.1.5　系统信息

车道保持辅助系统借助其指示灯和组合仪表控制单元的显示屏，输出关于工作状态和系统状态的信息。除了这些显示方式外，系统还会发出电子警告音和转向盘振动警告，提醒驾驶员注意所显示的信息（表7-2～表7-4）。

**指示灯显示**　　表7-2

| 状　况 | 显　示 | 反　应 | 组合仪表显示屏中的文字信息 |
|---|---|---|---|
| 车道保持辅助系统关闭 |  | 车道保持辅助系统指示灯熄灭 | 无文字显示 |
| 车道保持辅助系统打开并处于激活模式 |  | 车道保持辅助系统指示灯以绿色亮起 | 无文字显示 |
| 车道保持辅助系统打开并处于待机模式 |  | 车道保持辅助系统指示灯以黄色亮起 | 无文字显示 |

**关于行驶工况和系统反应的显示和信息**　　表7-3

| 状　况 | 显　示 | 反　应 | 组合仪表显示屏中的文字信息 |
|---|---|---|---|
| 车速低于60km/h车道保持辅助系统借助获取的光学数据，计算出车道窄于2.45m或宽于4.60m。<br>识别到有标线的车道长度与未识别到有标线的车道长度之比小于1:2。<br>识别不出任何车道标线或者车道边缘线 |  | 车道保持辅助系统指示灯以黄色亮起。车道保持辅助系统处于待机模式。<br>无声音警告信号 | 无文字显示 |

续上表

| 状　况 | 显　示 | 反　应 | 组合仪表显示屏中的文字信息 |
|---|---|---|---|
| 当车道保持辅助系统处于激活模式时，驾驶员在未打开转向灯的情况下超车。这时他要“克服”车道保持辅助系统的转向修正力矩。<br>识别不出任何清晰的车道边缘线。<br>在弯道行驶时，弯道半径小于250m，致使摄像头由于车道的弯曲而无法准确地摄取车道 |  | 车道保持辅助系统指示灯以黄色亮起。<br>无声音警告信号 | 无文字显示 |
| 摄像头探测范围内的风窗玻璃脏污 |  | 车道保持辅助系统指示灯以黄色亮起。<br>车道保持辅助系统处于待机模式。<br>发出声音警告信号 | 车道保持辅助系统不可用。目前探测设备无能见度 |
| 车辆将偏离车道。车道保持辅助系统实施转向干预。但经过100s的转向干预，仍无法修正转向 |  | 车道保持辅助系统指示灯以黄色亮起。<br>车道保持辅助系统切换为待机模式。<br>发出声音警告信号。<br>发出振动警告 | 请接管转向操作 |

系统故障和运行受阻时的显示和信息举例　　表7-4

| 状　况 | 显　示 | 反　应 | 组合仪表显示屏中的文字信息 |
|---|---|---|---|
| 车辆将偏离车道。车道保持辅助系统实施转向干预。已达到最大转向修正力矩3N·m，但仍无法使车辆保持在虚拟车道内行驶 |  | 车道保持辅助系统指示灯以黄色亮起。<br>发出振动警告。<br>车道保持辅助系统切换到待机模式 | 请接管转向操作 |
| 车道保持辅助系统控制单元未编码。<br>摄像头未校准（车道保持辅助系统控制单元未进行基本设置或基本设置有误）。<br>例如，车道保持辅助系统控制单元无法接收来自转向助力控制单元的数据（无CAN总线通信） | 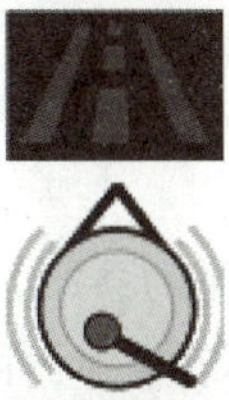 | 车道保持辅助系统指示灯熄灭。<br>发出声音警告信号 | 系统故障 |
| 车道保持辅助系统控制单元温度过高。<br>车道保持辅助系统控制单元工作电压过低 |  | 车道保持辅助系统指示灯以黄色亮起。<br>发出声音警告信号 | 车道保持辅助系统目前不可用 |

### 5.1.6 车道保持系统的电路

图7-67所示为车道保持系统的电路。

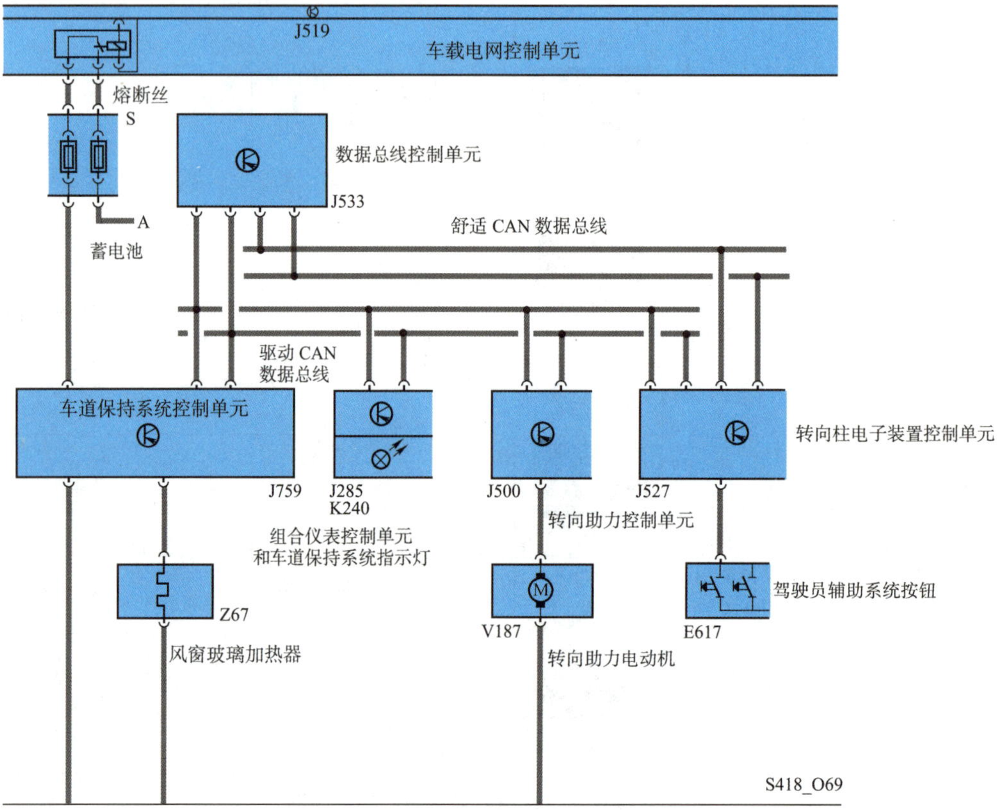


图7-67　车道保持系统电路

### 5.1.7 系统校准

车道保持辅助系统必须在规定的条件下进行检测，确定其摄像头镜头的安放位置是否与车辆的几何尺寸相符。这项工作对于正确分析和解读数字图像数据而言，是必不可少的。

该系统具有3种校准方式：

(1)出厂校准(静态初次校准)。

(2)系统自带的在线校准(动态校准)。

(3)服务站的系统校准(静态校准)。

当出现以下情况或故障时，必须对车道保持辅助系统进行校准：

(1)在车道保持辅助系统控制单元的故障存储器中，存有故障记录“未进行基本设置或基本设置有误”。

(2)更换了车道保持辅助系统控制单元。

(3)拆卸或更换了风窗玻璃。

(4)调整了后桥前束。

(5)对车辆底盘进行了作业，使车身高度发生了改变。

在线校准指的是车道保持辅助系统在工作期间所进行的自检。

例如，当车身高度由于行李舱载重而发生变化时，便需要进行这一校准。在这种情况下，摄像头的“视角”不再正确，需要对其进行电子补偿，直至可识别出清晰的车道标线。这一功能也被称为动态校准并且不能代替服务站校准。在进行该自检时，车道保持辅助系统会检测，上一次校准时所确定的偏航角和俯仰角是否发生了改变。由于技术原因，在静态校准时所确定的摆动角无法进行动态校准。

一旦车道保持辅助系统控制单元确定两个角度出现偏差，那么这一变化便被存储到存储器地址“偏航角偏差”和“俯仰角偏差”下，系统在分析图像数据时便会对其予以考虑。这两个数值都可从一个测量值块中读取。在进行下一次静态校准时，数值将会重新归零。

## 5.2　变道辅助系统

### 5.2.1　概述

在多车道的公路上行驶时，车祸通常是由于变道时没有注意到其他车辆而引发的。在2005年发生了大约5000起造成人员伤亡和财产损失的车祸，其中一部分就是因为变道不当而导致的。驾驶员变道辅助系统可以在危险发生前及时警告驾驶员，从而减少这类事故的发生。

**相关链接**

变道时的危险——死角

车辆在平行车道上行驶时，由于危险位于后视镜死角区域内，因而在变道时无法察觉。变道辅助系统借助雷达波束监控车辆旁边以及后方的行驶区域，如果在监控区域有车或者有车高速靠近，则通知驾驶员。如果此时驾驶员意图变道并打开转向灯，则变道辅助系统就会发出警告，由此消除了车祸的隐患，保证了行驶的安全性。

### 5.2.2　部件组成与功能

（1）雷达传感器。

内置于控制单元中的雷达传感器由发射天线和接收天线组成，位于一个塑料天线罩下方，进行外部条件检测。

（2）驾驶员辅助系统按钮。

通过驾驶员辅助系统按钮可以开关变道辅助系统。按钮上的图标表示驾驶员辅助系统，如图7-68所示。

（3）指示灯。

变道辅助系统的激活状态通过组合仪表上的变道辅助系统指示灯K232显示。这个指示灯位于车速表内。

指示灯的不同颜色表示不同的系统状态：

①绿色：变道辅助系统已打开并处于激活状态（车速超过60km/h）。

②黄色：变道辅助系统已打开并处于待机状态（车速低于 50km/h）。

指示灯的位置如图 7-69 所示。

图 7-68　驾驶员辅助系统按钮

图 7-69　指示灯位置

## 5.2.3　工作原理

### 5.2.3.1　监控区域

这个系统监控车辆侧面及后面的潜在危险。监控区域从 B 柱向后延伸约为 50m，两侧监控区域的宽度约为 3.8m，如图 7-70 所示。

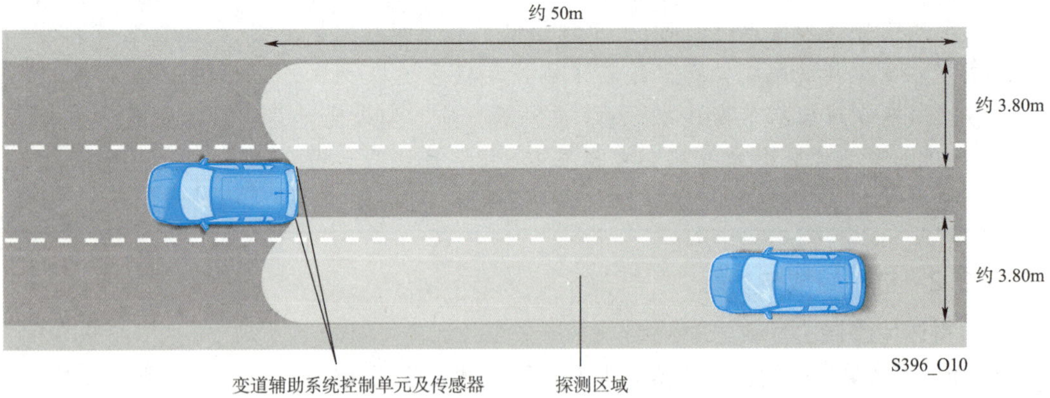


图 7-70　监控区域

### 5.2.3.2　工作方式

控制单元内的传感器监控整个区域并通过雷达波识别此区域内的物体。通过相应的变道辅助系统控制单元可以识别这些物体，并计算出多长时间后可能会发生碰撞。由此可以判定，此物体是否恰好“游离”于死角区域内、正缓慢驶离或逐渐靠近。如果计算出的时间小于一个固定值，则通知驾驶员或在驾驶员打开转向灯时发出警告。

（1）信息和警告。当有物体在监控区域内时，外后视镜上的变道辅助系统警告灯就会发送信息或警告，如图 7-71 所示。

(2)警告。当驾驶员打开转向灯,意图向被监测出的物体的方向变道时,系统会发出警告,相应一侧的变道辅助系统警告灯闪烁。这种闪烁有时间限制,之后就会重新调回到警示信息级。如果打开转向灯时确定没有危险,而后识别出新的危险时,系统会再次发出警告。当转向灯关闭再打开时,也会再次发出警告,如图 7-72 所示。

图 7-71 变道辅助系统警告灯

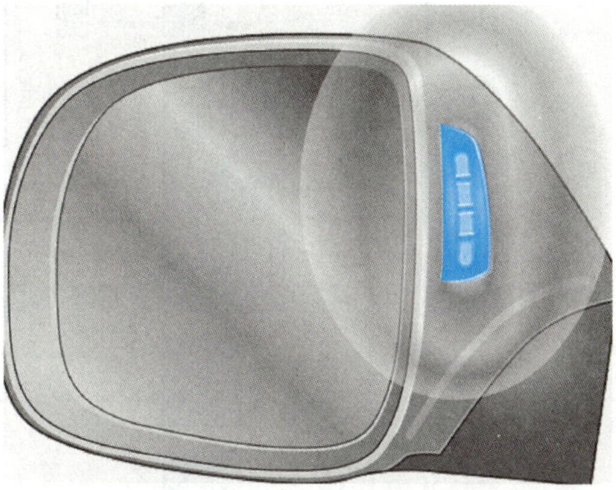

图 7-72 警告灯警告

(3)起作用时的车速。当车速高于 60km/h 时,变道辅助系统处于激活状态,开始识别监控区域内的车辆。前提条件是通过驾驶员辅助系统按钮打开变道辅助系统。如果车速低于 50km/h,则变道辅助系统处于待机状态。转弯行驶当转弯半径超过 200m 时,开始识别车辆。如果转弯半径小于这个值,则变道辅助系统处于待机状态。

(4)超车。当超车或旁边车辆减速时,如果双方的车速差低于 15km/h,系统会发出警示信息或警告,如果车速差高于这个值,则不会显示信息。

(5)警告灯亮度。变道辅助系统警告灯的亮度可以由驾驶员个性化调节。此外,警告灯亮度还会根据环境亮度进行自动调节。

这些环境信息将由雨量和光照识别传感器提供。

### 5.2.4 系统电路

图 7-73 所示为变道辅助系统的电路图,系统的主要通信通过网络实现,各个控制单元之间以 CAN 线传递信息,此外只需提供电源和搭铁线。

### 5.2.5 校准

在对车辆进行了下列工作后,为了保证功能正常,必须对变道辅助系统进行校准:

(1)更换任意一个变道辅助系统控制单元。

(2)改变任意一个变道辅助系统控制单元的安装位置。

(3)在车尾部分进行车身维修。

(4)拆卸后保险杠或改变其安装位置。

在校准期间,多普勒模拟器会反射发出的雷达波,从而模拟一台车辆。一个位置固定的多普勒振荡器在固定时间内反射的雷达波的量是一定的。有偏差则说明控制单元的安装位置有误,这个偏差通过诊断仪显示。

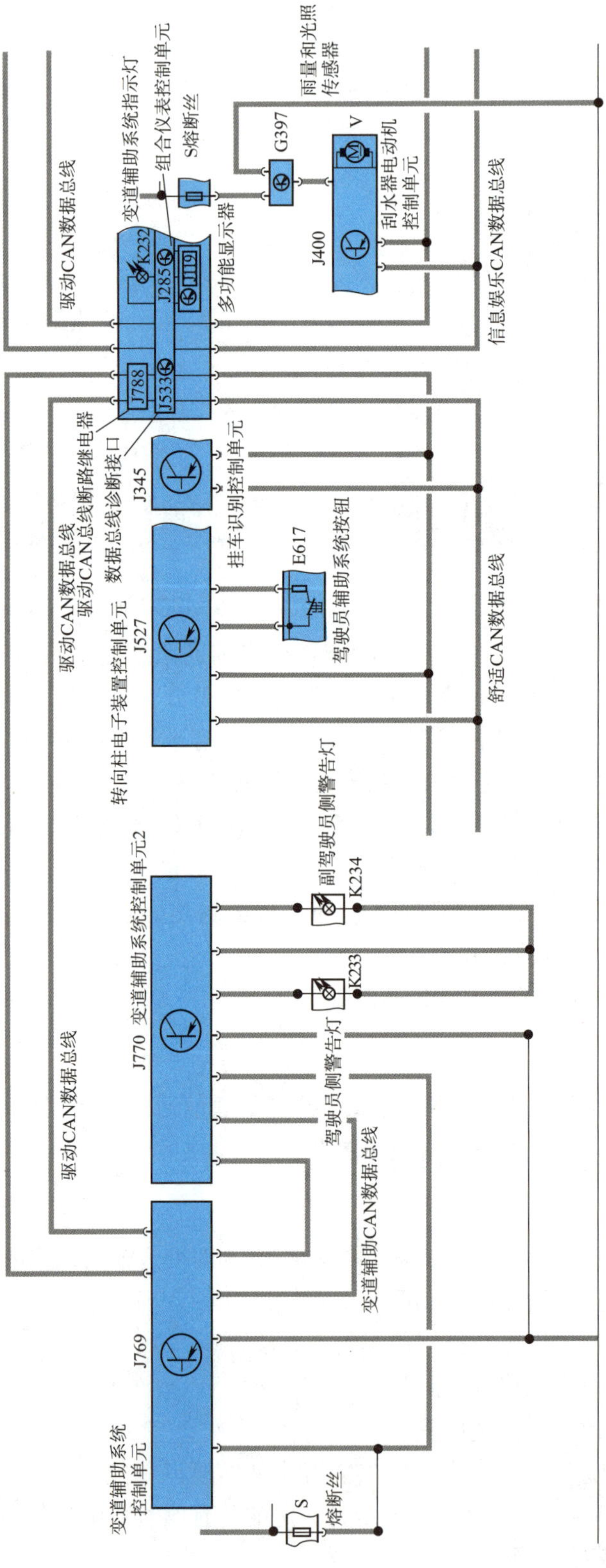


图7-73　变道辅助系统电路

# 6 夜视系统

## 6.1 概述

有调查显示很多的交通事故都发生在夜间及天气不好的情况下，主要是因为驾车的视线比较差，汽车速度比较高引起的。尤其是夜间在没有路灯的道路上行驶，受汽车前照灯照射距离的限制，夜间行车会有安全隐患。数据统计，夜间行车在整个公路交通中只占1/4，但有70%的交通事故却是在夜间发生的。普通汽车前照灯近光灯的照射范围只有30m远，所有光线没有直接照射到的地方，驾驶员都很难看清楚，或者根本看不见。远光灯虽然可以改善，但由于影响逆向车道驾驶员的视线，因此只能在很少的情况下使用。最新的驾驶员辅助系统“夜视辅助系统”，也是为了满足这方面的要求而设计的。“夜视辅助系统”可以使得驾驶员能在黑暗中及时识别出车辆前部区域的行人，给驾驶者带来了极大的安全感。实验表明，一般汽车等只能照射100m左右，而夜视系统至少可看到300m以外的路况信息，如果汽车行驶前方有一个成年行人，一个视力好的驾驶员用近光灯可以在距他88m处看到他，用远光灯可达到164m，而用夜视系统却能在300m外发现前方的行人，如图7-74所示。

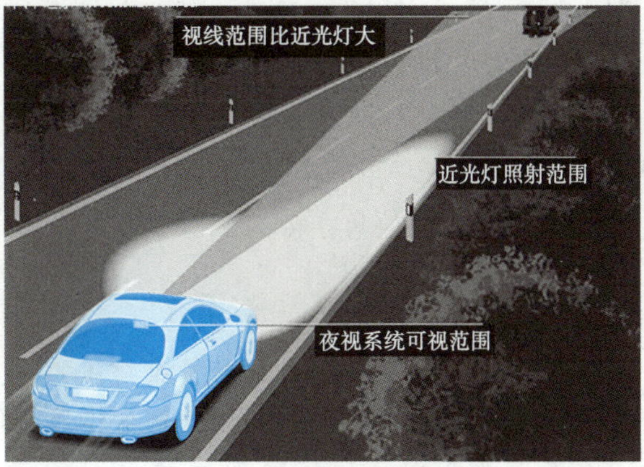


图7-74　各系统可视范围比较

另一方面，即使打开汽车前灯也不影响图像的显示，迎面驶来汽车的强烈车灯光也不会使夜视系统致盲。此外，夜视系统是全天候的电子眼，在雨雪、浓雾天气公路上的物体及路旁的一切也都能尽收眼底，大大提高汽车行驶的安全性。可以这样说：车载夜视系统是继安全气囊和防抱死制动系统之后，具有更高使用价值的安全系统。车载夜视系统属于主动式安全设备，主要使用的是热成像技术，也被称为红外线成像技术。其原理就是：任何物体都会散发热量，不同温度的物体散发的热量不同。人类、动物和行驶的车辆与周围环境相比散发的热量要多。夜视系统就能收集这些信息，然后转变成可视的图像，把本来在夜间看不清的物体清楚的呈现在眼前，增加夜间行车的安全性，如图7-75所示。

图 7-75 夜视成像

## 6.2 分类和特点

(1)按照技术分类：

近红外技术,即 CCD 技术,微光技术(TTI 微光放大);远红外技术(TIS 热成像)。

**相关链接**

红外辐射与红外成像

1. 红外辐射

又称红外光,也称红外线。我们知道,白色的太阳光是由多种彩色光混合而成的,通常在物理学上将这个彩色光带叫作“太阳光谱”。各种彩色光,除了色彩不同外,各色光还有没有其他不同的特性？比如,热效应是不是都一样？科学试验证明,光的热效应是由紫光到红光逐渐增大的,而且热效应最大的位于红光的外面,科学家称之为“红外光”,或“不可见光”,它与各种彩色光是同一类东西,物理性能也相同,只是人眼感觉不到它,才一直不知道它的存在。

2. 红外成像

把景物反射的或自身辐射的红外辐射图样,转换成人眼可观察图像的技术称为红外成像技术。利用物体自身发射的红外辐射摄照物体的像,称为被动式红外成像;而以红外辐射源照射物体,利用被反射的红外辐射摄照物体的像,称为主动式红外成像。被动式红外成像习惯上叫作热像,它是红外探测技术研究的重要方向。

(2)主要特点。

①性能:CCD 技术成熟,批量性好,但是灵敏度不高,所以只能适用于普通民用市场。微光 TTI 放大技术产品目前仍是军用主流。红外热成像 TIS 技术产品特点突出,可以穿透大雾观察。

②价格特点:使用 CCD 技术的汽车夜视系统价格最低,微光放大的技术已经使用了近 50 年,但是由于基本理论没有突破,且寿命的问题没有解决好,所以价格不低。红外热成像技术趋于成熟,现在仍然在发展阶段,需要在清晰度和灵敏度方面做很多工作,全球市场被极少数厂家垄断,所以价格极高。民用的产品基本上都是 CCD。

③使用寿命：CCD 的寿命最长，可达到 10000h；微光管的夜视仪寿命最短，只有 3000h；热成像管在 8000h 左右。

## 6.3 组成和功用

### 6.3.1 组成

该系统主要有：夜视辅助系统控制单元、夜视辅助系统摄像头、防止滥用热敏成像摄像头的机构。

### 6.3.2 各部件功用

#### 6.3.2.1 夜视辅助系统控制单元

该控制单元要完成下述功用：

(1)处理夜视辅助系统摄像头的原始图像。

(2)识别出热敏图像上的人并将其做上标记。

(3)持续不断地对摄像头图像进行分析，并测算车辆与识别出的行人的碰撞可能性，在识别出有碰撞危险时发出警告。

(4)将已处理完的热敏图像传送给组合仪表。

(5)使用 CAN－扩展总线接收并处理夜视辅助系统功能所需要的数值和信息。

(6)为摄像头供电(蓄电池电压)。

(7)持续地对系统进行诊断，并将识别出的故障记录到故障存储器内。

(8)通过软件对售后中和生产中的系统进行校准。

(9)行车中在某些条件下进行动态校准。

(10)存储用户对夜视辅助系统所做的设置。

#### 6.3.2.2 夜视辅助系统摄像头

该控制单元主要功用：该摄像头除了录下原始图像并把图像传给夜视辅助系统控制单元，还要储存校准数据。这些校准数据并不是存储在夜视辅助系统控制单元内，而是存储在摄像头内。这样，在更换损坏的夜视辅助系统控制单元后，就不必重新进行校准了。

为防止石击，摄像头的镜头前有一个保护窗，该窗采用锗制成，不能用玻璃来制作，因为热辐射无法穿过玻璃。由于夜视辅助系统摄像头安装在车辆散热器隔栅中，那么在冬季就有结冰的危险。在温度低于 6℃时，如果摄像头有结冰危险，那么会对摄像头保护窗进行加热。这个温度是由摄像头自己的温度传感器来侦测的，加热电流可根据温度来调节，如图 7-76 所示。

摄像头的探测范围约为 300m，如图 7-77 所示。

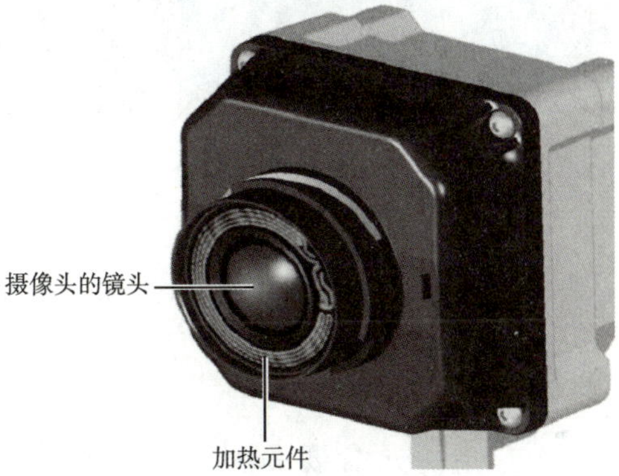


图 7-76　红外摄像头

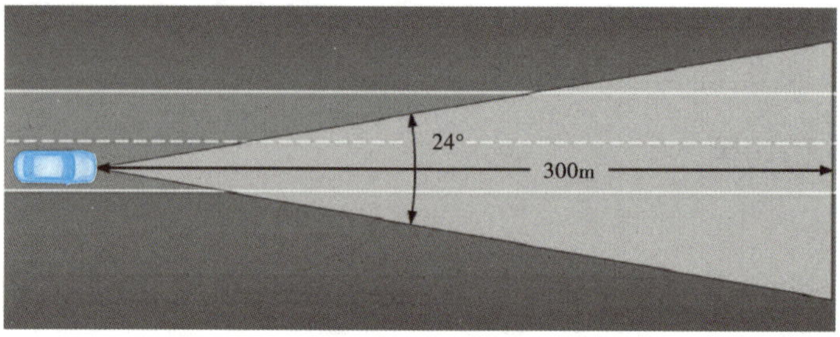


图 7-77　探测范围

6.3.2.3　防止滥用热敏成像摄像头的机构

热敏图像摄像头本来是为军事用途而开发出来的，但现在这种摄像头也广泛用于民用了。在这个背景下，热敏图像技术的使用和销售就要受到限制。德国奥迪公司所使用的夜视辅助系统，其热敏图像摄像头上使用了一种电子保护机构，该机构的作用是：离开了与其相匹配的控制单元，该摄像头就不会输出热敏图像了。只有当摄像头和控制单元通过单独的总线彼此进行过通信联系且控制单元已经安装在许可的车辆上时，才会输出热敏图像。

### 6.3.3　工作原理

车载夜视系统主要分为主动式夜视系统和被动式夜视系统。主动式夜视系统由红外发射装置发射一定强度的红外波束，利用图像传感器感应从目标物体上反射回来的红外波束，并把图像显示在车载显示屏上。被动式夜视系统利用自然界绝大多数物体的温度都大于绝对温度的原理，此情况下的物体都会向外发射一定波长的红外光束，其光谱处于3μm 以上范围，由于所发射红外光束的能量很弱，需要利用昂贵的专用红外图像传感器来感知目标物。宝马 7 系装配的被动夜视系统，在车辆前端一个隐蔽的防撞击盒子中装有热能照相机，利用人和动物本身的辐射特性，以 8～12μm 的波长范围记录人和动物身体上发出的热辐射，将路边行人和穿行道路的动物以影像中最亮的物体显示在屏幕上。系统的主要作用是提前发现夜间在黑暗道路上和路边的行人、动物、自行车等，可以提前 5s 警示驾驶者觉察危险情况，如图 7-78 所示。

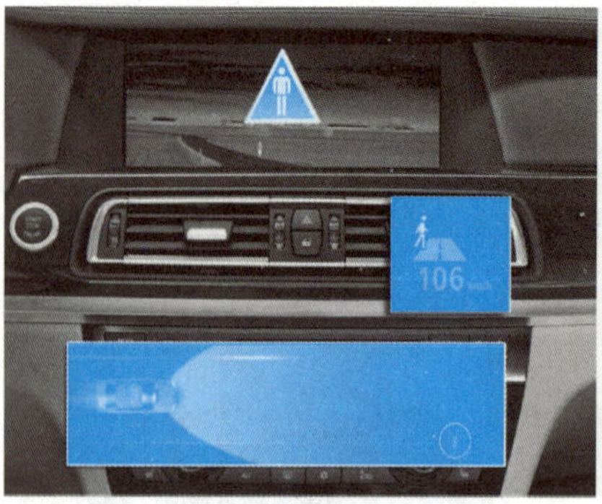

图 7-78　夜视系统警示

### 6.3.4　系统电路

夜视系统的电路如图 7-79 所示。

## 6.4　系统校准

在以下情况，需要重新校准系统：

(1) 更换了夜视辅助系统摄像头。

(2) 更换了摄像头支架。

(3)更换了或拆卸过前保险杠。

(4)如果夜视辅助系统控制单元内记录有“没有进行基本设定或基本设定错误”这个故障。

(5)对后桥进行过调整。

在以下情况,不必重新校准系统:

(1)更换了夜视辅助系统控制单元。

(2)刷新了夜视辅助系统控制单元。

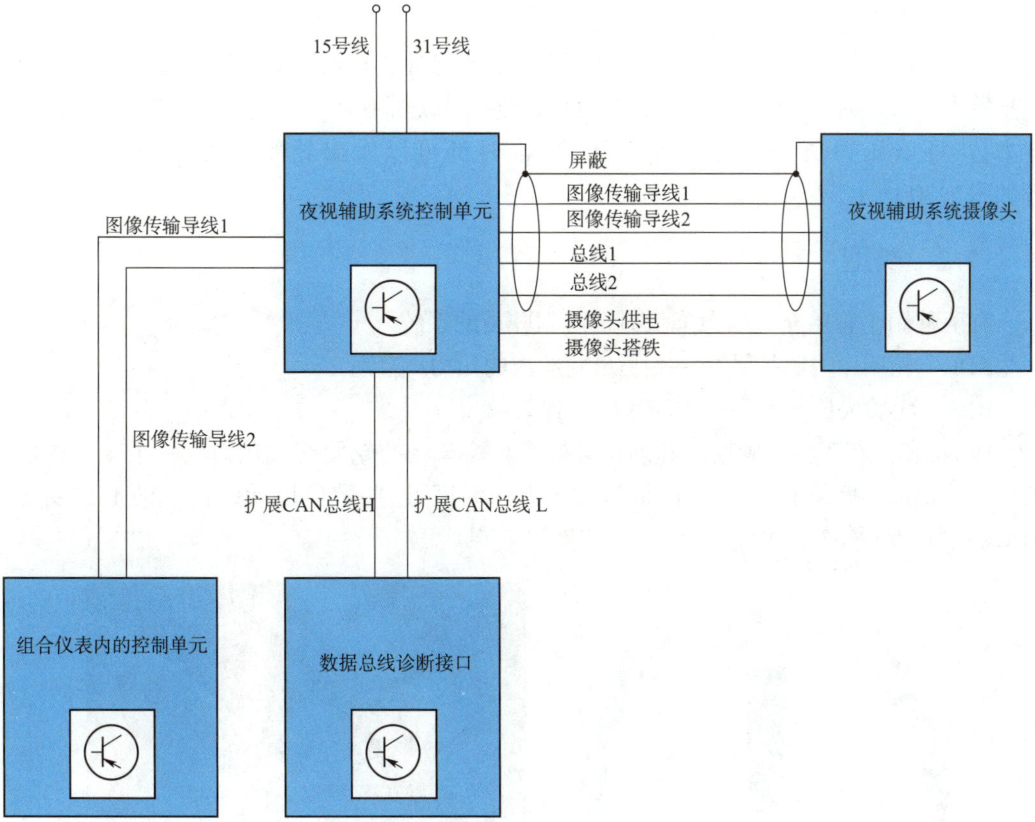


图 7-79　夜视系统的电路

# 7　胎压监测系统

## 7.1　概述

如果轮胎压力正确的话,那么轮胎的整个滚动面就都压在路面上滚动,因而轮胎的纹槽磨损得很均匀,并且可获得最大的附着力,正确的轮胎压力有如下好处:

(1)轮胎可以行驶更多的里程。

(2)制动距离最小。

(3)提高转弯稳定性。

(4)最佳的行驶舒适性。

如果充气压力不正确,轮胎承受的负荷会明显提高。这可能产生以下后果:

(1)轮胎磨损加剧。

(2)轮胎使用寿命降低。

(3)行驶稳定性降低。

(4)轮胎失压(运行表面开裂,轮胎压力迅速降低)。

(5)耗油量提高。

胎压监控系统可以实时对所有轮胎的压力进行监控,当出现某一轮胎压力不正常时进行报警提示,以确保行车安全。所有轮胎压力监控系统都有如下功能:持续监控当前的轮胎压力,并将该压力值与基准值作对比,异常时都可以发出轮胎压力警报。胎压警报灯如图 7-80 所示。

## 7.2 类型

有两种用于轮胎充气压力降低时提醒驾驶员的系统:

RDC　轮胎压力监控系统——测量轮胎内的压力/温度;

RPA　轮胎失压显示——比较车轮转速。

(1)RDC。在车辆行驶期间和静止时持续监控车轮的轮胎充气压力。每个车轮内的车轮电子装置都不断测量当前的轮胎充气压力和温度,这些数值以无线信号的形式发送给 RDC 控制单元(图 7-81)。

图 7-80　胎压警报灯

图 7-81　车轮电子装置

系统利用压力差方法识别轮胎充气压力是否过低。在此将控制单元接收到的轮胎充气压力与控制单元内存储的限值进行比较,低于限值时就会通过组合仪表提醒(警告)驾驶员。警告按优先权分两步进行:充气压力下降 20～40kPa 时,会提示驾驶员有机会时检查轮胎充气压力;如果轮胎充气压力下降 40kPa 以上,则会发出失压警告,要求驾驶员立即检查轮胎。

(2)RPA。轮胎监控显示系统利用防抱死制动系统的数据确定轮胎的滚动周长,并将滚动周长与基准值进行对比,根据滚动周长的微小变化即可识别轮胎是否失压。基准值是系统在自学习过程(既校准过程)中根据实际行驶数据计算出来的。轮胎监控显示系统是 ABS 控制单元中的一个软件模块,它评估 ABS 数据,并可识别出某一车轮的轮胎压力发生了改变。

如果轮胎监控显示系统探测到驻车制动器或电动机械式驻车制动器的信号,那么轮胎监控显示系统会在信号持续期间自动关闭。轮胎监控显示系统不监控备用车轮、应急车轮和挂车。更换车轮后必须校准轮胎监控显示系统。

驾驶员按规定将轮胎压力充至正确值后按压按钮,该系统就会在自学习过程中将该压力值存储起来。由于轮胎监控显示系统是 ABS 控制单元中的一个软件模块,它没有自己的诊断地址。轮胎监控显示系统能识别某个轮胎的缓慢失压,警报由组合仪表上的轮胎压力警告灯来发出。副仪表板上有一个按键,这个按键用于在适配轮胎压力、更换轮胎或完成底盘修理工作后,将轮胎监控显示系统调整到与新的轮胎状态相适应(校准系统)。

## 7.3　RDC 系统的组成

轮胎压力监控系统 RDC 主要由以下组件构成:

(1)RDC 控制单元。如图 7-82 所示,RDC 控制单元需接收以下信息:

①轮胎充气压力。

②轮胎空气温度。

③车轮电子装置的识别号(ID)。

④电池剩余使用寿命。

(2)用于在用车轮的 4 个车轮电子装置和用于备用车轮(选装)的车轮电子装置。车轮电子装置由一个塑料壳体组成,壳体内有一个压力传感器、一个温度传感器、一个发射器和一个供电电池。车轮电子装置布置在车轮内部的轮辋槽中,与气门嘴一起构成一个紧凑型单元。轮胎充气压力和轮胎空气温度通过车轮电子装置内的一个发射器发出。同时还传输一个唯一的识别号(ID)和电池电量或电池剩余使用寿命。

图 7-82　电子控制单元

(3)4 个接收天线。4 个在用车轮的每个车轮电子装置都配有一个天线,该天线通过导线束与控制单元连接。天线安装在车轮罩的盖板后。天线接收车轮电子装置发出的无线信号,并将其继续传输至 RDC 控制单元。备用车轮的车轮电子装置未配有独立的天线。

(4)RDC 警告灯。RDC 在车辆行驶期间和静止时持续监控车轮的轮胎充气压力。

## 7.4 系统电路

图 7-83 所示为胎压监控系统电路图。

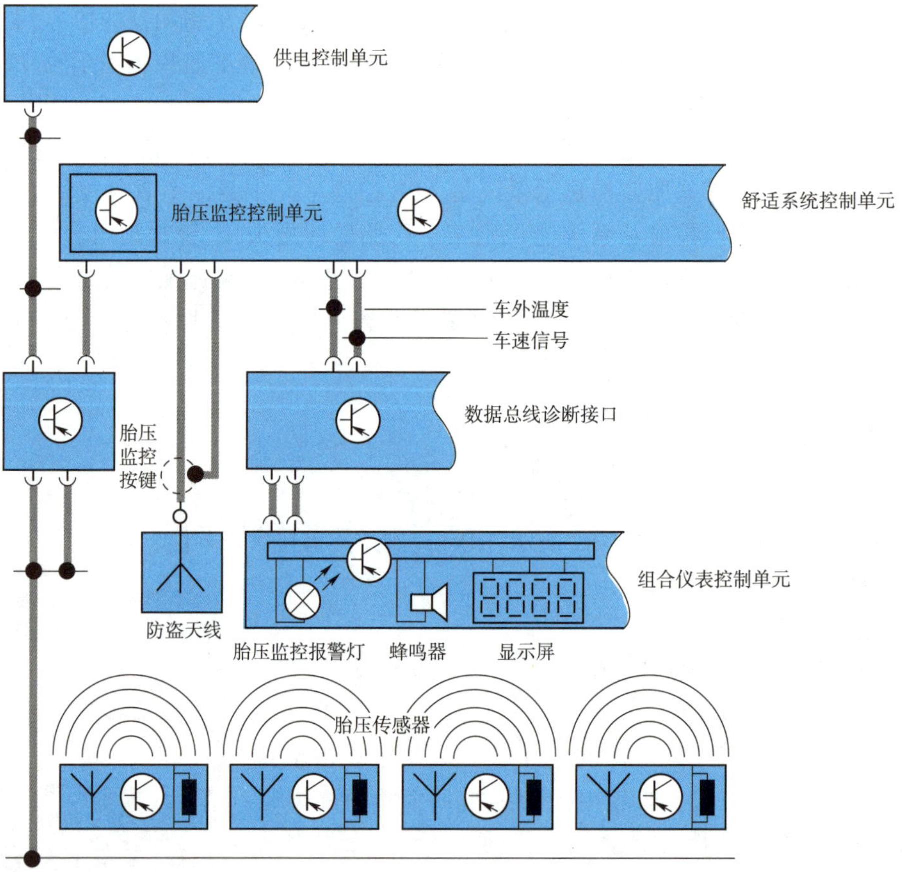


图 7-83　胎压监控系统电路图

## 7.5 系统校准

系统利用压力差方法识别轮胎充气压力是否过低。在此将控制单元接收到的轮胎充气压力与控制单元内存储的限值进行比较,低于限值时就会通过组合仪表提醒(警告)驾驶员。警告按优先权分两步进行:充气压力下降 20 ~ 40kPa 时,会提示驾驶员有机会时检查轮胎充气压力;如果轮胎充气压力下降 40kPa 以上,则会发出失压警告,借此要求驾驶员立即检查轮胎。每次更改充气压力,修理底盘及更换轮胎后,因轮胎特性发生变化,故必须进行系统校准,以便确定新的基准值。

校准过程:

按住轮胎监控显示系统按键 2s 即可起动校准过程,组合仪表上的警报灯将亮约 2s,并发出一锣声。正常行驶过程中,轮胎监控显示系统按照驾驶员给轮胎充的气压和所安装的轮胎进行校准。校准过程中,系统逐步将数据传输给轮胎压力监控系统。数分钟后,系统就可以以刚刚“学习”到的车速和行驶状况进行大致的监控。

## 思考与练习

### 一、选择题

1. 安全气囊前碰撞传感器的有效作用范围是汽车正前方±(　　)角。

A. 30°　　B. 35°　　C. 40°　　D. 45°

2. 对安全气囊的任何作业等拆下蓄电池搭铁线(　　)s以上方可进行。

A. 20　　B. 25　　C. 30　　D. 15

3. 安全气囊警告灯常亮而输出正常码,则表示(　　)。

A. 电路故障　　B. 电源电压低　　C. 诊断系统故障　　D. 电脑故障

4. 自动变速器车辆的巡航装置只有当换挡杆处于(　　)时才能被激活。

A. P挡　　B. N挡　　C. R挡　　D. D挡

5. 自适应巡航系统(ACC)的最高限速为(　　)。

A. 80km/h　　B. 100km/h　　C. 180km/h　　D. 220km/h

6. 超过(　　)车速后,自动泊车系统中断测量并进入待机模式。

A. 5km/h　　B. 15km/h　　C. 30km/h　　D. 45km/h

7. 超过(　　)车速后,自动泊车系统中断泊车入位过程。

A. 5km/h　　B. 7km/h　　C. 10km/h　　D. 15km/h

8. 当驾驶员打开变道辅助系统时,超过(　　)车速后,系统进入激活状态。

A. 50km/h　　B. 60km/h　　C. 70km/h　　D. 80km/h

9. (　　)后,必须对变道辅助控制系统单元进行校准。

A. 每次检查维护　　B. 定期维护　　C. 拆下前保险杠　　D. 更换控制单元

10. (　　)后,必须对车道保持系统单元进行校准。

A. 每次检查维护　　B. 定期维护　　C. 拆下前保险杠　　D. 车身高度变化

11. (　　)后,必须对夜视系统单元进行校准。

A. 更换了夜视辅助系统控制单元　　B. 刷新了夜视辅助系统控制单元

C. 拆下前保险杠　　D. 拆下后保险杠

12. 轮胎压力监控系统控制单元不接受(　　)信息。

A. 轮胎压力　　B. 轮胎充气温度

C. 车轮电子装置识别码　　D. 轮速

### 二、判断题

1. 安全气囊属于被动安全装置。(　　)

2. 乘员侧安全气囊一般比驾驶员侧安全气囊大。(　　)

3. 本田车系的SRS碰撞传感器短路而造成气囊误爆。(　　)

4. 奔驰车安全气囊的引爆信号采用的是碰撞传感器。　（　　）
5. 转向轮的位置不会影响螺旋线圈的安装。　（　　）
6. 废弃的气囊组件和气囊中心传感器总成属于有毒废弃物。　（　　）
7. 为检测气囊点火器的好坏可以使用万用表测量点火器的电阻。　（　　）
8. 踩下制动踏板后，巡航系统的设定会取消。　（　　）
9. 自适应巡航系统会根据汽车的速度变化自动调节两车间间距。　（　　）
10. 自动泊车系统能全自动完成整个泊车过程，驾驶员不需要进行任何操作。　（　　）
11. 自动泊车辅助系统具有驻车辅助系统功能和自动泊车功能。　（　　）
12. 车道保持辅助系统主要是针对车辆在交通拥挤的公路上行驶时设计的。　（　　）
13. 变道辅助系统会自动控制转向，以实现驾驶安全。　（　　）
14. 夜视系统在光线好的时候可以有效发挥作用，光线差的时候无法起作用。　（　　）
15. 胎压检测系统在车辆行驶期间和静止时持续监控车轮的轮胎充气压力。　（　　）

## 三、简答题

1. 简述安全气囊系统的基本组成及工作原理。
2. 简述定速巡航系统的系统功能。
3. 简述在何种条件下必须进行车距调节传感器调节。
4. 简述倒车入位过程在自动泊车辅助系统控制单元内的5个移动阶段。
5. 简述泊车系统启用条件。
6. 简述车道保持辅助系统的功能。
7. 简述在何种条件下必须进行变道辅助系统校准。
8. 简述夜视系统的组成和各部件功用。
9. 简述胎压监测系统组成和各部件的功用。

# 单元八　空调系统

## 学习目标

### ☞ 素质目标

1. 培养绿色低碳的生产方式和生活方式，树立良好的安全意识、环保意识；
2. 培养敢担当、能吃苦的职业精神，勇于承担工作责任。

### ☞ 知识目标

1. 正确描述空调系统的基本知识、基本组成、基本工作原理；
2. 简单描述暖风系统的类型、组成和基本工作原理；
3. 正确描述空调制冷系统的组成、基本工作原理和主要组成件的结构及工作原理；
4. 正确描述通风系统和空气净化系统的结构和工作原理；
5. 正确描述空调控制系统的功能、电路和基本工作原理；
6. 简单描述国家标准对空调系统维修时的要求；
7. 简单描述空调系统维修所采用的仪器设备。

### ☞ 技能目标

1. 会对暖风系统的故障诊断进行诊断和排除；
2. 会按照国家标准的要求对空调制冷系统维护；
3. 会通风系统和空气净化系统的维护作业；
4. 会利用电路图判断空调控制电路故障；
5. 会利用设备判断空调制冷系统的简单故障并排除故障；
6. 会使用常见的空调维护、修理和检测设备。

## 1 概　　述

汽车空调是用来改善汽车舒适性的设备，可以对车内空气的温度、湿度进行调节，并保持车内的空气清洁。汽车空调通常都具备以下功能(图8-1)。

调节温度：将车内的温度调节到人体感觉适宜的温度。

调节湿度：将车内的湿度调节到人体感觉适宜的湿度。

调节气流：调节车内出风口的位置、出风的方向及风量的大小。

净化空气：滤去空气中的尘土和杂质或对空气进行杀菌消毒。

为完成空调的上述功能,汽车空调系统通常应包括以下几个装置。

暖风装置:用以提高车内的温度。

制冷装置:用以降低车内的温度和湿度。

通风装置:用以调节车内的气流和换气。

空气净化装置:用以过滤空气及对空气进行消毒处理。

目前,汽车的空调系统已经成为汽车的标准配置。图8-2所示为空调系统的组成部件在车上的布置。图8-3所示为典型的手动控制空调系统的控制面板。图8-4所示为典型的自动控制空调控制面板。

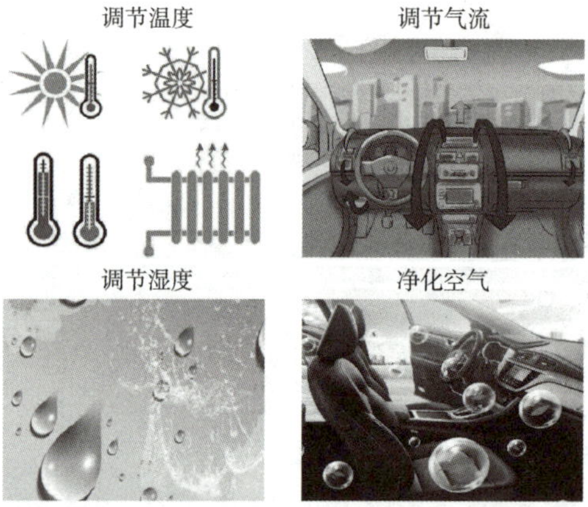


图8-1　空调系统的功能

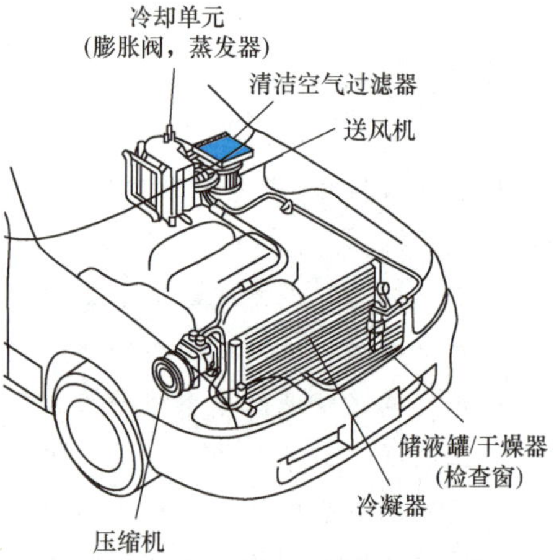


图8-2　空调系统在车上的布置

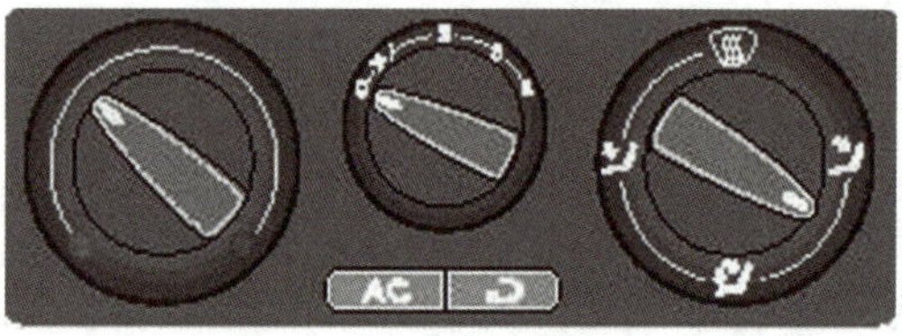


图8-3　手动空调的控制面板

图8-4　自动空调的控制面板

空调系统控制有手动控制和自动控制之分。手动空调需要驾驶员通过旋钮或拨杆对控制对象进行调节,如改变温度等。自动空调只需驾驶员输入目标温度,空调系统便可按照驾驶员的设定自动进行调节。

相关链接

**空调发展简史**

1925年,汽车上开始出现暖风系统;1939年美国通用公司开始在轿车上安装机械制冷降温的空调系统;1954年美国通用公司开始在轿车上加装冷—暖一体化空调,可以调节温度和湿度;20世纪60~70年代,汽车空调系统开始向自动控制方向发展。

# 2 空调的基本知识

## 2.1 空调系统中常用的基本物理量

### 2.1.1 温度

温度是物质冷热程度的度量,用温标来表示。常用的温标有:摄氏温标,用℃表示;开氏温标,用K表示;华氏温标,用°F表示。

**相关链接**

在摄氏温标中,将水的冰点(海平面)定为0℃,水的沸腾点定为100℃,间隔100份,每份为1℃。

在华氏温标中,水的冰点为32°F,沸点为212°F,间隔180份,每份为1°F。

在开氏温标中,将分子完全不运动的温度定为0K,是可能存在的最低温度,用摄氏温标表示为-273.15℃,华氏温标为-459.76°F,开氏温标与摄氏温标的间隔相同。

温标如图8-5所示。

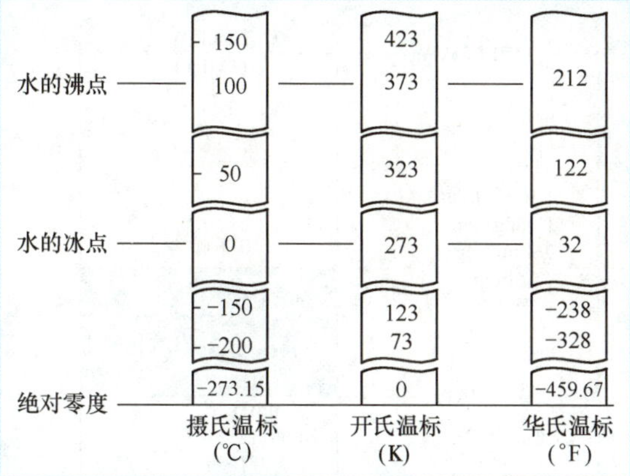


图8-5 温标

在我国表示温度通常使用摄氏温标,欧美等国华氏温标使用比较普遍,两者的换算关系为:

$$1℃ = \frac{5}{9}(°F - 32) \qquad 1°F = \frac{9}{5}℃ + 32$$

### 2.1.2 压强

压强的定义是单位面积上的作用力,在工程上俗称压力,其基本单位是帕(Pa),物理意义是1平方米($m^2$)的面积上作用有1牛顿(N)的力。由于此单位较小,常用的单位是千帕(kPa)和兆帕(MPa)。

相关链接

单位换算：

$$1\text{MPa} = 1000\text{kPa} = 10^6\text{Pa}$$

在实际使用中还有几个常用的压强单位，如工程大气压（$\text{kgf/cm}^2$）、毫米汞柱（mmHg）、大气压（atm）及磅/平方英寸（psi）等。它们之间的换算关系见表8-1。

压强单位换算关系　　表8-1

| kPa | $\text{kgf/cm}^2$ | mmHg | psi | atm |
|---|---|---|---|---|
| 1 | 1.02 | 7.50 | 0.145 | $9.87\times10^{-3}$ |
| 9.81 | 1 | $7.36\times10^{2}$ | 14.2 | 0.98 |
| 0.133 | $1.36\times10^{-3}$ | 1 | $1.93\times10^{-2}$ | $1.32\times10^{-3}$ |
| 6.89 | $7.03\times10^{-2}$ | 51.72 | 1 | $6.80\times10^{-2}$ |
| 101.32 | 1.03 | 760 | 15.97 | 1 |

此外，还有些地方采用巴（bar）作为压强单位，它与工程大气压的换算为：

$$1\text{bar} \approx 1\text{kgf/cm}^2$$

由于大气本身具有一定的质量，所以大气作用在地面上也有一定的压强，作用在海平面上的压强为一个大气压，现在使用的压力表都将此压强作为0，这样测量出来的压强称为表压。如果测量压强时将绝对真空情况下的压强定为0，这样测出的压强称为绝对压强。大气压、表压和绝对压强之间的关系如图8-6所示。

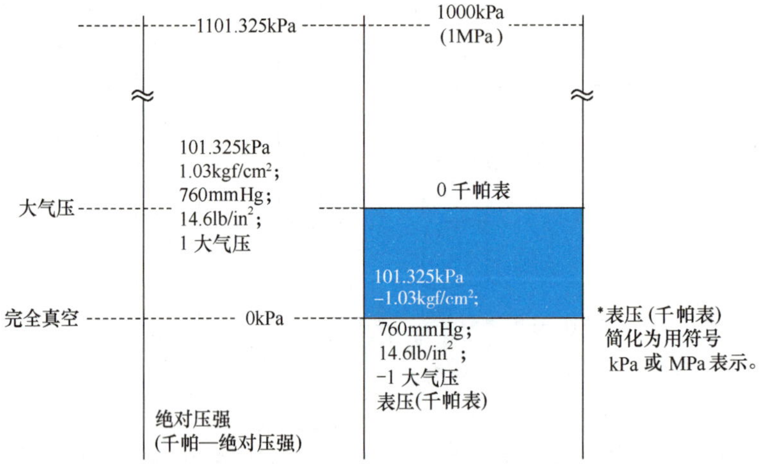


图8-6　大气压、表压和绝对压强之间的关系

### 2.1.3　湿度

湿度用来表示空气中水蒸气的含量。湿度较高时，人就会感到不舒适。湿度大小有两种表示方法，一种叫相对湿度，另一种叫绝对湿度。

相对湿度：相对湿度指在某一温度下，空气中实际含水蒸气量（以质量计）与空气在该温度下所能含水蒸气量（质量）之比。通常随着温度的升高，空气中所能含的水蒸气量会增加，如果空气的实际含水蒸气量不变，温度升高，则空气的相对湿度下降，如图8-7所示。

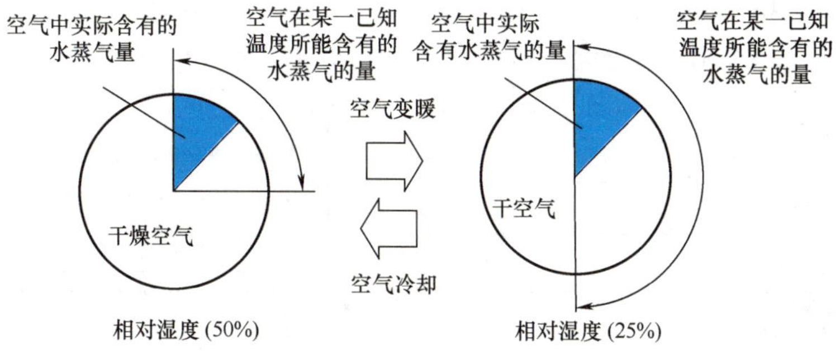


图 8-7　空气的相对湿度

绝对湿度：绝对湿度是空气中所含水蒸气的量(质量)与干燥空气量之比。

湿度的测量通常用干湿球温度计，干球温度计就是普通的温度计，湿球温度计是将干球温度计的玻璃球处包上纱布，再将纱布浸在水中，如图 8-8 所示，水便在毛细管的作用下湿润温度计，由于在湿球处的水分蒸发带走一部分热量，使湿球处的温度降低，这样就形成了湿球温度，通过计算干球温度和湿球温度的差值，就可以算出空气的湿度。目前已有专门的湿度计，可直接测出湿度。

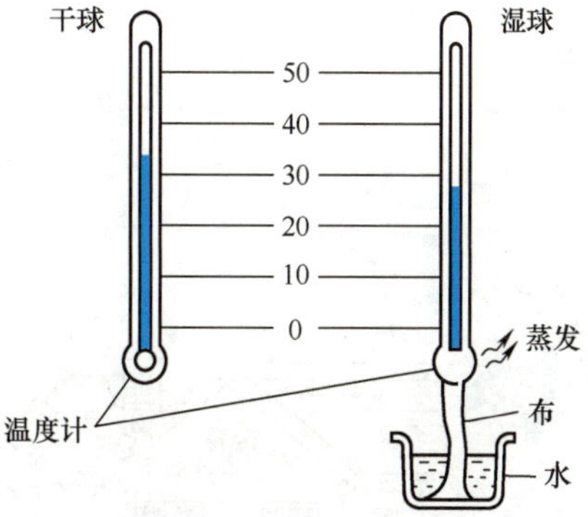


图 8-8　干湿球温度计(干湿计)

### 2.1.4　压强与物质沸点的关系

下面我们以水为例来看一下压强与沸点的关系。在一个大气压下，水的沸点是 100℃；如果水的压力增大 88kPa，水就要到 118℃才会沸腾；如果将水的压力减小到低于大气压 39kPa，温度在 84℃水就沸腾了(图 8-9)。通过这个例子可以看出，物质的沸点是随着压力的增大而升高的。

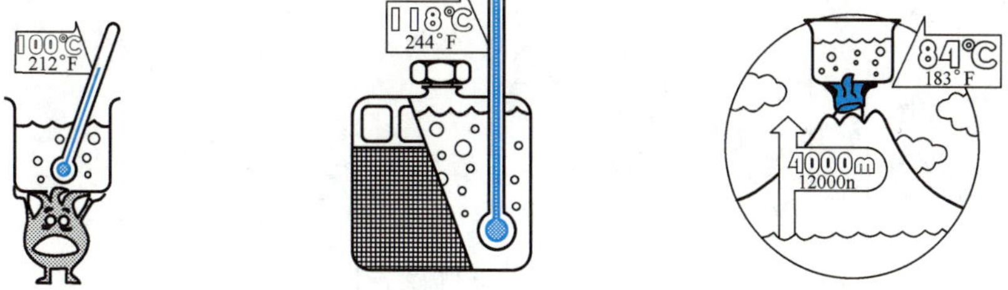


a)　　b)　　c)

图 8-9　水的沸点与压强之间的关系

a) 0kPa(0kgf/cm$^2$, 0lb/in$^2$, 大气压)；b) 88kPa(0.9kgf/cm$^2$, 13lb/in$^2$, 较高压强)；c) −39.2kPa(−0.4kgf/cm$^2$, −5.7lb/in$^2$, 较低压强)

## 2.2　热传递的基本形式

空调的工作过程实际就是热量的传递和转移的过程，热量都是通过以下 3 个途径传递的。

(1)热传导。热在物质内直接传送称为热传导,如图 8-10 所示。

(2)热对流。热对流是通过受热的液体或气体运动传递热量,如图 8-11 所示。

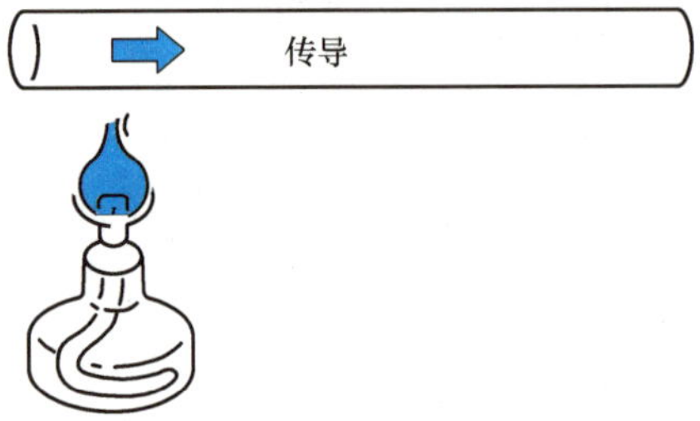


图 8-10　热传导

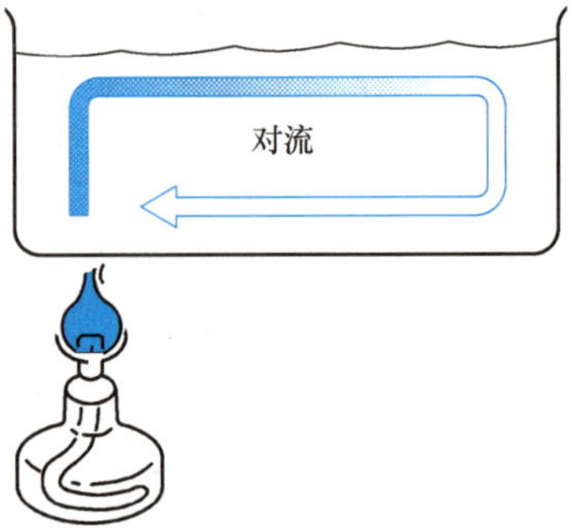


图 8-11　热对流

(3)热辐射。热辐射是以红外线的方式发射和传递热量,如图 8-12 所示。

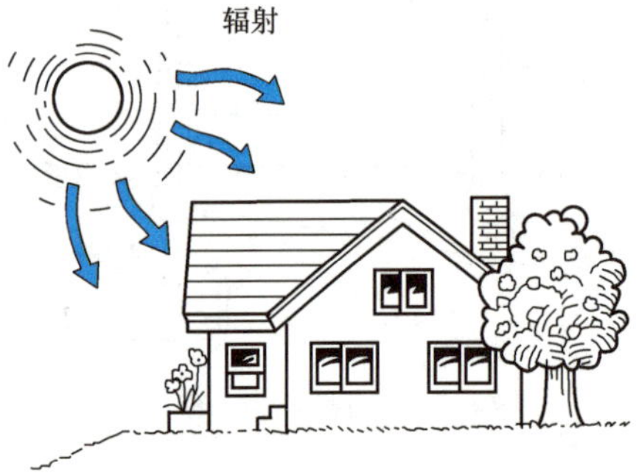


图 8-12　热辐射

## 2.3　物质的状态变化和热的形态

### 2.3.1　物质的状态变化

增加或减少物质的热量,物质的温度可能发生变化,物质的状态也可能发生变化。

对冰加热,冰的温度会慢慢升高;当温度达到 0℃时,冰就开始熔化,在这一阶段,0℃的水与冰共存;继续加热直至冰全部转变为 0℃的水,这一固态转变为液态的过程称为熔化,而反过来的过程叫凝固。对水加热,水从 0℃升高到 100℃;在 100℃时,水的温度不再继续升高,而开始蒸发,直至水全部蒸发为水蒸气,水的加热过程如图 8-13 所示。水从液态变为气态的过程叫汽化(蒸发),相反的过程称为冷凝。物质从固态直接转化为气体叫升华,相反的过程叫凝华。

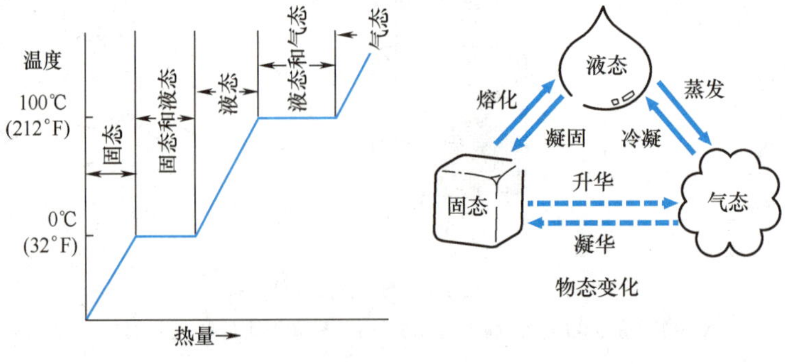


图 8-13　水的加热过程和状态变化

### 2.3.2　热的形态

从水的加热过程我们可以看出,加热水时,水的温度会随加热量的增加而温度升高。而加热到100℃时,水的温度不再升高,而是从液态向气态转变。这说明了加给水的热量有两种结果,一种是使水的温度升高,另一种是使水的状态发生变化。我们将使物质温度升高的热量称为显热,而将使物质状态发生变化的热量称为潜热(图8-14)。如果物质的状态是从液态变为气态,就将这种潜热称为汽化潜热。

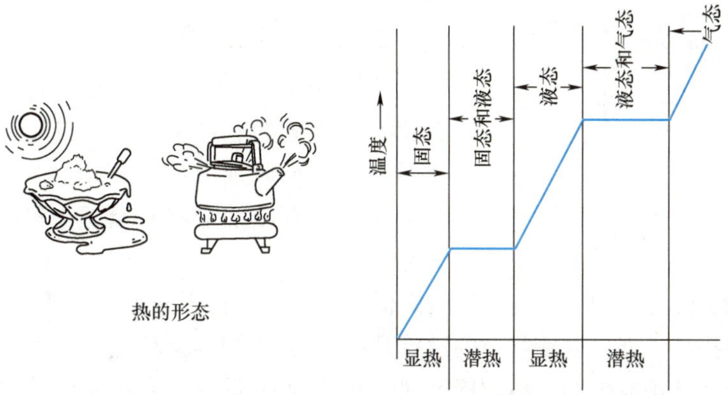


图8-14 显热和潜热

例如1kg水沸腾开始汽化,到水完全汽化为止,所加入的热量为2500kJ,这一热量就是水的汽化潜热。

## 2.4 制冷基本原理

### 2.4.1 制冷的基本思路

人们在游完泳时,会有冷的感觉,在手臂上涂抹酒精也有凉爽的感觉,这都是因为液体的蒸发带走了热量,如图8-15所示。

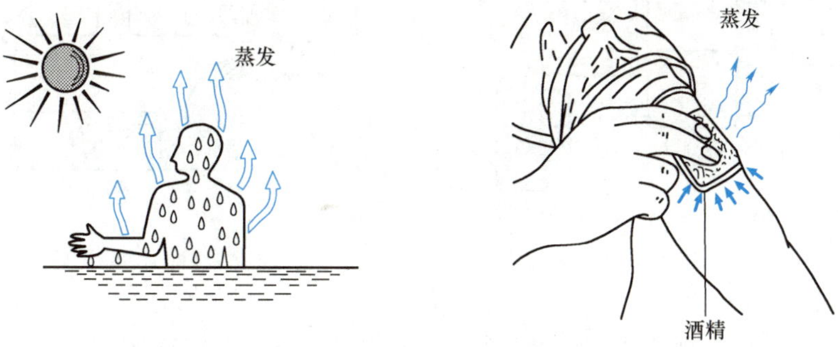


图8-15 蒸发带走热量

这也就给了我们一个启发:利用液体的蒸发可以吸收周围环境的热量。为此,我们制作一个如图8-16所示的装置,将一个带有开关的容器装在一个绝热良好的盒子内,容器中装有常温下容易挥发的液体。将开关打开时,容器内的易挥发液体便开始蒸发,同时吸收绝热盒子内的热量。吸收了热量的液体转化为气体,从开关排出,盒内的温度便会低于盒外的温

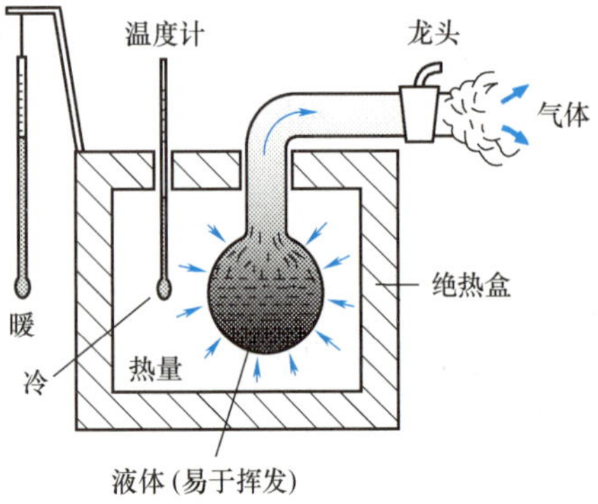


图 8-16　制冷装置

度。如果容器内的易挥发液体能得到不断的补充，冷却的效果便会持续下去。

从制冷装置的运作情况看，制冷过程中热量的转移是靠液体的状态变化实现的，我们将这种液体称为制冷剂。

## 2.4.2　制冷循环

为了使前述的制冷装置的制冷过程持续下去，就必须不断地向容器中补充制冷剂，从开关放出的制冷剂也应回收加以反复利用。为此，有必要制作一套装置使制冷剂能够在装置中循环，不断地将热量带走。

根据前述物质的沸点与压强的关系，降低压强可以使物质的沸点降低，使其更加容易蒸发而吸收热量；提高压强可以使物质的沸点升高，使其更加容易转化为液体而放出热量。为此，将前述装置从开关放出的气体制冷剂回收起来，使其进入一台压缩机，提高压强，再通过一个称为冷凝器的装置，经强制冷却放出热量变为液体，并将这种液体制冷剂暂时存放在一个储液罐中以备再次使用，如图 8-17 所示。

高压的液体通过一个小孔，可以使其迅速膨胀而压强降低，在这种情况下，液体由于压强的降低而非常容易汽化而吸热。因此，将储液罐中的制冷剂通过一个小孔（膨胀阀）放出，让其进入一个称为蒸发器的容器。由于制冷剂的压强下降，所以很快便会蒸发，吸收蒸发器周围的热量，使蒸发器周围得到冷却，如图 8-18 所示。

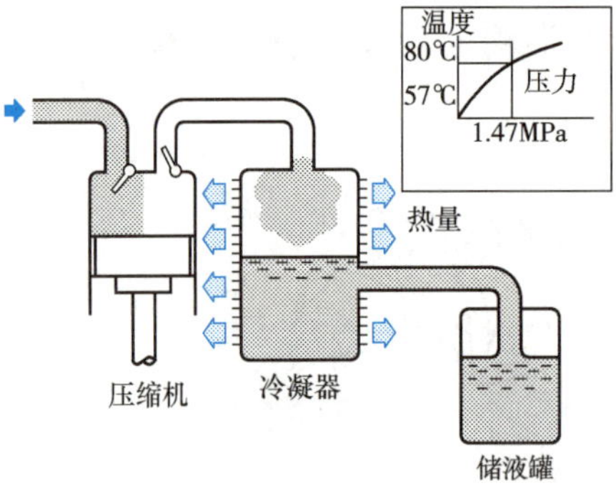


图 8-17　通过压缩使制冷剂转化为液体并放出热量

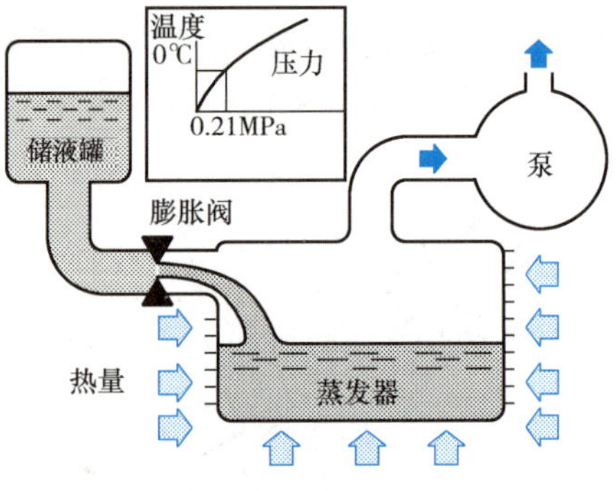


图 8-18　通过膨胀阀液体制冷剂转化为气体吸收热量

将上述两个过程组合起来，就可以形成一个制冷循环。储液罐中的高压液态制冷剂从膨胀阀喷出，压强下降，体积迅速膨胀，转化为气体，吸收周围的热量，使周围的温度下降，气态的制冷剂再经压缩机加压成为高压气态的制冷剂，高压气态制冷剂进入冷凝器冷却，从气态转变为液态，同时放出热量，液态制冷剂再进入储液罐，以备再次使用，这就是一个完整的制冷循环。从制冷循环可以看出，所谓制冷就是通过制冷剂的状态变化将一个地方（蒸发器周围）的热量带到另一个地方（冷凝器周围）。制冷循环中的各种装置都是围绕这种热量的转移而设置的。

## 2.5 制冷剂和压缩机油

### 2.5.1 制冷剂

制冷剂是制冷循环当中传热的载体，通过状态变化吸收和放出热量。因此，要求制冷剂在常温下很容易汽化，加压后很容易液化，同时在状态变化时要尽可能多的吸收或放出热量（较大的汽化或液化潜热）。另外，制冷剂还应具备以下的性质：

(1) 不易燃易爆。

(2) 无毒。

(3) 无腐蚀性。

(4) 对环境无害。

制冷剂的英文名称为 refrigerant，所以常用其第一个字母 R 来代表制冷剂，后面部分表示制冷剂名称，如 R12、R22、R134a 等。

过去常用的制冷剂是 R12（氟利昂），这种制冷剂各方面的性能都很好，但是有一个致命的缺点，就是破坏大气环境。它能够破坏大气中的臭氧层，使太阳的紫外线直接照射到地球，对植物和动物造成伤害。我国目前已停止生产用 R12 作为制冷剂的汽车空调系统。

目前汽车上广泛采用的 R12 的替代品是 R134a。R134a 在大气压下的沸腾点为 -26.9℃，在 98kPa 的压力下，其沸腾点为 -10.6℃（图 8-19）。如果在常温常压的情况下将其释放，R134a 便会立即吸收热量开始沸腾并转化为气体，对 R134a 加压后，它也很容易转化为液体。R134a 的特性曲线如图 8-20 所示。该曲线上方为气态，下方为液态，如果要使 R134a 从气态转变为液态，可以降低温度，也可以提高压力，反之亦然。

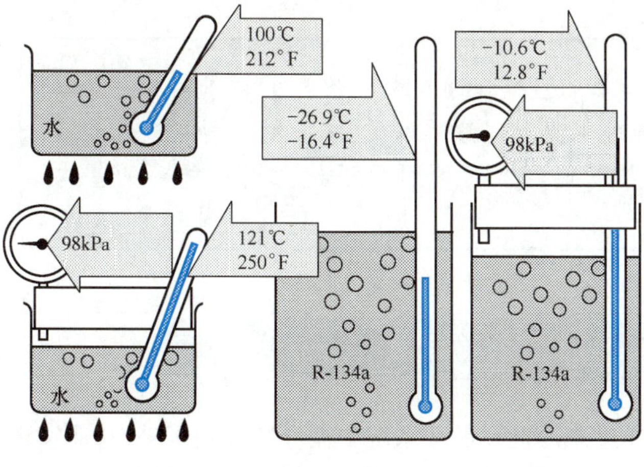


图 8-19　R134a 在不同压力下的沸点

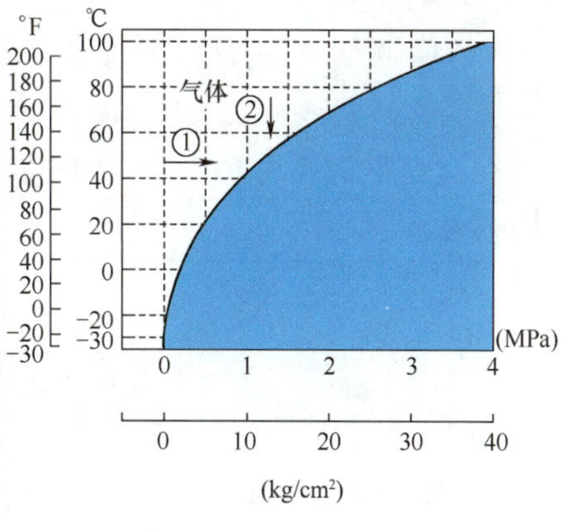


图 8-20　R134a 蒸气—压力曲线

注意：R12 和 R134a 两种制冷剂不可以互换使用。

相关链接

研究显示，制冷剂 R12 中释放出来的氟会破坏大气层中的臭氧层。臭氧层可吸收太阳发出的紫外线，保护动、植物免受紫外线的伤害，如图 8-21 所示。

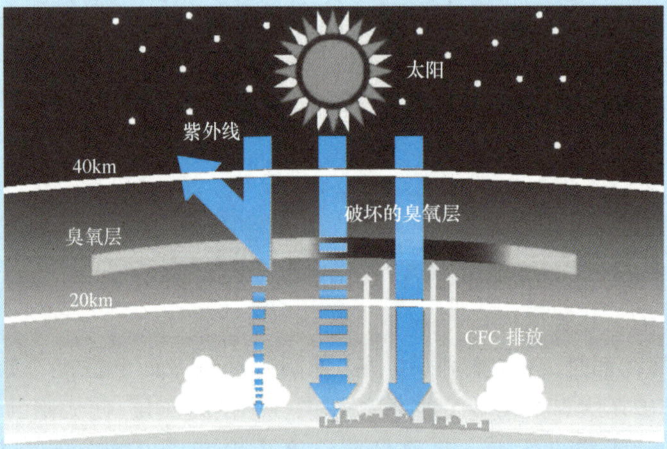


图 8-21　臭氧层破坏

### 2.5.2　冷冻润滑油

在空调制冷系统中，有相对运动的部件需要润滑。由于制冷系统中的工作条件比较特殊，所以需要专门的润滑油——冷冻润滑油。冷冻润滑油除了起到润滑作用以外，还可以起到冷却、密封和降低机械噪声的作用。在制冷系统中的润滑油还有一个特殊的要求，就是要与制冷剂相容，并且随着制冷剂一起循环。因此，在冷冻润滑油的选用上，一定要注意正确选用冷冻润滑油的型号，切不可乱用，否则将造成严重后果。

相关链接

教学说明：本部分中的一些基本知识在其他课程中已经学过，在此可以作为参考内容。制冷的基本原理要求学生能够深入理解其本质，掌握制冷剂在汽化和液化过程中的吸热和放热的原理，最好能在教师的引导下建立制冷循环的基本思路。

## 3　制冷系统

制冷系统的作用是将车内的热量通过制冷剂在循环系统中循环转移到车外，从而实现车内降温，其工作情况如图 8-22 所示。制冷系统主要包括制冷循环系统和控制系统等部分。目前各种车辆的制冷循环系统无太大区别，而控制系统在各车型中差别较大。本节主要介绍制冷循环系统部分。

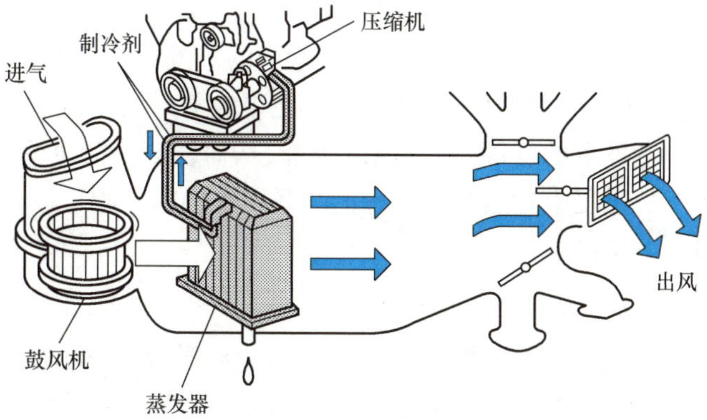


图 8-22 制冷系统

## 3.1 制冷循环

从前述的制冷原理我们已经知道,通过制冷循环可以将车内的热量转移到车外,目前车辆上采用的循环系统,冷凝器和蒸发器的结构大同小异,没有本质区别,按照压缩机的不同可以分为定排量压缩机和变排量压缩机两种,按照降压节流装置的不同可以分为膨胀阀式和膨胀管式两种,将压缩机和降压节流装置进行不同的组合可以形成四种循环方式。我们以 CC 表示定排量压缩机,VD 表示变排量压缩机,在降压节流装置中,以 OT 表示膨胀管,TXV 表示膨胀阀,这样就可以形成四种不同的组合,即 CCOT、VDOT、CCTXV 和 VDTXV 四种循环。下面主要以 OT 和 TXV 循环介绍其工作原理。

### 3.1.1 膨胀阀(TXV)式制冷循环系统

膨胀阀(TXV)式制冷循环系统如图 8-23 所示。

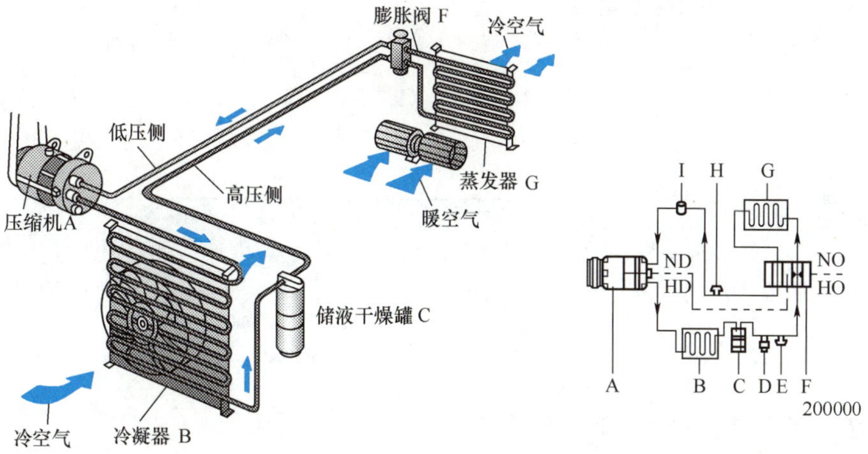


图 8-23 膨胀阀式制冷循环系统

这种制冷循环的工作原理是压缩机将气体的制冷剂提高压力(同时温度也提高),目的是使制冷剂比较容易液化放热。高压的气体制冷剂进入冷凝器,冷凝器风扇使空气通过冷凝器的缝隙带走制冷剂放出的热量并使其液化。液化后的制冷剂进入储液干燥罐,滤掉其中的杂质、水分，同时存储适量的液态的制冷剂以备制冷负荷发生变化时制冷剂不会断流，从储液干燥罐出来的制冷剂流至膨胀阀，从膨胀阀中的节流孔喷出形成雾状制冷剂，雾状的制冷剂进入蒸发器，由于制冷剂的压力急剧下降，便很快蒸发汽化，吸收热量，蒸发器外部的风扇使空气不断通过蒸发器的缝隙，使其温度下降，从而使车内温度降低，蒸发器出来的气态制冷剂再进入压缩机重复上述过程。这种循环系统中的膨胀阀可以根据制冷负荷的大小调节制冷剂的流量。

### 3.1.2 膨胀管(OT)式制冷循环系统

膨胀管式制冷循环系统从制冷的工作原理来看，与膨胀阀式的制冷循环系统无本质的差别，只不过将可调节流量的膨胀阀换成不可调节流量的膨胀管，使其结构更加简单，其制冷循环如图8-24所示。为了防止液态的制冷剂进入压缩机而造成压缩机的损坏，这种循环系统将储液干燥罐安装在蒸发器的出口，并按照它所起的作用更名为集液器，同时进行气液分离，液体留在罐内，气体进入压缩机，其他部分的工作过程与膨胀阀式制冷循环相同。

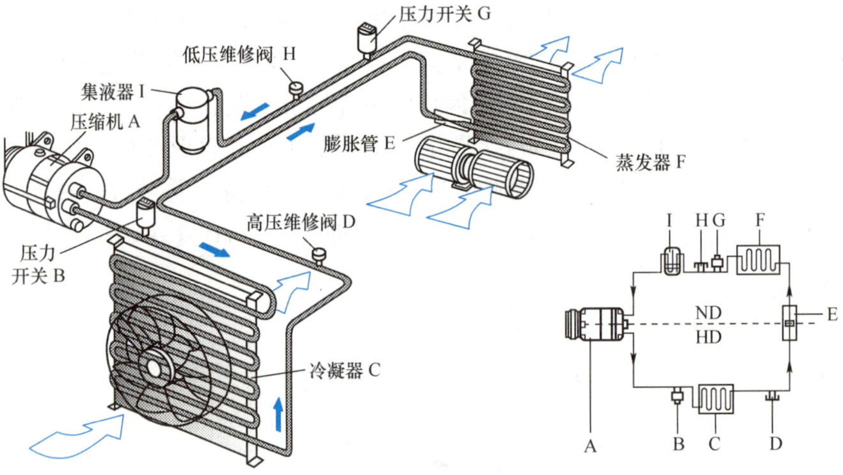


图8-24 膨胀管式制冷循环系统

**相关链接**

CCOT方式是周期性离合节流管方式的简称，用膨胀管替代膨胀阀，制冷剂的流量是通过压缩机的电磁离合器周期性离合进行控制，是美国GM公司于20世纪70年代研制的一种制冷循环。

## 3.2 制冷循环系统的组成部件

制冷循环系统中各部件在车上的安装位置如图8-25所示，下面对各主要组成部件分别予以介绍。

### 3.2.1 压缩机

压缩机的作用是将从蒸发器出来的低温、低压的气态制冷剂通过压缩转变为高温、高压的气态制冷剂,并将其送入冷凝器。目前在汽车空调系统中所采用的压缩机有多种类型,比较常见的有斜盘式压缩机、叶片式压缩机、涡旋式压缩机、曲轴连杆式压缩机等。此外,压缩机还可分为定排量和变排量的两种形式,变排量压缩机可根据空调系统的制冷负荷自动改变排量,使空调系统运行更加经济。

3.2.1.1　叶片式压缩机

(1)结构。叶片式压缩机的结构如图 8-26 所示,在叶轮上安装有若干叶片,与机体形成几个密封的空间,在机体上安装有吸气孔、排气孔和排气阀。在叶轮旋转时,密封空间的体积会发生变化,从而完成进气、压缩和排气的过程。

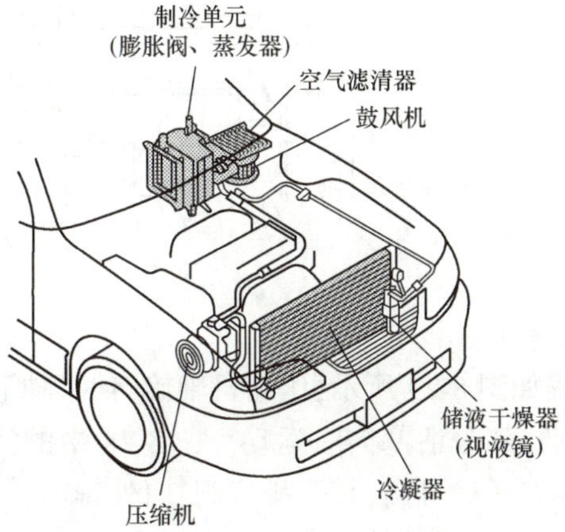


图 8-25　制冷循环系统各部件的安装位置

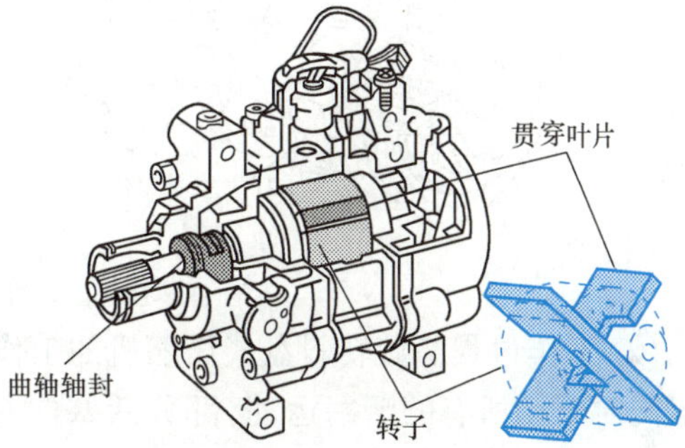


图 8-26　叶片式压缩机的结构

(2)工作过程。叶片式压缩机的工作过程如图 8-27 所示。

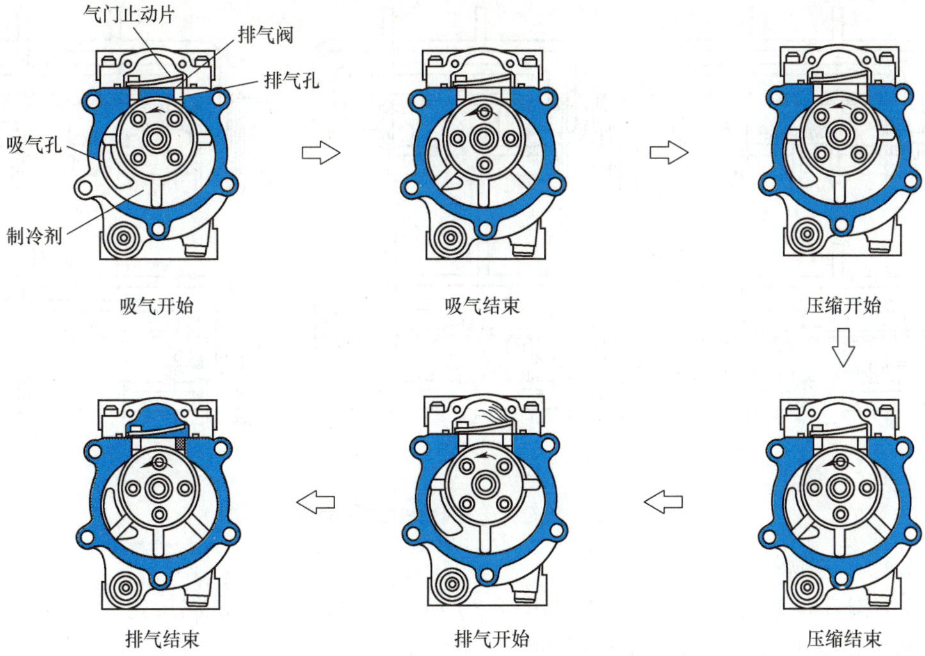


图 8-27　叶片式压缩机的工作过程

3.2.1.2　旋转斜盘式压缩机

(1)结构。旋转斜盘式压缩机的结构如图 8-28 所示,这种压缩机通常在机体圆周方向上布置有 6 个或者 10 个汽缸,每个汽缸中安装一个双向活塞,形成 6 缸机或 10 缸机,每个汽缸两头都有进气阀和排气阀。活塞由斜盘驱动在汽缸中往复运动,活塞的一侧压缩时,另一侧则为进气。

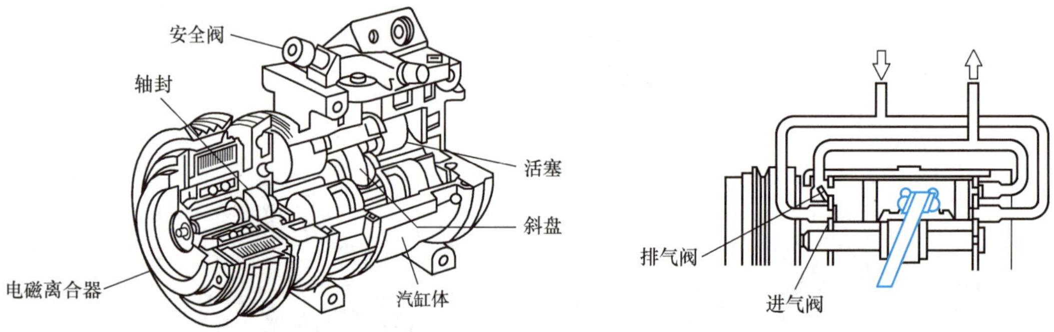


图 8-28　旋转斜盘式压缩机的结构

(2)工作过程。旋转斜盘式压缩机的工作过程如图 8-29 所示,压缩机轴旋转时,轴上的斜盘同时驱动所有的活塞运动,部分活塞向左运动,部分活塞向右运动。图 8-28 中的活塞正在向左运动,活塞左侧的空间缩小,制冷剂被压缩,压力升高,打开排气阀,向外排出,与此同时,活塞右侧空间增大,压力减小,进气阀开启,制冷剂进入汽缸。由于进、排气阀均为单向阀结构,所以保证制冷剂不会倒流。

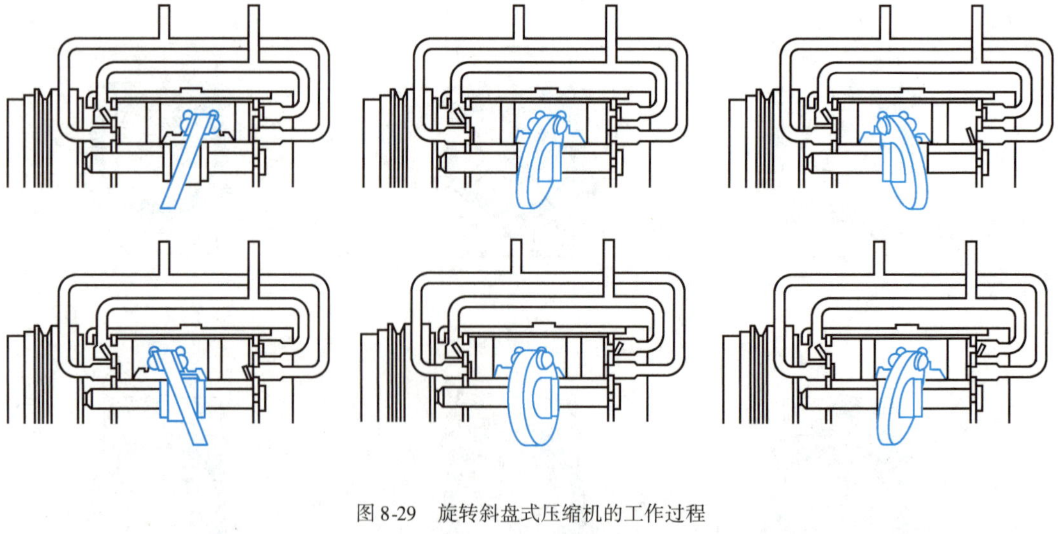

图 8-29　旋转斜盘式压缩机的工作过程

3.2.1.3　涡旋式压缩机

(1)结构。涡旋式压缩机的结构如图 8-30 所示,其关键部件是涡旋定子和涡旋转子。定子安装在机体上,转子通过轴承装在轴上,转子与轴有一定的偏心,定子与转子安装好后,可形成月牙形的密封空间,排气口位于定子的中心部位,进气口位于定子的边缘。

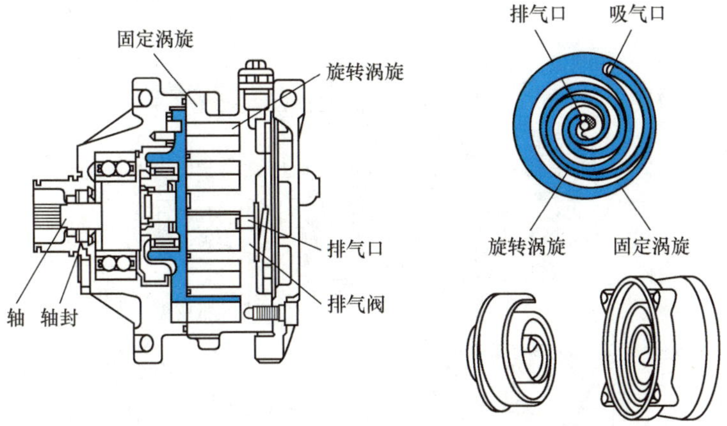

图 8-30　涡旋式压缩机的结构

(2)工作过程。涡旋式压缩机的工作过程如图 8-31 所示,当压缩机旋转时,转子相对于定子运动,使两者之间的月牙形空间的体积和位置都在发生变化,体积在外部进气口处大,在中心排气口处小,进气口体积增大使制冷剂吸入,当到达中心排气口部位时,体积缩小,制冷剂被压缩排出。

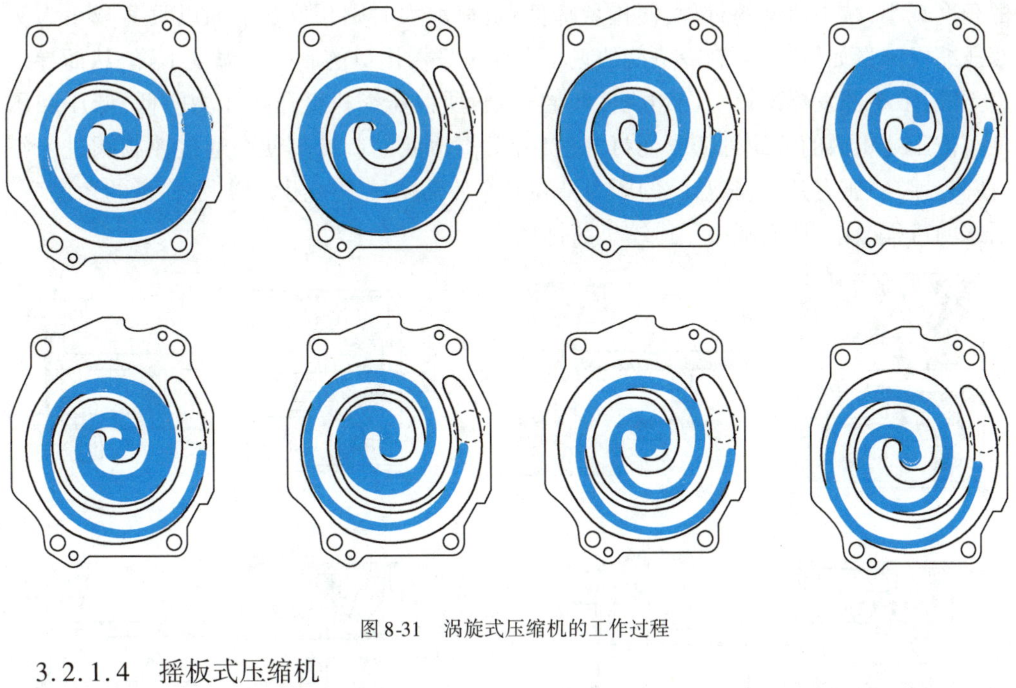
图 8-31　涡旋式压缩机的工作过程

3.2.1.4　摇板式压缩机

(1)结构。这种压缩机是一种变排量的压缩机,其结构如图 8-32 所示,它的结构与旋转斜盘式压缩机类似,通过斜盘驱动周向分布的活塞,只是将双向活塞变为单向活塞,并可通过改变斜盘的角度来改变活塞的行程,从而改变压缩机的排量。压缩机旋转时,压缩机轴驱动与其连接的凸缘盘,凸缘盘上的导向销钉再带动斜盘转动,斜盘最后驱动活塞往复运动。

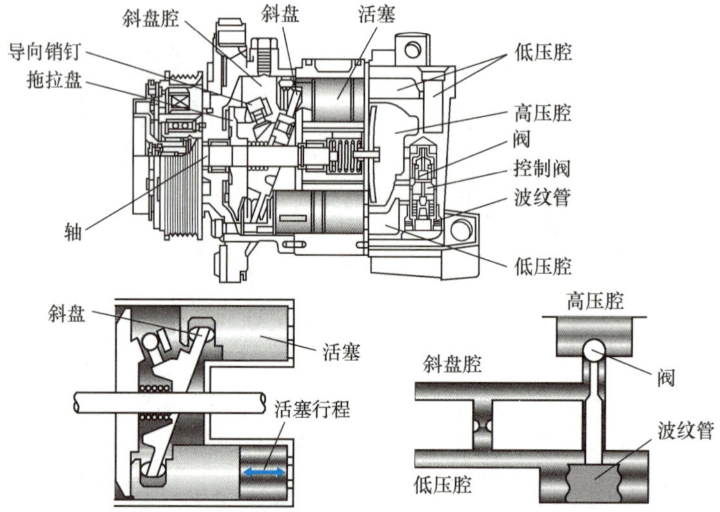


图 8-32　摇板式压缩机的结构

(2)工作过程。压缩机的工作过程在此处不再重复,这里主要介绍变排量的原理,如图 8-33 所示,这种压缩机可以根据制冷负荷的大小改变排量,制冷负荷减小时,可以使斜盘的角度减小,减小活塞的行程,使排量降低;负荷增大时则相反。下面以负荷减小为例来说明压缩机排量如何减小,制冷负荷的减小会使蒸发器出口的制冷剂温度下降,从而导致其压力下降,由于蒸发器出口与压缩机低压腔连通,所以压缩机低压腔压力降低,低压腔压力降低可使压缩机内的波纹管膨胀而打开控制阀,高压腔的制冷剂便会通过控制阀进入斜盘腔,使斜盘腔的压力升高,斜盘腔的压力升高后会使活塞压缩的阻力增大,斜盘的角度变小,使活塞的行程减小,从而减小了压缩机的排量。

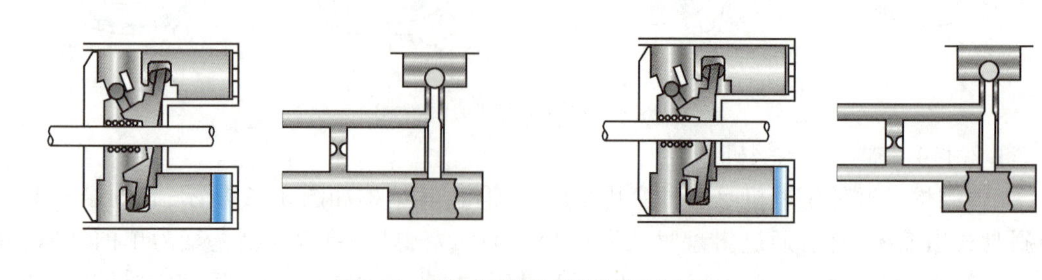

图 8-33　摇板式压缩机变排量的工作过程

**相关链接**

压缩机的分类:压缩机按其运动方式可分为往复式和旋转式两类。曲轴连杆式、旋转斜盘式、摇板式均属于往复式压缩机,叶片式、涡旋式等属于旋转式压缩机。此外,旋转式压缩机还包括转子式和螺杆式压缩机。

压缩机还可分为定排量压缩机和变排量压缩机。

### 3.2.2　冷凝器

冷凝器的作用是将压缩机送来的高温、高压的气态制冷剂转变为液态制冷剂,制冷剂在冷凝器中散热而发生状态的改变。因此,冷凝器是一个热交换器。它将制冷剂在车内吸收的热量通过冷凝器散发到大气当中。

小型汽车的冷凝器通常安装在汽车的前面(一般安装在散热器前),通过风扇进行冷却(冷凝器风扇一般与散热器风扇共用,也有车型采用专用的冷凝器风扇)。

冷凝器的结构如图8-34所示,主要由管路和散热片组成,有一个制冷剂的进口和一个出口。

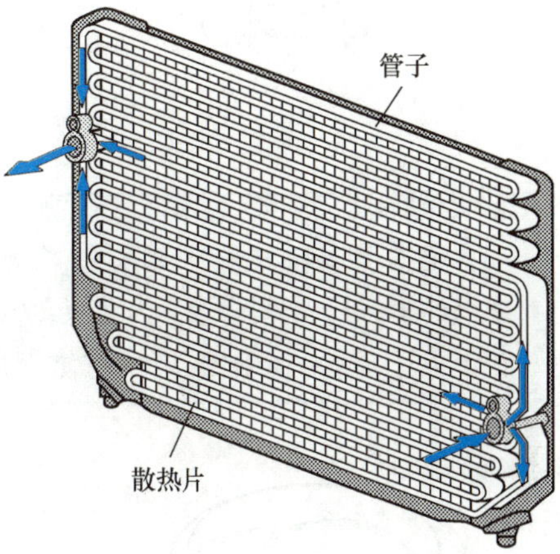

图8-34　冷凝器

### 3.2.3　储液干燥器和集液器

(1)储液干燥器。储液干燥器用于膨胀阀式的制冷循环,其作用有以下几个方面。

①暂时存储制冷剂,使制冷剂的流量与制冷负荷相适应。

②去除制冷剂中的水分和杂质,确保系统正常运行(如果系统中有水分,有可能造成水分在系统中结冰,堵塞制冷剂的循环通道,造成故障;如果制冷剂中有杂质,也可能造成系统堵塞,使系统不能制冷)。

③部分储液干燥罐上装有观察玻璃,可观察制冷剂的流动情况,确定制冷剂的数量。

④有些储液干燥罐上装有易熔塞,在系统压力、温度过高时,易熔塞熔化,放出制冷剂,保护系统重要部件不被破坏。

⑤还有些储液干燥罐上安装有维修阀,供维修制冷系统安装压力表和加注制冷剂时使用。

⑥有些车型的储液干燥罐上装有压力开关,可在系统压力不正常时,中止压缩机的工作。

储液干燥器的结构如图8-35所示,干燥器内有滤网和干燥器,罐的上方设有观察玻璃及进口和出口。

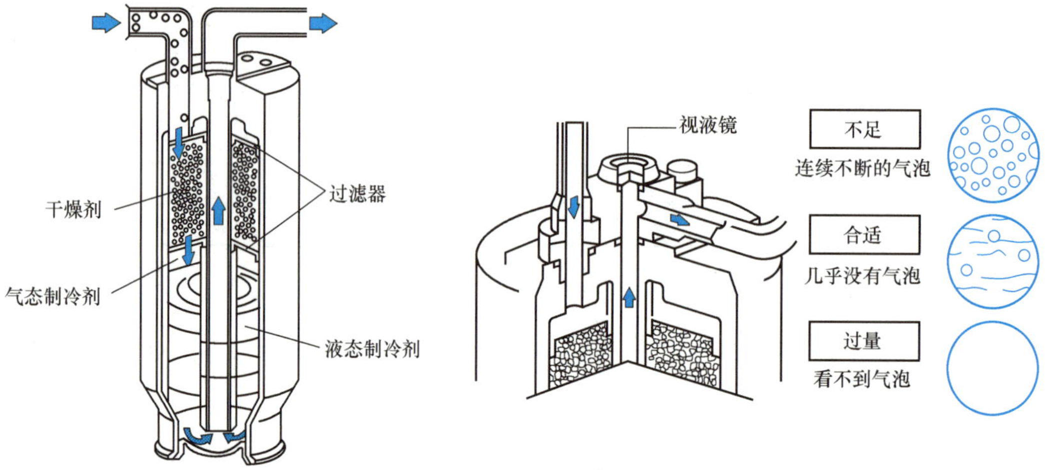


图 8-35　储液干燥器

**相关链接**

使用 R134a 制冷剂的制冷系统中的储液干燥器不能与使用 R12 制冷剂的制冷系统中的储液干燥器互换，因为两种储液干燥器中的干燥剂不同，R134a 制冷剂使用沸石作为干燥剂，而 R12 制冷剂使用硅胶作为干燥剂。

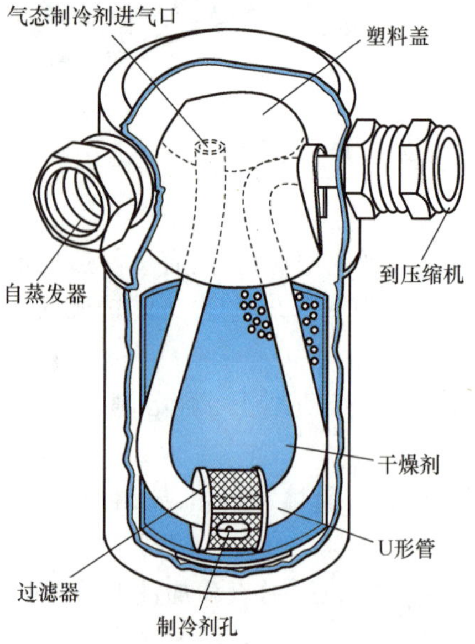


图 8-36　集液器

(2)集液器。集液器用于膨胀管式的制冷系统，安装在蒸发器出口处的管路中。由于膨胀管无法调节制冷剂的流量，因此蒸发器出来的制冷剂不一定全部是气体，还可能有部分液体。为防止压缩机损坏，在蒸发器出口处安装有集液器，集液器一方面将制冷剂进行气液分离，另一方面可以起到与储液干燥器相同的作用，其结构如图 8-36 所示。

制冷剂进入集液器后，液体部分沉在集液器底部，气体部分从上面的管路出去进入压缩机。

### 3.2.4　膨胀阀和膨胀管

#### 3.2.4.1　膨胀阀

膨胀阀安装在蒸发器的入口处，其作用是将从储液干燥器出来的高温、高压的液态制冷剂从膨胀阀的小孔喷出，使其降压，体积膨胀，转化为雾状制冷剂，在蒸发器中吸热变为气态制冷剂，同时还可根据制冷负荷的大小调节制冷剂的流量，确保蒸发器出口处的制冷剂全部转化为气体。

膨胀阀的结构形式有 3 种，分别为外平衡式膨胀阀、内平衡式膨胀阀和 H 形膨胀阀，下面分别予以介绍。

(1)外平衡式膨胀阀。外平衡式膨胀阀的结构如图 8-37 所示，膨胀阀的入口接储液干燥器,出口接蒸发器。膨胀阀的上部有一个膜片,膜片上方通过一条细管接一个感温包。感温包安装在蒸发器出口的管路上,内部充满制冷剂气体,蒸发器出口处的温度发生变化时,感温包内的气体体积也会发生变化,进而产生压力变化,这个压力变化就作用在膜片的上方。膜片下方的腔室还有一根平衡管通蒸发器出口。阀的中部有一阀门,阀门控制制冷剂的流量。阀门的下方有一个调整弹簧,弹簧的弹力试图使阀门关闭,该弹力通过阀门上方的杆作用在膜片的下方。可以看出,膜片共受到三个力的作用,一个是感温包中制冷剂气体向下的压力,一个是弹簧向上的推力,还有一个是蒸发器出口制冷剂的压力,作用在膜片的下方。阀的开度取决于这三个力综合作用的结果。

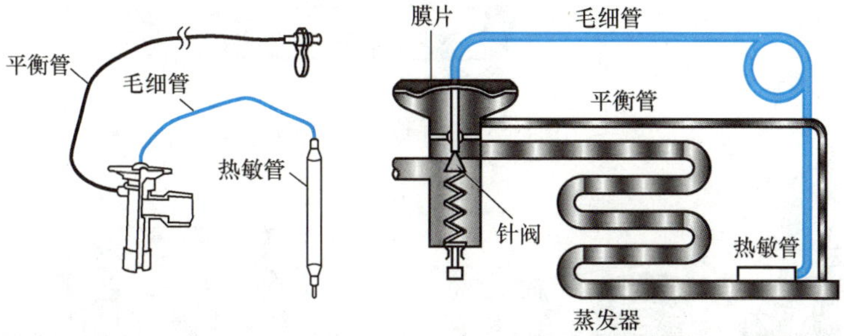


图 8-37 外平衡式膨胀阀

当制冷负荷发生变化时,膨胀阀可根据制冷负荷的变化自动调节制冷剂的流量,确保蒸发器出口处的制冷剂全部转化为气体并有一定的过热度。当制冷负荷减小时,蒸发器出口处的温度就会降低,感温包的温度也会降低,其中的制冷剂气体便会收缩,使膨胀阀膜片上方的压力减小,阀门就会在弹簧和膜片下方气体压力的作用下向上移动,减小阀门的开度,从而减小制冷剂的流量。反之,制冷负荷增大时,阀门的开度会增大,增加制冷剂的流量。当制冷负荷与制冷剂的流量相适应时,阀门的开度保持不变,维持一定的制冷强度。

**相关链接**

这里的过热度是指制冷剂气体的实际温度与制冷剂气液转化点的温度的差值。过热度大,说明制冷剂的流量小,在距蒸发器出口处很远就已全部蒸发为气体,并被流过蒸发器的空气加热的程度大。

(2)内平衡式膨胀阀。内平衡式膨胀阀的结构与外平衡式膨胀阀的结构大同小异,如图 8-38所示,不同之处在于内平衡式膨胀阀没有平衡管,膜片下方的气体压力直接来自于蒸发器的入口。内平衡式膨胀阀的工作过程与外平衡式膨胀阀的工作过程完全相同。

(3)H 形膨胀阀。采用内、外平衡式膨胀阀的制冷系统,其蒸发器的出口和入口不在一起,因此需要在出口处安装感温包和管路,结构比较复杂。如果将蒸发器的出口和入口做在一起,就可以将感温包的管路去掉,这就形成了所谓的 H 形膨胀阀,如图 8-39 所示。

H 形膨胀阀中也有一个膜片,膜片的左方有一个热敏杆,热敏杆的周围是蒸发器出口处的制冷剂,制冷剂的温度的变化(制冷负荷变化)可通过热敏杆使膜片右方气体的压力发生变化,从而使阀门的开度变化,调节制冷剂的流量以适应制冷负荷的变化。H 形膨胀阀具有结构简单、工作可靠的特点,在汽车上的应用越来越广。

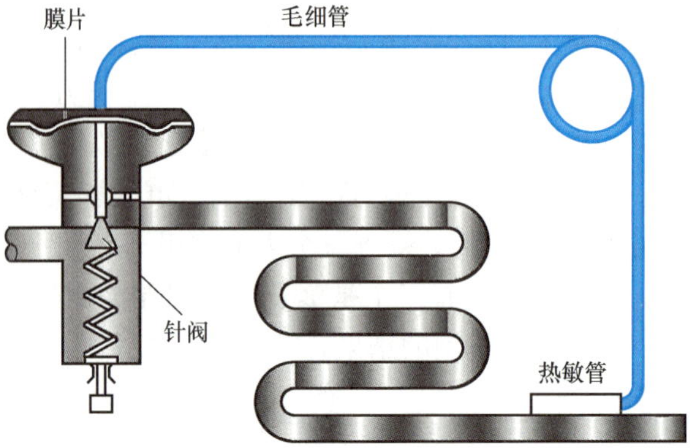


图 8-38　内平衡式膨胀阀

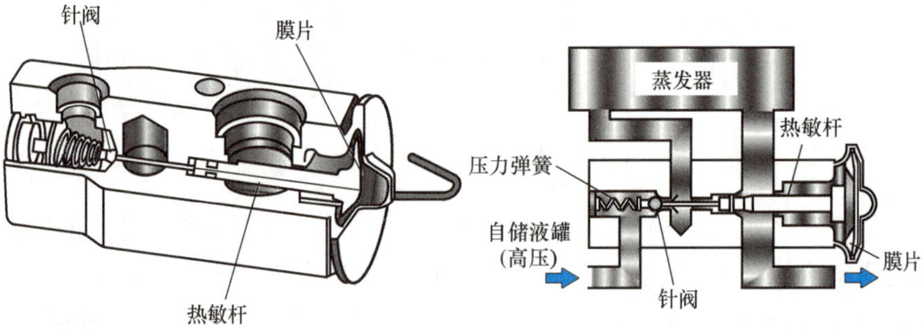


图 8-39　H 形膨胀阀

3.2.4.2　膨胀管

膨胀管的作用与膨胀阀的作用基本相同，只是将调节制冷剂流量的功能取消了，其结构如图 8-40 所示。膨胀管的节流孔径是固定的，入口和出口都有滤网。由于节流管没有运动部件，具有结构简单、成本低、可靠性高、节能等优点，因此美、日等国有许多高级轿车都采用膨胀管式制冷循环。

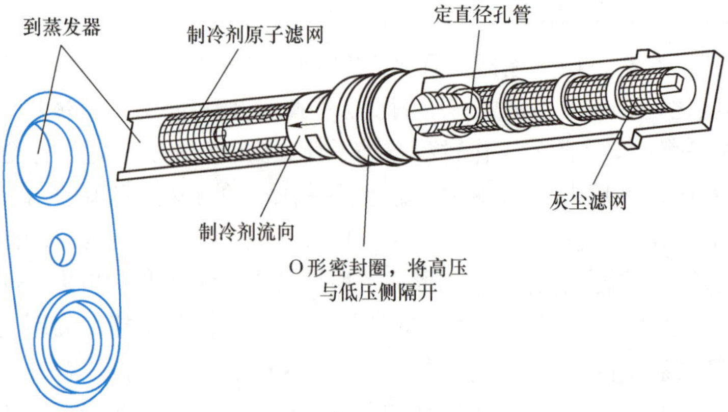


图 8-40　膨胀管

### 3.2.5 蒸发器

蒸发器也是一个热交换器，膨胀阀喷出的雾状制冷剂在蒸发器中蒸发，吸收蒸发器空气中的热量，使其降温，达到制冷的目的。在降温的同时，溶解在空气中的水分也会由于温度降低凝结出来，蒸发器还要将凝结的水分排出车外。蒸发器安装在驾驶室仪表台的后面，其结构如图8-41所示，主要由管路和散热片组成。在蒸发器的下方还有接水盘和排水管。

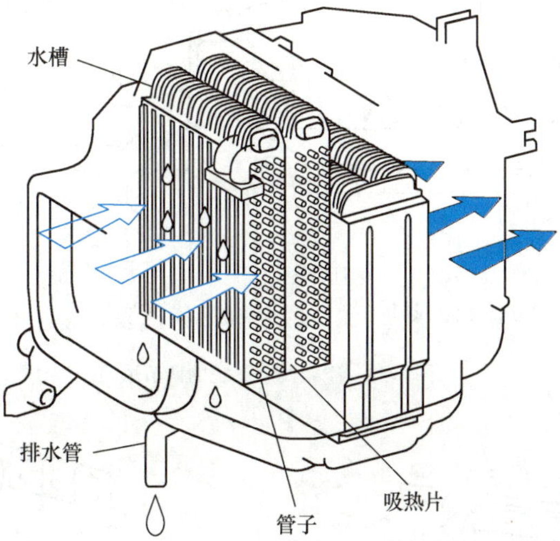


图 8-41 蒸发器

空调制冷系统工作时，鼓风机的风扇将空气吹过蒸发器，空气和蒸发器内的制冷剂进行热交换，制冷剂汽化，空气降温，同时空气中的水分凝结在蒸发器的散热片上，并通过接水盘和排水管排出车外。

## 4 空调的调节系统

空调的调节系统有手动调节和自动调节之分，现以手动调节说明空调调节系统的工作情况。手动空调的调节包括温度调节、出风口位置调节、鼓风机风速调节和空气的内外循环调节等。调节是通过空调控制面板上的拨杆或旋钮进行的，空调的控制面板如图 8-42 所示。

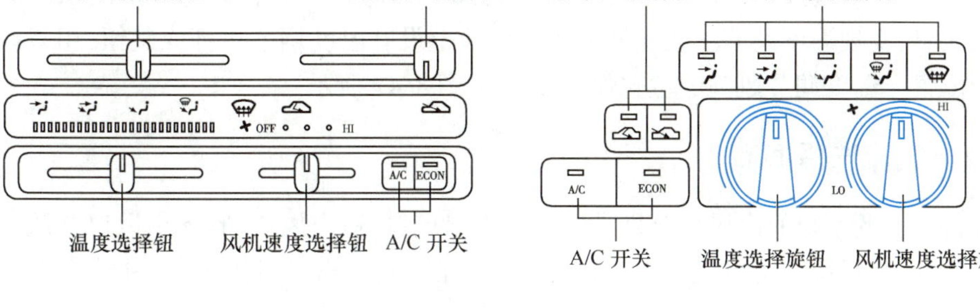


图 8-42 空调的控制面板

空调控制面板上有温度调节、气流选择、鼓风机速度、空气进气选择(内外循环选择)、空调开关(A/C)和运行模式选择开关等。其中,温度调节、气流选择、空气进气选择是通过气道中的调节风门实现的(图 8-43),空调开关和运行模式选择开关、鼓风机速度选择是通过电路控制实现的。空调控制面板到调节风门的控制方式有拉线式和电动式两种,如图 8-44 所示。

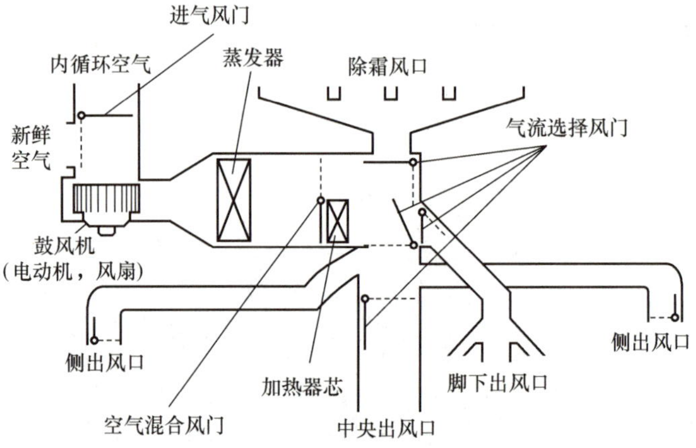


图 8-43　空调调节系统的调节风门

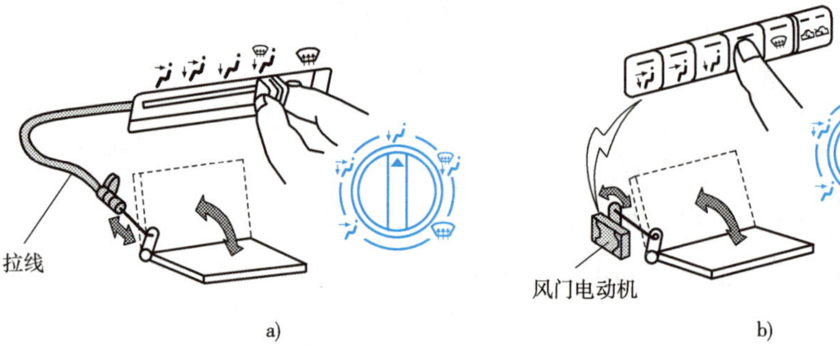


图 8-44　空调调节风门的控制方式

a)拉线式;b)电动式

## 4.1　温度调节

目前小型车的空调系统基本上都是冷气和暖风都采用一个鼓风机,温度调节采用冷暖风混合的方式,在空气的进气道中,所有的空气都通过蒸发器,用一个调节风门控制通过加热器芯的空气量,通过加热器芯的空气和未通过加热器的空气混合后形成不同温度的空气从出风口吹出,实现温度调节。在空调的控制面板上设有温度调节拨杆或旋钮,用来改变调节风门的位置。温度调节风门的位置如图 8-45 ~ 图 8-47 所示。

## 4.2　气流选择调节

现代轿车空调系统的出风口分别设置了中央出风口、边出风口、脚下出风口和风窗玻璃除霜出风口等,其空调系统可以根据不同需要,选择不同的出风口出风,这种功能是通过控制面板上的气流选择调节拨杆或旋钮进行调节的,调节的情况如图 8-48 ~ 图 8-52 所示。

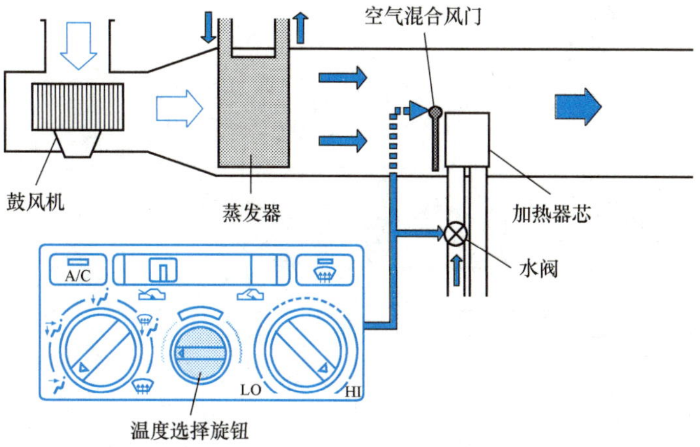


图 8-45　温度调节风门在冷的位置

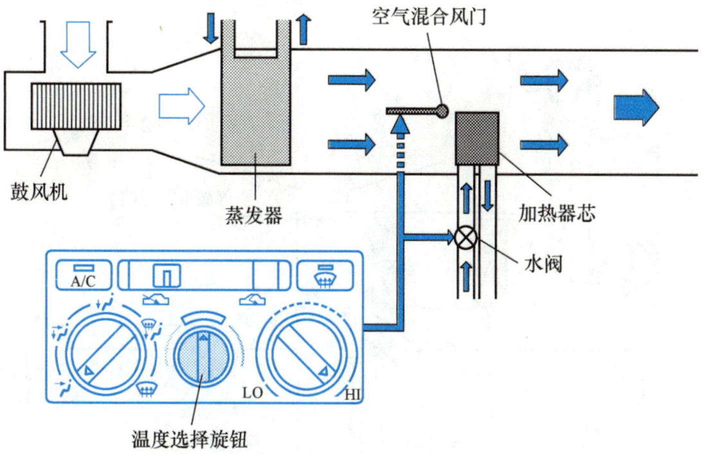


图 8-46　温度调节风门在中间的位置

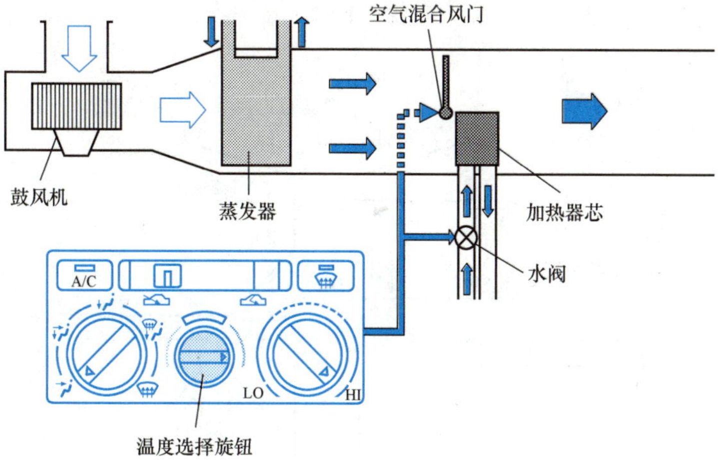


图 8-47　温度调节风门在热的位置

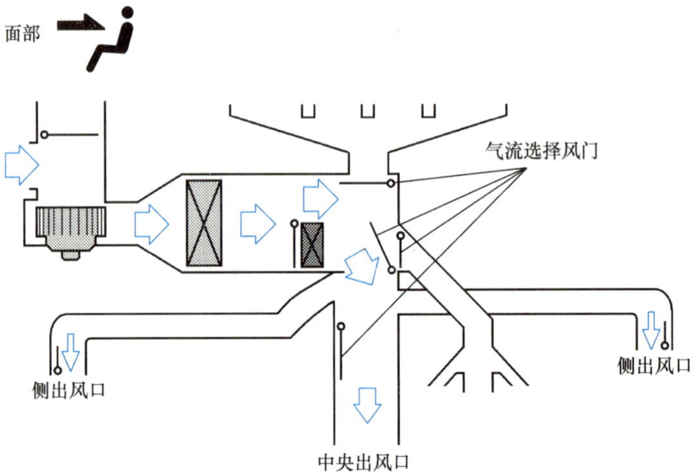


图 8-48　面部出风位置

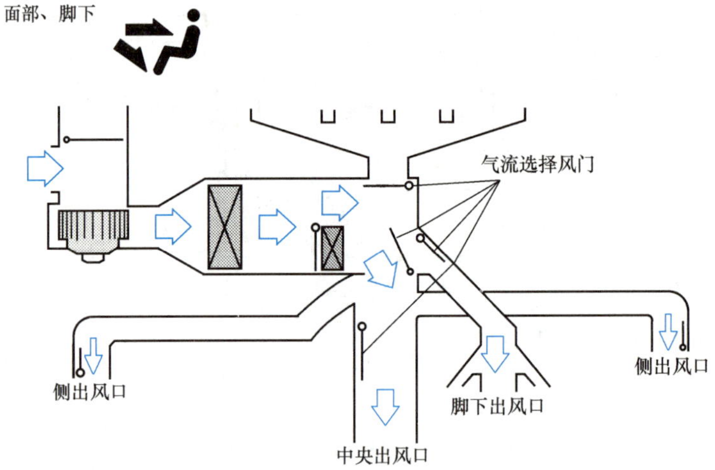


图 8-49　面部和脚下出风位置

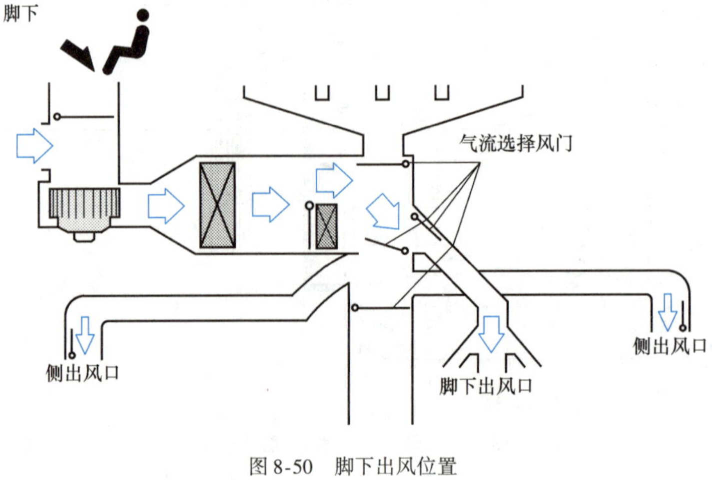


图 8-50　脚下出风位置

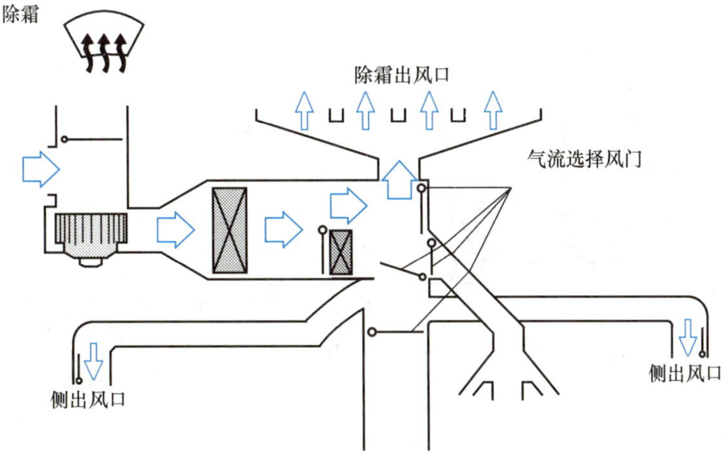


图 8-51　除霜位置

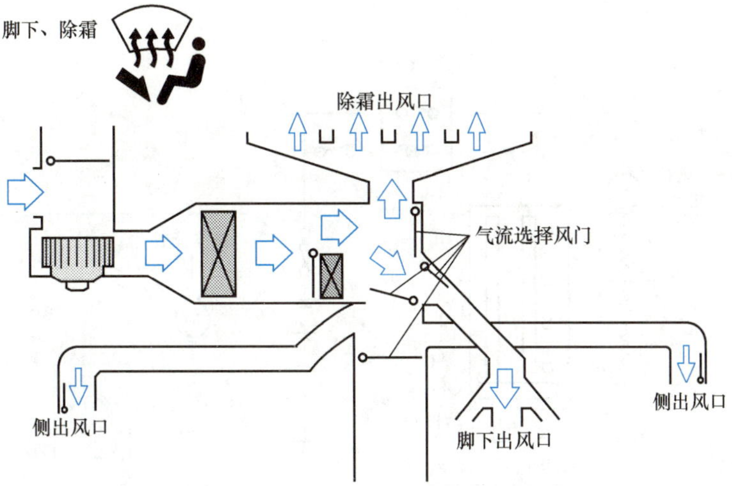


图 8-52　除霜和脚下位置

## 4.3 空气进气选择调节

空气调节系统可以选择进入车内的空气是外部的新鲜空气还是车内的非新鲜空气。如果选择外部新鲜空气称为外循环，选择车内空气则称为内循环。这种选择可以通过控制面板上的内外循环选择按钮或拨杆控制进气口处的调节风门实现，如图 8-53 所示。

## 4.4 鼓风机转速的调节

鼓风机转速是通过在鼓风机电路中串入不同的电阻实现的，如图 8-54 所示。在鼓风机电路中串入 3 个电阻，通过开关控制，实现 4 个转速挡（空调控制面板上的 LO、2、3、HI）。如果将电阻改为电子控制，则可实现无级调速。

自动空调系统可以根据空调的工作情况自动对上述内容进行调节和控制。

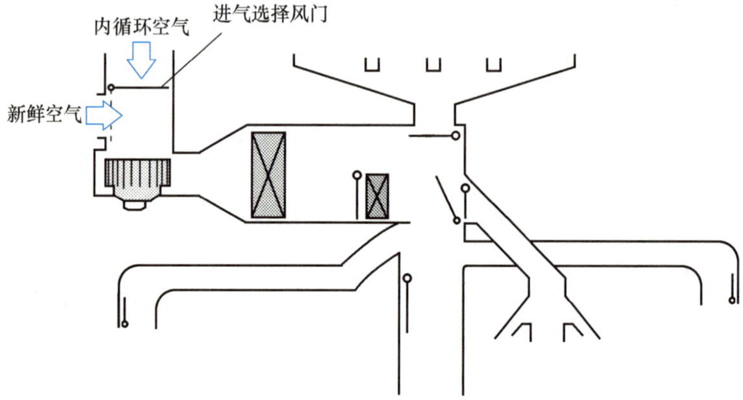


图 8-53 空气进气选择风门

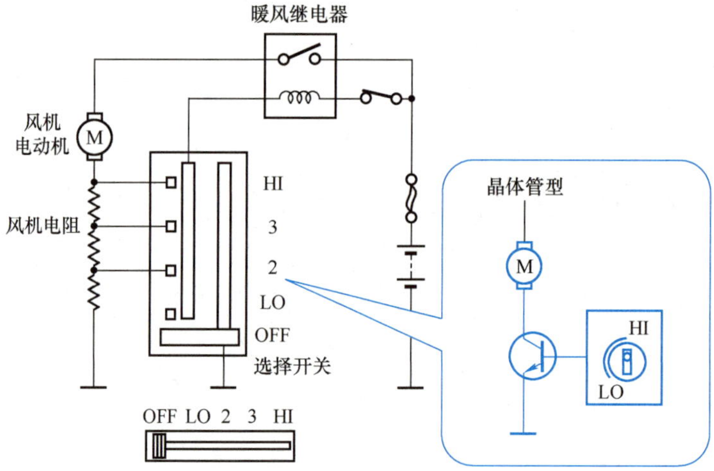


图 8-54 鼓风机转速的调节

# 5 通风系统

通风系统的作用是将车外的新鲜空气引入车内,将车内的污浊空气排出车外,同时通风系统还具有风窗除霜的作用。通风系统可使车内的空气保持新鲜,提高车辆的舒适性。目前汽车上的通风有两种基本的方式,一种是利用汽车行驶中产生的动压进行动压通风,另一种是利用车上的鼓风机进行强制通风。

## 5.1 动压通风

动压通风是利用汽车在行驶时各个部位所产生的不同压力进行通风的。汽车在行驶时的压力分布如图 8-55 所示，在考虑通风时，只要将进风口设在正压区，排风口设在负压区即可。这种通风方式不需要另加动力，因此比较经济；但汽车在行驶速度较低时，通风的效果较差。

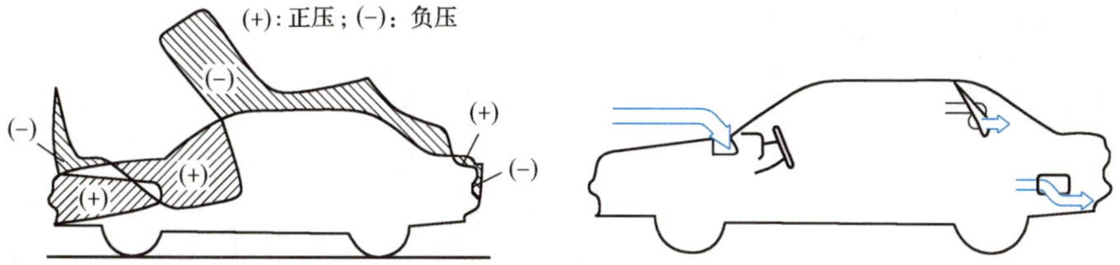


图 8-55 动压通风

## 5.2 强制通风

强制通风是利用鼓风机进行通风，在进风口安装一台鼓风机将车外的空气吸入车内，车内的空气从排风口排出，如图 8-56 所示。这种通风方式不受车速的限制，通风效果较好。目前汽车通常都是利用空调系统的鼓风机进行强制通风。

图 8-56 强制通风

如果将上述两种通风方式结合起来，就形成了所谓的综合通风方式。汽车在低速行驶时采用强制通风，高速行驶时采用动压通风，这样就保证了汽车在各种工况下都能保持良好的通风效果，同时也降低了能耗。目前，小型汽车上基本上都采用了综合通风的方式。

# 6 空气净化系统

空气净化系统可以除去车内空气中的灰尘，保持车内空气清洁，部分车辆的空气净化系统还具备去除异味、杀灭细菌的作用，一些高级轿车上的空气净化系统还装备了负氧离子发生器，使车内的空气更加清新。目前大多数车辆的空气净化系统所采用的方法是在空调系统的进气系统中安装空气滤清器（图 8-57），通过滤清器滤除空气中的尘埃，使车内的空气保持清洁。

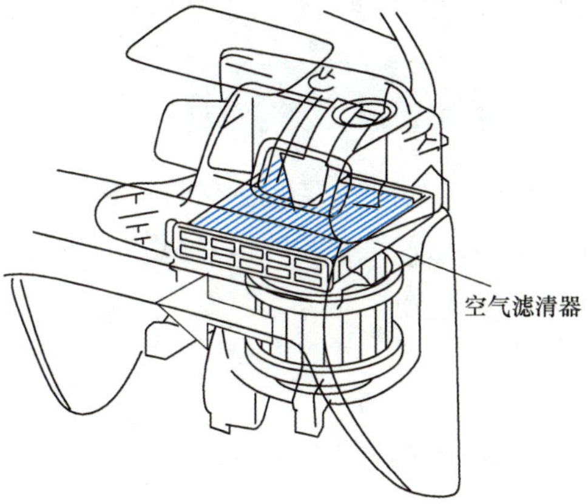


图 8-57 空调进气系统中的空气滤清器

有些车辆的空气净化系统在滤清器中加入活性炭，可吸收空气中的异味；还有些车辆在净化系统中设有香烟传感器，当传感器检测到车内存在烟气时，便通过放大器自动使鼓风机以高速挡运转，排出车内的烟气。这种净化系统如图 8-58 所示。

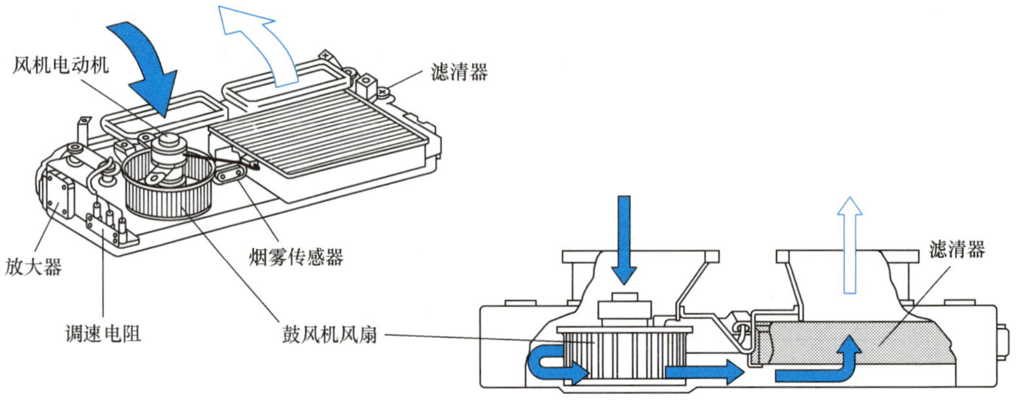


图 8-58　空气净化装置

高档车辆的空气净化系统除上述功能外，在系统中还有杀菌灯和离子发生器，如图 8-59 所示。

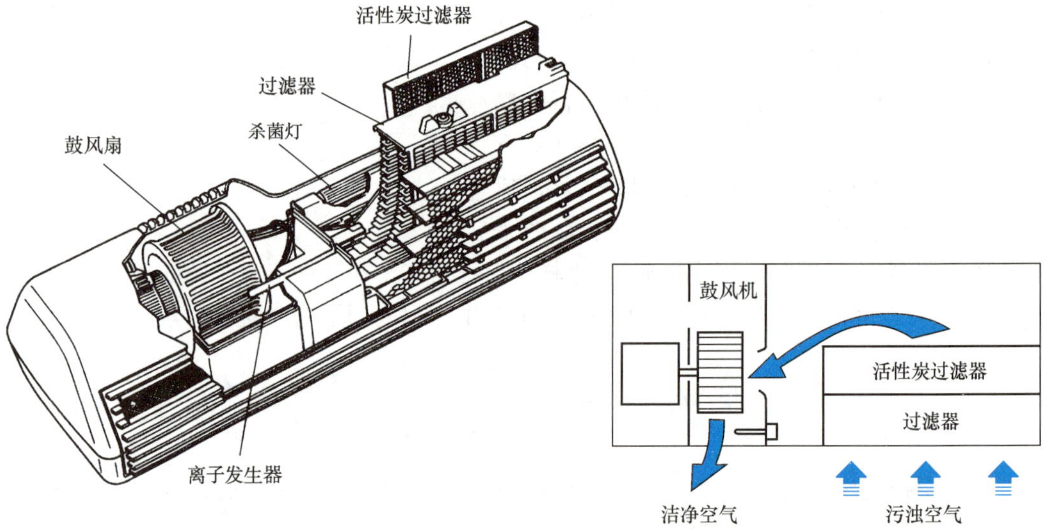


图 8-59　有杀菌灯和离子发生器的空气净化系统

# 7　空调控制系统

空调控制系统的功能是保证空调制冷系统正常运转，同时也要保证空调系统工作时发动机的正常运转。空调控制系统主要是通过控制压缩机电磁离合器的接合与分离实现温度控制与系统保护，通过对鼓风机的转速控制调节制冷负荷。

## 7.1　电磁离合器

电磁离合器安装在压缩机上，其作用是控制发动机与压缩机的动力传递。空调制冷系统工作时，使发动机能驱动压缩机运转；制冷系统停止运行时，切断发动机到压缩机的动力传递。

电磁离合器的结构如图 8-60 所示，主要包括压力板、皮带轮和定子线圈等主要部件。压力板与压缩机轴相连，皮带轮通过轴承安装在压缩机的壳体上，皮带轮通过皮带由发动机驱动，定子线圈也安装在压缩机的壳体上。

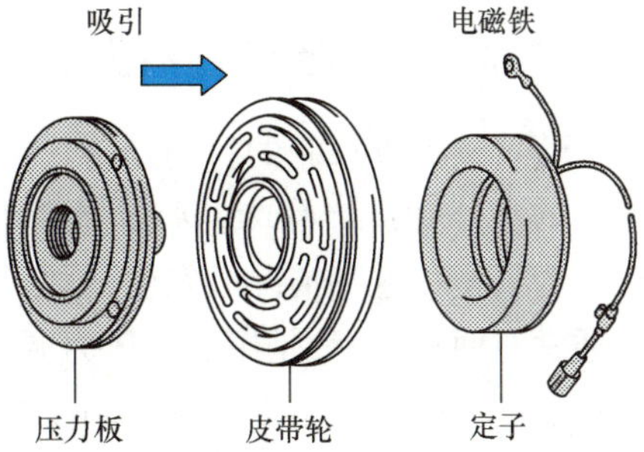

图 8-60 电磁离合器的结构

当接通空调开关使空调制冷系统进入工作状态时，电磁离合器的定子线圈通电，线圈通电后产生磁力，将压力板吸向皮带轮，使两者结合在一起，发动机的动力便通过皮带轮传递到压力板，带动压缩机运转，如图 8-61 所示。

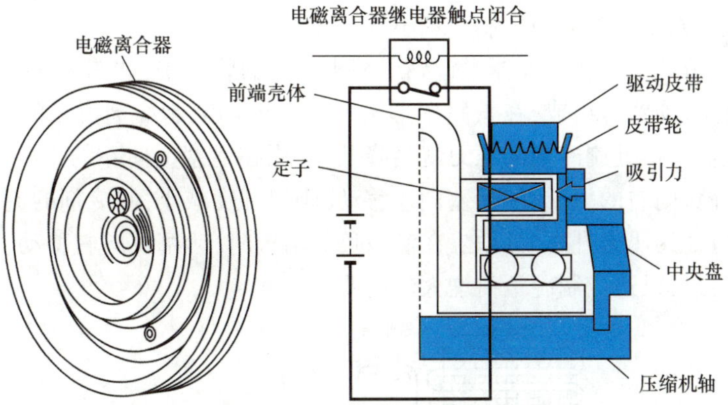

图 8-61 电磁离合器的接合状态

当空调制冷系统停止工作时，电磁离合器的定子线圈断电，磁力消失，压力板与皮带轮分离，此时皮带轮通过轴承在压缩机的壳体上空转，压缩机停止运转，如图 8-62 所示。

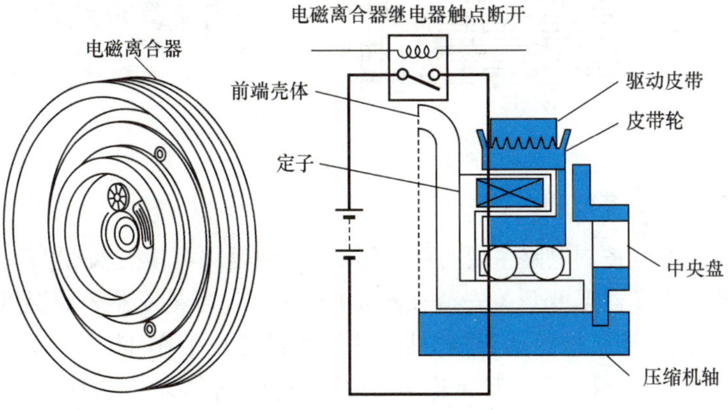

图 8-62 电磁离合器的分离状态

## 7.2 蒸发器的温度控制

蒸发器温度控制的目的是防止蒸发器结霜。如果蒸发器的温度低于0℃,凝结在蒸发器表面的水分就会结霜或结冰,严重时将会堵塞蒸发器的空气通路,导致系统制冷效果大大降低。为了避免这种情况的发生,就必须控制蒸发器的温度在0℃以上。控制蒸发器温度的方法通常有两种:一种是用蒸发压力调节器控制蒸发器的压力来控制蒸发器的温度,另一种是利用温度传感器或温度开关控制压缩机的运转来控制蒸发器的温度。

### 7.2.1 蒸发压力调节器(EPR)

根据制冷剂的特性,只要制冷剂的压力高于某一数值,其温度就不会低于0℃(对于R134a,此压力大约为0.18MPa),因此只要将蒸发器出口的压力控制在一定的数值,就可以防止蒸发器表面结霜或结冰。蒸发压力调节器可以根据制冷负荷的大小调节蒸发器出口处的压力,确保蒸发器出口的压力使制冷剂不低于0℃。

蒸发压力调节器安装在蒸发器出口到压缩机入口的管路中,如图8-63所示。它主要由金属波纹管、活塞、弹簧等组成,在管路中形成了一个可调节制冷剂流量的阀门。当制冷负荷减小时,蒸发器出口处制冷剂的压力就会降低,作用在活塞上向左的力$p_e$减小,此力小于金属波纹管内弹簧向右的力$p_s$,使活塞向左移动,阀门开度减小,制冷剂的流量也随之减小,并使蒸发器出口处的压力升高。反之,在制冷负荷增大时,活塞可向右移动,阀门开度增大,增加制冷剂的流量,以适应制冷负荷增大的需要。

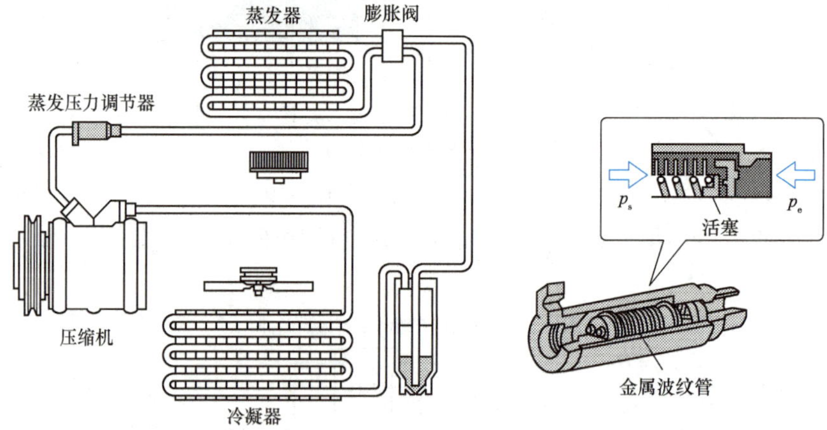


图8-63 蒸发压力调节器

### 7.2.2 蒸发器温度控制电路

目前蒸发器的温度控制电路主要有两种形式:一种是用温度开关(恒温器)直接控制压缩机电磁离合器。蒸发器温度开关安装在蒸发器的中央,当蒸发器表面温度低于某一设定值时,温度开关切断压缩机电磁离合器电路,使压缩机停止工作,防止蒸发器结冰。蒸发器温度传感器如图8-64所示。另一种是将热敏电阻安装在蒸发器的表面,当蒸发器表面的温度低于某一设定值时,热敏电阻的阻值变化给空调ECU低温信号,空调ECU控制继电器切断压缩机电磁离合器电路,使压缩机停转,控制蒸发器温度不低于0℃,如图8-65所示。

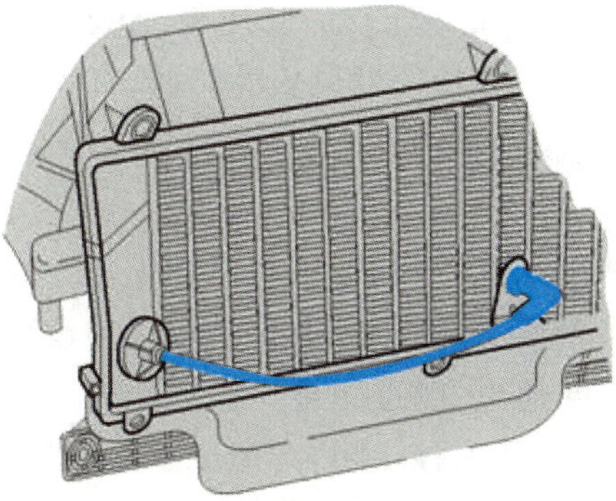

图 8-64 蒸发器温度传感器

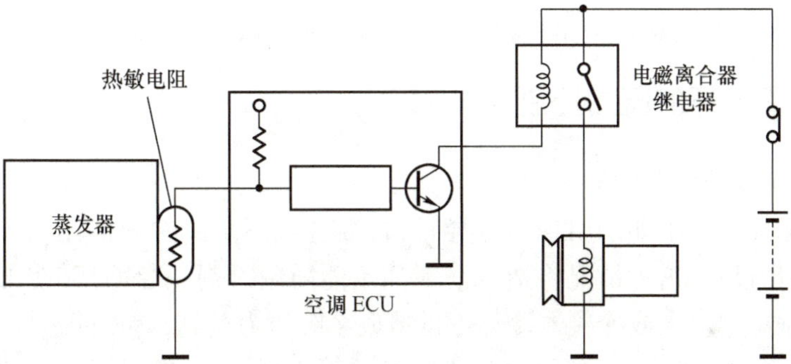


图 8-65 蒸发器温度控制电路

## 7.3 冷凝器风扇控制

现在有很多车辆的冷却系统采用电风扇冷却，同时空调制冷系统的冷凝器也采用同一风扇进行冷却。当冷却液温度较低时，风扇不工作；当冷却液温度升高到某一规定值时，风扇以低速运转；当温度进一步升高到另一个设定值时，风扇则以高速运转；当空调制冷系统开始工作时，不管冷却液温度高低，风扇都运转；当制冷系统压力高过一定值时，风扇则以高速运转。

风扇转速的控制有两种：一种是用一个电风扇串联电阻的方式调节风扇的转速，另一种是利用两个电风扇以串联和并联的方式调节风扇的转速。

图 8-66 所示为一冷凝器和散热器风扇控制电路，用压力开关、冷却液温度开关和 3 个继电器控制冷凝器风扇和散热器风扇的转速。此电路可以实现风扇不转、低速运转、高速运转三

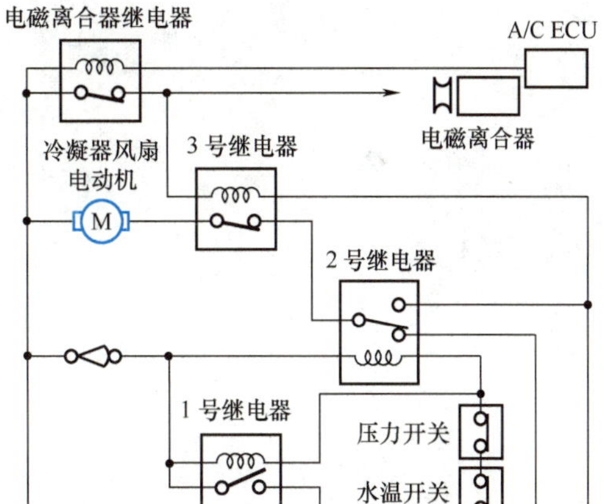


图 8-66 冷凝器和散热器风扇控制电路

级控制。3号继电器只在空调制冷系统工作时起作用,使冷凝器风扇以低速或高速运转。2号继电器为双触点继电器,用来控制冷凝器风扇的转速。1号继电器用于控制散热器风扇。压力开关在空调制冷系统压力高时断开,压力低时接通。冷却液温度开关在冷却液温度低时接通,温度高时断开。

不开空调时,3号继电器不工作,冷凝器风扇也不工作。如果冷却液温度过高,冷却液温度开关断开,1号继电器线圈断电,触点闭合,散热器风扇运转,加强散热。

打开空调,3号继电器线圈通电,触点闭合。如果冷却液温度较低,空调系统内压力也较低,2号继电器线圈也通电,使其下触点闭合,形成了冷凝器风扇和散热器风扇的串联电路,两个风扇都以低速运转。如果冷却水温升高或制冷系统内压力增大,压力开关或冷却液温度开关切断2号和1号继电器线圈电路,使2号继电器的上触点闭合,1号继电器的触点接通,将冷凝器风扇和散热器风扇连接成并联电路,两个风扇都以高速运转。

## 7.4 制冷循环的压力控制

### 7.4.1 压力控制的功能

空调制冷循环系统中如果出现压力异常,将会造成系统部件的损坏。如果系统压力过低,说明制冷剂量过少,这种情况将造成润滑油不能随制冷剂一起循环,使压缩机缺油而损坏。如果由于制冷剂量大或冷凝器冷却不良造成系统压力过高,有可能造成系统部件损坏。因此,在空调制冷系统工作时,必须对系统压力进行监测,防止出现上述两种情况。常采用的方法是:在系统的高压管路中安装压力开关,压力开关有低压开关和高压开关之分。低压开关安装在制冷循环系统中的高压管路中,用于监测制冷循环系统中高压管路压力是否过低,如果压力低于规定值,低压开关将切断压缩机的电路使压缩机停止工作。高压开关安装在高压管路中,用于监测高压管路中压力是否过高。如果压力过高,有两种处理方法:一种是加强对冷凝器的冷却强度,使压力降低;另一种是切断电磁离合器的电路,使压缩机停止运转,如图8-67所示。通常加强冷却强度控制的压力要低于切断离合器控制电路的压力。目前空调系统中的压力开关通常都是将低压开关和高压开关制成一体,称为组合压力开关或多功能压力开关。多数组合压力开关可实现低压切断离合器控制电路、高压接通冷凝器风扇高速挡或切断离合器控制电路的双重功能,还有部分压力开关将上述三种功能集于一身,形成三功能压力开关。通常低压切断离合器电路的压力约为0.2MPa,高压接通冷凝器风扇高速挡的压力约为1.6MPa,高压切断电磁离合器的压力约为3.2MPa。

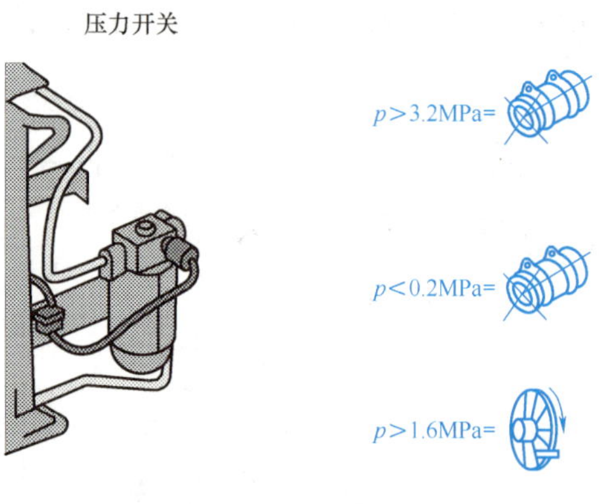

图8-67 压力开关的功能

### 7.4.2 压力开关控制基本电路

压力开关控制的基本电路如图8-68所示,压力开关一般的安装位置是储液干燥罐或高压管路。图示的开关均为常闭开关,也有部分压力开关高压为常开开关,具体是何种形式要视车型而定。

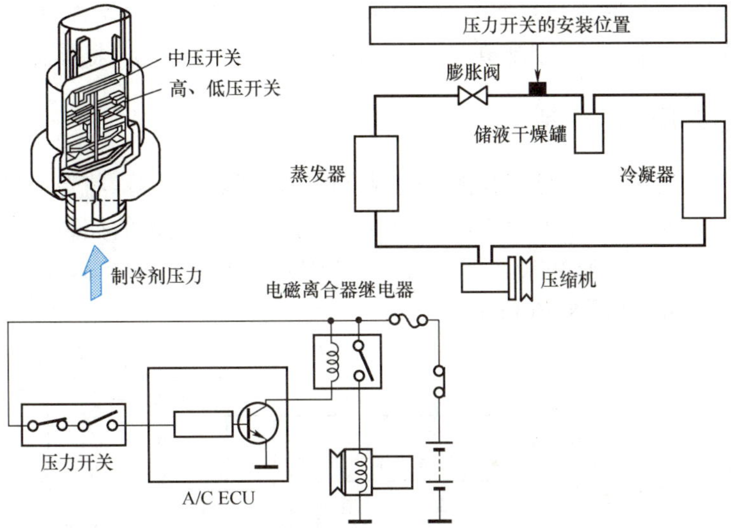


图 8-68　压力开关控制电路

**相关链接**

部分电控车辆用高压传感器替代压力开关，将压力信号转化为电信号，它不仅在临界压力起作用，而且适应性更强，使冷凝器风扇换挡更加平稳。高压传感器通常将压力信号转化为占空比信号，压力低，占空比小。

## 7.5 发动机的怠速提升控制

在车流量较大的道路上行驶，汽车发动机经常处于怠速运转状态，发动机的输出功率低，如果此时开启空调的制冷系统，可能会造成发动机停机，为防止这种情况的发生，在空调的控制系统中采用了怠速提升装置，如图 8-69 所示。

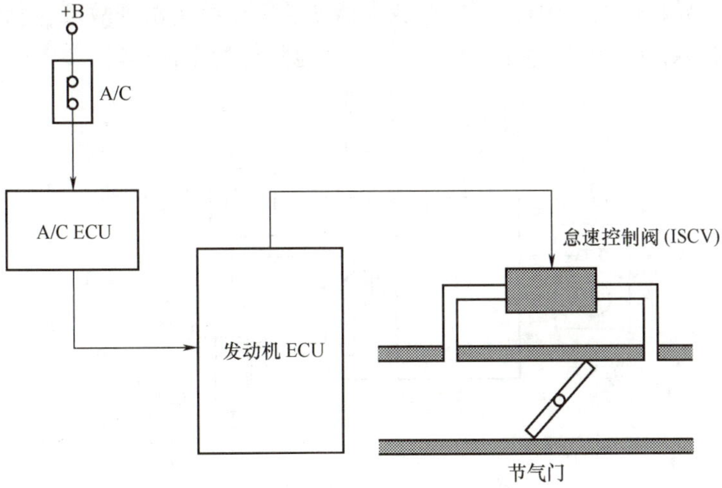


图 8-69　怠速提升控制

当接通空调制冷开关(A/C)后,发动机的控制单元(ECU)便可接收到空调开启的信号,控制单元便控制怠速控制阀将怠速旁通气道的通路增大,使进气量增加,提高怠速。如果是节气门直动式怠速控制机构,控制单元便控制电动机将节气门开大,提高怠速。

## 7.6 发动机失速控制

发动机带空调运转时,一旦有其他影响因素使发动机转速下降,将造成发动机失速而熄火。为防止这种情况发生,空调控制电路中设有防止发动机失速的控制电路。空调的控制单元通过检测点火线圈的脉冲来计算发动机的转速。当发动机的转速低于一定值时,将压缩机电磁离合器切断,如图 8-70 所示。

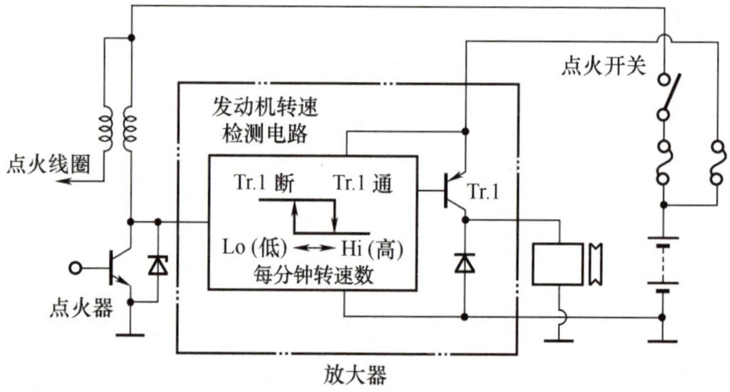


图 8-70　防止发动机失速控制电路

## 7.7 传动带保护控制

当动力转向的油泵、发电机等附件与空调压缩机采用同一传动带驱动时,如果压缩机出现故障而锁死时,传动带将被损坏。为了防止这种情况的产生,有些空调的控制电路中采用了传动带保护控制装置。传动带保护控制装置的原理如图 8-71 所示,空调放大器(或 ECU)同时接收发动机的转速信号和压缩机的转速信号,并对这两个转速进行比较,当这两个转速的信号出现的差异超过某一限值时,空调放大器便认定压缩机出现故障,随后就切断压缩机电磁离合器的电源,使压缩机停止工作,以保证其他附件的正常运转。

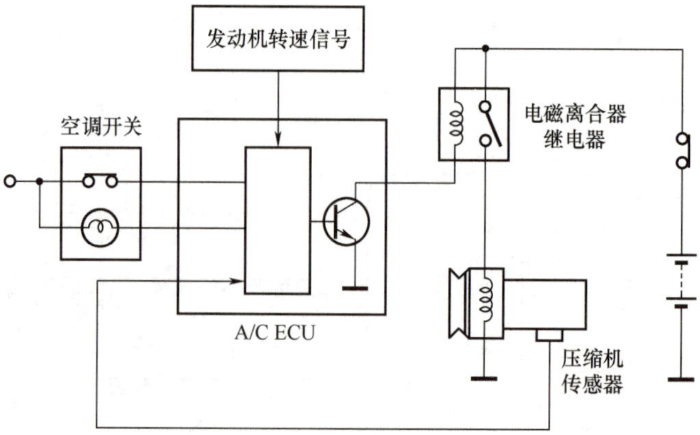


图 8-71　传动带保护控制电路

## 7.8　压缩机双级控制

有些车辆为了提高车辆的燃油经济性采用了压缩机双级控制，如图 8-72 所示，在空调上有两个开关，一个是 A/C 开关，另一个是 ECHO 开关。在接通 A/C 开关时，空调 ECU 根据蒸发器温度传感器的信号在较低的温度控制压缩机电磁离合器的通断，在接通 ECHO 开关时，空调 ECU 便在较高的温度控制压缩机电磁离合器的通断，这样就可以减少压缩机工作的时间，减少汽车的燃料消耗。同时，在压缩机停机时，发动机的负载减少，汽车的动力输出可以提高。

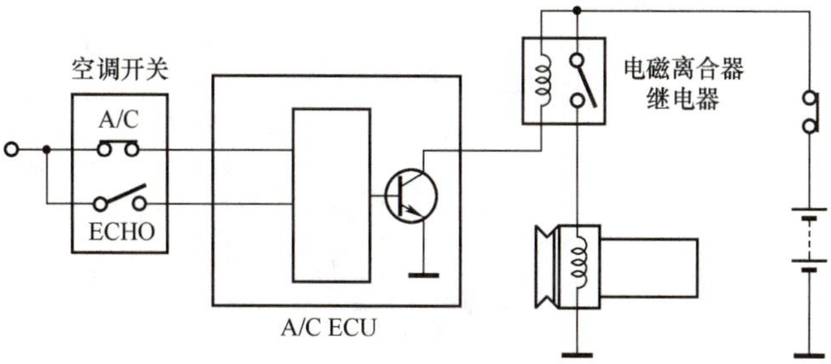


图 8-72　压缩机的双级控制电路

## 7.9　双蒸发器控制

现在有些车辆在前排和后排都有蒸发器，且两个蒸发器都采用一个压缩机，这样就面临着前后蒸发器分别控制的问题。为此，在两个蒸发器的入口处安装两个电磁阀，用来分别控制前排座位和后排座位的温度，其示意图如图 8-73 所示。

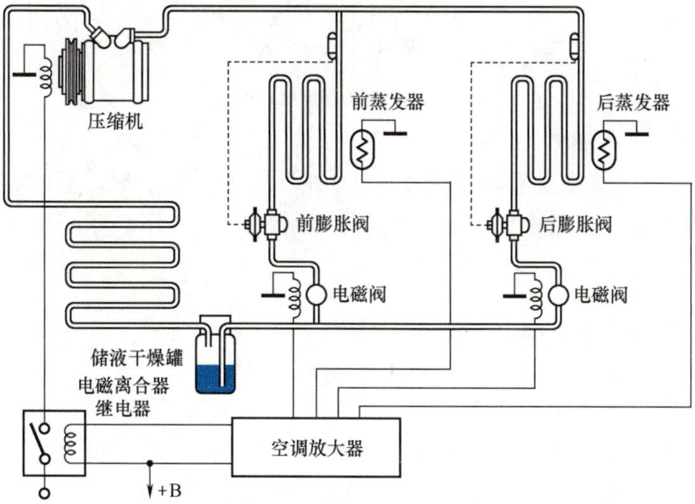


图 8-73　双蒸发器控制

## 7.10　其他控制

### 7.10.1　冷却液温度控制

为防止冷却液温度过高，有些空调控制电路中设有冷却液温度开关或传感器，当冷却液的温度高过一定值（一般为 105℃）时，切断压缩机电磁离合器电路，使压缩机停止运转。在温度下降到某设定值(大约为95℃)时,再接通电磁离合器电路,使空调重新工作。

### 7.10.2 制冷剂温度控制

在部分叶片式压缩机和斜盘式压缩机上装有制冷剂温度开关,防止压缩机温度过高而损坏。如图8-74所示,当制冷剂的温度超过180℃时,此开关就断开,切断了压缩机电磁离合器的电路。

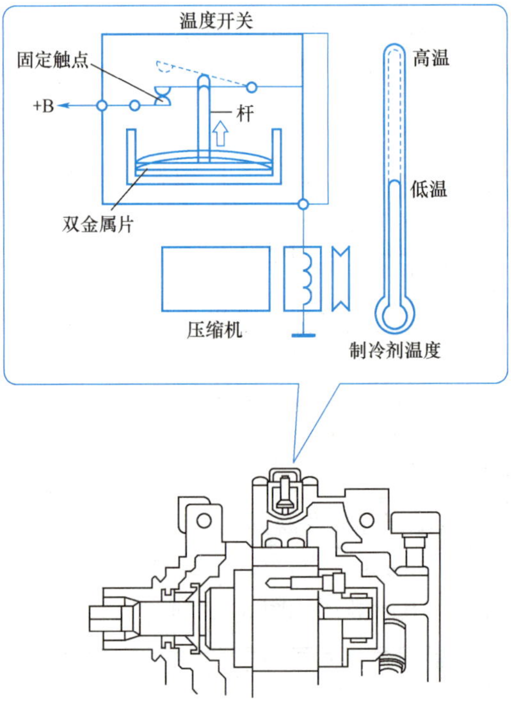


图8-74 制冷剂温度开关

### 7.10.3 环境温度控制

部分车辆在控制电路中设有环境温度开关,在环境温度低于规定值时,环境温度开关断开,切断压缩机电磁离合器的电路,使空调的制冷系统不能工作。环境温度高于规定值时,制冷系统才能进入工作状态。

## 7.11 空调系统的控制电路

### 7.11.1 丰田汽车空调控制电路

图8-75所示为丰田威驰汽车空调系统的控制电路图,主要控制内容有:蒸发器温度控制、制冷循环系统压力控制、鼓风机转速控制、冷凝器风扇控制等。

### 7.11.2 桑塔纳轿车空调控制电路

图8-76所示为桑塔纳2000轿车的空调控制电路图。冷凝器风扇由温度开关和风扇控制器控制其高低速运转。鼓风机由风速开关控制其转速。在接通空调开关后,通过空调继电器接通鼓风机的低速挡和冷凝器风扇的低速挡。压缩机电磁离合器分别由风扇控制器、压力开关、水温控制开关、蒸发器温度开关、环境温度开关等控制。

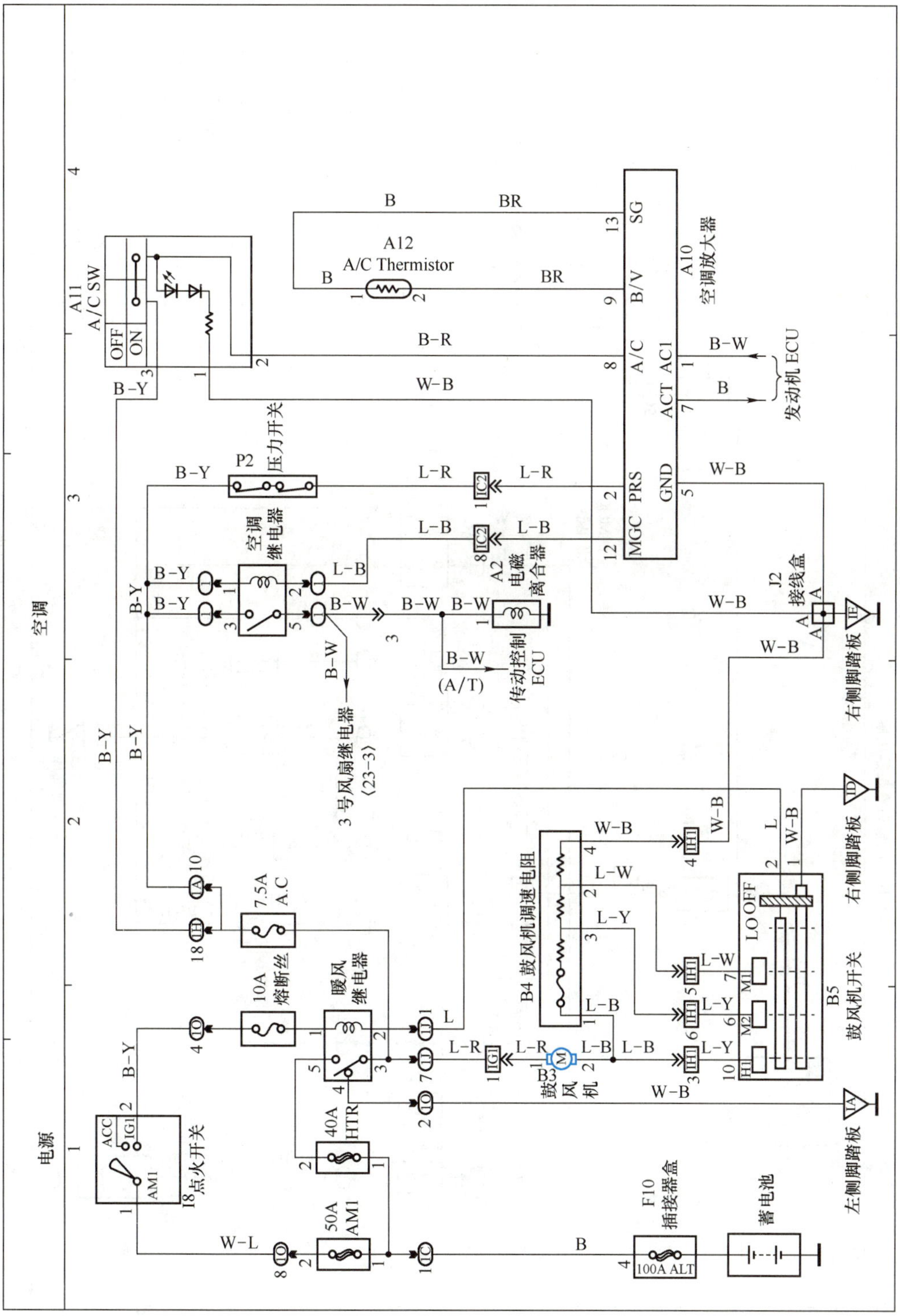
电源
空调
A11 A/C SW
OFF
ON
A12 A/C Thermistor
A10 空调放大器
SG
B/V
A/C
AC1
ACT
PRS
GND
MGC
发动机 ECU
P2 压力开关
空调继电器
A2 电磁离合器
J2 接线盒
传动控制 ECU
(A/T)
3 号风扇继电器 〈23-3〉
右侧脚踏板
7.5A A.C
10A 熔断丝
暖风继电器
40A HTR
50A AM1
I8 点火开关
ACC
IG1
AM1
B4 鼓风机调速电阻
B3 鼓风机
B5 鼓风机开关
LO
OFF
M1
M2
HI
F10 插接器盒
100A ALT
蓄电池
左侧脚踏板

图 8-75

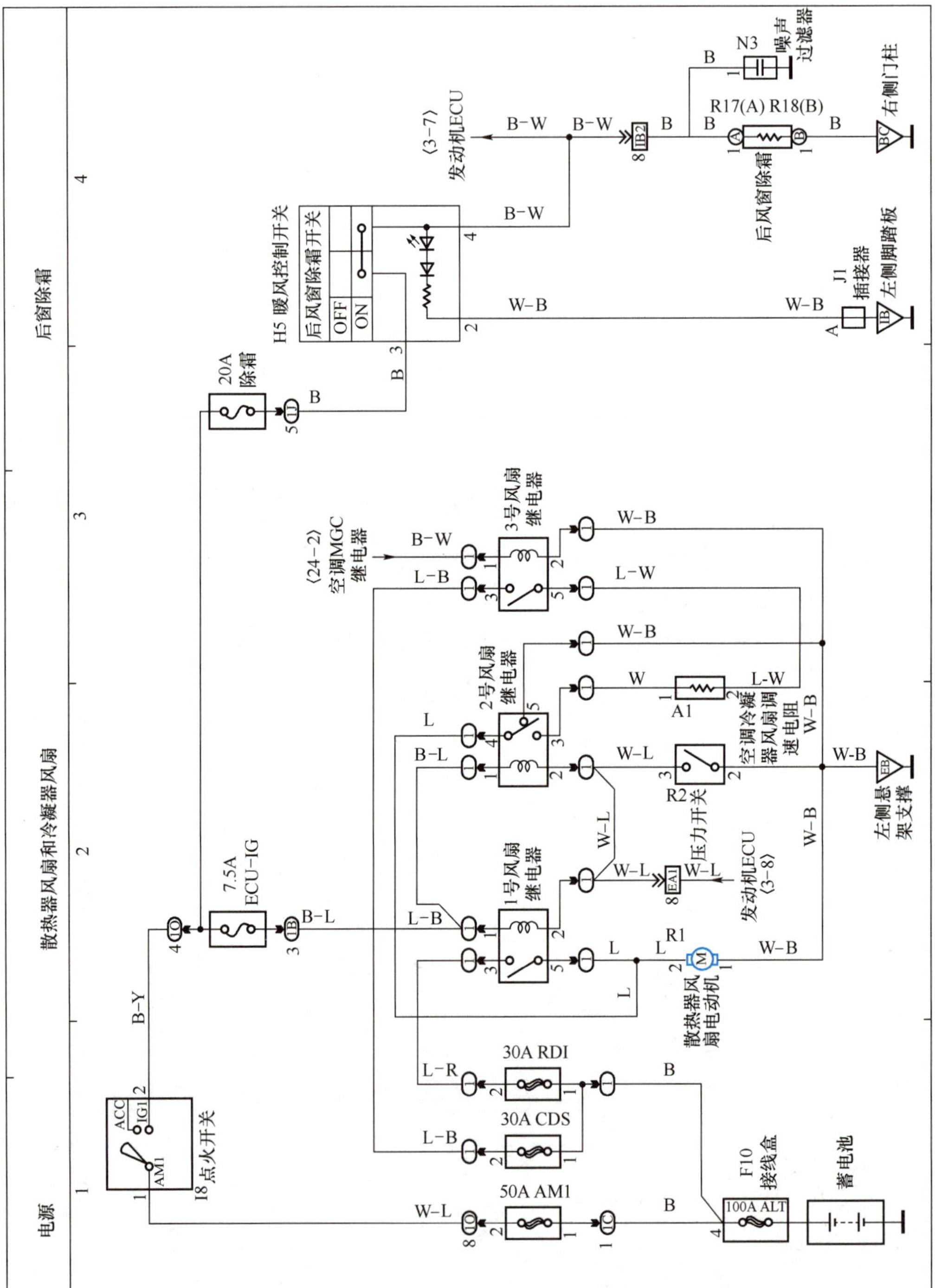


图 8-75 丰田威驰汽车空调控制电路图

空调继电器、空调 A/C 开关、风速开关、鼓风电动机、散热风扇、室温开关、进风电磁阀

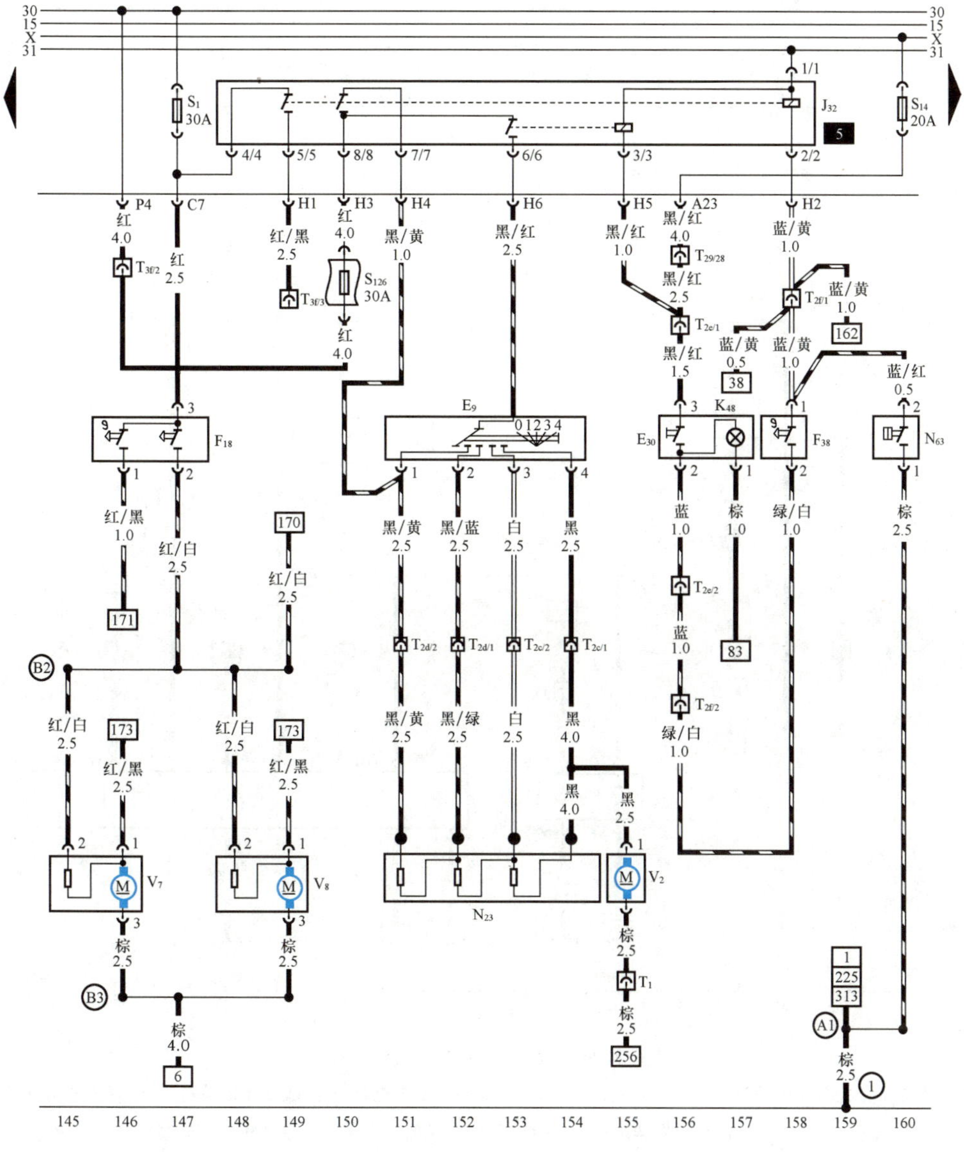


图　8-76

$E_9$-风速开关；$E_{30}$-空调 A/C 开关；$F_{18}$-散热风扇热敏开关；$F_{38}$-室温开关；$J_{32}$-空调继电器；$K_{48}$-空调 A/C 开关指示灯；$N_{23}$-鼓风电动机减速电阻；$N_{63}$-进风门电磁阀；$S_1$-散热风扇熔断丝（不用空调时），30A；$S_{14}$-空调继电器熔断丝，20A；$S_{126}$-空调鼓风电动机熔断丝，30A；$T_1$-空调鼓风电动机线束与仪表板线束插头连接，1 针，在中央电器后面；$T_{2c}$-空调操纵线束与空调鼓风电动机线束插头连接，2 针，在加速踏板上方；$T_{2d}$-空调操纵线束与空调鼓风电动机线束插头连接，2 针，在加速踏板上方；$T_{2e}$-仪表板开关线束与空调操纵线束插头连接，2 针，在空调操纵面板后面；$T_{2f}$-发动机线束与空调操纵线束插头连接，2 针，在中央电器后面；$T_{3f}$-空调纵操纵线束与发动机线束插头连接，3 针，在中央电器后面；$T_{29}$-仪表板线束与仪表板开关线束插头连接，29 针，在组合仪表下方；$V_2$-鼓风电动机；$V_7$-左散热风扇；$V_8$-右散热风扇；①-搭铁点，在发动机控制单元旁车身上；Ⓐ1-搭铁连接线，在发动机线束内；Ⓑ2-连接线，在前照灯线束内；Ⓑ3-搭铁连接线，在前照灯线束内

散热风扇控制器、压缩机、切断继电器、冷量开关、组合开关、空调水温控制开关

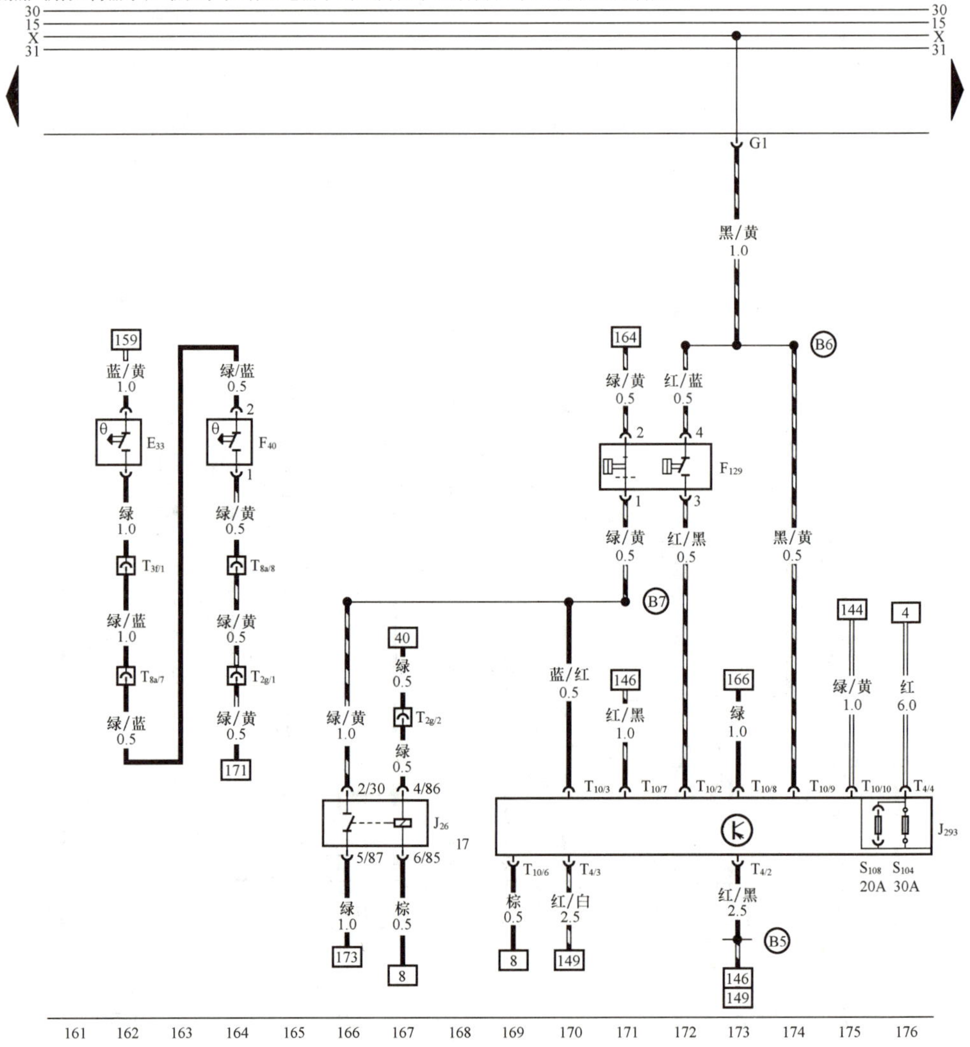


图 8-76　桑塔纳空调控制系统电路图

$E_{33}$-冷量开关；$F_{40}$-空调水温控制开关；$F_{129}$-组合开关；$J_{26}$-压缩机切断继电器；$J_{293}$-散热风扇控制器；$S_{104}$-散热风扇熔断丝，高速挡（使用空调时），30A；$S_{108}$-散热风扇熔断丝，低速挡（使用空调时），20A；$T_{8a}$-发动机线束与发动机右线束插头连接，8针，在发动机舱中间支架上；$T_{10}$-前照灯线束与散热风扇控制器插头连接，10针，在散热风扇控制器上；Ⓑ5-连接线，在前照灯线束内；Ⓑ6-正极连接线，在前照灯线束内；Ⓑ7-连接线，在前照灯线束内；$T_{2g}$-发动机线束与前照灯线束插头连接，2针，在中央电器后面；$T_{3f}$-空调操纵线束与发动机线束插头连接，3针，在中央电器后面；$T_4$-前照灯线束与散热风扇控制器插头连接，4针，在散热风扇控制器上

## 7.12　自动空调控制系统

### 7.12.1　自动空调控制系统的组成和基本工作原理

目前中高档汽车空调控制系统普遍采用自动控制系统，在操作时只要设定合适的温度，按下自动控制（AUTO）按钮，控制系统即可按照所设定的温度自动运行。这套系统与其他电

控系统一样,也是由传感器、控制单元(ECU)和执行器等组成的,如图 8-77 所示。

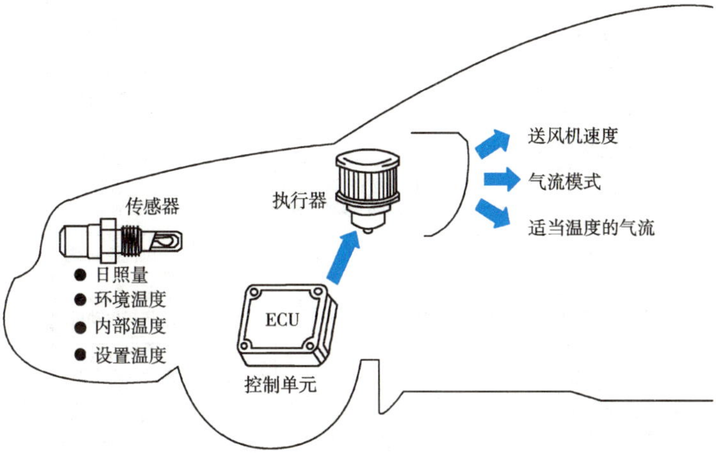


图 8-77　自动空调控制系统

自动空调控制系统的传感器主要包括内部温度传感器、环境温度传感器、太阳辐射传感器、蒸发器温度传感器、冷却液温度传感器(向发动机控制单元提供信号,再由发动机控制单元转发给空调控制单元)、压力开关等。控制单元包括空调控制单元和发动机控制单元,执行器包括空气混合伺服电动机、空气进气伺服电动机、气流方式伺服电动机、鼓风机电动机和鼓风机电动机控制器等,如图 8-78 所示。

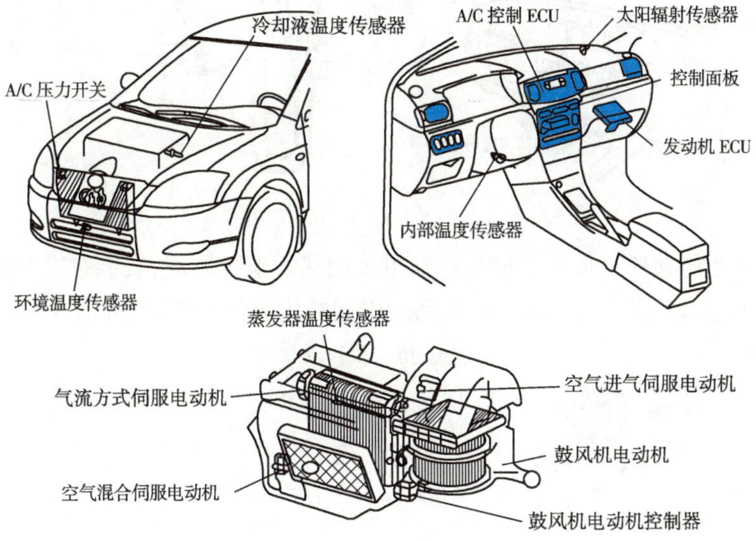


图 8-78　自动空调控制系统的组成

自动空调控制系统的工作原理如图 8-79 所示,自动空调控制单元接收各个传感器的信号,经过计算后,控制空气混合伺服电动机、空气进气伺服电动机、气流方式伺服电动机、鼓风机电动机和鼓风机电动机控制器等运作,同时伺服电动机上的位置传感器再将电动机控制的风门位置反馈给空调控制单元,使控制单元能够准确地控制风门的位置,确保合适的温度、空气流速和出风位置等。

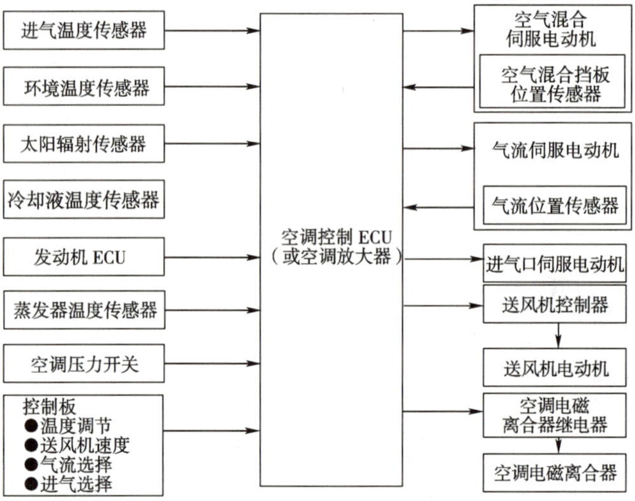


图 8-79　自动空调控制系统的工作原理

## 7.12.2　自动空调控制系统各个组成部件的作用和结构

(1)内部温度传感器。内部温度传感器采用热敏电阻制成,安装在带有通风口的仪表台处,用于测量吸入车辆内部空气的温度进而计算出汽车内部的平均温度。它是汽车内部温度控制的基础,如图 8-80 所示。

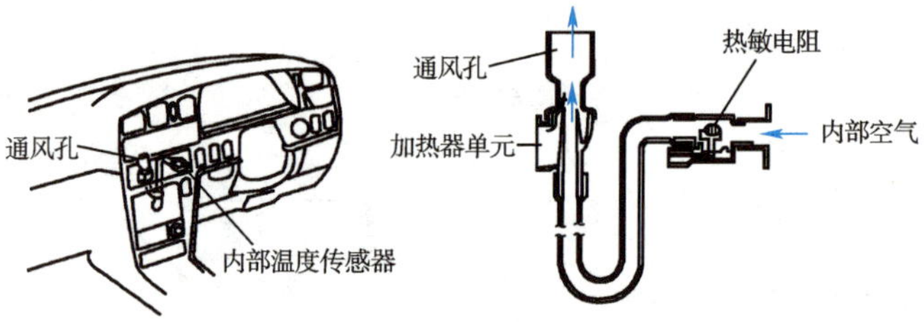


图 8-80　内部温度传感器

(2)环境温度传感器。环境温度传感器也采用热敏电阻制成,安装在冷凝器的前面。用于检测车辆外部温度,控制由外部温度波动所引起的内部温度波动,如图 8-81 所示。

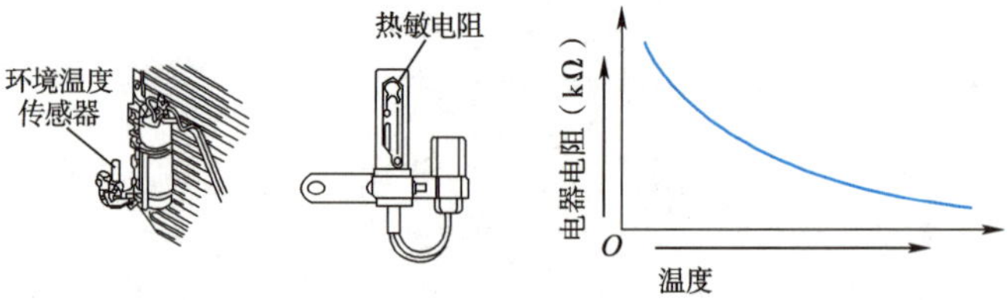


图 8-81　环境温度传感器

(3)太阳辐射传感器。太阳辐射传感器使用 1 个光电二极管制成,安装在仪表台的上部,用于检测日照的强度。它可以控制由日照波动引起的内部温度的波动,如图 8-82 所示。

(4)蒸发器温度传感器。蒸发器温度传感器采用热敏电阻制成,安装在蒸发器上,用于检测经过蒸发器的空气的温度(蒸发器的表面温度),可以防止蒸发器结冰,控制气流的温度和延时气流控制,如图 8-83 所示。

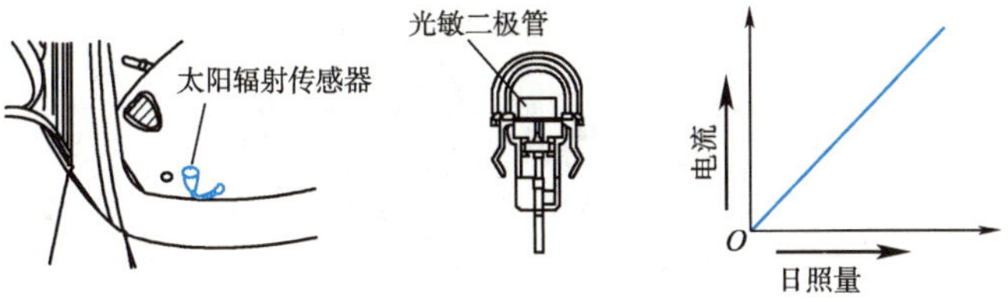


图 8-82　太阳辐射传感器

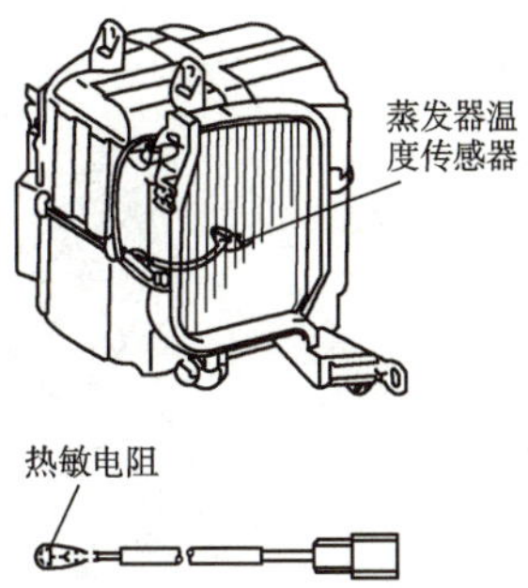


图 8-83　蒸发器温度传感器

(5)冷却液温度传感器。冷却液温度传感器采用热敏电阻制成,用于检测冷却液的温度。冷却液温度传感器信号送到发动机 ECU,再由发动机 ECU 传送到空调 ECU,用于温度控制,预热控制等,如图 8-84 所示。

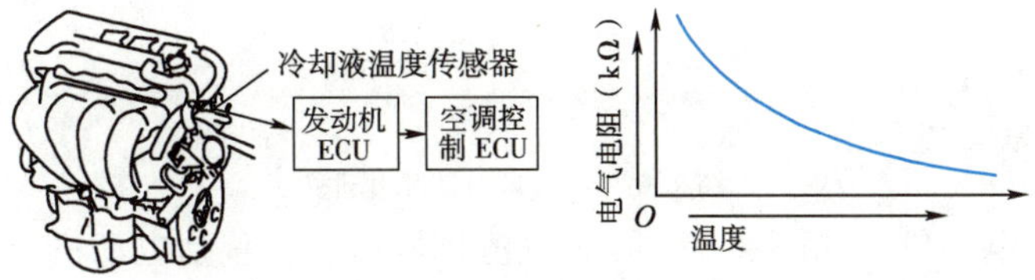


图 8-84　冷却液温度传感器

(6)空气混合伺服电动机。如图 8-85 所示,空气混合伺服电动机包括电动机、限位器、电位计和动触点等。它由 ECU 发出的信号控制。

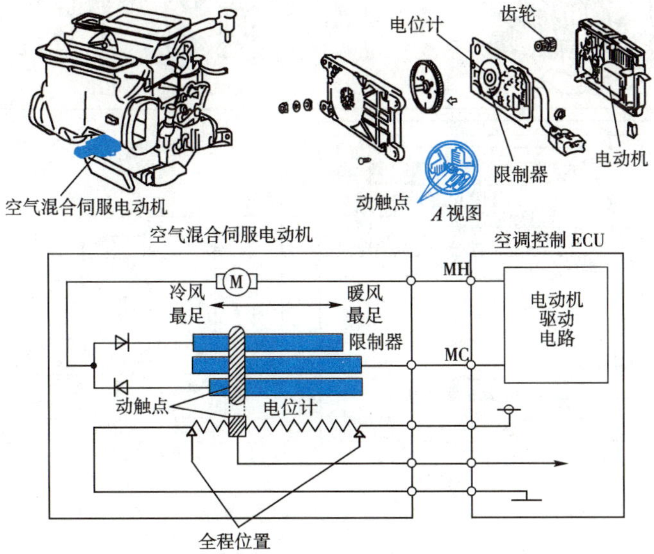


图 8-85　空气混合伺服电动机

（7）空气进口伺服电动机。如图8-86所示，空气进口伺服电动机包括电动机、齿轮、移动盘等。

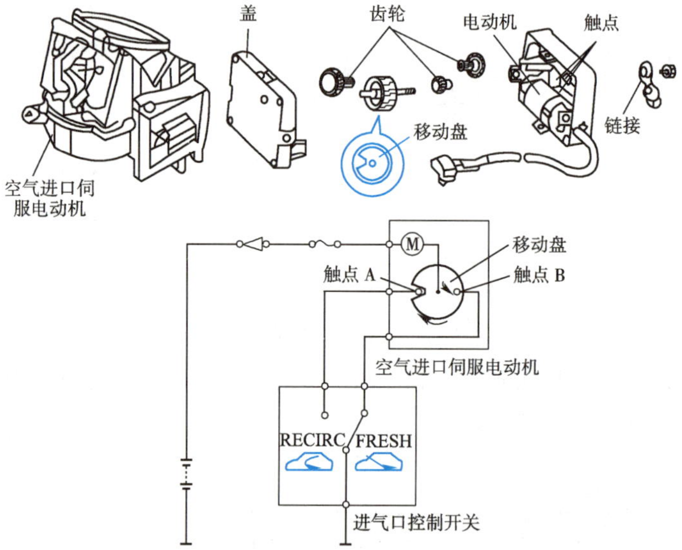


图8-86　空气进口伺服电动机

（8）气流伺服电动机。如图8-87所示，气流伺服电动机包括电动机、动触点、电路板、电动机驱动电路等。

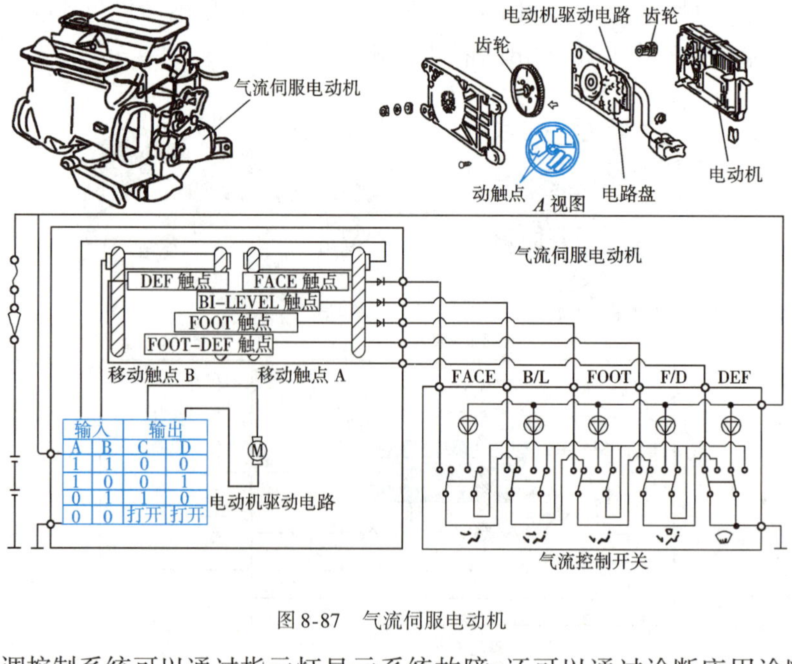


图8-87　气流伺服电动机

自动空调控制系统可以通过指示灯显示系统故障，还可以通过诊断座用诊断仪调取故障信息，为维修提供指导，具体的方法可参见维修手册。

# 8 空调系统的维护

## 8.1 空调维修注意事项

### 8.1.1 处理制冷剂时应注意的安全问题(图 8-88)

(1)不要在密闭的空间或靠近明火处处理制冷剂。

(2)必须戴防护眼镜。

(3)避免液体的制冷剂进入眼睛或溅到皮肤上。

(4)不要将制冷剂的罐底对着人,有些制冷剂罐底有紧急放气装置。

(5)不要将制冷剂罐直接放在温度高于40℃的热水中。

(6)如果液体制冷剂进入眼睛或碰到皮肤,不要揉,要立即用大量的冷水冲洗,要立即到医院找医生进行专业处理,不要试图自己进行处理。

### 8.1.2 在更换零件或管路时要注意的问题(图 8-88)

(1)用制冷剂回收装置回收制冷剂,以便再次使用。

(2)在未连接的管路或零件的位置要插上塞子,以免潮气、灰尘进入系统。

(3)对于新的冷凝器、储液干燥器等零件不要拔了塞子放置。

(4)在拔出新压缩机塞子之前要从排放阀放出氮气,否则在拔塞子时,压缩机油将随氮气一起喷出。

(5)不要用火焰加热进行弯管和管路拉伸。

### 8.1.3 在拧紧连接零件时应注意的问题(图 8-89)

(1)滴几滴压缩机油到O形密封圈上可使紧固容易和防止漏气。

(2)使用两个开口扳手紧固螺母,防止管路扭曲。

(3)按规定的力矩拧紧螺母或螺栓。

### 8.1.4 处理装有制冷剂的容器时应注意的问题(图 8-89)

(1)不要加热制冷剂容器。

(2)当用温水加热制冷剂容器时,不允许将容器顶部的阀门浸入水中,防止水渗入制冷管路。

### 8.1.5 在空调制冷系统开启补充制冷剂时应注意的问题(图 8-89)

(1)如果制冷剂不足,有可能引起压缩机润滑不足,造成压缩机损坏,应注意避免这种情况发生。

(2)空调系统在运转时,如果开启高压阀将引起制冷剂倒流入制冷剂容器,使制冷剂容器破裂,因此只允许开启低压阀。

(3)如果将制冷剂容器倒置,制冷剂将以液态形式进入空调管路,造成压缩机液击,损坏压缩机,所以制冷剂必须以气态形式充入。

(4)制冷剂不要充入过量,否则将造成制冷不良、发动机经济性变差、发动机过热等故障。

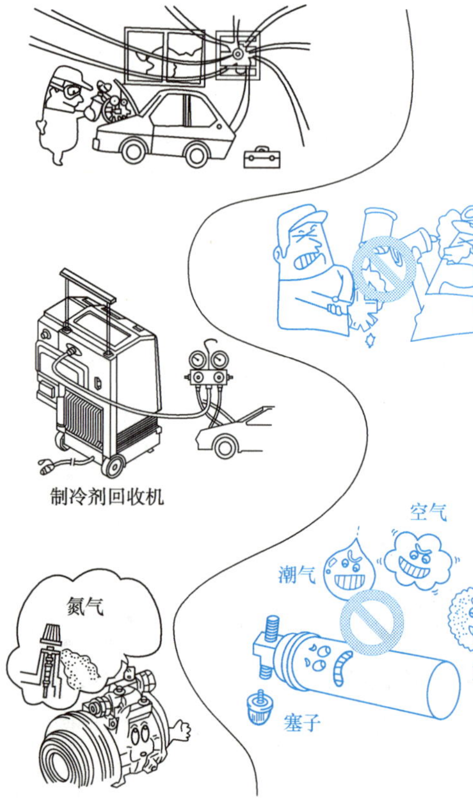


图 8-88　处理制冷剂和更换零件时应注意的问题

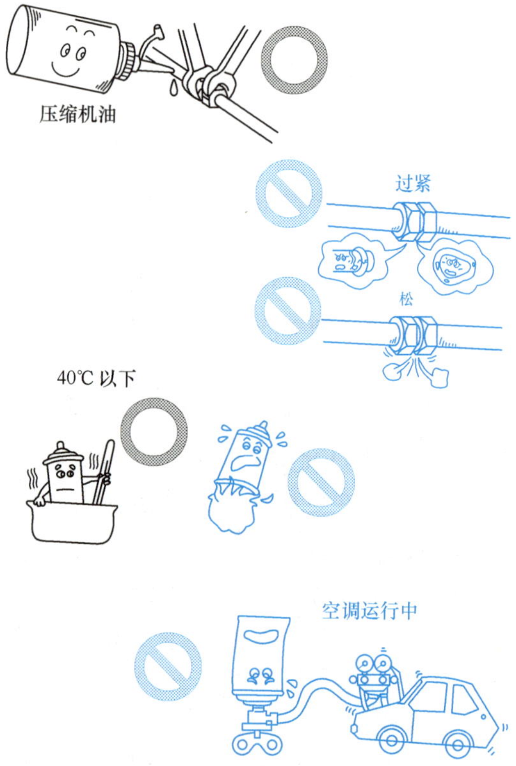


图 8-89　空调维修时应注意的一些问题

## 8.2 空调系统的检查

### 8.2.1 直观检查(图 8-90)

(1)检查压缩机驱动皮带是否过松,如果皮带过松按标准调整。

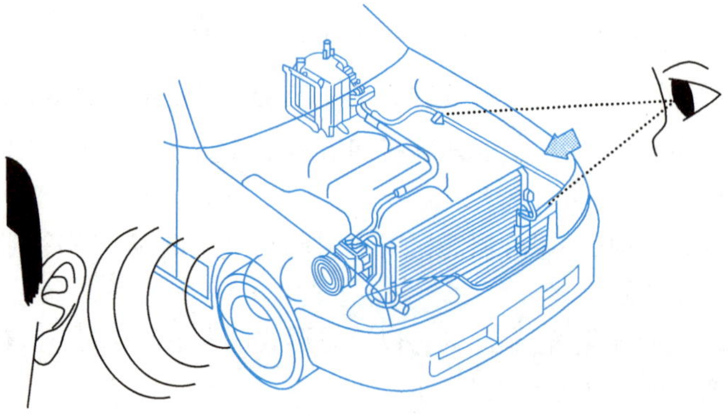

图 8-90　直观检查

(2)检查空调出风口的出风量,如果出风量不足,检查进风滤清器,如有杂物将其清除干净。

(3)听压缩机附近是否有非正常的响声,如果有,检查压缩机的安装情况。

(4)听压缩机内部是否有杂音,这种杂音通常都是由压缩机内部零件损坏所引起。

(5)检查冷凝器散热片上是否有脏物覆盖,如果有,将脏物清除。

(6)检查制冷循环系统的各连接处是否有油渍,如果有油渍,说明该处有泄漏,应紧固该连接处或更换该处的零件。

(7)将鼓风机开至低、中、高挡,听鼓风机处是否有杂音,检查鼓风机是否运转正常,如果有杂音或运转不正常,应更换鼓风机(鼓风机进入异物或安装有问题也会引起杂音或运转不正常,所以在更换之前要仔细检查)。

## 8.2.2 检查制冷剂的数量

检查制冷剂的数量有两种方法:一种是通过系统中安装的视液镜检查,另一种是通过检测系统压力检查。

(1)通过视液镜检查制冷剂的数量的检查条件具体如下:发动机转速为1500r/min,鼓风机速度控制开关处于高位,空调开关为开位,温度选择器为最凉,完全打开所有车门,如图8-91所示。

检查制冷剂的数量(图8-92):几乎没有气泡,说明制冷剂量正常;有连续的气泡,说明制冷剂量不足;看不到气泡,说明制冷剂储藏罐是空的或制冷剂过量。

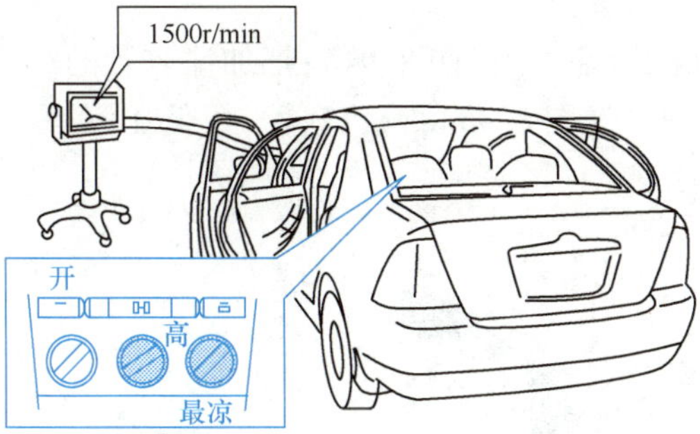


图8-91 检查条件

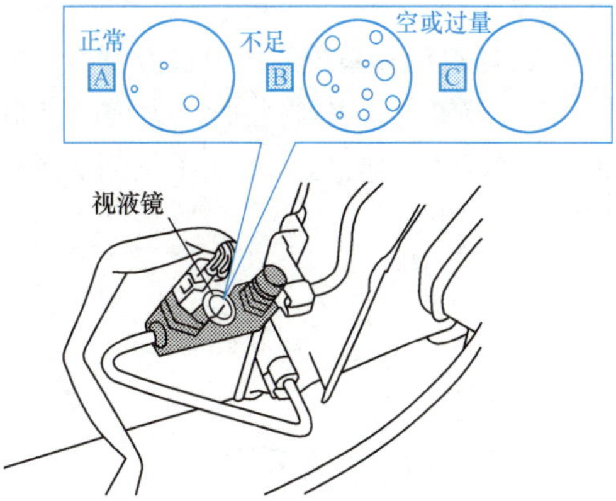


图8-92 检查制冷剂的数量

**相关链接**

在一些近期出产的车辆上安装了主、副冷凝器,如图8-93所示,这种冷凝器分为冷凝部分和过冷部分,同时还有一个起储液干燥器作用的调节器,这种形式的冷凝器可改善冷却能力,但加注制冷剂时,需在气泡消失后再添加大约100g的制冷剂,否则将会造成制冷能力不足,所以在这种系统的检查中,看不到气泡也不一定能说明制冷剂充足。

相关链接

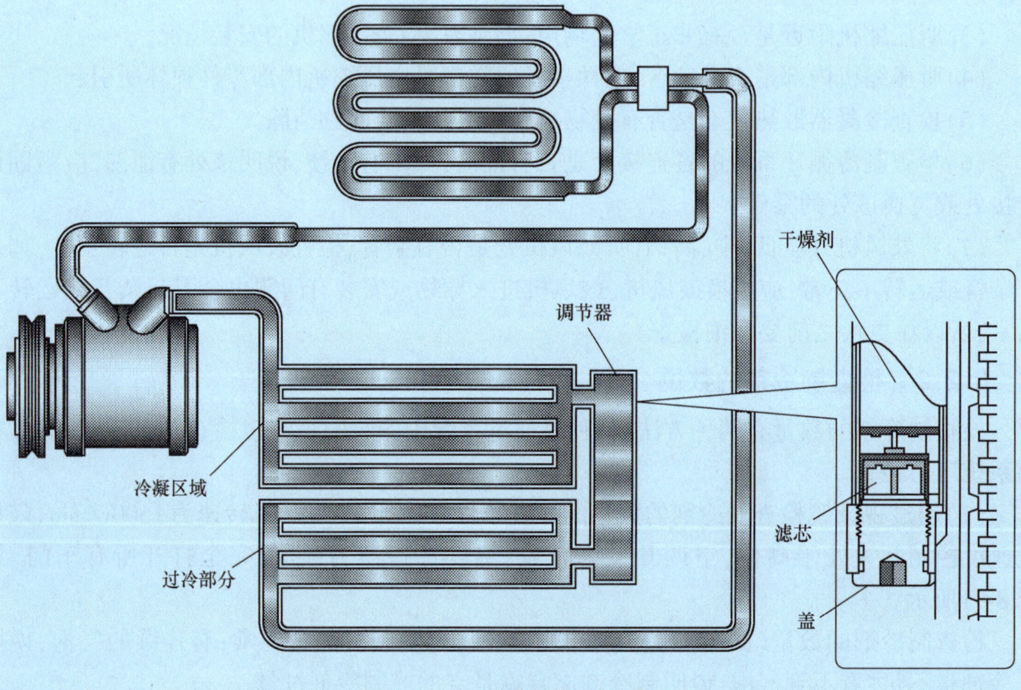


图 8-93　主、副冷凝器制冷系统

(2)通过检查系统的压力检查制冷剂的数量:

连接歧管压力表:将歧管压力表的高低压开关全部关闭(图 8-94);把加注软管的一端和歧管气压计相连,另一端和车辆侧的维修阀门相连(图 8-95);蓝色软管 → 低压侧,红色软管 → 高压侧。

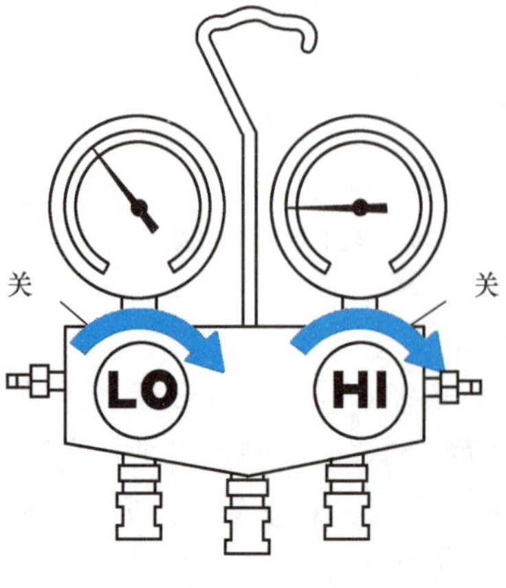


图 8-94　关闭歧管压力表的高低压开关

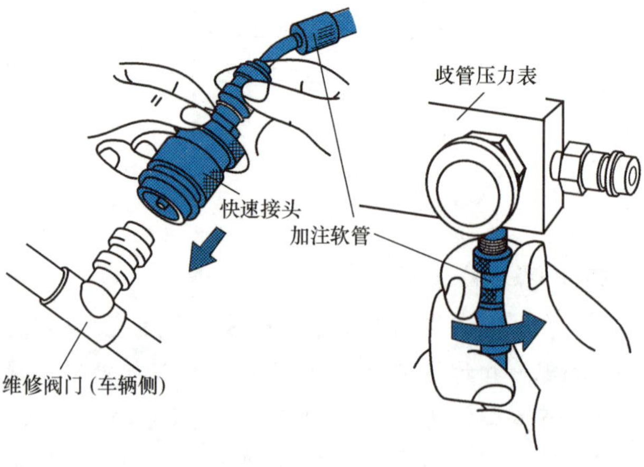


图 8-95　连接歧管压力表

注意：

连接时，用手而不要用任何工具紧固加注软管；

如果加注软管的连接密封件损坏，应及时更换；

由于低压侧和高压侧的连接尺寸不同，连接软管时不要装反；

软管和车侧的维修阀门连接时，把快速接头接到维修阀门上并滑动，直到听到"咔哒"声；

和多功能表连接时，不要弄弯管道。

检查制冷系统的压力：起动发动机，在空调运行时检查歧管气压计所显示的压力读数(图 8-96)。

低压侧：0.15 ~ 0.25MPa（1.5 ~ 2.5kgf/$cm^2$）

高压侧：1.37 ~ 1.57MPa（14 ~ 16kgf/$cm^2$）

注意：

多功能表所示压力随外部空气温度的变化而有轻微的变化。

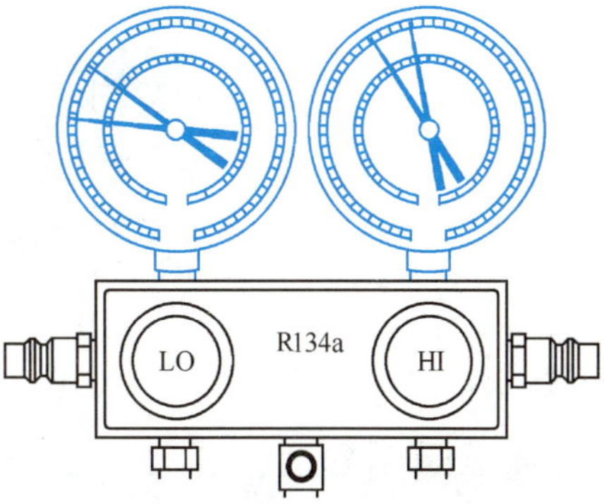


图 8-96 制冷系统的正常压力

**相关链接**

歧管压力表是专门检查空调系统压力的专用工具，由高压表、低压表、高压开关、低压开关及相应软管等组成。通过打开/关闭开关来开/关加注软管的通道，如图 8-97 所示。需要注意的是，用于 R134a 系统的压力表不能用于 R12 制冷系统。

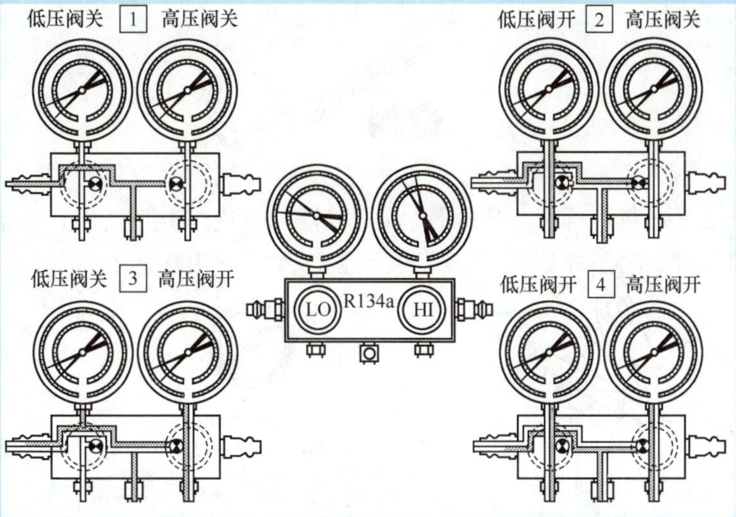


图 8-97 歧管压力表的结构及开关通路

### 8.2.3 检查制冷剂的泄漏

如图 8-98 所示，用检漏计检测主要可能的泄漏部位。

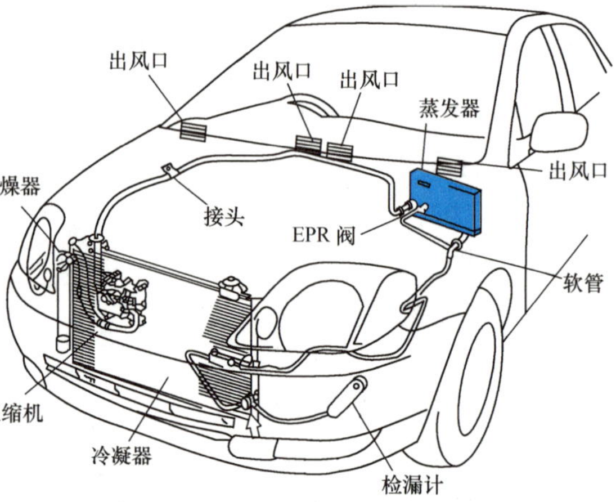


图 8-98　主要可能泄漏的部位

**相关链接**

目前空调检漏通常采用电子检漏计，如图 8-99 所示，用闪光灯和蜂鸣器检查制冷剂的泄漏，越靠近泄漏区域，闪光和蜂鸣的间隔越短，提高灵敏度将能检测到轻微的泄漏。

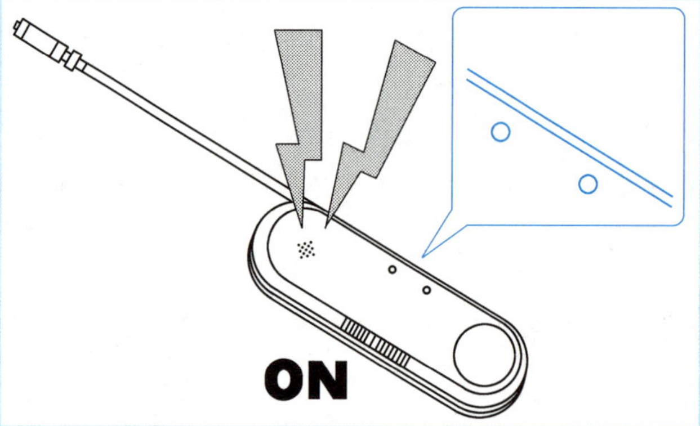


图 8-99　电子检漏计

检查要在发动机停机状态下进行。由于制冷剂较空气略重，因此检漏计的探头应在管路连接部位的下方检测，并轻微振动管路，如图 8-100 所示。

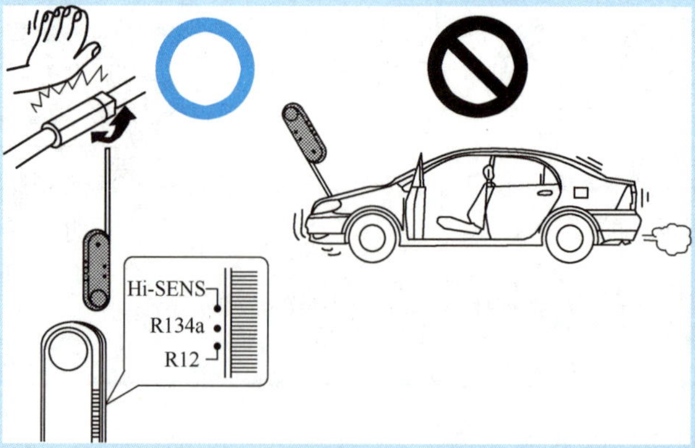


图 8-100　检漏方法

## 8.2.4　空调制冷功能的检查

### 8.2.4.1　行业标准规定的检查方法

空调制冷功能的检查车型不同,检查的方法也有所差异,我国在 2010 年出台了行业标准,检查时可参照执行,也可按照各个制造厂规定的检查方法进行检查。步骤如下:

(1)车辆停放在阴凉处,将干湿球温度计放置在空调进风口位置。

(2)打开车窗、车门。

(3)打开发动机罩。

(4)打开所有空调出风口,调节到全开。

(5)设置空调控制器:外循环位置;强冷;A/C 开;风机转速最高(HI);若是自动空调应设为手动并将温度设定为最低值。

(6)将温度计探头放置在空调出风口内 50mm 处。

(7)起动发动机,将发动机转速控制在 1500~2000r/min,使压力表指针稳定。

(8)待温度计显示数值趋于稳定后,读取压力表和温度计的显示值,将所测得的高、低侧压力、相对湿度、空调进风温度、出风温度与汽车制造商提供的空调性能参数或图表上的参数比较(图 8-101、图 8-102),如压力表、温度计显示的高、低侧压力和空调出风温度不在规定的范围内,应对制冷装置作进一步的诊断和检修。

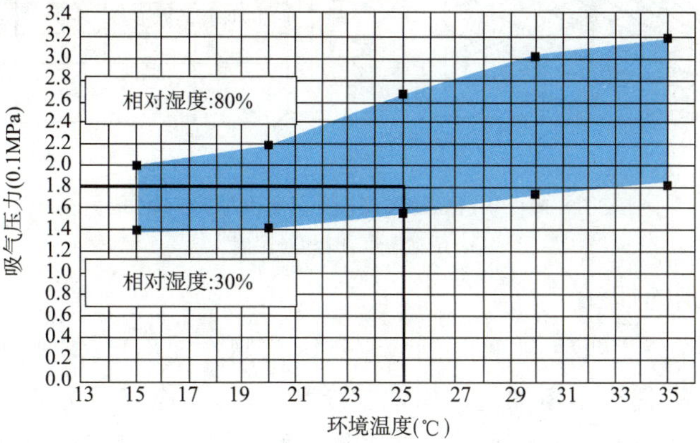


图 8-101　吸气压力与环境温度

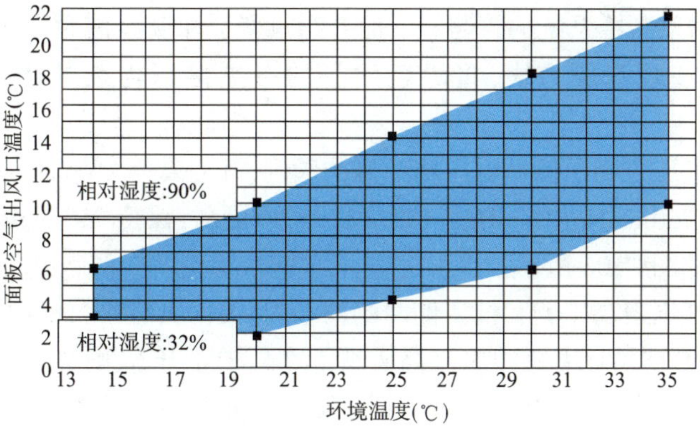


图 8-102　空调出风温度与环境温度

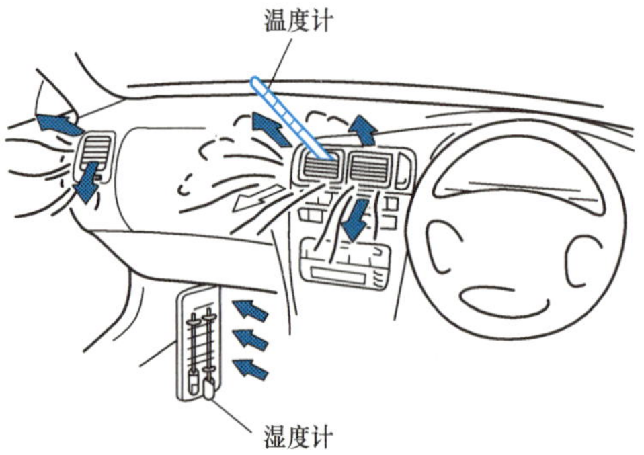


图 8-103　测量进风口的温度和湿度及出风口的温度

8.2.4.2　丰田车制冷功能检查

(1)将车放在荫凉处。

(2)预热发动机到正常温度,将车门全开,气流选择为面部出风,进风选择为内循环,鼓风机速度选择最大,温度选择最冷,在发动机转速为1500r/min的情况下开启A/C开关,5~6min后测试进风口的湿度和温度及出风口的温度(图8-103)。

(3)用进风口处的干、湿球温度按图8-104a)中的图表查出相对湿度,再算出进风口和出风口的温度差,检查是否在图8-104b)中的可接受范围内,如果在其范围内,则说明制冷性能良好。

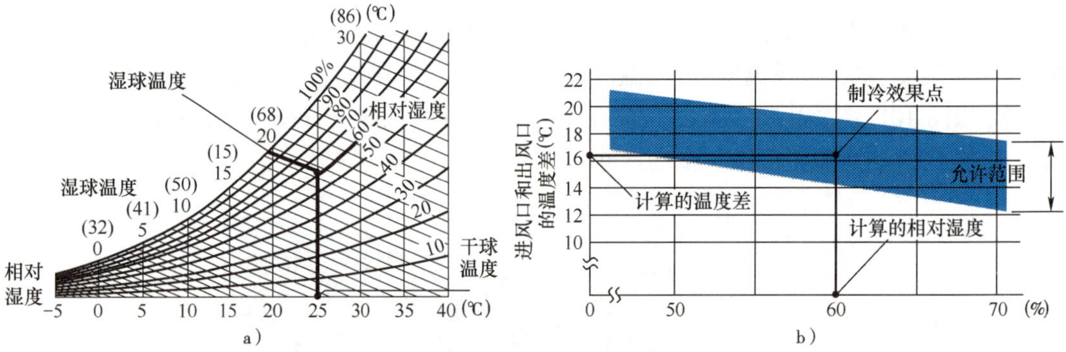


图 8-104　用干湿球温度检查湿度和判断空调性能

a)干球温度;b)相对湿度

## 8.2.5　制冷剂的加注

制冷剂加注工作分为两种:一种是制冷系统内部制冷剂不足,需要进行补充;另一种是制冷系统中无制冷剂,需要重新加注。如果制冷剂不足,需检查系统是否有泄漏的地方,在确认系统无泄漏后,可进行补充。如果空调系统更换了零件或因其他原因制冷剂全部漏光,则需重新加注,重新加注制冷剂时应先对系统进行抽真空作业,以抽去制冷循环系统的水分,防止因水结冰堵塞制冷系统的管路。下面介绍重新加注制冷剂的步骤。

(1)按前述安装歧管压力表,将绿色软管的一端接压力表的中部,另一端接真空泵,如图8-105所示。

(2)打开歧管气压表高压侧和低压侧两侧的阀门,开启真空泵抽真空,抽真空至歧管气压表低压侧显示为750mmHg(1mmHg=133.322Pa)或更高,保持750mmHg或更高的显示压力,抽真空10min,如图8-106所示。

(3)关闭歧管气压表高压侧和低压侧两侧的阀门,关停真空泵(图8-107)。

注意:如果关闭真空泵时两侧的阀门(高压侧和低压侧)都开着,则空气会进入空调系统。

(4)检查系统密封性:真空泵停止后,高压侧和低压侧两侧的阀门关闭5min,歧管气压表的读数应保持不变(图8-108)。

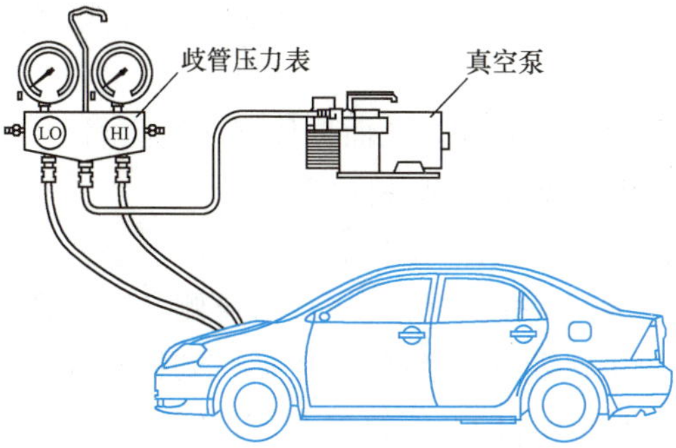


图 8-105　连接压力表和真空泵

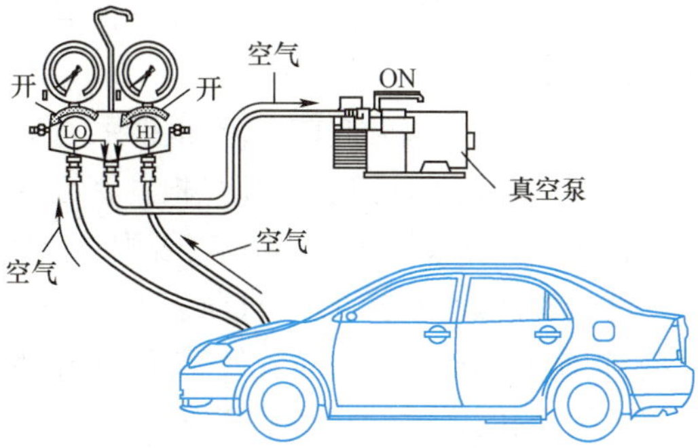


图 8-106　抽真空

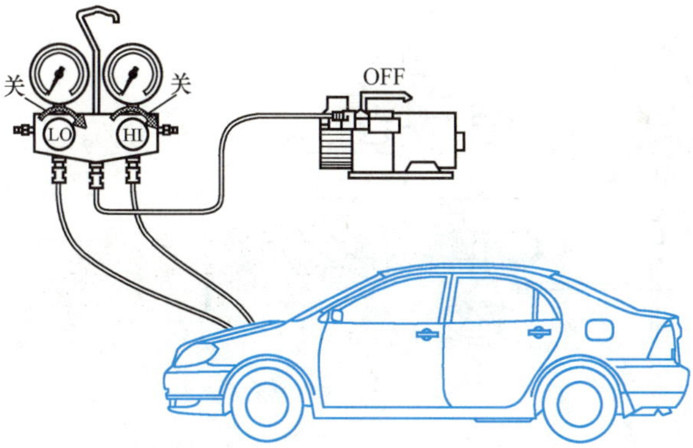


图 8-107　关闭真空泵

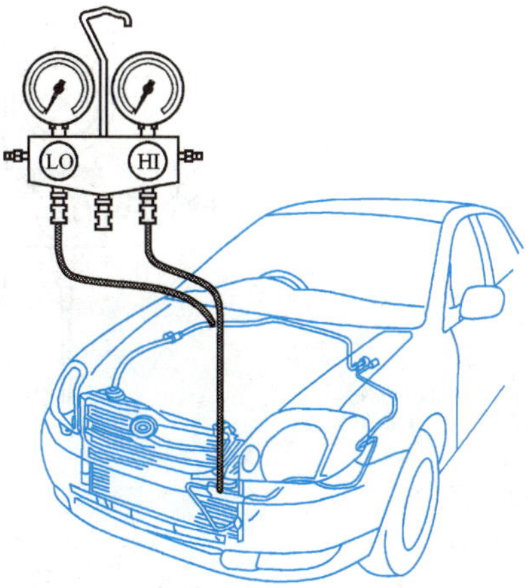


图 8-108　检查系统密封性

提示：如果显示压力增加，则有空气进入空调系统，检查 O 形圈和空调系统的连接状况。

注意：如果抽真空不足，空调管道内的水分会冻结，这将阻碍制冷剂的流动并导致空调系统内表生锈。

（5）安装制冷剂罐（图 8-109）：

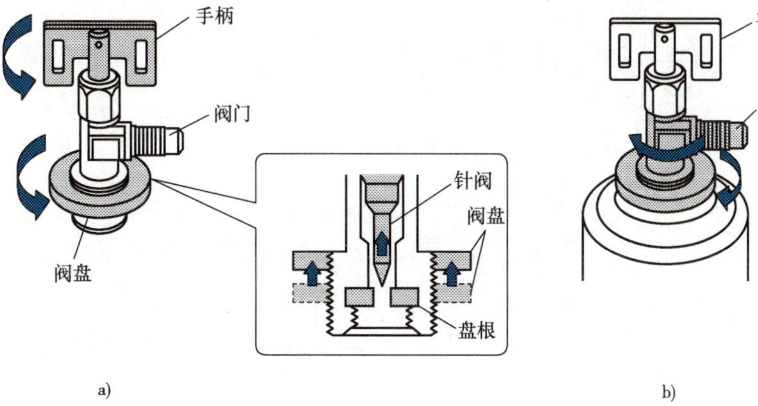


图 8-109　连接阀门和制冷剂罐

①连接阀门和制冷剂罐　检查加注罐连接部件的盘根,逆时针转动手柄升起针阀,逆时针转动阀盘其升起。

注意:要在针阀升起前安装加注罐,否则针阀会插进加注罐,从而导致制冷剂泄漏。

把阀门旋进加注罐直到和盘根紧密接触,然后紧固阀盘以卡住阀门。

注意:不要顺时针转动手柄,否则针阀将插进加注罐,从而导致制冷剂泄漏。

②把加注罐安装到歧管气压表上(图8-110)。完全关闭歧管气压计低压侧和高压侧的阀门,把制冷剂罐安装到歧管气压计中间的绿色加注软管,顺时针转动手柄直到针阀在制冷剂罐上钻个孔,逆时针转动手柄退出针阀,按下歧管气压计的空气驱除阀放出空气直到制冷剂从阀门释出。

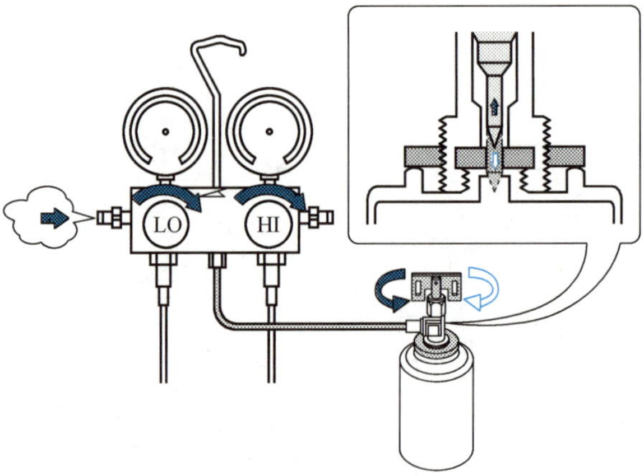


图8-110　把加注罐安装到歧管气压表上

注意:如果用手按下气体驱除阀,释放出的空调气体就会粘到手上等处,从而导致冻伤,因此要用螺丝刀等按住阀门。

(6)从高压侧加注制冷剂(图8-111)。发动机不工作时,打开高压侧阀门加入制冷剂直到低压表到大约0.98MPa;加注后,关闭阀门。

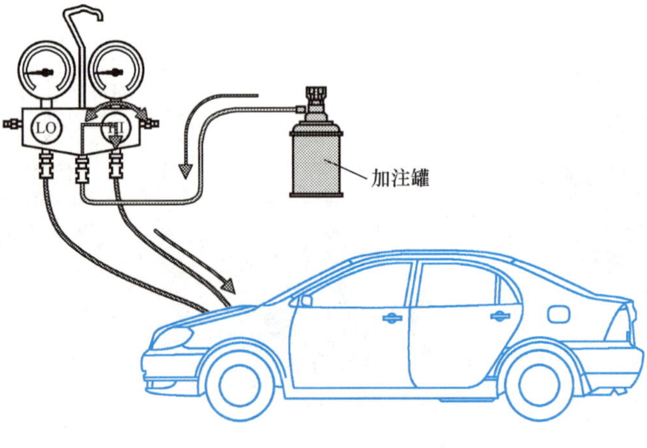


图8-111　从高压侧加注制冷剂

注意：一定不要让压缩机工作，空调压缩机运行时，不从低压侧加注将导致空调压缩机缺油拉伤；也不要打开低压侧阀门，制冷剂在空调压缩机内通常为气体状态，如果从高压侧加注而低压侧阀门开着，液态制冷剂进入低压侧，此时若空调压缩机开始工作就会出现液击而损坏。

(7)检查漏气(图8-112)。用电子检漏计按图示的部位检测系统漏气的情况。

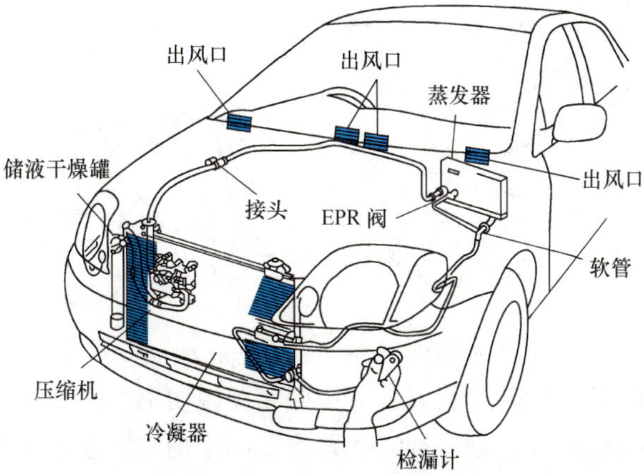


图8-112　从高压侧加注制冷剂

(8)从低压侧加注制冷剂。关闭高压侧阀门后，起动发动机并运行空调(图8-113)，打开歧管压力计，加入规定量的制冷剂(图8-114)。

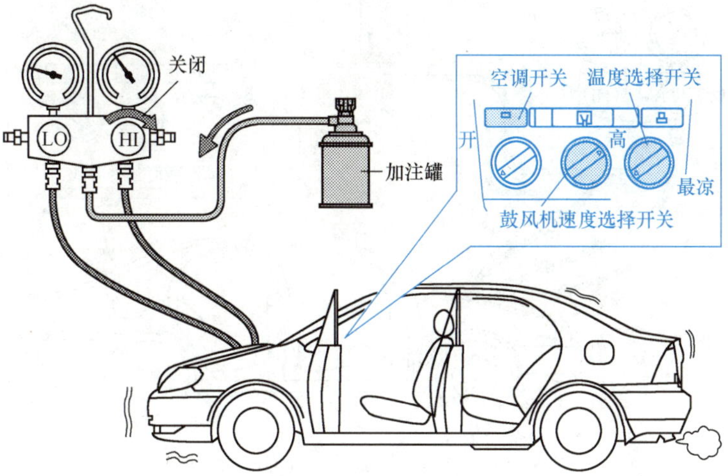


图8-113　关闭高压侧阀门起动发动机

加注条件：

①发动机转速为1500r/min；

②鼓风机速度控制开关处于高位；

③A/C开关开；

④温度选择器为最凉；

⑤完全打开所有车门。

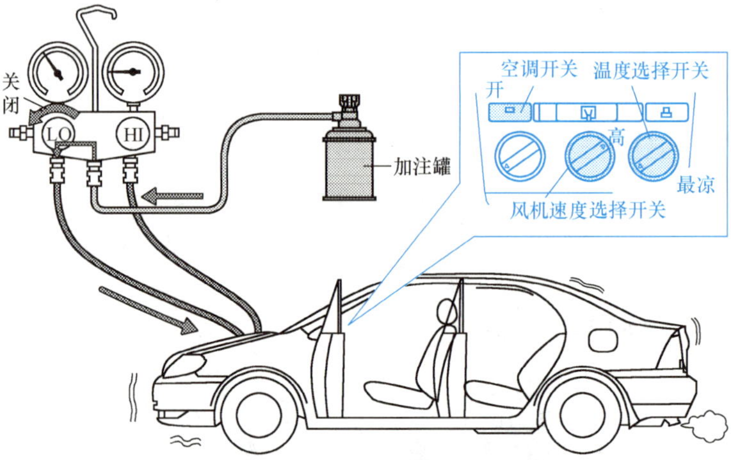


图 8-114　打开低压侧阀门加注制冷剂

提示：加注量随车型不同而不同，因此应参照相关说明书。

注意：低压侧加注制冷剂时，制冷剂罐倒置将使制冷剂以液态进入压缩机。压缩液体将损坏压缩机（图 8-115）；不要加注过量，否则将导致制冷不足；更换加注罐时，关闭高低压两侧的阀门；更换后，打开驱气阀，从中部的软管（绿色）和歧管压力表中放出空气；发动机工作时，不要打开高压侧的阀门，这将导致高压气回流至加注罐，造成破裂（图8-116）。

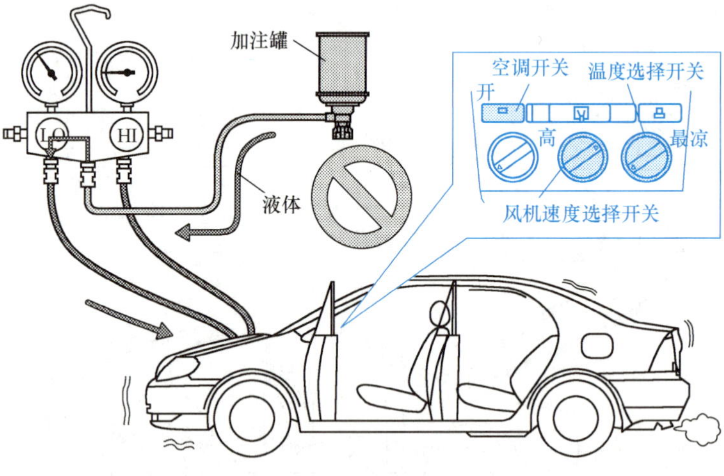


图 8-115　低压侧加注制冷剂时不要将罐倒置

根据歧管压力表的压力检查制冷剂的加注量：在制冷剂加注量达到规定量时，歧管压力表的压力也应达到规定值，其规定的压力分别为（图 8-117）：

低压侧：0.15 ~ 0.25MPa（1.5 ~ 2.5kgf/$cm^2$）；

高压侧：1.37 ~ 1.57MPa（14 ~ 16kgf/$cm^2$）。

提示：歧管气压计所示压力随外部空气温度变化而有轻微的变化。

制冷剂加注量符合要求后，关闭低压侧阀门并关闭发动机（图 8-118）。

图 8-116　低压侧加注制冷剂时不要打开高压侧阀门

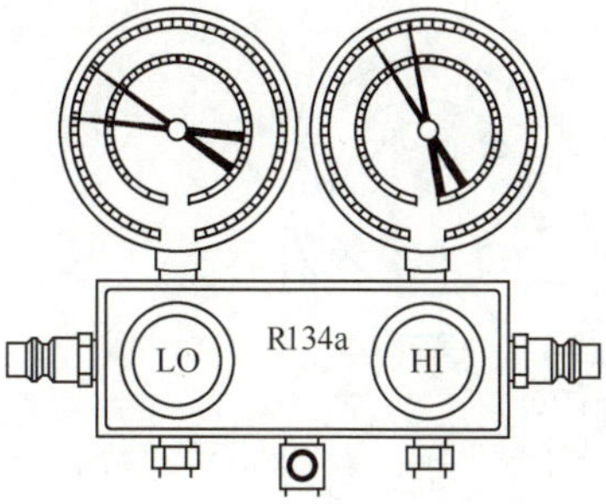


图 8-117　制冷剂加满时的规定压力

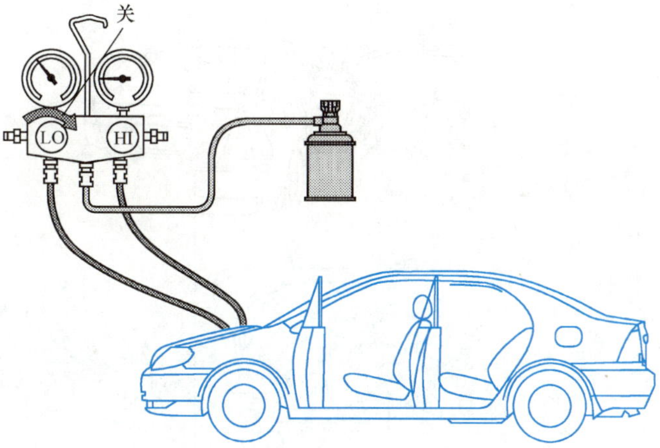


图 8-118　关闭低压侧阀门并关闭发动机

把歧管压力表从车辆侧维修阀门和制冷剂罐阀门上拆掉(图 8-119)。

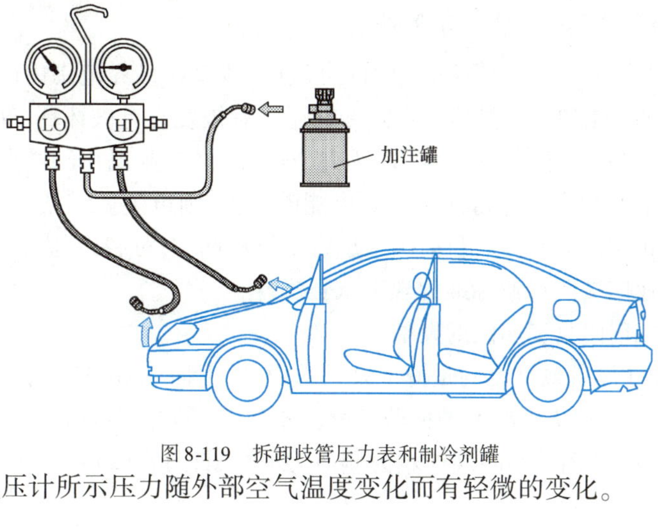


图 8-119　拆卸歧管压力表和制冷剂罐

提示:歧管气压计所示压力随外部空气温度变化而有轻微的变化。

外部温度高时，加注制冷剂困难，可用空气或冷水降低冷凝器的温度（图8-120）；

外部温度低时，可用温水（40℃以下）加热制冷剂罐，这样可使加注比较容易（图8-120）。

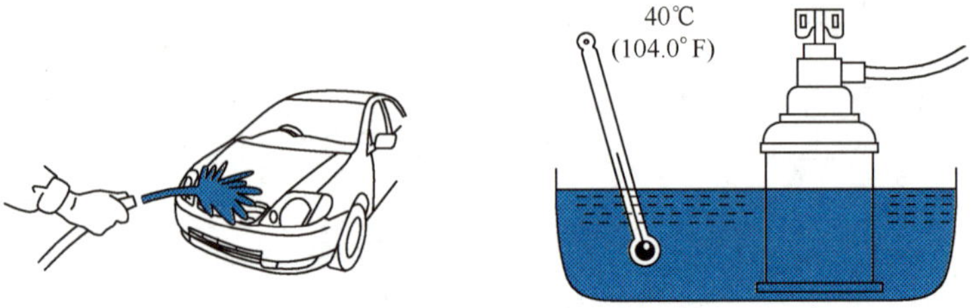


图8-120　用温水加热制冷剂罐或用冷水冷却冷凝器

最后检查制冷剂的加注量是否合适，空调系统运转是否正常：通过观察孔检查加注量，检查漏气和空调制冷状况（图8-121）。

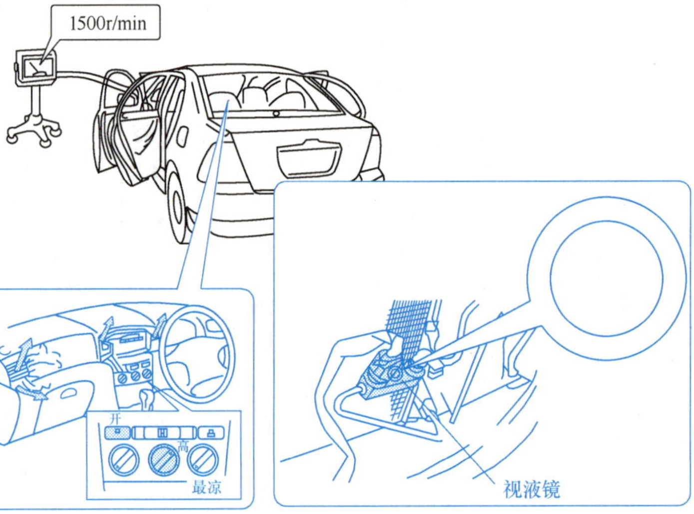


图8-121　检查制冷剂量和空调系统是否正常

### 8.2.6　制冷剂的回收、加注与鉴别

由于空调的制冷剂R12会破坏大气中的臭氧层，所以在世界范围内已经禁止使用这种制冷剂，取而代之的是R134a。虽然这种制冷剂还没有被发现有破坏环境的作用，但出于环保的要求，也不能将制冷剂随便排入大气，为此，汽车维修企业现在已经在使用制冷剂的回收设备，对在用车中的制冷剂进行回收。如果能够再生，则再生后继续使用；不能再生要经过专业的处理，防止其污染空气。目前国家出台了行业标准，对制冷剂的回收和加注作出了规定，汽车维修企业应按照行业标准的规定认真执行。

#### 8.2.6.1　制冷剂回收和加注的设备

制冷剂回收加注设备最常见的是博世公司的设备，下面以AC350为例进行简单的介绍（图8-122）。这种设备具备制冷剂的回收、净化、抽真空、制冷剂的加注等功能，图8-123所示为AC350的正面示意图，图8-124所示为侧面的示意图，图8-125所示为后面的示意图。

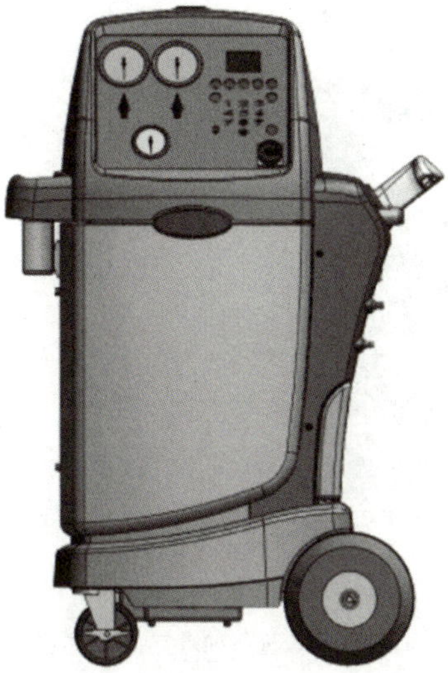

图 8-122　AC350 制冷剂回收、加注仪

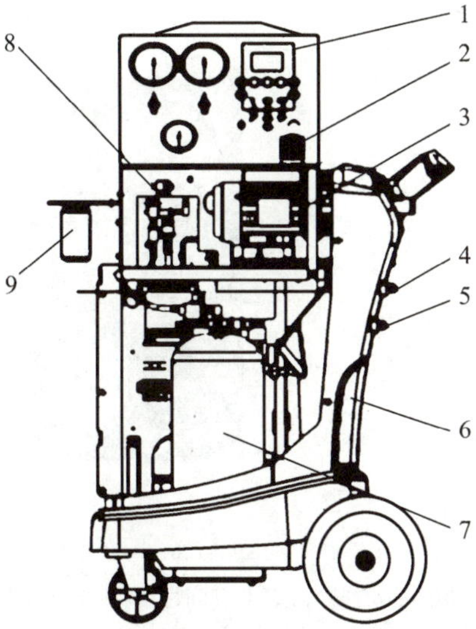


图 8-123　AC350 制冷剂加注回收机正面示意图
1-面板；2-总电源开关；3-真空泵；4、5-快速接头固定座；6-排油瓶；7-工作罐；8-继电器；9-注油瓶

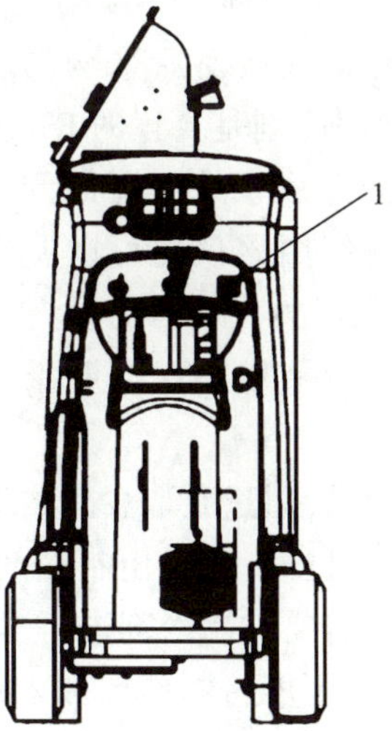


图 8-124　AC350 制冷剂加注回收机侧面示意图
1-电源插孔

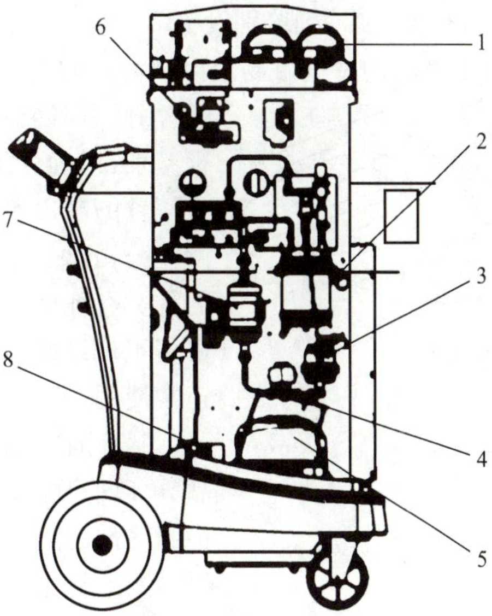


图 8-125　AC350 制冷剂加注回收机背面示意图
1-断路器；2-系统油分；3-压缩机油分；4-回油电磁阀；5-压缩机；6-注油电磁阀；7-过滤器；8-风扇

图 8-126 所示是空调制冷剂加注回收机的控制面板，上面有高低压表、高低压开关、电源开关等，操作时，大致可分为：制冷剂回收、抽真空、补油、加注制冷剂等主要步骤，具体的操作请参考产品的使用说明书。

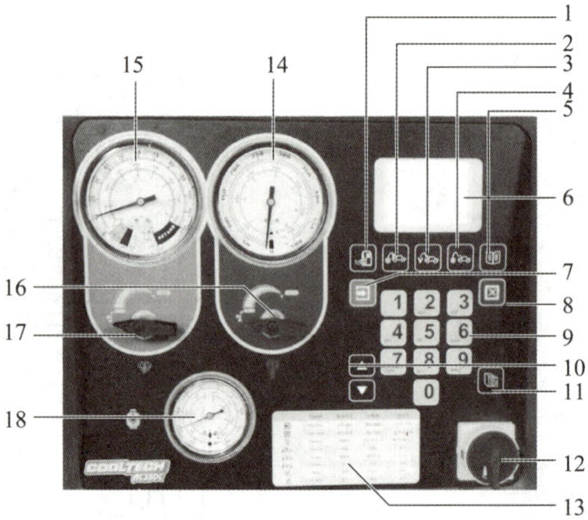


图 8-126　AC350 制冷剂加注回收机的控制面板

1-排气：运行排气功能的快捷键；2-回收：回收空调系统的制冷剂；3-抽真空：将空调系统进行抽真空；4-充注：向空调系统充注制冷剂；5-菜单：进入菜单程序的快捷键；6-显示屏：显示操作信息；7-开始/确认：开始/确认程序的进行；8-停止/取消：停止/取消程序的进行；9-键盘：输入数据键；10-数据库 *：进入数据库的快捷键；11-上下键：上下选择键；12-电源开关：开机或关机；13-多语言对照表：多种语言表达对照表；14-高压表：显示空调系统高压端压力表；15-低压表：显示空调系统低压端压力表；16-低压阀：控制空调系统低压端与设备的通断；17-高压阀：控制空调系统高压端与设备的通断；18-工作罐压力：显示工作罐的压力的压力表

#### 8.2.6.2　制冷剂鉴别设备

由于目前制冷剂市场上以被淘汰的制冷剂 R12 替代新型制冷剂 R134a 的现象非常普遍，因此有必要在每次加注制冷剂前要对所采购的制冷剂进行鉴别，以确保加入制冷系统的制冷剂是真正的 R134a。如果将假冒的制冷剂加入系统，将会造成系统泄漏的问题。为此博世公司出品了制冷剂鉴别仪，使用该仪器可以鉴别制冷剂的种类和纯度，在加注制冷剂之前先对制冷剂进行鉴别，成了很多正规维修企业的操作步骤之一，以确保空调维修后能够正常使用。

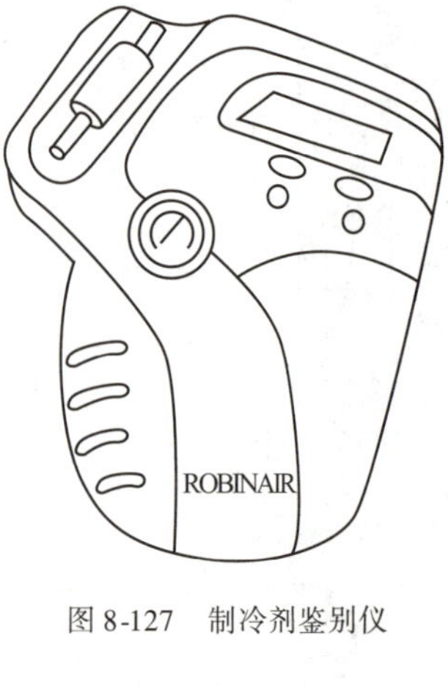


图 8-127　制冷剂鉴别仪

制冷剂鉴别仪如图 8-127 所示，通过获取少量的制冷剂样品，可以检测出制冷剂的纯度，也可以检测常用制冷剂的种类，当制冷剂的纯度低于 96% 时，就需要对制冷剂进行净化操作，当检测出制冷剂不是 R134a 时，就不能将制冷剂加入系统。制冷剂鉴别仪的具体操作方法，请参阅制冷剂鉴别仪的使用手册，此处不再赘述。

## 9　空调系统的故障诊断

空调系统的故障包括暖风系统的故障、制冷系统的故障、通风系统的故障等，其中暖风和通风系统的故障主要表现为无暖风或暖风不足，检查时只需检查风道是否堵塞，暖风水路是否正常，风道中各种风门工作是否正常，故障部位比较直观，此处不再赘述。制冷系统的故障较为复杂，故障的表现主要是不制冷或制冷不足，故障的原因可以分为制冷循环系统故障和电气控制系统故障，下面分别介绍。

## 9.1　利用歧管压力表诊断制冷循环系统的故障

制冷循环系统的故障基本上都可以用歧管压力表进行诊断，在系统无泄漏及压缩机电磁离合器能够吸合的情况下，将歧管压力表按前述的方法与制冷系统的维修阀连接，起动发动机，运转空调系统，检查系统高压及低压侧的压力。

系统正常的情况下，高压侧的压力应为 1.4 ~ 1.6MPa；低压侧的压力为 0.15 ~ 0.25MPa，如图 8-128 所示。

如果空调制冷不足，歧管压力表的高低压表指示的压力均低（图 8-129），同时视液镜中可以看到大量气泡，这说明系统中制冷剂不足。此时，应检查系统是否有泄漏的地方，在排除了泄漏故障后，将制冷剂补足。

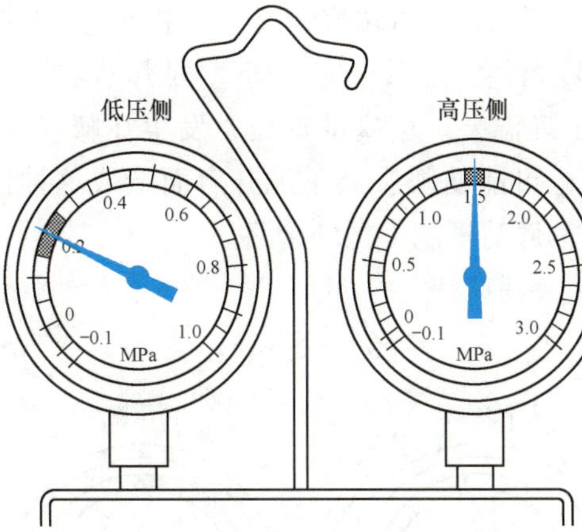


图 8-128　制冷循环系统的正常压力

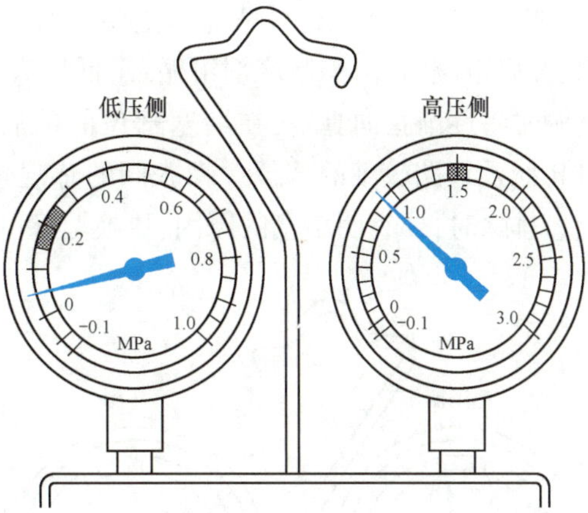


图 8-129　高低压表指示均低

歧管压力表的高低压表的指示均过高（图 8-130），视液镜中看不到气泡，甚至在低转速下也看不到气泡，造成这种现象的原因是系统中制冷剂过量或冷凝器冷却不足。排除时，要将制冷剂量调整合适，清洁冷凝器，同时还要检查车辆的冷却系统。

制冷时有时无，压力表在空调起动时正常，过一段时间低压表指示真空，高压表的压力也降低很多，过几秒到几分钟，表的指示又恢复正常（图 8-131），如此循环。造成这种现象的原因是系统中有水分，当系统正常制冷温度下降时，水分在膨胀阀处结冰造成冰堵，制冷循环不能进行，温度上升后，冰融化使得循环又正常进行，温度下降后，又造成冰堵，如此反复。遇到这种情况应更换储液干燥器，系统抽真空后重新加注制冷剂。

如果高压表指示过低，低压表指示过高（图 8-132），关闭空调后，高低压表指示很快趋于一致，触摸压缩机，压缩机的温度也不高，这说明压缩机的效率不高，此时应更换或修理压缩机。

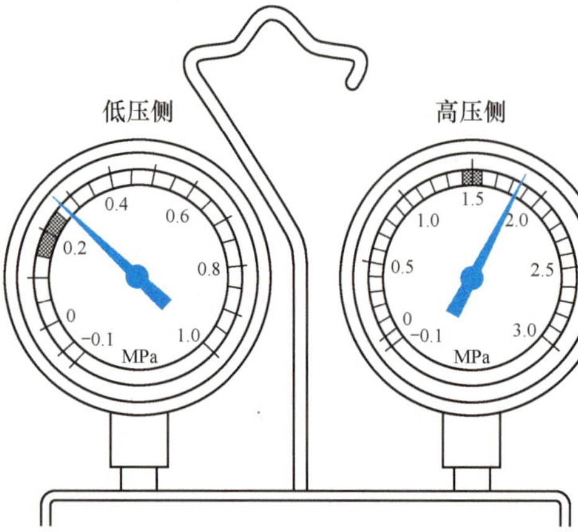


图 8-130　高低压表指示均高

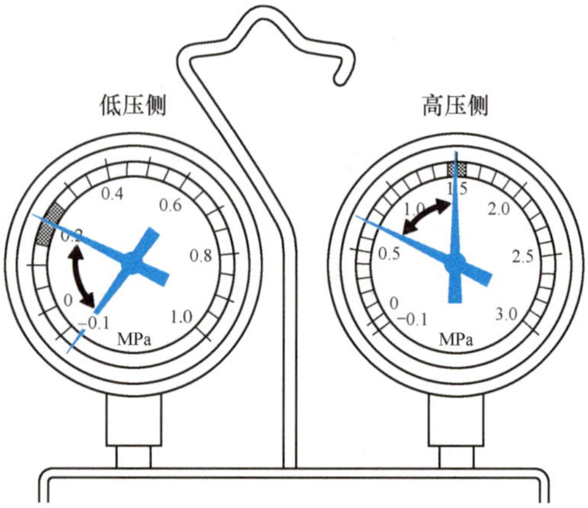


图 8-131　系统中有水分时的压力表显示

如果制冷循环系统内制冷剂不能循环，低压表可指示真空，高压表的压力也比正常压力低（图 8-133）。造成这种情况的主要原因是：制冷循环系统内有堵塞情况。如果系统完全堵塞，开启空调时，由于制冷剂不循环，低压表即刻显示真空；如果未完全堵塞，低压表在开启空调时将逐渐指向真空，在堵塞部位的前后还将出现温差。堵塞的部位常发生在膨胀阀、EPR 阀及管路较细的部位。膨胀阀的感温包漏气也可能使膨胀阀不能开启而造成这种情况。排除时，要查明堵塞的原因，更换堵塞的部件，彻底清理制冷循环管路。

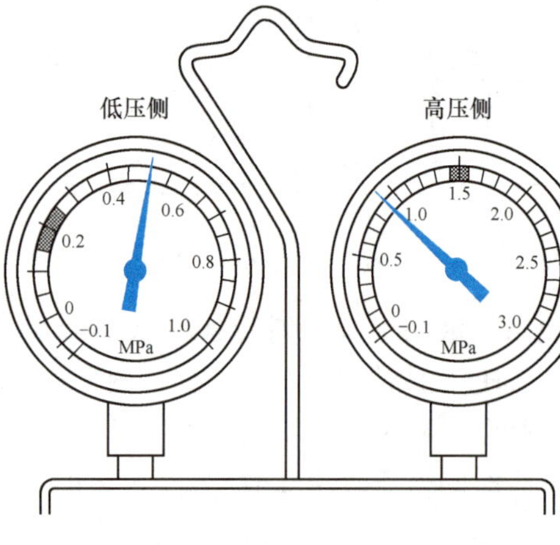


图 8-132　高压表指示过低，低压表指示过高

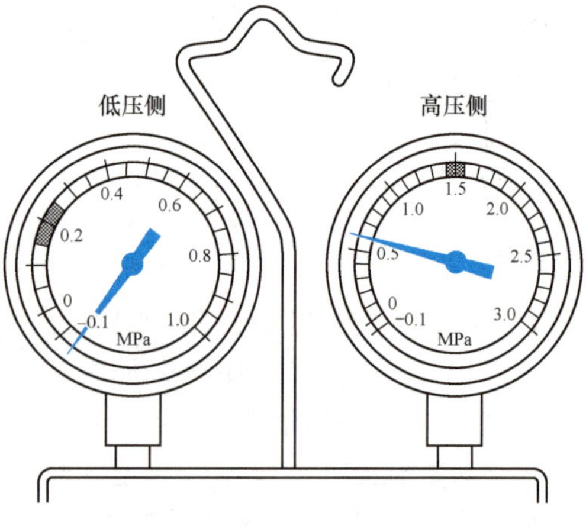


图 8-133　高压表指示过低，低压表指示真空

在制冷剂数量正常的情况下，如果高低压表的压力均指示高于正常值（图 8-134），说明制冷循环系统中有空气进入，其表现通常为低压指示越高，制冷效果就越差。出现这种情况时，应更换制冷剂并对系统进行抽真空，排除系统中的空气。

如果低压表指示过高，高压表指示正常（图 8-135），低压管路结霜且制冷效果下降，这种情况往往是由于膨胀阀开度过大造成的，维修时要重点检查膨胀阀热敏管的安装情况，在热敏管正常的情况下，应考虑更换膨胀阀。

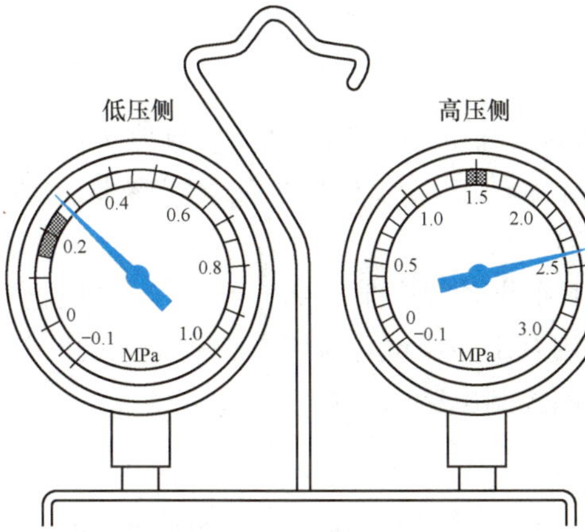


图 8-134　高、低压表均过高

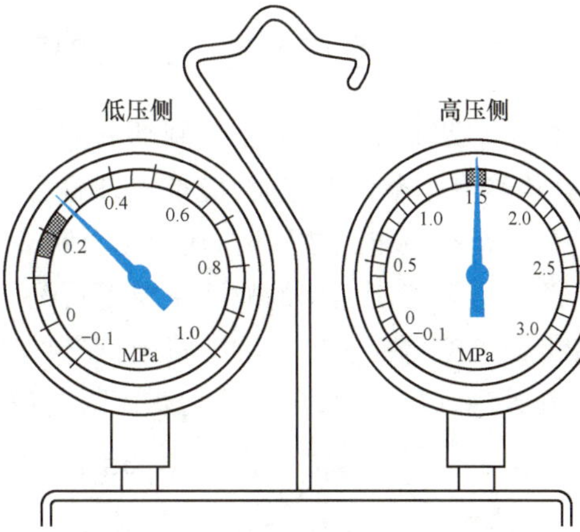


图 8-135　高压表指示正常，低压表指示过高

## 9.2　利用空调诊断仪对空调系统进行诊断

空调诊断仪也是利用压力和温度进行诊断的设备，图 8-136 所示为空调故障诊断仪。该设备通过两个压力传感器和四个温度传感器，可以检测制冷系统的高压压力、低压压力、冷凝器进出口温度、蒸发器进出口温度、空调出风口温度等空调工作时的压力温度参数，通过对这些参数的分析进而判断空调系统的故障。图 8-137 所示为空调故障诊断仪的接线端。诊断仪的使用方法请参照诊断仪的使用手册。

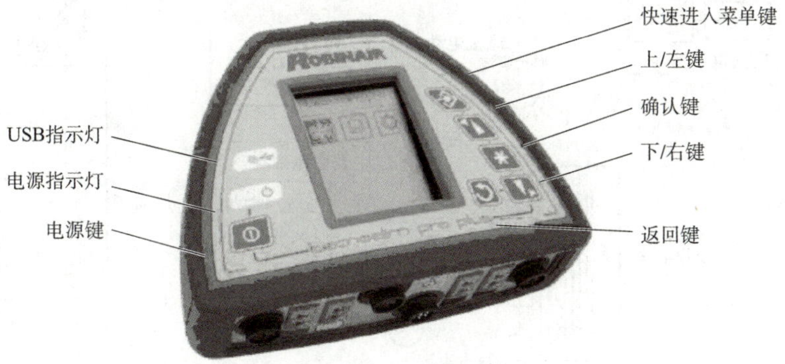


图 8-136　空调故障诊断仪

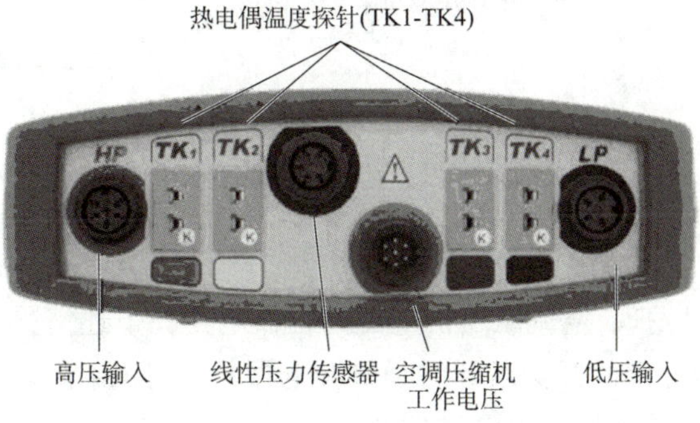


图 8-137　空调故障诊断仪接线端

## 9.3 空调系统控制电路的故障诊断

汽车空调制冷系统电路控制部分因车型不同而异，其电路原理及组成也有所不同。因此，在检修汽车空调电路时，应首先理解空调的电路原理，之后才可动手检查和修理，另外，在检修汽车空调电路故障时，还应结合制冷系统综合考虑。

汽车空调控制电路的故障主要表现为系统不工作或系统中某一部分不工作，在检查时首先要研读空调控制电路的电路图，在根据电路图用万用表或试灯等工具检查电路，找出故障所在，下面以丰田某车型的空调控制电路为例说明控制电路的检查方法。

### 9.3.1 阅读空调控制电路的电路图

图8-138所示为丰田某车型的空调系统的控制电路示意图，从图中可以看出，控制电路中所包含的电器元件有空调放大器，执行元件有电磁离合器及真空电磁阀等，传感器及开关有双重压力开关、转速检测传感器、点火器、热敏电阻、空调开关、点火开关、鼓风机开关等，继电器包括电磁离合器继电器、暖风继电器，保险包括断路器、仪表熔断丝、空调熔断丝。

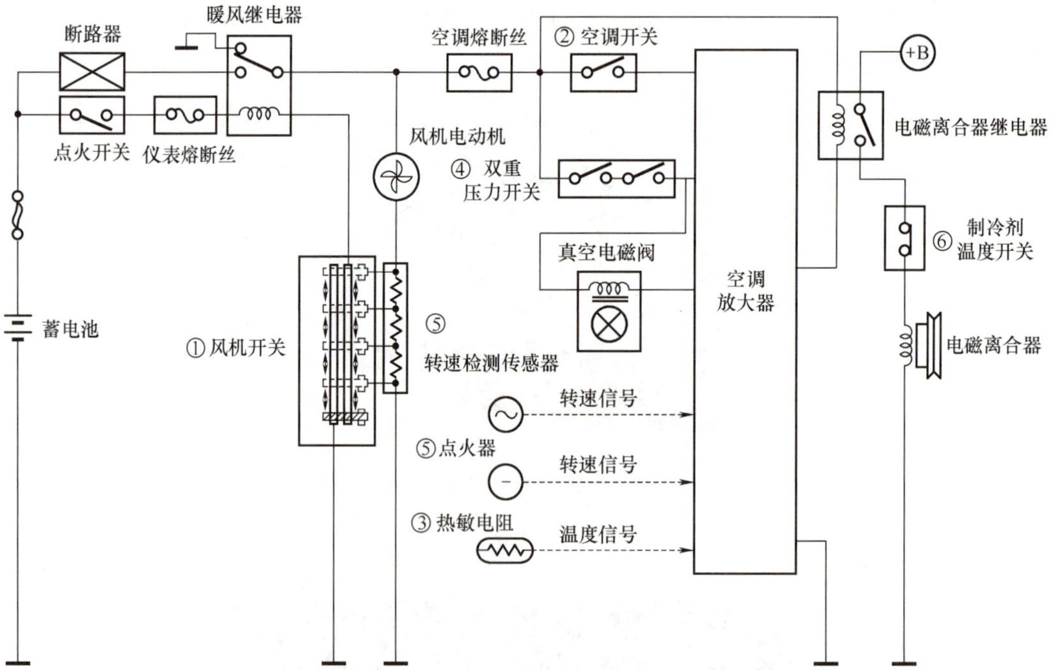


图8-138　空调系统电路图

研读电路图后可以发现，空调压缩机电磁离合器电路在下述情况下会被切断：

(1)鼓风机开关断开。此开关断开后暖风继电器断开，控制系统电源被切断。

(2)空调开关断开，放大器的电源被切断。

(3)蒸发器温度过低。蒸发器表面温度低于某一设定值时,放大器会切断电磁离合器电路。

(4)双重压力开关断开。在制冷循环系统中压力过高或过低时,压力开关断开,空调放大器会切断电磁离合器电路。

(5)压缩机锁止。当压缩机转速与发动机转速的差值超过一定值时,空调放大器将作出压缩机已锁止的判断,从而切断电磁离合器电路。

(6)制冷剂温度过高。当压缩机内制冷剂的温度过高时,温度开关会切断压缩机电磁离合器电路。

(7)断路器、仪表熔断丝、空调熔断丝和暖风继电器损坏,空调放大器无供电,电磁离合器断电。

(8)电磁离合器继电器。该继电器损坏会切断电磁离合器的电路。

### 9.3.2　检查电路

(1)检查电源电路。在接通鼓风机开关和空调开关后,检查空调放大器电源端有无12V电压,检查电磁离合器继电器线圈处有无12V电压,如有12V电压,则表明电源电路正常,否则应按照电路图逐一检查空调开关、空调熔断丝、暖风继电器、仪表熔断丝、断路器和鼓风机开关能否工作正常。

(2)检查各传感器和开关电路。用万用表检查蒸发器热敏电阻、点火器、压缩机转速检测传感器、压力开关到空调放大器的电路是否导通,按照修理手册规定的要求检测各传感器的电阻是否符合要求,检查各开关是否能在规定的情况下导通。

(3)检查电磁离合器继电器。将继电器的空调放大器控制端直接搭铁,看压缩机电磁离合器是否吸合,如能吸合说明继电器良好。

(4)检查电磁离合器。将电磁离合器的电源端子直接接蓄电池电源,检查能否吸合,如能吸合说明离合器正常。

(5)检查插接器和电路。检查各插接器的连接是否良好,检查线路情况是否良好,检查各搭铁点接触是否良好;还可模仿故障发生的情况检查接触不良的情况,如故障发生在车辆振动时,可逐一晃动空调系统的部件,晃动某一部件故障现象出现时,该部件即为故障部件;再如下雨时出现故障,可通过人为浇水模拟故障产生的环境,检查故障的部位。

(6)如果线路中有短路故障,则线路熔断丝肯定被烧断,且换上熔断丝后又会被烧断。此时应检查各连线绝缘是否破坏而搭铁在金属上及部件内部是否有短路情况。

### 9.3.3　系统部件的检查

(1)电磁离合器。电磁离合器不吸合,应使用万用表检测电磁离合器的输入端有无12V电压,如果有电压,说明离合器可能损坏,此时应使用万用表的电阻挡测量离合器电磁线圈的电阻,应符合要求,否则应予以更换,最后还要检查离合器的机械部分是否有异常。

(2)鼓风机。鼓风机不转,应解体检修鼓风机。拆下鼓风机线路,将蓄电池12V电压接在电动机上，看电动机是否能平稳转动，且在空载下转速应能达到 7000r/min 左右。如不正常，应检查电刷接触是否良好，轴及轴承是否被卡死，电动机是否被烧坏。

(3)控制继电器。控制继电器一般为触点常开型，其故障多为继电器线圈烧坏(线圈短路或断路)，触点烧蚀、粘连、动触点卡死等。在正常情况下，当继电器线圈通电时，应能听到其触点动作的轻微声音，否则说明继电器有故障，可把它从线路上拆下，用万用表测量其线圈是否良好，如线圈完好，再用万用表测量其常开触点的电阻应为∞，否则说明粘连；如为∞，可给线圈通电后进一步检查。线圈通电后，常开触点应闭合，触点回路电阻应为零，否则说明触点烧蚀或卡死，应检修或更换。

(4)压力开关。压力开关的检查应在制冷系统完好的情况下进行。其检查方法是，歧管压力计接到制冷系统高低压检修阀上，用纸板盖在冷凝器散热通道上，以恶化冷凝器的冷却效果，这时冷凝压力会逐渐升高，当压力表压力达到 2.1MPa(21bar)左右时，电磁离合器应断电，然后拿开纸板，待高压表压力降到 1.9MPa(19bar)时，压缩机应恢复工作。如不符合上述规定，则说明压力开关已失灵，应予更换。

(5)鼓风机电阻及挡位开关。鼓风机电阻烧坏或鼓风机挡位开关接触不良，将会造成鼓风机不转动或无法调速等故障现象。检测时，可拆下鼓风机电阻及鼓风机挡位开关组件，用万用表测量各挡位电阻值。

(6)空调放大器。空调放大器的故障主要有温度控制失灵，发动机怠速控制失灵，放大器输出继电器线圈烧坏、触点烧蚀和粘连等。空调放大器的检测应在制冷系统及其他电路及元器件完好的条件下进行。最简单的方法是代换法。检查放大器时可先检查放大器内部的输出继电器线圈和触点，如线圈和触点正常，再根据线路检查各元件是否正常。

# 10 暖风系统

汽车的暖风系统可以将车内的空气或从车外吸入车内的空气加热，提高车内的温度。汽车的暖风系统有许多类型，按热源的不同可分为热水取暖系统、燃气取暖系统、废气取暖系统等。目前小型车上主要采用热水取暖系统，大型车辆上主要采用燃气取暖系统。

## 10.1 热水取暖系统

### 10.1.1 热水取暖系统的工作原理

热水取暖系统的热源通常采用发动机的冷却液，使冷却液流过一个加热器芯，再使用鼓风机将冷空气吹过加热器芯加热空气，使车内的温度升高，如图 8-139 所示。

### 10.1.2 热水取暖系统的组成和部件的安装位置

热水取暖系统主要由加热器芯、水阀、鼓风机、控制面板等组成，其在车上的安装位置如图 8-140 所示。

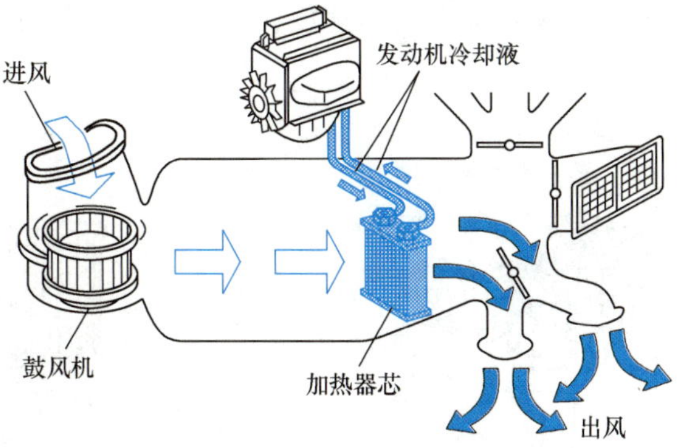


图 8-139　热水取暖系统的工作原理

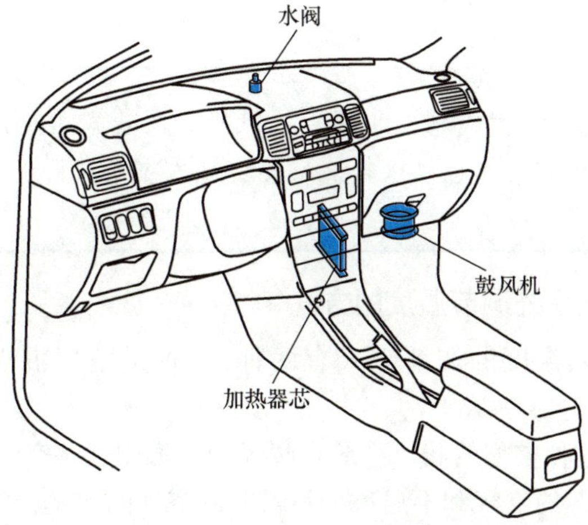


图 8-140　热水取暖系统部件的安装位置

(1)加热器芯。加热器芯的结构如图 8-141 所示,由水管和散热器片组成,发动机的冷却液进入加热器芯的水管,通过散热器片散热后,再返回发动机的冷却系统。

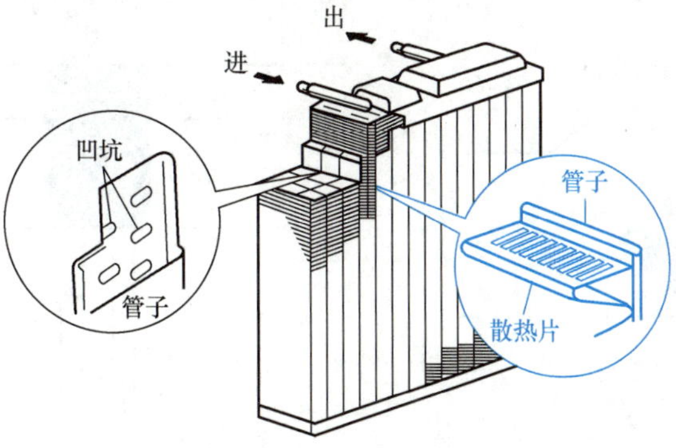


图 8-141　加热器芯

(2)水阀。水阀用来控制进入加热器芯的水量,进而调节暖风系统的加热量,调节时,可通过控制面板上的调节杆或旋钮进行控制,其结构如图 8-142 所示。

(3)鼓风机。鼓风机由可调节速度的直流电动机和鼠笼式风扇组成,其作用是将空气吹过加热器芯加热后送入车内。调节电动机的速度,可以调节向车厢内的送风量。鼓风机的结构如图8-143所示。

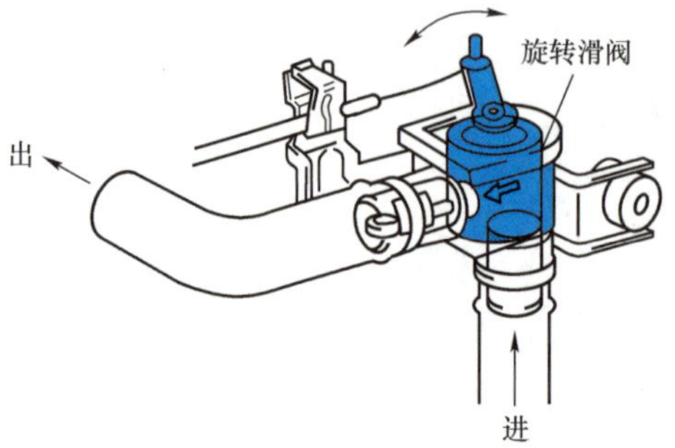


图8-142　水阀

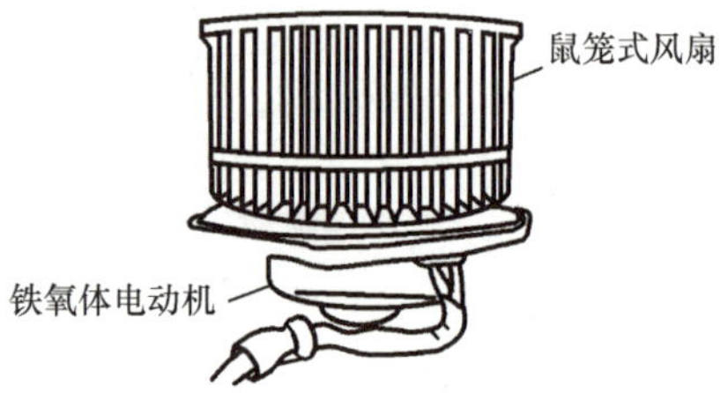


图8-143　鼓风机

**相关链接**

风扇的形式分为轴流时式风扇和离心式风扇。鼠笼式风扇属于离心多风扇,特点是尺寸较小,电动机的转速也可以较低。发动机的冷却风扇属于轴流式风扇,是一种常用的电扇。

### 10.1.3　热水取暖系统调节温度的方式

就暖风系统而言,其温度的调节方式有两种,一种是空气混合型,另一种是水流调节型。

(1)空气混合型。这种类型的暖风系统在暖风的气道中安装空气混合调节风门,这个风门可以控制通过加热器芯的空气和不通过加热器芯的空气的比例,实现温度的调节,目前绝大多数汽车均采用这种方式,其示意图如图8-144所示。

(2)水流调节型。这类暖风系统采用前述的水阀调节流经加热器芯的热水量,改变加热器芯本身的温度,进而调节温度,其调节的示意图如图8-145所示。

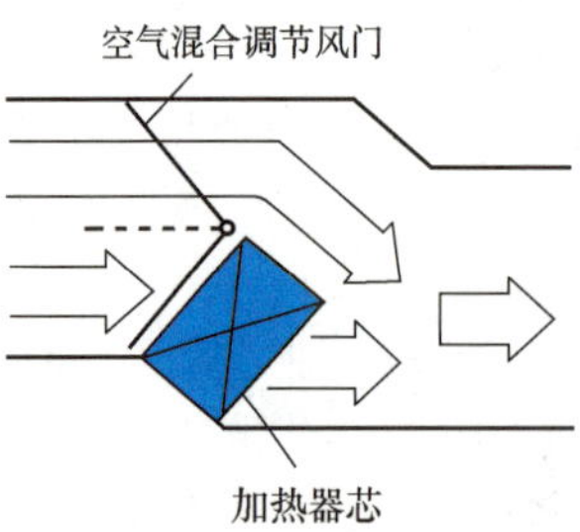


图8-144　空气混合型暖风系统

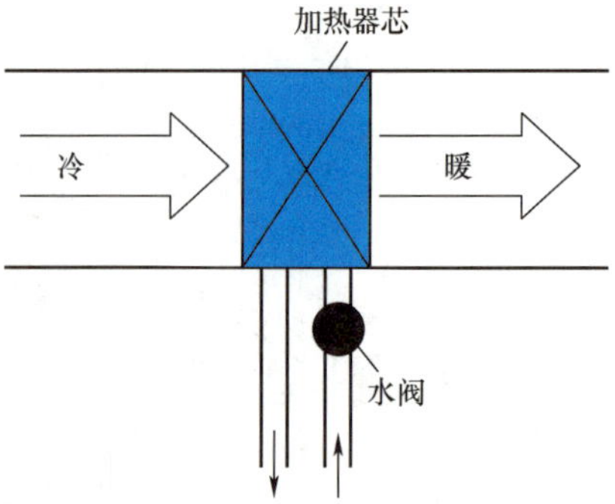


图8-145　水流调节型暖风系统

## 10.2　燃气取暖系统

在大、中型客车上,仅靠发动机冷却液的余热取暖是远远满足不了要求的,为此,在大客车中常采用燃气取暖系统。燃气取暖系统的示意图如图 8-146 所示，燃油和空气在燃烧室中混合燃烧，加热发动机的冷却液，加热后的冷却液进入加热器芯向外散热，降温后返回发动机再进行循环。

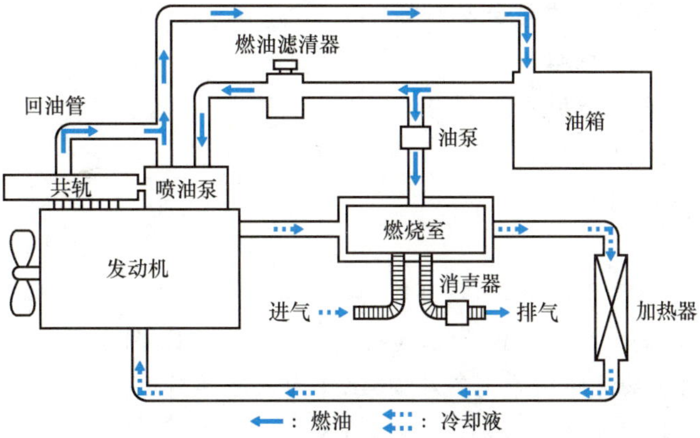


图 8-146 燃气取暖系统

**相关链接**

除上述两种取暖系统以外，还有采用电作为加热能源的取暖系统，也可采用燃气直接加热空气的取暖系统。

## 思考与练习

### 一、选择题

1. 外平衡式膨胀阀膜片下方的压力来自于(　　)。

A. 蒸发器入口　B. 蒸发器出口　C. 压缩机出口

2. 蒸发器出口处的制冷剂应(　　)。

A. 全部汽化　B. 部分汽化　C. 全部液化

3. 膨胀管式制冷系统中的集液器应安装在(　　)。

A. 冷凝器与膨胀管之间

B. 膨胀管与蒸发器之间

C. 蒸发器与压缩机之间

4. 在加注制冷剂时，如果以液体的方式加入，(　　)。

A. 只能从低压侧加入

B. 只能从高压侧加入

C. 既可以从低压侧加入，也可以从高压侧加入

5. 空调在运行中，如果低压表指示过高，高压表指示过低，说明(　　)。

A. 蒸发器有故障　B. 膨胀阀有故障　C. 压缩机有故障

6. 如果低压开关断开，导致压缩机电磁离合器断电，原因可能是(　　)。

A. 制冷剂过量　　B. 制冷剂严重不足　　C. 鼓风机不转

7. 如果发动机冷却液温度过高时，空调的控制电路可(　　)。

A. 自动接通冷凝器风扇电路

B. 自动切断压缩机电磁离合器电路

C. 自动切断鼓风机电路

8. 蒸发压力调节器的作用是(　　)。

A. 防止膨胀阀结冰

B. 防止制冷剂流量过大

C. 防止蒸发器结霜

9. 如果压缩机电磁离合器不工作，可能的原因是(　　)。

A. 环境温度过高　　B. 膨胀阀结冰　　C. 制冷剂严重缺乏

10. 如果制冷循环系统的制冷剂不足，接上压力表后会显示(　　)。

A. 高低压表均显示压力过高

B. 高低压表均显示压力过低

C. 高压表显示压力低，低压表显示压力高

## 二、判断题

1. 干球温度和湿球温度的差值越大，说明湿度越大。(　　)

2. 物质在状态发生变化时所吸收或放出的热量称为显热。(　　)

3. 提高压强，可使液体更容易蒸发。(　　)

4. 冷凝器的作用是将制冷剂从气体转变为液体，同时放出热量。(　　)

5. 热力膨胀阀在制冷负荷增大时，可自动增加制冷剂的喷出量。(　　)

6. 低压开关的作用是在系统低压管路中压力过低时，切断压缩机电磁离合器的电路。(　　)

7. 冷凝器冷却不良时，可能会造成高压管路中压力过高。(　　)

8. 空调系统中的除霜装置的作用是防止汽车的前风窗玻璃结霜。(　　)

9. 空调系统正常工作时，低压侧的压强应在0.15MPa左右。(　　)

10. 在制冷系统抽真空时，只要系统内的真空度达到规定值时，即可停止抽真空。(　　)

## 三、简答题

1. 写出大气压、表压和绝对压强的数学表达式。

2. 干湿球温度差越大，湿度越大还是越小？如果湿度达到100%，干湿球温度计的差值达到最大还是最小？

3. 如果要使某一物质液化，应提高压力还是减小压力？如果要使其汽化呢？

4. 将驾驶室中的热量转移到车外是属于哪一种热的传递方式？

5. 以水为例，画出水的三态变化示意图。

6. 如果水的状态从固态变为液态，吸热还是放热？其热量是潜热还是显热？如果用一种物质的状态变化来吸收或放出热量，你认为单位质量的物质放出或吸收的热量越多越好

还是越少越好?

7. 绘制制冷循环的示意图。

8. 如果在空气混合型暖风系统中安装水阀,其作用是什么?

9. 请将制冷循环划分为高压区域和低压区域,制冷剂在什么地方是液态,什么地方是气态?

10. 请总结出膨胀阀和膨胀管制冷循环的异同点。

11. 如何区分压缩机的进排气口?

12. 如何区分冷凝器的进口和出口?

13. 在蒸发器入口的制冷剂压力大还是出口处大? 在蒸发器出口处压力相同时,内平衡式膨胀阀的制冷剂流量大还是外平衡式膨胀阀的制冷剂流量大? 分别适用什么车型?

14. 膨胀管不能调节制冷剂的流量,蒸发器出口有液态制冷剂如何处理?

15. 压缩机上不安装电磁离合器会怎样?

16. 采用热敏电阻或蒸发器温度开关的空调系统是否需要安装 EPR 阀?

17. 空调制冷循环系统中有水分,开启空调开关后会有什么现象? 为什么?

18. 阅读其他车型的空调控制系统的电路图,说明其控制过程。

# 单元九 音响、电话、视频和导航系统

## 学习目标

### ☞ 素质目标

1. 了解我国汽车新技术的发展,树立自信自立、守正创新的坚定信念;
2. 培养善于思考、高效解决问题的能力。

### ☞ 知识目标

1. 正确描述车载收音机的功能和组成;
2. 简单描述车载多媒体播放系统的功能和组成;
3. 正确描述车载电话系统的功能和组成;
4. 正确描述正确车载导航系统的功能和组成;
5. 正确描述上述系统电路的基本工作情况;
6. 简单描述上述系统故障诊断的基本思路。

### ☞ 技能目标

1. 会正确操作车载收音机,能使用收音机的各项功能;
2. 会正确操作多媒体播放系统;
3. 会正确操作车载电话系统;
4. 会正确操作车载导航系统;
5. 会利用诊断设备对上述系统进行检测和故障诊断;
6. 会利用电路图对上述系统进行电路诊断。

## 1 概 述

目前使用的乘用车已经普遍使用车载收音机,这种设备基本上是车辆的标准配置,除此以外,外接音源输入端口(AUX 和 USB)也已经非常普遍。在中高档车辆上,大屏幕显示设备也很常见,车辆通过多媒体系统集成了收音机、CD、DVD、电话、导航等多种媒体的功能,使现代汽车的娱乐功能得到了很大的扩展。目前汽车上使用的典型的多媒体娱乐系统如图 9-1 所示。

汽车的多媒体系统主要包括有调频(FM)、调幅收音机(AM)、单碟或多碟 CD 播放机、DVD 播放机、外接音源或视频源的插口、车载电话系统、GPS 导航系统等,图 9-2 所示为大众车载多媒体系统的主机。

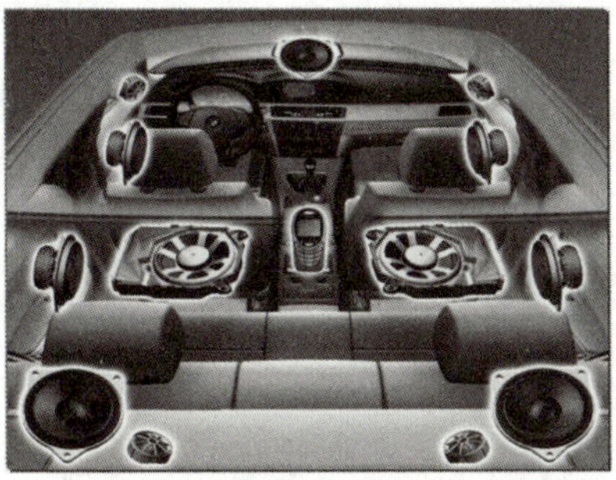

图 9-1 汽车多媒体系统

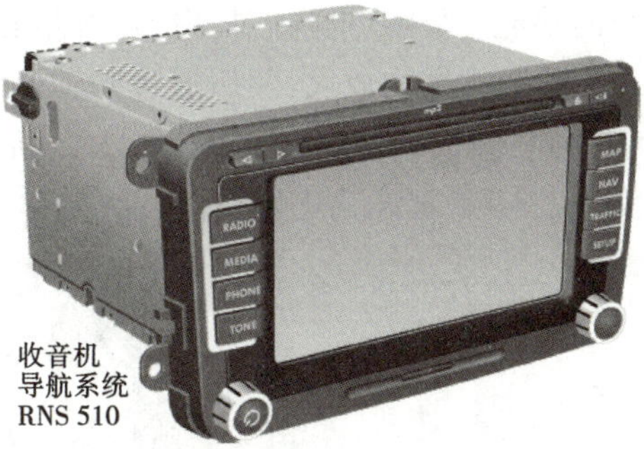


图 9-2 大众多媒体系统的主机(大众 ssp397 P5)

## 2 收音机和播放机

目前汽车上的收音机和播放机大部分做成一个整体,早期汽车的收音机,尺寸统一,互换性很好。随着汽车个性化的设计不断涌现,不同形式、不同风格的收音机和播放机大量出现在现在的汽车上。主要功能就是接收,调频、调幅广播,还能播放 CD 及 MP3 音乐。

收音机和播放机的主机主要包括 4 个部分,即操作单元、显示单元、调谐器和放大器,这四部分可以按照图 9-3 的方式进行组合而形成不同的安装方式。操作单元用来对系统进行操作,包括选择功能、调节音量、选择收音机的播放频率等一切与操作有关的内容;显示单元用来显示选择的功能、操作的结果等;调谐器用来调节电台;放大器用来对声音信号放大,推动扬声器发声。

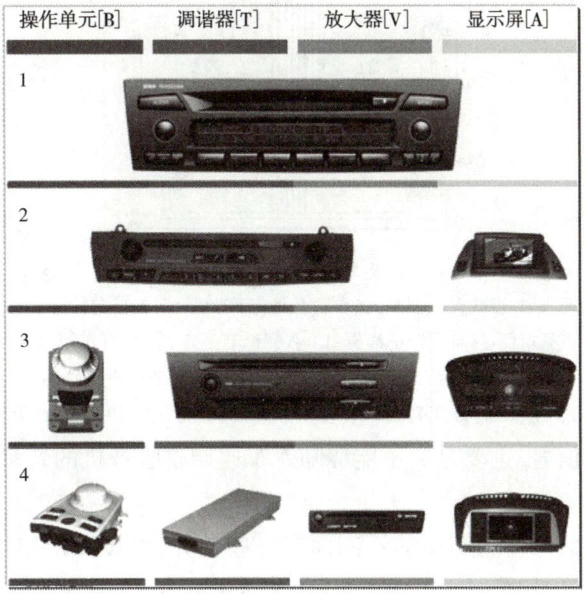


图 9-3 不同形式的收音机和播放机主机

目前中低档车大部分采用集成的收音机和播放机，这种独立设备无须其他控制单元来执行系统的功能。显示、选择广播电台、音量和声音设置都在该设备上实现。天线接收 HF 信号后在天线放大器内放大，随后通过同轴电缆传输至收音机并在调谐器内解调。在此产生的 NF 信号在集成式音响放大器内放大，然后通过扬声器转变为声波。图 9-4 所示为收音机的示意图，图 9-5 所示为电路图。

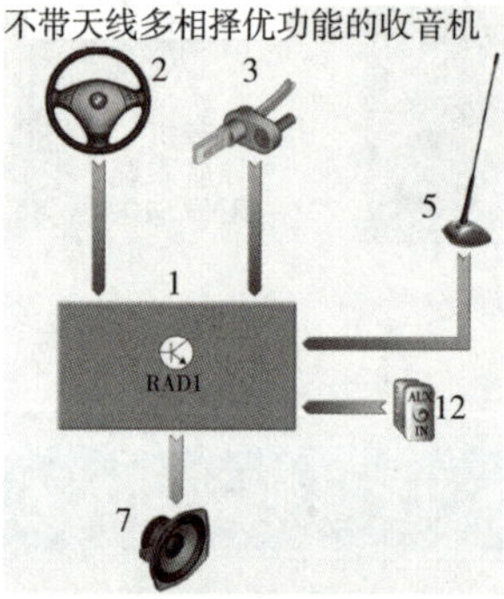


图 9-4　收音机示意图

1-收音机和 CD；2-多功能转向盘（MFL）；3-车轮转速传感器；5-带有集成式天线放大器的 AM、FM1 天线；7-扬声器；12-音频插口（Aux-In）

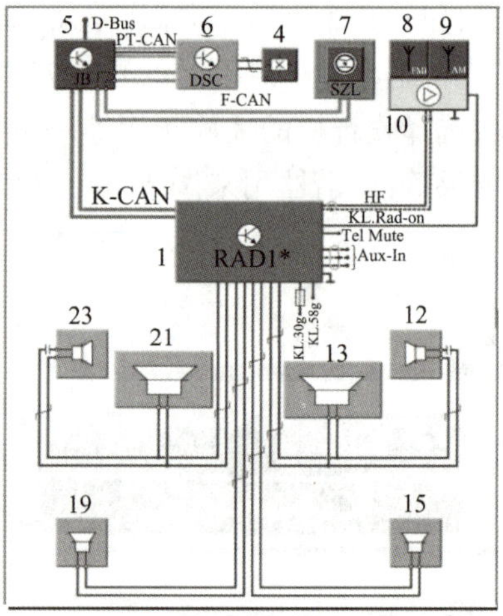


图 9-5　收音机的电路图

1-音频收音机；4-车轮转速传感器；5-接线盒控制单元；6-动态稳定控制系统；7-转向柱开关中心；8-FM 天线；9-AM 天线；10-天线放大器（无多相择优装置）；12-右前宽带扬声器；13-右侧低音扬声器（带有车门槛连接件）；15-右后宽带扬声器；19-左后宽带扬声器；21-左侧低音扬声器（带有车门槛连接件）；23-左前宽带扬声器；Aux-In-辅助音频源的音频输入端；HF-高频信号；KL-控制信号或供电；Rad_on；Tel Mute-通电话时收音机切换为静音

收音机接收车速信号，主要是为了能够随着车速调整收音机的音量，保证车速提高后行驶噪声增大后的收听效果。

收音机和播放机的操作随车型的不同而有一些差异，可按照使用说明书的要求进行操作，一般可以进行功能的切换、搜寻和存储 FM 和 AM 电台、调节音量等操作。

播放机包括 CD 机或 DVD 播放机，CD 机有单碟或多碟之分，进行操作时，只需将设备的音源切换到 CD 或 DVD 播放即可。

值得一提的是目前世界发达国家都已经开始播放数字广播，要接收数字广播，收音机需要有数字广播的接收机，即数字收音机(DAB)，目前一些高档车辆已经安装了这种收音机。我国也有数字收音机的节目播放。

最近生产的汽车大部分还安装了外接音源的插口，有 AUX 插口和 USB 接口等类型，可以方便地将外部音源通过车载音响系统播放出来，这类插口在使用中，将收音机的模式通过操作改为外接音源模式即可播放外部的音源。

## 3　车载电话

目前的车载电话大部分采用蓝牙系统将移动电话的信号传递到车上的音响系统，通过音响系统完成免提的功能，使驾驶员能够通过简单的操作在车内的音响系统内实现电话功能。图 9-6 所示为宝马某车型的电话系统示意图，图中 8 为适配装置，可将电话放置在其中，用以接收外部的电话信号；7 为蓝牙天线，用以在电话和控制单元之间的信息传递，麦克可将乘客或驾驶员的语音信号送入控制单元，再通过蓝牙送到电话，再通过天线向外传送。

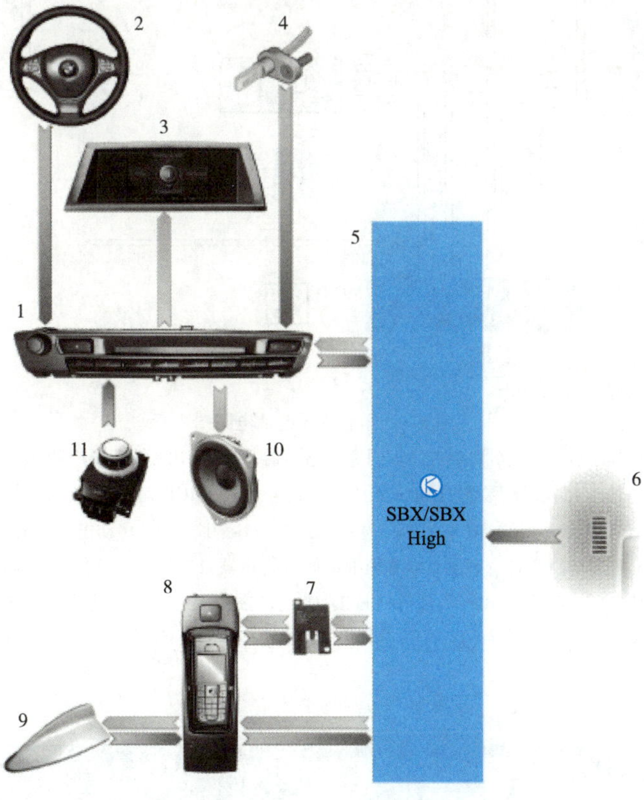


图 9-6　宝马某车型电话系统示意图

1-主控单元(M-ASK)；2-多功能转向盘(MFL)；3-中央信息显示屏(CID)；4-车轮转速传感器；5-接口盒(SBX)或高级接口盒(高级 SRX)；6-车顶功能中心(FZD)内的话筒；7-蓝牙天线；8-插有移动电话的卡扣式适配装置；9-车顶天线(移动电话)；10-音响扬声器；11-控制器

图 9-7 所示为车载蓝牙电话电路图。

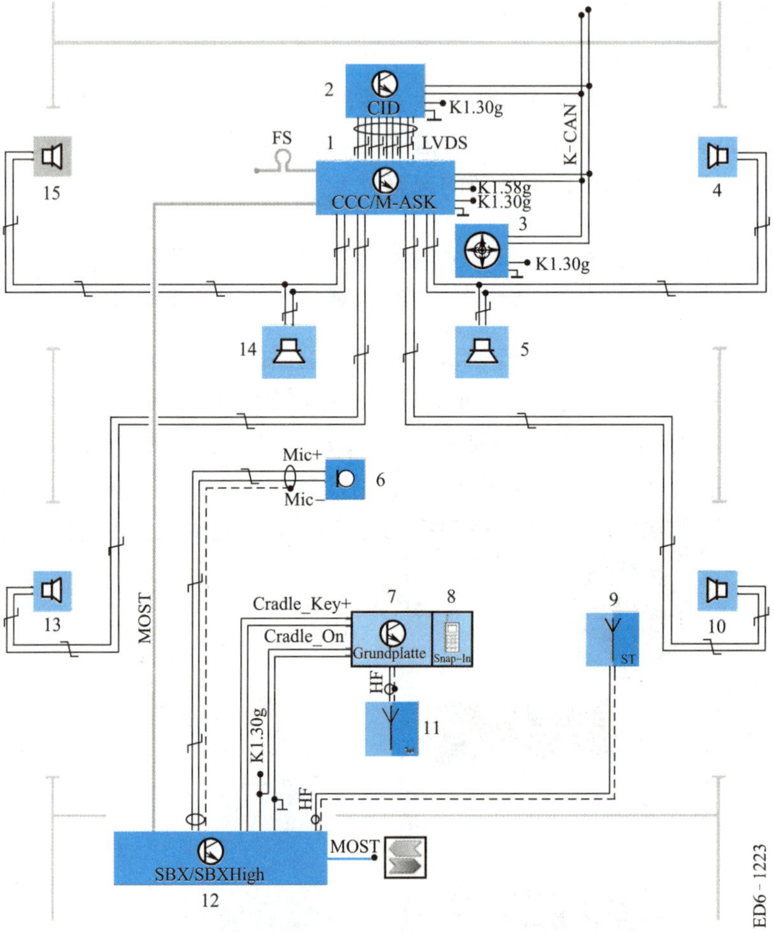


图 9-7　车载蓝牙电话电路图

1-主控单元;2-中央信息显示屏;3-控制器;4-右前车门宽带扬声器;5-右侧中央低音扬声器;6-车顶功能中心(话筒);7-底板;8-插有移动电话的卡扣式适配装置;LVDS-低压差分信号(数字 RGB 信号);Mic + -话筒 + ;Cradle_Key + -免提通话按钮;HF-高频信号;9-蓝牙天线;10-右后车门宽带扬声器;11-车顶天线(移动电话);12-接口盒(SBX)或高级接口盒(高级 SBX);13-左后车门宽带扬声器;14-左侧中央低音扬声器;15-左前车门宽带扬声器;MOST-多媒体传输系统(数字总线);FS-MOST 直接存取;Mic - -话筒;Cradle_On-卡扣式适配装置内充电电子装置的接通信号

车载蓝牙电话的具体使用方法还需参照具体车型的使用说明书。维修和匹配也应参照车型的维修手册。

# 4　导航系统

## 4.1　概述

车载导航系统利用卫星定位和电子地图,通过图像和语音将车辆引导到目的地,导航系统首先需要利用卫星对车辆进行定位(经度、纬度和高度),再在电子地图上找到相应的位置,当地图上的位置与定位系统有误差时,再向地图上修正,获得在地图上的具体位置,当在系统中输入目的地后,系统可以在通过计算得出从当前位置或指定位置的路径,路径可以有高速优先、最短路径、最经济路径等多种可选择的路线,在交通信息比较发达的国家,还可以根据道路的情况调整导航路线,避开由于车多或意外造成的堵塞路段。目前还有利用公司做成的系统进行导航服务,例如通用的安吉星系统、丰田的 gbook 系统,当客户提出导航目的地后,该系统即可通过语音或下载地图等方式为客户导航,带领客户的车辆到达目的地。

导航仪目前大致可以分为两类,一类是原车安装的导航仪,如图 9-8 所示,出厂时,汽车制造厂就已经将导航仪安装好,用户直接使用就可以了;另一类是用户后来配置的导航仪,既可以安装原厂的,也可以安装独立的导航仪,图 9-9 所示为独立的导航仪,这种导航仪使用方便,价格比较便宜。

图 9-8　大众原厂的导航仪

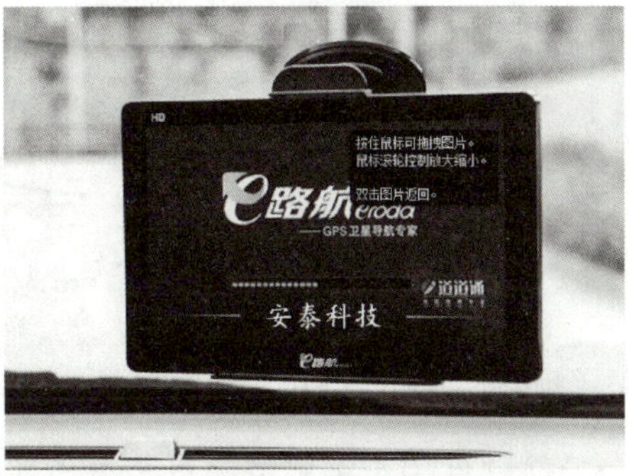


图 9-9　独立的导航仪

## 4.2　卫星定位系统

目前采用的卫星定位系统有美国的 GPS 系统,我国的北斗系统,我国与欧洲共同开发的伽利略系统等。目前采用最为广泛的是 GPS 系统,该系统在 20 世纪 60 年代由美国开发,用于军事用途,后来开放用于民事用途,目前是免费使用。GPS 系统共发射 24 颗卫星覆盖选世界,实现全球定位,用于军事通途的定位精度较高,精度可以精确到 1m,用于民用系统的精度较低,精度在 10m 左右。我国的北斗系统目前已经开始使用,但由于卫星系统的数量较少,目前只能在我国使用,同时由于设备开发的较少,还没有普及。伽利略系统则还在开发中,还不能使用。图 9-10 所示是 GPS 卫星定位的示意图,完成定位理论上至少要 3 颗卫星,为满足定位要求,通常定位采用 4 颗卫星,完成被定位物体所在的经度、纬度和海拔。

## 4.3　电子地图

卫星定位系统只能将被定位的物体进行经纬度和海拔定位,但是通常人们不用经纬度找地方,还要将被定位的对象定位在地图上面,落实到具体的街道、建筑物等。因此,绘制精确的电子地图是实现导航的必要条件，目前我国有许多版本的电子地图可供使用，比较著名的有百度、凯立德、高德、道道通等，目前高德地图已经宣布免费使用。由于我国目前正处于大规模建设阶段，所以道路情况会出现很大变化，因此电子地图需要进行不断更新，制造厂和地图出版商也在提供这方面的服务。

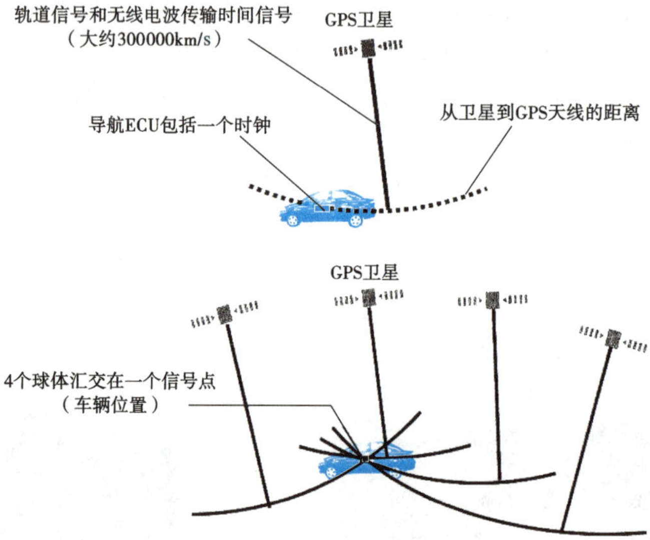


图9-10　卫星定位示意图

## 4.4 导航软件

导航软件用于将定位信息与电子地图结合，通过软件设计导航路线，通过语音和图像对使用者导航，导航软件由专门的公司开发，通常将定位、地图、软件联系在一起，通过软件设计的相应界面进行操作，不同的软件有不同的操作界面，具体使用时可按照使用说明书进行操作。导航软件也随着使用的要求不否认更新，也需要进行升级，比如早期的导航地图只是二维地图，现在很多导航软件已将地图做成三维导航画面（图9-11），方便用户使用。

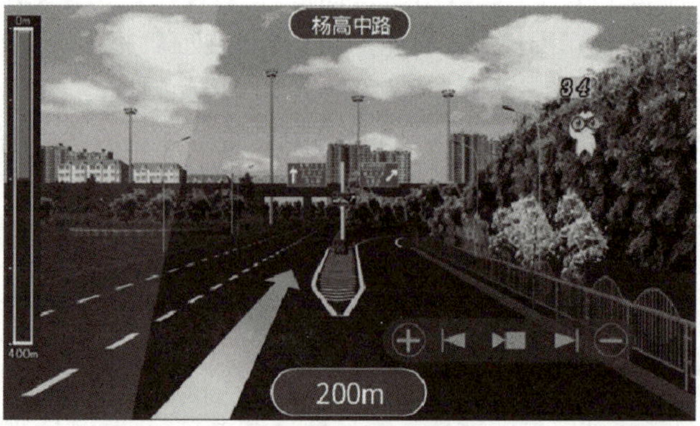


图9-11　导航的三维画面

## 4.5　导航系统的功能

目前的导航系统多为集成系统,集成了很多娱乐功能,包括收音机、音乐播放器(CD、DVD、MP3 等)、游戏、电子书等功能。就导航功能来说,可以进行目的地设定、回家设定、查询历史目的地、收藏夹、路径选择(最短、最快、最经济)、语音导航等。通常在选择了导航的目的地后,就可以选择路径,路径选择完成后,即可开始导航。国外的交通信息比较发达,在导航过程中,导航仪可以接收实时路况信息,根据道路的拥堵状况,选择路线。目前原厂的导航仪,有自带硬盘的,也有没有硬盘的,没有硬盘的导航仪将地图存放在光盘或 SD 卡中,这样的导航仪地图升级只需将光盘或 SD 卡升级即可。

## 4.6　导航系统的组成

图 9-12 所示为丰田车载导航仪的基本组成部分,包括一个导航控制单元、导航光盘、GPS 天线、显示屏等。

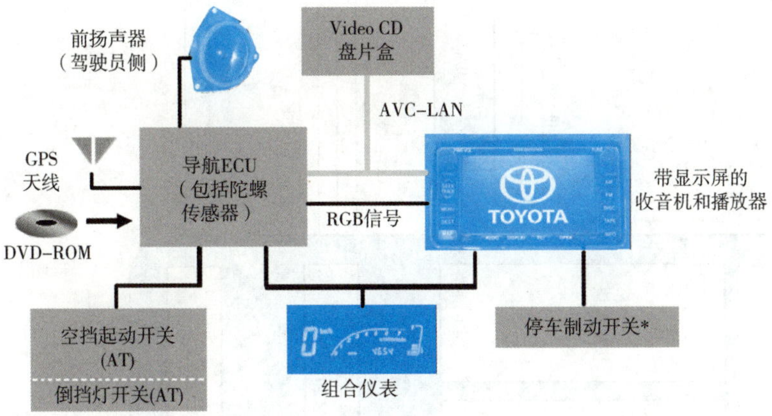


图 9-12　丰田车载导航仪的组成

## 4.7　导航系统的工作原理

下面以大众车系 RNS300(图 9-13)为例介绍一下导航系统的电路,RNS300 集成了 AM 和 FM 收音机、CD 播放机、MP3 文件播放、免提电话等功能,车内部实现了网络通信。图 9-14 所示是 RNS300 车内网络的情况。导航系统联网后可以与其他系统通信,从而可借助多个控制单元实现收音机导航系统的功能。RNS300 的工作原理如图 9-14 所示,导航仪连接娱乐 CAN 总线,外部连接 GPS 和收音机的天线,外接的 CD 机可利用屏幕进行 CD 机的操作,还有外界音源的插口,播放外部的音源,还可通过网关与其他控制单元交换信息。GPS 工作时,通过 GPS 天线接收卫星信号,经过控制单元的计算与地图匹配,通过屏幕的操作将导航信息输入,经过控制单元的计算算出导航路径,在显示屏幕上显示点行情况,同时在扬声器中播出导航的语音。

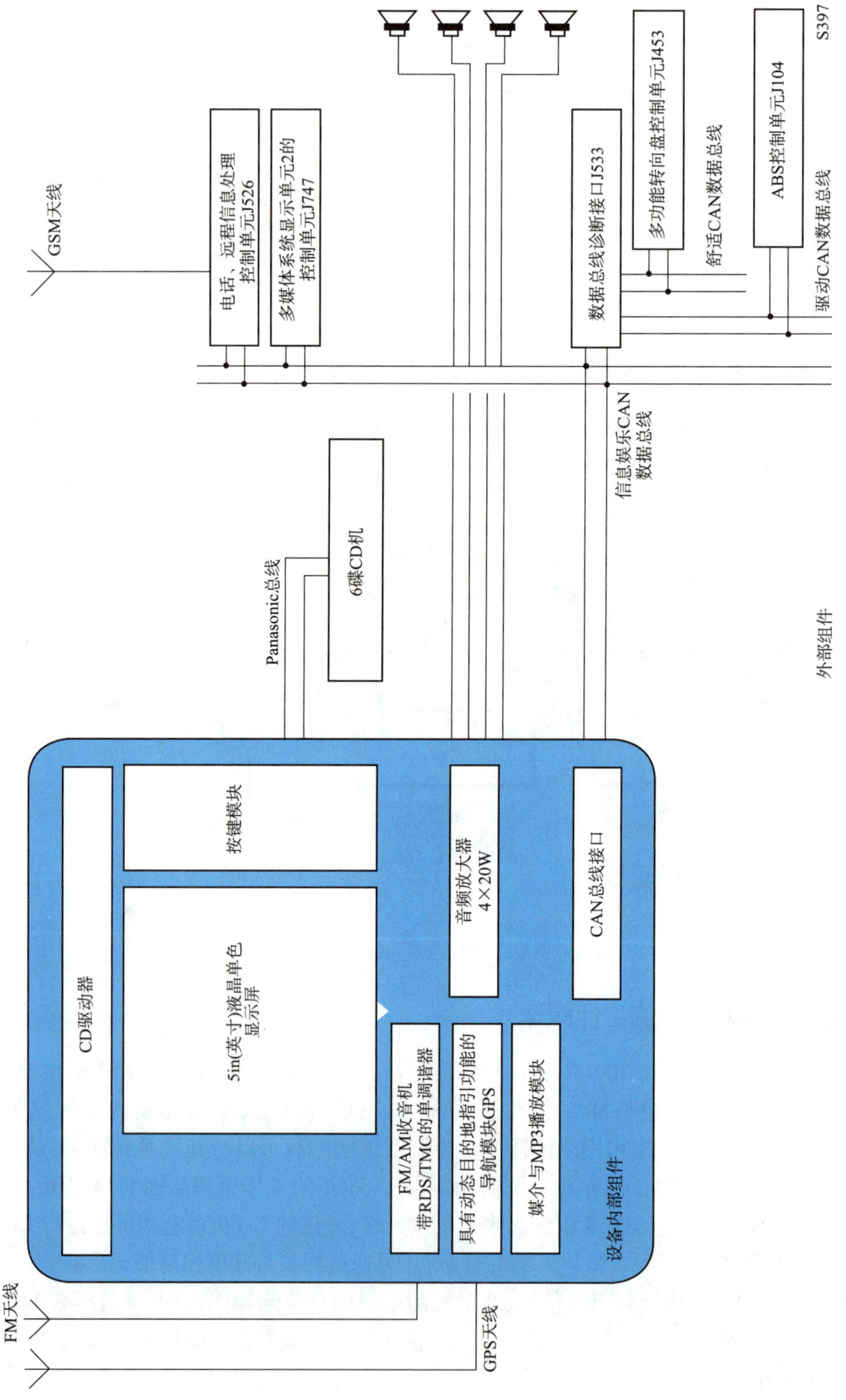


图9-13　大众RNS300导航仪联网的情况

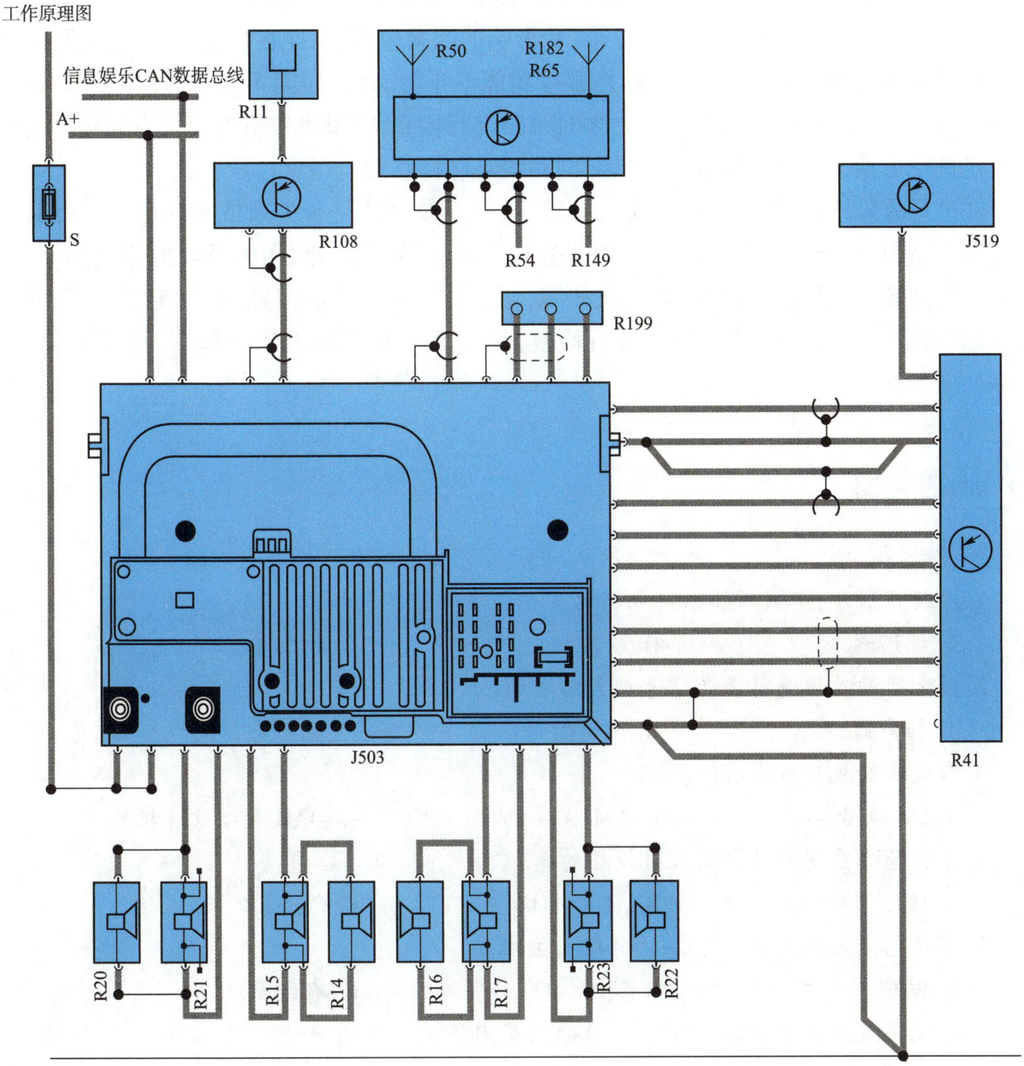


图 9-14　大众 RNS300 导航仪电路图

J503-带有显示单元的收音机和导航系统控制单元；J519-车载电网控制单元；R11-天线；R14-左后高音扬声器；R15-左后低音扬声器；R16-右后高音扬声器；R17-右后低音扬声器；R20-左前高音扬声器；R21-左前低音扬声器；R22-右前高音扬声器；R23-右前低音扬声器；R41-CD 机；R50-导航系统天线；R108-左侧天线模块；R199-外部音频源接口 *

## 5　音响、电话、视频和导航系统的故障诊断思路

目前的中低档汽车采用集成的音响系统较多，主要是集成收音机和播放机，高档汽车将不同的功能模块分开安装，通过网络系统传递信息。不管是集成的系统还是分散的系统，汽车维修这个专业的维修人员只需找出故障部位进行更换故障元件即可，至于收音机或播放器本身的故障还需要专业的人员进行维修。维修过程中，如果系统可以用故障诊断仪进行诊断，则应用故障诊断仪调取故障码，再按照故障码的含义进行诊断、测量，找出故障部位，

也可以采用示波器读出所怀疑的电路的波形来分析，找出故障部位。

由于汽车音响系统的功能比较复杂，受影响的因素较多，因此在排除故障时需要认真检查系统的功能是否正常，如果不正常是哪些功能不正常，什么时间不正常，外界环境有无干扰影响，在排除了外界干扰的影响后，再对线路进行检查，如果是主机或模块有问题，则应按照规定进行更换，如果是线路出现问题，则对线路进行修复。

在进行故障诊断时，先研究系统的功能，确认系统功能是否失效或有问题，再仔细研究系统的电路图，在充分研究电路和功能的基础上，根据先易后难、由外及内的原则制订一个故障诊断方案，然后按照计划认真查找故障，假如方案制订没有问题，就一定可以找到故障部位，在找到故障部位后，对故障进行修复，修复后再对其功能进行检查，确认故障已经排除。

## 思考与练习

### 一、选择题

1. 除扬声器外，车载媒体系统包括的4个组成部分不包括（　　）。
   A. 调谐器　　B. 收音机　　C. 控制单元
2. 放大器的作用是将声音信号放大后送到（　　）。
   A. 扬声器　　B. 调谐器　　C. 显示屏
3. 车载收音机一般没有（　　）。
   A. FM 收音机　　B. AM 收音机　　C. DAB 数字收音机
4. 车载音响系统的外接输入接口指的是（　　）。
   A. MIC 接口　　B. AUX 接口　　C. CD 接口
5. 移动电话系统主要是靠（　　）接入主机。
   A. WIFI　　B. 蓝牙　　C. 有线系统
6. 车载导航系统至少需要有（　　）颗卫星定位。
   A. 2　　B. 3　　C. 4
7. 车载导航系统可以选择（　　）。
   A. 最短路径　　B. 最佳路径　　C. 时间最长的路径
8. 现在的车载导航仪，在导航时地图可以有（　　）。
   A. 三维地图　　B. 军用地图　　C. 蓝牙地图
9. 导航仪地图载入的方式可以是（　　）。
   A. 3.5in（英寸）软盘　　B. CF 卡　　C. SD 卡
10. 大众的导航仪 RNS300，可以外接（　　）。
   A. CD 机　　B. 外接蓝牙电话　　C. 外界电视屏幕

### 二、判断题

1. FM 收音机又称为调幅收音机。（　　）
2. 车载收音机不可以存储电台。（　　）

3. 收音机系统接入轮速传感器信号,目的是随车速不同而调节音量。（　　）
4. 冷凝器的作用是将制冷剂从气体转变为液体,同时放出热量。（　　）
5. 蓝牙电话是通过无钥匙起动系统的无线系统实现通话的无线传输的。（　　）
6. 导航系统只要通过 3 个卫星进行定位。（　　）
7. 目前我国导航卫星使用最为广泛的是我国的北斗系统。（　　）
8. GPS 卫星定位主要是确定车辆的经度、纬度和高度。（　　）
9. 当导航的地图出现错误后,导航系统可以自动修正。（　　）
10. 发达国家的交通信息比较发达,所以导航系统可以根据路况自动修正导航路径。（　　）

## 三、简答题

1. 写出收音机操作的方法和存储电台的方法。
2. 收音机调谐器的作用是什么?
3. 放大器的作用是什么?
4. 操作单元的作用是什么?
5. AUX 接口的作用是什么?
6. 蓝牙电话的蓝牙是什么意思?
7. 蓝牙系统用来在什么地方传递信息?
8. 宝马车系的接口盒(控制单元)的作用是什么?
9. 麦克风的作用是什么?
10. 导航系统由哪几部分组成?
11. 说明导航系统是如何工作的?
12. 在所用的导航仪上设定一个目的地,说明设定的过程。
13. 如何在导航仪上选择不同的路径?
14. 车载导航仪有那两种类型,各有什么特点?
15. 通过图 9-13 说明大众导航仪的网络连接情况。
16. 如果音响系统出现问题,排除故障的思路是怎样的?
17. 通过图 9-14,找出 GPS 天线接口、外接音源接口、电源导线。
18. 如果导航系统地图升级,应如何做?

# 参考文献


[1] 上汽通用汽车有限公司. 汽车电子与电气系统及检修[M]. 北京:高等教育出版社,2016.

[2] 张光磊,周羽皓. 汽车电气故障诊断与修复[M]. 北京:人民交通出版社股份有限公司,2018.

[3] 弋国鹏,魏建平,郑世界. 灯光控制系统及检修[M]. 北京:机械工业出版社,2017.

[4] 凌永成. 汽车空调技术[M]. 北京:机械工业出版社,2018.

[5] 毛峰. 汽车电气设备与维修[M]. 北京:机械工业出版社,2018.

[6] 张宗荣. 汽车电气系统检修[M]. 北京:人民交通出版社股份有限公司,2017.

[7] 一汽大众迈腾 B7L 自学手册. 内部培训资料,2016.

[8] 康拉德·莱夫. BOSCH 汽车工程手册[M]. 4 版. 北京:北京理工大学出版社,2016.